U0115810

開幕式出席人員合影

▶ 王子奇校長於開幕式致詞

▲ 羅世新主席於開幕式致詞

◀ 王俊彥院長於開幕式致詞

第一屆姜太公世界道家論壇
中華道家世界協會、中國文化大學文學院 主辦
第一屆姜太公世界道家論壇
中華道家世界協會、中國文化大學文學院 主辦
第一屆姜太公世界道家論壇
中華道家世界協會、中國文化大學文學院 主辦
第一屆姜太公世界道家論壇
中華道家世界協會、中國文化大學文學院 主辦
第一屆姜太公世界道家論壇
中華道家世界協會、中國文化大學文學院 主辦

分場研討會翦影

▲ 分場研討會翦影

◀ 羅世新主席主持圓桌論壇

▼ 圓桌論壇出席學者合影

王俊彥院長主持圓桌論壇

馬銘浩教授發言翦影

林水吉秘書長發言翦影

國恕強主委發言翦影

張廣博董事長發言翦影

鄭卜五教授發言翦影

陳樹董事長發言翦影

紀俊臣教授發言翦影

◀ 閉幕式王志誠副校長致詞

▼ 閉幕式出席學者合影

學術論文集叢書

第一屆姜太公世界道家論壇論文集

中華道家世界協會、
中國文化大學文學院　主編

序一

中國文化大學位於鍾靈郁秀的陽明山上，創辦人張其昀博士建校初始，即主張儒、佛、道、耶、回五教並重的人文精神，文學院秉承此宗旨，延攬文學、史學、哲學等領域的大師，培養許多人文領域的優秀人才，長期以來已累積對道家思想豐厚的研究成果。從校本部有孔子路、老子路等，就可看出本校文化底蘊的深度。學術研究的發展要與社會文化的脈動結合，所以在中華民國一一二年九月十六日，委請文學院，與同在陽明山的姜太公道場羅世新主席合作，共同舉辦「第一屆姜太公世界道家論壇」國際學術研討會，會中邀集來自韓國、馬來西亞，臺灣北、中、南各地大學，研究道家思想的學者專家，共聚一堂，同參道妙。會議議題涵蓋姜太公的文學、歷史、思想、藝術、軍事、謀略等方面，及老子與莊子思想，道教文化與佛教關係。道教煉丹修為的寶典，如《周易參同契》、《黃帝內經》、《太乙金華宗旨》等，有關論文的發表引發熱烈討論與迴響，有欲罷不能的態勢。儒家重視人倫規範，佛家強調空虛寂滅，而道家正好處於兩家之間，既強調長生飛仙的想望，有與佛相近處；也重視身體，心性的具體修養，與儒重視現實人生有相通之處。學道可以通儒近佛，可說是中華文化淵遠流長，又博通百家的核心思想。

這次會議的舉辦，是與姜太公道場以產學合作的方式，從學術思想文化的探討，提升到人文生命修養的境界，再推廣到社會的成人教育，最後普及到社會的每一個層次。面對現在世界快速變遷人心浮動的當下，提供道家逍遙自在，超越塵俗，人我平等的思想。以達到天人一體，物我兩忘的心境，來消解各種主觀與客觀所引發的生命困境，從而建立和諧而健康的社會，此乃老子「無為而無不為」濟世思想的具體實踐。

七星山姜太公道場，積極打造「七星山道家文化園」規劃宗教、文化、園林休憩等設施。與中國文化大學合作，共創自然山水與心靈自由相融合，文化思想與社會活動互為體用的互動模式，藉此次姜太公世界道家論壇的舉辦，開闢產學合作的新頁。並將持續舉辦會議論壇，以發揚道家思想，提升人我的生命境界。

王子奇
中國文化大學校長

序二

姜太公道場在陽明山弘道十幾年來，受到海內外的信眾支持和肯定。為弘揚正統中華道家思想及文化，道場與文化大學去年合作舉辦第一屆姜太公世界道家論壇，承蒙來自臺灣北中南各校、韓國、馬來西亞各國研究道家的學者們積極參與，不僅獲得各界熱烈迴響，更進一步發揮宗教安定人心的力量。

道家思想博大精深，淵遠流長，是中華文化瑰寶，深刻影響華人世界政治和經濟思想、倫理道德、文學藝術、科學技術、生活方式等諸多領域。中國古代哲學家老子、莊子為道家代表人物，道教更尊老子為道祖，通稱太上老君。依據老子巨著《道德經》所述：「道生一，一生二，二生三，三生萬物」。指出道是宇宙萬化之本源，宇宙萬物皆由道化生，探討自然與人類的關係，這即是道，強調宇宙觀和世界觀，循此再以自然規律演繹出人類社會生活準則，尋求修身治世之術，講「人法地，地法天，天法道，道法自然」，這便是德，即是道家追求的人生觀和社會觀。道亦為道教信仰核心，其教義、修持論點、養生之法，及其中的崇尚自然、清靜無為、上善若水、慈儉濟人、深根固蒂、長生久視、返樸歸真等概念，全出自《道德經》，揭示人類社會最完善和理想的道德體系。論壇除探討以上道家文化精隨——老莊思想，學者們亦從各種面向討論道家文化，使得論壇豐富多元，如今文化大學再將論壇精華彙編成「第一屆姜太公世界道家論壇論文集」，可謂當代研究道家思想及文化的經典傳世之作。

本道場位處臺灣風水龍脈寶地七星山（陽明山），以七星燈道家大法與信眾結緣，已累積海內外數十萬信眾，因應道場規模日益擴大，繼2019年成立「中華道家世界協會」，2020年更進駐苗栗銅鑼客家大院成立中部道場，以戮力實踐道濟眾生之遠大志業。為進一步擴大宣揚道家文化思想，道場2021年以立足臺灣，面向世界的宏觀視野，建立2公頃的「七星山道家文化園區」，為世人講經說法，體現道家智慧，共同追求並實現道家天人合一的和諧目標。未來道場會持續弘揚中華道家文化思想及推廣道法自然道家核心理念，吸引世人至臺灣寶島朝聖。

羅世新

第一屆姜太公世界道家論壇發起人

陽明山姜太公道場主席

序三

中國文化大學文學院在王子奇校長的推動下，與陽明山姜太公道場羅世新主席，於中華民國一一二年九月十六日（農曆八月初三姜太公壽誕），於中國文化大學體育館柏英聽，共同舉辦「第一屆姜太公世界道家論壇」國際學術研討會，會議以姜太公的歷史、思想、軍事、文學、藝術，及道家思想、道教文化為主軸。會中邀請韓國、馬來西亞、臺灣北、中、南三區，30所大學，約50位學者專家與會，發表論文及講評，同時並邀請社會賢達，舉辦論壇推動道家思想於社會，強調道家思想修身養性，淨化人心的功用。

姜太公於西周初，被周文王封為太師。輔助文王伐商紂，歷經文王、武王、成王、康王四朝，因功封於齊，奠定稷下學派的基礎。《史記・齊太公世家》有專門記載外，《尉繚子》、《韓非子》等書皆有紀錄。為歷史上的真實人物，亦是文化上的傳奇人物。如「姜太公垂釣願者鉤，一代千秋萬古名」的故事，傳頌至今。姜太公著有《六韜》為周文王設問，姜太公應答的方式，闡明姜太公的軍事、謀略、政治等思想，分為文、武、龍、虎、豹、犬六種韜略。會議論文分別從《六韜》的文獻流傳及其文化史的意義、太公望的思想、周王朝立國的精神、齊國尚賢精神等面向討論姜太公的面貌。

姜太公在《史記》、《漢書》中的事蹟，有專文討論外，姜太公在歷代民間，亦廣為傳頌。既是儒、釋、道三教共尊之大師，亦為劍仙、救難、析夢、理髮等行業神。而種種面向的內在基礎，便是姜太公道家自然無為，清淨超脫，長生成仙的思想。會議論文亦側重姜太公在文學上的獨特性，如蘇軾〈磻溪石〉、蘇轍〈磻溪石〉二詩，掘發姜太公「跪石」所顯示專心一意的新解釋，《搜神記》故事中，將姜太公翻轉化新成河伯雨神諸神。呂洞賓在血緣與道脈上與姜太公有關聯，從呂洞賓的詩歌，亦可目睹二位大師的思想的傳承。戲劇是文化的立體呈現，會議亦有專文討論姜太公在戲劇中的形象。

老子的清淨無為，道法自然，莊子的自由超越，逍遙齊物等思想，為道家思想的發端與主軸，歷代更有多元的發展。會議中有專文討論老子王弼注的校詁，老子的「以正治國，以奇用兵」、老子「寵辱若驚」的身體觀、嚴遵《老子指歸》的探討、《老子想爾注》長生成仙思想等議題的關注。關於莊子思想，有從莊子卮言結構，討論遊於道境的忘與遊與物境的化的論文。有以道家作方法，來討論荀子對莊子思維的創造性詮釋。有從歷史文化角度，討論以法治為核心論述老莊的入世關懷，與對明代崇道思想與社會風氣的探究。而道家與道教、易經、有架構與義理互相援引的關係，如對《道教義樞》的討論。道家素樸思想，時晦時明地投射在藝術創作的形質之中。歷代書畫創作者，多受到道家素樸思想薰陶，內化後外顯於作品中，與近代美術以宣言運動或主義的激情來創作不同，此文頗有可觀之處。道家談無，佛家談空，在本體境界有相通之處，在修養方法則有或重超越，或重萬法俱滅的不同。〈道家與佛教的圓教之比較──玄學與天台佛教的互證〉一文，認為王弼、郭象注的圓融義，在主觀上已達天臺一切存有圓具一切法之義，將道家存有論提升至與天臺圓教同一義理層次。另有論文在六朝玄學盛行時期，浙東新昌地區，佛教般若學在支遁即色思想中，所展現禪教合一的特色。此二文將佛與道的關係，又推進一步。

《周易參同契》為道教煉丹最重要的書，影響從古至今仍盛行不已。此書包括談恬澹無為的心性修養；丹爐藥物的燒煉；談火侯及六爻陰陽升降的變化，以養神修命。由周易說煉丹，是以乾坤為鼎爐，坎離為藥物，以六十卦解說火侯的升降。所以此書是以心性修養的內丹為主，煉丹藥物的外丹為輔。對內丹、外丹的定義，做了明確的區別。〈「龍從火裏出，虎向水中生」〉一文，討論唐中晚期鍾呂內丹道派的科層式精氣神概念。在內丹修練功序上，先煉形再煉氣，再煉神與道相合。起手式在對體內的精氣進行龍虎交媾，龍為東，由東而南，南為火，虎為西，由西而北，北為水。如此帶動木火金水的循環，標誌人體丹田、臟氣架構的運行，開出後代內丹的新方向。〈北斗、本命與燃燈〉一文，討論宋元以後的北斗七星儀式與燈儀。告斗法為道教各派都通用的一種醫療的儀式，燃燈儀式有其理論基礎及內在宗教意涵。由此以見道教科儀的淵遠流長，及安定人心的力量。《黃帝內經》一書，是由陰陽五行，五運六氣等架構，顯示人的養生觀重在順自然法則以治未病，是從崇尚自然的道家思想運用在養生的中醫醫寶典。《太乙金華宗旨》一書，託名唐全真道呂洞賓所著，德國漢學家衛禮賢與瑞士心理學家榮格翻譯為《金華的秘密》，論文討論人出生前的元神、元氣、元精同為一體，出生後精、氣、神分用。要回復本真面目，要循道教工夫，百日築基，煉精化氣，煉氣化神，煉神還虛的步驟方能逆反修真。明清大儒王船山的氣學深受莊子、張載氣論的影響，主張體用相函，性情相需，乾坤並濟，對道家養氣存神，重內在心性修為的特色，多有融攝，亦為道家光譜上的一束亮眼色彩。

第一屆姜太公世界道家論壇國際學術研討會，誠摯感謝姜太公道場羅世新主席與中國文化大學王子奇校長的共同推動下，順利舉辦，尤其要感謝在幕後長期默默付出的姜太公道場的道友及中文系的師生，論文集即將付梓，為序以誌。

王俊彥
中國文化大學文學院院長

目次

圓桌論壇綱要

道家與佛教的圓教之比較

——玄學與天台佛教的互證

楊祖漢

國立中央大學哲研所榮譽教授、

東吳大學劉光義中國哲學講座教授

摘要

本論文擬順著牟宗三先生闡發的道家與天台宗圓教的義理做一比較。牟先生認為以王弼、郭象為主的道家玄義固然圓融，但其中所含的道家式的圓教，還沒有達到天台宗以存有論的圓作根據，而發揮出來的圓教內容，即只能說是主觀的作用的圓，而不能說客觀的存有論意義的圓教。本文從王弼以「無違」來體會自然，通於郭象的「與物冥」之義，這就可以開出回應外物的作用，而無為就含無不為。又從《莊子》注中的逍遙義，論證郭象的相關詮釋已經表達了對一切存在的不同情況都加以肯定的存有論之圓具一切法之義，於是郭象所表達的道家式的圓教，其內容雖然不若天台宗之豐富，但二者在義理層次上是相同的，通過玄學的內容，可以幫助了解天台圓教若干重要的說法。

關鍵詞：道家、佛教、玄學、天台宗、圓教

一　存有論的圓與詭譎的相即

牟宗三先生對天台宗的圓教義理的闡發，在當代的中國哲學研究中，是非常突出的，其中的理論精微，不太容易契入，如他用「存有論的圓」來表達天台的圓教不管面對任何的情況，只要通過般若智證空，就可以當下暢通無礙，而且需要進一步肯定任何法的存在（或說九法界眾生任何一個存在），都可以是無明與法性相即的情況，只需要破無明，就可以就原來的存在表現佛法界的意義，於是沒有一個法是可以去掉的，因為都可以是佛境界的流露。而這種圓教的智慧，對於當代的人生處境，其實給出了絕大的啟發。關於存有論的圓，並不能被理解為通過一套存有論來說明天地萬物，而由於對天地萬物作完整的說明，於是叫作存有論的圓，可能不能這樣理解。在牟先生，用存有論的圓，是表達一切的存在都不能有遺漏之意，他用此詞是要說明天台圓教所說的「佛即九法界眾生而成佛」、「性具九界」、「不斷斷」、「無明與法性依而復即」之義，由於任何法的存在都是佛法要關注、救度的對象，而且是體貼一切可能的人間的煩惱痛苦而加以轉化，於是一切眾生所可能有的煩惱痛苦，一切人間的不同的情況，所謂九法界的差別，都要在佛的關注下，一一面對、救度，如果沒有這些差別的九法界的存在，就沒有所謂現實上，生命的煩惱痛苦，沒有這些可能的、無量的、不同的煩惱痛苦，又何須佛來拯救呢？於是佛一定對於具體的眾生、世間任何可能的存在所有的煩惱痛苦，都能體貼救度之，於是就有佛即九法界眾生而成佛的講法，九法界的差別與具體的生命可能有的煩惱痛苦，全部包在裡頭，一點也不能遺漏，這是由於佛本身的悲願所決定的；而且又由於要度盡一切眾生，於是一定讓一切眾生有不離開他們現實生活上可能的生活而覺悟，使當前的生活或眾生可能遭遇到的任一種生活情況，都可以通過成佛的智慧而轉為佛法身的內容，或都表現法身、般若、解脫的三德，才可以滿足眾生能度盡的條件。如果要以另外一種生活，如佛的徹底乾淨、光明遍照的生活來換掉眾生現實上的、充滿煩惱痛苦的生活，那只是以一個高高在上的理想，作為眾生努力要求達到的，這不能保證人人都可以成佛。固然成佛之路是非常遙遠，但如果成佛是就眾生日常可能有的生活而不斷斷，則佛境與眾生境是不隔的，這樣子才可以保證成佛於眾生的生活有份，當然在這個地方的思考還可以再討論，但天台圓教應該就是要表達這個意思。那麼所謂存有論的圓，就不是一種以自己給出的，對存在界作說明的存有論，來發明一種人生意義，或賦予眾生一種存在的意義。存有論在這個地方是作為包含一切可能有的存在的說法，所以天台宗的「一念三千」、「性具」，其中固然含存有論的意義，但乃是把一切法都收進來，而成為圓佛的法身的內容，沒有一個可以遺漏。此處所謂的存有論的意義，不是用一套存有論的理論來說明一切法，而是說明一切法都是與佛不離。即是說，牟先生用存有論的圓，是說明眾生可能有的一切情況，都為佛法身所有，沒有一法可以去掉，這是在佛的大悲願、大悲心的要求下，對一切眾生的痛苦都能夠體貼，所發出來的要求。而一切眾生的痛苦，是包含過去、現在、未來一切眾生可能有的痛苦，這是所謂「存有論的圓」或「圓佛具備一切存在」之義，應該不是有些人[1]所理解的，以存有論來賦予道德意義（應該包含佛的境界）的意思。

至於「詭譎的相即」，與存有論的圓是要關聯在一起來理解的，這是說世界就是人生各種可能，所謂九法界的差別世界，人生一切可能，都在這個九法界的範圍內，至於什麼時候表現這一界或那一界的種種差別的存在呢？要看因緣所生的情況，這所謂「理具而事造」，雖然要因著緣起而造，但所造的就是原則上眾生所可能呈現的九法界，也可以說世界就是這樣子的世界，就是這九法界的差別存在，不能多也不能少。既然是這樣子的、如是這般的九法界，則雖有迷或悟的不同，但都是這九法界的差別法的存在，無明固然是這九法界所以有這些差別的原因，但九法界的存在也就是法性之所在，於是同一個法或同一個事情，可以是在迷的無明法，也可以是悟而為法性法。於是迷悟的不同，可以在同一個法上表現，這是所謂「詭譎的相即」。無明與法性是不同的，但可以在同一個法上或事上表現，於是可以說「除病不除法」，佛的境界可以與眾生一樣，表現於九法界中，於是佛的境界或佛的真心，是在任何法界中都可以表現出來的清淨境界或解脫境界，任何一法界，甚至任何一法，都可以表現

---

1 如楊澤波教授就認為，牟宗三先生是以存有論的理論來賦予存在界德性的價值。

般若、解脫、法身的三德，也可以說「煩惱即菩提，生死即涅槃」，佛可以生活於與眾生一樣的九法界的存在中，當然他是沒有眾生的九法界的煩惱痛苦的毛病，沒有這個毛病，但照樣有這些法的表現。如果可以這樣講，那麼佛境界不離於任何人生可能的存在（因為人生的存在或遭遇，全部都屬於這九法界，而這九法界可以是佛界）而表現，佛境界與九法界境不離，於是人生任何存在、處境，都可以表現佛境界。問題是你要從迷而悟，這是「迷則三道流轉，悟則果中勝用」所表達的意思，於是就可以保住九法界的存在，而這九法界都可以是佛界，當然要以覺悟為條件，但覺悟並不必斷現實上的人生可能的情況。於是荊溪湛然及四明知禮就強調了「佛性惡」之義，即是說佛的法門由於即九法界而表現，而九法界是含染惡法的，於是由於除病不除法，就可以即任何染污的惡的法門，表現佛法。這是牟先生根據天台宗的智者、湛然與知禮的文獻而詮釋出來的見解，這裡表現出天台宗圓教的「深絕之智慧」[2]，即說明了固然人生要通過長途跋涉的努力，才能轉識成智，但最圓滿的教法是在無分別智的呈現下，沒有善惡染淨的分別，才能通達於一切法，才能滿足一般人的需要，成全每一具體生命的價值與意義。以上簡述牟先生對天台圓教的詮釋的要旨，當然可能是掛一漏萬的，意思也表達得不完全，下面希望通過魏晉玄學的講法，提出一個從道家的玄理來了解佛教圓教的進路。

二　王弼所說的法自然、無違是順物而應的心境

牟宗三先生認為道家的思想可以用「無的智慧」與「境界形態的形而上學」來規定，所謂「無的智慧」是要心境上達到無心無為而自然的狀態，要達到此心靈狀態的工夫是去掉種種人為造作、不自然的觀念與想法，這種去掉可以分三層說[3]，第一層是去掉感性生理欲求造成生命的往外奔馳，如老子所說「五色令人目盲……馳騁田獵令人心發狂」；第二層是去掉因外人對自己的評

2 牟宗三：《佛性與般若》下冊（臺北：臺灣學生書局，1977年），頁1129。

3 牟先生有以「道家無底智慧與境界形態的形上學」為題的演講辭，收入《牟宗三先生全集．第廿七冊，晚期文集》。又以「無」作為工夫，去掉三層的有為，見牟宗三：《中國哲學十九講》第五講。

價而產生的心理煩惱，如「寵辱若驚，貴大患若身」；第三層是去掉思想觀念或意識形態造成的偏執，如老莊對仁義的抨擊，這是認為對於好的事物或觀念的重視也會造成偏執，這是所謂「觀念的災害」或「意底牢結」，因此主張「大道廢，有仁義」及「大仁不仁」等。通過去掉這三層使我們生命不自然的情況以及意識型態的偏差，人的生命就可以達到「道」的境界。而對於所謂「道」，老子用「自然」來規定，所謂自然，王弼的注解非常深入，他說：「自然者，無稱之言，窮極之辭也」，即是說，對於自然這一形容道的境界，固然不能有形體可見，於是可以定義的名號來說明；也不能用表達主觀感受的稱謂來形容，即是說稱謂也用不上了，這就是所謂「窮極之辭」。所謂「窮極」，是任何言說對於這種境界都用不上，由此可知王弼對於所謂「道法自然」的「自然」的理解。他又說：「法自然者，在方而法方，在圓而法圓，於自然無所違也」[4]，此處表達了王弼所理解的道，是任順人所對的對象，使自己與對象渾然是一，如水一般，隨著容器的樣式而表現，完全與容器的形狀合而為一，沒有自己不同的意見，於是所謂自然，就是完全的無心。這種心境當然是會任順客觀的對象，讓對象以其存在的方式而存在、而表現，完全不加絲毫的干涉，即不會因為自己的想法而施加在所面對的對象身上，於是在這種心境下，所謂「道生萬物」就是道不生物，而讓萬物自生，如牟先生所說，讓開一步，不干涉、不操縱、不把持，這就是道對於物的「生」。這可說是消極的生，是對對象完全沒有碰觸的生，可謂是「不生之生」，即是說雖然沒有去生的作為，但保持了一個讓萬物自由自主地生長的空間，這也就是「生萬物」了。這種說法當然表現了極高的智慧，於是道的不生物是「不生之生」，也就是物的生長的超越根據。萬物本身的生長當然是需要種種條件配合的，這是「內在的生」，如老子所說的「物形之，勢成之，亭之毒之」。而內在的生，需要以不生之生作為超越根據，於是道的不生物，可以說成是超越的生物，不生其實就是生的根據，這也可以表達「正言若反」的意思。

但是否只能從道不生物，來理解道的生？聖人是體現道的人，那麼聖人是

4 《老子》第二十五章 王弼注。

否也只能讓開一步，不干涉萬物，而讓萬物自生？即是說對所處的環境、對象，完全站在旁觀不作為、不接觸的情況下。如果是這樣，好像不太切合「無為而無不為」的語意，而且按老子所說的「道生之」、「三生萬物」及「為無為，事無事」等語，把道生物理解為道在現實上產生作為，應該是可以的。這裡也就是當代牟宗三、唐君毅二位，對於老子「道生物」的不同詮釋[5]。於是如何貫通無為與有所作為這兩層意思呢？我個人認為，道固然以無為、不干涉為主要的意思，但也可以應物而起作用，上引文王弼所解的「道法自然」可以提供這一關聯無為與為的可能性。王弼認為「法自然」是「於自然無所違」之意，此可以理解為當人以自然為法，而完全化掉了內心的有意有為後，人與他所面對的人事物，就如同水與其容器的情況，水完全表現了其容器的方圓、大小的樣式，即「在方法方，在圓法圓」，這就是與所處的對象情況完全合一，而這就是玄冥的境界。王弼注「玄者，冥也，默然無有也」[6]，玄就是冥，而冥，依「法自然而無違」之意，可以理解為與物為一。默然無有，是表示物、我完全分不開。照此一理解，則到後來郭象所說的「與物冥」或「無心玄應，唯感之從」，就是對王弼注的合理發展，表達了與外物完全合一，隨著外物的動靜而動靜且自然而然的心情。如果以此為準，則王弼提出以冥來說玄，應表達了與外物合一的情況，也就是上述所謂「無違」的心境。由於與外物冥合，雖然不是主動的以我的想法、觀念來希望主宰或影響對象，但對象的要求或對象的一動一靜，玄冥之人是一定會隨之作出相應的行動。這樣就可以理解無心無為而自然的道人或聖人，何以有「無為而無不為」的後果。雖然在己是沒有要去做什麼的想法，但愈沒有主觀上的想法，愈會因應外在的對象的要求而做出該有的回應，於是愈無為，就會愈應物、順物而為，這是愈能無，就愈能有（如說「愈遺之愈得之」，反過來說，就是「愈為之愈失之」）。這種「為」，由

5 牟宗三先生在《才性與玄理．王弼之老學》認為老子書中所說「道生萬物」的生是「不生之生」，道並沒有真實的生成義，所謂道生只是沖虛境界下的體會，此所謂「境界形態的形上學」，如前文所說；對牟先生此說，唐君毅先生並不同意，認為「道生之」等文句所表達的是道有其生成義、作為義，生而不有是生成了以後不居功，唐先生認為這樣解更為合理。見唐君毅：《中國哲學原論：原道篇》卷二第9章第8節（香港：新亞研究所，1973年），頁900-901。

6 《老子》第一章　王弼注。

於不是出於自己對其他人的要求與想法，於是表現起來完全以對象為中心，依外在的對象的作為而給出自己的回應，而自己的回應完全是順物而為、完全無心，如同上說水與容器的關係。這樣子來理解人對道的效法，不是向上、向外的效法，而是向著自己面對的現實情況，即接觸的對象，而做出無心的玄應，於是效法道，就表現在對日常生活面對的種種人事物的順物的感應、回應上。在這種情形下，完全沒有用高高在上的、超越的道來規定現實的對象之意，只是無心於作為，而不得已的順物而應，這的確表達了無心自然順物的態度，而愈是自然，如上所說，愈能因物而作為，而此等作為，與無心於為完全一致，於是愈無為，就愈能無不為。其中道法自然所表達的無違、與物冥的觀念，是最關鍵的。王弼所理解的自然，是通過了內心徹底的無為，於是與物冥合、順物而變化的境界，這是理解王弼與郭象的玄學的一個要點。王弼所說的自然，或許可以這樣理解，即從去除有為、不自然而說無為，再把無為也忘掉，而沒有為與無為的對立，就是自然。而在這種自然的心境下，就會與對象或環境沒有距離、沒有分別，自然應物而起作用。

三　郭象的「迹冥」

上面所說的愈無為，就愈能與物冥合為一，於是應物而變化，這是《莊子》郭象注所充分發揮的理境。郭象所強調的逍遙，是「與物冥而循大變」，此意下文再說。先順上文之意，來表達郭象以不治治天下，於是聖人是迹不離冥，由冥而迹的境界。《莊子》原文說，堯治理天下，但覺得拱默於山林，什麼事都不做的許由才是真正的無為，才有資格治天下，於是要讓位給他，但許由不接受。按《莊子》原意，似乎是藉許由無為之意，來貶抑堯的忙碌於治天下，但郭象的注解卻認為，堯真正能做到無為而治。堯是以不治天下來治天下，這就是上文所說的道以無為來規定，但何以又能夠產生最好的現實結果之問題，無為之道能否產生現實的作為呢？完全的不作為是否就是道家的真義呢？其實愈是不治天下，愈能夠因應天下人的要求而給出符合天下人需要的作為，而且在這個情形底下，雖然給出了好多作為，但自己的感受與在深山無事可做一樣為逍遙自在，這就是表達了愈無心自然，愈沒有自己的意見，愈能因應客觀的情況，而做出恰當的回應，如同「在方法方，在圓法圓」，在這種心境下，是一定可以給出對現實情境或對象，按其要求而做出回應的，即是一定會產生作為的，只是這個時候的作為，是被動的自然而然的反應，如郭注云「世以亂故求我，我無心也。我苟無心，亦何為不應世哉！[7]」這就表示了愈做到無心而自然的地步，愈能應世。沒有自己想法，不肯操縱、干涉客觀存在的心境，一定會因應對象而起作用；而如果不肯起來做事，不肯做反應，反而是有心去避世的做法，如果是這樣，就是有為、不自然。所以如果「道」可以用「自然」來規定，就一定會如王弼、郭象注解所含的「不會不應世」的意思。於是無為卻又能生起作為，這對於無為何以能無不為，這一難題就可以解答，無為雖然不能直接給出作為的動力，但通過無為而達到自然的地步，便一定與物冥，於是因應外物而起用的動力，就可以產生出來了，因此可知自然、與物冥是道家給出治天下的動力的關鍵的說法，因為與物冥，就連結了無為與為二者，使無為與為或不治與治天下，成為「體用」的關係，即有「無為」之體，就會有「為」或「治天下」的用。承接上文所說，郭象認為真正能治天下的人是堯，而堯的治天下，是由於他能夠無為，他不把天下放在心上，他的治天下只因民眾要求，於是他是在日理萬機中，表現了他的無心無為，因此他在廟堂之上處事，與在山林之中無事可以煩心的心情，是一樣的。這是道家的理想政治的型態，此意如牟先生所謂的「道化的治道[8]」，通過無心無為，而表達出最恰當的管理眾人的事物。只是牟先生對於道家的治道，強調了無為、讓開一步之意，而我這裡希望補充自然而冥物，會產生順物而起用的治理的行為，而不只是讓開一步、讓萬物作自己的決定者。如果可以這樣講，則以道治天下，就不只是主觀境界上的事，可以說，在此境界下，含有真實的應物而起的作用。

這種與物冥而治天下的表現，雖然做出種種事，但其實也不違反內心逍遙無待的生命境界，一般人當然不容易理解。百姓眼中的堯，可能不過是放不下

---

7 《莊子・逍遙遊》「世蘄乎亂，孰弊弊焉以天下為事」下注。

8 牟宗三：《政道與治道》第二章〈論中國的治道〉，《牟宗三先生全集》第十冊（臺北：聯經出版社，2003年），頁36。

權力，喜歡從政的俗人，怎麼可以稱得上是清靜無為的道人、真人呢？於是郭象認為，《莊子》原文裡所說的神人，其實就是堯這個聖人的內心境界，堯的無心是冥於物的，這是堯之所以為堯之本，這「本」與「冥」表現在他治天下的作為上，作為是迹，於是這就所謂「迹冥」，迹不離冥，冥不離迹，這是「迹冥圓」，由於迹即冥，迹與冥不容易區分，圓融在一起，這是化境，是最高的境界。但為了要表明這個「無為之本不離治天下之迹」之意，於是把聖人之本（冥）寄託在遠在天邊的神人身上，於是迹與冥就區分開來了，郭象說神人這一譬喻，是「寄言」，即是說把堯的本與冥，寄託在神人身上，其實神人就是聖人之心。這樣迹與冥就可以區分開來，可以讓人了解道家的聖人、神人的無心境界，而所謂無心的境界，是離不開生活上的表現的。這是郭象注的妙處，他通過哲學的分解，把無為而無不為的聖人、迹冥圓的境界，分拆為迹與冥，藉神人以表冥，藉此使迹、冥暫時分拆開來，使人明白堯之所以為堯，即是說堯內心其實是逍遙的，但他的迹則是忙碌的處理天下、國家的事情，這樣就可以真正了解堯是聖君了。通過了迹、冥的分開，而讓堯之所以為堯的意義呈現，明白了此意，也可知這是暫時的分拆，於是再融回去，就可以使人了解，堯的治天下是無為而治，他不離於日理萬機而表現無為，而他的無為之心，也成就了日理萬機的政務，這就使天下得到大治。這是道家玄理所含的內聖外王的義理，於是無為自然之道，其實也可以在現實的政治作為上應用。在此可以比較一下儒道的政治哲學的不同，儒家強調以不忍人之心行不忍人之政，仁政王道是在道德心呈現而為義而義的要求下給出來的理想政治的作為，這是由道德心或仁心直貫生發出來的要求，可以說是縱貫的、積極的；道家則從無為而自然、順物而起用，是消極的通過無心、與物冥，而不得不回應，與儒家的政治論型態不同而可以互補。儒家固然點出了仁政王道的根源，是擔綱的說法；而道家從無為而自然所含的，要求當政者不要自以為是，必須無心無為，不干涉、不操縱，讓萬物自主自理。當政者也可以有作為，但其作為必須是被動地順著人民的要求而自然作出的，不能以人君的意思為主，不能以自己為中心來決定人民，這也是極高的政治智慧。

四 郭象「大小逍遙一也」所涵的圓教義

郭象注《莊》表達的「大小逍遙一也」，其中含有存在界中大小、長短、高低等等存在，可以不改變其具體的、有差別性的存在情況，而表現同樣是具有無限意義與價值的逍遙境界。這一說法如果和天台宗所強調的佛與眾生雖有迷或悟的差別，但都以同樣的三千法來表現，即是說迷與悟或性與修雖有不同，但三千法不改，於是三千法可以是迷中所表現的人世間，也可以是悟中所表現的佛法身的呈現。雖然兩種意義截然不同，但過的可以是同樣的生活，同樣的存在狀況[9]。而且每一個存在如果是在悟中的表現，則一法可以就是三千法的意義的展現，一即一切。天台圓教這些表達並不容易理解，而通過郭象注《莊》的內容，似乎可以提供了一個理解或契入天台圓教的線索。郭象注解〈逍遙遊〉「乘天地之正，而御六氣之辯，以遊無窮者，彼且惡乎待哉」云：

> 天地者，萬物之總名也。天地以萬物為體，而萬物必以自然為正。自然者，不為而自然者也。故大鵬之能高，斥鴳之能下，椿木之能長，朝菌之能短，凡此皆自然之所能，非為之所能也。不為而自能，所以為正也。故乘天地之正者，即是順萬物之性也；御六氣之辯者，即是遊變化之塗也。如斯以往，則何往而有窮哉！所遇斯乘，又將惡乎待哉！此乃至德之人，玄同彼我者之逍遙也。

案《莊子》原文主張，無待者是「乘天地之正而御六氣之辯，以遊無窮」者，這是將整個天地，甚至宇宙，都在人心或精神的籠罩下，這是超越的涵蓋一切的逍遙；而郭象的注解，轉為面對萬事萬物而順應之的內在義的逍遙。即是說他把囊括宇宙的廣大的心靈境界，用在面對人生種種事，而且是對每一具體的事情都以玄同彼我、與物冥的態度來面對，由於是與物合一而不分的態度，於是物之來感，我就一定做恰當的回應，而且是對於每一具體的人、事、物，做

---

9 荊溪湛然云：「理則性德緣了，事則修德三因，迷則三道流轉，悟則果中勝用」見知禮的《十不二門指要鈔》引。表示了雖然有迷、悟與事、理的分別，但都是在這同一套的三千法中表現。

出當下恰當的回應，所謂「無心玄應，唯感之從」，這與前述的表現為囊括宇宙的廣大的心靈境界是不同的，此不同就是超越與內在的不同。這一轉變就把重點從與天地宇宙合一，轉為與每一個當前會接觸到的人、事、物合一。這如同知禮所強調的「性德具九」或「性德三千」，從具體的、散列的三千法來作為天地甚至宇宙的內容，郭象所說的「天地以萬物為體」，正是以三千法或世間的種種差別人、事、物的存在作為天地的內容。這不正好就是強調或重視三千法，以此作為天地的內容？於是人與天地的合一，或與天地精神相往來的莊子所強調的天地境界，就可以轉而表現在與眼前具體的人、事、物的合理的回應上，於是逍遙就表現在現實的與人、事、物相處的生活上，這所謂的「合理的回應」，就是以無心無為的態度，讓萬物以其存在的本然或本來面目來存在，這就是郭象所說的「不為而自然」。在至人或真人，他不會干涉人、事、物的存在，讓這些存在在沒有外力的干涉下，而自如地存在，這就是萬物的「存在之正」。所謂「正」，就是自然而然的樣態。而這個存在之正的狀態，是對於大小、長短、高低的種種存在，也就是三千法的存在，如其所如。在這個情況底下，至人又哪裡會有受到限制、不自由的感受呢？於是所遇到的任何一種存在，都是至德之人所乘以表現逍遙無待的境界的場所。於是至人的逍遙無待，就表現在他與種種具體的人、事、物的相處，或彼此的唱和、呼應上。於是逍遙的境界，就在人間的種種事物的關係上表現。如果可以這樣說，則本來存在的大小、長短、高低，林林總總的存在，如《莊子》原文所說的大鵬與小鳥，椿木與朝菌（秀）、高官與小吏，乃至於可以不受世間的毀譽影響的宋榮子，御風而行的列子，雖然有層次的不同，但從「大小逍遙一也」之意，應都可以表現逍遙的境界。於是《莊子》這些描寫與敘述，其義應該是要涵蓋形形色色的不同存在，不加以區分，一切皆不可少。這雖然沒有如同天台宗對於一念三千的法的存在，作出比較詳細的列舉的說明，但意思也差不多，就是肯定一切差別法的存在，沒有任何法的存在不可以逍遙。這個意思在郭象注中非常清楚。這就是他所說的「大小逍遙一也」之義。郭注續云：

苟有待焉，則雖列子之輕妙，猶不能以無風而行。故必得其所待，然後

> 逍遥耳。而況大鵬乎？夫唯與物冥而循大變者，為能無待而常通，豈自通而已哉！又順有待者，使不失其所待，所待不失，則同於大通矣。

這是進一步的說，無待者任順有待者，讓有待者不失其所待，這就涵至人隨物而起種種作為。林林總總的不同，即差別的世間法的存在，本來不是逍遙的，這等於天台宗對一切存在，用「一念三千[10]」來說存在之意。三千法代表一切可能的存在，而這一切可能的存在，都是一念心通過緣起而可以表現的，於是三千法就是人世間可能的一切存在。如果要問天台宗，一切存在要如何表示，這一切存在何以會存在？他們就會說一念三千。這是把一切心理活動的可能一下子全部擺出來，人生就是這一切的可能情況，天台宗的宗師們都很強調「三千法不改」之意，認為三千法中所含有的，法的差別性，是不能泯除掉的，成佛必須在三千法中成就，即佛可以有佛菩薩，乃至於地獄餓鬼等不同的示現，而人世間現實具體所有的這種種情況，如果能夠覺悟，頓時就是佛法身的表現，這是所謂「佛即九法界眾生而成佛」，這裡不宜詳說佛教天台宗的教義，但天台宗所強調的世間法，是三千差別而不能改的，這一意思與郭象注通過對萬物的自然作恰當的回應，就是逍遙而與物冥的境界的表現，意思是相通的。即成佛或成真人、聖人，必須落在成全現實具體的、林林總總的存在，使一切差別的世間法的存在，都成為無待逍遙，或佛法身的體現，而不是強調一個涵蓋一切天地萬物的超越的境界。一切存在或三千法，是本來就有的人生種種的可能，這種種的可能，如果沒有經過修行，就是所謂「性德的三千」，現實上的三千法本來在迷中，必須通過長期的修行，然後覺悟，才表現為悟中的三千法，這所謂「修德三千」，所以這裡一定有迷、悟的不同。郭注中所說的一般的存在，必須要得其所待而後逍遙，不能如同至德者的玄同彼我之逍遙，這等於是迷與悟，在理與通過修行後的境界的不同，意思非常接近。通過這樣互相比較，好像可以互通，幫助兩方面義理的闡明。雖然有這迷與悟、無待與有待的不同，但無待者的無待境界，一定就表現在對於一切有待的成全上，由於玄

10 「夫一心具十法界。一法界又具十法界百法界。一界具三十種世間。百法界即具三千種世間。此三千在一念心。若無心而已。介爾有心即具三千。」智顗《摩訶止觀》卷五上。

同彼我、與物冥，於是對於種種人、事、物的要求，無待者是一定會作出回應的，而他的回應就是所謂「從有待者，使不失其所待」，而能夠讓有待者不失其所待，郭象就說「同於大通」。所謂同於大通，就是各有待者，各個大大小小、高高低低的人、事、物，都不離開他們之所待，即不離開他們賴以存在的各種條件，而與無待者表現一樣的境界。這正好說明了天台宗所強調的「佛即九法界而成佛」。九法界或三千法全部就是佛的法身意義的呈現，無一可少，也無一可改。郭象此處所說的無待者，使有待者不失其所待，而同於大通，就是即原來的三千法而表現佛法的意思，佛法就在這三千法中表現，而這三千法本來的情況，如同有待者必須不失其所待，然後逍遙的情況，沒有任何一個法需要改變，郭象這個意思表達了無待的境界就在各有待者的現實情況中表現，而在這個時候，無待與有待是分不清楚的，這幫助說明了「三千法不改」，而就是佛法的意思。當然三千要從迷轉為悟，也好像有待者要成為無待者，必須有精神上的提升與轉化。但有待與無待的這個分別，在無待、有待通而為一，無待的境界就在各有待者中表現，就沒有分別了，於是無待與有待既可分別，又可不分別。如以下所說：

> 故有待無待，吾所不能齊也，至於各安其性，天機自張，受而不知，則吾所不能殊也。夫無待猶不足以殊有待，況有待者之巨細乎？[11]

案這可以解釋三千法就只有一套，而且不能改，也不能泯除其中的分別之意。而佛的真心所體現的境界，或無待者表現的與一切冥合、玄同彼我的境界，就在三千法或各有待的人、事、物中體現，於是無待與有待雖然一定要有迷、悟的分別，但也一定要有待與無待、迷與悟，只表現在同一套三千法中，而不能另有三千法之意。知禮所解說的「修性不二門」，似乎也可以作這樣的解釋，即是說後天努力的修德與本性本有的性德，是要有分別的，必須要通過後天的自覺的努力，才可以把性德本有的表現出來，但後天自覺努力所表現的修德，

11 莊子：《逍遙遊》。

也是性德本身所含有的內容，性德對於修德並無虧欠，修德對於性德也無增加。如果用無待有待的說法來表達，就是無待的境界，本來就含在種種有待的人、事、物中，只要達到玄同彼我的無待境界，則一切的人、事、物，都可以在得其所待的有待的樣態中，表現無待的境界。即雖然是無待，也必須表現在種種需要其他條件依賴，才可以存在的人、事、物中，於是無待與有待通而為一，既然可以通而為一，則說三千法的差別與其存在，沒有一個是需要改變的，就可以說得通了。再進一步，每一個大大小小的具體存在，都可以不離開它各別不同的情況，而表現同樣是逍遙無待的境界，於是在逍遙一也的境界下，不是可以一法就是一切法，一逍遙就是一切逍遙，即是說一切逍遙無待的境界，可以在每一個林林總總、高低長短的個別存在中表現，既然可以這樣，則任何一個存在，就圓具的所有存在都可以表現的逍遙無待的境界。這樣似乎可以幫助說明「一念三千」的意義，即雖然只是一念心或一個人、事、物，但可以在其中表現三千法都可以表現的佛法身的意義，通過每一個存在，不管他是大是小等等，都可以表現同樣逍遙的境界，這就等同於由一法攝一切法，於是三千在於一念的不可思議境，就可以有一個比較容易切入的線索，即是說如果大小逍遙一也是可通的，則一逍遙就可以表現一切存在物的逍遙境界，於是一逍遙就是一切的逍遙，那就等於是說三千法在於一念心，所有的法表現的佛法的意義，都在當下可能有的一念中表現，這是所謂「圓一念」或「圓修」。通過以上的比較，好像可以提出一個郭象玄學與天台圓教互證及互相補充說明的說法。似乎可以讓天台圓教的義理有一個切近的理解進路。

天台宗與華嚴宗的不同，最重要的是「性具」與「性起」的區別，天台主張「性具」，就是三千法本具，即使成為佛法身的法，也具有這些三千差別法；而華嚴宗從「法界緣起」來說，一切法固然也可以全部俱在，但乃是通過了佛法界的作用，而表現為「一即一切，一攝一切，一入一切」的交光互映的境界，而這裡頭並不能保留當初由於真心在迷而造成的差別法。這是由於華嚴宗依《大乘起信論》先分解的說超越的真心（佛心）或佛境界，而由於先預設真心作為一切法的存在根源，於是一切法本來就是無生滅、無差別的境界，而由於真心在迷，才產生九法界的差別；而如果恢復了真心的光明遍照的境界，那九法界因迷妄而有的差別，就不復存在了。說真心的境界本來不錯，但如果通過分解而先肯定真心，則九法界的差別就保不住，如果要因應眾生，而需要差別法，那就用「作意神通」起現差別法，雖可如此說，但差別法的存在並不穩定，也可以說並無必然性。沒有差別法，就不成為人間。於是依天台宗的一念三千說，是「介爾一念，即具三千」，這是就一切現實本有的九法界的差別法來說，這一切的差別可以在從迷而悟的主體的改變中，而全部成為佛法身的呈現。而在這種表達上，因為是順三千法的存在而言，於是就有「不斷斷」、「三千法不改」或如《法華經》所言「是法住法位，世間相常住」之意，這是「即妄而真」，妄相不斷。所謂佛具惡法，是就佛具惡的法門來說，而並非佛心仍然有惡，這裡要表達的意思比較深奧，難以理解，而如果從上文所說的，無待者（真人）的無待，是就萬物的自然而表現，就可以了解「不斷斷」或「佛具惡法門」之意，無待者不會自以為是無待，他是順著萬物的存在而要自然而然的成就他所遇到的一切，這是郭象所說的「自任」與「順物」二者的分別，自任者與物有對，而順物者與物無對。無待者不覺得自己與有待者有什麼不同，只一味的順物而應，看到有待者需要什麼，就去成全，使有待者不失其所待，這就不是以一個分解的先肯定的真心來改變、革新有待者，而只是看到有待者的需要而成全之，這確可以用「性具」與「性起」不同的觀點來說明。《世說新語》劉孝標注，記載支道林的逍遙義，正好表達了通過分解而肯定超越的真心之逍遙，而與郭象注的順物而成就之的逍遙之分別。這也就是分解的與非分解的說法的不同。支道林的說法如下：

> 支氏逍遥論曰：「夫逍遥者，明至人之心也，莊生建言大道，而寄指鵬鷃，鵬以營生之路曠，故失適於體外，鷃以在近而笑遠，有矜伐於心內。至人乘天正而高興，遊無窮於放浪，物物而不物於物，則遥然不我得，玄感不為，不疾而速，則逍然靡不適，此所以為逍遥也。若夫有欲，當其所足，足於所足，快然有似天真，猶饑者一飽，渴者一盈，豈忘烝嘗於糗糧，絕觴爵於醪醴哉？苟非至足，豈所以逍遥乎？」此向郭

之注所未盡。[12]

案支道林是分解的言逍遙者的心境，而保留了逍遙與不逍遙的分別；而郭象是即俗而真的逍遙，由於是即俗而真，故保住了大小、長短等種種的不同，又渾化了逍遙與不逍遙者的分別。如果可以這樣區分，則郭象並非肯定耽溺於現實的世俗者，就是逍遙的，而是即於世俗者的迷執的狀態，使不逍遙者（有待者）當下表現其逍遙，即當體表現其覺悟的境界。故「大小逍遙一也」當然是一種通過自覺的工夫努力的表現，但這種工夫努力，並不是非要轉變其存在的情況，改變現實上的差別不同，才可以達到。於是無待而逍遙，是不離於有待者，而使有待者同樣表現無待的境界，這樣才是真正的逍遙。這等於前面所引的，有待與無待必須先有分別，如果沒有分別，就完全不用講覺悟與工夫的修養，這並非郭象所言的逍遙義，但通過自覺的努力而徹底覺悟的至人心境，由於是與物冥的，故無待者必即於有待，而且以成全有待者之所待，才是自己真正的心願，於是無待不能離開有待，而二者渾化為一，於是這正好表達了天台宗所說的「性具」的圓教之意。無待而逍遙不離開有待而表現，正好是佛即九法界眾生而為佛，佛法身具有染惡法之意。而通過分解而顯示佛心與眾生不同，二者不能混同，那就是華嚴宗的「性起」的說法，而且一定要唯真心，即如同支道林所說，逍遙是明至人之心，而不能連同大大小小的存在來說。

如果上述可通，則郭象所說的大小逍遙一也，就是用道家的言詞，表達了與天台圓教同樣的圓境，這必須理解為佛即九法界而為佛，所有存在都是一念心的可能表現，而這一念心，是即俗而可以是真，即成佛的真心表現在一切可能的人生遭遇上，由於含有人生一切可能的遭遇，於是具備一切染惡法，也等於郭象所言的「物任其性，事當其能，逍遙一也」，於是凡理解郭象的逍遙義為順俗或放任人的性情，那就是不能了解其中含有的圓義。「大小逍遙一也」可以從即俗而真，保住差別的世間法來了解。

---

12 〔清〕郭慶藩：《莊子集釋》卷一上（北京：中華書局，1997年），頁1。

五　魏晉玄學與天台圓教關係的進一步討論

（一）如果以上所說可通，則魏晉玄學的義理，正可以為中國佛教的圓教理論的形成，提供理解的方便。或者進一步說，佛教在中國得以逐步發展為天台圓教，暢發其一念三千、佛即九法界法而成佛，修行是必須依循不斷斷的方式來修，三千法不能改，這種種的義理，好像是通過玄學家的玄理，才可以逐步發展出來的。玄理雖然分解不如佛教的詳細，但義理的深度與圓滿，並不差於佛學，可能更易於為人所了解及接受。這種三千法不改，佛法就在三千中表現，而三千的迷與悟必須區分，雖然要區分，但在悟的三千法，也就是原來的性德三千，人世間本來可以有的存在，而在這種圓具一切法，存有論的圓作為基礎理論的情況下，證成了人生一切可能的存在、遭遇與事物，都可以逍遙無待，也就是可以作為最高價值所在的佛法身的呈現，這種最高的意義與價值，不會因為存在的法的參差不齊，而受到影響；即使在層次最低、時間最短或占空間最小的存在上，都可以表現或分享最高層次的意義與價值。如果可以講成功，或證成此一說法，則人生任何一種存在與遭遇，都可以即有限而無限。能表現無限，人就可以安身立命，於是這一說法就是可以為一切人，乃至一切眾生做主的說法。所謂為眾生做主，就是如上說的不管其存在所占的時間、空間如何的不同，都可以同樣的在意義上達到最高峰的表現，這樣子的存在，就不會有所虧欠，不會有意義上的不滿足，這就是為存在的人、事、物，當然主要是在人的生命存在做主，表達了任何人都可以實現作為一個無限價值的存在。此如唐君毅先生在其「心靈九境論」所說，人可以成為一個真實的存在，而所謂真實的存在，就是存在而沒有不存在的可能者。此即可成為「永恆悠久」的存在。人是有限的存在，即他不能不處在有限的時空中，其存在所遇到的人、事、物，也不是自己所能完全決定的，這就是人存在的有限性，人不能把其作為有限的存在，轉而為無限的存在，但在作為有限的存在中，不管如何的情況與限制，都可以表現無限的意義，而無限就在各種有限的情況中透顯出來，這就是雖有限而可無限，而由於無限通過有限而表現，於是無限就可以彰顯出來，為人所共見。而人的有限，也因為是無限的通孔，於是也有作為無限的表現的例子或象徵的意義，於是有限也不是確定的有限，而是有限而可無限。於是，人這一種有限的存有，就可以彰顯出無限的價值，而他的存在性就不會被否定。這一表達可能就是儒道佛三教的圓教義理的共同宗旨、共同努力之所在。如果此說可通，就可以看到三教的發展脈絡與其核心的關心與動力之所在。講中國哲學史的人，似乎有責任把三教此一共同的關心，也就是中國哲學與文化的核心願望或根本的智慧，闡發出來。

（二）牟先生所理解的天台圓教，是圓滿的說法，即一切善法、惡法或染淨法，都可以是佛的法門。也可以說佛的法身具染惡法，這不是說佛性有惡，佛還有無明不能斷，而是說惡法門為佛法所具，所謂「性具」。一切法或三千法是「本具」的，即是存有論意義的「圓具」，沒有一法可少或可去掉，這是就人間已有的一切法全部收進來，含具的講。而這一切法可以是參差不齊，而具染惡法，關鍵在於人的迷與悟。若悟，則雖然是惡法，也可以不改而當體是佛法，這裡含般若作用的圓（即體法空）與存有論的圓（法性與無明相即，一切法可以是法性法，也可以是無明法，所謂「詭譎的相即」。既如此，任何一法當體都是佛法，就不能去掉。般若作用的圓與存有論的圓，此二義結合，於是保證了一切法的存在必然性，因為都可以當體是佛法，而且就任何一法而言，它可以是無明法，但也可以當體就是法性法，同一法而可以有截然不同的意義，在此詭譎的相即的想法下，無一法可捨去。而且即就人當下任何一個情況，都可以不離開當下而證菩提，這是所謂「依而復即」（無明與法性相依而即在同一個事情上表現），這的確含藏了深絕的智慧。既區分了無明與法性的不同，但又肯定人生任何一個情況都可以成為當下解脫的機緣，而保住世間的差別法。佛教雖然要求人生的解脫，但解脫可以在任何人生當下的情況中實現，不需要換另外的人生情況，才可以達成，於是解脫同時又成為肯定每一個人生情況的根據，即是說人固不能不解脫，如不要求解脫，就永遠陷在煩惱無明中；但要說解脫，任何一個人生狀況，即使是惡法、染污法、罪業很深的法，都可以當體即空而表現佛法身的意義，都成為解脫的機緣，這是所謂「是法住法位，世間相常住」，萬法皆以空為法位，但無一法或法相需要改變。佛法身本來就不離於三千世間法，所謂「一切法趣」，佛性不離開三千世間法，此所謂「如來藏恆沙佛法佛性」，如此說當然不是說不需要修行，不要斷無明，而是必須是「圓斷」，即「不斷斷」，保住一切世間法而表現這一切法本來就是法性體現的地方，這既是斷無明，但同時保住任何一法的存在，即「不斷斷」所含的意義。再進一步說，斷無明的修行，也不是本具三千法之外的作用，三因佛性中的緣、了二因，是屬於覺佛性，是主觀修行而表現的，但這主觀修行的覺佛性，也是本來內具於三千法本有的正因佛性中。要成佛當然要修行、要自覺，但這種人為的修行、自覺，是一切法本來具有的，這所謂「修性不二」。即肯定了自覺，又肯定了自覺成佛的長遠修行，是任何一個法的法性本具的，即是三千法本有的。也可以說任何一種人生行為，都可以既是性，又是修。在迷時是「性德三千」，在悟時則是「修德三千」，所謂「理則性德緣了，事則修德三因，迷則三道流轉，悟則果中勝用」。本來便是這三千世間法，而有理與事、迷與悟之不同。人生不能不修行，即不能不自覺，但又不能不肯定種種修行是人生世間法本具，由此而肯定人生。故作為性德的正因佛性，本具緣、了二因。從自覺修行去說，不能否定每一個修行的事不離於人生本有的一切事；從人生本具的世間法說，不能停留在本有的情況而必須不斷努力的進修。這兩個意思（即性與修）必須兼有，而共在一法中。因此三因佛性不縱不橫（如果是說縱，就是有能所、體用的分別，即由性而起修，有體方有用，這並不是圓說。如果說是橫，則三德一時並存，就沒有緣了是修是覺的意思，也非圓說。）而為三德秘密藏。以上是說牟先生對天台圓教的理解[13]。

（三）由以上的討論可知道家的圓教的確與天台圓教相通，二者可以互

---

13 唐君毅先生對上述牟先生的天台圓教的說法有不同的意見。對於天台智顗所說的「一念心」，乃至於知禮山家山外的爭論，都有不同於牟先生的說法。我認為唐先生沒有充分消化牟先生有關天台圓教的說法。這當然是很可惜的。唐先生讀書很廣，立論也有根據，如他認為智者所說的「一念三千」是從第六意識說，牟先生就認為是從開決了真心、妄心來說的一念，並非從第六識講。牟先生之說當然是合理的，一念三千的一念是妄心沒錯，但這妄心是妄，也可以是真，是即妄而真的妄心，故是開決了妄心與真心來說的心。故是即妄而真、即真而妄。而三千法也是無明法性相即的三千法，這樣說一念三千才可以包含一切法，也才可以保住一切的差別，此解合於天台圓教義理；但唐先生的說法其實也有根據，元朝天台宗懷則《天台傳佛心印記》便一再從第六識來說一念三千的一念（見《中華大藏經》第二輯〔中華大藏經　漢文部分 98〕)。

證。魏晉玄學所表達的無待的理境，與無待者對於有待的成全，有待、無待通而為一，大小逍遙一也，於是沒有一個現實世間的存在可以被否定，在這個意義下，對於天台圓教，牟先生所闡發的「不斷斷、詭譎地相即、存有論的圓」等義理，提供了一個比較容易契接的入路。當然，道家的玄理沒有像天台圓教內容那麼豐富及重重辯論，而對於任何一法，可以同時是迷或悟，而不用改變；在同一法上，可以是自覺的修的層次，也可以雖然不能自覺，還是承認本具自覺修行的可能的性的層次。而且雖然通過修行而徹底覺悟，但也不是在當前的法的本有的意義下，另外增加了些什麼。這些圓義，也必須通過重重論辯才能展開，這是天台宗內容所以比道家的玄理豐富之故，但其實二者型態上相似，境界也相差不遠。如果此說可通，則中國佛教的圓教義理，應該是相當受到魏晉玄學的學說所啟發或影響的。

天台宗重視三千法，從郭象注理解天地是從萬物來說，使涵蓋天地的精神，表現在人每天所面對的人事物上，即是在面對的每一個事情上，順應事情的情況、人物的需要，而做出回應，這就是「乘天地之正」的逍遙。這一通過對於日常的具體的每一人事物的回應來表現道，是儒道佛三教共同的見解。孔子在《論語》上表達的智慧，大多是在日常的事情上來論述，如「學而時習之」、「弟子入則孝，出則弟」、「吾日三省吾身」等，在這些具體的事件上，其實可以表現出全幅的精神修養的境界。可以說「道只是人事之理」。玄學的重視對於每一人事物的無違，無待即於對每一有待者回應，上面已經說得很多了。於是逍遙是就面對每一個具體的情況，而讓每一個情況，都得到不受人為造作而影響的自然。天台宗說的佛法身，一定要連同三千法來說，而且這三千法，可以是心，也可以是色，所謂「色心不二」，及於一切人事，所謂煩惱心遍，生死色遍（同時亦是佛性遍）雖然強調人必須通過自覺修行、長途跋涉，才可以成佛，但所自覺修行的種種的表現，豐富的修持，本性全部具有，所謂「修性不二」，修與性，都是在同一個三千法，同一套三千法上表現，而且三千法的每一個法，不用作改變，本身就可以呈現佛法的意義，顯發所謂「即」的意思。此中所謂的「即」並沒有翻轉、沒有改變。當然是需要內心從迷轉悟，但此一轉變，並不造成所對的法必須改換，於人生所遇到的任何的存在情況，只需要內心覺悟，可以就這同一個情況而表達最高的人生意義，這一套煩惱即菩提，生死即涅槃的說法，保住了人世間一切存在的可能。認為任何一個存在都可以成為佛的三德之果。這不就是郭象注所說的，只要物的存在能夠「物任其性、各當其能，逍遙一也」？故郭象（或向秀）這逍遙義不可以被理解為全不作修德工夫，如現在所言之躺平，或放任就可以實踐人生最高的境界。必須正視其為圓教的說法。即人生所追求的最高境界，可以不離人世所遭遇的任何一種情況而表現。

（四）另外，上文說明了王弼以「無違」來解釋自然的境界，此意通於郭象所說的「冥物」，由於內心的無為達到極致，可以與物合一，於是真人一定會順應外物的活動而給出回應，這就是無為的修養可以達到無不為的效果的理由。此意我認為可以與天台宗智者從對於空義有正確的了解，就會產生「度盡一切眾生、斷盡一切煩惱」的悲願之說相似，此須引文來說明。《摩訶止觀》卷五論「發真正菩提心」云：

> 思惟彼我，鯁痛自他。即起大悲，興兩誓願：眾生無邊誓願度，煩惱無數誓願斷。眾生雖如虛空，誓度如空之眾生。雖知煩惱無所有，誓斷無所有之煩惱。雖知眾生數甚多，而度甚多之眾生。雖知煩惱無邊底，而斷無底之煩惱。[14]

案此段先說明了對於人、我的苦惱有體會，就會產生大悲。但這時所產生的大悲，必須要以正確的對空義的了解來支持。無邊眾生誓願度、無數煩惱誓願斷的兩悲願，是在知道眾生與煩惱都是無窮無盡的了解下而產生的，這種對眾生與煩惱都是無盡的了解，就是「證空」的一方面的意義。由此證空的了解，不會因為由於煩惱與眾生的無盡，不管如何努力，都不會有圓滿的達成，就放棄努力，反而會興發出無盡的悲願。這就可以說證空會引發無限的悲願，如同上文所說的愈能體無，就愈能應物而無不為。《摩訶止觀》後文續云：

14 〔隋〕天台智者大師說，門人灌頂記：《摩訶止觀》卷五，七正觀　陰境。（方廣，1994年），頁260-261。

> 故須觀空。若偏觀空，則不見眾生可度，是名著空者，諸佛所不化。若偏見眾生可度，即墮愛見大悲，非解脫道云云。今則非毒非偽，故名為真。非空邊非有邊，故名為正。如鳥飛空，終不住空，雖不住空，跡不可尋。雖空而度，雖度而空。是故名誓與虛空共鬭，故名真正發菩提心。[15]

案此段更為真切，說明了對於空義的了解，是不能夠有任何執著的。如果認為空是「不見眾生可度」，這是「著於空」，是諸佛所不化的。如果認為眾生可度，則是「墮在愛見大悲」，即也不是恰當的了解，並非解脫道。此處所說的大悲不離於愛見，那就不能是沒有偏見的、普遍性的大悲。能夠不偏於上述兩種見解，才是對空義有正確的了解，而從這種對空的正確的了解，就可以引發真正的度盡一切眾生的悲願或菩提心。如上引文所說的「非空邊非有邊，故名為正」，有這種正確的對空義的了解，就有恰當的滅一切煩惱，度一切眾生的實踐，所謂「如鳥飛空，終不住空」，這也就是「雖空而度，雖度而空」，這樣才可以與虛空共鬭。這就表示了能夠正確了解空義，才可以引發與空虛的無盡一樣的，無盡的實踐力量。這一段的表示不正好就是王弼、郭象從無違、冥物而可以引發無不為的作用之意嗎？如果此說可通，就可以對佛教言空、證空，何以能引發無限的度盡一切眾生的大悲的實踐，給出一個恰當的說明。即如同上文所說，玄學家所說的體無，可以與物合一，而引發無不為的實踐；而佛教的證空，應該照樣可以生起正確的大悲心的實踐。為什麼呢？因為正確的對空義的了解，既不會執著於空，而袖手不顧眾生；又不會因為自己可以拯救眾生，而自以為是，或認為一定能夠救盡一切眾生。在這種「雙非」的辯證下，應該引發出來的，是正確的無盡的實踐的要求，這應該是「雖空而度，雖度而空」的涵義。

15 同上註，頁261。

六　結論

（一）從王弼的「法自然」的「無違」說到「與物冥」，而這種與對象及外在的環境完全密合一致、不分彼此，表達了道家闡發生命中的自然，可以達成不管遭遇什麼情境，都可以逍遙，即都可以是心安理得、無待於外的景況，進一步從無為而與物冥，就是從無為而開出無不為的關鍵。於是道家的智慧與理想，並不能只從讓開一步而不干涉的主體的境界來說，當然是表現這種境界，但同時也帶出順物而起用的無不為。這樣可以把唐牟兩位先生的不同意見會通起來。進一步說玄學這一層意思與天台圓教從對空的正確了解，可以引發無限的悲願之意相通，表達了「體無」與「證空」是可以引發無限的實踐要求的。

（二）向郭注的與物冥，表現了超越的與天地合一，與內在的順應萬物的不同，這種對逍遙的規定，好比是天台宗，尤其是宋代四明知禮對三千法的重視。而與物冥以「乘天地之正」來規定，而所謂「正」，是「不為而自能」，即讓有待者在不受干涉的情況表現他之所能。而且從無待者不離有待，任從有待者不失其所待，與佛即九法界眾生而成佛，三千法為佛法身本具相通。

（三）郭象注強調的「大小逍遙一也」，可以從保住差別的存在來理解，如果這一理解是正確的，則郭象的逍遙義是非分解的，與支道林的認為逍遙只能就至人之心來說不同。郭象的逍遙義是就在一切大小、長短的存在中表現，表面上至人的逍遙不見了，其實是即萬物的現實情況而表現，這與天台宗佛法身即於九法界而存在，是一樣的意思，即並不需要表現一個超越、不同於萬法的佛法身。佛法身或真心，不離開現實上一切可能的法而表現，於是真心並不需要突顯，這就是非分解的說法，郭象的「大小逍遙一也」正好是表現這一圓義，至人的逍遙，就表現在「大小逍遙一也」上面，只看到大大小小、林林總總的存在的逍遙，看不見至人或無待者的逍遙，其實是渾化在一起了，而且這樣子就保住了一切差別法的存在，即這一切法，因為都可以表現逍遙，就不能夠去掉，保住這一切差別法的存在，也等於是保住了現實人生的存在，因為現實人生都可以不離開當前的存在方式而表現逍遙或佛境界，那人生所可能遭遇到的每一種生活情況，都可以不需要去掉而當下就是最高境界或最高價值的體現。支道林則是分解的說，標舉了最高的理想意義，也很有作用，讓人有一個理想的嚮往，而此理想跟現實需要分開來看。但比較而言，郭象（向郭）注才是圓教的表達，如同天台宗才是真正的圓教。於是支道林與郭象的逍遙義的不同，如同華嚴的性起與天台的性具的不同。

（四）「大小逍遙一也」可以保住一切差別法的存在，如同說三千法，包含染惡法，都是佛法身的所在，於是郭象的逍遙義與天台圓教義理相通，是同一層次的說法。這是儒道佛三教的共通歸趨，也是中國文化哲學的特色或主旨所在。

《六韜》的文獻流傳及其文化史意義

趙飛鵬
國立臺灣大學中國文學系教授

摘要

《六韜》是古代兵學名著，相傳是姜太公所著。雖然此說過去一直在學界有爭議，但隨著近代出土文獻不斷的發現，有關《六韜》的成書與意義，也逐漸有了新的看法。筆者認為不妨將此書看作是姜太公在歷史流變中的一個側面寫照，反映出姜太公人物範型的確立過程。本文將先梳理《六韜》在歷代抄寫、刊刻的情況，觀察其文本的演變、形成；進一步參照其他史料，解析姜太公範型的確立及其文化史意義。

關鍵詞：六韜、道家、兵學、文獻、文化史

一　前言：姜太公之功業

姜太公，又稱為太公望、師尚父、姜尚、呂尚、姜子牙，是中國歷史中的一位傳奇人物。目前比較早期，且內容較為完整的姜太公生平記載，見於《史記．齊太公世家》[1]：

> 太公望呂尚者，東海上人。其先祖嘗為四岳，佐禹平水土，甚有功。虞夏之際封於呂，或封於申，姓姜氏。夏、商之時，申、呂或封枝庶子孫，或為庶人，尚其後苗裔也。本姓姜氏，從其封姓，故曰呂尚。
>
> 呂尚蓋嘗窮困，年老矣，以漁釣奸（干）周西伯。西伯將出獵，卜之，曰：「所獲非龍非彲，非虎非羆；所獲霸王之輔。」於是周西伯獵，果遇太公於渭之陽，與語，大說，曰：「自吾先君太公曰：『當有聖人適周，周以興。』子真是邪？吾太公望子久矣！」故號之曰「太公望」，載與俱歸，立為師。
>
> 或曰：太公博聞，嘗事紂。紂無道，去之。遊說諸侯，無所遇，而卒西歸周西伯。或曰：呂尚處士，隱海濱。周西伯拘羑里，散宜生、閎夭素知而招呂尚。呂尚亦曰：「吾聞西伯賢，又善養老，盍往焉！」三人者為西伯求美女奇物，獻之於紂，以贖西伯。西伯得以出，反國。言呂尚所以事周雖異，然要之為文、武師。
>
> 周西伯昌之脫羑里歸，與呂尚陰謀修德，以傾商政，其事多兵權與奇計，故後世之言兵及周之陰權，皆宗太公為本謀。周西伯政平，及斷虞、芮之訟，而詩人稱西伯受命，曰「文王」。伐崇、密須、犬夷，大作豐邑。天下三分，其二歸周者，太公之謀計居多。文王崩，武王即位。九年，欲修文王業，東伐以觀諸侯集否。師行，師尚父左杖黃鉞，右把白旄以誓，曰：「蒼兕蒼兕，總爾眾庶，與爾舟楫，後至者斬！」

1　《史記》三家注，卷32〈齊太公世家第二〉（臺北：鼎文書局，1979年），頁1477-1481。

遂至盟津，諸侯不期而會者八百（諸侯）。諸侯皆曰：「紂可伐也。」武王曰：「未可。」還師，與太公作此〈太誓〉。居二年，紂殺王子比干，囚箕子。武王將伐紂，卜，龜兆不吉，風雨暴至。群公盡懼，唯太公彊之，勸武王，武王於是遂行。十一年正月甲子，誓於牧野，伐商紂，紂師敗績。紂反走，登鹿臺，遂追斬紂。明日，武王立於社，群公奉明水，衛康叔封布采席，師尚父牽牲，史佚策祝，以告神討紂之罪。散鹿臺之錢，發鉅橋之粟，以振貧民。封比干墓，釋箕子囚，遷九鼎，脩周政，與天下更始，師尚父謀居多。

於是武王已平商而王天下，封師尚父於齊營丘。東就國，道宿行遲。逆旅之人曰：「吾聞時難得而易失。客寢甚安，殆非就國者也。」太公聞之，夜衣而行，犁（黎）明至國。萊侯來伐，與之爭營丘。營丘邊萊，萊人，夷也，會紂之亂而周初定，未能集遠方，是以與太公爭國。

太公至國，脩政，因其俗，簡其禮，通商工之業，便魚鹽之利，而人民多歸齊，齊為大國。及周成王少時，管、蔡作亂，淮夷畔周，乃使召康公命太公曰：「東至海，西至河，南至穆陵，北至無棣，五侯九伯，實得征之。」齊由此得征伐，為大國。都營丘。

從《史記》的敘述中，我們可以得到如下的訊息：

（一）姜太公的祖先，從大禹時代就是官員、貴族，可說是出身高貴，但是到了商朝晚年，卻因家道中落，只得流落各地，以謀生計。

（二）但是姜太公素有大志，以輔佐賢君，治國安民為目標，因此才有「垂釣渭濱以遇文王」的事跡。案：這個故事是姜太公最經典的傳說，後世關於姜太公的種種神化都是以此事為張本。然而太史公此文，值得注意的是兩個「或曰」這一段，說明姜太公當初可能是被其他人招募到文王的陣營中的，後來因為他營救文王有功，加上謀略過人，逐步受到文王的信任與重用，成為周朝的核心人物。這個說法應該更近於事實，但是卻不夠神奇精彩，似難以凸顯姜太公的特殊功業，所以太史公也只將其聊備一說。[2]

（三）姜太公最主要的成就，是輔佐文、武、成三朝，建立周朝長久帝業的基礎。同時開創齊國的歷史文化，甚至獲得周成王特許的專征之權，為其後齊桓公之霸業，奠定基礎。過程中的具體作法是「其事多兵權與奇計」，也就是廣泛運用軍事與謀略，也造成後世「言兵及陰權，皆宗太公為本謀」，形成「兵學」及「謀略學」的傳統。本文所要探討的《六韜》一書，就是在這個長遠的背景下形成的。

二　姜太公之著述

由於姜太公建立起兵學與權謀的傳統，其本人應該有這方面的著作，但可惜沒有完整流傳下來。反之，後世許多兵學謀略方面的書籍，往往託名為姜太公所撰，其中多少也應包含著姜太公本人的著作。早在《史記‧留侯世家》與《戰國策》裡，就有相關記載。[3]〈留侯世家〉云：

> （張）良嘗閒從容步游下邳圯上，有一老父，衣褐，至良所，……出一編書，曰：「讀此則為王者師矣！後十年興。……」旦日視其書，乃《太公兵法》也。良因異之，常習誦讀之。……良數以《太公兵法》說沛公，沛公善之，常用其策。
>
> 〈正義〉：「《太公兵法》一袟三卷。太公，姜子牙，周文王師，封齊侯也。」

《戰國策‧秦策一》云：

2 案：《孟子‧離婁上》：「太公辟紂，居東海之濱，聞文王作，興曰：『盍歸乎來！吾聞西伯善養老者。』」則《史記》「或曰」之說，當是亦有所本（《四書章句集注》，《孟子集注》，臺北：漢京文化事業公司，1983年），頁674。

3 《史記》三家注，卷55〈留侯世家第二十五〉（臺北：鼎文書局，1979年），頁2035；《戰國策‧卷三‧秦一》（臺北：里仁書局，1980年），頁85。

> （蘇秦）說秦王書十上而說不行。……歸至家，……乃夜發書，陳篋書事，得《太公陰符》之謀，伏而誦之，簡練以為揣摩。

這兩部書提到的《太公兵法》與《太公陰謀》，都可說是「後世之言兵及周之陰權，皆宗太公為本謀」的證明。《戰國策》的記載，更說明姜太公的著作，在戰國中、晚期已經非常流行，所以蘇秦「篋中」即有其書，可立即誦讀。

最早記錄姜太公著述的目錄書，是《漢書・藝文志・道家》：「太公二百三十七篇。謀八十一篇，言七十一篇，兵八十五篇。」[4]前述《太公兵法》與《太公陰謀》應即是包含於此處的〈謀〉與〈兵〉之中。值得注意的是：姜太公的著作被《漢志》列入道家，反映出姜太公與道家的密切關係。

《漢志》以下，著錄姜太公之著作者還有：

（一）《隋書・經籍志・兵家》：

> 《太公六韜》五卷。梁六123卷。周文王師姜望撰。
>
> 《太公陰謀》一卷。梁六卷。梁又有《太公陰謀》三卷，魏武帝解。
>
> 《太公陰符鈐錄》一卷。
>
> 《太公金匱》二卷。
>
> 《太公兵法》二卷。梁三卷。
>
> 《太公兵法》六卷。梁有《太公雜兵書》六卷。
>
> 《太公伏符陰陽謀》一卷。
>
> 《太公三宮兵法》一卷。梁有《太一三宮兵法立成圖》二卷。
>
> 《太公書禁忌立成集》二卷。
>
> 《太公枕中記》一卷。
>
> 《周書陰符》九卷。
>
> 《周呂書》一卷。

4 《漢書》卷三十〈藝文志第十〉（臺北：鼎文書局，1979年），頁1729。

（二）《舊唐書・經籍志・兵書》：

《太公陰謀》三卷。

《太公金匱》二卷。

《太公六韜》六卷。

《太公陰謀三十六用一卷。

《黃帝太公三宮法要訣》一卷。

（三）《新唐書・藝文志・兵書》：

《黃帝太公三宮法要訣》一卷。

《太公陰謀》三卷。

又《陰謀三十六用》一卷。

《金匱》二卷。

《六韜》六卷。

《當敵》一卷。

《周書陰符》九卷。

《周呂書》一卷。

（四）《宋史・藝文志》：

《太公兵書要訣》四卷。

朱服校定《六韜》六卷。

另外，相傳《陰符經》、《三略》等書也是姜太公所作，後世歧見同樣很大，但也可視為是廣義的《太公書》的一部分[5]。茲亦略述如下：

《陰符經》又稱《黃帝陰符》、《太公陰符》，可知作者原本已有不同傳說。其本文僅四百多字，一般分為上、中、下三篇，主旨在於「天地陰陽運行變化，與人事之間有相生相盜（取用）之關係，聖人當觀天之道，執天之行，掌握天人暗合之機，使行為舉動合乎天道，切應自然，則治國養生皆得其宜，可以長久。」與道家思想較近，於兵家之道，所說則較為抽象。

5　參考〈陰符經研究〉，周次吉，《朝陽學報》第七期，頁221-230；〈三略導言〉，黃樸民（長沙：岳麓書社，2011年），頁7-14。

《三略》又稱為《黃石公三略》，乃因《史記》稱贈與張良書卷者為黃石公；而所得書卷為《太公兵法》，才會被認為與姜太公有關。其書也是分為上、中、下三篇（略），約3800多字。其內容側重於從政治策略上闡明治國用兵的道理，糅合了諸子各家的部分思想，專論用於戰略的兵書。後世所稱之「韜略之學」，即是由《六韜》、《三略》而來，亦可知二者的密切關係。

綜合以上的記載，後世學者乃以「太公書」為名而統稱之。[6]其中，最重要、內容也相對完整可讀的，即是《六韜》。

今本《六韜》凡三卷，包含〈文韜〉、〈武韜〉、〈龍韜〉、〈虎韜〉、〈豹韜〉、〈犬韜〉等部分，故合稱《六韜》。何以稱為「韜」？《漢書・藝文志》於「儒家」下著錄〈周史六弢〉一種，顏師古〈注〉:「即今之《六韜》也，蓋言取天下與軍旅之事。弢字與韜同也。」[7]《六韜》又作《六弢》，見於《莊子・徐无鬼》:「吾所以說吾君者，横說之則以《詩》、《書》、《禮》、《樂》，從說則以《金版》、《六弢》。」《經典釋文》云:「〈金版〉、〈六弢〉，皆《周書》篇名，或曰秘讖也。本又作《六韜》，謂《太公六韜》。」[8]《說文》:「弢，弓衣也。」又:「韜，劍衣也。」二者皆可引申為裝東西的袋子，用為書名，其實與篇、卷等同意，表示包含若干章節，再者也是以「劍韜」的意象，特別凸顯其與兵法軍事之間的關係。[9]《六韜》之每〈韜〉之下，正是包含若干篇文章，合計六十篇。至於全書的內容，以今日的角度來看，其每篇大意為:〈文韜〉12篇，論治國用人的基本方針；〈武韜〉5篇，泛論用兵的方略；〈龍韜〉13篇，論將帥的選拔與軍事指揮的組織系統；〈虎韜〉12篇，論戰爭環境以及武器與布陣；〈豹韜〉8篇，論在特殊地帶和險阻地形下的戰術；〈犬韜〉10篇，具體討論述步兵、車兵和騎兵諸兵種的性能、戰鬥力、陣法和作戰方式，開創了對諸兵種聯合作戰的研究。[10]

6 〈太公書定義初探〉，蕭海揚，《中國文化研究》第35期，頁30-31。

7 《漢書》卷三十〈藝文志第十〉（臺北：鼎文書局，1979年），頁1725。

8 《經典釋文》卷二十八〈莊子音義下〉（臺北：漢京文化事業公司，1983年），頁395。

9 〈六韜命名及文本流變研究〉，蘇曉威，《中國典籍與文化》，2010年第4期，頁54-55。

10 《六韜軍事哲學思想研究》，何元興（東吳大學哲學所碩士論文，2017年），頁20-21。

三 《六韜》的寫本

據當代學者研究，《六韜》當完成於戰國晚期、秦統一天下之前。因此自漢初至隋代雕版印刷術發明以前，《六韜》都是以寫本形式流傳的。目前尚存於世的寫本《六韜》，主要有三種本子，簡略說明如下：[11]

（一）銀雀山漢墓竹簡本《六韜》

1972年，在山東省臨沂縣銀雀山漢墓出土的漢簡中，有《六韜》殘簡，簡本中有七篇與今傳本《六韜》相應，其餘七篇分別為《呂氏春秋》、《漢書》、《群書治要》、《北唐書鈔》、《太平御覽》等所引錄《六韜》佚文及佚篇。專家推斷此墓葬的時間，應該不晚於漢武帝元狩五年，即西元前118年，竹簡的書寫年代還應早於墓葬時間，因為竹簡並不避諱漢初幾個皇帝的名諱，例如：竹簡中出現邦、恆、啟、徹等皇帝的名諱。與《六韜》有關的竹簡，計有146枚，2100多字，四個篇題。此一地下出土文獻有力地證明了此書在西漢以前就廣為流傳，其成書年代必在先秦戰國之時。1985年，文物出版社出版了《銀雀山漢墓竹簡（壹）》，對外公布了《六韜》竹簡的照片、摹本和釋文。銀雀山漢墓竹簡本《六韜》的問世，受到了學術界的高度重視。

（二）河北定縣出土竹簡本《太公》

1973年，河北省定縣八角廊40號漢墓出土了《太公》竹書，《太公》書的出土對研究《六韜》有重要的意義，為前述《太公書》的說法，提供了確切的根據。此次出土的《太公》竹簡，共發現〈治國之道第六〉、〈以禮儀為國第十〉、〈國有八禁第卅〉等十三個篇題。還有一部分寫有「武王問」或「太公曰」等字樣。有的句子為唐以前文獻所引用，有的稱引自《六韜》，有的稱引自《金匱》。從出土的竹簡來看，原本《太公》的篇目應當不少，因而亡佚的也很多。竹簡文字有的只有題目，未見內容，由此看來，竹簡本之內容比今本

---

11 參考《太公望與六韜》，王珏，《管子學刊》2018年第4期，頁83-88。

要豐富得多。此漢墓竹簡入藏的年代，大約在西元前55年（漢宣帝五鳳三年，即墓主中山懷王劉修逝世之年），這為《六韜》在漢以前就已流傳提供了新的證據。定縣竹簡釋文正式刊布於2001年第4期《文物》。該批殘簡共有144枚，1400多字，13個篇題。文字雖然不多，但對研究《六韜》有極高的學術參考價值。

（三）敦煌唐寫本《六韜》殘卷[12]

1900年開始，在甘肅省敦煌千佛洞發現大量的古代文獻，其中就有《六韜》的寫本一卷，現藏於法國巴黎國家圖書館，編號為P3454。唐寫本共201行，然卷首缺損嚴重，全文僅存約4000多字。其內容為〈文韜・上賢〉至〈文韜・拒諫〉，因避諱淵、世、民等字，可推知其抄寫於唐初。唐寫本《六韜》的文獻價值在於：

1. 篇目較多，與今本（宋本）頗有不同，次序也有不同，證明宋本已刪削甚多。
2. 寫本中除了正文，還有部分篇末附抄標明「一曰」、「師曰」、「一說」、「師尚父曰」、「太公師尚曰」等材料，可能即是源自其他流傳的《太公書》，與傳世古書所引《六韜》的文字，也可以互相印證。
3. 唐寫本展現了《六韜》一書的原始面貌，提供大量校勘與輯佚的資料，同時也可讓我們了解古籍在抄寫、流傳過程中纂輯、整理的情形。

四　《六韜》的刊本

雕版印刷發明以後，書籍的出版發行，更為便利，因而其流通速度也大幅增加，進一步影響了文化的發展。以《六韜》為例，即形成了較為複雜的版本系統。茲亦簡述如下[13]：

---

12 《六韜研究》，周鳳五（國立臺灣大學中文研究所博士論文，1978年），頁71-74。

13 〈《六韜》成書及其版本匯考〉，王震，《文史哲》2022年第2期，頁116-126。

(一) 北宋《武經七書》本

北宋神宗元豐三年(1080),開始設置武舉武學,並下詔整理、刊行七種兵書,即:《孫子》、《吳子》、《六韜》、《司馬法》、《三略》、《尉繚子》、《李衛公問對》等七部,合稱《武經七書》。主持整理、校訂的人,是國子司業朱服、武學博士何去非。其中所收《六韜》,綜合了抄本時期所流傳的各種《太公書》裡的材料,刪繁就簡,保存了六十篇文字,形成了《六韜》的定本,也成為了以後各種《六韜》版本的源頭。目前傳世的《武經七書》本《六韜》,尚有不少,如:《宋刊武經七書》(配抄補,靜嘉堂文庫;《續古逸叢書》收有景印本)、《武經七書》(明.嘉靖三十一年〔1552〕陝藩刻本,上海圖書館)、《武經七書》(明.嘉靖四十年〔1561〕臨海陳錫刊,臺北國家圖書館)、《武經七書》(日本慶長十一年〔1606〕刻,北大圖書館)等。

(二) 南宋《武經七書講義》本

南宋初士人施子美曾對《武經七書》做了全面的註解,是第一次對《六韜》進行注釋。施子美,福建懷安人,孝宗淳熙十一年(1184)武舉進士。該書〈序〉云:「三山施公子美,為儒者流,談兵家事,年少而升右庠,不數載而取高第,為孫吳之學者多宗師之。」此書對原文的篇、章、句都有解釋,並引用其他文獻,如《老子》、《管子》等進行注釋,各種兵書之間亦相互引證。此書宋孝宗時曾加以刊行,現存之傳本,有金光宗元光元年(1222)覆刊本(北京圖書館)、日本文久三年(1863)刊本(北大圖書館)、日本慶長間活字本(尊經閣)等。

(三) 明代《武經七書直解》本

明初,太祖曾下令武官子弟亦應熟悉文事、講讀兵書,並臨期試用,而《武經七書》即是重要的教本。前辛亥科(1371)進士劉寅[14]乃對《武經七

14 劉寅,字拱辰,山西崞縣(今原平市)人,洪武四年(1371)中式辛亥科進士。任兵部主事,累遷兵部侍郎,入鄉賢祠。

書》做了全面的註解，稱為《武經七書直解》。書前劉寅序云：「寅觀《孫武》舊註數家，矛盾不一，學者難於統會，《吳子》以下六書無註。市肆版行者，闕誤又多，雖嘗口授於人，而竟不能曉達其理。於是取其書刪繁撮要，斷以經傳所載先儒之奧旨，質以平日所聞父師之格言；訛舛者稽而正之，脫誤者訂而增之。」此書問世後，頗為風行，影響至今。現存重要的傳本，如：明成化二十二年（1486）刊本（南京圖書館）、明萬曆九年（1581）刊本（北京圖書館）、明萬曆年間朝鮮活字印本（北大圖書館）等。

（四）其他叢書本《六韜》

明、清以後，對《武經七書》進行刊印、註釋、闡發的各種兵學叢書，也是非常之多，其中均收有《六韜》，形成一種特殊的版本型態。舉其要者，如：《褒谷子商騭武經七書》（明・孫履恆，崇禎二年〔1629〕刊本），《武經開宗》（明・黃獻臣，崇禎九年〔1636〕刊本），《新鐫武經集註》（明・沈應明，崇禎九年〔1636〕經世堂刊本），《新鐫武經七書類注》（明・黃華暘類注、張自烈輯箋，崇禎十年〔1637〕吳氏富酉堂刊本），《新鐫標題武經必讀增注》（明・徐大儀，明末刊本），《武經七書策題全解》（清・丁洪章，康熙二十七年〔1688〕刊本），《武經七書匯解》（清・朱鏞，康熙二十八年〔1689〕懷山園刊本），《武經大全標題會解》（清・魯經，康熙四十八年〔1709〕刊本）等。

（五）單行本《六韜》

除了收入叢書的《六韜》傳本之外，明、清以來單行流通的《六韜》更是繁多，現僅以臺北國家圖書館所藏為例，著錄於下：

1.《六韜》六卷，明嘉靖辛卯（10年，1531）施恆齋刊本
2.《六韜直解》六卷，劉寅，明成化丙戊（22年，1486）保定知府趙英刊本
3.《六韜》六卷，明萬曆甲午（22年，1594）大名府刊本
4.《六韜》一卷，清道光中甘泉黃氏刊光緒19年（1893）印本
5.《六韜》六卷，清光緒十一年（1885）吳縣朱氏槐廬家塾重刊本

（六）《六韜》之佚文

如前所述，《太公書》系列的書籍，在先秦時代即已廣為流傳，不僅有各種名目的篇章、專書留存於世，更有各類古書中的引用、節錄、抄撮，保存不少《六韜》的佚文。除了竹簡本與敦煌本外，曾引用《六韜》之古書，至少有下列幾種：

1.《尚書正義》
2.《禮記正義》
3.《說文繫傳》
4.《史記正義》
5.《續漢書注》劉昭
6.《舊唐書》
7.《資治通鑑外紀》劉恕
8.《路史》
9.《管子》
10.《鬼谷子》
11.《山海經注》郭璞
12.《北堂書鈔》
13.《群書治要》
14.《藝文類聚》
15.《初學記》
16.《意林》
17.《太平御覽》
18.《事類賦注》
19.《天中紀》陳耀文
20.《鼠璞》戴埴
21.《昭明文選注》
22.《楚辭補注》

五　結論：從《六韜》的文獻形成看其文化史意義

綜觀《六韜》全書的思想，蘊含以下主題：[15]

1. **民本觀**：帝王應以維護人民福祉為最高目標，也才能確保國家級政權的安定。〈文師〉云：「同天下之利者，則得天下；擅天下之利者，則失天下。」〈國務〉云：「故善為國者，馭民如父母之愛子，如兄之愛弟。見其饑寒則為之憂，見其勞苦則為之悲。」

2. **教化觀**：帝王不但要愛護百姓，還要教化人們，使人民更加安定。〈文啟〉云：「陳其政教，順其民俗，群曲化直，變於形容。……天有常形，民有常生。與天下共其生，而天下靜矣。太上因之，其次化之。夫民化而從政，是以天無為而成事，民無與而自富。此聖人之德也。」

15 〈六韜的成書及其思想蘊涵〉，仝晰綱，《學術月刊》2000年第7期，頁94-98。

3. **人才觀：**治理國家，首重人才的進用，而如何選才用人，就是施政的重點。〈上賢〉云：「上賢，下不肖；取誠信，去詐偽；禁暴亂，止奢侈。」舉才應注意考察其真實為人，而不以群眾好惡為準。〈舉賢〉云：「不以世俗之所譽者為賢，不以世俗所毀者為不肖。……以世俗之所譽者為賢，以世俗之所毀者為不肖。則多黨者進，少黨者退。若是則群邪比周而蔽賢，忠臣死於無罪，姦臣以虛譽取爵位，國不免於危矣。」

4. **賞罰觀：**有了人才以後，對於人才的考核，就必須用到賞罰來落實。姜太公指出賞罰的原則是：「凡用賞者貴信，用罰者貴必。」「勿妄而許，勿逆而拒。」「不因喜以賞，不因怒以誅。」警惕領導人不可「好惡由心」。

5. **將帥觀：**軍事勝利的主因，除了政策、戰略之外，領導部隊的將領，是決定性的因素。〈奇兵〉云：「故將者，人之司命，三軍與之俱治，與之俱亂。得賢將者，兵強國昌；不得賢將者，兵弱國亡。」〈論將〉、〈選將〉、〈立將〉、〈將威〉等篇，更是集中闡述選拔將才的原則與方法。

6. **軍事觀：**一個國家要長治久安，政治清明之外，國防策略及軍事力量，也是不可忽視的要件。而軍事首重「不戰而勝」，如〈發啟〉云：「全勝不鬥，大兵無創。」至於具體方法，《六韜》謂之「文伐」，〈文伐〉列舉12種方法，如「因其所喜，以順其志。親其所愛，以分其威。陰賂左右，得情甚深。娛以美人，輔其淫樂，厚賂珠玉，以廣其志……。」總之，不外分化、瓦解、削弱敵方的心理與力量，為軍事行動創造機會。其次，在作戰時，虛實互用、出奇制勝也是最高原則，〈兵道〉云：「外亂而內整，示饑而實飽，內精而外鈍，一合一離，一聚一散，陰其謀，密其機，高其壘，伏其銳士，寂若無聲，敵不知我所備。欲其西，襲其東。」

可見《六韜》所言，雖然是以軍事兵法方面的知識為主，但更擴及帝王治術、政治基礎、愛民體物等方面的重要思想，可說是古代為政治兵法的寶典，許多觀點也值得現代人借鏡。例如書中一再強調的「天下非一人之天下，乃天下之天下也。」[16]與現代國家之民主精神實為相通，值得讚嘆。

---

16 《六韜讀本》〈文師第一〉、〈發啟第十三〉，鄔錫非（臺北：三民書局，2003年），頁7、頁52。

觀察《六韜》文獻的形成與流變，我們發現兩條主要途徑，可藉以說明姜太公人格範型的形塑過程：

（一）道家與道教的結合

《太公書》在《漢書．藝文志》中列入道家，是不無道理的。今本《六韜》反映出姜太公的治國思想，與道家思想極為相近，如〈大禮〉云：「文王曰：『主位如何？』太公曰：『安徐而靜，柔節先定。善與而不爭，虛心平志，待物以正。』」〈明傳〉云：「文王曰：『先聖之道，其所止，其所起，可得聞乎？』太公曰：『見善而怠，時至而疑，知非而處，此三者，道之所止也。柔而靜，恭而敬，強而弱，忍而剛，此四者，道之所起也。』」[17]凡此皆可與《老子》之說互相發明。因此當東漢以後道教興起，先秦道家中的老子、莊子既皆被提昇為神仙，姜太公也同樣逐漸列入仙界。例如託名劉向所撰的《列仙傳》中記載：「呂尚者，冀州人也。生而內智，預見存亡，避紂之亂，隱於遼東四十年。適西周，匿於南山，釣於溪。三年不獲魚，比閭皆曰：『可已矣。』尚曰：『非爾所及也。』已而，果得兵鈐於魚腹中。文王夢得聖人，聞尚，遂載而歸。至武王伐紂，嘗作《陰謀》百餘篇。服澤芝地髓，具二百年而告亡。有難而不葬，後子葬之，無屍，唯有《玉鈐》六篇在棺中云。」[18]已經將歷史人物的姜太公進行「神仙化」了。

（二）兵家與黃老之術的結合

《六韜》的內容中，關於戰略、戰術的部分，仍然占了很大比例，自〈文韜〉以下，都是與政略、戰略、戰術等相關問題的討論，可說「壯己弱敵、興周滅殷」的主要目標是非常清楚的，其中無論權謀、詐術，都蘊含了兵家克敵制勝與黃老帝王之術的思想。有一個故事，可以說明姜太公謀略思想的影響。[19]《呂氏春秋．仲冬紀．長見》云：「呂太公望封於齊，周公旦封於魯，二

17 《六韜讀本》〈大禮第四〉、〈明傳第五〉，鄔錫非（臺北：三民書局，2003年），頁18、頁21。

18 《列仙傳註譯》，滕修展、王奇（天津：百花藝文出版社，1996年），頁25。

19 《呂氏春秋》，王學典註譯（濟南：齊魯書社，2007年），頁95。

君者甚相善也。相謂曰『何以治國？』太公望曰：『尊賢上功。』周公旦曰：『親親上恩。』太公望曰：『魯自此削矣。』周公旦曰：『魯雖削，有齊者亦必非呂氏也。』其後齊日以大，至於霸，二十四世而田成子有齊國；魯日以削，至於覲存，三十四世而亡。」同一故事，在《韓詩外傳》、《淮南子・齊俗》等書中，也都有記載，僅文字繁略有所不同。這都說明姜太公的治國之術，仍以尊賢（重用人才）、上功（上通尚，重視功績）為本，影響深遠。故而歷代凡欲富國強兵者，自然都會用心研讀姜太公所留下的筆墨珠璣。

再至後世，將道教仙家與謀略兵家進一步結合為一，加上姜太公「為文、武師」的卓越地位，塑造出歷史上「帝師」這一特殊的傳統，如漢代的張良、三國的諸葛亮、明代的劉基等。到了明朝中葉《封神演義》小說的出現[20]，添加仙佛異人的種種神蹟推衍，從經典史冊到通俗文學，正式完成姜太公神化的過程。

20 據研究，《封神演義》最早刊行於明・萬曆、隆慶之際。參考〈《封神演義》的成書及作者〉，《陝西師範大學學報》第20卷第2期，1991年，

「龍從火裏出，虎向水中生」
──唐宋內丹思想的源起試探

鄭燦山
國立臺灣師範大學國文學系教授

摘要

作為內丹思想成熟之標竿的鍾呂內丹道派，在唐代中晚期便已經提出科層化的「精氣神」概念。顯然在內丹道之中「神」作為最頂層的概念，「氣」居次，「形」又次之。科層式的定義開展出條件式的系列，在理論層次上，界線分明。在內丹修煉功序上，「煉形」是「煉氣」的充分條件，「煉氣」是「煉神」的充分條件，而「煉神」又是「與道合真」的充分條件，不容躐等。

而內丹修煉之道，其關鍵起手式則在於針對體內精氣進行所謂的「龍虎交媾」，產生內丹之基礎，而後才能依序展開科層化的「精氣神」之鍛鍊，終底大成。其中「龍從火裏出，虎向水中生」概念的提出，標誌著內丹家對於人身中之三丹田與五臟之組成架構的深入解釋，產生了關鍵意義的轉向，從而決定了後代內丹道發展的新趨向。

所以，本文希望對於「龍從火裏出，虎向水中生」概念，做出歷史性的考察，期能釐清並補足內丹發展史的一小段空白。

關鍵詞：內丹、龍虎交媾、心腎、坎離、水火、四象

一　前言

關於內丹之定義式討論，可謂百家齊放，眾說紛紜，所以內丹思想之溯源，也往往言人人殊，尚無確論。[1]有學者檢視許多南北朝唐宋之內丹文獻或其他史料，考察內丹、外丹、陰丹、陽丹等關鍵詞義，希望釐清內丹術可能的源起。但是對於所援引的資料，則多持疑義，甚至直接認為是後代偽造。[2]學界另有透過內丹修煉方法之特徵，而上溯其源者。[3]特別是探查內丹與早期內煉養生思想之關係者，頗有其人。[4]

另外，學者分疏中國哲學史，為宋明儒學之發展溯源，特別留意到唐代內丹思想之興起，可能對於宋代儒學有啟迪之功，而上追「內丹」當始自隋朝道士蘇元朗。[5]雖然蘇元朗之說，未必受到學術界普遍認可，但是中國哲學史學者視角竟能擴及道教，也算別具隻眼了。

確實地，學界慣習引用分析討論的諸般史料資料，似乎都有斧鑿之跡，後

---

1 對於內丹與內丹之歷史淵源的研究，可以參考任繼愈主編，《中國道教史》(上海：上海人民，1990)，pp.446-450。又可參酌卿希泰主編，《中國道教史》第二卷（成都：四川人民出版社，1992年7月第1版），pp.516-518。

2 請參考張廣保，《唐宋內丹道教》(上海：上海文化，2001年第1版)，pp.2-23。另參胡賽茵（Farzeen Baldrian-Hussein）著，康自強譯，〈體內鍊丹術：注釋術語「內丹」的起源與使用〉，《書目季刊》第48卷第3期（2014年12月），pp.90-96。另參考Baldrian-Hussein, Farzeen. "Inner Alchemy: Notes on the Origin and Use of the Term *Neidan*." *CEA* 5:163-190. (1989-90)

3 譬如，日本學者加藤千惠，便分析比較了內丹與六朝時期的存思術，二者之間的相似點，從而推斷成書於四世紀後期至五世紀中期的《老子中經》，可以算是內丹思想的起源之一。請參考加藤千惠，〈《老子中經》與內丹思想的起源〉，《宗教學研究》1997年第4期。另可參考加藤千惠，〈『老子中經』と內丹思想の源流〉，《東方宗教》第87號（東京：日本道教學會，1996年)。前文加藤氏以中文寫作，但是該文省去了《老子中經》的神譜圖，而後文則全備不缺。

4 如龔鵬程，批評追溯內丹之源起於隋唐之際的相關史料，不足為憑。而龔氏比較傾向認為，六期內煉養生思想，在術語、概念與理論等方面，影響了後代內丹之發展。參考龔鵬程，〈內丹學的興起〉，《道教新論二集》(臺北：南華管理學院，1998年)，pp.153-154。

5 參考勞思光，《中國哲學史》(三上)(臺北：三民書局，1987年2月三版)，p.17。此外關於內丹起源，溯及隋朝道士青霞子蘇元朗的研究考證，另可參考盧國龍，〈《參同契》與唐宋內丹道之流變〉，收入《道家文化研究》第11輯（北京：生活・讀書・新知三聯書店，1997年)，pp.130-135。盧國龍反而認為，青霞子倡導內煉之術，對於內丹發展有濫觴之功。

代偽造或添補的成分較高，實在無法據之立論內外丹之史實。不過其中南北朝末天臺宗二祖慧思法師《南嶽思大禪師立誓願文》，則似乎尚有商榷空間。

因為慧思法師（515-577）於此文中說：

> 為護法故求長壽命，不願生天及餘趣，願諸賢聖佐助我，得好芝草及神丹，療治眾病除饑渴，常得經行修諸禪，願得深山寂靜處，足神丹藥修此願。藉外丹力修內丹，欲安眾生先自安。[6]

當然其中所謂「內丹」，語焉不詳，而「外丹」則指涉神丹藥。這一段文字，是學界常常援引討論的。此外，通讀此文，可以發現全篇仍有八、九處文字提到，慧思自述希望能修持神仙之道，先成就五神通，而後再接著證悟獲得佛教的所謂第六神通，以便能夠長生，持續傳揚佛教。甚至慧思還深切期盼可以永恆住世，直到未來佛彌勒降世。字裡行間，透顯出慧思的渴望。總之，通篇肯定道教內外丹術具有長生永壽的神效。可是，這篇誓願文卻往往被判定是後代的偽作，未足憑恃。

我們另做他想，慧思於誓願文之中，縷述自己修道傳教的經歷，屢屢遭遇奸人陷害乃至毒害，幾乎殞喪性命。所以強化他要追求長生以便繼續傳教的願望。試想，如果這份誓願文是道教徒偽造的，如何能夠詳知慧思生平事蹟之細節呢？如果虛構，必定馬上會被佛教徒揭穿。再者，假使是向壁杜撰的，又怎能被收編入佛教的大藏經呢？更何況隋唐之際，道教內部以及當時之中國醫學，盛行煉氣療病之法。另外天臺宗止觀法門，也有調息治病之例。而且五世紀前期至七世紀初期都有漢譯本的《金光明經》，也強調調氣治病之法。[7]而《金光明經》則是天臺宗很重視的經典。所以，慧思誓願文或許未可遽然判為偽作而割捨不顧。

上述諸端，學界常見。而或許誠如學者所言，因為內丹道自身的特性，所

---

6 參考《大正新脩大藏經》第四十六冊No.1933，p.791。

7 參考龔鵬程，〈內丹學的興起〉，《道教新論二集》（臺北：南華管理學院，1998年），pp.160-162、166-167之討論考察。

以研究者考察內丹問題，很難有一個共同的準則作為討論基礎。甚至對於內丹源起之歷史斷代，上可至春秋時代，下可至五代宋初。[8]落差之大，讓人瞠目。

雖然對於內丹道之歷史溯源工作，未必順利，也未能取得共識。不過，透過內丹經典或文獻之檢覈，還是可以梳理出內丹道的組成要件。譬如說，唐宋以降百代內丹道一再推崇的鍾呂丹法，透過分析其中的丹道思想，則內丹道的關鍵術語，油然而現。譬如「煉精化氣、煉氣化神、煉神合道」概念組，又如「龍虎交媾」之說等等。

關於內丹道「煉精化氣、煉氣化神、煉神合道」概念組之溯源，最早似乎可以追溯至隋唐初的道醫孫思邈。在孫氏《存神煉氣銘》中，便稱作「五時七候訣」，其中所謂「七候」涉及精氣神的修煉、轉化之理。如此一來，則內丹濫觴於隋朝，亦不無可能。同理，可據以推論，慧思法師《南嶽思大禪師立誓願文》論及內外丹之事，未必不可能。

這些都是內丹思想形成的重要的「點」，所以本文筆者將採取點的突破之研究方式。這些點是內丹思想之所以成立的關鍵而必要之條件。筆者以前曾經做過先行研究，[9]此次本文將提出另一個「點」，即「龍虎交媾」，作為考察與研究的主題。「龍虎交媾」是陰陽二氣交合的一種說法。透過鉛汞陰陽二氣之和合以入中宮鍛鍊，而成九轉金丹之道，在初唐道士元陽子著作中已經論及。[10]只是，「龍虎交媾」立足於傳統陰陽二氣交合之論，又提出了更進一步更細緻的觀點，在中國內丹發展史上，頗值得關注討論。

經由內丹道的諸「點」的歷史性追溯，或許可以逼顯出內丹思想的可能源頭或是其萌芽的年代。

---

8 參考盧國龍，〈《參同契》與唐宋內丹道之流變〉，收入《道家文化研究》第11輯（北京：生活·讀書·新知三聯書店，1997年），p.124。

9 筆者所撰〈唐代道經靈寶定觀經與觀妙經的比較〉，曾參加輔仁大學宗教學系主辦之「道教經典與思想」學術研討會（2018年5月12日），後更名為〈唐代道教靈寶定觀經、觀妙經與內丹思想的關係〉（待刊稿）。此文聚焦關於內丹理論之骨架「煉精化氣、煉氣化神、煉神合道」概念組之溯源，因為這個概念組是內丹思想成立的關鍵而必要之條件，似乎學術界並無異議。

10 參考盧國龍，〈《參同契》與唐宋內丹道之流變〉，收入《道家文化研究》第11輯（北京：生活·讀書·新知三聯書店，1997年），pp.135-139之闡釋。

二 「龍虎交媾」觀念之提出與反思

「龍虎交媾」觀念之提出，標誌著內丹思想的成熟，而為百代內丹家所追循遵從。我們還是回到考察鍾呂丹道的路上，以見其轉變遞嬗之跡。而鍾呂師徒二人也確實能夠獨到而深刻地切中肯綮，直搗道教內煉術之精要，而能直標新義，迴出前人。我們嘗試以鍾呂丹派之幾部基本丹書，如唐五代鍾離權與呂洞賓師徒二人的合作之作《秘傳正陽真人靈寶畢法》(以下簡稱《靈寶畢法》)、《鍾呂傳道集》，以及呂洞賓之嫡傳弟子華陽真人施肩吾《西山群仙會真記》為基礎，再參考其他內丹要籍，藉以釐清「龍虎交媾」觀念之始源及其內丹思想史之意義。

「龍虎交媾」概念之建構，指涉產生內丹之基礎藥材的成立，若否則不足以內煉成丹，即成內丹。所以這是內丹道之得以成立的基本概念，非常關鍵而重要。

我們看看鍾呂如何提出具有劃時代意義的見解，為內丹道之發展跨出關鍵的一步。首先，鍾呂認為，若要成道，煉丹功程始自「龍虎交媾」。[11]因此乃言:「內丹之藥材出於心腎，是人皆有也。……是此藥內本於龍虎交而變黃芽，黃芽就而分鉛汞。」(15/11)[12]龍虎交媾才能產生內丹之藥材——「黃芽」。

接著我們要問，何謂「龍虎」？

《鍾呂傳道集》闡述言:「呂曰人之長生者，鍊就金丹，欲鍊金丹，先採黃芽，欲得黃芽，須得龍虎。所謂真龍出於離宮，真虎生於坎位。離坎之中而有水火。」(15/1) 所以龍虎也來自心(火)腎(水)之中，而離坎分別指涉心腎。而其中「所謂真龍出於離宮，真虎生於坎位。」正是本文的關鍵句子，實際上是根據呂洞賓乃師鍾離權的論點。至於真龍真虎之義可以進一步釐清。《鍾呂傳道集》論曰：

---

11 《靈寶畢法》上卷「小乘安樂延年法四門」中之〈匹配陰陽第一〉、〈聚散水火第二〉、〈交媾龍虎第三〉依序鋪展出內丹功法的意義及實際操作的程序。

12 《鍾呂傳道集》卷十五，p.11，此書收編入《修真十書》，以下仿此，不另外加注。

> 鍾曰論其交合生成，乃元陽一氣為本。氣中生液、液中生氣。腎為氣之根，心為液之源。靈根堅固，恍恍惚惚，氣中自生真水；心源清潔，杳杳冥冥，液中自有真火。火中識取真龍，水中認取真虎。龍虎相交而變為黃芽，合就黃芽而結成大藥，乃曰金丹，金丹既就乃曰神仙。……呂曰如何謂之黃芽？鍾曰真龍真虎者是也。呂曰龍虎者何也？鍾曰龍非肝也，乃陽龍，陽龍出在離宮真水之中；虎非肺也，乃陰虎，陰虎出在坎位真火之中。（14/24）

其中靈根指腎，心源指心。而龍虎卻又與心腎或水火的關係為何呢？

《鍾呂傳道集》又曰：

> 呂曰龍本肝之象，虎乃肺之神。是此心火之中而生液，液為真水，水之中杳杳冥冥而隱真龍。龍不在肝而出自離宮者何也？是此腎水之中而生氣，氣為真火，火之中恍恍惚惚而藏真虎，虎不在肺而生於坎位者何也？（15/4）

又曰：

> 呂曰腎水生氣，氣中有真一之水，名曰陰虎，虎見液相合也；心火生液，液中有正陽之氣，名曰陽龍，龍見氣相合也。（15/6）

分析上引幾段文獻，可以歸納出，首先腎指水也、心指火也。其次腎水中生「氣」、心火中生「液」。「氣」又可稱「真火」，「液」則稱「真水」。[13]最後「氣」（「真火」）中內蘊「真一之水」叫作「虎」、「陰虎」、「真虎」，「液」（「真水」）之中內蘊有「正陽之氣」，稱作「龍」、「陽龍」、「真龍」。不過，上

13 當然有時「真火」、「真水」也可以指涉「真龍」、「真虎」，但是一般仍以指「氣」、「液」之用法較為普遍。如果檢覈鍾呂丹經其中術語概念之使用，不免存在夾雜模糊之處，但是綜而觀之，鍾呂內丹道之學說，可算是體系精整，義理圓熟的。

述諸概念皆可以總攝在「陰」與「陽」的終極觀念組之下。又因為「虎見液相合、龍見氣相合」，所以鍾呂內丹功法強調，必須在虎未轉化成液、龍未轉化成氣之前，讓龍虎交媾，才能生出黃芽（內丹之藥）。

另外，上引文鍾離權刻意指出，龍非肝也，虎非肺也，反而說「陽龍出在離宮，陰虎出在坎位」，則是為了與漢唐以來傳統之陰陽五行術數體系之觀點作出差異性的區隔。因為鍾氏很清楚這個知識傳統，《鍾呂傳道集》記載其觀點：

> 鍾曰龍，陽物也，……在象為青龍，在方為甲乙，在物為木，在時為春，在道為仁，在卦為震，在人身中五藏之內為肝。虎，陰物也，……在象為白虎，在方為庚辛，在物為金，在時為秋，在道為義，在卦為兌，在人身中五藏之內為肺。（15/4）

不過，考察《鍾呂傳道集》前後文，鍾離權既言，龍非肝也，虎非肺也。又說「在象為青龍，……在人身中五藏之內為肝。……在象為白虎，……在人身中五藏之內為肺。」這種依稀彷彿自我矛盾的敘述，弄得呂洞賓一頭霧水而忍俊不住地提問。筆者於本文所揭櫫的問題意識，正是為了彰顯，鍾離權所揭示的，龍非肝也，虎非肺也，而且「陽龍出在離宮，陰虎出在坎位」，這種跳脫漢唐以來傳統陰陽五行術數體系窠臼之新創的觀點。如此一來，才能施行「龍虎交媾」、陰陽和合、水火既濟的內丹修煉功法，因為如果龍是肝是木，虎是肺是金，那便無法「交媾」了，從而無由生出內丹之材——「黃芽」。

呂洞賓嫡傳弟子施肩吾繼承了鍾呂內丹法訣，又進一步引申而闡論，《西山群仙會真記》曰：

> 《西山記》曰……若以下關透而起自尾閭穴，左昇者為龍，右起者為虎。炁從夾脊雙關而過，至分道嶺而陽龍之炁入內院，陰虎之炁入天池。左旋右盤三十六數，而真水下降，如甘露入心。此是龍虎相交于上宮，又不必于心腎而有上交上合之別也……還丹之時，乃陰虎單行而不必交于龍也；焚質之時，乃陽龍獨舉而不必交于虎也。龍虎之功不為小

矣！（4/5）[14]

這一段描述著鍾呂內丹修煉有成，後半段的功序尚有焚質煉形、金液玉液還丹之法訣，而分別以龍、虎來象徵指涉之，對於龍、虎概念之詮解，除了遠非傳統陰陽五行術數體系所能限囿之外，又且超出了「龍虎交媾」之格局了。如此則「龍虎」之概念與意象，又不僅只是龍虎交媾之義而已。

所以能出現如此的蛻變，其關鍵皆在於「龍非肝也，虎非肺也，陽龍出在離宮，陰虎出在坎位」，這個全新的詮釋觀點的提出，才能局部翻轉漢唐傳統陰陽五行術數知識體系，乃至於依之以建立的漢六朝之形形色色的存思煉氣法，也同時被超越了，新型態的道教內煉術——內丹，於是誕生，甚至唐宋以降，幾乎取代了漢六朝之傳統的存思煉氣法。

龍虎本為四象，陰陽五行天干地支、五臟五色等所構築的一大套天人哲學，在漢代象數、術數乃屬已定之局，一直為後世所沿用直到唐代。[15]而這套術數體系，被運用於道教丹道，則始自東漢魏伯陽。魏伯陽《周易參同契》一書將之鎔攝引入而運用於外丹燒煉之術，因而沿用後世。唐玄宗時期的道士劉知古，便清楚地認知到這個事實，他說：

> 《抱朴子》曰：魏伯陽作《參同契》、《五相類》，凡二篇，假大易之爻象以論修丹之旨。……《參同契》者，參考三才，取其符契者也。吾能陳其梗概焉，其要曰乾坤為鼎，而天地之道成矣；坎離為藥，而南北之位分矣；龍虎為名，而東西之界列矣。[16]

---

14 《西山群仙會真記》卷四，p.5，以下仿此，不另外加注。

15 關於漢六朝象數、術數體系，隋朝蕭吉《五行大義》一書，已經進行系統性的整理與闡述，其中論五行及生成數、論支干數、論五行相雜、論配五色、論配藏府、論相生、論相剋等段落，可以參酌。而五行四象之說，則請參考劉國忠，〈《五行大義》校文〉，pp.292-294。收入劉國忠，《《五行大義》研究》（瀋陽：遼寧教育出版社，1999年3月第一版）。另可參酌李漢三，《先秦兩漢之陰陽五行學說》（臺北：鐘鼎文化出版公司，1967年5月），pp.348-351、83-102。亦可參考鄺芷人，《陰陽五行及其體系》（臺北：文津出版社，1992年12月初版），pp.227-240、24-27。

16 參考曾慥，《道樞》〈日月玄樞篇〉卷二十六，p.1。

依照漢代象數之義，左青龍東方木，右白虎西方金，前朱雀南方火，後玄武北方水。所以，龍為木象，虎為金魂，似乎理所當然，古例如此。我們參酌一下《周易參同契》，便即一目瞭然矣！劉知古所論述，合乎魏伯陽之丹理。[17]

當然鍾呂內丹也並非全盤翻轉漢代象數、術數之理以及魏伯陽《周易參同契》的丹理，大致上還是沿襲舊說的，只是在龍虎之名相與意義提出新說，以便另立爐灶，開展其「龍虎交媾」的內丹修煉之術。

以下筆者進入本文核心議題之考證，究竟「龍非肝也，虎非肺也，陽龍出在離宮，陰虎出在坎位」，這種新的概念如何形成？我們需得作一番歷史溯源，嘗試梳理內丹發展史上的一個關鍵課題。

三　「龍從火裏出，虎向水中生」之歷史溯源

呂洞賓的佳弟子施肩吾在其大著《西山群仙會真記》闡述道：

> 太白真人曰：「五行顛倒術，龍從火裏出。五行不順行，虎向水中生。」龍本東方甲乙之物，而出於火中者，心液之上正陽之炁也，則曰陽龍出自離宮。虎乃西方庚辛之物，而生於水中者，腎炁之中真一之水也，則曰陰虎生於坎位。（1/11b）

此段二至四行，其中說法實承襲自鍾呂的論點，這三行文字則作為太白真人的四句歌詞的注解而存在。可見，某種意義而言，施肩吾援引太白真人的四句歌詞以佐證鍾呂的論點，無疑也是說明著鍾呂丹訣實有本有源，接軌前輩內丹大家的足跡。此處之所以稱太白真人為內丹大家，是因為宋元明內丹經典文獻，頻繁引用太白真人的歌訣，特別是這四句，一再出現。

---

17 關於魏伯陽，《周易參同契》運用漢代象數、術數之理以入丹道之研究，請參考蕭漢明、郭東升，《《周易參同契》研究》（上海：上海文化，2001年1月第一版），pp.67-69、79-82、86-90、110-112、116-119。另可參研朱伯崑，《易學哲學史》卷一（北京：華夏出版社，1995年），pp.224-232。

目前看來，太白真人這四句歌訣，恐怕是鍾呂丹派「龍非肝也，虎非肺也，陽龍出在離宮，陰虎出在坎位」的最早源頭。只不過鍾離權與呂洞賓師徒合著的《靈寶畢法》、《鍾呂傳道集》，卻未徵引太白真人歌訣。然而《鍾呂傳道集》還是可以見到：

> 鍾曰龍乃肝之象，虎本肺之神。陽龍出於離宮，陰虎生於坎位。五行逆行，氣傳子母。……五行顛倒，液行夫婦。（14/23）

鍾呂的「五行逆行，五行顛倒」，顯然是與太白真人「五行顛倒術，五行不順行」相呼應的。而「陽龍出於離宮，陰虎生於坎位」，其義相同於「龍從火裏出，虎向水中生」。所以，我們推測，或許鍾呂直接將太白真人的歌訣做了摘要式的轉化，也可能鍾呂與太白真人，擁有共享的學術資源。總之，太白真人年代可能早於鍾呂，而「龍非肝也，虎非肺也，陽龍出在離宮，陰虎出在坎位」的觀點，也早於鍾呂。

內丹修煉法則強調「順則生人，逆則成道」。「五行顛倒術，五行不順行」正是違背傳統五行相生相剋原理的逆向操作，代表著當時內丹道正在發展逆修原則的新觀點。《鍾呂傳道集》便有其說解：「鍾曰若以元陽之氣，以一陽始生之時上朝中元，是人皆如此。若以積氣生液，以一陰始生之時下朝下元，是人皆如此。若此行持，故不能超脫。然而欲超凡入聖、脫質升仙，當先龍虎交媾而成大藥。」（16/13）此處所謂的中元，是指涉心，所謂下元，則指涉腎。心腎之間的氣、液循環相生，維持著人的生命現象之正常運作。這種情況可謂「順則生人」或是「順行」，但是「順行」的結果，人終究會老死。後代全真派創教祖師王重陽也有詩句「五行不到處，父母未生時」，同樣闡述著歸根復道的逆修法則。

所以，鍾呂內丹道正是發展逆修原則的新觀點之範例。無獨有偶，唐末的金竹坡《大丹鉛汞論》也論述道：

> 夫大丹之術，出乎鉛汞。而鉛汞之藥，乃大丹之基。……且鉛屬陰，黑

> 色，而為玄武，其卦為坎，位屬北方壬癸之水。水能生金，水中有金，其色白，而為白虎，其卦為兌，西方庚辛金也。汞屬陽，色青，而為青龍，其卦為震位，稟東方甲乙之木。木能生火，故砂中有汞，其色赤，而為朱雀，其卦為離，南方丙丁火也。……由是始悟「五行顛倒術，龍從火裏出。五行不順行，虎向水中生。」丹經言不妄發。……鉛汞制伏，黃婆會遇，外丹夫何遠之有。[18]

雖然這是一篇討論外丹的著作，但是可以看到「木能生火」與「水能生金」之原理，前者依然遵循傳統五行生剋之原則，而後者則背反五行生剋之理。金竹坡文中也引用太白真人四句歌訣，以印證己說。[19]

綜合上述，當然地，太白真人的歌訣，也未必是鍾呂丹法所揭露的新思維的唯一源頭，因為施肩吾《西山群仙會真記》記錄了呂洞賓的一首丹詩：「呂公曰：『因看崔公入藥鏡，令人心地轉分明。陽龍言向離中出，陰虎還於坎上生。二物會時為道本，五方行盡得丹名。修真上士如知此，定跨赤龍歸玉京。』」（4/4a）[20]詩中涉及了《入藥鏡》作者崔希範其人。

而《入藥鏡》的三言歌訣卻只見「鉛龍升，汞虎降」二句，崔希範則另著有《天元入藥鏡》，屬於散文形式之作，其中文末附有「坎離交媾之圖」，而有「陰虎還從坎位生，陽龍元向離中出」二句。[21]由此可證，上引呂洞賓丹詩之典故，乃出自崔希範散文體的《天元入藥鏡》。而此書依據崔氏自述，極可能著成於唐末僖宗廣明元年庚子歲（880）。[22]而《歷世眞仙體道通鑑》的呂洞賓傳記載述：「（呂洞賓）於僖宗廣明元年遇崔公傳《入藥鏡》，即知修行性命，

18 參考唐代金竹坡，《大丹鉛汞論》，pp.1-2。

19 再者，五代後蜀彭曉（?-954）也引證太白真人四句歌訣，資以闡釋背反五行生剋之理的丹道法則，又算是另一案例。請參考彭曉《周易參同契分章通真義》卷中，p.21。

20 參施肩吾《西山群仙會真記》卷四，p.4，以下引及此書之例仿此也，不另標注。此段文字亦可見於曾慥《道樞》卷三十八〈會眞篇〉、呂洞賓，《純陽眞人渾成集》卷下「七言律詩」以及《呂祖志》〈藝文志〉「七言律詩」，僅《呂祖志》所引者略有數字異文，但是文義則同。

21 參見《天元入藥鏡》卷二十一，p.9。《天元入藥鏡》，收編入《修真十書》卷二十一。

22 參考《天元入藥鏡》卷二十一，p.9之記述。

不差毫髮。」[23]也當非杜撰。

爾外，《西山群仙會真記》〈眞龍虎〉又援引道書資料：「《入藥鏡》曰：腎中生炁，炁中暗藏真一之水，名曰陰虎。心中生液，液中暗藏正陽之炁，名曰陽龍。龍虎非肝肺也，乃玄之又玄。知之修煉而為聖人。」[24]此處援引之《入藥鏡》的資料，其說法完全同於鍾呂丹道之法訣。隱約可見崔希範內丹思想與鍾呂丹道的內在關係。當然或許有人會懷疑，這段資料未見於《入藥鏡》或《天元入藥鏡》，所以真的是崔希範之說嗎？不存在訛誤嗎？我們考察，南宋初曾慥《道樞》卷三十七所編錄之《入藥鏡上篇》、《入藥鏡中篇》，其中援引之資料，也未見於《入藥鏡》或《天元入藥鏡》。可以推測，或許除了今日所見的《入藥鏡》、《天元入藥鏡》之外，崔希範所撰仍有許多資料散佚了。那麼，《西山群仙會真記》所援引的《入藥鏡》資料，便可能屬於散佚的部分。

討論至此，我們推估，鍾呂丹法「龍非肝也，虎非肺也，陽龍出在離宮，陰虎出在坎位」的源頭，相當可能是崔希範與太白真人四句歌訣。若要追溯其源，可能還是以太白真人歌訣的年代較早。

唐代金竹坡《大丹鉛汞論》已經援引太白真人四句歌訣的資料。[25]而《大丹鉛汞論》成書於唐末昭宗天復年間（901-904）。[26]此外北宋初《雲笈七籤》所收錄的五代後蜀彭曉（?-954）《還丹內象金鑰匙》，也引用了太白真人四句歌訣。[27]那麼太白真人歌訣著作其年代，或許可以上溯至唐代中晚期。

接著嘗試考證一下太白真人歌訣的年代及作者。

《紫陽真人悟真篇註疏》卷二引用著：

---

23 元代趙道一，《歷世眞仙體道通鑑》〈呂喦〉卷四十五，p.2。

24 參見《西山群仙會真記》卷四，p.4。而此段文字，曾慥《道樞》卷三十八〈會真篇〉亦可見到：「藥鏡曰腎之中生氣，氣之中暗藏真一之水，是為陰虎，生于坎者也。心之中生液，液之中暗藏正陽之氣，是為陽龍，生于離者也。故龍者非肝也，虎者非肺也。」

25 參考唐代金竹坡《大丹鉛汞論》，p.1。

26 參考陳榮、熊墨年、何曉暉主編，《中國中醫藥學術語集成：中醫文獻》（上冊）（北京：中醫古籍出版社，2007年1月），p.24。

27 參考《雲笈七籤》「內丹訣法」卷七十，p.1。

> 胡不全究太白真人《破迷歌》乎？「行氣不是道，津液非神水。存想不是道，畫餅豈為餌。探陰不是道，精竭命隨逝。斷鹽不是道，飲食無滋味。……五行不順行，虎向水中生。五行顛倒術，龍從火裏出。斯言真妙言，便是太一力。」[28]

由此可證，太白真人歌訣，指的是太白真人《破迷歌》。

元代俞琰《周易參同契發揮》記述：

> 是故王良器作《破迷歌》，陳泥丸作《羅浮吟》，歷舉世間旁門諸術之謬，滔滔二三千言，蓋恐後人不得正傳而錯行邪徑之失也。[29]

前引文太白真人《破迷歌》中，正是「歷舉世間旁門諸術之謬」，似乎可以推證，王良器《破迷歌》，實即是太白真人《破迷歌》，而太白真人姓名王良器。王良器，未知誰何？然而，在曾慥《道樞》又輯錄有清虛子太白山人王元正〈太白還丹篇〉，並標注王氏是唐貞元時人。[30]《宋史》〈藝文志〉著錄有「王元正清虛子龍虎丹一卷」。[31]檢覈〈太白還丹篇〉中，也確實討論了內外丹，而聚焦於內丹之術。並有行龍虎之丹、五行顛倒之法。[32]只是不知王元正是否即是太白真人王良器？如果是的話，那麼太白真人活躍的年代可能在唐德宗貞元年間（785-805）前後，大約是唐代中晚期。

即便王元正不是太白真人王良器，「龍非肝也，虎非肺也，陽龍出在離宮，陰虎出在坎位」的這種思想，依照上文考證，至少可以上溯至唐代中晚期，應該也是沒什麼問題的。

---

28 參考北宋張伯端撰，南宋翁葆光注，元代起宗疏，《紫陽真人悟真篇註疏》卷二，p.2。

29 參考元代俞琰，《周易參同契發揮》卷三，p.7。

30 參考曾慥，《道樞》〈太白還丹篇〉卷二十七，p.4。

31 參考元代托托，《宋史》〈藝文志〉卷二百五，p.16。

32 參考曾慥，《道樞》〈太白還丹篇〉卷二十七，p.7、10。

四　結語

藉由上文之討論與考證，我們推估，鍾離權丹法主張的「龍非肝也，虎非肺也，陽龍出在離宮，陰虎出在坎位」，這類觀點，大致上可以上推至唐代中晚期。不過，本文並不會因此就認定內丹術源起自唐代中晚期。

關於所謂「內丹」的定義，學界似乎尚未取得共識，因此內丹術源起於何時，也呈現眾說紛紜之勢。因為，學者對於「內丹」的歷史性溯源，也往往根據一己對「內丹」的理解與定義，而何謂「內丹」，其義不能統一，則對於內丹之歷史溯源，便容易見仁見智。

不只是「內丹」的問題，「道教」相關議題之討論，也出現類似的情況。與世界性各大宗教相比，所謂的「道教」，並無唯一的「創教主」。其他各大宗教可以根據「創教主」的生平事蹟、宣揚教義乃至其著作，而在相對意義上界定或定義該宗教，至少對於該宗教之認知，存在著一定的「界線」。根據「界線」，研究相關的歷史問題，學者之間有著更多依據與交集。

反觀「道教」卻似乎沒有這種「便利」。所以對於「道教」的定義、「道教」源起時間，學界也許都可以羅列出不同的見解，終究還是莫衷一是。反思「內丹」，自然涉及諸端內容或術語觀念，但是如果我們根據其中一端或數端，便開展歷史性的考證，即便探尋到「答案」，最終還是可能存在爭議。這好比儒家，孔子被認定為開創者，一般而言並無異議。孔子很強調仁義禮智信忠勇等德目，但是我們不會因為春秋初中期文獻史料也常見仁義禮智信忠勇之端，我們便根據這一端，便認定儒家之源始自春秋初中期。

所以，本文並不採取定義「內丹」而後進行歷史性研究的方式。未闡釋「內丹」的定義，不代表我們對「內丹」了無所知。透過「內丹」相關的經典、史料文獻之梳理詮解，還是得而知其綱要。本文嘗試透過學術界比較沒有爭議的「點」（如「前言」所論），檢核文獻資料，進行比對分析，或許有助於我們釐清一些局部性的問題，而裨益我們對「內丹」有進一步的理解。

附錄　太白真人歌訣（太白真人《破迷歌》）輯佚

凡例

一、本附錄輯佚資料為太白真人歌訣，亦即太白真人《破迷歌》。或有稱作《太一歌》者。[33]

二、附錄中標示為「太白真人曰（云）」之輯佚資料，未必確認是太白真人歌訣，暫列於此以備考。

三、從相關資料對照顯示，太白真人《破迷歌》，有時又被稱作太乙真人《破迷歌》（或太一真人《破迷歌》）。

四、其他另有援引太白真人歌訣，而歌訣文字與本附錄輯佚資料重複且不具校勘之用者，則不再列舉。

五、附錄中太白真人歌訣之輯佚資料，列於前端，文末則標注文獻出處。

六、輯佚資料出處之文獻，所附之卷數頁碼，以上海涵芬樓影印明朝《正統道藏》版本為準。

○胡不全究太白真人《破迷歌》乎？「行氣不是道，津液非神水。存想不是道，畫餅豈為餌？採陰不是道，精竭命隨逝。斷鹽不是道，飲食無滋味。辟穀不是道，饑餒傷脾胃。休妻不是道，陰陽失宗位。如何卻是道？太一含真氣。氣交而不交，升降效天地。二物相配合，起自於元始。姹女與嬰兒，匹配成既濟。本是真陰陽，夫妻同一義。所以不須休，孤陽豈成事？出世為金仙，金丹非容易。志士不說真，大洞隱深義。五行不順行，虎向水中生。五行顛倒術，龍從火裏出。斯言真妙言，便是太一力。」（北宋張伯端撰，南宋翁葆光注，元代戴起宗疏，《紫陽真人悟真篇註疏》卷二，p.2）

○太乙眞人《破迷歌》曰：「道傍逢一魚，猶能掉紅尾。子若欲救之，速須送

33 參考北宋代張伯端撰，南宋代翁葆光注，元代戴起宗疏，《紫陽真人悟真篇註疏》，卷二，p.2，此歌訣被稱做《太一歌》。

水底。當路逢一人，性命將淪委。子若欲救之，速須與道理。傍門並小法，千條有萬緒。眞道事不多，不出於一己。為省迷中人，略舉其一二。行氣不是道，呼吸亂榮衛。嚥津不是道，津液非神水。存想不是道，畫餅豈為餌？採陰不是道，精竭命隨逝。斷鹽不是道，飲食無滋味。辟穀不是道，飢餒傷腸胃。休妻不是道，陰陽失宗位。如何卻是道？太乙含眞氣。氣交而不交，升降效天地。二物相配合，起自於元始。姹女與嬰兒，匹配成既濟。本是眞陰陽，夫妻同一義，所以不須休，孤陽豈成事？出示為神仙，金丹豈容易？志士不說眞，大洞隱深誼。五行不順行，虎向水中生。五行顛倒術，龍從火裏出。斯言眞妙言，便是太一力。」（元代李簡易纂集，《玉谿子丹經指要》卷上，pp.9-10）

○太一歌曰雲物將欲似黃芽，紅菊含如帶紫花。服之長生飛雲霞，用為財寶濟汝家。（漢代魏伯陽，《大丹記》，p.6）

○問固濟，答曰太白真人曰固濟胎不泄，變化在須臾。（元代蕭廷芝，《金丹大成集》卷十，p.9，此書收入《修真十書》）

○太白真人云：五行顛倒術，龍從火裏出。五行不順行，虎向水中生。又曰：欲知顛倒術，相剋乃相生。又曰：欲知顛倒由離坎，須識浮沉定主賓。（晉代許旌陽《靈劍子引導子午記》，p.8）

○太白真人云老者復丁，壯者返嬰。（《養生詠玄集》，p.8）

○太白真人曰玄機至則身存，機往則身喪也。（《養生詠玄集》，p.14）

《周易參同契》的丹道修行法門

——兼論此書是內丹抑或外丹書的問題

蕭登福

臺中科技大學應用中文系教授

摘要

《周易參同契・大易情性章第八十五》談到該書包涵了大《易》、黃老、爐火三者。[1]大《易》談火候及陰陽氣的盛衰升降；黃老談恬淡無為、心齋坐忘、忘我忘物的心性涵養；爐火談鼎爐藥物的燒煉。大《易》、爐火，屬於養形；黃老為養神。養神即是隋唐後的修性，養形即是修命。

本書既以「周易」冠名書首，所以用及《周易》的地方特多，一開始即以乾坤坎離四卦為主，來說明丹道之修煉，以乾坤為鼎爐，以坎離為藥物，以其餘六十卦來解說火候之升降，而黃老則是強調虛無恬淡的心性修煉。既是言及心性修煉，所以此書是以內丹為主，外丹為輔的道典，也是周代至漢，丹道修煉法門集大成之書。

關鍵詞：周易參同契、黃老、爐火、內丹

1 《周易參同契・大易情性章第八十五》說：「大《易》情性，各如其度。黃老用究，較而可御。爐火之事，真有所據：三道由一，俱出徑路。」(《中華道藏》第十六冊，頁110中。)明白指出此書是周易、黃老、爐火(丹道)，三者合一。

一　《周易參同契》的修丹法門

外丹以五金八石草木鉛汞為藥，以燒煉為火候，以鼎爐為結丹處。內丹以坎離陰陽二氣為藥，以意念為火候，以丹田、黃庭為結丹處。

「丹」為藥，外丹即外藥，係指用草木、礦石及動物等為藥，在鼎中用火提煉而成。

內丹原與外丹，係相對為稱，有廣義與狹義之別。廣義內丹，指以人身為修煉場所，在體內所煉製而成者，包括周秦的養神、養形法門，只要不涉及草木礦石等外丹藥，都可以是內丹，所以以導引吐納為主，吸食天地日月等六氣（外氣）的服食法，及服食自身體內陰陽精氣（內氣）為主者，都可以算是內丹。

狹義的內丹，則是以坎（腎）、離（心）二者之氣為藥物，以人身及三丹田為修煉場所，引坎水向上，離火向下，進行坎離交媾，五行顛倒等，來煉製身內自生的丹藥，所行為內氣服食法。其法在周世《關尹子・七釜篇》以及《行氣玉銘》已見其說。

又，《參同契》將《周易》義理、黃老思想及丹道鼎爐修煉，三者結合在一起。開始雜揉內、外丹的名相，將鼎爐、鉛汞、火候等外丹燒煉用語，和內丹的心腎、陰陽氣、三丹田等重要名相混用在一起，再以《周易》乾坤坎離等卦爻象相配合，然後用五行生剋、日月星辰運轉所生的陰陽氣消長進退等，來解說內丹修煉。所說內丹修煉，以身體為鼎爐（乾坤），以心腎陰陽二氣（坎離）為藥物；陰陽二氣，採混用的名相，其名相為：鉛汞、坎離、龍虎、男女、水火，以此來代稱陰陽二氣。此二氣，坎陰中有元陽，離陽中有真陰。

修煉之道，在於將坎水陰氣上引至酉西（肺金之位），將離火陽氣下降至卯東（肝木），再使陰陽二氣互為宅室，引虎向東，龍向西，龍虎相鬥，結為夫婦，相互吞食，取坎中元陽以補離，取離中真陰以入坎，而成純陽之乾與純陰之坤，還返天地始源，以契大道。以上是內丹修命養形的工夫。

至於修性養神，則以黃老思想為主，而所謂的黃老，其實即是老子，以

《老子》所說之心性修養為依歸。《老子・十二章》說：「五色令人目盲；五音令人耳聾；五味令人口爽；馳騁畋獵，令人心發狂；難得之貨，令人行妨。是以聖人為腹不為目，故去彼取此。」魏伯陽《周易參同契・耳目口三寶章第六十六》說：「耳目口三寶，固塞勿發揚。真人潛深淵，浮游守規中。旋曲以視聽，開闔皆合同。為己之樞轄，動靜不竭窮。」所說即以耳（坎）、目（離）、口（兌）為外三寶來修養心性，稟承老子的清靜恬淡、無為自然，此是魏伯陽內丹修性之工夫。

此書丹道修煉的思想源頭，遠承《關尹子》、《黃庭外景經》，近承《火記》與《龍虎經》。由於此書將內外丹之名相混合使用，書中也雜述內丹及外丹之修煉法門，因而對於此書的屬性，究竟是外丹修煉書？或是內丹之著作？歷來學者爭論不休，唐代注疏家以外丹說來註此書者較多，唐中葉以下逐漸把此書看成內丹修煉之書。筆者以為《周易參同契》一書應是內丹修煉之書，只是藉用外丹名相來做說明，同時也是以外丹為輔，而不是以外丹為主之修煉書，略述於下。

二　《周易參同契》係外丹書或內丹書的問題

（一）內丹、外丹在藥物上的差別

內丹和外丹的差別，在於內丹為虛喻，外丹則有實物。且在藥物上，內丹以人身陰氣、陽氣為藥，外丹則以五金八石鉛汞為藥。內丹藥物，雖然名稱上，有坎離、龍虎、嬰兒、姹女等等不同，但只是二物的異稱，是同實而異名。至於外丹的五金八石，究指何物，則說法多種。《周易參同契・卷上・第二十三章》說：「五金之主，北方河車。」《周易參同契・卷下・第八十九》云：「挺除武都，八石棄捐。」文中的五金、八石，正是外丹燒煉所用的礦物。至於五金指哪五金，八石為哪八石？魏伯陽無解說，歷來說法紛歧，較具體的說明，則有下述。

《九轉流珠神仙九丹經・卷下・真人神水法》《九丹經》卷下第二頁：

> 八石者，巴砂、越砂、雄黃、雌黃、曾青、礬石、磁石、石膽，凡八物。……五石者，水銀外，雄黃、雌黃、曾青、礜石、磁石，凡五神。[2]

《諸家神品丹法・卷三・孫真人丹經內五金八石章》：

> 五金：朱砂、水銀、雄黃、雌黃、硫黃。八石：曾青、空青、石膽、砒霜、硇砂、白鹽、白礬、牙硝。五金逢汞死，八石遇硝亡。朱砂、白上黃、雌黃三物，名曰有性之物，用處不同。僧溪黃、石亭脂、甜硫黃，三物名異體同。若炬火者，善點銀變赤汞，成大寶。[3]

《太古土兌經》所說：

> 學道之士，先變鑛（礦）石，次審爐火，三明藥性，四達制伏。不曉四事，徒勞神思。金、銀、銅、鐵、錫，謂之五金。雌、雄、硫、砒，名曰四黃。朱、汞、鵬、硇、硝、鹽、礬、膽，命云八石。或陽藥陰伏，或陰藥陽制，明達氣侯，如人呼吸，皆有節度。學道之人，先調氣，次論藥物，二者相扶，是曰道真。[4]

《太古土兌經》，約撰成於唐初，詳見筆者《正統道藏總目提要》第945條《太古土兌經》提要[5]。文中的五金四黃八石，是外丹燒煉中必用的金石藥，五金為：金、銀、銅、鐵、錫。四黃指：雌黃、雄黃、硫黃、砒黃。八石指：朱砂、汞、鵬砂、硇砂、硝石、戎鹽、礬石、石膽。

唐・顏師古《漢書・卷二十四上・食貨志上》「金、刀、龜、貝」註云：

---

2 《正統道藏・洞神部・眾術類・之字號》，《中華道藏》第18冊，頁153中及頁154中。

3 《正統道藏・洞神部・眾術類・馨字號》，《中華道藏》第18冊，頁378下-379上。

4 《太古土兌經》，收錄於《洞神部・眾術類・之字號》（臺北：新文豐刊本），第31冊，頁435。

5 蕭登福《正統道藏總目提要》（臺北：文津出版社，2011年11月）。

金，謂五色之金也。黃者曰金，白者曰銀，赤者曰銅，青者曰鉛、黑者曰鐵。

顏師古注以金、銀、銅、鐵、鉛為五金。今人以金、銀、銅、鐵、錫為五金，以錫代鉛，鉛即是錫的一種。《康熙字典・戌集上・鉛》：「鉛，《說文》：『青金也。』《玉篇》：『黑錫也。』《正字通》：『錫類。生蜀郡平澤，今銀坑處皆有之。一名黑錫。錫白，故鉛為黑錫。』」

又，唐玄宗朝・劉知古《日月元樞論》所說，五金是：金、銀、銅、鐵、錫（鉛）也；八石是：雄（雄黃）、硫（硫黃）、砒（砒霜）、礬（諸礬）、膽（石膽）、曾（曾青）、青（空青）、磁（磁石）也[6]。東晉・葛洪曾有五石之說，《抱朴子・金丹篇》云：「五石者，丹砂、雄黃、白礜、曾青、慈石也。」葛洪把丹砂列為五石之首，說法和劉知古不同，劉知古八石中無丹砂。又，《抱朴子・論仙篇》：「長齋久潔，躬親爐火，夙興夜寐，以飛八石哉？」今人王明《抱朴子內篇校釋》云：「八石，即丹砂、雄黃、雌黃、石留黃、曾青、礬石、磁石、戎鹽，為道家鍊食之藥物。」[7]王明之說，不知所據。《羅浮山志會編》引隋代蘇元朗《龍虎金液還丹通玄論》說：「五金之中，惟用天鉛，陰中有陽，是為嬰兒，即身中坎也。八石之中，惟用砂汞，陽中有陰，是為姹女，即身中離也。鉛結金體，乃能生汞之白，汞受金炁，然後審砂之方。」則顯然隋代蘇元朗的五金中有鉛，八石中有汞，其說也和唐代的劉知古不同，可見五金八石的說法不一。又，今網路所見，亦有以黃金、白銀、赤銅、青鉛、黑鐵為五金，以朱砂、雄黃、雲母、空青、硫黃、戎鹽、硝石、雌黃等八種礦物為八石，但皆不說明出處。

丹道是由鼎爐、藥物、火候三者構成。不僅在藥物上，內丹外丹不同；在鼎爐、火候上，外丹有實物，內丹則僅是虛喻。

---

6 見《全唐文・卷334・劉知古》《日月元樞論》。曾慥《道樞》卷二十六《日月玄樞篇》引作：「金、銀、銅、鐵、錫者，五金也；雄（雄黃）、雌（雌黃）、砒（砒霜）、礬（諸礬）、膽（石膽）、曾（曾青）、空（空青）、礜（礜石）者，八石也。」見《中華道藏》第二十三冊，頁502中。曾慥將硫黃改成雌黃，將磁石改成礜石。

7 王明：《抱朴子內篇校釋》（臺北：里仁書局，1981年12月），頁32。

（二）《周易參同契》的修煉法門是內丹而非外丹

《周易參同契》主要在闡述坎（腎水）、離（心火）二氣的修煉法門，並將《周易》爻象，與陰陽五行、納甲、月亮圓缺、四季，陰陽氣之消長等相配係，且用外丹修煉之藥物燒煉現象，來喻內丹修煉體內陰陽氣之變化。內、外丹，同用鉛、汞為藥，同以火候進退為說。後世丹道家稟之而行，未加改變。

《周易參同契》，用《易經》來說明內丹修煉之法，一開頭就提出內丹修煉以乾坤坎離四卦為主，乾坤為天地，為元陽祖氣及陰陽之所自出；而坎離則象徵陰陽二氣，為乾坤之二用。

《周易參同契・乾坤《易》之門戶章第一》云：

> 乾坤者，《易》之門戶，眾卦之父母。坎離匡郭，運轂正軸。

《易經・說卦傳》以乾為天，坤為地，坎為水，離為火。上引文意為：乾坤二卦，代表天地，是《易經》變化往來的門戶。由乾坤二卦衍生其他各卦，所以也是各卦的父母。坎離二卦，像環衛天地的方正城牆，也像車輪運轉時，車轂中主司轉動的堅正車軸。

又，《易經・說卦傳》說：「乾為首，坤為腹。」以內丹修煉而言，乾坤即是鼎爐，而坎水離火代表人身的陰陽二氣，為藥物。坎離也是乾坤的二用，藥物在燒煉時，上下周流不已。

《周易參同契・天地設位章第七》說：

> 天地設位，而《易》行乎其中矣。天地者，乾坤之象也。設位者，列陰陽配合之位也。《易》謂坎離。坎離者，乾坤二用。二用无爻位，周流行六虛。往來既不定，上下亦无常。幽潛淪匿，變化於中。包囊萬物，為道紀綱。

文中說明以乾坤二卦代表天地，以坎離代表陰陽二氣；乾坤是鼎爐，坎離是藥物，坎離也是乾坤的二用，坎陰離陽，陰陽二氣消長變化，相互往來，展現在天地間日月星辰的運行之中，也展現在吾人身中十二時辰的不同變化中，此即是內丹的修煉。

所以內丹修煉，是以坎離陰陽氣為藥物，以人身頭（乾）腹（坤）為鼎爐，將身中之坎水離火，藉由日月弦望晦朔及文武火之運用，配以六十四卦象，再配合耳目口三要之養神修性，加以修煉，則可以長生、長存。在修性方面上，《參同契》所採用的是黃老的清靜無為，恬淡寡慾的思想。

《周易參同契》前面一大半文字，都是用《易》卦來解釋天地日月四季陰陽氣的變化；其中包括內外丹修煉中，火候進退強弱之說。此書中段部分，開始轉入以內、外丹坎離交媾之說為主。朱子曰：「《參同契》本不為明《易》，姑借此納甲之法，以寓其行持進退之候。」[8]《參同契》是借《易》來說丹道修煉，不是以此書來說明《易》理，朱熹之說，可為正論。

《周易參同契》，被稱為「萬古丹經王」，所載的內容包涵內丹與外丹，所用的名相及論述，可以施用於外丹，也可以施用於內丹，而《周易參同契》中之《鼎器歌》，所說的是外丹的鼎爐構造；因而關於此書，到底是內丹書或外丹書，後人爭論不休。後世有人視此書為外丹修煉書，有人視為內丹修煉書。

現存之註疏，唐人註此書，以外丹說者較多，而唐後世人註此書者，則大都以內丹說為主。以外丹說來為此書作註者，如：唐人託名陰真人注《周易參同契》、無名氏註《周易參同契注》、宋・盧天驥《參同契五相類秘要》。以內丹說作註者，如：後蜀・彭曉《周易參同契分章通真義》；宋・無名氏《周易參同契註》；宋・儲華谷《周易參同契注》；宋・陳顯微《周易參同契解》；宋・朱熹《周易參同契考異》；元・俞琰《周易參同契發揮》；元・陳致虛《周易參同契分章注》；明・陸西星《周易參同契測疏》、《周易參同契口義》；明・董德寧《周易參同契正義》；明・蔣一彪《古文周易參同契集解》；清・仇兆鰲《古本周易參同契集註》；清・朱元育《參同契闡幽》；清・劉一明《參同契經文直指》、《參同契直指箋注》、《參同契直指三相類》等。

8　《中華道藏》第16冊，頁247中，朱熹《周易參同契考異》書前黃瑞節附錄引。

今以書中魏伯陽自說該經之性質看來，筆者以為《周易參同契》應該是內丹修煉書，其理由如下。

《周易參同契．惟昔聖賢章第七十九》說：

> 惟昔聖賢，懷玄抱真。服鍊九鼎，化跡隱淪。含精養神，通德三光。津液腠理，筋骨緻堅。眾邪辟除，正氣常存。累積長久，變形而仙。憂憫後生，好道之倫。隨傍風采，指畫古文。著為圖籍，開示後昆。露見枝條，隱藏本根。託號諸石，覆謬眾文。學者得之，韞櫝終身。子繼父業，孫踵祖先。傳世迷惑，竟无見聞。遂使宦者不仕，農夫失耘，商人棄貨，志士家貧。吾甚傷之，定錄此文。字約易思，事省不繁。披列其條，核實可觀。分兩有數，因而相循。故為亂辭，孔竅其門。智者審思，用意參焉。[9]

上引的文意，是說：只有古代的聖人賢才，懷藏玄妙，抱守真道。服食燒煉九鼎神丹，變化蹤跡，隱身不見。含養精（身體原動力）、神（心靈主宰），德行和日月星相比配。皮膚臟腑，津液潤澤，筋肉和骨頭，堅固細密。所有邪穢，避退去除，正陽真氣，永遠藏存身內。（真氣）積累長久後，便能變化形體，成為仙人。憂心憐憫，後代出生，喜好大道之流的人。隨時依傍聖賢的風度神采，指示古代典籍的意涵。撰寫圖書典籍，用來開導啟示後代子孫。露出枝條末節，隱藏根本大道。假託外丹五金八石等名號，用謬誤不實的文字來覆蓋全文。學習丹道的人得到它，一輩子把它珍藏在櫃子裡。兒子繼承父親的基業，孫子追隨祖先的行事。代代相傳，迷失惑亂，竟然沒有真正的所見所聞。於是使得做官的人不願做官，農夫不去田裡除草。商人拋棄貨物，志向遠大的人家裡貧窮。我非常感傷，決定撰作這些篇章。文字簡約，容易思考；事情簡省，不繁雜。披露陳列它的條目，查核事實，令人可以觀看。藥物的斤兩有固定的數字，使學道的人因而可以相依循。所以寫下全篇要旨，作為進入門戶的通

9 本文所用為〔五代〕彭曉註：《周易參同契分章通真義》，《正統道藏．太玄部．容字號》（臺北：新文豐出版公司刊本），第34冊，頁291上。底下所引同此，不另作註。

道。有智慧的人詳細思考，用心參考它。

文中，魏伯陽說明憂心世人迷失惑亂，所以留下著作，開示後人。但所留下的著作，僅是開示末節，而隱藏本根，假託外丹金石名相，用錯誤的說辭，覆蓋全文。要學者仔細思考，用心專研。

上引文中說「託號諸石，覆謬眾文」，可見五金八石、鼎爐鉛汞等外丹名相，只是「託號」，強調此書不是外丹修煉書。而在本書末類似自序中更加強此一說法，甚至要人摒棄金石之燒煉。《周易參同契·務在順理章第八十九》：

> 務在順理，宣耀精神。神化流通，四海和平。表以為歷，萬世可循。序以御政，行之不繁。引內養性，黃老自然。含德之厚，歸根返元。近在我心，不離己身。抱一毋舍，可以長存。配以服食，雄雌設陳。挺除武都，八石棄捐。

上引談到黃老之養性及爐火之服食，以養性（黃老）配合服食（爐火），可以長存。而所談爐火服食之事，以「雄雌設陳。挺除武都，八石棄捐」看來，作者是以內丹燒煉自身體內之陰陽氣（雄雌）為主，棄置五金八石等外丹之燒煉法。本書中有關外丹的燒煉，據〈惟昔聖賢章第七十九〉說：「著為圖籍，開示後昆。露見枝條，隱藏本根。託號諸石，覆謬眾文。」文中的「託號諸石，覆謬眾文」，所說的即是用外丹名相來擾亂丹經文意，不使愚人知曉。兩相參照，魏伯陽僅是藉用外丹來比喻內丹，所重的仍是內丹的修煉。況且《周易參同契》如是外丹書，則無由涉及心性修煉，不會把黃老放入書中，和大《易》、爐火鼎立而為三，成為丹道之重心。

綜合上述魏伯陽自述來說，《周易參同契》應是一本內丹修煉書。

三 《周易參同契》對坎離藥物的論述

魏伯陽的內丹修煉法門，仿照外丹用語，外丹有鼎爐有五金八石等藥物，內丹亦有鼎爐與藥物。《周易參同契》第二十九章說：

> 《火記》不虛作，演《易》以明之。偃月法鼎爐，白虎為熬樞。汞日為流珠，青龍與之俱。舉東以合西，魂魄自相拘。上弦兌數八，下弦艮亦八。兩弦合其精，乾坤體乃成。二八應一斤，《易》道正不傾。銖有三百八十四，亦應卦爻之數。[10]

文中以人身煉丹的鼎爐像仰月之形，至於人身何處作鼎？如依《周易參同契．第二十九章》經文前面所說乾坤設位及全書以乾坤為主幹等來看，其鼎爐，是以乾首坤腹為鼎爐，但如此說法太寬鬆，難以讓人有繫心處，不如《黃庭經》以臍後腎前之處的黃庭為安爐立鼎處，容易讓修煉者有著力處。

又，上引文中以白虎鉛及青龍汞為藥物，將東龍（魂）西虎（魄）相拘於一處，以弦月盈虛及易卦三百八十四爻作火候來烹煉藥物。文中的白虎、魄、西，為鉛之代稱詞。青龍、汞日、流珠、東、魂，為汞之代稱詞。鉛汞為藥物，代表人身中之陰陽氣。而陰陽氣則來自先天一氣。

道生物，人稟道而生，在漢代，認為人身中，有與生俱來，稟自於天所賦的元陽真氣，或稱元氣；此元氣在《參同契》第十六章中稱為「元精」，第二十六章稱「神氣」，六十二章稱「一無」，六十三章稱為「真一」，這些不同的名相，都是指人稟自於天的真氣（元陽祖氣）而言。雖然名稱不同，但事實卻同指一個，並沒有像後世區分為精、氣、神三者，或元精、元氣、元神三者，保留了較古樸的將三者混合為一的作法。此純一之元氣，即是道生一（真一元氣）之一；其後由一而生二（陰陽二氣），再以《列子．天瑞篇》所說，氣、形、質三而成萬物。人為萬物之一，「負陰而抱陽」，身中有後天所具的陰陽二氣，此二氣即坎離二氣，但元精（元陽祖氣）仍潛藏在吾人身中，它與坎離陰陽二氣的關係，《參同契》雖著墨不多，但其意與唐後內丹說同。唐後的內丹說則以為元陽祖氣存在於坎中，坎卦之中為一陽，此為先天元陽之氣，修煉法在取坎之元陽以填離之陰，使成全陽之乾卦，唐宋內丹家對此有較詳盡的論述。

《參同契》將吾身中所具有的陰氣、陽氣二者，陰氣中有陽，陽氣中有

10 彭曉：《周易參同契分章通真義》卷上，《中華道藏》，第16冊，頁92上。

陰，用外丹的鉛汞、龍虎、坎離等名相來作為代表。修煉的法門，是用《易經》卦爻象配合四季十二月陰陽消長及每月晦朔弦望等月亮盈缺，來說明人身中陰陽二氣升降情形，以意念（火候強弱）促使二氣交媾互融，由水火相剋，而成水火相親，將坎中真陽，取代離中真陰，使坎離還原成乾坤二卦，返還天地真一之氣（元精），與大道相契合，即是《參同契》四十章所說：「金來歸性初，乃得稱還丹」，將坎中之金（一陽），抽取還歸於乾（性初），稱之為還丹。

《參同契》文中講述鉛汞龍虎交媾之事甚多，但對交媾後結丹的描述則少之又少。不僅如此，在意念方面，僅以戊己土來做代表，以火候來說明強弱，也沒有特別強調意念在修煉過程中的作用。這些都是《參同契》一書較不足之處。

要明白修煉之法，先要明白鉛、汞二物。東漢《周易參同契》用坎離、龍虎、鉛汞、日月、男女來代表人身中陰陽二氣，這二氣通常以坎離或鉛汞，作為常用代稱詞。同時也提到了河車、黃芽、金華，以及姹女、太陽流珠等名相。這些名相都被後世內丹家所廣為沿用。

魏伯陽《周易參同契・卷上・知白守黑章第二十三》說：「知白守黑，神明自來。白者金精，黑者水基。水者道樞，其數名一，陰陽之始，玄含黃芽，五金之主，北方河車，故鉛外黑，內懷金華，被褐懷玉，外為狂夫。」[11]文中白為水銀（汞），黑為鉛。金精為白為汞，鉛為黑為北方水基。文中提到黃芽、金華、河車，但沒有太多解釋，如以「玄含黃芽」文意看來，鉛汞相燒煉，成為外黑內黃為黃芽，也稱金華；但此句也可能僅是在形容鉛的特質，外黑內黃，所以黃芽、金華都成了鉛的異稱。另外，北方河車，如以「五金之主，北方河車」看，似以北方河車為鉛之代稱詞，五金（金、銀、銅、鐵、鉛）煉丹時以鉛為之主。陰長生註《周易參同契・卷上》此句下註云：「河車者，五金之精，即鉛之異名。鉛雖外黑，內有金華之象，如人懷玉，外衣褐而佯狂也。」[12]陰長生即以河車、黃芽、金華都是鉛的異稱。又，〈太陽流珠章第六十八〉說：「太陽流珠，常欲去人。卒得金華，轉而相因。化為白液，凝

11 五代彭曉分章註本，《中華道藏》第16冊，頁89上。

12 陰長生年代早於魏伯陽，此為唐人託名，引文見《中華道藏》第十六冊，頁12上。

而至堅。」[13]文中的太陽流珠指汞，金華為鉛。《周易參同契・卷中・河上姹女章第七十二》云：「河上姹女，靈而最神，得火則飛，不見埃塵，鬼隱龍匿，莫知所存。將欲制之，黃芽為根。」[14]文中的河上姹女為汞的異稱，黃芽則是鉛的異稱。明顯說明魏伯陽以黃芽、金華為鉛的異名。

內丹中的鉛及鉛的異稱詞，在《周易參同契》中，有：鉛、坎、水、虎、月、男、腎、黃芽、金華、河車等；而金生水，金水為一類，所以西、金、肺、魄也用來代表坎鉛。

至於內丹中的汞及其代稱詞，則《周易參同契・卷上・火記不虛作章第二十九》說：「汞日為流珠，青龍與之俱。」[15]說明汞、日、流珠、青龍，是同指汞而言，汞為水銀，閃耀流動，所以稱流珠，《周易參同契・卷中・太陽流珠章第六十八》稱之為太陽流珠。又，《周易參同契・卷中・河上姹女章第七十二》云：「河上姹女」句下，元・俞琰《周易參同契發揮・卷七》注云：「真汞產於離，離為女，居午。以分野言之，午為三河，故稱河上姹女。」[16]河上姹女，也是指汞。

以上汞及汞的異稱，在《周易參同契》中，有：汞、離、火、龍、日、女、心、南、丹砂、姹女、流珠等，由於木生火，所以東方、木、肝、魂。

修煉法門，在於以鉛制汞，使其交媾而得丹。得丹的目的，則在於採取人身中與生俱來的真一之氣。

四　《周易參同契》中的元氣說：人所稟自於天的真一祖氣（元精、神氣、真一、元氣）

元氣，是在天地之前已存在，此生天生地之元氣，後人稱之為先天一氣。《參同契》沒有精、氣、神之分，只有陰、陽氣之別；陰氣為坎，陽氣為離，

13 《中華道藏》第16冊，頁103上。

14 五代彭曉分章註本，《中華道藏》第16冊，頁104中。

15 《中華道藏》第16冊，頁91上。

16 《中華道藏》第16冊，頁319下。

而人身中稟之於天的元陽真一之氣（《參同契》中稱為「元精」），則潛藏於坎中。坎、離二者雖區分陰陽，但坎係陰中有陽，離則是陽中有陰。修煉之道，在於使坎離交媾，坎陽返離，離陰返坎，還返純陽之乾而契乾坤天地之大道。

元氣一詞見於西漢．劉安《淮南子．（天文篇）》曰：「道始生虛霩，虛霩生宇宙，宇宙生元氣，有涯垠。」[17]元氣指宇宙初生萬物之始氣。東漢魏伯陽也用它來作為修煉內丹之根源。

《參同契》書中以坎（陰）、離（陽）二氣為藥物，坎離二氣即是人身中的陰氣、陽氣，和唐宋內丹修煉以精、氣、神三者為藥物不同。宋代內丹把「精」歸於坎水，把「氣」、「神」稱為離火，以三丹田當作修煉處，引坎（精）、離（氣神）在下丹田處煉精化氣，在中丹田煉氣化神，在上丹田煉神還虛，這樣的修煉法門和《參同契》是有所不同的。

《參同契》沒有精、氣、神之分，只有陰、陽氣之別；陰氣為坎，陽氣為離，而人身中稟之於天的元陽真一之氣（《參同契》中稱為「元精」），則潛藏於坎中。坎、離二者雖區分陰陽，但坎係陰中有陽，離則是陽中有陰。修煉之道，在於使坎離交媾，坎陽返離，離陰返坎，還返純陽之乾而契乾坤天地之大道。

今先論述《參同契》中對元陽祖氣的說法，再論述修煉法門。

《周易參同契．卷上．元精眇難睹章第十六》說：

> 元精眇難睹，推度效符證。居則觀其象，準擬其形容。立表以為範，占候定吉凶。發號順時令，勿失爻動時。上察河圖文，下序地形流。中稽於人心，參合考三才。動則循卦節，靜則因《彖》辭。乾坤用施行，天地然後治。可得不慎乎？[18]

---

17 見《太平御覽．卷一．天部一．元氣》引《淮南子》，今文淵閣四庫全書本《淮南子．天文篇》作：「道始于虛霩，虛霩生宇宙，宇宙生氣，氣有漢垠。」與《太平御覽》所引文字略異，今本作「氣」，不作「元氣」。

18 彭曉：《周易參同契分章通真義》，《中華道藏》，第16冊，頁87上。

上文以為天地萬物出自元氣，而元氣精微難見，因此須藉用儀器制定陰陽氣的變化情形，觀察天象、地理、人情，用《易經》的卦爻來做驗證。遵循《易經》與天地人三才相應合，才能把天地及丹藥修煉好。

五代・彭曉《周易參同契分章通真義・卷上・元精眇難睹章第十六》注云：

> 元精者，是鼎中神靈真精，天地之元氣也。摶之不得，視之不見，而能潛隨化機，生成萬物。既窈冥難睹，當推效符證，立表為範，發號施令以應天符。故仰觀象天文，俯察循地理；乃得合天地之魂魄，會陰陽之慘舒；樹立三才，勘定休王；依卦象，順爻辭，分旦暮，叔升降，故得乾坤泰而夫婦和，龍虎交而天地理。以上並論循刻漏、運符火、明抽添、分進退，一一不失日月星辰行度之數，則鼎內依四時生產萬物神精也。運符火之士，得不慎乎？[19]

文中彭曉用「天地之元氣也」，來解釋魏伯陽之「元精」，以此為鼎中之藥，來加以修煉。修煉時須依仰觀天象及俯察地理所得的天地陰陽氣消長變化情形，配合《易經》卦象爻變，以〈乾〉、〈坤〉二卦之施行，仿效天地之變化，而來修煉。

《周易參同契・卷上・旁有垣闕章第二十六》又說：

> 旁有垣闕，狀似蓬壺。環匝關閉，四通踟躕。守禦密固，閼絕姦邪。曲閣相通，以戒不虞。可以无思，難以愁勞。神氣滿室，莫之能留。守之者昌，失之者亡。動靜休息，常與人俱。[20]

文中敘述築垣安置鼎爐，狀如蓬壺，煉丹旨在守禦密固，不使姦邪侵擾，而鼎中充滿靈藥（神氣滿室），能留守者可昌，失之者亡。文中的「神氣」，即是稟自於天的元陽祖氣、真一之氣。

---

19 《中華道藏》，第16冊，頁87上中。

20 彭曉：《周易參同契分章通真義》，《中華道藏》，第16冊，頁90上。

《周易參同契．卷中．將欲養性章第六十二》云：

> 人所稟軀，體本一、无。元精雲布，因氣託初。[21]

文中說人所稟自於天的，即是稟自道體的「一」與「無」，以元陽祖氣的元精託寄身體中，而誕育生命。《老子》第四十二章說：「道生一，一生二，三生萬物。」「一」，為萬物之始氣。《老子》第四十章說：「天下萬物生於有，有生於無。」「無」為萬有之所出。「一」與「無」，皆是生化萬物之祖源，所以《參同契》用來代表元陽始氣，而其氣即是「元精雲布，因氣託初」的元精。

又，〈剛柔迭興章第七十七〉說：

> 含元虛危，播精於子。[22]

上文「元」指元氣，和「精」指精氣相同，都是用以指稱人體所稟的元陽真一之氣、元陽祖氣。可見魏伯陽把元陽祖氣稱為「元精」，即《淮南子》之「元氣」。上引二句同義，虛危為二十八宿中北方之二宿，北方為子位，五行為水，五臟為腎，「含元虛危」，是指元氣含藏在北方腎水中；「播精於子」，也是指精氣（元氣）播始於北方子位（腎）中。腎，八卦為坎，所以元陽祖氣生於坎，即是坎 ☵中之陽爻。

五　《參同契》烹煉龍虎鉛汞的內丹修煉法門

《參同契》作者用鉛汞、坎離、龍虎、心腎等相對名相，來代表身中的陰陽二氣。鉛為坎，為虎，為腎，為陰氣。汞為離，為龍，為心，為陽氣。坎離的由來，出自於乾坤二氣。乾動氣布，坤靜受施。在乾坤產生六子的時候，純陽的乾☰，以中陽入坤，而成坎 ☵，人所稟自於天的元陽真一之氣（元陽祖

---

21 《中華道藏》，第16冊，頁101上。

22 《中華道藏》，第16冊，頁105下。

氣），即潛藏在坎中。純陰的坤☷，以中陰入陽而成離☲，真陰之氣在離中。坎鉛和離汞，雖代表陰、陽二氣，但卻是彼此互為宅室，坎陰中有陽，離陽中有陰。五行以坎水為始，其數屬一；因而修煉內丹亦以坎鉛為主，煉化坎鉛中之陽氣，以補離中之陰，使離成為純陽之乾。

《周易參同契．卷中．知白守黑章第二十三》云：

> 知白守黑，神明自來。白者金精，黑者水基。水者道樞，其數名一。陰陽之始，玄含黃芽。五金之主，北方河車。故鉛外黑，內懷金華。被褐懷玉，外為狂夫。[23]

修煉法門以鉛為主，鉛五行屬水，十二支為子，八卦為坎，五臟為腎。水數為一，為「陰陽之始，玄含黃芽」、「鉛外黑，內懷金華」，坎水中所含的黃芽、金華，即是坎☵中間的元陽，此即是元陽祖氣，修煉內丹旨在取坎☵填離☲，即是取坎中陽氣以取代離中之陰，使成純陽之乾☰。取坎填離，也稱坎離交媾。人身中之陰陽氣已雜有後天之粗氣，唯坎中存有「元精」，使坎離交媾，坎中之陽與離中之陰互換，而使離成純陽先天之體。宋．張伯端《悟真篇．卷五》稱之為：「取將坎內中心實，點化離宮腹裏陰。從此變成乾健體，潛藏飛躍總由心。」[24]

內丹修煉之方，在取坎填離，龍虎交媾，魏伯陽在《參同契》中，用了不少篇章來敘述坎離陰陽二氣交媾之法，其法則是陰陽坎離二氣，各以對方為宅室。

《周易參同契．卷中．陰陽為度章第六十三》：

> 陰陽為度，魂魄所居。陽神日魂，陰神月魄。魂之與魄，互為室宅。性主處內，立置鄞鄂。情主營外，築垣城郭。城郭完全，人物乃安。爰斯

---

23 彭曉：《周易參同契分章通真義》，《中華道藏，》第16冊，頁89上。

24 南宋．翁葆光注，元戴起宗疏《紫陽真人悟真篇註疏．卷之五》；《正統道藏．洞真部．玉訣類．歲字號》。

之時，情合乾坤。乾動而直，氣布精流。坤靜而翕，為道舍廬。剛施而退，柔化以滋。九還七返，八歸六居。男白女赤，金火相拘。則水定火，五行之初。上善若水，清而無瑕。道之形象，真一難圖。變而分布，各自獨居。[25]

文中談到陰陽、魂魄、日月等相對名相，此外也用鉛汞、龍虎、水火、坎離等來表達身中陰陽二氣，今將《參同契》中所用之名相，表列於下：

陰氣、鉛：胡粉、金、水、坎、北、黃芽、月、魄、腎、肺、虎、子、一、男、黃芽、金華、河車。

陽氣、汞：流珠、木、火、離、東、丹砂、日、魂、肝、心、龍、朱雀、午、二、姹女、女。

意念、火候：戊己、土、五。

在上引文中，說明陰陽之消長變化，有一定的法則；陰陽也是魂魄之所在。陰陽坎離二氣，陽氣為汞、為日、為魂；陰氣為鉛、為月、為魄。陽魂陰魄（坎離）二者「互為室宅」，所謂互為室宅，即是彼此交媾，成為一家。人有情性，性靜主內，情動法乾坤。先定乾（頭）坤（腹）為鼎爐，後以坎離（水火、鉛汞、男女）為藥物。文中「九還七返，八歸六居」，是指鉛汞坎離相交，由成數而返生數成還丹；五行中，金的成數為九，火的成數為七，木的成數為八，水的成數為六；金水、木火等鉛汞相互變化，還返生數，此即《參同契》第四十章所說：「金來歸性初，乃得稱還丹」。

又，文中「男白（鉛男）女赤（汞女），金（鉛坎）、火（汞離）相拘」，即是指坎離交媾，坎離相拘相纏。修煉法門，以水來定火，水也是五行之初，為五行之首，《老子》第八章稱為「上善若水」。坎水中之真一元陽，是道的形象，難以圖謀運作，它各自分布在萬物中。文中的「道之形象，真一難圖」，

25 《中華道藏》，第16冊，頁101上中。

即是說明修煉之法，坎中「真一」元陽之氣，難以拘制，能使返歸於離陰，即成純陽之乾。

坎離交媾，金火相拘的修煉法，在《參同契》一書中，一再談及，所說內容大抵相同。都是用坎、離為藥物，以心意來媒合二藥成丹。坎為腎、為水、為鉛、為虎，離為心、為火、為汞、為龍。坎離二氣，以意念為媒介，引離火下降，腎水上升，而使坎離龍虎交媾，然後結丹。今略擇一二說明於下。

《周易參同契・卷中・坎男為月章第七十四》說：

> 坎男為月，離女為日。日以施德，月以舒光。月受日化，體不虧傷。陽失其契，陰侵其明。晦朔薄蝕，掩冒相傾。陽消其形，陰凌災生。男女相須，含吐以滋。雌雄錯雜，以類相求。[26]

陰陽二氣所呈現的是陽中有陰，「坎男為月，離女為日」；坎男即是陽，但卻為陰月；離女為陰，卻是陽月。作者用這種方式，說明坎（腎）離（心）二氣，是陽中有陰，陰中有陽。修煉之道，在取坎中真陽取代離中之陰，以離中真陰回填坎中，而成乾坤二卦，返歸天地之真氣。

《周易參同契・子午數合三章第三十一》云：

> 子午數合三，戊己號稱五。三五既和諧，八石正綱紀。呼吸相貪欲，佇思為夫婦。黃土金之父，流珠水之母。水以土為鬼，土鎮水不起。朱雀為火精，執平調勝負。水盛火消滅，俱死歸厚土。三性既合會，本性共宗祖。[27]

關於此文，〔五代〕彭曉有詳注，引述於下。彭曉注云：

> 子水數一，午火數二，共合成三也。戊己土數五也。三五合成八，此乃

26 彭曉《周易參同契分章通真義》，《中華道藏》，第16冊，頁105上。

27 《中華道藏》，第16冊，頁91下。

> 三五既和諧，八石正綱紀也。故得青龍呼白虎，白虎吸龍精，呼吸相食育，佇思為夫婦也。黃土金之父，流珠水之母者，土能過水銀，乃得不飛走，則四季尾火行土候是也。金全自朱雀火神，調匀勝負，水盛火滅，晦朔俱終，歸功土德也。三性既合會，本性共宗祖者，謂金火自一數水氣中產出，蓋是先天地生，元始九氣中，而能生五行，非只以金、火二味而已。[28]

文中的「子午數合三」，是說：子為坎、為北方水，其數為一；午為離、為南方火，其數為二；水（虎）火（龍）之數相合為三。「戊己號稱五」，是指戊己為中央土，其數為五，在內丹修煉上代表意念。「三五既和諧」，是指以意念媒合坎水離火，使火下水上，並以呼吸吐納伴隨意念，使其相交媾，所謂：「呼吸相貪欲」。再用五行生剋之概念，即土為父，水為母，土剋水，能止水不下流；然後以坎水滅離火，而使水火交融，龍虎相鬥，「俱死歸厚土」。魏伯陽文中也常用龍虎相吞食，來形容坎水離火相交媾；其交媾的結果，則使坎中有離陰，離中有坎陽，而成水火既濟之卦形，而丹道成矣。

《參同契》以「三」，代表坎水（一）、離火（二）之相結合；以「五」，代表戊己意土。以意念牽合坎離以會合成一體，這樣的說法，在《參同契》中甚為常見。

《周易參同契．太陽流珠章第六十八》說：

> 太陽流珠，常欲去人。卒得金華，轉而相因。化為白液，凝而至堅。金華先唱，有頃之間，解化為水，馬齒闌干。陽乃往和，情性自然。迫促時陰，拘畜禁門。慈母育養，孝子報恩。嚴父施令，教敕子孫。五行錯王，相據以生。火性銷金，金伐木榮。三五與一，天地至精。可以口訣，難以書傳。[29]

---

28 《中華道藏》，第16冊，頁91下-92上。

29 《中華道藏》，第16冊，頁103上。

上引，太陽流珠，喻汞（水銀），水銀光亮流動似圓珠，真汞常易生變化飛走，須用金華（鉛）[30]來隱定它。兩者相結合化成液狀，似馬齒、美玉，鉛中之真陽往與汞中之陰相結合，相拘禁交媾，使坎水離火，五行生剋中之相剋，反而變成水火相濟相成，此謂五行顛倒，也稱「五行錯王，相據以生」。五行相生為母子，相剋為夫妻，龍處肝木為東方，而木生南方心火，是母子相生；火尅金，火為金夫，火為陽龍，金為陰虎；火金相尅宜遠離，卻以相尅成夫妻而相親，此為五行顛倒，亦即相剋而卻能相輔相成。唐代《鍾呂傳道集・論五行》中，對五行顛倒，有詳細解說。由於五行顛倒，水火相濟相成，而使坎水離火意土，三者合為一丹藥，為「天地至精」。

坎離交媾，水火相親成一家，是五行顛倒，與五行中之水火相剋相反。而坎離交媾的運行次第，則是先以意引坎水先行至西，再引離火下行至東，然後引龍虎坎離相鬥相食而合一。

《周易參同契・子當右轉章第六十九》云：

> 子當右轉，午乃東旋。卯酉界隔，主定二名。龍呼於虎，虎吸龍精。兩相飲食，俱相貪便。遂相銜嚥，咀嚼相吞。熒惑守西，太平經天。殺氣所臨，何有不傾。貍犬守鼠，鳥雀畏鸇。各得其功，何敢有聲。[31]

上文子午的右轉東旋，須先明白《周易》文王八卦方位圖，才能明白其意。今將子午旋行之方位，製表標示於下。

午南

左　　卯東　　　酉西　　右

子北

30 彭曉《周易參同契分章通真義》注云：「金華者，寄生於庚、辛，亦名曰白虎，陰也，母也，妻也，水也。」

31 《中華道藏》，第16冊，頁103下。

依文王卦位圖來看，子北（坎水子）在下，午南（離火）在上，卯東（震木）在左，酉西（兌金）在右。上文「子當右轉」，是說引謂坎水（子）經右轉上升至酉西。「午乃東旋」，是說引離火（午）向下旋轉至卯東。此二句，即是引離火下降，坎水上升，東為離龍，西為坎虎，配合呼吸而交媾相食，所謂「龍呼於虎，虎吸龍精。兩相飲食，俱相貪便。遂相銜嚥，咀嚼相吞。」各得其功而順成。但坎水離火龍虎交媾，必須留意身體中陰陽氣之盛衰，此即是火候之文火武火及進火退符的問題。在《周易參同契》中，用《易》卦和日月盈縮所造成的節氣及晦朔，如納甲等說，來表達火候之陰陽消長。

又，魏伯陽《周易參同契》中談到「子午數合三」其概念和漢代《易》學之說有關。鄭玄注《易繫辭》云：

> 天一生水於北，地二生火於南，天三生木於東，地四生金於西，天五生土於中。陽無耦，陰無配，未得相成。地六成水於北，與天一併；天七成火於南，與地二併；地八成木於東，與天三併；天九成金於西，與地四併；地十成土於中，與天五併也。[32]

依鄭注來說，金木水火土，五行各有生數成數，表列於下：

生數：子水北一，午火南二，卯木東三，酉金西四，戊己土五。
成數：子水北六，午火南七，卯木東八，酉金西九，戊己土十。

鄭玄的生數成數之說，來自西漢時代的讖緯書。隋・蕭吉《五行大義・卷一・第四論納音數》引《樂緯》云：

> 孔子曰：「丘吹律定姓，一言得土曰宮；三言得火曰徵；五言得水曰羽；七言得金曰商；九言得木曰角。」此并是陽數。凡五行有生數、壯

32 《禮記・月令・孟春》「其祀戶祭先脾」下，孔穎達正義引。

數、老數三種。木，生數三，壯數八，老數九。火，生數二，壯數七，老數三。土，生數五，壯數十，老數一。金，生數四，壯數九，老數七。水，生數一，壯數六，老數五。

以五行生數而言，水一，火二，所以說「子（水）午（火）數合三」。子為坎水（鉛），午為離火（汞）。丹道之修煉，即是坎離鉛汞之交媾，相互轉化成丹。在《參同契》一書中用五行生剋、曆象陰長消長等，來說明人身中龍虎、鉛汞等陰陽氣之消長及相剋相成，用以說明修丹之法門者甚多，茲再舉一、二例於下。

《周易參同契．丹砂木精章第七十六》：

丹砂木精，得金乃并。金水合處，木火為侶。四者混沌，列為龍虎。龍陽數奇，虎陰數偶。肝青為父，肺白為母。腎黑為子，心赤為女。脾黃為祖，子五行始。三物一家，都歸戊己。[33]

丹砂（汞）五行為木為火，鉛五行為金為水；木生火，金生水，「金水合處，木火為侶」，金木水火四者混合，分列為東龍西虎，陽龍陰虎。木，五臟為肝，木生火，所以為父；金，五行為肺，金生水，所以肺為虎母；五臟腎黑，屬於鉛、子；心為赤，為女。脾為黃，為中央戊己土。金水、木火及土，三者混合歸於戊己土一處。

《周易參同契．剛柔迭興章第七十七》云：

剛柔迭興，更歷分部。龍西虎東，建緯卯酉。刑德並會，相見歡喜。刑主伏殺，德主生起。二月榆落，魁臨於卯。八月麥生，天綱據酉。子南午北，互為綱紀。一九之數，終而復始。含元虛危，播精於子。[34]

---

33 《中華道藏》，第16冊，頁105中。

34 《中華道藏》，第16冊，頁105下。

上文謂人身中之陰陽二氣相互消長，猶如天上星宿運行經歷各處。陽龍向西運行（左旋至酉西），陰虎向東運轉（右行至卯東），卯東（木德）、酉西（金刑），龍虎刑德並會，相見歡喜。酉西金刑主伏殺，卯東東德主生物；但天象二月建卯，宜生物而有榆落；八月建酉之月，主伏殺而有麥生，說明了陰陽二者互為綱紀，所以丹道子水在北，而右旋至午火之位；午火在南，而左轉至北水之位；坎水升而離火降，數目字屬於一而終於九，《列子・天瑞篇》說：「易無形埒，易變而為一，一變而為七，七變而為九；九變者，究也。」萬物之生滅變化，終而復始。人的元氣，含育於北方虛危宿中（人體的腎水），播放真氣在於北方子位。以上說明元陽之氣所在及修煉之法。

六　結語

《參同契》將《周易》陰陽消長的道理，黃老恬淡寡慾、清靜無為之說，以及爐火燒煉坎離二氣，結成金丹，三者結合在一起。以乾鼎坎離四卦為修煉之中心。乾坤為鼎爐，坎離為藥物，六十卦為火候，雜揉內、外丹的名相，以鉛汞、坎離、龍虎、男女、水火，來代稱陰陽二氣。修煉之道，在取坎陰中之元陽，填離陽中有真陰。其法先將坎水陰氣上引至酉西（肺金之位），將離火陽氣下降至卯東（肝木），再使陰陽二氣互為宅室，引龍虎相鬥，結為夫婦，取坎中元陽以補離，取離中真陰以入坎，而成純陽之乾與純陰之坤，還返天地始源，以契大道。以上是內丹修命養形的工夫。

在修性養神，則以黃老思想為主，以耳（坎）、目（離）、口（兌）為外三寶，修養心性，戒為外物所囿，清靜恬淡、無為自然，此是內丹修性之工夫。

此書丹道修煉的思想源頭，遠承《黃庭外景經》，近承《火記》與《龍虎經》。由於此書將內外丹之名相混合使用，書中也雜述內丹及外丹之修煉法門，因而對於此書是外丹修煉書，或是內丹之著作，歷來學者爭論不休，唐代注疏家以外丹說來註此書者較多，唐中葉以下逐漸把此書看成內丹修煉之書。今以書中文末有一段敘述，認為內丹修煉有成，即可拋棄外丹，所謂「挺除武都，八石棄捐」，由此看來，作者書中雖也有雜述外丹修煉，但基本上是較重視內丹，這也是後來注疏家多以內丹說來作注的主因。

《參同契》將身中之氣，分為陰陽二氣，以坎離為代表，坎陰離陽；也有元陽祖氣（魏伯陽稱為元精）存藏於坎陰中之說；修煉法門有修性與修命。但對鼎爐所在的確定位置，以及坎離交媾後的敘述，幾乎略而不論，對於河車運轉，也沒有交代。

魏伯陽的這些理論，到了唐代以後，有了重大的發展，內丹家將陰陽氣，區分成精、氣、神三者，將精歸於坎，將氣、神歸於離；以精、氣、神為藥物，以三丹田為燒煉場所，煉精化氣在下丹田，煉氣化神在中丹田，煉神還虛在上丹田；對於河車運轉及龍虎交媾後的後續發展，均有詳論。唐代《鍾呂傳道集》、《祕傳正陽真人靈寶畢法》二書，詳述鍾離權內丹修煉法門，其名相有：龍虎交媾、河車、五行顛倒、三田返覆、肘後飛金晶、玉液還丹、金液還丹、五氣朝元、三陽聚頂等，其中有許多是龍虎交媾後的陸續修行，可視為內丹說的重大闡揚與發展。

又，《周易參同契》一書，到了明代，又有杜一誠、楊邛崍、楊慎等人偽撰出《古文參同契》，此書是以《周易參同契》中之四言為經，五言為傳，硬把一本書析分成經與傳，隨意割裂，重新組合而成，雖有新的想法，卻沒有太大的價值。

《史記》與《漢書》中的姜尚

——姓氏名字號與著述考

李紀祥

中國文化大學史學研究所博士班教授

摘要

過去對「姜太公」之研究，多集中於民間信仰、神話、託名文本思想等，本文則自史學角度切入，探討殷周之際的重要歷史人物「姜尚」，分析其姓氏名字號之歷史載錄敘事，並探討署其名之兩部著作：《太公》與《六韜》之流傳實況。資料則以《史記》、《漢書》為主，參以唐人注與《隋書．經籍志》。

關鍵詞：姜尚、姓氏名字號、《史記》與《漢書》、《太公》與《六韜》

一 前言

姜尚（?-1015BC）者，於後世多以「姜太公」名諱出場於廟祀世界與民間信仰體系中；或為兵家武聖於唐代受封受祭於國家崇祀，雖僅中祀，然卻得與孔子宣聖並祀，同於國學與州縣學以釋奠禮祭祀；尤其在明代，更因明中葉《封神演義》通行，成為民間家喻戶曉的角色人物。無論是民間信仰或是虛擬小說，皆以歷史上的實有人物為其原型，其歷史時間座標則在殷周之際的朝代興替，與夫周朝開國定制之功臣，又復為周初異姓首封齊國之始祖；本文便以此為軸，從歷史面向行文探討姜尚其人，聚焦於漢代典籍《史記》與《漢書》之載述著錄，探討考辨姜尚之生平姓氏名字號及其著作。姜尚於後世之流傳史，既有歷史敘事也有神話敘事之兩流，本有各自的真實；所謂的歷史真貌所流傳後世者，神話傳說立廟信仰與小說家流者，實皆為歷史流傳之多元面向表現；過去學界自正史典籍探討姜尚者較乏，本文即因此而作，並於前言述其旨趣。

二 姓氏名字號與生平

姜尚，依司馬遷（145BC-86BC?）《史記》之《齊太公世家》所載，實有諸多可言者；秦焚書令後，漢太史公司馬遷所見所採，雖史官惟有《秦記》，或古昔文獻、或前人著述，或漢家所藏，或走訪實地見聞，《齊太公世家》文本所據所採，頗載不少；亦有諸說以「或曰」並書，知太史公所採擇雖已考述，然仍多元，《史記．齊太公世家》載有關太公姜尚出身所從云：

> 太公望呂尚者，東海上人，其先祖嘗為四嶽，佐禹平水土，甚有功，虞夏之際，封於呂，或封於申，姓姜氏。夏商之時，申、呂或封枝庶子孫，或為庶人，尚其後苗裔也。本姓姜氏，從封姓，故曰呂尚。[1]

1 司馬遷撰、裴駰集解，《史記集解》（臺北：成文出版社，據南宋重刊北宋監本、北宋景佑監本配，仁壽本26史，1971年。），卷32，齊太公世家，頁1上。

故知其姓，乃支庶以氏呂為姓；司馬遷以為姓呂名尚，稱「呂尚」；然周朝分封諸侯建國，齊國為「姜姓」，應是武王翦商後所封姓，《春秋》經文中凡齊侯皆姜姓，國君妹稱「齊姜」；魯侯則為「姬姓」。故知《齊太公世家》此段文字乃敘呂尚姓氏來源與庶支裔衍；呂尚未歸文王前，此時固姓呂，其族姓源頭為「本姓姜氏」，由此可知司馬遷謂呂尚先世所出，在姜族之苗裔也；先祖封於「呂」，故其後「從封姓」，姓呂，書稱「呂尚」。

唐人司馬貞（679-732）《史記索隱》云：

> 譙周曰：「姓姜，名牙。炎帝之裔，伯夷之後，掌四嶽有公，封之於呂，子孫從其封姓，尚其後也。」……蓋牙是字，尚是其名，後武王號為師尚父，則尚父官名。[2]

司馬貞駁三國譙周「名牙」之說，以為「牙是字，尚是其名」，故知姜尚之姓氏名字，於司馬遷之後，古人尚有辨析者，譙周以為「姓姜、名牙」，司馬貞《史記索隱》駁之，以為「姓姜、名尚，牙是其字」，而「尚父」則為官名；三國、唐時所說雖不同，然要皆在司馬遷《史記》後。是故統整諸家說，依秦漢文本與後世傳述，則其姓名或氏名或當作姜尚、呂尚；或稱姜望、呂望；又以字稱姜牙或姜子牙，號則為太公望、師尚父；流傳史中無稱「呂牙」或「呂子牙」者；後世顯然以「姜」為太公之姓為姓而稱「姜太公」。

姜尚所以號稱「太公望」之故，則以「太公」為其尊稱也，其典則出《史記》所敘故事，司馬遷《齊太公世家》所載周文王西伯出獵時「遇」於姜尚之情節，云：

> 周西伯獵，果遇太公於渭之陽，與語，大說曰：「自吾先君太公曰『當有聖人適周，周以興。』子真是邪！吾太公望子久矣。」故號之曰「太

2　司馬遷，《史記三家注》（臺北：藝文印書館，據乾隆武英殿刊本影印，1982年），卷32，頁583。

公望」。載與俱歸，立為師。[3]

案，先於司馬遷《史記》之《呂氏春秋．孝行覽．首時》篇則稱姜尚為「太公望」，其遇文王敘事則作「釣於渭觀之」，[4]皆曰遇於渭水之濱。

故知《史記》敘事，係以為「太公望」乃係西伯之「太公」之望也，本意指涉周之先王太公，即周之太王古公亶父，非指姜尚本人；此句之讀，乃文王自述其祖古公亶父之望有聖人適周，以興周業也；今文王既遇先祖太公所望興周之人，由是姜尚遂號曰「太公望」；故知文獻典籍凡稱呂望、姜望者，皆從「太公望」之「望」而衍生此稱。

案，姜尚與文王之關係，《史記》共記載三說，上述「遇太公於渭之陽」為一說；另說為呂尚原本事商紂王，後去，卒歸西伯，司馬遷自云「或曰」，故知其採擇另說；[5]或又曰「散宜生招之」，呂尚以為「西伯賢，又善養老，盍往焉」[6]，遂與散宜生、閎夭等共往歸文王，此則為第三說；史公最後斷曰「言呂尚所以事周雖異，然要之為文武師」[7]，意謂文王先尊為「師」，武王繼之，故稱「師尚父」，蓋從其父文王所尊而尊，乃由其名而更尊其「老」而增稱曰「尚父」。

案，西伯「善養老」之事，司馬遷《伯夷列傳》、《孟子》中皆載，蓋「養老」與「大射」，自劉向（77BC-6BC）以來迄於新莽與光武，皆漢代經學儒臣所追求之古禮大事；由此觀之，蓋古時流傳迄於戰國兩漢，由儒者據禮典所倡也。漢經學倡者並主張由上位者親自主持此禮。

而武王時始稱其「師尚父」，《史記》言尚為「文武師」，文王歿，武王即位，復尊稱「師尚父」，蓋姜尚輩分較武王、周公為高，故以其「名」而尊稱「尚父」，言不敢直稱名也，由是號稱「師尚父」。如前所引述，唐時司馬貞《史記索隱》則以為「尚父」是官名。

---

3 司馬遷撰、裴駰集解，《史記集解》，仁壽本26史，卷32，頁1上、下。

4 許維遹，《呂氏春秋集釋》（臺北：鼎文書局，1984年），卷14，冊上，頁553。

5 司馬遷撰、裴駰集解，《史記集解》，仁壽本26史，卷32，頁1下。

6 司馬遷撰、裴駰集解，《史記集解》，仁壽本26史，卷32，頁1下。

7 司馬遷撰、裴駰集解，《史記集解》，仁壽本26史，卷32，頁1下。

關於「太公」之稱謂，其所以重要且為一學術議題，不僅是姜尚之尊稱，更是《齊太公世家》之「太公」解題，此則尚無定論，且「太公」**是否為謚號，則尚可探討**，蓋仍有討論空間也。案、周初封天下，諸所封國最高爵等，皆稱「侯」，無有稱「公」者，故稱「諸國」為「**諸侯**」；惟有宋國國君稱「公」，《春秋》皆書「宋公」以其為殷商微子啟之後，蓋封前代二王後也。此外，惟有王畿內周天子政府中最尊者稱公，如周公、召公、畢公之稱「公」且世襲於畿內，輔佐周天子治理王畿天下也。齊、魯、晉、鄭等皆稱齊侯、魯侯、晉侯、鄭伯，《春秋》中稱齊桓公、魯隱公、晉文公、鄭莊公等，皆是謚號。

是故，司馬遷對齊、魯、燕三國所立世家之標題，皆有其意，亦可觀周初開國封建形勢端倪：齊稱「**齊**太公世家」，魯題「**魯**周公世家」、燕作「**燕**召公**世家**」，太公就國而周公、召公則在朝為「公」以輔武王、成王；姜尚既輔佐文王西伯興起大業，又輔佐武王會盟八百諸侯於盟津，進而牧野之戰翦商滅紂，故武王論周興封功，姜尚實為開國功臣首封。《周本紀》載武王滅紂革殷受天命後：

> 於是**封功臣謀士**，而**師尚父為首封**，封尚父於營丘曰齊，**封弟周公旦**於曲阜曰魯，**封召公奭**於燕，**封弟叔鮮**於管，**封弟叔度**於蔡，餘各以次受封。[8]……

極有可能在武王分封時，便已封其爵位為「公」，故《史記》標題題作「齊太公世家」。又，齊桓公時，用管仲而為春秋首霸，《史記・齊太公世家》載桓公三十年管仲（725BC?-645BC）與楚成王對話，云：

> 三十年春，齊桓公率諸侯伐蔡，蔡潰，遂伐楚。楚成王興師問曰：「盍故涉無地？」**管仲對曰**：「**昔召康公命我先君太公曰**：『五侯九伯，若實征之，以夾輔周室。』賜我先君履，東至海、西至河、南至穆陵，北至

8　司馬遷、裴駰，《史記集解》，仁壽本，卷4，周本紀，頁8上、下。

無棣。楚貢包茅不入，王祭不具，是以來責；昭王南征不復，是以來問。」楚王曰：「貢之不入，有之，寡人罪也，敢不共乎！昭王之出不復，君請問之水濱。」[9]

裴駰（?-?，裴松之子）《集解》引《左傳》，注曰：「《左傳》曰：周公、太公股肱周室，夾輔成王也。」[10]故《史記》所載管仲所述之「召康公」，即「召公奭」；管仲稱姜尚為「先君太公」，反映出流傳至齊桓公時對姜尚為先君始祖的稱呼，「太公」一詞與的「召公」或「周公」並稱，雖不能確定必為「封公」，要之仍與周初開國分封佐輔周室訊息有關。且稱「太公」與稱「尚父」同，皆以姜尚輩分高於武王而稱其名尊曰尚父，或封其爵等為公而稱太公也。

另一個學術推測觀點，則是「太公」有可能起源子**孫之因太廟而稱之廟號**，乃後來相繼即位「齊侯」諸國君，尊其為始祖，立太廟為始祖廟，永世不遷，周制諸侯為五廟，二召二穆，故以太公為不祧之太廟，而尊稱為「太公」。然此稱至秦漢行郡縣天下一統以後，已經轉變為家庭單位中稱法。稱公只是敬稱，非如春秋以前之爵號尊稱，如司馬遷用「太史公」一詞敬稱其父司馬談或自稱、傳授經書之「申公」等，即是。

三　姜尚著述：《太公》與《六韜》

（一）《太公》

有關漢代人對姜尚著述流傳之著錄，可以班固（32-92）《漢書・藝文志》來作考察。班書《藝文志》本之於劉歆（46BC-AD23）的《七略》，顧名思義，即是甄別古代文本世界為七大畛域：六藝略、諸子略、詩賦略、兵書略、數術略、方技略、輯略。相對於另一重要的國家級別正史：唐代所纂修的《隋書》之《經籍志》，對前代歷史世界的流傳文本已改為「四部」簿籍之分類：

9　司馬遷、裴駰，《史記集解》，仁壽本，卷32，頁8上、下。

10　司馬遷、裴駰，《史記集解》，仁壽本，卷32，頁8上。

即經、史、子、集。此可以對照以用於姜尚著作之研究。

姜尚的著作在《藝文志》中，編次於《諸子略》的「**道家**」類之下，稱「《太公》二百三十七篇」。[11]班固本注：

> <u>呂望</u>為周<u>師尚父</u>，本有<u>道</u>者，或有近世又以為<u>**太公術者**</u>所增加也。[12]

此處的「師尚父」之「師」，在漢代視域中應指涉為文王之「師」；然古之「師」有二**義**，一為於學校傳授貴族子弟專學技藝知識之職者，二為軍事征戰之兵師；此注當以前者為義解，其稱「太公術」之「**術**」，乃從「道家」角度而言；若以後義解，亦通，此則可聯繫到姜尚在後世成為兵家位階的流傳性。《史記》中對姜尚的一段記載文，極有意思，釋放不少姜尚在周初文、武二王時期對商紂戰爭中的位所訊息：

> 西伯昌之脫囚里歸，與呂尚陰謀修德以傾商政，其事多兵權與奇計，故<u>**後世之言兵及周之陰權，皆宗太公為本謀**</u>。周西伯政平，及斷虞芮之訟，而詩人稱西伯受命曰文王；……天下三分，其二歸周者，**太公之謀計**居多。[13]

案，《史記》敘事，其筆下所書兵權、奇計、言兵、謀計，正可見姜尚在後世所塑形之形象，實有「兵家」此一歷史軸線之發展，司馬遷所以採入，與姜尚著作所以於《隋書》入於子部兵家，對司馬遷而言，或亦當時歷史之實，故據後世戰國分類意識流傳而書寫「後世之言兵及周之陰謀，皆宗太公為本謀」，則已傳達「姜尚」為後世兵家之所宗者形象之論斷。

---

11 班固等，顏師古注，《漢書》(臺北：成文出版社有限公司，南宋重刊北宋淳化監本，仁壽本26史，1971年)，卷30，藝文志，頁15上。

12 班固等，《漢書》，顏師古注，南宋重刊北宋淳化監本，仁壽本26史，卷30，藝文志，頁15上。

13 司馬遷、裴駰，《史記集解》，仁壽本，卷32，頁1下。

（二）六韜

至於後世所傳稱為姜太公尚著作的《六韜》，在《藝文志》的「兵書略」中並沒有著錄此書。到唐代《隋書・經籍志》中才被視為「姜尚」的著作，被歸在「子部」的「兵書」類中。可見係後世託作，通常為戰國時代諸子、門客、游士興起時之託古著作。然雖後人託作，亦未可便稱偽書。唐代人認為自先秦入於漢世以來即有姜尚《六韜》傳本，一路流傳至於隋唐，戰國時諸子蠭起著作託名於古，此時託名於太公的言兵謀太公術的《六韜》本，應當就是《隋書》本與後世傳本的源頭本之一；但是《漢書・藝文志》並未登錄。蓋漢世未經見傳與未登錄之古書本就所在多有，尤其歷經秦代焚書事件，此類之書，如西晉汲冢發現的《紀年》，即後世迄今所輯稱名《竹書紀年》古本、今本者，亦司馬遷所未見而班固《藝文志》所未著錄者，此則或與秦代焚各國史官所記有關，又或者是其他流傳因素。流傳至隋唐時代被登錄的梁本《六韜》，內容與戰國簡本自然有同有異，然基本調性與結構則為以「姜太公」為主體的軍事兵書內容。《隋書・經籍志》的「子部」中，「道家」類中未見著錄《藝文志》道家類著錄的《太公》；「儒家」類中亦未見《周史六弢》一書。而在《隋書》「子部」的「兵書」類中，則首錄《司馬兵法》與《孫子兵法》，繼則標名為「太公」的著錄共10文本：

> 太公六韜五卷　太公陰謀一卷　太公陰符鈐錄一卷　太公金匱二卷　太公兵法二卷　太公兵法一卷　太公伏符陰陽謀一卷　太公三宮兵法　太公書禁忌立成集二卷　太公枕中記一卷[14]

十部文本中，多半是魏晉南朝尤其梁時人所撰所傳本，其中與姜尚有關者，厥在後世編入《武經》匯本的《六韜》一書，由注文而可以確認此本在當時係被為認知為姜尚所著的梁傳本：

---

14 長孫無忌等，《隋書》（臺北：成文出版社有限公司，據元饒州路學刊本影印，仁壽本廿六史，1971年），卷34，經籍三，頁12上。

> 梁，六卷，周文王師姜望撰。[15]

故知唐本為五卷，梁傳本為六卷。至於《太公陰謀》一書，注云：「梁又有《太公陰謀》三卷，魏武帝解。」[16]於「《太公兵法》六卷」下則注云「梁有《太公雜兵書》六卷」[17]，類此皆不能確定這些標注為「太公」之文本，是否即為戰國以來傳至隋唐的姜尚或託名姜尚之著作。

對照《藝文志》，則原本編在《藝文志．諸子略》「儒家」類中的一部著作：「《周史六弢》六篇」[18]，班固自注云：

> 惠襄之間。或曰：顯王時。或曰：孔子問焉。[19]

而唐顏師古（581-645）則注云：「即今之《六韜》也。蓋言取天下及軍旅之事。弢字與韜同也。」[20]以唐代認知的「兵書」類姜尚之《六韜》，來牽合漢代著錄於「儒家」類的《周史六（大）弢》，確實屬牽強。案《莊子．則陽篇》載：

> 仲尼問於大史大弢、伯常騫、狶韋曰：「夫衛靈公飲酒湛樂，不聽國家之政，田獵畢弋，不應諸侯之際，其所以為靈公者何邪？」大弢曰：「是因是也。」[21]

也可旁證在戰國時期流傳文本有此人物，大弢等三人在〈則陽〉篇中皆為仲尼所問，以其為太史也。要之，唐代顏師古注《漢書．藝文志》，有此牽合，認

15 長孫無忌等，《隋書》，仁壽本，據元饒州路學刊本影印，卷34，經籍三，頁12上。
16 長孫無忌等，《隋書》，仁壽本，據元饒州路學刊本影印，卷34，經籍三，頁12上。
17 長孫無忌等，《隋書》，仁壽本，據元饒州路學刊本影印，卷34，經籍三，頁12上。
18 班固，《漢書》，顏師古注，南宋重刊北宋淳化監本，仁壽本26史，卷30，藝文志，頁13下。
19 班固等，《漢書》，顏師古注，南宋重刊北宋淳化監本，仁壽本26史，卷30，藝文志，頁13下。
20 班固等，《漢書》，顏師古注，南宋重刊北宋淳化監本，仁壽本26史，卷30，藝文志，頁13下。
21 郭慶藩集釋，《莊子集釋》（臺北：貫雅文化事業有限公司，1991年），雜篇，則陽第二十五，頁906-7。

《六弢》為《六韜》，也有其學術史背景，漢代未見單篇著錄的《六韜》，在唐代則確實已經盛行，並視為「姜尚」的著作；而**姜尚在唐代的被尊封「武成公」與國家崇祀「太公」釋奠禮**，則也是另一個背景。要之，唐代已有流傳名為姜尚的《六韜》傳本，只是其源流考鏡，則學界過去並不清楚其源起於何時，現在則因近代漢墓出土竹簡文獻而知是起於戰國本的託名流傳，通過漢代六朝以下而入於唐。這也可以解釋司馬遷《齊太公世家》中何以有「皆宗太公為本謀」文字敘事的背景緣由，太史公必然看過相關文本與文獻；如漢文帝時代的劉邦之孫淮南王劉安（179BC-122BC），在其**《淮南鴻烈》**中對「太公」之敘事塑形，即是其一。其書末篇《要略》篇載曰：

> 文王四世纍善，修德行義，處岐周之間，地方不過百里，天下二垂歸之。文王欲以卑弱制強暴，以為天下去殘除暴而成王道，故**太公之謀**生焉。[22]

是故，近代余嘉錫（1884-1955）遂於《四庫提要辨證》一書中考校《四庫總目提要》所云《四庫全書》所收《六韜》六卷本之來歷，云：

> 《提要》所疑為非漢時舊本者，實無強有力之證據，……此書實是漢時舊本，非後世所能依託。特惜其為後人妄有刪削，遂至殘缺不完耳。唐人自杜佑《通典》以下，談兵之書，引用是書至夥，又不待宋元豐時頒之武學，始知其來已久也。孫星衍作〈六韜序〉深信其為古書，然必以為即儒家知《周史六弢》，牽強傅會，轉不能自圓其說。[23]

復並引嘉慶時嘉興沈濤（1792-1855）《銅熨斗齋隨筆》所考文，曰：

> 沈濤《銅熨斗齋隨筆》卷四云：「案今《六韜》，乃文王、武王問太公兵

22 劉文典，《淮南鴻烈集解》（北京：中華書局，1989年版），卷21，要略，頁708。

23 余嘉錫，《四庫題要辨證》（香港：中華書局香港分公司，1974年3月港版），頁583。

> 戰之事，而此列之儒家，則非今之《六韜》也。」「六」乃「大」字之誤。《人表》有周史大「弢」，古字書無「弢」字，《篇韻》始有之，當為「弢」字之誤。《莊子・則陽》篇：「仲尼問於太史大弢」，蓋即其人，此乃其所著書；故班氏有「孔子問焉」之說，顏以為太公《六韜》，誤矣。今之《六韜》，當在《太公》二百三十篇之內也。[24]

余氏並斷云「其所考證極為真確，真不刊之說也。」[25]案、嘉興沈濤乃段玉裁（1735-1815）弟子，其所考論，已道及唐以來傳寫於世、宋以來傳刻於今之《六韜》本，實為《漢志》著錄於「道家」中《太公》二百三十篇之內者，此觀點不無可能，其論亦甚允，故余嘉錫《四庫題要辨證》引之。

（三）《書・太誓》

先秦古籍或篇卷與姜尚有關者，復有被孔子與孔氏門人編纂為《書》經中之篇章者，據《史記・齊太公世家》載：

> 武王即位九年，欲修文王之業，東伐以觀諸侯集否。師行，……遂至盟津，諸侯不期而會者，八百諸侯，諸侯皆曰：「紂可伐也。」**武王**曰「未可。」還師，**與太公作此《太誓》**。

故知《太誓》之作，與武王、太公有關，緣起於牧野之戰前的盟津之會後。而漢代本《尚書》中之《太誓》篇，則係漢代時漢人所獻；現今傳本《尚書》中《太誓》篇，則又起於東晉人梅賾所獻孔安國傳之《尚書》古文本，此本傳至於今，我們實亦不能確認武王、太公當日之《太誓》，是否即今本《太誓》；因此之故，清代經學中經今古文之爭的課題之一，即與《太誓》篇有關也。

24 余嘉錫，《四庫題要辨證》，頁582。
25 余嘉錫，《四庫題要辨證》，頁582。

四　結論

地不愛寶，晚近墓葬新出土文獻頗夥，山東臨沂之漢墓發掘後出土一批兵家軍事類竹簡，計有《孫子兵法》、《孫臏兵法》、《尉繚子》、《六韜》等，尤其銀雀山漢墓竹簡本《六韜》，可以取與今傳宋刻以來流傳之《六韜》傳本相讎，此學術校勘行動顯示了此本至少自漢墓本以來迄於唐人所見本之間流傳歷史軸線的未間斷性，入於宋後且有刻本，宋刻本迄今猶存，取與相讎，實間接否定了以宋世以來刻傳本的偽書性觀點。山東銀雀山「漢墓竹簡本《六韜》」在《藝文志》中並未著錄於「諸子略．兵家」的現象，並不代表唐人即可將「諸子略．儒家」類中的「《周史六弢（大弢）》視為太公著作，或戰國時人託名之著作，甚至考證其即是《六韜》；然而，這也使我們對著錄於「諸子略．道家」的《太公》之書篇，產生了一些不同以往的想法與忖度：有無可能此漢墓竹簡所反映的漢代流傳之《六韜》本，即是戰國以來託名「太公」的著作組成之一種呢？這也是一個對於《藝文志》「並未著錄」《六韜》於「諸子略．兵家類」的思考回應。余嘉錫引清人沈濤的觀點以考證者，正可反映銀雀山漢墓竹簡本《六韜》出土前的學界持平論點。

但我們也應當了解，「姜太公」與「六韜」之間產生的聯結，在後世乃為「著作者」與「著作」間的關係；近代銀雀山漢墓竹簡言兵《六韜》簡本的出土，只能在流傳史中從先秦尤其是戰國之「託名」來聯繫其與「姜太公」之關係，卻不代表其所託名，必可指涉至殷周之際身為文、武師的姜尚之歷史身分，從學術性而言，我們既無法也不當作此溯源性的「著作者」聯結。

「姜尚」在敘事本事中作為一個人名的能指，本在司馬遷《史記》中指向輔佐文王、武王平定天下的開國功臣與諸侯之首封；但進入《漢書．藝文志》與出土文獻漢墓《六韜》與後世宋本《六韜》中，甚至更進一步的武學之典與《武經》的世界，能指性轉向了某部書的作者，前者與後者固然有所聯繫也可以聯繫，但後者畢竟其所擁有的「著作者」角色與身分，卻是在前者生平座標的殷周開國活動中所不曾擁有，當本文在探討「姜尚」之姜、呂之姓，與尚、望、牙之名字與其號「太公望」、「師尚父」之文本敘事時，便實無此後世著作託名的歷史時空之涉入。

從「姜尚」之人物能指到《漢書》著錄「道家」類《太公》著作署名的人、書聯繫，進一步至於糾纏難解的實作、偽作、託名及託名方式與分類，本文所聚焦考察的《太公》與《六韜》，便實已反映在歷史的流傳與歷史的溯源兩軸之間，「人」之生平所生產的書寫語言與文字敘事，復提供了以「書」為主體的另一個敘事世界；而當「人」、「書」兩軸開始交錯並難解時，學問的研究之進行，便成了當代的一種可信的評鑑知識生產之依據，本文旨趣即在於斯。復次，從《太誓》的揭示為武王、姜尚所並傳，然而卻未在後世引起歷史關注之現象，更可證明「並未著錄」也是一種應當考察的文本閱讀聚焦點，本文意圖於此有所察覺並重新進行學問性初探。

論船山氣學的內丹養生

陳振崑

中國文化大學哲學系教授兼系主任暨所長

摘要

天地大儒王船山之氣學理論在宋明理學之中，堪與程朱理學和陽明心學鼎足為三。船山氣學秉承莊子氣化論與橫渠氣學之影響甚深。船山以其「體用相函、始終相成、性情相需」的道器論，以及「命日降，性日生日成」的人性生成論理論基礎，對於道家內丹養生學之養氣存神工夫的精華亦有所攝受與融合。

本文透過對於船山《楚辭通釋・遠遊》相關文本進行諸如：「煉性保命」、「煉氣存神」、「壯魄鈐魂」、「先天之氣」、「神和氣應」、「以已盜天」與「造化在我」等等之關鍵觀念的義理詮釋，以呈現出船山內丹養生學的獨具特色。

關鍵詞：煉氣存神、壯魄鈐魂、先天之氣、神合氣應、以已盜天、造化在我

一　前言：船山氣學與內丹養生

儒、道、佛三教是中華傳統文化的三大主要精神源流。儒家主人倫綱常、政治管理與學術教育，乃至儒教之崇尚慎終追遠、敬天法祖與孝悌慈。道教在道家自然無為的本體宇宙觀的基礎上融合了陰陽、五行、星象、曆數，以及神祇系統、禁咒符籙、齋醮科儀與丹鉛導引種種術數，有其淵源流長的歷史發展。儒教與道教都是中華傳統的本土宗教，發揮先民們安身立命之終極關懷的文化功能。外來佛教經過漫長的本土化、中國化，產生隋唐大乘佛教的勃興以及後來淨土宗與禪宗的盛行，漢傳佛教與藏傳佛教都有重大的發展。

宋元明代是三教更為衝突又彼此對話融合的時代。金宋元全真道教倡導性命雙修對於道教的教義理論和修煉工夫，特別是身心性命之學與內丹學都更有長足而深入的進展。宋明理學家們亦面對佛、道本體論與心性修養論的挑戰，精思造道，繼以開創一個個從根本上肯定「天理」、「良知」或「氣化」的天人合一理論。宋明理學不只是近代中華文化的主流思想，於13-17世紀更融入為韓、日、越南等東亞文明的精神體現，而呈現出其價值觀的普世性。

天地大儒王船山（夫之，1619-1692）於明清之際經歷了傾天覆地的時代大動亂，整個大明王朝在苟延殘喘之後終於滅亡於外族與內亂之交逼，百姓深受亡國而被外族奴役或殘害的痛苦和屈辱。王船山一生的儒者風範，從抗清失敗、逃亡悲痛到退隱窯洞以埋首著述，重建了整個經學學術傳統與氣學哲學的理論建構。

唐君毅先生（1909-1978）指出船山氣學在宋明理學中，相對於程朱理學、陽明心學與橫渠氣學的重要地位並高度評價船山哲學是通貫內聖外王與天道人性的整合性哲學思想的創發。唐君毅對船山學的評價如下：

> 惟船山竄身猺洞，發憤著書，其哲學思想最為奧絕。船山本其哲學思想之根本觀念，以論經世之學，承宋明儒重內聖之學之精神，而及於外王，以通性與天道與治化之方而一之者，惟船山可當之耳。……船山之

哲學，重矯王學之弊，故於陽明攻擊最烈。於程、朱、康節，皆有所彈正，而獨有契於橫渠。[1]

唐君毅指出船山氣學哲學能反省與克服朱子理氣論與陽明良知學的理論困難，而建立一個可以與朱子理學、陽明心學鼎足為三，更能貫通人道顯而天道隱，展現其天人合一之理論詮釋與實踐動能之全體大用的氣學哲學理論體系：

船山之言道，不取朱子嚴分形上形下，嚴分體用之說。朱子以形而上者即理，理之義則或同於道。形下為氣。理為體，而理之顯於氣，為用。船山則統形上形下，而以氣化為形上、為體，即形器明道，即事見理，即用見體。此頗類似陽明。然陽明之即用見體，體惟是良知天理。即事見理，事惟是致此良知天理。陽明以人道攝天道，無獨立之天道論。而船山之言即器明道，即事見理，即用見體，則不僅據以明人道，同時據以明天道，而有獨立之天道論。其即形器以明道之言，頗為今世所習知。[2]

其中船山對於宋明理學內部的深度反省，肯定周濂溪（敦頤，1017-1073）源於易學以發明聖道的開創之功。然而對於程朱理學與陸王心學的後來發展都提出深切的批判，而最終歸依於張橫渠的易學詮釋。船山說：

宋自周子出，而始發明聖道之所繇，一出於太極陰陽人道生化之終始，二程子引而伸之，而實之以敬一誠敬之功，然游、謝之徒，且岐出以趨於浮屠之蹊徑。故朱子以格物窮理為始教，而檠括學者於顯道之中；乃其一再傳而後，流為雙峰、勿軒諸儒，逐跡躡影，沉溺於訓詁。故白沙起而厭棄之，然而遂啟姚江王氏陽儒陰釋誣聖之邪說。[3]

---

1 唐君毅，《中國哲學原論——原教篇》，《唐君毅全集》卷17，頁515-516。

2 唐君毅，《中國哲學原論——原教篇》，《唐君毅全集》卷17，頁517-518。

3 明・王夫之，《張子正蒙注・序論》，《船山全書》第12冊（長沙：嶽麓書社，2011年），頁10。

> 使張子之學曉然大明，以正童蒙之志於始，則浮屠生死之狂惑，不折而自催，陸子靜、王伯安之蕞然者，亦惡能傲君子以所獨知，而為浮屠作率獸食人之倀乎！……張子言無非《易》，立天、立地、立人，反經研幾，精義存神，以綱維三才，貞生而安死，則往聖之傳，非張子其孰與歸！[4]

雖然如今中國文化儒道佛的傳統都受到現代性與後現代的挑戰與衝擊，但如何深入自家文化的歷史精神傳統，以返本開新的姿態再創哲學與文化的新格局，是我們的重責大任。而在追溯三教交涉甚至融合的歷史發展中，宋明理學受到佛教或禪宗之心性哲學的影響較為學者所重視而顯現；而宋明理學與道教的衝擊與調和，則相對較為學者們所忽略。近年來儒家學者對於氣學與身體觀的探究，慢慢蔚為風潮，更涉及宋明理學對於道教內丹學的融攝。楊儒賓教授〈一陽來復──《易經．復卦》與理學家對先天氣的追求〉一文從邵雍的「天根」、「月窟」之學；朱子的《周易參同契考異》；俞琰的《周易參同契發揮》、《周易參同契釋疑》、《易外別傳》；真德秀（1178-1235）的〈夜氣箴〉；泰州學派顏山農的七日閉關法的超越體驗；到東林學派高攀龍的〈靜坐說〉、〈靜坐後說〉、〈乾坤說〉、〈復七規〉，嘗試勾畫出理學家們可能融攝道教身體修煉的思想史發展線索，並從氣學的理論發展中，朝著對於「真元之氣」、「先天之氣」的肯認進行探索。[5]

回頭審視筆者研究朱子成德之學的理論與實踐，限於當時的生命歷練與學術視野，在實踐範疇單單論及「敬義夾持」工夫而未能以「德業相因」的角度，申論朱子對於宋代侍講、書院、家禮與社倉的政治、教育與社會實踐，乃至靜坐、丹道的身心性命之學的修行功夫。[6]講述王陽明（守仁，1472-1529）生平曾隱居勤練仙道，可致前知之境，亦未能深究其中之體驗奧妙。所見僅侷

4 明．王夫之，《張子正蒙注．序論》，《船山全書》第12冊，頁12。

5 楊儒賓：〈一陽來復──《易經．復卦》與理學家對先天氣的追求〉，收入楊儒賓、祝平次編：《儒學的氣論與工夫論》（臺北：臺大出版中心，2012年），頁112。

6 拙著，《朱子成德之學的理論與實踐》（臺北：文津出版社，2018年）。

限於抽象知識見解，未能深入心性體驗堂奧，殊為可惜！

再者，筆者曾著作兩篇論文申論船山的「宇宙大生命的力動性」與「人性生成論」，觀念的探索論及船山之以人性之日生日成，涉及道教方術家「胎元」的說法：

> 命日降，性日受，性者生之理。未死以前皆生也，皆降命受性之日也。初生而受性之量，日生而受性之真。為胎元之說者，其人如陶器乎！「成性存存」，存之又存，相仍不舍，故曰「維天之命，於穆不已」。命不已，性不息矣。謂生初之僅有者，方術家所謂胎元而已。[7]

船山以日生日成的動態人性觀，用先天之性對比於道學中的「胎元」，兩者都不應該被理解為一出生即成型般的陶器，而是需要日日加以護持涵養的靈明真性。筆者文中亦描述船山中晚年的隱居生活曾經常著道服，對道教煉丹養氣與存神功夫頗有心得，其中精氣神之陶養亦深有講究，並有《愚鼓詞》之作傳世。當時船山亦時常與佛家僧人往來。[8]再者，筆者文章又論及船山論「習與性成」，把人性看成「先天性氣」與「後天習氣」的通貫性生成。但船山「習與性成」觀念仍表現出儒家人道顯，天道隱的人文化成工夫。[9]船山說：

> 孟子言性，孔子言習。性者天道，習者人道。……聖人之所以化成天下者，習而已矣。[10]

7 參閱拙著，〈天人合一：從人性生成論宇宙大生命的力動性〉，編入尤煌傑主編，《哲學實踐與生命顯揚》（臺北：五南圖書出版公司，2023年），頁183-205。拙著：〈明清之際天道人性論的理論轉型——王船山人性生成論的義理詮釋〉《哲學與文化》第四十九卷，第一期，2022年1月，頁12-13。引文出自明．王夫之，《思問錄內篇》，《船山全書》第12冊，頁413。

8 見王敔〈大行府君行述〉：「山中時著道冠，歌愚鼓。有時藉浮屠往來，」時在船山53歲。載《傳記》，《船山全書》第16冊，頁73、230；《愚鼓詞》，《船山全書》第13冊，頁611-628。

9 又船山曰：「人生之初，所以生者，天德也；既生之後，所以盡其生之事而持其生之氣者，人道也。」見《論語．雍也篇》，《讀四書大全說》卷5，《船山全書》第6冊，頁682。「天道不息之妙，必因人道而成能，故人事自盡之極，合諸天道而不貳。」見《中庸》第25章，《讀四書大全說》卷3，《船山全書》第6冊，頁554。

10 引文見明．王夫之，〈俟解〉，《船山全書》第12冊，頁494。

新近筆者親近道家內丹學理論始知船山之論氣，其「先天性氣」與「後天習氣」的修養工夫是可以在後來船山內丹學的義理詮釋與實踐功夫中得到更為深化的實踐向度。

康自強先生〈王船山內丹思想研究——以〈遠遊〉註為核心的考察〉一文以及後來的《王船山氣化生命論》一書中的〈氣化生命論的修養觀〉一章，便是在少數先行學者的研究基礎上，深入船山內丹學的理論架構，進行系統性的整理。康先生認為船山的內丹思想是有所選擇地脫胎自內丹南宗。大體而言，船山接受南宗之「五氣朝元」、「三花聚頂」並以此為其內丹學之骨幹，但船山刻意忽略「煉精化氣」與「鍊神還虛」兩端，而獨取中間「煉氣化神」而關注修煉過程中的「養氣」與「存神」的工夫。船山內丹學刻意棄絕道教內丹學中的房中思想與淡化長生不死的想像，而將詮釋焦點放在內丹學中呼吸養氣與靜坐凝神的實踐要領，符合船山一貫的氣學立場。[11]

本文在前賢們的研究基礎上，嘗試透過對於船山《楚辭通釋・遠遊》相關文本就內丹養生學進行諸如：「煉性保命」、「煉氣存神」、「壯魄鈐魂」、「先天之氣」、「神和氣應」、「以已盜天」與「造化在我」等等之關鍵觀念的義理詮釋，以呈現出船山內丹養生學所受於魏伯陽與張伯端內丹學的影響與有所擇汰立場的儒家獨具特色。但本文限於篇幅與學力，所論述對於內丹學的理解與詮釋尚屬淺薄，並未能針對船山內丹學所涉及河圖說、神仙學、星象學、詩學甚至唯識學加以討論，敬請方家海涵。

明清之際經歷時代的大動亂，不管是士大夫或平民百姓對於儒、道、佛教之宗教信仰的精神需求都驟然增長。而三教之間的相互影響與融攝也更為顯現，在士大夫或知識分子的日常生活中，靜坐、吐納導引之術的講求日漸普遍。船山不免受到時代風氣的影響，對道教內丹學和佛教唯識學都有相當深入

11 參閱康自強，〈王船山內丹思想研究——以〈遠遊〉註為核心的考察〉，《中國學術年刊》第四十期（秋季號）（臺北：國立臺灣師範大學國文學系，2018年9月），頁1-26。又康自強，〈氣化生命論的修養觀〉，《王船山氣化生命論》（臺北：五南出版公司，2020年），頁147-169。筆者本文主要站在康先生的詮解基礎上，嘗試向前推進。

的研究與理解，並有相關著作傳世。[12]從相關文獻看，船山對內丹學累積了長時間的身心性命修養經驗。從中年起與友人唱和所創作的《愚鼓樂》或《十二時歌》已經論及丹道，而最具系統而詳盡的論述則見於晚年的《楚辭通釋》對於〈離騷〉末章與〈遠遊〉全篇的註解。本文即以船山從內丹學的視野，在前賢們的詮釋理解的基礎上，對於〈遠遊〉全篇的詮釋理解為研究目標。筆者初次嘗試探討內丹學相關議題，在閱讀道教內丹學相關典籍與學術論文之後，嘗試以以下五個關鍵要領的理論框架，來解讀船山藉著註解屈原的〈遠遊〉所表達出的內丹學養生思想理論：1.「以逆保命全性」；2.「以意養氣存神」；3.「以神氣壯魄鈐魂」；4.「水火交融，氣應神合」；5.「以已盜天，造化在我」。以下從思想的邏輯次序性，以上述五個關鍵要領為主軸，並適度引用船山原文嘗試加以講述。

首先，船山在註解屈原〈遠遊〉的序言裡開宗明義地指出這是一篇寄託了玄家學仙之奧秘的寓言，也是內丹之學的源頭。[13]船山的註解攝取內丹修煉之術，特別遠溯彭祖、老聃的養生術與標舉魏伯陽與張伯端兩位丹道前賢的理論貢獻。[14]船山說：

> 所述遊僊之說，已盡學玄者之奧。後世謂魏伯陽、張平叔所隱秘密傳、以詫妙解者，皆已宣洩無餘。蓋自彭、聃之術興，習為淌洸之寓言，大率類此。要之在求神意精氣之微，而非服食、燒煉、禱祀及素女淫穢之

---

12 船山對於唯識學的研究著作有《相宗絡索》，論及「三性」、「四分」、「五受」、「六位心所」、「八識轉四智」、「十地」等關鍵概念亦開始受到當代學者的注意。明．王夫之，《相宗絡索》，《船山全書》第13冊，頁523-610。

13 柳存仁教授指出：王逸、朱子、余琰等曾以道教內丹學詮解〈遠遊〉，見朱曉海編，《新古典新義》（臺北：臺灣學生書局，2001年），頁277-279。

14 東漢魏伯陽（翱，151-221）應用漢代象數易學的研究成果撰作《周易參同契》，為內、外丹學奠定了一套通用的理論框架和實踐方法，提揭長生不死的人生目標與養生修煉步驟，標誌著內丹學的成型。南宋張平叔（伯端，987-1082）融會禪學而始創內丹南宗，在性命雙修的前提下主張先命後性。其著《悟真篇》按易數結構，以優雅的詩詞形式，總結前人成就，發展出一整套身心煉養技術；認為內丹長生之要在「返根覆命即長存」。引自趙建永，《道教內丹學源流發微》，《中國道教》2010年第2期，頁2。

邪說可亂。[15]

船山指出遠自彭祖、老聃崇尚長壽養生之術，乃至後來魏伯陽之《周易參同契》和張伯端的《悟真篇》的內丹理論都可以在此篇追溯到其中思想連結。而且船山表露自己身為儒者忠貞愛國的初衷有如屈原，並非為了熟習「遠害尊生之道」而「汲汲貪生」；乃是為了講求身心性命之道而擇取內丹學的精華要義：也就是船山之目的在於提升人的生命修煉之「神意精氣之微」的重要性，遠勝於道教其它諸如外丹燒煉、齋醮科儀與房中採捕等說。

二　以逆保命全性

相較於儒佛兩教注重講究心性修養的「性功」而輕忽講究身體養生的「命功」；道教講究「性命雙修」。船山本於主張「體用相函」的道器論[16]與人性生成論，所謂：「形日以養，氣日以滋，理日以成。」[17]其中，天命之下降生成人性，雖是整體地進行，但可分別從兼重「形」、「氣」、「理」三個側面，亦即人的生命當中之身體的變化、氣化的流行與性理的生成三方面來觀察。因此在丹道的修煉上，船山亦採取身心意並重、精氣神合一，亦即所謂性命雙修的態度，重視「煉性保命」、「保命全性」的工夫。正如明末流行的內丹學經典《性命圭旨》所言性命之說：「神本於性，氣本於命」、「身心乃精神之舍，精神乃性命之源；性之造化繫乎心，命之造化繫乎身」、「命蒂元氣，性根元神；潛神於心，聚氣於身」、「陰陽相摶，性命妙合」。[18]「性」與「命」是生命整體的一體兩面，因此性命雙修才是養生大道。

---

15 明．王夫之，〈遠遊〉，《楚辭通釋》，《船山全書》第14冊，頁348。

16 船山的道器論博大精深：「性情相需者也，始終相成者也，體用相函者也。性以發情，情以充性。始以肇終，終以集始。體以致用，用以備體。」引自明．王夫之，〈繫辭上傳第11章〉，《周易外傳》卷5，《船山全書》第1冊，頁1023。

17 明．王夫之，《尚書引義》卷3，〈太甲二〉，《船山全書》第2冊，頁300-301。

18 引真人高弟子著，傅鳳應注譯，《新譯性命圭旨》，〈性命說〉（臺北：三民書局，2005年），頁25,27。

再者，船山以逆行向內向上的逆向操作進行性命雙修。其中存在一個生人生物或煉丹學仙順逆兩個方向的關鍵分歧所在；也就是煉丹學仙能夠成功與否的關鍵在於：是要隨著身體形質之固著化以及滿足欲望而順流而下，讓精神氣力向外發散；或是要克制感性欲望，讓精神氣力不外泄以向內凝聚與向上提升。亦即船山抱持理性的人文態度，所講究一番身心性命之學，主張逆行向內向上進行「煉性以保命」與「保命以全性」，真正實踐「以命取性，以性安命」的性命雙修工夫。船山說：

> 王喬，或曰周靈王太子晉，未詳是否，要古之學仙者也。仙術不一，其最近理者，為煉性保命，王喬之術出於此，如下文所詳言者，蓋所謂大還，一曰金液還丹是也。[19]

所謂王喬之術、金液還丹，便是此調息煉丹、煉性保命的修行法門。又船山在註解「庶類以成兮，此德之門。」時論及逆、順兩方向之出入說：

> （陽交於陰、有生有死）……門者，所從出入者也。順之則出，逆之則入。反庶類之所自成，函於中而不出，以保命全性，僊者之術盡此矣。[20]

> 順之則生人生物，逆之則成僊，此之謂也。[21]

存有論或本體宇宙論的「道生一，一生二，二生三，三生萬物」為順行，是天道化生萬物而同時有生滅的宇宙自然過程；而人的修養工夫之「形化精，精化

19 明．王夫之，〈遠遊〉，《楚辭通釋》，頁352。

20 明．王夫之，〈遠遊〉，《楚辭通釋》，頁356。

21 明．王夫之，〈遠遊〉，《楚辭通釋》，頁355。又船山說：「玄家謂『順之則生人生物』者，謂繇魄聚氣，繇氣立魂，繇魂生神，繇神動意，意動而陰陽之感通，則人物以生矣。『逆之則成佛成仙』者，謂以意御神，以神充魂，以魂襲氣，以氣環魄，為主於身中而神常不死也。嗚呼！彼之所為秘而不宣者，吾數言盡之矣。」引自明．王夫之，《思問錄》，《船山全書》第14冊，頁451。正如《性命圭旨》所言：「命有身累，則有生死；性受心役，則有去來。」「性常明則無來無去，命常固則何死何生？」前引《新譯性命圭旨》，頁28。

氣，氣化神，神化虛」則為逆行，是人由外而內、由下而上以煉性保命、保命全性的煉丹學仙的逆向操作歷程。

三　以意養氣存神

筆者研究船山的本體宇宙論與人性生成論時，論及「神與氣和」的存有基礎與人道理想。今日從內丹學的視野來看，可以挖掘更深刻的身心性命修養工夫義涵。船山說：

> 太和之中，有氣有神，神者非他，二氣清通之理也。不可象者即在象中。陰與陽和，神與氣和，是謂太和。人生而物感交，氣逐於物，役氣而遺神，神為氣使而迷其健順之性，非其生生之本然也。[22]

船山的丹道理論亦以「三花聚頂」、「五氣朝元」為骨幹。[23]船山在註解「飡六氣而飲沆瀣兮，漱正陽而含朝霞」時，論學仙之始事，也是從「煉己」（築基）、身體器官機能的保養與呼吸氣息的調節，所謂精氣「保己不外泄」，此階段應該可以被看成是始於「煉己」、「煉精化氣」的階段，乃至「養氣」、調息、靈明「正陽」與「朝霞內炤」的系列工夫。船山說：

> 此學僊之始事，其術所謂煉己也。六氣：寒水、濕土、風木、燥金、君相二火，於人為府藏之真氣。飡者，保之於己，不泄用也。沆瀣，北方至陰幽玄之氣。念不妄動，養氣清微，則息不喘急，從踵而發，生於至陰之地也。漱，滌也。正陽，南方曦明之靈，其光內炤者也。朝霞，內炤不迷，簾帷晃耀，如霞采因日映雲而發。[24]

22 明・王夫之，〈太和篇〉，《張子正蒙注》，頁16。

23 船山把精、氣、神三寶之結合的「三花聚頂」詮釋為魄、魂、神三者之交搆；船山把魂、魄、神、氣、意的調和詮釋為「五氣朝元」。待後文申論之。

24 明・王夫之，〈遠遊〉，《楚辭通釋》，頁353。

其中「六氣」與身體內臟的機能相關，「湌六氣」便是持守身體腑臟的真氣不外漏。就像現今冷氣機的冷媒不能外漏，才能維持冷氣機壓縮空氣降低室溫涼爽的作用。並且透過人體調節呼吸的氣息，不僅施行腹式呼吸法，從下丹田（氣海、氣穴、爐）來呼吸，更以意念（之有為無為）延伸到立足於大地之腳底來呼吸（從踵而發，生於至陰之地），其間心無妄念，調節氣息流暢無礙，達致光明照耀輝映的頭頂青天之靈明（正陽，南方曦明之靈）。正是天地人三才之道（易學）的調和之道。

船山在註釋「朝發軔於太儀，夕始臨乎微閭」的時候有相類似的描述。船山說：

> 微，與尾通。尾閭，海水歸原之穴，於人為踵息之藏。太儀，天庭，所謂上有黃庭也。以意御四神，周歷乎身之上下，上徹至陽之原，下入至陰之府。朝夕，順陰陽之候也。[25]

在船山的詮釋下，原來屈原之遠遊並不是要遊走他鄉，而是要意遊己身鍛鍊大小周天內丹功法以學仙。其中「太儀」與「微閭」就是人體部位的「黃庭」（亦稱「泥丸」，上丹田，百會穴）與「尾閭」（腳跟、足踵，湧泉穴）。[26]其中船山並且指出以意念來調節人體內外天地陰陽之間的呼吸氣息的運行，從「至陰之府」（腳底、足踵）到「至陽之原」（頭頂青天），周而復始。[27]其中氣息的運行循環包含了從小周天（任督二脈）、整個大周天（百會—湧泉穴）甚至到人天合一的自然融合。

---

25 明・王夫之，〈遠遊〉，《楚辭通釋》，頁358。

26 粗略的講法，船山所指的「尾閭」並非一般內丹修煉的尾閭穴（即督脈之第一穴、長強穴），任督二脈的循環只是「煉精化氣」的「小周天」；而是指腳跟、足踝、湧泉穴與泥丸之間的循環，屬於「煉精化氣」的「大周天」。也許船山兩者說法兼而有之，意即精、氣、神之集聚工夫概略合而論之。

27 參見東晉・葛洪（283-363）《抱朴子內篇・地真》：「一有姓字服色，男長九分，女長六分，或在臍下二寸四分下丹田中，或在心下絳宮金闕中丹田也，或在人兩眉間，卻行一寸為明堂，二寸為洞房，三寸為上丹田也。」見王明，《抱朴子內篇校釋》（北京：中華書局，2010年），頁323。

再者，船山亦採取丹道「五氣朝元」的說法，「五氣」亦指五種人類生命要素──「魂」、「魄」、「神」、「氣」、「意」。而「意」才是丹道工夫的重心。船山在註釋〈遠遊〉「見王子而宿之兮，審壹氣之和德」時說：

> 見王子，謂服王喬之教也。宿，與肅通，敬問也。壹氣，老子所謂專氣。東魂、西魄、南神、北氣、中央意，皆含先天氣以存，合同而致一，則與太和長久之德合，所謂三五一也。審者，揀旁門而專求王喬之妙旨。[28]

船山把「壹氣」和《老子・第十章》所論「專氣致柔」的「專氣」等同起來，因此也會經歷體證一番身心性命之間「有為」與「無為」的不同修養層次或境界。船山相對於「後天氣」而有「先天氣」的說法，便是把丹道養生提升到「無為」、「專氣」的層次，也因此把人身體內的呼吸調息融入宇宙大自然的運行（保合太和），藉此達致「煉性保命」或「保命全性」的養生學仙目標。其中船山也配合宇宙的化生過程由金、木、水、火、土五行順向生化的序列，與人類五種生命要素：「魂」、「魄」、「神」、「氣」、「意」（五氣），搭配著五個方位：東方、西方、南方、北方、中央。人類生命之自然耗散，形魄生體氣，體氣生心魂，心魂生精神，精神生意識，有如宇宙萬物之運行之有聚散生滅。而修煉之方在於凝聚向內，逆行而上以煉精化氣與煉氣化神。

船山在註解「保神明之清澄兮，精氣入而麤穢除」與「內惟省以端操兮，求正氣之所由。漠虛靜以恬愉兮，澹無為而自得」兩個段落時，對於「先天之氣」與「後天之氣」都有初步的區分。船山說：

> 精氣，先天之氣，胎息之本也。麤穢，後天之氣，妄念狂為之所自生。凝精以除穢，所謂鑄劍也。[29]

---

28 明・王夫之，〈遠遊〉，《楚辭通釋》，頁353-354。

29 明・王夫之，〈遠遊〉，《楚辭通釋》，頁353。

> 正氣，人所受於天之元氣也。元氣之所繇，生於至虛之中，為萬有之始；函於至靜之中，為萬物之基；冲和澹泊，乃我生之所自得。此玄家所謂先天氣也，守此則長生久視之道存矣。[30]

在船山看來，「後天之氣」只是粗躁混濁的形質之氣與物質環境氛圍（靐薉），還有人心貪念欲望與人的主觀意識之所以造作執著的緣由，所謂：「妄念狂為之所自生」；反之，所謂：「精氣」、「正氣」、「元氣」，亦即「先天之氣」，才是受之於天賦的性靈所在，來自至虛至靜，冲和澹泊的天道，是萬物的根源與存有的基礎。[31]因此從後天之氣到先天之氣的修煉必須經歷一番凝煉精氣，汰除粗氣的修煉功夫，都是屬於需要去腐存菁、煉鐵成鋼，有如鑄劍一般的功夫。而其根本功夫在於由修煉後天之氣進升到持守先天之氣，才是講究內丹學仙的長生之道。

船山對於「後天氣」與「先天氣」的分判，其完整論述則見於註解「音樂博衍無終極兮，焉乃逝以徘徊」一段，並且已連結到後面的關鍵要領「氣應神和」。船山說：

> 神和而氣應，神乃入氣中，而化氣為神矣。蓋以後天氣接先天氣者，初時死汞之功；以先天氣化後天氣者，渾淪自然之極。自此則神運無垠，「迅風」不足以喻其神速，而「顓頊」之「增冰」皆契合乎祝融之炎德。[32]

內丹學不外講求身、心、意的調節與精、氣、神的合一。但其中有後天先天之別，外藥內藥之辨。「交感之精」、「呼吸之氣」和「思慮之神」的有為修煉屬於後天氣；「元精」、「元氣」與「元神」的無為存養屬於先天氣。從一般內丹

---

30 明・王夫之，〈遠遊〉，《楚辭通釋》，頁350。

31 在天人合一的視域下，先天的乾元真意是天地之母、陰陽之根、水火之本、日月之宗、三才之源、五行之祖。

32 明・王夫之，〈遠遊〉，《楚辭通釋》，頁363。

學看，「煉精化氣」初階工夫，屬於煉外藥，從後天的交感之精不外漏；經呼吸氣息細微均勻；到思慮之神安寧虛靜。若進階到「煉氣化神」的階段，與煉內藥相連結，其中則須歷經煉「元精」，抽出坎中的元陽（坎中滿，腎水中之真陽），元精保固則交感之精不外漏；煉「元氣」，補足離中之元陰（離中虛，心液中之真陰），元氣止住則呼吸之氣不出入；煉「元神」，坎離合體（心腎相交）而復歸乾之元陽，元神凝聚則思慮之神自然趨於平靜。[33]

船山之論「神」與「氣」也是有先天與後天的工夫相區別又相結合的做法，起初後天氣的提煉有關鉛汞、龍虎、水火、魂魄的調和（有為法）進入；終達致渾淪自然，神運無垠的天人合一境界。（容後解說詳情）可知，雖然船山不完全以「元精」、「元氣」與「元神」的名詞來描述，但仍有一番「存神御氣」、「專氣存神」、「神合氣應」與「神存氣至」修煉，即由以「意土」主動調和神氣、魂魄的有為工夫而提升到順應自然的無為工夫。

四　以神氣壯魄鈐魂

筆者閱讀《性命圭旨》所論〈魂魄說〉對於魂魄的解說甚為簡略，剛好船山的註解有充分的說明。船山之內丹學即是大量地特別用人的生命之「魂」「魄」來融入詮釋構作人之身心意與精氣神之間的關聯，因此而有：「魂」、「魄」、「神」、「氣」、「意」五種生命元素，即「五氣朝元」的說法。船山以「魂」為陽，「魄」為陰。陽魂本於人之天氣（水生木），與地之陰魄（金生水）相守而存養與提升人之現實生命，並各別與生／死和神／鬼相連結。[34]

船山在註解「無滑而魂兮，彼將自然」時剛好連結本文前後兩個關鍵要領：「以意養氣存神」與「以神氣壯魄鈐魂」。把「意」與「神」、「氣」的存養調和關係以及「神」、「氣」與「魂」、「魄」的凝煉融洽關係，由有為法與無為

---

33 前引《新譯性命圭旨》，頁89-91。

34 明・王夫之，〈遠遊〉，《楚辭通釋》，頁258、354。船山依據《禮記・郊特牲》所謂：「魂氣歸於天，形魄歸於地」而主：「魄降於地而為鬼」、「魂升於天而為神」。見明・王夫之，《禮記章句》，《船山全書》第四冊，頁1120。

法的相互為用相結合起來。船山說：

> 滑，音骨，亂也。而，汝也。彼，謂魂也。人之有魂，本乎天氣，輕圓飛揚而親乎上，與陰魄相守，則常存不去。若生神生意以外馳，則滑亂紛紜，而不守於身中。所謂魂升於天，魄降於地而死矣，故曰太陽流珠，常欲去人也。以意存神，以神斂魂，使之凝定融洽於魄中，則其飛揚之機息，而自然靜存矣。[35]

船山在天地人合一、乾坤並建與陰陽調和的存有學基礎上，論人的生命之陽「魂」秉承天道的元氣、正氣，不為外在塵俗所束縛掩蔽，不因外物感官刺激而散亂，心魂不外馳而與形魄分離，反而能夠向上輕圓飛揚並連結天光與元神元氣。因著逆反向內凝聚與向上提升的內丹修養，讓陽魂與「陰魄」常存相守，神氣不外馳；以意存神、以神斂魂、以魂定魄，自然神氣明朗飛揚與魂魄各安其位而能寧靜貞定。

再者，船山在註解「壹氣孔神兮，於中夜存」時，也把「魂」「魄」的凝斂歸攝，相連結到進行恰當時辰（子、寅）的陰陽調節、意念的凝煉安定與神氣融合的進程之上，以此充分發揮人的自性生機與天光靈明的交互輝映。船山說：

> 壹氣者，斂魂歸氣而氣盛。孔神者，攝神歸魂而不馳於意，則神之存者全矣。中夜，所謂冬至，子之半也。陰為氣為魄，心清魂定，受一陽自生之機，光映靈樞，此之謂中夜，一謂之活子時，一謂之初生之月，於此存之，所謂火候也。[36]

船山對於〈遠遊〉「漱飛泉之微液兮，懷琬琰之華英。玉色頩以脕顏兮，

---

35 明・王夫之，〈遠遊〉，《楚辭通釋》，頁354-355。

36 明・王夫之，〈遠遊〉，《楚辭通釋》，頁355。

精醇粹而始壯」的全段註文，取坎填離，龍虎交合（虎受龍施，虎吸龍精）[37]，乾坤定位，陰陽調和，神氣合一以歸魄而鈐魂，由後天到先天逆流而上，整體呈現船山內丹學「攝神」、「歛氣」、「壯魄」、「鈐魂」相連結的修煉工夫。

再者，船山在註解〈遠遊〉的「騎膠葛以雜亂兮，班曼衍而方行」時，把「意土」、「黃婆」作為媒婆，放在一個連結神氣、魂魄相互連結的重要關鍵中介位置。但意土作為調和神、氣、魂、魄的中心，亦有分辨先天的乾元真意與後天的精神意識（意念）的修煉進程的不同。船山說：

> 學僊之術，凡有數進，前云「漱飛泉」、「懷琬琰」、「歷南州」者，乃調氣以歸魄而鈐魂，所謂虎吸龍精也。自此以下，進用黃婆為媒，配龍於虎。[38]

船山對於魂魄的融合在陰陽調和、日月輝映、陽光陰寒的自然調節下。[39]也繼以「龍吞虎髓」、「以魂映魄」進行更完整的闡述，描述進修者在身心性命狀態處於自然圓滿，毫無陰暗遮蔽之下的陽光明亮映照：

> 此謂以東木之精，注於西金，龍吞虎髓也。始於以魄鈐魂而有功用，至此以魂映魄，如日映月，自然圓滿，氛埃自辟，清涼自生，無絲毫之翳障矣。[40]

再者，船山認為修煉者在完成「龍虎相合」（魂魄相合）的功法鍛鍊之後，可進而修煉「神氣交合」，達到內丹實踐的終極境界。船山在註解「指炎神而直馳兮，吾將往乎南疑。覽方外之荒忽兮，沛罔象而自浮」時說：

---

37 「龍吞虎髓」或「虎吸龍精」，在《周易參同契》中描述鉛汞因燒煉而產生化學變化的術語，都被內丹家借來詮釋講求取坎填離、水火既濟、心腎相交、陰陽調和與性情相需所形成的身心性命貞定寧靜。

38 明・王夫之，〈遠遊〉，《楚辭通釋》，頁359-360。

39 明・王夫之，〈遠遊〉，《楚辭通釋》，頁356。

40 明・王夫之，〈遠遊〉，《楚辭通釋》，頁360。

炎神，南方朱雀真汞之精，則神是也。南疑，神者疑有疑無者也。荒忽，寥廓之謂。言既未遐舉上升，棲遲人間，而修煉不輟，又復加進，龍虎既合，而不死之道得。所以養太和而極變化者，則在調伏鉛汞。蓋魂魄本夫妻，則絪緼而搆精自易，吸精吞髓，雖無運用而有密功。神至清而氣至濁，有無不相為用，而絪緼無間，功用全無，自然湊合，乃保合大還之極致也。[41]

在水火交融，龍虎交合，陰陽調和，氣應神合與魂魄相映的最佳狀態，船山嚮往一種自然無為、渾然天成的狀態。船山註解「祝融不往、宓妃自來」時說：

祝融不往，宓妃自來，太和絪緼，歌舞妙麗，白玉蟾所謂「日日與君花下醉，更愁何處不風流」也。[42]

屈原〈遠遊〉中有非常多的神，除了「祝融」（火神）、「宓妃」（水神）之外，還提及「勾芒」（東方之神）、「太皞」（東方帝）、「飛廉」（東南巽風之神）、「蓐收」（西方之神）、「玄武」（玄冥、北方之神）、「黔嬴」（雷神）等等。都是精彩的神話學或神話文學的原始材料，豐富了遠古人類文化多采多姿的精神想像空間。從內丹學的角度，船山特別從「祝融」（火神）、「宓妃」（水神）論述水火既濟、龍虎交合、安爐立鼎、心腎相交的修煉工夫。船山在「祝融戒而還衡兮，騰告鸞鳥迎宓妃」一段的註解時有完整的論述：

祝融，南方之神，謂真汞也。衡，南嶽，炎神之宮。戒而還衡者，神止其宮也。宓，音伏。宓妃，水神，謂真鉛氣也。氣不可施功，唯神存而氣自至，故曰迎。玄螭以下，皆言舞態。蟲象未詳，象疑當作豸，或兼大小而言，小如蟲，大如象，皆應舞節也。增撓，增高而危撓也。神常

41 明．王夫之，〈遠遊〉，《楚辭通釋》，頁362。
42 明．王夫之，〈遠遊〉，《楚辭通釋》，頁363。

> 抱一，汞不流而真鉛之氣自合。祝融不往，宓妃自來，太和絪縕，歌舞妙麗，白玉蟾所謂「日日與君花下醉，更愁何處不風流」也。

原文中的「祝融」與「宓妃」暗指南方真汞（火／離卦／太陽/神／性）與北方真鉛（水／坎卦／月亮／氣／情）。後天的精氣神可以有為的鍛鍊存養，但先天的「元神」、「元氣」卻不可任由人的意念施功，而是有待鍛鍊存養後，先天的元氣自然來洽合，亦即「迎」其自來而不往取，指涉一種由有為法進入無為法的進階修養境界。

而在船山的內丹學理論中，透過水火既濟、龍虎交合所達致神氣交合狀態，而為丹道修煉所企望達致之終極境界，由於此精神勝境所可能發生的特殊身心超越經驗，不是用語言文字所可表達，所以便用歌舞與醉酒的愉悅感「與君花下醉」來形容。康自強先生傳神地指出：船山讚嘆修煉者的身心達到與道渾合的境界時，自然產生難以言詮的特殊經驗，故以「西子、楊妃來迎之美態」與「花下共醉之酣暢」來比喻人與道融合無間的殊勝狀態。[43]

五　以己盜天，造化在我

船山在註解「超無為以至清兮，與泰初而為鄰」時，對有為無為、己盜天、清濁等問題進行統整的詮釋，表現出建立在客觀天道上之人道自主精神。船山說：

> 無為者，天之所以為天，道之所以為道也。超之者，知其無為，而盜之在己，則凡濁皆清，而形質亦為靈化。此重玄之旨，不執有，不墮無，虛無之所以異於寂滅者也。泰初，氣之始。其上有太始、太素、太易。但與泰初為鄰者，不急翀舉，乘元氣，御飛龍，而出入有無也。[44]

---

43 參閱康自強：《王船山氣化生命論》，頁165。

44 明．王夫之，〈遠遊〉，《楚辭通釋》，頁365。

相對於，以意養氣存神，即以意為主的有為修養；有所謂「無為者」，以合一神氣壯魄鈐魂，通乎元神、元氣，順應天地陰陽之自然，可謂「天之所以為天，道之所以為道」的渾然天成。不過，船山更論有所謂更高境界的：「超之者」，能「知其無為，而盜之在己」，超越無為者，以及有為無為的對立，出入於有無之間，不僅不落入寂滅，更能從無為中，生發出盜之在己的人道自主精神。船山接著揭示身心性命之學如何盜之在己，掌握生命造化操之在我的祕訣。

船山主張人的生命造化應該操諸在我，不應該完全被天地大自然的安排所完全擺布。而且在天地人之間，作為萬物之靈的人性，應該善於吸取天地大自然本來的精神與物質力量，善盡人性的主動積極的創造責任。船山對人性的充分實現與內丹學於天地人之際可能發揮的功能提出總結。船山註解「歷玄冥以邪徑兮，乘間維以反顧。召黔嬴而見之兮，為余先乎平路。」把「玄冥」（氣母）與「黔嬴」（雷神）並舉，並引用《陰符經》，提揭出：人與天地之氣之間的特殊關係。：

> 玄冥，北方之神，氣之母也。邪徑，猶言枉道。……天地之間，一氣而已，亙古今，通上下，出入有無而常存者也。氣化於神，與天合一矣。然僊者既已生而為人，而欲還於天，故必枉道回執天氣，以歸之於己。乘天之動機，盜其真鉛，反顧而自得，《陰符經》所謂「天地，人之盜」，勿任天地盜己而己盜天，還丹之術盡於此矣。造化在我，乃以翱翔於四荒六合而不自喪。[45]

船山將氣學融入於內丹學的架構，認為天地之氣彌綸充塞宇宙，這種天地之氣，正是內丹修煉追求的先天氣母或真鉛之氣，亦即內丹所謂元神、元氣之所由。假如能夠透過內丹的修煉把此宇宙之間的天地之氣與人的真氣元氣相融合為一的生命狀態，亦即經歷一番「以逆保命全性」、「以意養氣存神」、「以神氣壯魄鈐魂」、「水火交融，氣應神合」的修煉過程，亦由有為者到無為者，由無

45 明・王夫之，〈遠遊〉，《楚辭通釋》，頁364。

為者到超之者，最後進入一種「勿任天地盜己而己盜天」的境界，修煉者利用天地之間的氣機造化，趁機吸取元神真氣，人性可以成為不被自然規律決定，自由自主的生命主宰者。

六　結語：船山獨具特色的內丹養生學

柳存仁的〈王船山注《楚辭・遠遊》〉是以詮解船山〈遠遊〉註中的內丹術語為主。他很敏銳地意識到船山丹道與金丹南宗的關聯，故徵引張伯端、薛道光、白玉蟾、李道純等南宗人物的說法，並以之詮釋船山內丹術語。[46]

康自強先生認為船山的內丹思想並未全盤接受南宗丹道。他一方面切割還精補腦等房中思想，捨棄「煉精化氣」；另一方面淡化胎仙舞動、陽神脫離、身外有身等丹道修煉的終極理想，刻意略過「煉神合道」。總之，船山並未完全恪守南宗的丹道理論，而是在不背離儒者本懷的條件下，建構「別開生面」的船山式內丹學。[47]

康自強先生認為船山內丹理論的特色在於獨取中段的「煉氣化神」，切割「煉精化氣」，並淡化「煉神合道」，故與一般所謂「三花聚頂」相較，船山內丹學可謂「一花獨秀」。或許這是因為「煉精化氣」涉及寶精觀念，有一部分跟素女房中術有關，故遭船山揚棄；而「煉神合道」涉及「胎仙」、「陽神」或「真身」等觀念，跟身心修煉的宗教目的（長生不死）有關，故亦遭船山淡化處理。換言之，船山丹道偏重「煉氣化神」，肯定其中的「養氣」與「煉神」功夫，並認為這一著重身心合一，亦即神氣合一，屬於人文修養的養生學才是內丹理論真正的精華所在。[48]

---

46 朱曉海編：《新古典新義》，頁255-282。

47 康自強：《王船山氣化生命論》，頁149。

48 康自強：《王船山氣化生命論》，頁149-150。

老莊思想中的入世關懷
——以法制思想為核心

桂齊遜
中國文化大學史學系教授

摘要

由老、莊所代表的「道家」思想，在古代中國一向被視為是出世的、避世的與消極的人生態度，本文並不以為然。故本文即自老子、莊子的法制思想入手，稍予分梳老、莊的入世關懷。

在法制思想上，老子崇尚自然法，反人為法，也反對儒、法兩家的禮與法等思想。在國家施政上，老子提倡「無為而治」，但他所謂的「無為」並不是什麼都不做，而是不要多做，不要亂做，不要刻意做；「無為」也不是單純的「不為」，而是「無為而無所不為」。在司法政策上，老子主張要防患於未然；他也反對以殺止殺，尤其反對無德者司殺。最後，老子雖有「小國寡民」此一理想國的說法，但它也只能是思想史上的一幅「烏托邦」（utopia）景象而已。

莊子的法制思想，同樣反人為法，同樣提倡「無為而治」；然而，莊周仍具備「法律平等觀」以及「法律應該與時俱進」，所以鄙見以為莊子在法制思想上，仍具備入世的關懷；說莊周的法律思想接近虛無主義，本文並不能苟同。最後，與老子相同，在莊子的思想中，同樣有著他理想社會的景象，只是他夢想中的烏托邦世界，似乎比老子的烏托邦更為原始、更為淳樸、更為自然，而這正是莊子思想的反射罷了。

關鍵詞：老子、莊子、入世關懷、核心思想、法制思想

一 前言

老子到底是何許人？司馬遷為後世留下的是無解的謎團。在《史記．老子列傳》中，太史公先是說李耳（字聃）、老萊子、太史儋等三人，都可能是老子；[1]最後，太史公又說「老子，隱君子也。」[2]至此以降，「老子」到底是誰？一直是歷代熱門的話題之一；而民國初年的「古史辨運動」，更掀起一波新的熱潮，[3]問題是仍無確切的答案。

隨之而來的課題，即《老子》（又名《道德經》）一書的時代問題。馮友蘭主張《老子》一書應是戰國時代的作品，[4]且有可能是由李耳集合老萊子、太史儋的思想，綜合而成。[5]而錢穆在「古史辨運動」時期，亦力主此書應該是戰國後期的書籍，並主張該書晚於《莊子》問世；此所以錢氏後來將「古史辨」中多篇與老莊相關的論文結集出版時，書名一定要訂為《莊老通辨》，[6]以示《莊子》一書先於《老子》之用義。當然，贊成與反對馮友蘭、錢穆論點的學者在所多有，[7]同樣使此一問題莫衷一是。

---

1 （漢）司馬遷：《史記》（北京：中華書局，1997），卷63〈老子韓非列傳〉，頁2139-2142。

2 《史記》，卷63〈老子韓非列傳〉，頁2142。

3 「古史辨運動」（1926-1941），是指民國初年繼「新文化運動」（起於1915年）興起後所出現的學術活動，「古史辨運動」主旨在對古代的經學、史學提出「疑古辨偽」的學術討論。嗣後，自1926-1941年間，一共編成七冊的《古史辨》，前五冊由顧頡剛主編，第六冊由羅根澤主編，第七冊由呂思勉、童書業主編。現在比較容易蒐尋到的版本，題名顧頡剛等編：《古史辨》（海口：海南出版社，2005）。又，關於古史辨運動興起的原因，可參看王汎森：《古史辨運動的興起：一個思想史的分析》（臺北：允晨文化公司，1987）。而關於老子（其人）及《老子》（其書）的相關討論，集中在《古史辨》第四、六冊。

4 馮友蘭：《中國哲學史》（上海：商務印書館，1934），頁195。

5 馮友蘭：《中國哲學史新編》（北京：人民出版社，2001），頁314-316。

6 錢穆將發表於《古史辨．第四冊》的〈關於《老子》成書年代之一種考察〉一文（頁383-411），和日後所撰與老子、莊子及道家思想有關的十五篇文章，集結成書，定名為《莊子通辨》，交由新亞研究所出版（香港：新亞研究所，1957）；後來又擴增為十八篇，由東大圖書公司出版（臺北：東大圖書公司，1991）；現在則收入錢賓四先生全集編輯委員會編：《錢賓四先生全集》（臺北：聯經出版事業公司，1998），甲編第七冊《莊老通辨》。將書名訂為《莊老通辨》，錢先生主要用意就在說明《莊子》一書早於《老子》。

7 例如胡適先後撰有〈與馮友蘭先生論《老子》問題書〉（寫成於1930/3/20，收在《古史辨．第四冊》，頁417-420）、〈與錢穆先生論《老子》問題書〉（寫成於1930/3/20，收在《古史辨．第隨著1973年帛書《老子》、[8]1993年竹簡《老子》[9]的問世，益使此一問題複雜化。尤其帛書甲、乙本的《老子》，都是〈德經〉在前，〈道經〉在後，與傳世文獻本（上河公本、王弼注本）恰恰相反，益發引起學界的重視並紛紛投入研究。若以時代先後區分，則竹簡本《老子》（郭店楚墓竹簡）時代最早，帛書《老子》（馬王堆三號墓）其次，傳世文獻本反而是最晚出的。

2009年接受捐贈，並從海外搶救回歸的《北京大學藏西漢竹書（貳）《老子》簡》，[10]是繼馬王堆漢墓帛書《老子》甲本、乙本以及郭店楚墓竹簡《老子》之後，從地下出土的第四個簡帛《老子》古本；其文本形態更被認定是介於帛書本與傳世本之間，全卷共分77章，是迄今保存最為完整的簡帛《老子》古本，學術價值很高，[11]自然又掀起一波關於《老子》研究的熱潮。

莊子姓莊名周，戰國中期宋國蒙縣人，[12]其生平雖然不像老子那樣的撲朔迷離，但在古史辨運動時期，也有學者主張莊周就是楊朱，[13]或云莊子就是孟子所謂「子莫執中」的子莫；[14]當然，這兩種說法，同樣遭受到學界極大的質疑。至於傳世文獻的《莊子》一書，論者以為〈內篇〉七篇可以肯定主要是莊周的著作，間亦夾雜些許莊子後學所增補的文字；[15]此外，雖然通說以為〈外

四冊》，頁411-414）；總結胡適此二文之意，他認為馮友蘭、錢穆主張《老子》是戰國時代（或戰國後期）的著作，理由不夠完備；若理由完備，他才能接受。此後，顧頡剛撰有〈從《呂氏春秋》推測《老子之》成書年代〉（收在《古史辨・第四冊》，頁462-520），主張今本《老子》（傳世文獻本）的成書年代，應在《呂氏春秋》之後：《淮南子》之前。唐蘭亦撰有〈《老子》時代新考〉一文（收在《古史辨・第六冊》，頁597-631），他主張《老子》一書，是記載春秋末年老聃學說的語錄，它包含的範圍是到春秋末年，而撰成的時間當在戰國初年。餘不贅。

8 參見湖南省博物館：《長沙馬王堆漢墓簡集成》（北京：中華書局，2014）第四冊。

9 參見荊門市博物館主編：《郭店楚墓竹簡》（北京：文物出版社，1998）一書。

10 參見北京大學出土文獻研究所編：《北京大學藏西漢竹書（貳）《老子》簡》（上海：上海古籍出版社，2012）一書。

11 韓巍：〈西漢竹書〈老子〉的文本特徵和學術價值〉，收入《北京大學藏西漢竹書（貳）・附錄》，頁207-208。

12 莊子附見於《史記》，卷63〈老子韓非列傳〉，頁2143。

13 蔡元培：〈楊朱即莊同說〉（收在《古史辨・第四冊》，頁539-540）。

14 王樹榮：〈莊周即子莫說〉（收在《古史辨・第六冊》，頁371-372）。

15 亦即《莊子・內篇》七篇大部分是由莊周撰著，但也並不全然出自莊子手筆，例如〈逍遙遊〉、〈德充符〉等篇最後幾則莊子與惠施的對話，可能就是由莊周弟子所增補，說見：丁四新：〈莊子思想的三大本原及其自然之義〉（西安：《人文雜誌》，2020-2），頁2。

篇〉、〈雜篇〉的一些內容，夾雜了不少戰國後期思想家的文字在內，而論者卻主張，〈外篇〉、〈雜篇〉的許多篇章，仍是由莊子自行撰著；[16]故本文關於莊子思想的探索，將涵蓋整部《莊子》一書。

無論如何，老、莊二人一向被視為古代中國「九流十家」中「道家」思想的代表人物，似無疑義。而在傳統的思維中，總是認為儒家思想代表著一種入世的、積極的人生態度，道家老莊思想則常被視為出世的、避世的與消極的人生態度。本文不揣譾陋，將自老子、莊子的核心思想、法制思想，[17]闡述老、莊的入世關懷，並就教於方家。

二　老子的入世關懷

關於老子的入世關懷，本文僅以其核心思想、法制思想作為主要探討之範疇；最後則稍稍述及老子的理想社會，以見其「入世關懷」。因此，我們先來簡單地看一下老子的核心思想。

（一）核心思想

古代中國的思想家，罕見論及「宇宙論」或「本體論」思想的學者，老子卻在這方面，提出了自己的看法。例如在《老子》一書中，開宗明義即曰：

> 道可道，非常道；名可名，非常名。[18]

---

16 丁四新：〈莊子思想的三大本原及其自然之義〉，頁2。

17 關於國內學界對老、莊的研究概況，參見張曉芬、謝偉先整理：〈臺灣近三十年來老莊哲學研究相關資料初編〉（臺北：《先秦兩漢學術》2，2004，頁221-239），本文所整理的老、莊相關研究，大抵以1970-2004這三十五年間的專書、學位論文與期刊論文為主，間亦蒐羅了不少發表在1970年以前的論著。又，「法制」之範疇極為廣泛，舉凡國家政治、軍事、經濟、社會、法律、禮儀……等等制度，均可包羅在內；惟本文暫採較為狹義之定義，即以老子、莊子關於「法律」、「制度」等入世層面為限。

18 （曹魏）王弼注，樓宇烈校釋：《老子道德經注校釋》（北京：中華書局，2008），〈第一章〉，頁1。

是為老子的「宇宙論」思想，這也是《老子》一書的核心思想之一；老子又主張：

> 道生一，一生二，二生三，三生萬物。[19]

這就是老子思想中的「本體論」。那麼，「道」到底指的是什麼呢？它應該就是「先天地生」和「為天下母」[20]的「無」。[21]故老子曰：「道常無為而無不為」，[22]這是世人認為老子的政治思想主要是「無為而治」的主因。然而，我們更該注意到的是後面的「無不為」這三個字。因此，老子也主張：

> 為學日益，為道日損。損之又損，以至於無為，無為而無不為。取天下常以無事，及其有事，不足以取天下。[23]

值得注意的是，王弼注此句中的「無為而無不為」時，是這樣詮釋的：「有為則有所失，故無為乃無所不為。」[24]換言之，正是由於達到了「無所作為」（無為）的境界，所以才能夠「無所不為」。

何以「無為」才能夠「無所不為」呢？由於老子提倡「反者道之動」[25]的思想，故其思考模式常帶有「逆向思維」的傾向；[26]如老子曰：

---

19 《老子道德經注校釋》，〈第四十二章〉，頁117。

20 老子曰：「有物混成，先天地生。寂兮寥兮，獨立不改，周行而不殆，可以為天下母。吾不知其名，字之曰道，強為之名曰大」（見《老子道德經注校釋》，〈第二十五章〉，頁62-63）。在本章中，老子主張，有一事物，既「先天地生」，又「可以為天下母」；此物即老子所主張的宇宙本體「無」（詳後論）。

21 論者以為，自魏晉以至當代學者，如何晏、王弼、胡適、馮友蘭等人，都把老子的「無」視為道之體，見吳怡：《中國哲學發展史》（臺北：三民書局，2009），頁75。

22 《老子道德經注校釋》，〈第三十七章〉，頁90。

23 《老子道德經注校釋》，〈第四十八章〉，頁127-128。

24 《老子道德經注校釋》，〈第四十八章〉，頁128。

25 《老子道德經注校釋》，〈第四十章〉，頁110。

26 楊靜：〈老子入世思想探析〉（淮南：《淮南師範學院學報》2005-6，頁14-16）一文，主張老子用一種「逆向」思維來闡述治國理論（頁15）。

> 我有三寶，持而保之。一曰慈，二曰儉，三曰不敢為天下先。慈，故能勇；儉，故能廣；不敢為天下先，故能成器長。[27]

姑且不論慈與儉，就以「不敢為天下先」來說，在此一前提下，老子真正的主張是：正因為「不敢為天下先」，所以「天下莫能與之先」；雖然老子沒有這樣明言，但我們從老子曾曰：「夫唯不爭，故天下莫能與之爭」，[28]又曰：「以其不爭，故天下莫能與之爭。」[29]——凡此，皆是老子「逆向思維」的法則。而他所謂的「強大處下，柔弱處上」、[30]「弱之勝強，柔之勝剛，天下莫不知，莫能行」[31]、「禍兮福之所倚，福兮禍之所伏」[32]與「正言若反」[33]等用語，都要從這個角度去思考。

雖然歷來學者針對《老子》首章「道可道，非常道；名可名，非常名」的詮釋或註解之意見至多，個人仍主張這段文字的真意是說：「可以說出來的道理，不會是宇宙間永恆不變的真理；可以呼喚出來的名詞，也絕非一成不變的名詞」——可知老子主張宇宙間萬事萬物都是變動不居的，[34]此與儒家追求永恆不變的真理絕不相同；而老子所重的道在於「天道」（宇宙間自然存在的道理），此亦與儒家偏重日常人倫的「人道」、法家重視的帝王南面之術的「君道」，截然不同。

《老子》一書又名《道德經》，傳世文獻本《老子》，上卷為〈道經〉，下

---

27 《老子道德經注校釋》，〈第六十七章〉，頁170。

28 《老子道德經注校釋》，〈第二十二章〉，頁56。

29 《老子道德經注校釋》，〈第六十六章〉，頁169。

30 《老子道德經注校釋》，〈第七十六章〉曰：「人之生也柔弱，其死也堅強。萬物草木之生也柔脆，其死也枯槁。故堅強者死之徒，柔弱者生之徒。是以兵強則不勝，木強則共。強大處下，柔弱處上」（頁185）。

31 《老子道德經注校釋》，〈第七十八章〉曰：「天下莫柔弱於水，而攻堅強者莫之能勝，其無以易之。弱之勝強，柔之勝剛，天下莫不知，莫能行……」（頁187）。

32 《老子道德經注校釋》，〈第五十八章〉，頁151。

33 《老子道德經注校釋》，〈第七十八章〉曰：「……是以聖人云：受國之垢，是謂社稷主；受國不祥，是謂天下王。正言若反」（頁187）。

34 故老子曰：「希言自然，故飄風不終朝，驟雨不終日」，見《老子道德經注校釋》，〈第二十三章〉（頁57）。

卷為〈德經〉，可見老子對於「德」的重視。而在整本《老子》之中，「德」字凡47見，包含了「玄德」、「孔德」、「常德」、「上德」、「下德」、「廣德」、「建德」、「德性」、「德善」、「積德」、「報怨以德」、「不爭之德」、「有德」、「無德」等等，不一而足。那麼「德」在老子的用語中，到底是什麼意思呢？

老子所謂的「德」，絕不是一般所謂倫理道德的「德」，也不會是儒家思想之下道德的「德」；我們應該回顧一下「德」的原意是什麼？

段玉裁《說文解字注》釋「德」字曰：

> 德，升也，升當作登。辵部曰：遷，登也。此當同之。德訓登者，《公羊傳》：「公曷為遠而觀魚，登來之也。」何曰：「登讀言得。得來之者，齊人語。齊人名求得為得來。作登來者，其言大而急，由口授也。」唐人詩：「千水千山得得來。」得即德也……今俗謂用力徙前曰德，古語也。[35]

因此，「得」是「德」的本義，也是《老子》一書中「德」的原意，如王弼釋「德」字曰：

> 德者，得也。常得而無喪，利而無害，故以德為名焉。何以得德？由乎道也。[36]

35 （漢）許慎撰，（清）段玉裁注，王進祥句讀，王秀雲音注：《說文解字注》（臺北：漢京文化事業公司，1980），卷4〈第二篇注下〉（頁14A）。又，段玉裁所引《公羊傳》敘事，見（漢）公羊壽傳，（漢）何休解詁，（唐）徐彥疏，李學勤主編：《春秋公羊傳注疏》（北京：北京大學出版社，1999），卷3〈隱公五年〉曰：「何以書？譏。何譏爾？遠也。公曷為遠而觀魚？登來之也。」此後所引文字，即何休《解詁》文字（頁46）。而段玉裁所引唐人詩，是晚唐詩人貫休（832-912）所作，收入清聖祖御敕編，中華書局編輯部點校：《全唐詩：增訂本．第十二冊》（北京：中華書局，1999），卷835〈貫休十．陳情獻蜀皇帝〉，詩曰：「河北江東處處災，唯聞全蜀勿塵埃。一瓶一鉢垂垂老，千水千山得得來，奈菀幽棲多勝景，巴歈陳貢愧非才。自慚林藪龍鍾者，亦得親登郭隗臺」（頁9488）。

36 《老子道德經注校釋》，〈第三十八章〉，頁93。

可見王弼同樣是以「得」來詮釋《老子》一書中所謂的「德」字。而韓非曾說：「德者道之功」、[37]「德也者，人之所以建生也」[38]，這兩句有可能是王弼所謂「何以得德？由乎道也」思想的來源。

不過，無論韓非或王弼，都忽視了「登」是「得」的原意，故段玉裁曰：「德訓登者……得即德也……今俗謂用力徙前曰德，古語也」──然則，釋老子的「德」字作「得」字解，還是不夠的；鄙意以為，老子原意應該是鼓勵人們努力提升個人修為，藉以「登上」符合「道」的境界，故曰「失道然後德」。[39]而這也或可解釋為何帛書《老子》是〈德經〉在前，〈道經〉在後的道理，因為要經過努力才能由「德」登上「道」的境界。

綜上所述，《老子》一書中，所謂的「道」指天道，它既是老子的宇宙論，也是本體論；所謂的「道」，在老子思想中，就是「先天地生」和「為天下母」的「無」。至於「德」，依老子的原意，應是鼓勵人們努力提升個人修為，藉以由德「登上」符合道的境界。

（二）法制思想

老子的法制思想，[40]主要表現在以下幾點。

1　崇尚自然法

老子嘗云：

> 道大，天大，地大，王亦大。域中有四大，而王居其一焉。人法地，地法天，天法道，道法自然。人法地，地法天，天法道，道法自然。[41]

---

37 （清）王先謙撰，鍾哲點校：《韓非子集解》（北京：中華書局，2003），卷6〈解老第二十〉，頁133。

38 《韓非子集解》（北京：中華書局，2003），卷6〈解老第二十〉。

39 《老子道德經注校釋》，〈第三十八章〉，頁93。

40 按，所謂「法制」，其範疇極為廣泛，舉凡國家政治、軍事、經濟、社會、法律、禮儀……等等制度，均可包羅在內；惟本文所討論者，暫採較為狹義之定義，即以老子、莊子關於「法律」、「制度」等入世層面為限。

41 《老子道德經注校釋》，〈第二十五章〉，頁64。

通說以為「人法地，地法天，天法道，道法自然」此一思想，就是老子的「自然法」思想。由於老子唾棄世俗間的人為法，尤其是儒家的「禮教」思想，故老子將「上仁」、「上義」、「上禮」這三種人都視為「下德」之人。[42]所以老子主張國家的統治者，應該順應「自然法」的精神來治理天下，始符合他所謂「道」的真諦。

而老子所謂的「自然法」，是一種宇宙間自然運行的「天道」，它具備「獨立不改，周行而不殆」[43]、「可以為天下先」等原理原則。

2 反人為法

老子反人為法的思想，首先表現在他對普羅大眾的同情心上，他認為：

> 民之飢，以其上食稅之多，是以飢。民之難治，以其上之有為，是以難治。民之輕死，以其求生之厚，是以輕死。[44]

因此在老子看來，正是由於國家（朝廷）的「有為」，才造成國家的難以治理；是由於國家的重稅，才造成人民的飢饉；也是由於在上位者追求美好的生活，才使人民不愛惜生命。故王弼注解本章的主旨時曰：「言民之所以僻，治之所以亂，皆由其上，不由其下也」，[45]王弼可謂一語道破老子的心思了。

其次，在人為法的立法思想上，老子主張：

> 天下多忌諱，而民彌貧；民多利器，國家滋昏；人多伎巧，奇物滋起；法令滋彰，盜賊多有。[46]

---

42 《老子道德經注校釋》，〈第三十八章〉曰：「上德不德，是以有德；下德不失德，是以無德。上德無為而無以為；下德為之而有以為。上仁為之而無以為；上義為之而有以為。上禮為之而莫之應，則攘臂而扔之」（頁93）。

43 《老子道德經注校釋》，〈第二十五章〉，頁63。

44 《老子道德經注校釋》，〈第七十五章〉，頁184。

45 《老子道德經注校釋》，〈第七十五章〉，頁184。

46 《老子道德經注校釋》，〈第五十七章〉，頁149-150。

本段文字主要是在攻擊國家管束越多及各種技巧、利器等人為工具，因為老子提倡回歸到最淳樸的「自然」現象；至於「法令滋彰，盜賊多有」就很明顯是在反對人為的立法了。所以老子主張：

> 我無為，而民自化；我好靜，而民自正；我無事，而民自富；我無欲，而民自樸。[47]

只有一切回到「無為」的現象，人民才能自化、自正、自富、自樸，天下始能大治、大利。

老子進而主張：

> 天下神器，不可為也，不可執也，為者敗之，執者失之。[48]

也就是說，國家（朝廷）至尊無上的地位，不可以妄圖據有它、操控它；想要爭奪它或執有它的人，一定會失敗、會失去它的。

最後，老子亦曾說過：

> 太上，下知有之。其次，親而譽之。其次，畏之。其次，侮之。[49]

王弼釋「太上」為「大人」；[50]實質上就是指最高統治者（君王），亦可借喻為「社稷」（或「朝廷」、「國家」、「政府」）。故老子這段話的意思是說，最好的統治者（或「朝廷」、「政府」），因為他無為而治，所以人民只是知道他的存在；其次的最高統治者（「政府」），因為他有所為，所以人民會親近他、讚美他；三流的最高統治者（「政府」），則讓人民畏懼他、害怕他；最差的最高統

---

47 《老子道德經注校釋》，〈第五十七章〉，頁150。
48 《老子道德經注校釋》，〈第二十九章〉，頁76。
49 《老子道德經注校釋》，〈第十七章〉，頁40。
50 《老子道德經注校釋》，〈第十七章〉，頁40。

治者（「政府」），則使人民朝思夜想地企圖推翻他、打倒他（如同清末的滿清政府）。由於老子提倡「無為而治」，故有是說；但本文設若並非妄言，則老子此一思想可謂全世界最早的「無政府主義」思想矣。

3 反禮法

眾所周知，老子反對儒家思想至為明顯，故老子曰：

> 失道而後德，失德而後仁，失仁而後義，失義而後禮，夫禮者，忠信之薄而亂之首也。[51]

筆者曾經表示，儒家孔子的核心思想是「仁」，孟子的核心思想是「義」，荀子的核心思想是「禮」。[52]而本段文字中，「道」與「德」是《老子道德經》的核心思想，固毋須多言；然而，接下來老子將儒家的「仁」、「義」、「禮」一一揚棄，並曰「夫禮者，忠信之薄而亂之首也」，可見他連荀子都批評進去了──由於荀子是戰國中、晚期人物，故《老子》一書中的這段文字，無疑可以證明今本《老子》應屬於戰國晚期的作品。[53]

此外，自孔子卒後，傳承孔門之學者，殆以子夏及曾子最為重要，而法家在春秋末葉的重要人物吳起，曾受業於曾子之門；[54]到了戰國初年，法家另一代表性人物李克（悝），曾受業於子夏之門；[55]至於戰國初年協助秦孝公變法成功的商鞅，則頗受李克、吳起之影響，亦可謂間接接受過儒家之教。[56]而戰

---

51 《老子道德經注校釋》，〈第三十八章〉，頁93。

52 參見拙作：《國法與家禮之間──唐律有關家族倫理的立法規範》（臺北：龍文出版社，2007），頁16-17。

53 可惜馮友蘭、錢穆都沒有提到這一點。

54 《史記》，卷65〈孫子吳起列傳〉曰：「吳起者……嘗學於曾子，事魯君」（頁2165）。

55 （漢）班固：《漢書》（北京：中華書局，1962），卷30〈藝文志〉，在「《李克》七篇」之下，班固自注曰：「為子夏弟子」（頁1724）。

56 錢穆：《先秦諸子繫年》（上海：上海商務印書館，1935）曾曰：「（商）鞅入秦相孝公，考其行事，則李克、吳起之遺教為多。史稱鞅先說孝公以比德殷周，是鞅受儒業之明證也」（頁227）。

國晚期法家的代表性人物如李斯、韓非，均曾習業於荀子之門[57]——由此觀之，儒法兩家之師承關係，至為密切；尤其韓非是荀卿之徒，又為法家集大成者，故如依老子之意，失禮之後應該就是刑了（「失禮而後刑」），只是刑罰更為老子所唾棄或云不屑，所以他並沒有說出「失禮而後刑」；然而我們必須了解《老子》第三十八章的這段文字，反對的內容一是儒家的禮，二則是法家的刑（或法）。

4 無為而治

在治國之道上，老子主張無為而治，故曰：

> 是以聖人之治，虛其心，實其腹；弱其志，強其骨。常使民無知無欲，使夫智者不敢為也。為無為，則無不治。[58]

余英時認為這是老子的「愚民政策」，同時也帶有「反智論」的色彩；[59]余英時更認為：

> 老子講「無為而無不為」，事實上他的重點卻在「無不為」，不過托之於「無為」的外貌而已。[60]

余氏的看法，鄙意十分贊同，故《老子》一書中的許多觀點，均宜自「逆向思維」來反思。

老子進而提出這樣的主張：

---

57 《史記》，卷63〈老子韓非列傳〉曰：「（韓非）與李斯俱事荀卿，斯自以為不如非」（頁2146）；又：《史記》卷74〈孟子荀卿列傳〉亦載：「李斯嘗為（荀卿）弟子」（頁2348）。

58 《老子道德經注校釋》，〈第三章〉，頁8。

59 余英時：《歷史與思想》（臺北：聯經出版事業公司，1980），頁11。

60 余英時：《歷史與思想》，頁10。

> 古之善為道者，非以明民，將以愚民。民之難治，以其智多。故以智治國，國之賊；不以智治國，國之福。[61]

由於老子認為「民之難治，以其智多」，所以他說古代善於治國者，都是以「愚民」作為主要政策，這是老子公開提倡「愚民政策」了。因此，老子所謂的：

> 絕聖棄智，民利百倍；絕仁棄義，民復孝慈；絕巧棄利，盜賊無有。此三者以為文，不足。故令有所屬，見素抱樸，少私寡欲。[62]

王弼固然將它詮釋為老子提倡「素樸寡欲」的生活；[63]余英時仍然認為這屬於老子「愚民政策」之一[64]；孰是孰非呢？鄙意比較接受余氏的看法。

因此，我們回頭看一下《老子》一書對於「無為」兩字的詮釋，諸如：「是以聖人處無為之事，行不言之教」、[65]「為無為，則無不治」、[66]「道常無為而無不為」、[67]「上德無為而無以為」、[68]「吾是以知無為之有益」、[69]「不言之教，無為之益，天下希及之」、[70]「我無為，而民自化」、[71]「是以聖人無為，故無敗；無執，故無失」[72]——徹底檢討了《老子》一書中對於「無為」的用法，我們可以說，老子的「無為」不是什麼都不做，而是不要多做，不要亂做，不要刻意做；「無為」絕對不是單純的「不為」，而且「無為」比「有為」更具備了高深的智慧在內。

---

61 《老子道德經注校釋》，〈第六十五章〉，頁167-168。
62 《老子道德經注校釋》，〈第十九章〉，頁45。
63 《老子道德經注校釋》，〈第十九章〉，頁45。
64 余英時：《歷史與思想》，頁10。
65 《老子道德經注校釋》，〈第二章〉，頁6。
66 《老子道德經注校釋》，〈第三章〉，頁8。
67 《老子道德經注校釋》，〈第三十七章〉，頁90。
68 《老子道德經注校釋》，〈第三十八章〉，頁93。
69 《老子道德經注校釋》，〈第四十三章〉，頁120。
70 《老子道德經注校釋》，〈第四十三章〉，頁120。
71 《老子道德經注校釋》，〈第五十七章〉，頁150。
72 《老子道德經注校釋》，〈第六十四章〉，頁166。

5 司法主張

老子認為，人民之所以會犯罪，原因之一就在於社會不公，故曰：

天之道，損有餘而補不足。人之道則不然，損不足以奉有餘。[73]

由於統治階級的殘民以逞，逆天而行（與天道恰恰相反），都是招致人民鋌而走險的原因之一。

對於維護國家安全或社會安寧，老子主張：

其安易持，其未兆易謀，其脆易泮，其微易散。為之於未有，治之於未亂。[74]

換言之，老子亦提倡「防患於未然」的思想，故主張「治之於未亂」；正由於治之於未亂，方能防患於未然矣。

在執法的主張上，老子反對以「殘殺」來治理天下，故一則曰：「夫樂殺人者，則不可以得志於天下矣」；[75]再則曰：「民不畏死，奈何以死懼之？」[76]換言之，對於嚴刑重法宰治天下，老子是不認同的；他主張的是：

若使民常畏死，而為奇者，吾得執而殺之，孰敢？[77]

也就是說，善治國者，常使民眾對於死亡感到畏懼，因而針對那些為非作歹的人，執法者將他們繩之以法（加以殺戮），又有誰還敢於作姦犯科呢？足證老子確實是具備入世關懷之心態矣。

---

73 《老子道德經注校釋》，〈第七十七章〉，頁186。
74 《老子道德經注校釋》，〈第六十四章〉，頁165。
75 《老子道德經注校釋》，〈第三十一章〉，頁80。
76 《老子道德經注校釋》，〈第七十四章〉，頁183。
77 《老子道德經注校釋》，〈第七十四章〉，頁183。

老子又說：

> 常有司殺者殺，夫代司殺者殺，是謂代大匠斲。夫代大匠斲者，希有不傷其手矣。[78]

在這裡，老子主要是反對由無德之人執掌殺戮刑罰之事；主張如果一定要有殺戮刑罰之事，也應該是由有德之人來司殺。

6 理想社會

眾所周知，老子的理想國是所謂的「小國寡民，民至老死，不相往來」，其全文如下：

> 小國寡民，使有什伯之器而不用，使民重死而不遠徙。雖有舟輿，無所乘之；雖有甲兵，無所陳之；使人復結繩而用之。甘其食，美其服，安其居，樂其俗。鄰國相望，雞犬之聲相聞，民至老死不相往來。[79]

面對世衰道微、政治黑暗、戰爭連年、百姓困苦的時代，孔子主張以道德治國，提倡仁義，用禮儀制度規範人民的行為，而老子則崇尚自然，依據「道」的自然法則提出「無為而治」的主張，希望治國者順任百姓，不加干涉，使百姓自由自在生活，捨棄對人民的一切干擾，如政令、刑罰、賦稅等。老子認為政令刑罰並非治國良策，也不能懾服百姓。法令愈嚴厲，盜賊不減反增，嚴刑峻法只會擾民而難以服民；至於賦稅方面的問題，老子以為，百姓會飢寒交迫，無以為生，都是因為執政者的暴力蠻橫所造成的。老子認為真正的治道應是淨化人民的欲望之心，滿足人民的基本需求，使人民安於不貪不慾的淳樸生活。所以老子的「無為」政治思想，就是希望人民能生活在純樸、安定的社會中，因此而有創造「小國寡民」理想國度的想法。而此一景象，在八百餘年之

78 《老子道德經注校釋》，〈第七十四章〉，頁183。

79 《老子道德經注校釋》，〈第八十章〉，頁190。

後，又再度出現在詩人陶淵明的「桃花源」中。[80]

三　莊子的入世關懷

關於莊子的入世關懷，本文同樣是以其核心思想、法制思想作為主要探討範疇；最後亦稍稍述及莊子的理想社會，並對照於老子的理想社會，以見其異同。首先，我們先來簡單地看一下莊子的核心思想。

（一）核心思想

莊子思想的核心是「逍遙」與「齊物」。主張「天地與我並生，萬物與我為一」的哲學思想。楊朱據說是老子的弟子，但他非常激進，提出「貴己」、「為我」。主張「全性保真，不以物累形」。

莊子學說的重點，就在於「道」、「氣」、「天」三個核心思想之中。[81]首先，我們來看看莊子對於「道」的定義：

> 夫道，有情有信，無為無形；可傳而不可受，可得而不可見；自本自根，未有天地，自古以固有；神鬼神帝，生天生地；在太極之先而不為高，在六極之下而不為深，先天地生而不為久，長於上古而不為老。[82]

依莊子的說法，「道」是自然存在的主體，自本自根，在沒有天地之前，自古以來即已存在的本體。前賢多半主張莊子的「道」具備一種「境界形態」的形上學；[83]邇來學者則主張莊子的「道」具有實存性，是天地萬物的本根；[84]鄙

---

80 （晉）陶潛撰，龔斌校箋：《陶淵明集校箋》（上海：上海古籍出版社，1996），卷之五〈賦辭・歸去來兮辭并序〉，頁390-392。

81 參見丁四新：〈莊子思想的三大本原及其自然之義〉一文，頁1-14。

82 （清）王先謙：《莊子集解》（北京：中華書局，1987），卷2〈內篇・大宗師第六〉，頁59-60。

83 參見牟宗三：《才性與玄理》（收入《牟宗三先生全集・第二冊》，臺北：聯經出版事業公司，2020，頁205-207）。徐復觀亦有類似看法，說見徐復觀：《中國人性論史・先秦篇》（收入《徐復觀全集・第四冊》，北京：九州出版社，2014，頁331）。

意比較肯定近來學者的主張。

然而，莊子也說過：

> 何謂道？有天道，有人道。無為而尊者，天道也；有為而累者，人道也。主者，天道也；臣者，人道也。天道之與人道也，相去遠矣，不可不察也。[85]

於此可見，莊子雖然提倡天道、重視天道，也認為「天道之與人道也，相去遠矣，不可不察」；但不可否認的是，他仍無法完全摒除關於「人道」的關懷。

其次，莊子核心思想的第二個重點是「氣」，論者主張在《莊子．內篇．大宗師》之中，其思想重點已經蘊涵了「本原之氣」和「陰陽之氣」兩種，[86]例如「伏戲〔羲〕氏得之，以襲氣母」[87]的「氣母」，就是本原之氣；而「陰陽之氣有沴」[88]一句中所謂的「沴氣」（戾氣），就是陰陽之氣，它是本原之氣的分殊。

在《莊子．外篇．知北遊》中，莊子進一步指出：

> 人之生，氣之聚也，聚則為生，散則為死。若死生為徒，吾又何患！故萬物一也，是其所美者為神奇，其所惡者為臭腐；臭腐復化為神奇，神奇復化為臭腐。故曰：「通天下一氣耳。」聖人故貴一。[89]

據此可知，莊子主張人類的生死都是由於氣的聚散，氣聚則生，氣散則死；循此，莊子得出貫通天下的是同一元氣，是以聖人主張萬物一體。〈知北遊〉的

84 此說詳見陳鼓應：《老莊新論》（上海：上海古籍出版社，1992），頁185-196；亦可見於丁四新：〈莊子思想的三大本原及其自然之義〉，頁4。

85 《莊子集解》，卷3〈外篇．在宥第十一〉，頁98。

86 參考自丁四新：〈莊子思想的三大本原及其自然之義〉，頁6。

87 《莊子集解》，卷2〈內篇．大宗師第六〉，頁60。

88 《莊子集解》，卷2〈內篇．大宗師第六〉，頁63。

89 《莊子集解》，卷6〈外篇．知北遊第二十二〉，頁186。

「通天下一氣耳」，可以和〈大宗師〉所說：「遊乎天地之一氣」相互發明。[90]

再從「通天下一氣，聖人故貴一」出發，莊子所主張的「氣」是可以通過修養的工夫，[91]提升個人道德修為，俾能達到「乘天地之正，而御六氣之辯」[92]的得道者境界；也就是莊子所謂的「至人、神人、聖人」的境界。附帶一提的是，莊子「氣聚則生，氣散則死」的思想，日後對於宋儒張載《西蒙》一書主張「變化氣質」的理論，頗有影響。[93]

復次，莊子核心思想的第三個重點是「天」。按段玉裁釋「天」字曰：

> 天，顛也，至高無上，从一大。[94]

因此，「天」的本意是至高無上的；而古代中國人從上古時代開始，就有著一連串與「天」有關的成語，例如我們在形容時間的悠遠長久時會用「天長地久」；在說到中國人的宇宙觀時會說「天人合一」；在形容重大自然災害時會用「天崩地裂」；在描述國人的慎終追遠精神時會說「敬天法祖」；在比喻人類靠著自我的努力來克服逆境時會用「人定勝天」……等等，與「天」有關的成語真的是不勝枚舉，足證國人的日常生活是與「天」分不開的。事實上，「天長地久」的典故，正出自《老子》第七章。[95]

在《莊子》一書中，也屢見「天」字的使用，莊子有時僅以「天」為詞，

---

90 《莊子集解》，卷2〈內篇．大宗師第六〉，載孔子曰：「彼（子桑戶）遊方之外者也，而丘遊方之內者也……彼方且與造物者為人，而遊乎天地之一氣」（頁65）。

91 此類修養工夫，論者主張主要是：守氣、心齋及遊心合氣等三項，參見顏俊銘：〈辨析氣概念在《莊子》哲學中的意涵面向〉（彰化：《彰化師大國文學誌》30，2015），頁126-137。

92 《莊子集解》，卷1〈內篇．逍遙遊第一〉，頁4。

93 故張載《西蒙》內談到氣之聚散的篇幅不少，如張載曰：「聚亦吾體，散亦吾體，知死之不亡者，可與言性矣」，見（宋）張載著，（宋）朱熹注：《張子全書》（臺北：臺灣中華書局，1968），卷2〈正蒙．太和篇第一〉（頁3A）；張載又曰：「氣聚，則離明得施而有形；氣不聚，則離明不得施而無形」（頁3A）；張載又曰：「氣之聚散於太虛，猶冰凝釋於水，知太虛即氣」（頁3B）。

94 《說文解字注》，卷1〈第一篇注上〉，頁1B-2A。

95 老子曰：「天長地久。天地所以能長且久者，以其不自生，故能長生……」，見《老子道德經注校釋》，〈第七章〉，頁19。

如：「垂天之雲」、[96]「天之蒼蒼」、[97]「敢問天籟」、[98]「皞天不宜」、[99]「受命於天」；[100]有時則以「天地」連用，如「天地之正」、[101]「天地與我並生」、[102]「無所逃於天地之間」、[103]「先天地生」、[104]「覆載天地」、[105]「天地雖大」[106]等是。

而莊子賦予「天」的意義是什麼呢？論者主張，在《莊子・內篇》之中，「天」的地位與重要性，似不如「道」，故莊子曰：

> 道與之貌，天與之形，無以好惡內傷其身。[107]

從思想史的角度來考察，以「道」與「天」對比，以「貌」與「形」省思，當然是「道」的地位與其重要性皆比「天」略高。[108]可是，到了〈外篇〉與〈雜篇〉的討論時，莊子的思想有所不同了。如果我們接受〈外篇〉與〈雜篇〉有不少內容仍是由莊周所撰寫，但也包含了莊周後學的思想在內的話，我們可以來看看「道」與「天」在〈外篇〉與〈雜篇〉的新變化。

論者主張，從〈外篇・在宥〉、〈天地〉、〈天道〉等三篇和〈雜篇・天下〉等篇的內容，可以看到其與〈內篇〉的差異，尤其是〈天道篇〉有云：

> 夫帝王之德，以天地為宗，以道德為主，以無為為常。無為也，則用天

---

96 《莊子集解》，卷1〈內篇・逍遙遊第一〉，頁1。
97 《莊子集解》，卷1〈內篇・逍遙遊第一〉，頁1。
98 《莊子集解》，卷1〈內篇・齊物論第二〉，頁10。
99 《莊子集解》，卷2〈內篇・人間世第四〉，頁35。
100 《莊子集解》，卷2〈內篇・德充符第五〉，頁48。
101 《莊子集解》，卷1〈內篇・逍遙遊第一〉，頁4。
102 《莊子集解》，卷1〈內篇・齊物論第二〉，頁19。
103 《莊子集解》，卷2〈內篇・人間世第四〉，頁38。
104 《莊子集解》，卷2〈內篇・大宗師第六〉，頁60。
105 《莊子集解》，卷2〈內篇・人間世第四〉，頁68。
106 《莊子集解》，卷3〈外篇・天地第十二〉，頁99。
107 《莊子集解》，卷2〈內篇・德充符第五〉，頁54。
108 參考自丁四新：〈莊子思想的三大本原及其自然之義〉，頁9-10。

> 下而有餘；有為也，則為天下用而不足。故古之人貴夫無為也。[109]

據此，莊子主張帝王之德，應該要「以天地為宗，以道德為主，以無為為常」，將天地置於道德之上，語意與〈外篇〉已截然不同矣；〈天道篇〉又曰：

> 是故古之明大道者，先明天而道德次之，道德已明而仁義次之，仁義已明而分守次之，分守已明而形名次之，形名已明而因任次之，因任已明而原省次之，原省已明而是非次之，是非已明而賞罰次之。賞罰已明而愚知處宜，貴賤履位，仁賢不肖襲情，必分其能，必由其名。以此事上，以此畜下，以此治物，以此修身，知謀不用，必歸其天，此之謂太平，治之至也。[110]

在這裡，莊子主張明大道者，是必須先明「天」，然後才是道、德、仁、義、形名、賞罰……，很明顯地仍是將「天」置於道、德之上。因此，論者主張，就「天」與「道」的關係來看，在《莊子．內篇》中，「道」的地位與重要性皆高於「天」，這是莊子的原意。但是到了〈外篇〉與〈雜篇〉之內，「天」與「道」的關係徹底反轉，變成「天」的地位與重要性略高於「道」，這可能是莊周後期的思想或莊子後學們所為；而在〈外篇〉與〈雜篇〉的思想體系之下，「天」被直接賦予了「自然」、「無為」的涵義，並且被用來形容道德修養達到極至的境界。[111]

最後，關於《莊子．內篇》七篇的內容，我們相信絕大部分是由莊子親自撰寫，僅有少許內容可能是由其弟子補充，因此關於《莊子．內篇》七篇的內容，歷來討論至為熱絡；而莊子對於這七篇文章次第的安排，到底存在著怎樣的理念，尤為眾多學者熱衷討論。邇來有學者主張：

---

109 《莊子集解》，卷4〈外篇．天道第十三〉，頁115。

110 《莊子集解》，卷4〈外篇．天道第十三〉，頁116。

111 丁四新：〈莊子思想的三大本原及其自然之義〉，頁10-11。

> 〈逍遙遊〉為蘊涵四境的「自由論」，關鍵字是動詞「遊」；〈齊物論〉為萬物齊一的「平等論」，關鍵字是動詞「齊」；〈養生主〉為身心兼養的「人生論」，關鍵字是動詞「養」；〈人間世〉為因應外境的「處世論」，關鍵字是動詞「間」；〈德充符〉為因循內德的「葆德論」，關鍵字是動詞「充」；〈大宗師〉為順應天道的「明道論」，關鍵字是將名詞當動詞用的「大」；〈應帝王〉為天人合一的「至人論」，關鍵字是動詞「應」。[112]

鄙見與此略有不同。竊意以為，〈逍遙遊〉固然是全書修身養性的總綱領，〈齊物論〉與〈養生主〉是其分支，這三篇如同儒家的「內聖」功夫，似無疑義。然而，自〈人間世〉至〈德充符〉、〈大宗師〉，是莊子思想上的「外王」功夫；而到了〈大宗師〉境界，已集內聖、外王於一身了，最後一篇〈應帝王〉因何而來？又為何取名〈應帝王〉？

自從郭象注《莊子．應帝王篇》時，寫了一句題解曰：「無心而任乎自化者，應為帝王也」以來，[113]後世對本篇的理解，均認為主要體現出莊子的政治思想，而其主旨在闡揚「無為而治」的重要性——由此而言，莊子同樣具備了入世的關懷，故於內篇的最後一篇提出自己的政治理想（無為而治），這是通說。然而，竊意以為，「應帝王」的「應」也可以解釋為動詞「應徵」、「應召」之意，故莊子是否具有應徵或應召為帝王師，以遂行其政治理想或抱負呢？值得再推敲。

（二）法制思想

莊子的法制思想，主要表現在以下四點。

1 反人為法

首先，與老子相同，莊子也反對人為法的存在，故曰：

---

112 整理自張遠山：《莊子奧義》（南京：江蘇文藝出版社，2008）一書。

113 《莊子集解》，卷2〈內篇．應帝王第七〉，頁70。

麤而不可不陳者，法也。[114]

在莊子眼中，人世間的法律是粗糙的，但又不可不有，於此可見莊子對於人為法的反感。莊子也說：

賞罰利害，五刑之辟，教之末也；禮法度數，形名比詳，治之末也。[115]

這是說用賞罰、五刑作為教化的工具，是教化的末節；用禮儀、法度、刑名作為統治技術，是治道的末節；這一段話，是兼指儒、法兩家而批判之。

莊子並且認為：

故舉天下以賞其善者不足，舉天下以罰其惡者不給，故天下之大不足以賞罰。自三代以下者，匈匈焉終以賞罰為事，彼何暇安其性命之情哉！[116]

是莊子認為舉天下之大以獎賞善行，尚且不足；舉天下之大用以懲罰惡行，尚且不夠；而三代以降，大家都急急忙忙地遂行賞善罰惡之事，天下人又哪有閒暇來安身立命呢？於此，莊子徹底否定「賞善罰惡」的功能，實質上仍是在否定一切的人為法。

在此一思維法則之下，莊子主張：

彼竊鉤者誅，竊國者為諸侯，諸侯之門，而仁義存焉，則是非竊仁義聖知邪？[117]

眾所周知，「竊鉤者誅，竊國者為諸侯」幾已成為家喻戶曉的莊子名言了，因

114 《莊子集解》，卷3〈外篇．在宥第十一〉，頁97。
115 《莊子集解》，卷4〈外篇．天道第十三〉，頁115。
116 《莊子集解》，卷3〈外篇．在宥第十一〉，頁90。
117 《莊子集解》，卷3〈外篇．胠篋第十〉，頁87。

為這兩句話的用意，就是在否定人為法的可靠性；而其含意也正和俚俗語所說的「成王敗寇」之含意相當，是極具諷刺性的。

2 無為而治

在為政之道上，莊子與老子相同，亦提倡「無為而治」，故曰：

> 天無為以之清，地無為以之寧，故兩無為相合，萬物皆化……故曰：「天地無為也，而無不為也。」人也，孰能得無為哉！[118]

據此可知，莊子所謂的「無為」，其重點仍在於「無不為也」；而人類孰能掌握此一要點（「無為而無不為」），庶幾可與天地同德矣，故曰：「古之畜天下者，無欲而天下足，無為而萬物化，淵靜而百姓定。」[119]

在前引《莊子．天道篇》中，莊子主張帝王之德應該是「以天地為宗，以道德為主，以無為為常」之後，他接著表示：

> 上無為也，下亦無為也，是下與上同德。下與上同德則不臣；下有為也，上亦有為也，是上與下同道，上與下同道則不主。上必無為而用天下；下必有為為天下用，此不易之道也。[120]

換言之，莊子認為主政者必須秉持「無為而治」的方式（上必無為而用天下）來治理天下；而天下臣民則必須「有所為」地來為天下人工作（下必有為為天下用），終結其重點仍在於「無為而無所不為」。

基於此一思想，莊子進而提倡：

118 《莊子集解》，卷5〈外篇．至樂第十八〉，頁150。

119 《莊子集解》，卷3〈外篇．天地第十二〉，頁99。

120 《莊子集解》，卷4〈外篇．天道第十三〉，頁115。

> 聖人法天貴真，不拘於俗。[121]

也就是說，莊子主張真正的聖人總是效法自然的、純真的法則，並不拘泥於人世間的世俗規範。

3 法律平等觀

任人皆知，莊子主張「道通為一」、[122]「夫天下也者，萬物之所一也」，[123]更主張「天地與我並生，而萬物與我齊為一」，[124]在此基準之下，莊子認為人們在自然的狀態下是「齊一」的，也可說是「平等」的，故論者主張莊子的法律思想是抱持「法律平等觀」。[125]

莊子在〈外篇．秋水篇〉也說道：

> 以道觀之，物無貴賤；以物觀之，自貴而相賤；以俗觀之，貴賤不在己。以差觀之，因其所大而大之，則萬物莫不大；因其所小而小之，則萬物莫不小。知天地之為稊米也，知豪末之為丘山也，則差數等矣。[126]

莊子的意思是在說明，如果用自然的常理來看，天下萬物本身並沒有什麼貴賤之分；但從萬物的本身來看，都自以為貴，然後相互輕視彼此；用世俗的觀點來看，則貴賤並不在於事物的自身。因而，我們若依照物與物之間的差別來看待，以其自足為大，那麼萬物沒有不大的；以其無餘為小，那麼萬物沒有不小的。我們能夠明白天地雖大，然而比起更大的宇宙來說，天地也有如小小的米粒；我們能夠認知毫毛之末雖小，但比起更小的東西來說，它也如同高大的山

121 《莊子集解》，卷8〈雜篇．漁夫第三十一〉，頁276。

122 《莊子集解》，卷1〈內篇．齊物論第二〉，頁16。

123 《莊子集解》，卷5〈外篇．田子方第二十一〉，頁287。

124 《莊子集解》，卷1〈內篇．齊物論第二〉，頁19。

125 費開文、馬作武：〈試比較莊子與盧梭的自然法平等觀〉（武漢：《中南政法學院學報》，1986-4），頁29。

126 《莊子集解》，卷4〈外篇．秋水第十七〉，頁142。

丘，那麼我們對萬物的差別和數量也就看得很清楚了；換言之，萬物的大小皆無定準，其間相對應的關係，是可以不斷相互轉化的。莊子此一思想，甚至可以被視為西方「後現代主義」的先聲。[127]故可以說，莊子的法思想是抱持法律平等觀的。

站在此一前提之下，論者主張莊子法律思想的重點有三：第一是以自然法思想指出在自然狀態之下，人人平等；第二是以自然法思想對不平等的社會關係與觀念，進行強烈的批判；第三則是用自然法思想提出治世主張，並描繪出理想社會的風貌；[128]此一說法，似乎很值得參考。

4 法律應時而變

此外，莊子的法律思想，尚有以下的表現，如莊子曰：

> 故《書》曰：「有形有名。」形名者，古人有之，而非所以先也。古之語大道者，五變而形名可舉，九變而賞罰可言也。[129]

莊子主張，古書記載，有刑教、有名教，刑名之教自古即已存在，只是從未居於領先的地位；所以古代談論大道的人，五次遞嬗變遷後，刑名之教方才可能被列舉出來，九次遞嬗變遷後賞善罰惡的功能才能被接受。於此可見，莊子具備刑名之教、法律制度應該是要跟隨著時代的需求而加以改變；此一法思想，頗與當代法思想有著異曲同工之妙。

在〈天運篇〉，莊子也提到：

---

127 當然，莊子亦曰：「是亦彼也，彼亦是也。彼亦一是非，此亦一是非，果且有彼是乎哉？果且無彼是乎哉？」(《莊子集解》，卷1〈內篇．齊物論第二〉，頁14）通說這正表現出莊周已經徹底領悟「一是非」此一真理，而此一思想更與「後現代主義」思想相通。

128 費開文、馬作武：〈試比較莊子與盧梭的自然法平等觀〉(武漢：《中南政法學院學報》，1986-4)，頁29-30。

129 《莊子集解》，卷4〈外篇．天道第十三〉，頁116。

> 禮義法度者，應時而變者也。[130]

本文認為，於此，莊子只是再一次地重申了法律應該跟隨著時代的需求而加以改變的意義。然而，由上述例證，本文認為莊周在思想上雖然是反對人為法，提倡無為而治；但在實質上，他仍然知道「法律」不但是必須存在，而且應該要「應時而變」(或云「與時俱進」)。

於此可知，莊子確實是具備入世關懷的法制思想，論者認為莊周純粹是個「法律虛無主義」者，[131]鄙意有待商榷。

5 理想社會

莊子也曾提到他理想中的社會狀態，他說：

> 故至德之世，其行填填，其視顛顛。當是時也，山無蹊隧，澤無舟梁；萬物群生，連屬其鄉；禽獸成群，草木遂長。是故禽獸可繫羈而遊，烏鵲之巢可攀援而闚。夫至德之世，同與禽獸居，族與萬物並，惡乎知君子小人哉！同乎無知，其德不離；同乎無欲，是謂素樸。素樸而民性得矣。[132]

若與老子「小國寡民」的理想國相比較，我們只能說莊子的理想社會比老子心目中的理想社會還要更原始、更淳樸、更自然，以至於連何謂「君子」、何謂「小人」，大家都分不清楚了。這就是素樸；而素樸的人民，其天性得之於天道——而這就是莊子的理想國。

---

130 《莊子集解》，卷4〈外篇・天運第十四〉，頁126。

131 如張國華：《中國法律思想史新編》(臺北：揚智文化事業公司，1994，頁121)、鄭秦：《中國法制史》(臺北：文津出版社，1997，頁56)，均持此說。

132 《莊子集解》，卷3〈外篇・馬蹄第九〉，頁83。

四　結語

本文認為，老子到底是誰，數千年以來始終是一個歷史大問題；《老子》一書到底成書於何時，迄今仍有其爭議，尤其是在竹簡本及帛書本《老子》問世以後，更使此一問題益趨複雜化；目前比較能確定的說法，《老子》應該是成書於戰國時期，但它到底是早於《莊子》一書，或晚於《莊子》，迄今仍無定論。

至若莊周，屬於戰國中葉人士，所傳《莊子》一書，大約〈內篇〉七篇多半是由莊周撰成，間亦雜有少許由莊周弟子所補充的內容；而〈外篇〉、〈雜篇〉也還是有不少內容是由莊周所撰，當然也有由其弟子或後學補充的內容在內。

由老、莊所代表的「道家」思想，在古代中國時期，一向被視為出世的、避世的與消極的人生態度；本文並不以為然。故本文即自老子、莊子的核心思想、法制思想入手，稍予分梳老、莊的入世關懷。

本文主張，《老子》一書中，所謂的「道」指天道，它既是老子的宇宙論，也是本體論；而這個「道」，在老子思想中，就是「先天地生」和「為天下母」的「無」。至於「德」，依老子的原意，應是鼓勵人們努力提升個人修為，藉此由德「登上」符合道的境界。

在法制思想上，老子崇尚自然法，反人為法，也反對儒、法兩家的禮與法等思想。從老子的反人為法來看，他幾乎可以被視為全世界最早提出「無政府主義」此一思想者；從反禮法的思想上來看，幾乎可以斷定傳世文獻本《老子》屬於戰國晚期的作品。

在國家施政上，老子提倡「無為而治」，但他所謂的「無為」並不是什麼都不做，而是不要多做，不要亂做，不要刻意做；「無為」也不是單純的「不為」，而是「無為而無所不為」；余英時甚至把它視為老子所策畫的「愚民政策」。而在司法政策上，老子主張要防患於未然；他也反對以殺止殺，尤其反對無德者司殺。

最後，老子雖有「小國寡民」此一理想國的說法，但它也只能是思想史上的一幅「烏托邦」（utopia）景象而已；無怪乎陶淵明要到「桃花源」內，才能找到它了。

莊子學說的重點，就在於「道」、「氣」、「天」三個核心思想之中。莊子的「道」具有實存性，是天地萬物的本根；而他雖然提倡天道、重視天道，也認為「天道之與人道也，相去遠矣，不可不察」；但不可否認的是，他仍無法完全摒除關於「人道」的關懷，這就是莊子入世關懷的表徵之一。

在「氣」的方面，莊子主張人類的生死都是由於氣的聚散，氣聚則生，氣散則死；循此，莊子得出貫通天下的是同一元氣，是以聖人主張萬物一體；而且莊子所主張的「氣」是可以通過修養的工夫，提升個人道德修為，俾能達到「乘天地之正，而御六氣之辯」的得道者境界；也就是莊子所謂的「至人、神人、聖人」的境界。

莊子核心思想的第三個重點是「天」，「天」與「道」的關係來看，在《莊子・內篇》中，「道」的地位與重要性皆高於「天」，這是莊子的原意。但是到了〈外篇〉與〈雜篇〉之內，「天」與「道」的關係徹底反轉，變成「天」的地位與重要性略高於「道」，這可能是莊周後期的思想或莊子後學們所為；在〈外篇〉與〈雜篇〉的思想體系之下，「天」被直接賦予了「自然」、「無為」的涵義，並且被用來形容道德修養達到極致的境界。

最後，個人認為，《莊子・內篇》最後一篇的〈應帝王篇〉的「應」字，也可以解釋為動詞「應徵」、「應召」之意，故莊子是否具有應徵或應召為帝王師，以遂行其政治理想或抱負的意願呢？值得再推敲。

在法制思想上，莊子同樣反人為法，同樣提倡「無為而治」；然而，莊周仍具備「法律平等觀」以及「法律應該與時俱進」，所以鄙見以為莊子在法制思想上，仍具備入世的關懷；說莊周的法律思想接近虛無主義，拙見並不能苟同。

最後，與老子相同，在莊子的思想中，同樣有著他理想社會的景象（參見《莊子・外篇・馬蹄》），只是他夢想中的烏托邦世界，似乎比老子的烏托邦更為原始、更為淳樸、更為自然，而這正是莊子思想的反射罷了。

六朝玄學時代的般若學與佛教中國化

——以支遁的即色義為考察對象

杜忠全

（馬來西亞）拉曼大學中文系副教授兼金寶校區系主任

摘要

鳩摩羅什入關之前，中國佛教早期的般若學，以六家般若學群體的方式形成師說，其發展與浙東地帶，包括新昌在內的山水佳境關係密切。本文討論，特以支遁為考察對象，以見早期般若學人物的思想特徵，以及浙東新昌在般若及佛教思想發展中，所展現的點及面的影響。支遁與其即色說即令是「偏而不即」，但其展現的禪教合一風貌，明顯地為中國佛教的後續發展所繼承。新昌雖是浙東的一處小天地，其在早期中國般若學發展方面所展現的特性，卻已預示了其後中國佛教發展的主流趨勢。

關鍵詞：般若學、支遁、即色、新昌、禪教合一

一　前言

佛教入華，般若類佛經，是最早經入華胡僧漢譯的大乘佛典之一類。[1]從支婁迦讖（Lokasema, 147-?）譯出《道行般若經》，一直到鳩摩羅什（Kumarajiva, 344-413）入後秦長安之後，次第重譯出大小品《般若經》、《金剛般若波羅蜜經》等等的般若類經典，以及龍樹《中論》、《十二門論》及提婆《百論》等等初期大乘佛教論典乃至《大智度論》為止，此一階段可說是印度佛教般若思想在漢地經過初期的迻譯與傳播及接受之後，進一步發展與鞏固的關鍵時期。[2]透過胡僧來華而譯出經本，以及漢地僧人的接受與傳播，中國人逐漸接觸與理解了佛教般若思想，是佛教般若思想在這一時期廣為傳播，並形成影響的大致情況。

以鳩摩羅什在長安的譯經與講學為般若思想在中國佛教發展的分水嶺，早期般若思想在漢地的傳播，有所謂的六家七宗，這應當是鳩摩羅什入關並傳譯空宗學說之前，早期漢地般若學在傳播與接受期間，所形成了不同師承流派，進而形成了點與面之時代影響的重要階段。以此反襯後期中國佛教思想的發展與形成，鳩摩羅什入華之前，六家七宗所展現的主要思想傾向，似也預示了中國佛教思想發展之禪教合一的主要特徵。這一過程中，在西晉滅亡之後南北分裂的中古中國，偏安長江以南的東晉王朝，在地理上與東晉都城建康（南京）若即若離的浙東剡縣，尤其是有著山水佳境的新昌一帶，是六家七宗之中，大半的主要僧人盤桓與活動的地方。[3]考察早期僧人在新昌一帶所展開的般若學相關活動，是討論早期中國佛教般若思想傳播與發展而值得關注的一段時空活

1　任繼愈主編：《中國佛教史‧第一卷》（北京：中國社會科學出版社，1985二刷），頁315-316。

2　按日本學者鐮田茂雄對中國佛教的歷史分期，東漢到三國為「傳入與容受」，東晉、南北朝時期則為「發展與鞏固」，見（日）鐮田茂雄著，鄭彭年譯、力生校：《中國佛教史》（上海：上海譯文出版社，1986），目錄頁1。本文處理的東晉時期，即經過初期的傳入與容受之後的發展階段，後期佛教所談的「中國化」，在此階段粗具雛形。

3　張雪松：《漢魏兩晉南北傳佛教史》（太原：山西教育出版社，2014），頁66。

動，此中最負盛名者，當屬支遁（314-366）了。[4]

「六家七宗」作為中國佛教早期般若學的一個群體，是時人的歸納所出。目前的傳世文獻所見，「六家」之說最早出自僧叡（354-420），他在《毗摩羅詰提經義疏序》中指出，「自慧風東扇，法言流泳以來，雖曰講肆，格義迂而乖本，六家偏而不即。性空之宗，以今驗之，最得其實。」[5]此中首次提出了「六家」之說。至於「六家七宗」之說，則出自南朝宋代曇濟（411-475）的《六家七宗論》，惟曇濟原作已亡佚，其說為梁朝寶唱的《續法論》載錄，再為唐代元康的《肇論疏》徵引。僧叡指「六家偏而不即」，僧肇（384-414）在《不真空論》中批評前人對般若空的把握不正確時則說：

> 故頃爾談論，至於虛宗，每有不同。夫以不同而適同，有何物而可同哉？故眾論競作，而性莫同焉。[6]

此中的「虛宗」即空宗，而「眾論」即指此前的般若諸學派，其論中評破的心無、即色、本無等三家學說，即呼應了僧叡的「六家偏而不即」之說，也部分涵蓋了元康所列舉之六家七宗。這可見，無論是六家還是六家七宗，都為鳩摩羅什學團中人所不滿，認為此前的般若學派提出的各種主張，都無法體現般若

4 支遁的生歿年，歷來以此為是，此說其來有自，與六朝文獻之（梁）慧皎的《高僧傳》相符，見（梁）釋慧皎撰，湯用彤校注：《高僧傳》（北京：中華書局，1997二刷），頁163。早期論述支遁的湯用彤與許理和，也以此為所據，見湯用彤：《漢魏兩晉南北朝佛教史》（北京：中華書局，1988年二刷），頁125-127；（荷蘭）許理和著，李四龍、裴勇等譯：《佛教征服中國》（南京：江蘇人民出版社，1998），頁184。惟湯用彤在《漢魏兩晉南北朝佛教史》中以支遁的歿年東晉太和元年加按為西元368年，而同樣是湯氏校注的《高僧傳》，則以支遁的歿年東晉太和元年加按為西元366年，今以366年為是，此與許理和等多數學者一致。李正西的《支遁評傳》提出新說，以支遁的末年在399年之後，見李正西：《支遁評傳》（北京：宗教文化出版社，2009），頁24。針對此新說，單鵬不予認同，並在〈支遁歿年新說之商榷〉一文中對其所據史料逐一考證反駁，見單鵬：〈支遁歿年新說之商榷〉，《求索》，2010年第8期，頁253-255。同樣發表於2010年之呂斌的〈支遁生平事蹟及影響〉一文，仍以支遁的生歿年為314至366年，見呂斌：〈支遁生平事蹟及影響〉，《安徽廣播電視大學學報》，2010年第3期，頁104。本文不評斷此新說及其商榷，惟此說於本文的論述不構成影響，故一仍舊說。

5 （梁）僧佑撰，蘇晉仁、蕭煉子點校：《出三藏記集》（北京：中華書局，2008年二刷），頁311。

6 大正45，頁152a。

空宗對空義論述之精髓，一概「偏而不即」或「以不同而適同」[7]。

無論是僧叡還是僧肇，其實都是在鳩摩羅什重新為般若經典出本及次第翻出龍樹、提婆之般若論典的背景下，對般若空有了新的體會與把握。相對於此前的六家或六家七宗，他們多是在沒有相應論典作輔助理解及在早期般若經典之譯文限制的情況下，對般若空義予以揣摩與發揮的。因此，毋寧說，鳩摩羅什翻譯印度般若論典之後的般若空義，是遵循龍樹學「不壞假名而說實相」的空義論述，此前諸家則各自按早期漢譯般若經典的經文體會來發揮空義，路數上顯然不同。按此，他們對空義展開論述的側重點，一方面可視為鳩摩羅什入關並將般若論典漢譯與傳播之前，漢地僧人在般若學方面的階段性論述，另一方面，更可從中體會漢傳佛教語境中，僧人佛學論述的主要取向，以致在以長安為中心的鳩摩羅什學團舉揚印度般若學之性空義之後，漢傳佛教的後續論述乃至轉向，而對此前的六家或六家七宗學說，卻有著明顯的呼應關係。本文討論，特以支遁為考察對象，以見早期般若學派人物的思想特徵，以及浙東新昌在般若及佛教思想發展中，所展現的點及於面的影響。

二　支遁的即色觀

支遁，字道林，世稱支法師或林法師，俗姓關，按《高僧傳》，他年廿五出家[8]，雖然不是出身於世家豪族，但出家之後，以其個人氣質而獲得上層社會的歡迎，交遊圈不乏高官士族。支遁在玄學清談活躍的歷史時期展開社會活動，其思想既涉玄學與莊子，[9]更與當時尚處在發展階段的般若學關係密切。就後者而言，支遁是當時頗為風尚的般若學派之即色宗的代表性人物[10]。

7　同上注。

8　（梁）釋慧皎撰，湯用彤校注：《高僧傳》（北京：中華書局，1997年二刷），頁159。

9　支遁雖為僧人，但在玄學風潮中，其思想也涉入時代風行的莊學成分，惟仍立足佛教般若學，「透過佛教的般若空觀來重新認識《莊子．逍遙遊》」，其重新詮釋的逍遙義，是僧人支遁參與玄學清談之一流。參張源旺：〈支遁在魏晉玄學與般若學交融中的學術史意義〉，《南通大學學報．社會科學版》，第26卷第1期，2010年1月，頁93。

10　吉藏在《中觀論疏》中將即色分為關內即色與支遁的即色，關內即色未知具體人物為何人，支遁的即色主張則來自其《即色游玄論》。見大正42，頁29a。

支遁未出家前，即「隱居餘杭山，深思道行之品，委曲慧印之經」[11]，按《高僧傳》此說，可見支遁早歲即深入閱讀《道行般若經》，即小品般若經之早期漢譯本。支遁隱居時期潛讀此經，對般若經的經義有過一番的深思與體會，才進而剃度出家。出家之後的支遁，一度駐錫於建康（今南京）的白馬寺[12]，之後離開冠蓋雲集的京城，到吳縣立支山寺，再則繼續往東入剡，途中曾暫住會稽靈嘉寺，後在新昌縣東邊的沃州山立寺隱居[13]，之後又在剡縣石城山立寺，其晚年多在此駐錫並完成多數的著作[14]。即令隱跡浙東剡山，但他盛名在外，屢屢受邀出山，如曾應邀到山陰講《維摩經》，更應晉哀帝（341-365）之邀，到京城建康東安寺講《道行般若經》，一時「白黑欽崇，朝野悅服」[15]，即道俗朝野都欽服於支遁對般若經義的發揮，如郤超即修書與親友贊曰，「林法師神理所通，玄拔獨悟，實數百年來紹明大法，令真理不絕，一人而已」[16]。經三年之後，上書辭歸，一時名流餞送，仍回到剡縣悠游山林，養馬放鶴，一派名士風流，後圓寂於餘姚塢山。按慧皎所說，有衣冠塚存餘姚塢山，另則有剡縣一說[17]。以上是慧皎在《高僧傳》所記的支遁事蹟，此中有幾點值得注意：

一、支遁入道是自閱讀及深思《道行般若經》開始的，晚年應召入京城講經，也是開講《道行般若經》，京城名流一時為之轟動，其對此經的喜好與專擅，於此可見一斑。

---

11 （梁）釋慧皎撰，湯用彤校注：《高僧傳》，頁159。

12 趙鑫桐在其碩士論文《東晉南朝剡縣僧人研究》中，以支遁出餘杭後，停駐的白馬寺為洛陽白馬寺，見趙鑫桐：《東晉南朝剡縣僧人研究》，重慶大學人文社會學院高等研究院碩士學位論文，2018，頁28。此說恐怕有誤。此時是西晉覆滅，士族渡江南遷的時代，支遁隱居餘杭山，顯見已經是南來人，出餘杭後輾轉赴駐白馬寺，沒有資料顯示是渡江北返洛陽，而應當是東晉都城建康（南京）的白馬寺。白馬寺在中國佛教固然極具象徵意義，但凡提及白馬寺，不必然以洛陽為是。東晉時代，都城建康也建有白馬寺，支遁生平所到的，應是東晉王朝建於建康的白馬寺，而不是洛陽者，見楊維中：《從佛寺及其所屬高僧看東晉時期建康佛教之興盛》，《佛學研究》2016年總第25期，頁234。

13 即《高僧傳》「俄又投跡剡山。於沃洲小嶺立寺行道」，然該寺今不存，應指的是該處的真覺寺，陳榮富的《浙江佛教史》即採此說，然後者亦不存。見陳榮富：《浙江佛教史》（北京：華夏出版社，2001），頁12。

14 參同上注。

15 （梁）釋慧皎撰，湯用彤校注：《高僧傳》，頁159。

16 同上注。

17 同上書，頁163。

二、支遁自離京城，即以剡山為隱跡的目的地，晚年雖盛名在外，仍寄身山林，剡縣乃至新昌一帶，是其潛修與撰著的主要舞臺。

三、作為六家七宗之即色宗的代表人物，支遁的《即色游玄論》便是在石城山寫成，突顯了剡縣尤其新昌在南朝佛教乃至般若學發展的重要地位。

鳩摩羅什入關之前，在般若學說的傳播方面，支遁的即色義曾風靡於大江南北。如按吉藏（549-623）之說，在他的生前乃至身後，甚至還有關內義即色之流布，[18]其即色之流風，可謂影響了頗長的一段時期。在六家般若學派之中，若考慮到支遁與上層貴族及士族知識階層的廣泛交遊，他的影響面數得上廣大。新昌的山水佳境成為支遁寫作般若即色義的所在地，即令其文本已不復傳世，其所倡說的即色義，依然值得關注。以下討論支遁的即色義。

在支遁的原作《即色游玄論》已然亡佚的情況下，窺探其即色義，都得透過後人的錄文徵引。而今所見最早引據支遁即色說的，是僧肇的《不真空論》，他在評破鳩摩羅什前般若諸家學說時，提到的即色義如下：

> 即色者，明色不自色，故雖色而非色也。夫言色者，但當色即色，豈待色色而後為色哉？[19]

《肇論》之外，許多學者討論支遁的即色義，也都會引據日僧安澄（763-814）的《中論疏記》，該疏記提到支遁的《即色游玄論》，如下：

> 夫色之性，色不自色，不自，雖色而空。知不自知，雖知而寂。[20]

---

18 按張雪松的看法，吉藏此說，或源自他將「什師未至長安本有三家義」句讀作「什師未至（中土），長安本有三家義」，因而以僧肇《不真空論》點評六家七宗中之三家（心無、即色與本無），當皆為鳩摩羅什入關之前之「長安本有三家義」，而支遁自幼即在江南，不曾在長安活動，故不認為僧肇的批評及於支遁，應為「長安本有三家義」之即色宗，乃有「關內即色」說。在更多的史料予以佐證之前，此說不能論定，也不能否定，特備作一說。見張雪松：《漢魏兩晉南北傳佛教史》，頁74。

19 大正45，頁52a。

20 大正65，頁39。

另一方面，在佛教典籍之外，劉孝標（462-521）注《世說新語》，也引用了支遁已亡佚的著作《妙觀章》，文曰：

> 夫色之性也，不自有色，色不自色，雖色而空，故曰色即為空，色復異空。[21]

對比這三段話，顯然可見的是，「色不自色」具見於三處，而「雖色而空」則見於後兩處。僧肇的引文未指明是支遁的論議，但對比後二段關於明指支遁的引據摘文，大致可知，僧肇顯然是截取了支遁的文字精要，來闡明其即色說的觀點，而不是憑空而論的。這也可顯見，僧肇文中所評破的般若學即色義，雖未明說來自哪一家，但指向了支遁，其可信度是頗高的。後兩段引文，按徵引者的說法，是分別來自支遁的《即色游玄論》和《妙觀章》這兩部不同的著作，然按所徵引的內容觀之，其論議大致相近，可以相信，都是支遁發揮其般若空觀之即色義的核心主張而論的。

按僧肇在《不真空論》中論述般若三家義的模式，都是先扼要地引述其核心思想，再予以重點評破。針對即色宗的這一段，其「明色不自色，故雖色而非色也。夫言色者，但當色即色，豈待色色而後為色哉」[22]，就是對即色義的扼要性陳述。如將僧肇的這一段即色義之扼要性陳述來與安澄及劉孝標所引據的支遁文字相比對，雖然安澄自言所引的來自《即色游玄論》，而劉孝標的引文則來自《妙觀章》，但這兩段引文的行文與義理皆極為相似，也與僧肇所評述的即色義文字相近。尤其值得留意的是，這兩段文字都是在論述「色之性」，也就是物質世界的性質。支遁主張的「色之性」即是「色不自色」，標明引據支遁論述文字的安澄與劉孝標，都有「色之性」即「色不自色」的文字，可見僧肇概括而出的「即色者，明色不自色」，並非自己概括了陳述即色義的文字，而是其來有自的，與支遁自身的論述原文是相符的。

另一方面，唐代的元康在其《肇論疏》所說，「即色者，名色不自

---

21 （南朝宋）劉義慶：《世說新語》（上海：上海古籍出版社，1998），頁85。

22 同注13。

色，……今尋林法師（按：即支遁）《即色論》，無有此語，然《林法師集》別有《妙觀章》云……，今之所引，正此引文也」[23]。這樣，按元康的所見，《即色游玄論》並無上述「夫色之性，色不自色」云云的文句，而是出自支遁的另一篇著作《妙觀章》，而《妙觀章》尚為他所見，並且收在支遁的文集中。如元康所說屬實，則上述的安澄與劉孝標，都理應同樣引據支遁的《妙觀章》，而支遁的《妙觀章》（與《即色游玄論》）一直到唐代的元康，都還能看到。重要的是，無論是來自《妙觀章》還是《即色游玄論》，這一段文字是支遁原文的徵引，按元康之查索與核對，這應該是可信的。

僧肇指即色者「明色不自色」，而這一句話按唐代元康之所見，乃來自支遁的《妙觀章》，那麼，按安澄與劉孝標的引文，此「明色不自色」即指向「色之性」，也就是對「色」之本質的主張與認識，[24]強調「色」並非自成。僧肇接下來的句子是「故雖色而非色也」，此「故雖色而非色也」，與安澄與劉孝標引據的「雖色而空」，所表達的意思可說是一致的：既然色非自成，而是有賴生成條件來促成，則其作為色的本質也就不存在，也即是「空」了；然而，僧肇的《不真空論》不若安澄與劉孝標的引文般直接用上「空」之一字，而以「非色」來表達。這兩種表達方式的差異在於：「空」是對色法存在之真實性的直接否定，而「非色」則是對「色」之作為「色」之存在性予以否定，然無論是「空」還是「非色」，「色」的真實存在性質，都是被否定的。實際上，在僧肇的《不真空論》中，「空」這一中觀學的關鍵字，一直都絕少在他的論述中出現，反而都是以其他同義的字或詞來替代及表達，如凡應以「空」之一字來表述的，文中都以「至虛」、「自虛」、「非真」等來替代。《不真空論》全文出現「空」字的僅有兩處：一處是引據經說，曰「色之性空，非色敗

23 大正45，頁171c。

24 劉褘指出，支遁「側重從『色』本身而不是從『色』之外去認識空」，是確實把握了支遁的即色主張的。見劉褘：〈論支遁與佛教中國化〉，《常熟理工學院學報（哲學社會科學）》，第4期，2022年7月，頁92。另外，韓楊文也指出，「支遁的即色論思想具有即現象即本質的徵象，它不在現象界之外別開真理界，不在色法之外另立空法，明見色與空皆非概念對象之實指，皆無固定的對象域，更不存在任何實有的自性」，也是對支遁所主張之「色」的本質有所把握，見韓楊文：〈論支遁即色思想與其詩歌創作的背反〉，《世界宗教文化》，2016年第2期，頁135。

空」，另一處則是扣題曰「不真空義，顯於茲矣」。那麼，僧肇在《不真空論》中，將即色義概括為「雖色而非色」，色而非色即顯空性，這句話與安澄及劉孝標徵引《妙觀章》之「雖色而空」，按僧肇在論中的整體行文脈絡，可說是並無二致的。

僧肇概括即色義的下一句，曰「但當色即色，豈待色色而後為色哉」，並未見於其他的《即色游玄論》或《妙觀章》引文，但元康指「此猶是林法師語意也」。元康為肇論作疏文，將《不真空論》中概括即色宗主張的文字，都一一指向了支遁，也與當時尚傳世的支遁文集相比對，認為無論文字或語意，都與支遁有關。那麼，僧肇所指的持即色義者，即支遁無疑了。

在這方面，反而是隋代的吉藏在《中觀論疏》中所說，「即色有二家，一者關內即色義，明即色是空者，此名色無自性，此言即色是空，不言即色是本性空也，此又為肇公所破。……次支道林著《即色游玄論》，明即色是空，故言『即色游玄論』，此猶是不壞假名，而說實相，……」[25]將即色分為關內即色與支遁的即色。吉藏所說的關內即色未指明何人，卻指此才是僧肇所評破的對象，而不及於支遁。然而，僧肇在關內作《不真空論》，文中所評破的三家，應該是在關內佛教界影響層面較大的，但是否存在關內即色義與支遁之即色義的分別，除了吉藏一家之說之外，此前及其後皆未有他人提及。此外，吉藏強調僧肇所破的即色是關內即色，支遁的即色主張與道安的性空宗「不壞假名而說實相」，都不在評破之列，這一將支遁與道安相提並論的觀點究竟如何，還待進一步論證，但說僧肇所評者不及支遁，如按劉孝標、元康及安澄的引文及所見，反倒不是如此，而是一一都指向了支遁。

支遁的即色義既然為鳩摩羅什集團的僧肇所批評，其即色義與鳩摩羅什入關之後所傳的龍樹學空義，理應有所差異的才是。以下就此展開討論。《不真空論》評即色義曰「此直語色不自色，未領色之非色也」[26]。這一評破，歷來頗有歧義。如按前文提到的元康，他以緣色、果色與細色、粗色等概念來解釋「但當色即色，豈待色色而後為色哉」句，認為果色由緣色組合而成，細色組

25 大正42，頁29a。

26 大正45，171c。

成了粗色，即為組合細色成粗色或緣色合成了果色，粗色或果色便可予以拆析，如此即顯示為空，但經拆分後的細色或緣色依然存在，空的只是粗色或果色而已。這樣的解空理路，其實是「分析空」，而說不上是龍樹學的「性空」義了。如果是如此，其理解恐怕並不符合支遁的即色義的才是。支遁對《佛說維摩詰經》甚為熟悉，該經有「色空，不色敗空。色之性空」句[27]，應為支遁所掌握，而不至於將「空」理解為色滅乃空，而是色之性空，而這也與前引之支遁的摘文「夫色之性」相呼應。

這樣，支遁究竟以何為空，而為僧肇所評破呢？關鍵似乎在於對「但當色即色，豈待色色而後為色哉」句的理解了。如果上述元康的解釋無法正確理解支遁的空義，那麼，該如何理解上述「猶是林法師語意」這一段話的所載信息呢？「當色」是「色」體自身，而「色色」是人們對色法有所認知之後為之安上了名號，而這一句是反問句，顯見其並不認同「色色而後為色」，也就是承認名假，假故為空。結合前述「色之性，色不自色」，支遁不只認為，人們認識色法所建立的主觀名號固然是假而空，而色法自體也是假而空的。支遁所掌握的空，是「色空，不色敗空。色之性空」，則色法性空並非指粗色拆分成細色的分析空，而是當前的色法就顯現了空性。僧肇的批評，指即色義「直語色不自色，未領色之非色也」，也就是指支遁掌握了色法假而空的性質方面，但是，對於對色法之空性而能假為作用的另一方面，卻依然不甚了然，因此予以評破。僧肇的批評，以今天的話來說，即認為支遁之理解「色之性，色不自色」，是偏於空義的消極否定面，而沒有掌握空義的積極作用面了。

三　支遁般若空觀的特點

在鳩摩羅什入關，中國佛教的般若學發展階段進入重新為般若佛典出本，並且集中引介印度佛教早期的般若學論典之前，中國佛教的般若學群體，一般是按經典聞思的義解及個人修行實踐的體會，來建構般若空觀學說的。在以江

27 大正14，頁551。

南為主要的學說創生與傳播地的六家般若學當中，支遁的即色義，首先強調了對當前色法空性的掌握。但是，鳩摩羅什學團的翹楚之一的僧叡則說，包括支遁在內的「六家偏而不即」，僧肇則批評他「未領色之非色也」。關內後秦僧人學團的這一評價，雖然是以後來居上者的優勢來評價前人，但從另一方面來看，其實也能讓人在早期中國佛教般若學的主要傾向中，看到了其後中國佛教發展總體趨勢的徵兆。

如果站在僧肇、僧叡等人之追隨及掌握了鳩摩羅什所傳龍樹學空義的角度，支遁所主張的即色義，當然是有所缺失的，他無法體現龍樹學闡說空義所強調之「不壞假名而說實相」的精義。但是，應該留意的是，支遁的一生不只是般若學的義學鑽研者，他尤其也重視禪修，晚年曾為《安般守意經》作了注，信仰的內容也包含了淨土在內。可以這麼說，支遁自在俗家時期即埋首研讀《道行般若經》，晚年也應召入京（建康）開講此經，闡揚般若空義，自涉入佛學之後，終其一生都以般若經來作為自己佛教義解的主軸。但是，他其實是不止於般若義學的理論探討，而是與宗教實踐相結合的般若行踐者。支遁一生雖然肩負盛名，也與貴族、名流交往與清談，往來熱絡，但其足履卻是以離開冠蓋雲集的京師為方向。自出家之後，支遁自建康白馬寺、吳縣支山寺、會稽靈嘉寺到新昌沃州立寺輾轉駐錫，然後到剡縣石城山等地周旋而居，晚年除應邀出山暫住講經之外，多在剡山一帶隱居與潛修，一直至圓寂為止。這可以見得，支遁的後半生多處於隱居山林的避世狀態中。僧人的住山隱居，多與修習禪觀有關，這樣的傾向，與後期經過儒釋道論諍爾後與世俗社會劃地而處，以退隱山林為正宗的中國佛教不同的是，支遁的社交圈多是社會的最上層貴族與達官名流，他沒有回避世俗的客觀局限，反而有著入世的諸多因緣。然而，支遁選擇避開市塵而走向山林，其個人的主觀因素反而才是具主導性的：禪僧之潛修禪觀，多選擇隱居山林。

這樣，支遁的即色說之所以「偏而不即」，其偏向「色之性」為空的否定性方面，而不及於空為「色之性」而具緣起性的積極性層面，固然是一種偏頗。但是，這樣的偏頗是與其禪修的實踐相結合且一致的：在禪修中，修行者每每面對內外的干擾而無以凝神入禪，如認知到「色之性」為空，顯然有助於回避色等外塵的干擾，從而成就了禪修。

四　結論

如從單一的般若學角度，特別是就鳩摩羅什入關後闡揚的龍樹學空義而言，支遁的即色義誠然是「偏而不即」、「未領色之非色也」的。但是，般若學的即色主張，並不是支遁佛學的全部內容，而只是構成其整體佛教實踐的其中一個層面，這個思想層面與其他的宗教人生實踐，是結合為一的有機體。按《高僧傳》，支遁「晚移石城山，又立棲光寺。宴坐山門，游心禪苑，木食澗飲，浪志無生。乃注《安般》、《四禪》諸經及《即色游玄論》、《聖不辯知論》、《道行旨歸》、《學道誡》等。追蹤馬鳴，躡影龍樹，義應法本，不違實相」[28]，其著述《即色游玄論》來闡述其般若即色義，以及注《安般守意經》來闡明禪修要領，都是在石城山的棲光寺完成，也是般若與禪修的相結合。這種「宴坐山門，游心禪苑」的般若禪修意境，使支遁在石城山的山水佳境中形諸筆墨，從而流傳世間，即令其如後人所評之「偏而不即」，但其所展現的禪教合一風貌，明顯地為中國佛教的後續發展所繼承。因此，即使在《肇論》面世之後，包括即色宗在內的般若六家或六家七宗，都為當時的佛教義學發展大潮所掩蓋，只在傳世典籍中留下為數不多的零星片段。但是，以支遁為例所代表的禪教合一傾向，卻與後續發展的中國佛教相一致。這樣，支遁雖為羅什入關之前的早期般若家，其在中國般若學早期發展方面所展現的禪教合一特性，卻已預示了其後中國佛教發展的主流趨勢，反倒是評斷他的羅什到僧肇等人之學團所闡揚與發展的龍樹中觀學深義，卻在後代的發展在逐漸湮沒而不傳。

28 （梁）釋慧皎撰，湯用彤校注：《高僧傳》，頁161。無論如何，慧皎說支遁「躡影龍樹」，恐怕有以羅什入關漢譯龍樹論之後，以後人之以龍樹論為闡揚般若空義論主來追述前代般若家之支遁的一廂情願，實際上，支遁時期並沒有漢譯本的龍樹論可資參閱的。

由氣論視角詮釋杜光庭心性論

王國忠
中國文化大學中國文學系兼任講師

摘要

關於性情說自先秦以來就有性善、性惡、性有善有惡、性善惡混、性無善惡的說法，唐代杜光庭在承繼道教以道為本體的思想上，將氣進一步提升至本體的位階，以道氣詮釋其不離而為一個整體的狀態。道氣下貫落實於人，則生化出具體有形的外在人身與內在無形的清靜道性、心的作用。而內在的道性如何發用而出？情是否為善？本文則試著由氣論的角度來看杜光庭心性論的發展方向。

關鍵詞：道氣、道性、神、心、情

杜光庭是唐末五代時期著名的「道門領袖」。其上承唐代道教的重玄哲學，下啟宋元時期道教內丹思想，在道教中是位具有承上啟下的重要人物。杜光庭學識淵博、著述豐富，被當時人譽為「詞林萬葉，學海千尋，扶宗立教，天下第一」[1]。杜光庭是唐末五代時重要的道教思想代表人物，本文試由氣論來詮釋其心性論，藉以了解氣論於唐末五代時期的發展方向。

一　道通以一氣生化萬物

杜光庭對於天地萬物本源的看法，有一部分是承續著《老子》而來，其言：「道者，至虛至極，非形非聲，後劫運則不為終，先天地而不為始。」[2]道至虛至極的特性，因此無法以耳目感官來具體察覺道，而道更是超越在時間空間之上，不為時間空間所限制，道通貫於所有時間空間之中，然雖道至虛至極但卻非孤懸於清空之上，而是切切實實落於天地宇宙萬物之中，而道至虛至極是如何落實於具體有形之中呢？杜光庭言：「虛無不能生物，明物得虛無微妙之氣而能自生，是自得也。」[3]如果道只是單純的虛無，如此一來是無法化生出天地萬物，因為空無一物的無，不能生出具體有形的有，所以杜光庭認為要能生化萬物，需由虛無卻微妙的氣才得以生，氣雖與道一樣有至虛的特性，而且非空無一物而是具有各種無限可能的存在，故以微妙稱之。而對於道與氣的關系，杜光庭言：「道，通也。通以一氣生化萬物。以生物故，故謂萬物之母。」[4]天地萬物之所以得以生，是道通以氣的方式來完成，形而上無形的道與形而下的具體萬物，需通過氣來連接，因此氣便具備了溝通形上與形下意涵，氣也因此通貫於形上無限無形的狀態與形下具體有形的世界，此處雖可言道為萬物之母，然如果能從具體化生萬物的角度來看，未嘗不能說氣亦為萬物之母。

1　趙道一編修：《歷世真仙體道通鑑》（上海：上海書店、文物出版社、天津古籍出版社聯合出版，1994年。（明）張宇初編撰、李一氓主編：《道藏》），第5冊，頁330。

2　（唐）杜光庭：《道德真經廣聖義》，第14冊，頁342。

3　（唐）杜光庭：《道德真經廣聖義》，第14冊，頁334。

4　（唐）杜光庭：《道德真經廣聖義》，頁334。

由於道需通過氣才得以生化，氣亦無法離於道而單獨存在，道與氣看似二者，然應實同於一個整體。因此，杜光庭進一步將道與氣合稱為「道氣」，試圖將其視為一個整體，其言：「混元以其道氣化生，分布形兆，乃為天地。而道氣在天地之前，天地生道氣之後。」[5]因為「道氣」能通貫於形上無限的狀態與形下具體有形的世界，亦兼具無有的特質，能更恰當的詮釋宇宙萬物生成的本源。

而「道氣」一詞，並非杜光庭獨創，早在《老子想爾注》中，就出現過這樣的詞彙與概念，其書言：「道氣在間，清微不見，含血之類，莫不欽仰。」[6]《老子想爾注》認為道氣無法用耳目感官言語來掌握，道氣是超越於一切時間空間之上，並且形上形下、有形無形、內外虛實皆是由道氣所構成。「道氣常上下，經營天地之外，所以不見，清微故也。」[7]雖然道氣無法以感官語言來掌握，但道氣確實存在於形上與形下之中，更以「常」來表達道氣不只是單單存在於形上與形下之中，而是溝通流行在形上與形下兩間並往復不已的流動。唐代李榮也曾提到：「是以人之受生，必資道氣，氣存則屈申由己，道在則動靜任神。」[8]其認為人之所以得以生化，需稟受道氣而得以生成，氣主人外在的耳目感官及行動知覺，道主人內在的心神活動，李榮雖分言道與氣的作用，然道與氣必須同時發用才得以具有生化之功，道與氣實為一個整體不可分割，故以道氣統言之。

對於道氣合稱，王俊彥言：「《想爾注》可能直觀的覺得不嚴分道和氣之間的過程與體性，道氣都可以是本體，本體即統括了上下。《想爾注》未必有這種想法，但從宋明理學的理氣是一的結論來看，可以反推回來說《想爾注》以為氣的種種性質近本體，道的種種性質也是本體，都是可遍在上下兩間的本體，故道與氣合稱。」[9]雖然此處是以《老子想爾注》為論述主軸，然亦可借

5 （唐）杜光庭：《道德真經廣聖義》，頁334。

6 饒宗頤著：《老子想爾注校證》（上海：上海古籍出版社，1991年），頁8。

7 饒宗頤著：《老子想爾注校證》，頁18。

8 強思齊：《道德真經玄德纂疏》，第13冊，頁527。

9 王俊彥：〈《老子指歸》、《老子道德經河上公章句》、《老子想爾注》的氣論〉「中國文學暨華語文學術研討會」論文（上海，華東師範大學，2013年11月14日）

鑑其道與氣的關係，兩者皆具有本體的特性，因此不嚴分兩者並將兩者統合，稱之為道氣。「由於生化之本，皆本於道，運之於氣，因此，它們之間都具有某種相關性和相通性，具有相互生發、互相轉化的可能性。」[10]依孫亦平所言，道與氣兩者在性質上必有其關聯性、相通性及轉化性，因此在《老子想爾注》、李榮、杜光庭，將道與氣合稱為道氣時，便是試圖將其兩者視為一個整體。

杜光庭認為道與氣之間的關係是十分密切，又或者可說其將道氣視為一體，其言：「本者，元也；元者，道也。道本包於元炁，元炁分為二儀，二儀分為三才，三才分為五行，五行化為萬物。」[11]宇宙萬物最初的本源是道，道的內涵即是元氣。亦可言道是生化的原則，而元氣是具有流行不已的生生作用義，兩者具有不可分割之關係，所以可將道與元氣為一體。二儀、三才、五行以至於萬物，皆是由具有生生作用義的元氣所化生而成。人亦是稟受道氣所生，道氣即落實於具體的人身之中，因此本文藉以開展杜光庭的心性論。

二　人之稟生本乎道氣，蠢動含生皆有道性

杜光庭言：「人之稟生，本乎道氣，六塵未染，六欲未侵，任以元和，體乎澄靜。[12]」明確指出人是稟受道氣而生，且人剛初生之時，未受六欲六塵所侵染，所謂六欲六塵應是融攝佛教用語而來，杜光庭解釋為：「六欲者，六根也。六根者，是眼、耳、口、鼻、心、意也。欲者，染著之貌、情愛之喻。觀境而染謂之欲。」[13]人的耳目感官與知覺作用為六根，但是如果耳目感官與知覺作用執著於外在事物而不可自拔，則會產生六欲，而六欲與六塵應是同義異名[14]。因此，稟受道氣所生的人，應是先天具備元和澄靜的特質，然經後天環境的侵

10 孫亦平著：《杜光庭評傳》（南京：南京大學出版社，2005年2月，匡亞明主編：《中國思想家評傳叢書》），頁155。

11 （唐）杜光庭：《太上老君說常清靜經註》（臺北：藝文印書館，1962年，《正統道藏》第191冊），是五第五。正文：「降本流末，而生萬物。」

12 （唐）杜光庭：《道德真經廣聖義》，第十四冊，頁519。

13 （唐）杜光庭：《太上老君說常清靜經註》，是五第七。正文：「自然六欲不生，三毒消滅。」

14 杜光庭言：「六欲謂之六塵，六塵謂之六染，六染謂之六入。」因此六欲、六塵、六染、六入應為同義。（唐）杜光庭：《道德真經廣聖義》，第十四冊，頁482-483。

染，而產生了六欲六塵。對於道氣落實於人身之中，使人具備元和澄靜特質的狀態，杜光庭將其稱之為道性，更認為道性是普遍存在天地萬物之中，其言：

> 所言道本自然，無所不入，十方諸天，莫不皆弘至道。普天之內，皆為造化。蠢動含生，皆有道性。若能明解，即名為得道者也。[15]

道氣無限地流行於宇宙天地之間，無限遍在的道氣造化出各具樣貌的天地萬物，而稟受道氣所生的天地萬物之中，皆具有道氣無形的生生作用，天地萬物的樣貌雖各具殊異性，然皆有道氣流行於其中，使天地萬物之間有了一致性，而此一致性，杜光庭將其稱之為道性。

道性一詞亦非只是杜光庭孤鳴獨發，在《老子河上公注》注解「道法自然」時，便提及「道性自然，無所法也。」[16]的說法，所言的道性應是指道之性，即道的本性為自然之意。而《老子想爾注》亦說：「道性不為惡事，故能神，無所不作，道人當法之。」[17]道之性為善，故能具有生生不測之作用，並能遍於天地萬物之中，而向道之人須法之為善，此處亦是將道性視為道之本性。《老子河上公注》及《老子想爾注》所言的道性多是釋為道之性與杜光庭道氣落實於人身之中，稱之為道性，兩者是有所區別的。在佛教傳入後，《涅槃經》中：「一切眾生皆有佛性。」的思想，也影響了當時的道教學說，「道教學者不僅提出了『道性』說，而且也大力強調一切眾生皆有道性，從而通過轉換佛教的概念，借鑒佛性論而建立起了道教的道性論。」[18]於是在《道教義樞》中：「一切含識乃至畜生、果、木、石者，皆有道性」[19]以及《道門經法相乘次・序》言：「一切有形，皆含道性。」[20]都能看到其融攝了佛家的思想，兩部道教典籍皆認為天地萬物之中無論有識無識皆有道性的存在，杜光庭

15 （唐）杜光庭：《太上老君說常清靜經註》，是五第十四。正文：「為化眾生，名為得道。」
16 王卡點校：《老子道德經河上公章句》（北京：中華書局，1993年8月），頁103。
17 饒宗頤：《老子想爾注校證》（上海：上海古籍出版社，1991年11月），頁46。
18 孫亦平著：《杜光庭評傳》，頁220。
19 孟安排《道教義樞》，第24冊，頁832。
20 潘師正：《道門經法相乘次・序》，第24冊，頁786。

亦主張：「蠢動含生，皆有道性。」道氣的無限性、普遍性能下貫落實於天地萬物之中，而道氣於天地萬物之中的展現，即稱為道性。因此有限的天地萬物與無限的道氣之間便有了一致性，也成為道教言有限的天地萬物能透過修煉而反歸於無限道氣的理論根據。

杜光廷認為在天地萬物之中皆具備的道性特質為：

> 道性無雜，真一寂寥，故清靜也。玄深不測，如彼澄泉，故湛然也。寂然不動，無為也。感而遂通，無不為也。[21]

由此可看出，稟受自道氣而來的道性，具有與道氣一致的無限本體與生生流行不已的作用，看似寂寥不動，實際上是往復循環不已的感通作用。而道性無雜寂寥的狀態，杜光庭則稱之為清靜。因此人具有道氣落實於身中之道性，故人稟道性應亦為清靜之性，在《禮記・樂記》中，有類似的概念：「人生而靜，天之性也。[22]」人之天性應本自為靜的狀態。杜光庭進一步說：「既在道性，本求清靜，自然應物，常用於世，無染無著，無垢無塵。」[23]對於道氣下貫於人身的道性，需使其常保於清靜的狀態，勿使被染著垢塵所蒙蔽，如此清靜的狀態，才能契合於道氣之清靜。然而杜光庭認為人要常保道性清靜狀態是不容易的，因為會收到許多的干擾，其言：

> 人之受生，稟道為本。所稟之性無維無塵，故云正也。既生之後，其正遷訛染習世塵，淪迷俗境，正道乃喪，邪幻日侵。[24]

人雖有來自道氣寂寥澄淨的清靜道性，然人掌管耳目感官及知覺作用的六根，會因為執著於世塵之事務，而使人沈淪於其中，並蒙蔽本自清靜的道性，人一

21 （唐）杜光庭：《道德真經廣聖義》，第十四冊，頁454。

22 王夢鷗撰：《禮記校證》（臺北：藝文印書館，1976年，12月）頁281。

23 （唐）杜光庭：《太上老君說常清靜經註》，是五第十三。正文：「常應常靜，常清靜矣。」

24 （唐）杜光庭：《道德真經廣聖義》，第十四冊，頁384。

且訛染世塵被蒙蔽道性，則道性便無法清靜，致使人無法契合於無限的道氣，而淪迷於塵世之中。故杜光庭亦言：「稟道之性，本來清靜。及生之後，漸染諸塵，障翳內心，迷失真道。」[25]及「道分元氣而生於人，靈府智性元本清净，既生之後，有諸染欲瀆亂其真，故去道日遠矣。」[26]以上在在揭示道性本自清靜之說。

因此可說杜光庭認為由生生造化不已作用的道氣，生化出具體有形的天地萬物，而道氣落實於天地萬物之中則稱為道性，道氣具有寂寥澄淨的特性，因此由道氣落實於人身之中的道性，也就具有清靜的特質，而人就能因清靜道性而返歸於同為清靜之道氣，故其言：「此言清靜之性，名為真道。經中不言，令人須假性修漸進而成真也。」[27]而人之無法返歸於道氣，皆是因道性被六根六塵所蒙蔽，因此人須依靠修煉去除染著障翳，使道性復歸於清靜，才能契合道氣。

杜光庭所言每個人都具有相同的清靜道性，但為什麼人會有智愚賢昧的不同分別呢？關於這點杜光庭也認為人之秉性是會有所差別的：

> 人之生也，氣有清濁，性有智愚。雖大塊肇分，元精育物，富貴貧賤，壽夭妍媸，得之自然，賦以定分，皆不可移也。[28]

人是稟受具有無限可能的道氣而來，道氣具無限的可能性，因此其中不只有陽氣的發用，亦有陰氣的凝滯，而在陰陽之氣不斷的作用下，於客觀機率所生化而成的人，即具有不同比例的陰陽之氣，人所具陽氣越多越清則為智賢、富貴、壽妍，所具陰氣越多越濁則為愚昧、貧賤、夭媸，而在道氣化生成人那一刻即決定了人之性的智愚，不可更易了。此性分說亦可見於《論語．雍也》：「中人以上可以語上也。中人以下不可以語上也。」[29]孔子雖沒有明白提及中

---

25 （唐）杜光庭：《道德真經廣聖義》，頁385。

26 （唐）杜光庭：《道德真經廣聖義》，頁420。

27 （唐）杜光庭：《太上老君說常清靜經註》，是五第二十五。正文：「上士悟之，昇為天官。」

28 （唐）杜光庭：《道德真經廣聖義》，第十四冊，頁473。

29 程樹德著：《論語集釋》（臺北：藝文印書館，1965年）頁352。

人以下，中人，中人以上的分別是由氣之清濁所造成，然孔子由現實層面觀察而得出每個人的稟性智愚確實是有所差別。董仲舒就孔子之意進一步發揮：「聖人之性不可以名性，斗筲之性又不可以名性，名性者，中民之性。」[30]其就漢代氣化宇宙論言人性有陰陽二氣而有仁貪二性，牟宗三認為「因氣的異質性、駁雜性，以及組和性或結聚性，而使材樸之性始有種種徵象。而結聚之性之所以會有種種的差別和等級，就是因為氣的異質、駁雜、與組合中，人所稟得之多少、厚薄、或清濁而定，故人會有善惡、智愚、才不才，賢不肖之分。」[31]氣化陰陽相生具有無限的可能性，於是化生而成的人因稟受陰陽二起比例的多寡顯隱強弱各有不同，所以人之間便產生了聖人、斗筲、中人的差異。杜光庭亦是由氣化角度來說明人之性的不同，其言「人之生也，稟天地之靈，得清明沖朗之氣為聖為賢，得濁滯煩昧之氣為愚為賤。聖賢則神智廣博，愚昧則性識昏蒙。由是有性分之不同也。」[32]陽氣為清明沖朗之氣，陰氣為濁滯煩昧之氣，陰陽之氣作用在人身的強弱顯隱比例各不相同，因此產生了人之性有聖賢、愚昧的差異。

雖然人之性會有所不同，但並沒有放棄濁滯煩昧較多之人，杜光庭言：「然道無棄物，常善救人。故當設教以誘之，垂法以訓之，使啟迪昏蒙，絫悟真正。琢玉成器，披沙得金，斯之謂矣。」[33]人身本具陰陽二氣，只是多寡比例不同，因此能透過垂法設教來改變自身的濁滯煩昧，使性之濁滯煩昧能藉由修煉來變化成清明沖朗之性，這亦道教鼓勵人修煉的方式。另一方面，人身中亦有稟受道氣而來的道性，杜光庭言：「清靜之性，名為真道。經中不言，令人須假性修漸進而成真也。」[34]每個人身中皆具的清靜道性，能與無限的道氣做聯結，因此能透過修煉而達到歸真返道的境界，這也就是道教修煉的基礎理論之一。

30 鍾肇鵬主編：《春秋繁露校釋》（石家莊：河北人民出版社，2005年，5月）頁685。

31 牟宗三：《才性與玄理》（臺北：臺灣學生書局，1975年11月4版），頁3。

32 （唐）杜光庭：《道德真經廣聖義》，第十四冊，頁352。

33 （唐）杜光庭：《道德真經廣聖義》，第十四冊，頁473。

34 （唐）杜光庭：《太上老君說常清靜經註》，是五第十四。正文：「如此清靜，漸入真道。」

三　神、心為形之主，形為神、心之舍

杜光庭言無限且生生流行不已的道氣，能化生出各種具體而有形的天地萬物，而人亦是承稟道氣所生，關於道氣化生為人的狀況，其進一步說：

> 身之生也，因道稟神而生其形。夫神者，陰陽之妙也；形者，陰之體也；氣者，陽之靈也。人身既生，假神以運，因氣以屈伸。神氣全則生，神氣亡則死。故形為神之宅，神為形之主。[35]

道氣之中的陰陽二氣相生相盪而造化出的人，便具有陰陽二氣的作用，而人即由神、形、氣所共構而成，陰氣作用凝滯則為具體之形，陽氣作用清明則為知覺作用，陰陽二氣具生生不測之作用則為神，因此人是依靠神氣的作用，才得以具體存活於世，然神氣亦需藉由形才得以展現其作用。而杜光庭亦承繼傳統的精氣神說法：「所生我身，大約有三。一曰精，二曰神，三曰氣，受生之始，道付之以氣，天付之以神，地付之以精。」[36]人是由精氣神所組成的說法，最早可見於《太平經》:「一為精，一為神，一為氣。此三者，共一位也，本天地人之氣。神者受之於天，精者受之於地，氣者受之於中和，相與共為一道。故神者乘氣而行，精者居其中也。三者相助為治。」[37]由此可看出，杜光庭言人由精氣神所造化而成的說法，應是有承接而來。而分精氣神三者，應只是分解地說人的構成，三者實為一體而不可分割。杜光庭更進一步解釋精氣神的作用:「神者天之陽氣所生，人之動靜對答、運用計智是也。精者地之氣，百穀之實，五味之華，結聚而成是也。氣者中和之氣也。道一妙用降人身中，呼吸溫暖以養於人是也。」[38]道氣流動不已之作用賦予人身，人則以呼吸溫暖來感受道氣之作用；地之氣凝滯而能結聚萬物而成百穀，人則能透過食用地氣

35 （唐）杜光庭:《道德真經廣聖義》，第十四冊，頁549。

36 （唐）杜光庭:《道德真經廣聖義》，第十四冊，頁549。

37 王明編:《太平經合校》(北京：中華書局，1992年3月)，頁728。

38 （唐）杜光庭:《道德真經廣聖義》，第十四冊，頁379。

所凝聚之精以養自身之精；天之氣清明作用在人身上，而能使人展現出對答計智的知覺作用，因此精氣神三者須一起發用，人才得以展現出具體的行為。

道氣的生生作用下，陰陽二氣相互激盪不已而造化出精氣神三者，精氣神則會凝結成具體有形的人，人亦能透過精氣神去感受無限的道氣作用，因此許多的道教理論基礎便是藉由精氣神而開展。

杜光庭言：「故形為神之宅，神為形之主。」[39]由精氣神所構成的人，基本上可分為有形外在及無形內在兩部分，人外在具體的身，能承載內在無形的神用，內在無形的神用須藉由外在具體的形來表現，神雖為主但亦須有形的承載，兩者為密不可分之關係。而人身中之神又是如何具體發用的呢？杜光庭則用心來連結神，其言：「氣者所以生身也，心之所以總神也。」[40]氣能生化出具體有形的人身，而人身中之神則是藉由心來繫結，因此杜光庭的神、心亦具有相同的性質，其言：「心者形之主，形者心之舍。形無主則不安，心無舍則不立。心處於內，形見於外。內外相承，不可相離。」[41]在此處可看出，除了神、心的詞句調換外，其基本的思想脈絡是一致的，皆是以神、心為主，以形為舍為宅，神、心與形皆是內外相承而不可須臾離的一體，因此杜光庭直言：「神者，心也。」[42]兩者都是人內在無形的作用，但是若要細分其差異的話，神應是較偏道氣無限的生生作用於人身的道性，心則是較偏於對答計智的知覺展現，故言：「神者炁之子，炁者神之母。但心意引炁，存神而觀之，自然感應。何以知之？古德云：為使炁神，神之與心，炁之與道，不相遠離。」[43]因此能構成如此的循環往復的系統：

道氣⇄道性⇄神⇄心⇄形

39 （唐）杜光庭：《道德真經廣聖義》，頁549。

40 （唐）杜光庭：《道德真經廣聖義》，頁408。

41 唐）杜光庭：《太上老君說常清靜經註》，是五第六。正文：「夫人神好清而心擾之，人心好靜而欲牽之。」

42 同上註。

43 （唐）杜光庭：《太上老君說常清靜經註》，是五第七。正文：「自然六欲不生，三毒消滅。」

由道氣一路下貫於人身之中，而人亦能藉由此下貫的過程而返歸合於道氣。

心與神的關係如此密切，也因此作為知覺對答外在事物的心，一旦受到影響便讓神也會有連帶的反應：

> 神者，妙而不測謂之神。心者，神也；神者，心也。心擾則神動，神動則心浮，心浮則欲生，欲生則傷神，傷神則失道。[44]

無限的道氣落實於人身之中的作用可謂之神，在人身的心則是以生生不測的神為內容，神的具體表現則是透過心來發揮，然心落實於人身之中已經較為有限，所以外在的影響會引發心的擾動，心的擾動則會改變原本生生流行不已的神而有濁滯不順的情況，神的濁滯則會讓心有執著欲望的表現，心的執著欲望則會讓神的生生流行不已的狀態更加濁滯，而人身之神若太過於濁滯，則無法契合無限的道氣。

對於心之所以會擾動而濁滯不順的原因，杜光庭認為是因感官知覺作用引發了逐境感情，而使心有了妄動，其言：「妄者，動也。情浮意動，心生所妄，動者思之，因妄者，亂之本也。一切眾生不得真道者，皆為情染意動，妄有所思，思有所感，感者感其情而妄動於意，意動其思而妄生於心。人若妄心不生，自然清靜。」[45]杜光庭對於情的作用以情染來形容，即是浸染執著於某情，而情會滲透感受外在的因素而稱為感其情，情受到外在因素的影響有所執著不流暢，便會讓意浮動而產生種種想法，這樣的情況便會讓原本清靜無礙的心受到影響而逐漸濁滯。《淮南》云：「夫人知所受於天者，耳目之於聲色也，口鼻之於芳臭也，肌膚之於寒燠，其情一也。」[46]情感的表現是每個人都有的，因為感官知覺作用是天生下來就具備的自然反應，「且人之情，耳目應感

---

44 （唐）杜光庭：《太上老君說常清靜經註》，是五第六。正文：「夫人神好清而心擾之，人心好靜而欲牽之。」

45 （唐）杜光庭：《太上老君說常清靜經註》，是五第十八。正文：「眾生所以不得真道者，為有妄心。」

46 何寧撰：《淮南子集釋》（北京：中華書局，2006年，4月），頁143。

動，心志知憂樂，手足之攢疾蠹、辟寒暑，所以與物接也。」[47]當人對外在事物有所認知與接觸時，感官知覺作用就會與外在事物產生對應，因此聽覺、視覺會喜歡聽好聽的音樂、看美好的事物，嗅覺、味覺會厭惡不好的氣味與食物，因此即產生了喜怒哀樂等情感。《淮南》中認為喜怒哀樂之情為天生自然的表現，而杜光庭則是認為內在本自清靜的道性順神、心到耳目感官順暢地發用而出時，卻因執著追求於與某種的境物，而無法保持順暢清靜的狀態，即稱之為情。

杜光庭認為心會執著追求於外在事物而不可自拔，是因為欲而產生的狀態，而欲的產生則是因為六根而來：

> 六欲者，六根也。六根者，是眼、耳、口、鼻、心、意也。欲者，染著之貌、情愛之喻。觀境而染謂之欲，故眼見耳聞，意知心覺。世人若能斷其情，去其欲，澄其心，忘其慮而安其神，則六欲自然消滅，豈能生乎？內神不出，六識不動，則六根自然清靜，故不生也。[48]

杜光庭將人感官與知覺作用稱為六根，而六根則會引發六欲。六根的說法應是融攝佛教用語而來，欲是心、意透過眼、耳、口、鼻這些外在感官，執著於外在事物而不可自拔所產生。《淮南》:「目好色，耳好聲，口好味，接而說之，不知利害，嗜欲也。食之不寧於體，聽之不合於道，視之不便於性。」[49]若目執著於觀看美好的事物，耳執著聽美妙的聲音，口執著於吃美味的食物，人形體中的精神便無法專一，導致血氣動盪，心便會受其影響無法安靜地做出判斷，最後使形體不得安寧，遠離清靜之性。《淮南》從目、耳、口說人之欲一旦過度追求，就會喪其本性，而杜光庭則進一步從六根說六欲，強調人要戒除外在環境所發起的好、惡、喜、怒、哀、樂，以及去除由六根所引起的六欲，才能讓心保持清暢不受陰咎的影響而變為濁滯，心能清暢則神自然也清暢流行

47 何寧撰：《淮南子集釋》，頁152。

48 （唐）杜光庭：《太上老君說常清靜經註》，是五第七。正文：「自然六欲不生，三毒消滅。」

49 何寧撰：《淮南子集釋》，頁1015。

不已。如此一來，情、欲的表現自然能符合心、神清靜順暢的表現。

杜光庭認為外在的環境及人為因素，會透過六根進而影響到心，而心一旦不能清靜則會濁滯不暢，如杜光庭所言：「欲樂其情，則為陰咎，不合於陽教。既屬於陰，即不能清靜，乃為濁滯也。」[50]如果執著於外在環境所帶來的好、惡、喜、怒、哀、樂，原本清暢流動不已的清靜之心，則會轉為陰咎，使清暢的心轉為濁滯不暢，如此會再影響人身之中的道性，使道性亦變得濁滯，如此便無法藉由道性而體悟到無限的道氣作用。

因此，可說杜光庭認為人稟受道氣而來的道性本自清靜，順道性而神、心而情發用而出，應是清靜的狀態，但是因人形體的六根產生了執著追求，而產生了六欲，欲念一起，則打破了此一清靜狀態，使本應清靜流暢表現的神、心受到影響，而變成濁滯不清靜的狀態，進而蒙蔽了本自清靜的道性，而使人與無限的道氣流行失去連結。杜光廷認為若要使被蒙蔽的道性與道氣再次連結，則需透過修煉自身之心來達到再次清靜的狀態。

四　攝情修心以返清靜道性

> 情者，末也。性者，本也。自性而生情，則隨境為欲。自情而養性，則息念歸元。歸元則五欲不生，六根不動，無猒其氣，無狹其心，則妙本之道自致於身矣。[51]

杜光庭此處所言性，應為稟自道氣而來之道性，其認為人身之中性、情皆具，而性是本，情則是心的發用而為末，故言：「自道所稟謂之性，性之所遷謂之情。」[52]道性是稟無限生生不已無雜澄靜的道氣而來，因此道性亦為清靜之性，道性能透過心來發用為情而表現於外在，然情的表現為境所染，即為欲，欲則會傷情、傷心、傷性，以至於失道，因此杜光庭希望：「人能攝情斷念，

50 （唐）杜光庭：《太上老君說常清靜經註》，是五第十九。正文：「既著萬物，即生貪求。」

51 （唐）杜光庭：《道德真經廣聖義》，第十四冊，頁385。

52 （唐）杜光庭：《道德真經廣聖義》，第十四冊，頁403。

返性歸元，即為至德之士矣。至德之本，即妙道也。故言修性返德，自有歸無。情之所遷者有也，攝情歸本者無也。」[53]筆者認為雖言道性為本而生情為末，然情亦是順道性來發用，所以情本應為清靜無執的狀態，故道性與情亦本應為善，而情透過外在耳目感官而染境成欲的狀態，才稱之為惡。因此，人能透過與道性有相同本質的情，來攝情修性，去除情的欲念，而返歸本自清靜的道性。

> 身心躭著外境，憂苦自生於內。濁者，染也；辱者，污也。身心染污，自歸流浪者，返復也。返復生死，不離輪迴，流浪於苦海之中。苦海者，憂苦之海也。海者，大也，憂苦事不能免也。非干至道不慈，自為人心造作。[54]

杜光庭認為人之所以無法超離生死之間，皆是因外在各種欲望，透過耳目口鼻感官作用，引發內在之心有所執著貪求，這些貪求執著即會使人沉淪於其中，而使原本清輕為陽為生生作用的心，變為濁滯為陰為凝結的心，此過程不斷往復發生，便會常沉憂苦海之中，而這一切所發生原因，皆是因為心受到外在欲望影響而失去清靜的狀態。

> 染著代塵者，謂六根起於六識，六識悠於六情，六情生於六欲。六欲謂之六塵，六塵謂之六染，六染謂之六入。從根而生，染有輕重，皆在修鍊，漸而制之。所以理身所務，眼絕五色，耳絕五聲，鼻絕五香，口絕五味，身絕五觸，心絕五緣，即六塵淨矣。六塵淨則世利不能動，聲色不能誘，自歸柔弱之道，豈有堅強之患哉。[55]

---

53 （唐）杜光庭：《道德真經廣聖義》，第十四冊，頁403。

54 （唐）杜光庭：《太上老君說常清靜經註》，是五第二十。正文：「煩惱妄想，憂苦身心，便遭濁辱，流浪生死，常沉苦海，永失真道。」

55 （唐）杜光庭：《道德真經廣聖義》，第十四冊，頁482-483。

人之所以會有欲望，皆是因為眼、耳、鼻、口、身、心所產生的執著追求而成欲。因人是稟道氣所成，具有內在無形的神、心，亦具外在有形的軀體，杜光庭希望人去除外在形軀所產生耳目感官的五種欲望，並且內在的心亦不能為貪欲、瞋恚、睡眠、掉悔、疑所影響，透過制情修心以返性，讓身心處於「世利不能動，聲色不能誘。」的柔弱清靜狀態。杜光庭的修道論，就是要求人通過修心去欲而使身心自然清靜。這種清靜修道的思想後被全真道北宗發揚光大。全真道北宗創教者王喆的大弟子馬鈺就以清靜無為作為教門的根本宗旨。[56]

> 言人靈府之性，本來明凈，為塵所翳，迷惑天真。今以五善之行內洗其心，真性復明，慧照如本然，當常行善救，無起妄塵，承襲慧明，無使昏翳，不矜於跡，不滯於常，可謂襲明也。[57]

所謂五善者：「謂善言、善行、善計、善閉、善結等行也。」[58]杜光庭的五善由解《道德真經》而來：「善行無轍跡，善言無瑕謫，善計不用籌筭，善閉無關鍵而不可開，善結無繩約而不可解。[59]」言能以五善而以其人心，教人為善，人要內在要讓本自具有的道性，時時清輕流動不已，並由五善來戒除外在環境的各種欲望。使人心能以常保清靜不執著回應外在各種欲望，人心便清輕流動不已，進而讓本自具有的道性亦為清輕流動不已的狀態。如此往復，便是正的循環，人即不會產生欲望、執著、憂苦，而此清輕的道性便能體悟、回應、契合於無限道氣的生生作用。

六　結語

綜上所述，杜光庭認為道的內涵即是氣，若要分解地說明則，道是生化的原

56 孫亦平著：《杜光庭評傳》，頁282。

57 （唐）杜光庭：《道德真經廣聖義》，第十四冊，423。

58 （唐）杜光庭：《道德真經廣聖義》，第十四冊，423。

59 （唐）杜光庭：《道德真經廣聖義》，第十四冊，420-422。

則，氣則具有流行不已的生生作用義，道氣需一起發用才得化生宇宙萬物，故杜光庭以道氣言之。

道氣無限地流行作用於宇宙天地之間，具有無限可能的道氣造化出各具樣貌的天地萬物，而稟受道氣所生的天地萬物之中，皆具有道氣無形的生生作用，因道氣的無限可能性，故化生出各具形貌的天地萬物，而天地萬物的樣貌雖各具殊異性，然皆有道氣流行於其中，使天地萬物之間有了一致性，而此一致性，杜光庭將其稱之為道性。道氣具有寂寥澄淨的特性，因此由道氣落實於人身之中的道性，也就具有清靜的特質，而人就能因清靜道性而返歸於同為清靜之道氣。

在生活之中，人身之耳、目、口、鼻會因執著於外在環境產生情染意動，進而讓內在心、神轉為陰咎濁滯的狀態，如果心、神為陰咎濁滯的狀態，則使自身本具之道性無法保持陽順清暢不已，便契合不了道氣生生流動不已的狀態，讓人的道性與道氣遠離，人便會流浪生，常沉苦海之中。因此杜光庭強調人在面對情染意動之時，要保持心靜神清的狀態，使人身之耳、目、口、鼻，不起六欲，讓人身之道性為清輕流動不已，以契合道氣。

漢代的性情說認為性為氣之陽為善，情為氣之陰為惡[60]，而在唐末的杜光庭則是認為道氣落實於人身內在的道性、神、心、情，本自為清靜為善，而道氣化生具體的人身則容易產生感官知覺的執著，如此執著便是欲，欲則為不善。杜光庭將道性、神、心、情視為本自清靜，如能順暢表現其清靜狀態，即是善，但若被欲所影響，而陷入執著，便會使清靜道性無法通過神、心順暢表現到情，即為不善。杜光庭如此言心性亦可為晚唐時期心性論發展的參考。

60 參見羅光：《中國哲學思想史．兩漢南北朝篇》（臺北：先知出版社，1975年8月），頁204-205。

遊於道境與物境之間的「忘」與「化」:《莊子》「卮言」式的思維結構[*]

朴榮雨

（韓國）成均館大學儒教文化研究所教授

摘要

《莊子・寓言》述及「寓言」、「重言」、「卮言」等「三言」表達式。其中以「卮言」為最具《莊子》文風的根本形式。「寓言」和「重言」則作為「卮言」最具代表性的兩種表達形式。此《莊子》三言式，用以遊歷於道境與物境之間的語言工具，我們讀《莊》者搭乘此三言式語言工具而使其心懷在道境與物境之間優游自在，在其遊往遊來中，時而往道境「忘遊」，時而往物境「化遊」。

本文依據上述「卮言」結構作為閱讀《莊子》文本的代表語言形式，分析《莊子》文本中所蘊含的「遊」的兩種，即「忘遊」和「化遊」的思維模式，並導出《莊子》強調「遊」在道境與物境之間的思維結構的意涵。

關鍵詞： 莊子、三言、卮言、道境、物境、忘遊、化遊、遊、化、忘、隱喻投射

* This work was supported by the Ministry of Education of the Republic of Korea and the National Research Foundation of Korea(NRF-2019S1A5A8034523).

一　序言

閱讀文本，須考慮適當的閱讀工具和語境。閱讀工具和語境是閱讀文本的基本條件。本文扣著《莊子》「卮言」一詞，作為一套閱讀《莊子》文本的核心工具，而「道境」與「物境」兩項概念則是閱讀《莊子》文本的關鍵性語境。當讀者閱讀《莊子》文本時，作為閱讀工具的「卮言」穿梭其間的語境。

關於閱讀《莊子》文本的策略，歷來學者提議多如汗牛，而孰優孰劣則難辨上下。大體上，圍繞著〈寓言〉所載錄的「寓言」、「重言」、「卮言」等「三言式」以圖建立《莊子》文本之基本體例。其中，或就「寓言」述說，或扣「卮言」推開。前者由司馬遷開路，而後者以呂惠卿為先。本文則採取呂惠卿的觀點而推述我們思維在閱讀《莊子》文本時遊翔的語境。

本文在論述過程中，將「卮言」作為閱讀《莊子》文本的工具，而設「卮言」猶如一艘貫穿《莊子》文本的泛舟，而這般「卮言」遊翔的語境乃在「道境」與「物境」之間，反覆穿梭，以至無境，而閱讀者的思維則在其中震動，起伏不斷。所謂的「道境」，類如無以言狀的存有世界，而「物境」則是人的自我（ego）所能認識的對象世界。「道境」帶著人類的語言難以捕捉的特徵，而「物境」則主要具有以語言符號的形式構築的特徵。要注意的是，這般「道境」與「物境」雖其表面判若兩邊而實則混同為一，係為一套矛盾統一體。尤其在我們日常生活世界中，難分彼此。兩者在概念和名義上有分殊，在實際語境中我們的思維表達的現實語境中則為「道境」在「物境」中混融，「物境」在「道境」的外表以無窮多的符號形式修飾之。「道境」和「物境」在我們閱讀《莊子》文本時，雖有「怒者其誰」[1]的混融狀態，但《莊子》明顯有提供讀者一個可切開其混融而汲取其中蘊含著的某種意涵的工具。據於此，我們的思維在閱讀《莊子》文本中遊於「道境」與「物境」之間，必須是要依靠人的日常語言形式，亦即「卮言」。

1　《莊子・齊物論》。如郭慶藩，《莊子集釋》，（臺北：華正書局，民國86年〔1997〕），頁50。本文中所引《莊子》原文，均引此版本。

文中，先梳理對「卮言」一詞的定義問題，繼而討論「卮言」的兩套語境，即「卮言」往「道境」遊翔的歷程和往「物境」穿遊的歷程。「卮言」在前者過程中的腳色可稱作「忘遊」，而在後者過程中的則可稱謂「化遊」。所謂的「忘遊」使讀者向「道境」忘卻其語言或解消其語言的束縛，而「化遊」則使讀者向「物境」不斷產生新的語言符號或者使既有的語言符號在「記意」（signifié）上有所改變或者有所「脫走」，據以產生某則新的「意義」。

二　「卮言」

在《莊子・寓言》以「卮言日出，和以天倪」的形式界定「卮言」。「日出」的意涵是「天天出現」、「每天新出」。在整編《莊子》中，界說「卮言」的地方有〈寓言〉、〈天下〉、〈齊物論〉三處。〈寓言〉、〈天下〉兩篇中，「寓言」、「重言」、「卮言」三者都有所界定，而〈寓言〉與〈天下〉在處理「三言」的次序與界說的涵義則有所出入，〈齊物論〉則僅言「卮言」，不提「寓言」、「重言」二式。對「卮言」義涵的重視，在〈天下〉篇又有申說：

> 莊周聞其風而悅之，以謬悠之說，荒唐之言，無端崖之辭，時恣縱而不儻，不以觭見之也。以天下為沈濁，不可與莊語，**以卮言為曼衍，以重言為真，以寓言為廣**。獨與天地精神往來而不敖倪於萬物，不譴是非，**以與世俗處**。其書雖瓌瑋而連犿無傷也。其辭雖參差而諔詭可觀。彼其充實不可以已，上與造物者遊，而下與外死生無終始者為友。……雖然，其應於化而解於物也，其理不竭，其來不蛻，芒乎昧乎，未之盡者。

成玄英《莊子疏》云:「卮言，不定也。曼衍，無心也。重，尊老也。寓，寄也。夫卮滿則傾，卮空則仰，故以卮言以況至言。而耆艾之談，體多真實，寄之他人，其理深廣，則鴻蒙、雲將、海若之徒是也。」[2]成玄英對《莊子・寓

2　郭慶藩，《莊子集釋》，（臺北：華正書局，民國86年〔1997〕），頁1100。

言》作其《疏》，將「卮言」釋如「至言」，其界說「無心之言」：

> 卮，酒器也；日出，猶日新也；天倪，自然之分也；和，合也。夫卮滿則傾，卮空則仰，空滿任物，傾仰隨人。無心之言，即卮言也，是以不言，言而無係傾仰，乃合於自然之分也。[3]

成疏雖說「言而無係傾仰，乃合於自然之分」，然人的話語終不能「無係傾仰」，因為「卮言日出」，人發出的每一言，乃如「卮器」般傾仰無窮，但要指向「和以天倪」的交流效果。人的話語，究竟由「無係傾仰」而「合於自然之分」，還是順應「空仰滿傾」而「合於自然之分」，是關乎《莊子》文本詮釋的核心標準。〈齊物論〉言「眾竅」能夠得以「和以天倪」須由「吾喪我」入手。當人之心態以「吾喪我」迎接「吹萬不同」便能達至「咸其自取」，進而得以「和以天倪」的和平效果。不執著「吾」、「我」等主體之人格同一性，則須遵循「眾竅」每刻皆日出，其每刻之「日出」都合乎「滿傾空仰」之「自然之分」。成疏的詮釋，將個別存有者在「日出」活動中無一不「滿傾空仰」之多樣多姿的特色，以「無係傾仰」一語便抹殺個別存有者在其同一體之內含蓄「滿傾空仰」流動無窮之個別特殊性。每一個別事物事態應該「無不係傾仰」，才是「合乎自然之分」。

呂惠卿《莊子義》云：「卮言，道也。道之應，日用而無窮。重言與寓言，所以趨時，時不知吾言之信，故稱古昔以為重，重言則有其實者也，故以重言為真。以重言不足以論，而後有寓言，故以寓言為廣。」[4]王叔岷《莊子校詮》云：「卮言，渾圓之言，曼衍，無邊際。卮言渾圓無際，故『為曼衍』，重言託古取信，故『為真』，寓言十有其九，故『為廣』。」[5]由諸如此類的注釋可見，「寓言」與「重言」在「卮言」曼衍無際的流動中通合為一。

3　郭慶藩，《莊子集釋》，（臺北：華正書局，民國86年〔1997〕），頁947。

4　呂惠卿著，湯君集校，《莊子義集校》，中國思想史資料叢刊，（北京：中華書局，2009年），頁604。

5　王叔岷，《莊子校詮》第下冊，中央研究院歷史語言研究所專刊之八十八，（臺北：中央研究院歷史語言研究所，民國88年〔1999〕第三版），頁1346。

《莊子．齊物論》載錄一則著名的對話。有一天弟子顏成子游侍奉其老師南郭子綦，發現南郭子綦之坐法不若往常，「仰天而噓，荅焉似喪其耦」。目睹子綦此般姿態使得顏成子游頓然大吃一驚，便不禁冒出恐懼與疑惑。於是問起人究竟能否坐得「形如槁木、心如死灰」的境界，繼而兩人一連穿的問答下去：

> 南郭子綦隱机而坐，仰天而噓，荅焉似喪其耦。顏成子游立侍乎前，曰：「何居乎？形固可使如槁木，而心固可使如死灰乎？今之隱机者，非昔之隱机者也。」子綦曰：「偃，不亦善乎，而問之也！今者吾喪我，汝知之乎？女聞人籟而未聞地籟，女聞地籟而未聞天籟夫！」子游曰：「敢問其方。」子綦曰：「夫大塊噫氣，其名為風。是唯無作，作則萬竅怒呺。而獨不聞之翏翏乎？山林之畏佳，大木百圍之竅穴，似鼻，似口，似耳，……厲風濟則眾竅為虛。……」子游曰：「地籟則眾竅是已，人籟則比竹是已。敢問天籟。」子綦曰：「夫吹萬不同，而使其自己也，咸其自取，怒者其誰邪！」

子綦的回答雖是淋漓盡致，然此實乃露出體道者的苦衷萬般無奈。子綦主要以「地籟」之情景去教導子游，說了半天，尚在求道者修為過程中的子游猶止於一知半解「吾喪我」的超脫境界。於是，子綦無奈說破「天籟」的究竟要義。子綦所提出的「吾喪我」超我境界，可得達至「吹萬不同，而使其自己」的天籟境界，然而還是以反問式予以終結，「怒者其誰邪？」可見，「天籟」是難以言狀的境界，是日常語言捕捉不了的存在。

《莊子》藉由南郭子綦與顏成子游師生之間的這場對話，彰顯自己所使用的語言表達式是「和以天倪」、「因以曼衍」的「卮言」。天下萬物與人類都是「眾竅」中之每一個體，因風之吹來而發出自己固有的音聲。莊子以「風」喻「道」，以「眾竅」喻各種各樣的「物論」或「物態」。「風」無處不入，無所不至，遍貫於宇宙萬事萬物之中，而道亦如是，使萬事萬物據以生長，據以消滅。「道」起著作用，「萬物」猶如「眾竅」出其聲般，就生之長之，當「道」無起作用時，萬物也如「眾竅為虛」般，就收之藏之。「眾竅」則居其所，守其分，力主自養，而儒墨之是非亦屬眾竅之一呈現。要注意的是，莊子將「眾竅」描繪得千態萬象、千變萬化。這正合乎「因以曼衍」的森羅萬象綿衍不絕，層出不窮的流動相。「眾竅」每當遇到「風」之一吹，便應之以「卮言日出」，就像一般人在日常生活中的對話形式一觸即發般，許多「發話行為」（locutionary act）[6]所發出的話語幾乎都不經深慮而發出。這種日常語言的使用情景，與《莊子》「卮言日出」的界說極其吻合。

司馬遷釋《莊子》對「藉外論之」的「寓言」概念釋之以「空語無事實」。司馬貞《史記索引》、張守節《史記正義》皆以「寄」釋「寓」，而《史記正義》對「空語無事實」做「空言無實，假人而述。如寓人之寓，無相與之義」[7]，是在《莊子》「三言」表達式的語言體例中以「寓言」說閱讀《莊子》文本的核心，後來郭象釋「寓言」為「寄之他人，則十言九見信」[8]。然而這可能有其詮釋上商榷之處。至宋，呂惠卿初次提出以「卮言」涵蓋「三言」的說法：

> 寓言十九，則非寓而直言之者十一而已；重言十七，則非重而直言之者十三而已；至於卮言日出，和以天倪，則寓與非寓，重與非重，皆卮言而已矣。[9]

---

6 歐斯汀將人的語言使用區分為兩種不同的功能：一、實行式語言（performatives），二、表述式語言（constatives）。Austin, John Langshaw (1911-1960), *How to do things with words*, London: Oxford University Press, 1962, pp.1-11。所謂「表述式」的語言行為有著「真假」可辨的命題形式，而「實行式」語言則雖具命題形式而無法判斷其「真假」價值的話語形式。如「單方約定」、「誓言」等話語形式，就有真假難判的特徵。歐斯汀又指出，人的發話行為由三種不同功能所推行。一、發話行為（locutionary act），二、發話內行事行為（illocutionary act），三、發話效果行為（perlocutionary act）。「發話行為」指說話者在日常生活中合乎語言習慣而發出的具有意義的語言行為；「發話內行事行為」是指發話者在特定語境中賦予有意義而發生效果的發話行為；「發話效果行為」是指說話者的「發話行為」或者「發話內行事行為」在聽話者身上所產生效果的發話行為。Austin, *How to do things with words*, pp.94-108. 歐斯汀所述的語言規則專以「語用學」的角度去分析語言在日常生活中的交流效果。

7 司馬遷，瀧川歸太郎會注考證，《史記會注考證》卷六十三，〈老子韓非列傳〉第三，（臺北：樂天出版社，民國75年[1986]），頁855。

8 郭慶藩，《莊子集釋》，（臺北：華正書局，民國86年〔1997〕），頁947。

9 呂惠卿，湯君集校，《莊子義集校》，中國思想史資料叢刊，（北京：中華書局，2009年），頁518。

在《莊子》「寓言」、「重言」、「卮言」三言中，唯獨「卮言」從其語用（pragmatics）的脈絡上界說之。比起前二言式，界定「卮言」概念的語用學方式最合乎對概念做界定的一般敘述模式。它提供了前兩言模式之界說所未提供的資訊。司馬遷雖以「寓言」做《莊子》語言表達的代表體例，而仍未及「寓言」與其他二言之間的關係為何的問題。也許有可能以「寓言」涵蓋「重言」和「卮言」二言式。可以說，郭、向以後都視「寓言」為《莊子》語言體例的代表形式是主流傾向。

然而我們可以考慮如上所引呂惠卿對《莊子》「卮言」所分析的語言特徵，「卮言日出，和以天倪」一語是提供我們閱讀《莊子》一書的方法論上極其重要的線索。它不猶如「寓言十九，重言十七」般以數字比率做界定，使得造成讀者從此般資訊中難以取得其線索。當然，「藉外論之」的「寓言」和「所以已言」的「重言」在解讀《莊子》文本時，一定含有其固有的價值，理當不可忽略。只是將這兩種語言表達式理解為發揮「卮言」表達式的特出典型即可。

「藉外論之」的「寓言」猶如《詩經》的比興，或舉此寓彼，或借彼喻此。而這種「比喻」或「隱喻」式的表達體例，難以涵蓋「卮言」漫無邊際的「日出」特徵。

《莊子・寓言》對「卮言」有如下的定義：

> 卮言日出，和以天倪，因以曼衍，所以窮年。不言則齊，齊與言不齊，言與齊不齊也，故曰無言。言無言，終身言，未嘗不言；終身不言，未嘗不言。有自也而可，有自也而不可；有自也而然，有自也而不然。惡乎然？然於然。惡乎不然？不然於不然。惡乎可？可於可。惡乎不可？不可於不可。物固有所然，物固有所可，無物不然，無物不可。非卮言日出，和以天倪，孰得其久！萬物皆種也，以不同形相禪，始卒若環，莫得其倫，是謂天均。天均者天倪也。

「卮言」有四項語言功能：「卮言日出」、「和以天倪」、「因以曼衍」、「所以窮年」。「卮言日出」是表示《莊子》文本的意涵應該從「日常生活」中加以入手，即如從「眾竅」發出的音聲去掌握其「咸其自取」的完整性。「和以天倪」，郭象以為「日新則盡其自然之分，自然之分盡則和也。」[10]「因以曼衍」要有「吾喪我」的心境才能無成心地、無邊際地流動。「和以天倪」在我們日常生活上的語言行為，大部分的「無心之言」[11]即屬於此。我們一般人若能脫離自己的「成心」所教唆的心智圈套，而又能不知不覺地說出「無我」之說，便毫無爭辯可言。「日常語言」的發話行為如此這般「無可爭辯」，其發話行為不會遭遇聽話者的反擊或抵抗。因此，日常生活中許多人都能這樣做而過安身立命的生活。其實「無心之言」的能力，是每一個人與生俱來能力，問題是一般人經常返回到其「眾竅」自我（ego）的時空世界，進而追求其中的利害關係，結果經常陷於「朝三」世界而折磨自己的生命。若一個人能天天遺忘自己，脫離「成心」，說出無利害、無是非的話語，則他將達到萬物和自己的「窮年」境界頗有可能。〈齊物論〉最先申論「和之以天倪，因之以曼衍，所以窮年」三項特徵：

> 何謂和之以天倪？曰：是不是，然不然。是若果是也，則是之異乎不是也亦無辯；然若果然也，則然之異乎不然也亦無辯。化聲之相待，若其不相待，和之以天倪，因之以曼衍，所以窮年也。忘年忘義，振於無竟，故寓諸無竟。

「化聲之相待」，郭象《莊子注》云：「是非之辯為化聲。夫化聲之相待，俱不

10 郭慶藩，《莊子集釋》，（臺北：華正書局，民國86年〔1997〕），頁947。

11 成玄英曾以「無心之言」釋「卮言」，但又以「不言」界定「無言」，則將「無心之言」釋為「無言」，又是以為「不言」，則此解難免有自相矛盾之嫌。因為「無言」是一種「發話」的境界，即是說人雖有發出說話但其發話效果卻等於「無言」。這種「無言」之所以可能是因為發話者以「無心之言」說話。而「不言」是種「發話」的活動，不能將作為「無心之言」的「無言」視為「自己不說出話」的「不言」。「無言」與「不言」在其語言結構和功能方面，既不等位，且不相類。郭慶藩，《莊子集釋》，同上。

足以相正，故若不相待也。」[12]是負面的意思，因而「化聲」是要克服的對象。而王夫之則取正面的脈絡釋之。王夫之《莊子解》云：「天籟曰化聲，氣所化也。」又云：「詹詹如泠風，炎炎如飄風，皆化聲耳。化聲者，本無而隨化以有者也。」[13]王夫之的「化聲」概念不是要克服而是要隨順的對象。王先謙《莊子集解》引郭嵩燾云：「隨物而變，謂之化聲。……是與不是，然與不然，在人者也。待人之為是為然而是之然之。與其無待於人而自是自然，一皆無與於其心。」[14]焦竑《莊子翼》云：「有化者，有化化者，有聲者，有聲聲者。化者之化非聲，則不顯；聲者之聲非化，則不彰。此化聲之相待也。」[15]王先謙、郭嵩燾與王夫之的詮釋一類，而焦宏則又取不同詮釋立場。焦宏主張「化」與「聲」互為對待關係，並兩相又不能相離。「化」者是客觀自然的變化，而「聲」則其外表上可感認的表態，「化」若無「聲」則其「化」就「不顯」，而「聲」若非其「化」，則其「聲」就不彰，若「聲」未能名副其實地彰顯其為「變化」的真情，即不彰其「真」，則其「聲」就不真而虛假的「聲」了。

對「化聲之相待」一詞，無論從正面而論，還是從負面而說，都是持之有故，言之成理，各有利弊。然而要做「若其不相待」，就得遵循「和之以天

12 郭慶藩，《莊子集釋》(臺北：華正書局，民國86年〔1997〕)，頁109。牟宗三曾對「化聲之相待」做不同詮釋。牟宗三將其做「變化中的聲音皆有所依待」解。牟宗三講解，陶國璋整構，《莊子齊物論義理演析》(香港：中華書局，1999年再版)，頁68。郭象對於「化聲」，以「是非之聲」即「兩相對爭」的負面義涵釋之，而王夫之將「化聲」做某依事物事態自身所變化之表現以釋之。牟宗三之詮釋可放在王夫之詮釋思路。

13 王夫之，《莊子解》收於《莊子通．莊子解》(臺北：里仁書局，民國73〔1984〕年)，頁28。王夫之所言「本無而隨化以有者」一句中，「無」即是「道境」的現象，而「有」則是「物境」的特色。「化」是現象的流動，通常據以「語言」形式發出其「聲」，「聲」是一種「化」所發出的表面現象。

14 王先謙，《莊子集解》，國家圖書館出版品預行編目資料(臺北：東大出版社，2004年第五版)，頁24。

15 「凡言是未必是，言然未必然，故其異同亦皆無辯。然之與是，復自相對，又均於變也。有化者，有化化者，有聲者，有聲聲者。化者之化非聲，則不顯；聲者之聲非化，則不彰。此化聲之相待也。然而聲出乎化，非化之所能知；化統乎聲，非聲之所能識。此又若其不相待也。夫相待聲於兩物，若合萬化為一，則相待之跡，無由而生。夫聲者常聲，不待而後聲，聞者自因聲而生聽耳。化者常化，不待聲而後化，見者自因聲而生識耳。此其所以相待而若不相待也。」焦竑，《莊子翼》(臺北，廣文書局，民國68年〔1979〕第三版)，頁33-34。

倪，因之以曼衍」，即是說，要遵循「卮言」的話語方式去交流交際，如此做才能期待「窮年」。不僅如此，更要推進於「寓諸無竟」。要「寓諸無竟」須從「忘年忘義」入手。「忘年」是忘卻其時間上的一切限制，「忘義」則是忘卻其現實上的一切標準和規範。這是一種「卮言日出」式思維流程與話語運動的基本特徵和功效。

無論如何，對「卮言」一詞的定義，應該遵守「道」的一般內涵，即「無為」與「自然」這兩項標準。呂惠卿所定義的「卮言」，即「卮言日出，和以天倪，則寓與非寓，重與非重，皆卮言」涵蓋了「寓言」和「重言」，不僅如此，連「非寓言」和「非重言」都放在「卮言」範式之中。究竟何種語言體例才能具有此般特徵？我們非得緊扣「日常語言」中尋找不可。日常語言要具何種因素、何種條件，方能視若「卮言」？第一要件是「日常語言」中有合乎「道」特徵，尤其要具備「無為性」和「自然性」。也可以說「若無其相待」的實踐效果。有些人的行動或言詞，不遭到反對和阻擋，這是「無為性」的表態；有些人的行動和言詞由其本人自身的理由和根據而出，由「無待」而表現，則可視之為具有「自然性」，此般「自然性」就等同於「自拔性」。誠如成玄英所言般是「無心之言」，也是「無成心之言」，即是合乎「卮言」既具「無為性」且具「自然性」的語言特徵。假若〈逍遙遊〉中的大鵬遭到學鳩的批評，則大鵬仍處於「有待」的「依它性」。反過來講亦然。

要之，「卮言」涵蓋「寓言」和「重言」兩種語言表達式，也涵蓋「非寓言」和「非重言」的表達式。因此，我們可以說「寓言」式和「重言」式是兩則代表「卮言」的語言形式，而「卮言」在其形式上當然可以包含「非屬寓言」式和「非屬重言」式的語言表達式。涵蓋這四種語言非「日常語言」莫屬。但要合乎《莊子》所要求的「卮言」標準，則第一要符合「道」兩種存有層次的特色，「無為性」和「自然性」，這即是合乎「無心之言」的特色。第二要符合「卮言日出，和以天倪，因以蔓衍，所以窮年」的語言層次的標準。在語用學的語境層次上而言，「卮言」與其說是發話原則或原理，不如說是一種

「發話效果行為」[16]。

三　遊：道境與物境之間

《莊子》以「遊」為話語與行為的指南和核心目標。而「化」與「忘」兩者，由「道」與「遙」而至「遊」的實踐手段。在《莊子》文本裡，「化」概念一般都在「記標」（signifiant，能指）生成或者「記標」轉變時的語言模式，如「化而為鳥」，如「物化」；而「忘」概念則將「語言符號」消解或脫離其在指稱時所使用，如「吾喪我」，如「坐忘」。本文中所言之「語言符號」就代表「物境」，而「語言符號」抓不住的意想境界即代表「道境」，而在日常世界裡「物境」與「道境」混融在一起，須臾不可離。《莊子》主張人在日常生活世界，以「卮言」遊翔遊流於「物境」與「道境」之間。「卮言」由「物境」遊翔「道境」，是反映「忘」的思維歷程；「卮言」亦可由「道境」遊流「物境」，是反映「化」的思維歷程。「忘遊」即是消解或刪除日常語言所捆綁的固定性的思維過程，「化遊」則是「日常語言」中某項「記標」遇到轉變或生成的思維過程。人的思維在「忘遊」中往「道境」忘卻「語言符號」的窠臼性，在「化遊」中往「物境」不斷產生新的「語言符號」。

(一)「忘遊」於「道境」之語境

如上所及，《莊子》文本字裡行間無不展現「遊」的各種樣態。在上一節討論關於「卮言」既是語言體例，且是思維模式，我們的思維乘著「卮言」而遊於「道境」與「物境」之間，因此視「卮言」體例為一種理解《莊子》文本的理論框架。並指出「卮言」乃遊於「道境」與「物境」的工具，因而「卮言」有兩種「遊」的形式，由「道境」遊流至「物境」的思維過程是可稱之為「化遊」，由「物境」遊翔至「道境」的思維過程，則可稱之為「忘遊」。所言

16 所謂的「發話效果行為」（perlocutionary act），主要是指某一則發話行為（locutionary act）引起聽話者方面的語言義涵的效果。參見Austin, John Langshaw (1911-1960), *How to do things with words*, London: Oxford University Press, 1962, pp.94-108。

「物境」，一般而言，是由「語言符號」所構成，而「道境」則是難以「語言符號」捕捉的心智領域。

「忘遊」意指脫離日常生活世界既有的語言形式和既有的意涵，即以「忘卻」語言符號的日常固定性的思維模式和窠臼的意涵，而「化遊」則產生新的「語言符號」，或轉變既有的「語言符號」所蘊含的意義。這裡所言的「化」是「成為」(becoming) 的意涵，亦即「變化」的意思，當然也包括「生成」意涵。在「化遊」的歷程中，「卮言」以「產生語言」或「轉變語言」，即創出或轉換新的語言效果，由此我們的思維就拉引出新的日常語言符號，藉以構築新的日常世界。

「道」對「語言符號」而言，是一種缺乏語言符號的物質性，即以「記標」的「空白」形式而呈現於閱讀者的心田中。在《莊子》「卮言」體例由「遊」本身和「遊」的兩種具代表性的樣態，即「忘」與「化」這兩則根本概念而成。在「忘遊」的歷程中，「卮言」以「傾空語言」，即摧毀語言符號既有的意涵和窠臼，同時朝著「道」那「記標」空缺著的位子，將我們「卮言」性思維推進其中。

經過「忘」的歷程，我們對一切語言的規則和效果可予以「懸置」(epoché) 或刪除或將其無力化。與此相反，通過「化」的歷程，我們可將語言既有的規則和效果加以轉化，同時產生新的「記標」(signifiant)。「忘」的歷程將既有的語言效果和規則予以刪除，予以無力化；「化」的歷程將既有的語言效果和規則持續不斷的轉變為另一種新的語言效果和規則，甚至於創出「無言之言」。因此無論是「忘」的歷程，還是「化」的歷程，都要滿足《莊子》的「逍遙遊」的標準，也必須符合「卮言」那「空仰滿傾」的「天倪」標準。

「忘遊」與「化遊」在「遊」的歷程中，在「道境」與「物境」之間各取遊翔的方向是相反的。例如，《莊子・外物》有「得意忘象」、「得象忘言」的故事就代表「忘」的「遊」，與此相反，在《莊子・齊物論》有「蝴蝶夢」故事的「物化」，則代表「化」的「遊」。先看「忘」的「遊」：

> 荃者所以在魚，得魚而忘荃；蹄者所以在兔，得兔而忘蹄；言者所以在

意，得意而忘言。吾安得夫忘言之人而與之言哉！[17]

《莊子・外物》這篇故事，將「忘」概念與「得」概念在相聯繫中展開。最後表露一份期盼與「得夫忘言之人而與之言」的境界。語言的固定性猶如軍隊命令，具有難以違背的強制力。然《莊子》「忘言」乃意謂著閱讀主體是要違背日常語言命令我們的語言規則性。借拉康（Lacan）使人投身於「絕爽」（jouissance）[18]的果斷般，叫我們脫離那象徵界（symbolic order）「他者的欲望」的日常—現實世界，敢於脫離「象徵界」乃即是脫離「語言世界」而朝向自己的欲望世界，即「主體性」。

在上引故事中，以「荃／蹄→言」的結構作為本篇故事展開的最根本性「意象圖式」(image schema)，即「原初物域」。進而開展，以「得魚／得兔→得意」形式的「化遊」歷程與以「忘荃／忘蹄→忘言」形式的「忘遊」歷程相互對峙的「隱喻投射」結構。在該故事所採用的整體「隱喻投射」的結構中，以「荃／蹄→言」投射形式所提供的「意象圖式」以「原初事物記標」，即以原初形式的「物境」或「物域」作為此篇思維的「始原域」。接之，以「得魚／得兔→得意」的歷程則成為「原初始原域」所投射到的「目標域」，即可稱「得域」；與此相對，以「忘荃／忘蹄→忘言」的歷程則作為從「得域」投射的目標域，即「忘域」。這般由最初以「荃／蹄→言」的投射結構作為原初「物域」，由此又以「得魚／得兔→得意」的「得域投射」，由此再以「忘荃／忘蹄→忘言」的「忘域投射」。在本篇故事整套「隱喻投射」[19]的結構裡，我們都可以看

17 《莊子・外物》。

18 在拉康，「絕爽」理解為勇於投身那「內含著痛苦的快樂」。拉康說我們通過「絕爽」而其身處於「象徵界」(symbolic order，即現實世界）的自我（ego）據以脫離其境而敢於投身至「實在界」(real order)，因此而試圖探索其壓抑著「主體性」的根本力量為何。「絕爽」是先要脫離日常語言世界而敢於投身至「實在界」的自我挑戰。Jacques Lacan, *The four fundamental concepts of psycho-analysis*, Ed. By Jacques Alain Miller, Transl. by Alan Sheridan, New York; London: W. W. Norton & Company, 1978, pp.183-185.

19 所謂「隱喻投射」，據雷柯夫（George Lakoff）和約翰森（Mark Johnson）有如下的界定："We have found, ... that metaphor is pervasive in everyday life, not just in language but in thought and action. Our ordinary conceptual system, in terms of which we both think and act, is fundamentally metaphorical in nature." See George Lakoff and Mark Johnson, *Metaphors we live by*, Chicago: The

見「得域」與「忘域」即是可置換為「物境」與「道境」的隱喻投射。

要之，在此篇故事所使用的「卮言」中，先設以「物」→「得」→「忘」三個階段的隱喻投射的歷程而在最終階段提及「忘」或「忘言」這般「遊」的歷程的投射例。

在《莊子》33篇，尤其內7篇中，述及「忘遊」之處相當多。如〈齊物論〉、〈寓言〉之「忘年忘義」，〈德充符〉之「誠忘」[20]，〈大宗師〉之「相忘」[21]，〈大宗師〉「坐忘」[22]，〈天地〉「忘己」[23]。諸如此類不勝枚舉。

總之，《莊子》文本所及的這些「忘」概念，帶讀者的思維到「忘遊」過程，使之不斷懷疑或刪除日常語言既有的固定意義，以致我們的思維歸零化，因而為其下一步開拓一場「空白」。我們思維這般的「絕爽」，可以體驗到一種「混沌」狀態，茫然無所適從。為體驗這般「混沌」我們就無法體驗「道」的根底狀態，即「無」。「無」的時間性不屬於「現在」，而屬於「未來」。要體驗「無」的結構，必須先體驗「無」本身」即「混沌」狀態。一個「混沌」最基本的結構應該不是從某種「同一性」追尋，而應該從謀種「差異性」結構探索。「差異性」最明顯的結構乃是「相反者的同在」，諸如「陰陽」、「有無」、「剛柔」等等。「物」與「道」亦如是，尤其從日常生活中我們經常體驗「物中有道」的認知經驗。通過「物」而所體驗到的「道」，必有其為物所蔽，只要去除其「物蔽」所圈套之後，其「道」才能以「空位／缺乏」的形式呈現其「無」，即是「道的痕跡」。遇到矛盾或兩難處，人最早的反應即是「無所適

University of Chicago Press, 2003, p.9. “Metaphorical thought is normal and ubiquitous in our mental life, both conscious and unconscious.” See George Lakoff and Mark Johnson, *Metaphors we live by*, Chicago: The University of Chicago Press, 2003, p.244. 雷柯夫關於「隱喻投射」的說明：“The metaphor involves understanding one domain of experience, love, in terms of a very different domain of experience, journeys. More technically, the metaphor can be understood as a mapping (in the mathematical sense) from a source domain (in this case, journeys) to a target domain (in this case, love). George Lakoff, “The contemporary theory of metaphor”, Andrew Ortony(ed.), *Metaphor and Thought*, Second Edition, Cambridge; New York: Cambridge University Press, 1993, pp.202-251.”

20 《莊子．德充符》:「德有所長而形有所忘，人不忘其所忘而忘其所不忘，此謂誠忘。」

21 《莊子．大宗師》:「魚相忘乎江湖，人相忘乎道術。」

22 《莊子．大宗師》:「回忘仁義……忘禮樂……坐忘。」

23 《莊子．天地》:「有治在人，忘乎物，忘乎天，其名為忘己。忘己之人，是之謂入於天。」

從」，我們每遇著「無所適從」，等於是遇著「混沌」情景，這般則算遇見「道」了，但不是「道」的內涵，而是「道的痕跡」而已。我們的日常語言僅能發現其「空位」，而其餘則就是難以言狀。發現到這般「道的痕跡」之後，我們才能往「物境」採取「化遊」。

(二)「化遊」於「物境」之語境

《莊子・應帝王》有則關於「混沌」的故事。由「混沌本身」即「本混沌」與「具耳目鼻口的混沌」即「死混沌」。這裡有一則「卮言」的「隱喻投射」結構，由此可言「忘遊」和「化遊」的概念之所以成立。〈應帝王〉有道：

> 南海之帝為儵，北海之帝為忽，中央之帝為渾沌。儵與忽時相與遇於渾沌之地，渾沌待之甚善。儵與忽謀報渾沌之德，曰:「人皆有七竅以視聽食息，此獨無有，嘗試鑿之」，日鑿一竅，七日而渾沌死。[24]

「一日一竅」是如今日明日鑿眼，後日大後日鑿耳，其後兩日鑿鼻，最後一日鑿口般，將無一面孔的「本混沌」經過天天鑿一孔的「對象化」過程，這是一種「物化」過程，亦即新的語言符號生成的過程。終了此般「對象化」過程，作為「道境」的「混沌」至此而死。從「本混沌」的「道境」中鑿刻出一套「物境」，也是可算做一場「創作」或「創造」活動。由「本混沌」鑿刻活動，乃是思維的「化遊」歷程。此「鑿」即是往「化」的「卮言」，而亦可言「寓言」在其中含融著。

如果我們能再將「死混沌」之面孔一一刪除而恢復「本混沌」那一無面孔的本然狀態，則人的思維由「物境」遊翔「道境」，在此般思維歷程中，即忘卻或刪除那耳目鼻空之類的「對象／語言符號」,「卮言」思維的此般歷程，由「物境」遊至「道境」，即是「忘遊」的歷程。

「卮言」猶如一艘在「物境」與「道境」之間游回游往的船般承擔「忘

---

24 《莊子・應帝王》。

遊」與「化遊」的語言功能。這般的「卮言」具有「自然之分」,「無心地因順」。要之,「卮言」在日常話語(parole)過程,承擔個人話語的工具角色,既可由「物境」遊翔於「道境」,且可由「道境」遊流於「物境」,「卮言」既可「化遊」,且可「忘遊」,而「寓言」與「重言」同在其中,與「卮言」混融發揮某種語言與心智活動的功能。總之,《莊子》「遊」有「化」與「忘」兩項流動的方向,而「化」也須以「逍遙」自得,其「忘」也須以「逍遙」自在,其「逍遙」之形式則是「卮言」。探讀《莊子》文本的每物每事,須依著「卮言」而逍遙而遊,方能期許讀者體驗「道」之「無為」與「自然」兩則根本屬性。

在《莊子・大宗師》有一則具寓言形式的「化遊」的思維過程:

> 浸假而化予之左臂以為雞,予因以求時夜;浸假而化予之右臂以為彈,予因以求鴞炙;浸假而化予之尻以為輪,以神為馬,予因以乘之,豈更駕哉。[25]

引文中,援用「寓言」體例,即「藉外論之」的語言形式,而同時呈現一種「空仰滿傾」之流動景象,此可說,「卮言」形式,藉由「寓言」表達式予以展現。[26]「化左臂為雞」,由「左臂」→「雞」→「時夜」的「化遊」;「化右臂為彈」,由「右臂」→「彈」→「輪」的「化遊」。如此般,此故事中呈現「化」的一連穿的流程,並其主體則對此般變化流程,取「無窮的因順」態度而「化遊」。這種「化」的思維歷程,猶如在〈消遙遊〉中「鯤」之「化而為鳥」的「化」般,既是「寓言」體例,同時屬「卮言」體例的發話行為。我們從該故事所展現給讀者的「卮言」式的發話體例中,可以發現一連串地脫走的「隱喻投射」連鎖例。

與《莊子・外物》「忘」的歷程相反,對於「化」的歷程,《莊子》也理解

---

25 《莊子・大宗師》。

26 至於「卮言」藉由「重言」發話的典型模式,則在顏淵和孔子的對話中常見。例如,《莊子・大宗師》「忘仁義」→「忘禮樂」→「坐忘」之思維過程,又在《莊子・人間世》「心齋」的思維過程乃在「忘遊」中的「重言」體例的例子。

地十分明瞭。在《莊子・齊物論》「蝴蝶夢」所展現的「物化」概念中，即可獲知這般特徵：

> 昔者莊周夢為胡蝶，栩栩然胡蝶也，自喻適志與！不知周也。俄然覺，則蘧蘧然周也。不知周之夢為胡蝶與，胡蝶之夢為周與？周與胡蝶，則必有分矣，此之謂物化。[27]

文中所言「物化」乃在「化」的歷程中所呈現的「語言記標」產生的過程，即新的「記標」的誕生和發現的過程。整篇「蝴蝶夢」可分兩大部分加以理解，即夢的世界與現實世界。在夢的世界，「莊周」與「蝴蝶」混為一體，在莊周與蝴蝶混融同體中，甚難分辨其中孰為莊周又孰為蝴蝶，這種狀態即屬「混沌」狀態，亦即是「道」難以言狀的面貌，而其邏輯表達式為「蝴蝶+莊周」，而這「蝴蝶+莊周」是指一個記標「蝴蝶」與另一記標「莊周」混而為一，它表示既有「蝴蝶」且有「莊周」，但同時也既不是「蝴蝶」且不是「莊周」。此般混融狀態不是單純的「合而為一」而是「混而為一」，從中極難分辨何者為蝴蝶，何者為莊周。

要注意者，這難以言狀的「莊周+蝴蝶」之意象雖是「混沌」象，然而其印象卻是栩栩如生，而其印象之深刻力量亦使莊周難以忘卻或擺脫。當其「俄然覺」時，夢中與蝴蝶混融同體的莊周，以獨其身回到現實醒境，明確是莊周本人。夢境是莊周與蝴蝶分不清的無差別世界，這既是一場「混沌」的世界，且為「道」的特徵。即「道」的世界顯然有我們日常語言捕捉不了的因素，而其語言捕捉不了的那些因素，若從人類日常語言的觀點而言，則蓋以「混沌」的面貌呈現。我們對於夢境，莊周與蝴蝶混融同體的「混沌」狀態，難以人類的語言形式表達得淋漓盡致。

惟從夢中醒過來之後，才能恢復「莊周」這一「記標」。其「醒過來」之境，即是莊周自身所處的日常語言世界。這般「記標之產生」或「記標之轉

---

27 《莊子・齊物論》。

變」，「莊周」是從「蝴蝶+莊周」的結合狀態，亦即從其混沌狀態中分隔或撕離而成為「記標化」的個別對象體（化）。「莊周」即是「物化」了的記標，亦即被語言捕捉而從「道境」中分隔或撕裂出來的個別對象的名稱。從夢境中醒覺來的世界是新的日常世界的產生。猶如在《莊子》「遊」的歷程中，由「道」（夢＝混沌＝非語言域）的世界→日常（覺醒＝本分＝語言域）世界的移動。這即是「化遊」的思維歷程。可說與「忘遊」的歷程互相對立或者相反的「遊」，但在現實生活層次裡，「道境」與「物境」也是混融為一體的狀態。

在莊周夢蝶故事裡，有一項特徵值得我們注意，即關於從夢中醒覺的「莊周」之「化」，就是涉及「成為」一記標化的問題。在夢境裡，莊周就有體驗「蝴蝶+莊周」這般「混沌」狀態，恢復到自身「現實的自我」（ego≠self）而發現這「物化」了的自己。這個「莊周」是重新記標化了的「醒過來的自我」。然，已經體驗到蝴蝶夢的「莊周自身（ego）」，則與在體驗夢蝶以前的「莊周」不同。既醒來的「莊周」已具備「夢的記憶」＝「蝴蝶之空缺痕」即由「道」缺席而留白的空洞位置，如同教室一個缺席學生的空位般，醒來的「莊周」已具備了體驗到「道的痕跡」的「自我」。雖然藉由語言而獲得一新的「物化」，而「道」那空缺所留下的「空位／痕跡」，使「莊周」據以遊往「道」的入手處或門把。醒覺後的「莊周」的記標形式是從「莊周」自身中撕離「蝴蝶」而除去的形式，而其邏輯表達式為「莊周-蝴蝶」，這般「莊周」，正與「蝴蝶+莊周」的混沌狀態處於相反語境。在「莊周-蝴蝶」的符號裡「莊周自身」雖在場而「蝴蝶」已不在場，而在「蝴蝶+莊周」的符號裡，「莊周」雖體驗「蝴蝶」而仍醒覺不出「自身」在場與否。

在《莊子》文本中意義深長的「化」，即是作為「物化」的記標所象徵的形式，亦即「對象化」或「具體化」的思維歷程。《莊子・逍遙遊》由「鯤」而「大鵬」之「化而為鳥」，〈齊物論〉「其形化，其心與之然」，〈大宗師〉「化予」[28]，〈大宗師〉「造化者」[29]，〈應帝王〉「化貸萬物」，〈至樂〉「種有幾」章

28 《莊子・大宗師》：「浸假而化予之左臂以為雞，予因以求時夜；浸假而化予之右臂以為彈，予因以求鴞炙；浸假而化予之尻以為輪，以神為馬，予因以乘之，豈更駕哉！且夫得者，時也；失者，順也。安時而處順，哀樂不能入也。」《莊子・大宗師》之「化予」，即「轉變自我」，

「化而為蟲」等隱喻投射一連串的「空仰滿傾」中所舉之「化」，皆為「物化」，而「物化」又與生成「記標」無止境的「變奏」[30]息息相關。

這般「物化」的歷程，從「道」而「成為」某件「事物化」或某則「記標化」的過程，即等同於「語言化」的過程；而整篇《莊子》文本，則期盼依循這「語言化」的過程，由「卮言」體例表達。

貫通《莊子》文本的「卮言」之語言體例，不僅是我們在日常中所使用的語言特徵，更是「思維原理」，正如「道」是遍在（ubiquity）的，當我們思考「道」的原理也使用那照映「道」之自然性與無為性的「卮言」時，使得其表達式的發話內容能奏效。我們又從《莊子・知北遊》有東郭子「問道」於莊子的故事中，通過「化遊」的歷程而描繪「道」的存有性質：

> 東郭子問於莊子曰：「所謂道，惡乎在？」莊子曰：「無所不在。」東郭子曰：「期而後可。」莊子曰：「在螻蟻。」曰：「何其下邪？」曰：「在稊稗。」曰：「何其愈下邪？」曰：「在瓦甓。」曰：「何其愈甚邪？」曰：「在屎溺。」東郭子不應。[31]

在引文中，東郭子反問以「何其下」的那「下」字，其意涵當然指「其物質層次」的下等水平而言。言則，那高尚無比的「道」何以與在於「下等層次」的「物質性」合在一起這般疑惑感的表現。

將自我的「ego」轉換無窮，因時而得，因變而喪，這即是日常生活之特徵，就象徵著隨順無動搖的「流動」與「脫走」的「遊」，這般隨順日常生活之變化即代表自我變化。

29 《莊子・大宗師》「以造化為大冶」中，所謂的「造化」乃是製作某種工具，與「大冶」連用的概念。

30 關於「變奏」的意涵，林順夫的詮釋值得矚目。林順夫援用「主題變奏」這般音樂用詞，試圖將《莊子》「化」蓋年予以理解。「……我倒覺得莊子使用《主題變奏》的表達技巧是極為廣泛的。……莊子喜歡用《主題變奏》的表達技巧，是與他用《寓言》的文體來寫作，有非常密切的。」林順夫，「解構生死：是論《莊子・內篇》對於主題之變奏的表達方式」，〈透過夢之窗口〉，中國古典文學與文藝理論論叢，（新竹：清大出版社，民國98年〔2009〕出版），頁43-64。本文認為，若林順夫所言「寓言」置換為「卮言」加以理解，則將貫通《莊子》文本的「變奏」之特徵表達得更能凸顯。

31 《莊子・知北遊》。

在此故事中，我們可以考慮《莊子》對「道」的認識理路為何的問題。依《莊子》看，「道」固是一種「思維」對象，但惟當依靠「物質性」時，其「思維」才能啟動。能以「物質性」表達，或可以「物質性」形式翻譯的所有思維對象，均為「語言」所能捕捉的對象。義雖如此，當人的語言「記標」指涉對象時，並非所有「記標」(signifiant，能指）立即能以抵達其「記意」（signifié，所指)，繼而完成其語言符號的「完整意涵」。例如，「道」、「仁」、「義」等，屬於表達存有或行為之根源的「記標」，又如「幸福」、「正義」、「自由」、「平等」之類屬於價值標準的抽象性「記標」，諸如此類的概念，並不能與當某項「記標」發話之同時，立即連上所期的「記意」而能完成「符號」的意涵。當發其「記標」同時，要能成功地抵達其「記意」而立刻指涉出其「完整涵義」，似屬不可能的任務。

《莊子》歷舉諸如「螻蟻」、「稊稗」、「瓦甓」、「尿溺」等「物質性」濃厚的對象，展現一番「道」之散發愈下愈甚的無窮「變奏」。[32]此時「卮言」正如「道」般，通過「空滿」與「傾仰」兩種運作而投射於事事件件，方方面面以至因順「空滿」而使其「傾仰」無窮。若《莊子》欲凸顯的「道」實由援引「物質性」的方式加以表達，則在《莊子》文本所展現的「道境」與「物境」，並非兩場被分隔而獨立的領域，而是理應認其為兩者緊密結合在一起的一場。而這一場即是我們人的日常生活世界。

若我們要體認「道」，即是體認「道」的無為性與自然性，則必將「道」在與物質性緊密結合的語境中證實其「無為性」與「自然性」。「道」的「道性」必須在「物性」中呈現時，身為實踐主體的人方可「遊」在「與世俗處」[33]的日常生活世界中。在日常生活世界，即「與世俗處」能有「道性」即「無為」和「自然」，則以「卮言」飛翔於「忘遊」與「化遊」的主體體認，在各自的日常生活世界裡，能以實現各自的「遊」。

---

32 「變奏」一詞，可參見林順夫，「解構生死：是論《莊子・內篇》對於主題之變奏的表達方式」，《透過夢之窗口》，中國古典文學與文藝理論論叢，（新竹：清大出版社，民國98年〔2009〕出版），頁43-64。

33 《莊子・天下》。

總之,《莊子》是由「卮言」式的思維模式而彰顯一番「忘」與「化」的「遊」,並依此無窮脫走其為日常生活窠臼範式所困住的陳舊世界與時代。《莊子》文本所提舉的理想人格類型諸如「神人」、「至人」、「聖人」及「真人」等,也理應是經由此般過程而得的「語言符號」。我們要體認並汲取「道境」的某種創造性價值和原理,則必先從「物境」加以入手。此「物境」既含「日常生活世界」,因而「語言符號」所能捕捉的對象,且含蓄「道境」在其中,因而同時語言記標隱蔽「道境」的內涵。我們的日常語言既是鋪陳一些通往「道境」的路線,同時遮蓋「道境」其餘的內容。

五　結語

如上所論,本文提出閱讀《莊子》文本的核心概念和思想範式,使我們閱讀《莊子》文本時須加考慮的閱讀方法。當我們閱讀《莊子》文本時,需先了解「卮言」是作為閱讀《莊子》文本的語言工具,而「卮言」式話語體例,乃是從認知語言學的「隱喻投射」概念汲取分析《莊子》文本的手段。

「卮言」乃日常語言世界天天使用的發話(parole)特徵,本文提及閱讀《莊子》文本的最核心寶筏即是「卮言」式的「遊」。所謂的「逍遙遊」即倚仗著「卮言」而開展;「寓言」與「重言」皆為「卮言」最具代表性的兩種話語形式;所謂的「萬物齊同」的思想觀念,亦依據「卮言」時方能自圓其說。《莊子》文本依著「卮言」而「遊」。以「卮言」而「遊」有兩種「遊」,一是由「道境」遊流至「物境」的「化遊」歷程,另一是由「物境」遊翔至「道境」的「忘遊」歷程。本文將「卮言」既視之為「語言體例」,更視之為「思維模式」。

「卮言」在《莊子》文本中遊來遊往,其「遊」之範圍在於「物境」與「道境」之間。「物境」即以「語言符號」的力量捕捉得到的日常經驗世界,而「道境」則不能以「語言符號」捕捉的世界。要注意者,「道境」與「物境」雖其本身各為獨立,但此兩者既二而一,一而二的辯證關係。如同「道」在愈下愈甚的具體事物中又隱藏且發散,必須透過某種「物質性」,也就像導航船般,透過「語言符號」予以裂開的語言縫罅而當其作為通往「道境」的入手處或門把。

談《黃帝內經》的養生觀

李美智

國立空軍航空技術學院兼任講師

摘要

《黃帝內經》是中國現存最早的中醫理論著作，書中彙集先人豐富的醫療經驗與智慧，是中國傳統科學中探討生命規律與保健療癒的醫學寶典。中國哲學重視生命的特質，在《黃帝內經》中有精湛豐富的記載。養生的意義是以對生命的保全和養護為目的，以延長生命為重心，生命誠可貴，先民很早就注重養生的課題。追求健康，延緩衰老，是世人共同的希望，而如何「活得老，活得好」更是現代人追求的目標。《周易．既濟》說：「君子思患而預防之。」《內經》提出養生的原則「法於陰陽，合於術數」、「貴和諧」、「治未病」，對今日預防醫學提供珍貴的方法與觀念。真正的養生之道，是以提升人的整個生命品質為目的，高品質的生命即能活到天年。疾病的緣由，大多是因違反自然、違反道德、違反和諧，而《內經》治病的方法即在於生活作息、飲食、情志、運動、立身行事均須合乎自然、合乎道德、合乎和諧。人若能掌握宇宙運行的根本法則，順應自然運行的規律，因天之序，順時養生，依道養生，參贊化育，與天同德，俾能盡其天年，康健無礙。

關鍵詞：《黃帝內經》、養生、治未病

一 前言

《黃帝內經》共十八卷，《素問》、《靈樞》各有九卷、八十一篇。內容包括攝生、陰陽、臟象、經絡和論治之道。其成書年代一向有爭議，大約是西漢以後的作品，自古以來被醫家奉為圭臬，[1]其地位之崇高，相當於儒家的六經，章憲文為馬蒔所注之《靈樞經》作序時說：

> 夫醫之有《內經》也，猶吾儒之有六經也，如水有源，木有根也。[2]

《內經》對醫家的重要性猶如水之源頭、木之根本，其地位與影響不言可喻。王洪圖曾針對它在中醫學的地位與意義提出看法：

> 《內經》之所以被歷代醫家奉為經典，是因為它不僅包含豐富而科學的理論、防治疾病的重要原則與技術，同時還從宏觀的角度論證了天、地、人之間的相互關係，並且運用古代多科學理論與方法，討論和分析了醫學、科學最基本的課題——生命規律，從而建立起中醫學的理論體系。[3]

---

1 蔡璧名說：「如果《黃帝內經》所引述多種古代相關醫學典籍屬實，我們或許不能將《黃帝內經》視為中國第一部闡揚醫家理論的經典。單就《黃帝內經》書中明文引述古醫經文或提及古醫經名者，便有《上經》、《下經》、《金匱》、《揆度》、《奇桓》、《鍼經》、《本病》、《奇恆陰陽》、《刺法》、《脈經・上下篇》、《從容》、《奇恆之勢》、《太始天元冊》、《大要》、《脈要》、《陰陽傳》等等，而稱『經言』、『經有』、『經論』如何者，更所在多有。然而，在所引古經盡皆亡佚，加以《漢書・藝文志》所收錄之醫經七家二百一十六卷，除『《黃帝內經》十八卷外』，其他如『《外經》三十九〔七〕卷。《扁鵲內經》九卷，《外經》十二卷。《白氏內經》三十八卷，《外經》三十六卷，《旁篇》二十五卷。』悉已遺散無存的情況下，《黃帝內經》對後來醫家理論的建構顯然具有關鍵的作用。」見《身體與自然——以《黃帝內經素問》為中心論古代思想傳統中的身體觀》（臺北：臺灣大學文史叢刊102，1997年），頁34-36。

2 馬蒔：《黃帝內經靈樞注證發微》（北京：科學技術文獻出版社，2000年），頁3。

3 王洪圖主編，《黃帝內經研究大成》（北京：北京出版社，1997年），頁1。

《內經》可說是一部關於生命的百科叢書，它的內容十分多元，除了有關醫學理論的部分，如臟腑、經絡、病因病機、診法、治則、灸刺之外，還包含哲學以及天文、曆法、氣象、地理、心理、生物等方面的知識。它關注的焦點是以人為中心，重視天人之間的關係，其目的正如《素問．氣交變大論》所說：「夫道者，上知天文，下知地理，中知人事，可以長久。」[4]此「道」乃是一種安身立命之道，即人處於天地之間，如何透過天文、地理的知識，進而掌握自然規律，希望將生命安頓於道體運行中，盡其天年而去。

中國哲學的特色，向來是以「生命」的關懷為重心，因此具有濃厚生命哲學的色彩。中國藥王孫思邈在《千金要方》的自序中，就曾明確指出：「人命至重，有貴千金。」[5]又說：「夫二儀之內，陰陽之中，唯人最貴。」[6]可見天地之中，人命是無價之寶，生命是至珍至貴，千金不易的。而幸福的人生應是呈現何種型態呢？《尚書．洪範》說：

> 五福：一曰壽，二曰富，三曰康寧，四曰攸好德，五曰考終命。六極（殛）：一曰凶短折，二曰疾，三曰憂，四曰貧，五曰惡，六曰弱。[7]

我們可以看到商周時期，長壽、健康、盡其天年已被人們認定為是生命幸福的指標；相對的，夭折、生病、體弱是生命的窮極惡事。由此看來，先民很早就將人的生命價值置於極高的地位。中國哲學的特色，是以「生命」的關懷為重心，只不過儒家將生命之道安頓在道德實踐；道家則將之安頓在自然無為；而醫家，則將之安頓在健康長壽，方法雖殊，立意都是相同的。這種重視「生命」的傳統，使得中國哲學實質上成為生命哲學。[8]而這種重視人生命價值的

4 張志聰集注：《黃帝內經集注．素問》（浙江：浙江古籍出版社，2002年），頁490。

5 《千金要方》（臺北：宏業書局有限公司，1994年），頁6。

6 《千金要方．治病略例第三》，（臺北：宏業書局有限公司，1994年），頁3。

7 孔穎達述曰：「六極，謂窮極惡事有六。」見《十三經注疏．一．尚書》（臺北：藝文印書館，1997年），頁178。

8 董家榮：《黃帝內經養生思想研究》（臺北：國立臺灣師範大學國文研究所碩士論文，2002年），頁2。

傳統，正是中國養生思想形成的重要原因。

何謂「養生」？就字面上的意義來說，養，即供養之意，也就是提供維持生命的基本需求，許慎《說文解字》說：「養，供養也，从食，羊聲。」[9]所謂的「生」是指生命，包括了「形」與「神」兩方面[10]。因此，所謂「養生」指的是「養護生命」，也就是避免使生命受到傷害，且進一步讓自己更健康，增強體質，祛病延年。

「養生」也叫攝生、保命、遵生。「攝生」一詞，出自《老子》：「善攝生者，陸行不遇兕虎，入軍不被甲兵。」[11]河上公注：「攝，養也。」[12]攝生乃調攝生命，即養生之意。王洪圖主編的《黃帝內經研究大成》，亦將攝生定義為「保養生命」[13]。養生的目的基本在求強身健康，延年益壽，而人體自有預防與療癒的能力，求醫不如求己，最好的醫生其實就是我們自己，只要固精守氣，陽氣充沛，就能活到天年。故養生有成者，不僅遠離疾病，身體康健，而且心靈純淨，沒有痛苦、煩惱，不會憂思、憤怒，內心清明寧靜，不起波瀾，寵辱不驚，無私無我，身、心、靈都處在一自然和諧的狀況，「和」是萬物最理想的境界，如《中庸》所言「致中和，天地位焉，萬物育焉」[14]，精神能長久保持在和諧狀態下，無待無求，自然能延年益壽，身強體健。

近年來，臺灣社會逐漸邁入高齡社會。而隨著年紀的增長，長者會出現身體機能的下降，呈現「衰弱」狀態，如，虛弱無力、體重下降、肌肉萎縮、頻繁跌倒、行動不便等，這些都會增加不健康生存年數的原因。面對老年人口不斷增加，如何活得健康，活得有品質，這是眾人關心的問題，因此養生學是今日的時尚主流，人人不僅希望身康體健，更希望活得好，但近年來各種文明病紛紛侵襲人類的生命，帶給人們莫大的痛苦，其中尤以癌症為最，人人莫不談

9 許慎著、段玉裁注：《說文解字》（臺北：黎明文化事業有限公司，1986年），頁222。

10 《史記．太史公自序》：「神者，生之本；形者，生之具。」司馬遷撰，裴駰集解《新校本史記》（臺北：鼎文書局出版，1979年），頁3292。

11 樓宇烈校釋：《老子周易王弼註校釋》（臺北：華正書局，1981年），頁134。

12 王國軒編：《老子道德經河上公章句》（北京：中華書局，1993年），頁192。

13 王洪圖主編：《黃帝內經研究大成》（北京：北京出版社，1997年），頁1460。

14 朱熹集註、蔣伯潛廣解：《語譯廣解四書讀本》《學庸》（臺北：啟明書局，1980年），頁3。

癌色變，其他慢性病如高血壓、痛風、關節炎、骨刺、糖尿病、腎衰竭長期洗腎、心臟病等，折磨人體，消耗生存意志。而工業社會生活忙碌，長期在緊張、壓力下帶來之胃病、胃潰瘍；精神官能症如暴力、憂鬱甚至自殺、傷人等，種種病症為個人與社會帶來的困擾，可謂不小。此外，近年來食安問題更是屢屢出包，引發民眾大恐慌，蔬菜、水果含有農藥，空氣污染嚴重，毒油、毒奶粉、塑化劑、毒雞蛋……；食不安，居不安，許多文明病和有毒物質的侵襲，使人們生活陷入恐慌與痛苦。尤其前年底從中國武漢爆發的新冠肺炎，變種病毒至今仍延燒各國，重創全球生命與經濟。因此，在層層危機環伺，病毒、細菌無所不在的今日生活空間，該如何養生，保全性命，已是現代人最迫切解決的課題。

此外，世上最難解的是「心病」。工商業社會繁忙，生活緊張，升學、就業、婚姻、子女、經濟、競爭等諸多壓力如排山倒海而來，常讓人窒息。負面情緒滋生，戕害身心，耗損能量，長期下來，形貌憔悴，精神枯竭。肉身的創傷或許還容易醫治，心靈的創傷，卻難以療癒，故今日如何化解世人的心理問題，讓現代人身心減壓，離苦得樂，也是當務之急。

二　《黃帝內經》的養生原則

《黃帝內經》內容博大精深，系統講述了人的生理、病理、疾病、治療的方法和預防法則，為人類健康做出了巨大的貢獻。而《內經》的養生原則，大致以「法於陰陽，和於術數」、「和為貴」、「防患未然」為主要特點，分析於下：

（一）法於陰陽，和於術數

《內經》的文本年代，大致從戰國推演至秦漢，應是陸續編修而成，《內經》文本中強調天人相應的觀念卻是一脈相承。《黃帝內經》養生總原則就在於「法於陰陽、和於術數」八個字。《內經》認為人體是一個形神綜合生命體，而這個形神綜合生命體的架構來自於陰陽二氣。《素問．上古天真論》

曰：「其知道者，法於陰陽，和於術數。」[15]《內經》說：「氣合而有形，因變以正名。天地之運，陰陽之化，其於萬物，孰少孰多。」[16]可知透過陰陽二氣之間的和合與天地運行的交互作用，產生天地萬物，建構了有形的物質界。「法於陰陽」就是依循、效法陰陽，也就是要順應自然規律。陰陽分為大宇宙的陰陽與小宇宙的陰陽；大宇宙的陰陽就是外在自然的陰陽，小宇宙的陰陽就是人體內的陰陽；人與天地是一個整體，有著共同的規律，二者息息相關，互相感應、影響，這種與天地變化同步的生命模式，正是所謂的「天人合一」。「和於術數」，「和」就是符合，「術數」就是方法、技術。張介賓注：「術數，修身養性之法也。」這就是說，養生之道，必取法陰陽，應該按照自然界的變化規律而起居生活，根據正確的養生保健方法進行調養鍛鍊。[17]「法於陰陽、和於術數」是說，應按照自然界的變化規律而起居生活。《素問・上古天真論》也說：「有至人者，淳德全道，和於陰陽，調於四時。」[18]至人，德厚道全，能配合陰陽之變化，順應時令之序。陰陽反映了宇宙萬物的本質規律，人既然是自然的一部分，與整個宇宙相通、相應，對養生來說，小宇宙須效法大宇宙，應順應自然，日常生活依循天地變化的規律，小宇宙方能健康長壽。《素問・生氣通天論》：

> 夫自古通天者，生之本，本於陰陽。天地之間，六合之內，其氣九州、九竅，五臟、十二節，皆通乎天氣，其生五，其氣三，數犯此者，則邪氣傷人，此壽命之本也。[19]

人身與自然界陰陽五行之氣相應貫通，若能與之調和則壽命無窮，否則將傷害身體。《靈樞・歲露論》：「人與天地相參也，與日月相應也。」[20]即人與天地自

---

15 程士德：《素問注釋匯粹》（北京：人民衛生出版社，1981），頁1。
16 鄭林主編：《張志聰醫學全書》（北京：中國中醫藥出版社，1999年1月），頁45。
17 曲黎敏：《黃帝內經養生智慧》（臺北：高寶國際出版，2019年），頁180。
18 徐芹庭：《細說黃帝內經》（新北市：聖環圖書股份有限公司，2000年），頁115。
19 徐芹庭：《新細說黃帝內經》（新北市：聖環圖書股份有限公司，2016年），頁287。
20 河北醫學院：《靈樞經校譯》（北京：人民衛生出版社，1995年），頁425-6。

然變化密切相關，與日月運行之轉移乃常常相應，因此欲養生，則須順乎自然。

故知《內經》養生實以陰陽為核心，並重視以下二個觀念：

第一，陰陽二氣是不可偏廢的。《素問・生氣通天論》：「陰平陽祕，精神乃治。陰陽離決，精氣乃絕。」[21]張介賓注：「人生所賴，唯精與神，精以陰生，神從陽化，故陰平陽祕，則精神治矣。有陽無陰則精絕，有陰無陽則氣絕，兩相離絕，非病則亡。正以見陰陽不可偏廢也。」[22]人體陰陽二氣相互協調，才能生機旺盛，當陰陽離決時，生機便衰竭。

第二，陰陽二氣必須互相平衡，任何一端太過，則造成大害。《素問・陰陽應象大論》：「陽勝則陰病，陰勝則陽病。」[23]吳崑作精闢的注解：「水勝則火滅，火滅則水乾。」[24]說明了陰陽的消長若失去平衡，一端過勝或過衰，將導致病症發生。故要維持健康則須掌握陰陽調和，才能固守元氣，此乃養生之大法。此外，正因為一切疾病發生的根本原因在於陰陽失調，所以，「治病必求於本」，這個本就是「陰陽」。因此，在養生方面，要做到防病強身、益壽延年，就必須做到保陽氣、益陰精、協調陰陽，使機體處於陰平陽祕的狀態，同時，還應注意和自然環境的陰陽協調，從而保持人體內外環境的統一。[25]

《內經》認為自然環境的種種變化，無論是四時更迭，氣候冷熱交替、日月運行的週期變化等，都會影響著人體的生理狀態。譬如說：

> 月始生，則血氣始精，衛氣始行；月郭滿，則血氣實，肌肉堅；月郭空，則肌肉減，經絡虛，衛氣去，形獨居。是以因天時而調血氣也。是以天寒無刺，天溫無疑。月生無寫，月滿無補，月郭空無治，是謂得時而調之。因天之序，盛虛之時，移光定位，正立而待之。故日月生而寫，是謂藏虛；月滿而補，血氣揚溢，絡有留血，命曰重實；月郭空而治，是

---

21 徐芹庭：《細說黃帝內經》（新北市：聖環圖書股份有限公司，2000年），頁139。

22 程士德：《素問注釋匯粹》（北京：人民衛生出版社，1981年），頁50。

23 徐芹庭：《新細說黃帝內經》（新北市：聖環圖書股份有限公司，2016年），頁301。

24 程士德：《素問注釋匯粹》（北京：人民衛生出版社，1981年），頁392。

25 參見張學梓，錢秋海，鄭翠娥：《中醫養生學》（北京：中國醫藥科技出版社，2002年），頁134。

> 謂亂經。陰陽相錯，真邪不別，沈以留止，外虛內亂，淫邪乃起。[26]

又說：

> 春生夏長，秋收冬藏，是氣之常也，人亦應之。以一日分為四時，朝則為春，日中為夏，日入為秋，夜半為冬，朝則人氣始生，病氣衰，故旦慧。日中人氣長，長則勝邪，故安。夕則人氣始衰，邪氣始生，故加。夜半人氣入藏，邪氣獨居於身，故甚也。[27]

《老子》說：「道法自然。」道的特色即是依循自然的規律運轉，萬事萬物依循自然的規律運轉而不妄作。孔子說：「四時行焉，百物生焉，天何言哉？」[28]四季正常更迭遞嬗，萬物滋長欣欣向榮，天雖然不言不語，大自然仍然能生生不息運轉。人體是具體而微的宇宙，是故從以上二段《內經》引文可知「人身小宇宙」莫不受天地大宇宙牽引、影響，自然天地所表現出來的種種運動與現象，在一定程度上都會對應到人體的生理反應。也就是說，人既然是自然的一部分，自然要受宇宙的規律。日月星辰的變化與人體息息相關。如太陽黑子的活動與地球的高血壓、腦血管意外病的發生有關，慢性病患者易於夜間死亡。月亮對人體的影響尤為顯著；現代科學研究證實，人體內所含的血液占70%左右。由於月球對地球引力的作用，使海洋發生潮汐現象，而把月球引力對人體體液的這種影響被稱為生物潮。當滿月時，人的頭部、胸部電位差較大，人的氣血也旺盛，內分泌功能健旺，容易激動，但此時易發生「月瘋狂」病症，精神病人、癲癇、出血病人往往病情加重。月亮所產生的電磁力還會影響人體的荷爾蒙。[29]可見人與大自然、與宇宙是相應的。楊定一說：

---

26 鄭林主編：《張志聰醫學全書》（北京：中國中醫藥出版社，1999年1月），〈素問集注・八正神明論〉，頁110。

27 鄭林主編：〈靈樞集注・順氣一日分為四時〉《張志聰醫學全書》（北京：中國中醫藥出版社，1999年1月），頁511。

28 宋朱熹集註、蔣伯潛廣解：《語譯廣解四書讀本》《論語》（臺北：啟明書局），頁272。

29 參見張學梓、錢秋海、鄭翠娥：《中醫養生學》（中國醫藥科技出版社，2002年），頁106。

> 古人在很久以前早就知道，人類必須與大自然和諧共存。由於人的身、心、靈是一連串密不可分的能量流，在諧振狀態時，它與天、地、萬物是和諧、也是合而為一的，這是人類與生俱有的能力。[30]

因此，養生的關鍵即是效法大宇宙的陰陽，也就是天地的陰陽；要因天之序，順應四時。比如春夏要養陽，秋冬要養陰，要順應春生、夏長、秋收、冬藏自然的原則，這即是效法陰陽。此外，每個人身上都有陰陽，養生還要依循小宇宙的陰陽，注重體內保養與修煉，使體內陰陽和諧，並與體外宇宙陰陽相互感應，只要內外宇宙陰陽調和、平衡，就能健康長壽。

（二）貴和諧

「和」是《黃帝內經》養生的總原則，尤其是「陰陽和」，「陰陽和平」之人，誠如《內經》所言：

> 是以志閒而少欲，心安而不懼，形勞而不倦，氣從以順，各從其欲，皆得所願。故美其食，任其服，樂其俗，高下不相慕，其民故曰樸。是以嗜欲不能勞其目，淫邪不能惑其心。[31]

《黃帝內經》主張「志閒而少欲」，指的就是「恬淡虛無」，重點在「淡」字。禁欲乖離人性，人有七情六欲，孰能無欲？然而過度重欲又屬動物性行為。人雖有欲，若能「損之又損」，出離欲望掌控，淡然處世，「淡」並不是沒有欲、禁欲，它是重欲和禁欲之間的一個平衡點，就是要節制，《內經》「少欲」主張，提醒世人養生之道在於自我節制，因此「嗜欲不能勞其目，淫邪不能惑其心」，方能「志閒而少欲，心安而不懼，形勞而不倦，氣從以順」從容優雅過生活。

道體運轉的最高境界是和諧。《老子》說：「萬物負陰而抱陽，沖氣以為

30 楊定一：《真原醫》（臺北：天下文化出版社，2012年），頁152。

31 徐芹庭：《新細說黃帝內經》（新北市：聖環圖書股份有限公司，2016年），頁267。

和。」[32]陰陽二氣互相沖和，便有生生化化之妙。陰陽兩氣不斷交合、不斷創生，於是便繁衍了萬物。《老子》說：「天地相合，以降甘露，民莫之令而自均。」[33]天地的陰陽之氣相合，則甘露不求而自降，人們不需去指使它，自然均匀。可知天地有自生自化的自然機制，人無需去干預或干擾，只要尊重萬物，萬物自然和諧成長。而陰陽兩氣相激盪產生新的「和氣」，將調和滋養萬物。由此可見，和氣是涵養萬物，使萬物循環運行、生生不息的重要元素。而《內經》重視「和諧」，體現在以下三方面：

1 身心和諧

心與身是不可分的，二者互相影響。《內經》「重生貴生」的思想充溢著積極的生命意志。和諧的人生來自和諧的心靈，身心和諧可使生命舒暢愉悅，而身心不和諧常是病痛的根源。根據《黃帝內經》的記載，疾病源自情欲不協調，《黃帝內經・素問・陰陽應象大論篇》說：「在志為怒，怒傷肝，悲勝怒，……在志為喜，喜傷心，恐勝喜……在志為思，思傷脾，怒勝思……在志為憂，憂傷肺，喜勝憂……在志為恐，恐傷腎，思勝恐。」[34]由上可知神志的不安將傷五臟，七情內傷太過則病生，故健康的人生首要講求情緒穩定，身心和諧愉快。《遵生八箋》記載：

> 《太玄經》曰：「喜怒傷性，哀樂傷神。傷性則害生，傷神則侵命。故養性以全氣，保神以安心。氣完則體平，心安則神逸，此全生至要訣也。」[35]

全生之要訣乃養性以全氣，保神以安心，而如何全氣保神，則應去除情欲干擾，避免情緒起伏，內心寧靜平和，外無所求，心安神定，此為最佳的養生狀態。

---

32 樓宇烈校釋：《老子周易王弼註校釋》（臺北：華正書局，1981年9月），頁117。

33 樓宇烈校釋：《老子周易王弼註校釋》（臺北：華正書局，1981年9月），頁81。

34 張志聰：《黃帝內經集注》（杭州：浙江古籍出版社，2002年），42-44頁。

35 高濂：《遵生八箋》（蘭州：甘肅文化出版社，2004年），頁22。

道教倡導「性命雙修」的生命智慧。所謂「性命雙修」就是身心兼修，道教認為身體和心靈共同維繫著人的正常生命。《性命圭旨》說：

> 性不離命，命不離性，吾身之性命合，是吾之真性命也。我之真性命，即天地之真性命[36]

可知性命和合，缺一不可，且二者相輔相成，才是完整的真我。李道純說：

> 高上之士，性命兼達，持戒定慧而虛其心，煉精氣神而保其身，身安泰則命基永固，心虛澄則性本圓明，性圓明則無來無去，命永固則無死無生，至於混成圓頓、直入無為、性命雙全、形神俱妙也。[37]

生命修持要兼顧生理形體與心理道德的修養，修命就是鍛鍊形體，增強體能素質，修性就是內修道德，提昇心靈素養，樂觀積極地調養身心，達成身心和諧，身形鍛鍊和心性道德兼修，性命和合，身心和諧，才能延年益壽，擁有健康人生。

2　與人和諧

《易經》上說：「謙謙君子，卑以自牧也。」[38]《易經・謙卦》說：傲慢令人厭惡，謙沖為懷令人喜愛。《內經》提到養生智慧重視與人和諧，但如何與人和諧呢？首先要具備「謙沖自牧」的美德與「處下不爭」的態度，《內經》說：「高下不相慕，其民故曰樸。」[39]不互相攀比，不自高自傲、爭強好勝，為人處世恬淡自守，韜光養晦，就能與人和諧相處，「在邦無怨，在家無怨」，獲得平安。

---

36 明尹真人弟子：《性命圭旨》（上海：上海古籍出版社，1989年），頁18。

37 李道純：《中和集　金丹大成集》（上海：上海古籍出版社，1989年），頁117。

38 樓宇烈校釋：《老子周易王弼註校釋》（臺北：華正書局，1981年9月），頁295。

39 徐芹庭：《新細說黃帝內經》（新北市：聖環圖書股份有限公司，2016年），頁267。

除了具備「謙沖自牧」、「處下不爭」的修養之外，還要有「利他濟人」的精神，《老子》說：

> 聖人不積，既以為人己愈有，既以與人己愈多。天之道，利而不害；聖人之道，為而不爭。[40]（〈八十一章〉）

人來世間不是為了享福，而是來服務奉獻的。聖人積德不積財，無私無欲，所以愈幫助人，自己愈充足；給人愈多，自己愈富裕。天道無私，利萬物而不害萬物，聖人善體天道，所以一生貢獻心力、造福人群。能利益眾生、渡人渡己、奉獻一切，這是天下最富有的人。真正的大愛是忘了自己，心中只想著利他助人，「聖人無常心，以百姓心為心。」[41]聖人之心不會以個人私欲為考量，心中只有別人。老子說：「上善若水，水善利萬物而不爭。」[42]人若能像水一般無私而利萬物，則能快樂服務，充滿喜樂。生命在不斷付出、奉獻中日益茁壯，幫助他人也成長自己。行善愈多，生命愈豐富美好。能造福人群，與人和諧，太和之氣將縈繞不已。

3 與萬物和諧

萬物都是嚮往自由的，所謂「與萬物和諧」是指清靜無為、尊重萬物並與萬物和平共存，而達到與萬物、自然共贏的境界。人不可自持己見去控制或主宰他物，強求終究會失敗，勉強得到的，也不會長久，天下萬物都有其本性，所以古代聖人治理天下，順情依勢，以自然無為為治，廓然大公，去除一切極端的過分措施。反觀現代人野心勃勃，相信自己可以旋轉乾坤，宰制萬物，迷信高科技，沉溺高物質生活，於是破壞山河，濫採礦產，濫伐樹木，竭澤而漁，利益薰心，導致山河變色，生態改變，終招致大自然的反撲。這都是私心作祟，剛愎自用，不尊重自然的惡果。人心的力量如此強大，可以和諧一個社

40 樓宇烈校釋：《老子周易王弼註校釋》（臺北：華正書局，1981年9月），頁192。
41 樓宇烈校釋：《老子周易王弼註校釋》（臺北：華正書局，1981年9月），頁129。
42 樓宇烈校釋：《老子周易王弼註校釋》（臺北：華正書局，1981年9月），頁20。

會，也可以毀滅一個社會。《內經》強調「因天之序」法自然、法陰陽，因為在自然的節奏中萬物自然譜出一種和諧共存的秩序，這種和諧共存的自然秩序是創造萬有的法則與萬物共存的原理，因此，遵循這個自然法則，大自然即能生機暢旺，生生不息，而如何遵循呢？方法就是「自然無為」。「道」的本性就是自然，人生在天地間，其行為的最高法則也應是效法道性自然的法則。所謂無為，並不是消極不為，而是反對「有為」，不要強求，也不要對事物的自然發生和發展強行進行干預，要遵循自然之規律，自自然然才能圓滿和諧。道生化萬物，萬物皆按其各自的本性自然生長，自然和諧，故世人養生，當效法道的自然本性，順應天地自然變化的規律，尊重自然界一切生命的特性，致力於維護自然界的萬物，與自然萬物和諧共舞，與萬物共生息，與山河大地合一，「我見青山多嫵媚，料青山見我應如是」，人與萬物相看兩不厭，和諧共存，共融共生。萬物百態紛紜，美妙多姿，人若能尊重自然，鳶飛魚躍，萬物將能各得其所，各自相安。而惟有尊重萬物，與萬物和諧，個體的生命才能和諧。人類只要懷抱謙虛慈悲的態度，心包太虛，尊重萬物的生存權利與空間，萬物將能和諧共處，天清地寧的自然樸實世界恢復指日可待。

（三）未雨綢繆，防患未然

《黃帝內經》提到：「聖人不治已病治未病；不治已亂治未亂。」[43]《靈樞．逆順》：「上工治未病，不治已病。」[44]「治已病」是醫療行為，「治未病」是養生之道。近年來，由於世界各國的醫療支出越來越龐大，不但耗費大量的社會資源，也折損了國家的生產力。世界先進國家深知想要促進國民健康，需預防重於治療，因此，例如德國早在一九六一年便開始進行「黃金計畫」，在二，三十年間花費數百億馬克提供全國人民健身設施，供民眾鍛鍊身體；其他如加拿大，澳洲等國也有類似的政策推行。[45]《內經》提示預防醫學的重要，這是防患未然的慧見，而今日所言的預防醫學即是古代的養生學，故

43 張志聰集注：《黃帝內經集注．素問》（杭州：浙江古籍出版社，2002年），頁12-13。

44 張志聰集注：《黃帝內經集注．靈樞》（杭州：浙江古籍出版社，2002年），頁324。

45 張其成：《《黃帝內經》養生全解》（臺北：商周出版，2012年），頁7。

研究《內經》汲取古人經驗，以破除現代人對疾病的恐慌並探討未雨綢繆之道，以提昇國人健康品質。張志聰說：

> 《素問》一冊……其中論生生之道居其半；言災病者次之；治法者又次之，欲天下後世，子孫氓庶，勿罹災眚，咸歸生長。[46]

明白地指出「生生之道」才是《內經》關注的焦點，而如何延年益壽，防止衰老，「治未病」更是其思想的核心。《素問．四氣調神大論》說：

> 夫四時陰陽者，萬物之根本也，所以聖人春夏養陽，秋冬養陰，以從其根，故與萬物沉浮於生長之門。逆其根，則伐其本，壞其真矣。故陰陽四時者，萬物之終始也，死生之本也。逆之則災害生，從之則苛疾不起，是謂得道。道者，聖人行之，愚者佩之。從陰陽則生，逆之則死，從之則治，逆之則亂，反順為逆，是謂內格。是故聖人不治已病治未病，不治已亂治未亂，此之謂也。[47]

可知《內經》著書的目的，並不侷限於治病，更能洞燭機先治於「未病」、「未亂」。「從陰陽則生，逆之則死」，《內經》養生的總原則是「法於陰陽」，亦即日常生活要按照宇宙自然的陰陽規律來進行。《內經》提出了「預防重於治療」的重要觀念，認為若等到疾病形成再尋求治療，為時已晚，治療將費時費力，這是下下之策。《內經》「治未病」的觀點完全符合現代先進的保健思想，無疑是中國養生學的先驅。

《黃帝內經》是現存最早的中醫理論著作，《黃帝內經》整理先人積累的豐富的醫療經驗，形成系統的醫學理論，建立了中醫學臨床規範，成為中國傳統科學中探討生命規律及其醫學應用的系統學問。中國哲學重視生命的特質，

---

46 《黃帝內經素問集注．序》。見張志聰集注：《黃帝內經集注．素問》（杭州：浙江古籍出版社，2002年），序頁1。

47 張志聰集注：《黃帝內經集注．素問》（杭州：浙江古籍出版社，2002年），頁12-13。

在《內經》中發揮得更為徹底，不但成為中國養生思想的根源，對後世中醫學理論的奠定有深遠的影響。

《黃帝內經》提到：「聖人不治已病，治未病；不治已亂，治未亂。」「治未病」乃屬養生學的範疇，也是預防醫學的目標。預防勝於治療，而預防要及時，養生要趁早。《黃帝內經》代表的是貴族醫學，其與代表平民醫學的《傷寒論》根本的區別在於：《黃帝內經》追求的是長生、長壽，其醫理是扶陽固本，手段是強調個性化的養生，強調元氣對人體的意義，故而很少用藥；到了漢朝被尊為「醫聖」的張仲景《傷寒論》出現的時期，人們的生活方式發生極大的改變，治病療疾成了首要。身體是修道的工具，養身是為了修德，而修德亦能養身，二者互為因果。如何頤養健康的身心靈，在《周易》頤卦和《黃帝內經》中皆可看到先民的真知灼見，現代人若能汲取古人的養生智慧，必能活得神采奕奕，氣足神旺，生活有高度品質，並提昇靈性的成長與完成此生重要的使命工作。

三　《黃帝內經》的養生方法

《內經》說：「上古之人，春秋皆度百歲，而動作不衰。」在此已肯定了養生保健的功效與意義，強調身體的保健是能夠透過後天的養護與正確的生活節奏，達到健康長壽的終極目標。《內經》認為人的身體只要好好的保養，便能「度百歲」，因此文本中也提出具體的養生方法，以下就「飲食養生」、「順時養生」、「情志養生」三個面向加以分析。

（一）飲食養生

《內經》養生首重飲食有節，不可過量。《素問．上古天真論》：

> 食飲有節，起居有常，不妄作勞，故能形與神俱，而盡終其天年。[48]

48 程士德：《素問注釋匯粹》（北京：人民衛生出版社），頁4。

吳崑注：「食飲有節，則不傷其腸胃，起居有常，則不殃其精神。」[49]養生須注意節制飲食，不貪口腹之欲，生活起居正常，則能享有天年。《素問．痺論》：「飲食自倍，腸胃乃傷。」[50]可知飲食不節制，會損傷腸胃，妨害健康。《管子．內業》也說：「食莫若無飽，思莫若勿致。節適之齊，彼將自至。」[51]食太飽則傷胃，思太則傷神，二者皆非養生正道，故當知所節制，自可養生。《素問．生氣通天論》：

> 因而飽食，筋脈橫解，腸澼為痔……因而大飲，則氣逆。[52]

飲食不能過量，若大飲大食，則經脈氣血皆易受傷。《素問．五常政大論》也說：

> 穀肉、果菜，食養盡之，無使過之，傷其正也。[53]

飲食養生依靠穀物、肉類、果品、蔬菜，但不可過食，否則會傷人正氣。在飲食養生上，孔子也提出重要的觀點：

> 食不厭精，膾不厭細。食饐而餲，魚餒而肉敗，不食。色惡，不食。臭惡，不食。失飪，不食。不時，不食。割不正，不食。不得其醬，不食。肉雖多，不使勝食氣。惟酒無量，不及亂。沽酒市脯不食。不撤薑食。不多食。祭於公，不宿肉。祭肉不出三日。出三日，不食之矣。食不語，寢不言。雖疏食菜羹，瓜祭，必齊如也。[54]（《論語．鄉黨》）

49 同上注。

50 徐芹庭：《細說黃帝內經》（新北市：聖環圖書股份有限公司，2006年），頁1042。

51 李勉：《管子今註今譯》（臺北：臺灣商務印書館，1994年），頁787-788。

52 程士德：《素問注釋匯粹》（北京：人民衛生出版社，1981年），頁49。

53 同上注，頁307。

54 朱熹集註、蔣伯潛廣解：《語譯廣解四書讀本》《論語》（臺北：啟明書局，1980年），頁142。

孔子頗為重視食物衛生與節制飲食，故提出精闢且符合今日衛生教育的飲食見解，強調飲食要新鮮、不多食、食不語、定時定量、切割端正……。

其次，**要按時進食**。《靈樞．五味》：「穀不入，半日則氣衰，一日則氣少矣」。不按時進餐，過饑將會引起氣血衰少。

第三，飲食要清淡素食，《素問．遺篇刺法論》：

> 欲令脾實，氣無滯飽，無久坐，食無大酸，無食一切生物，宜甘宜淡。[55]

《素問．生氣通天論》也說：「膏粱之變，足生大疔。」[56]多食肥甘厚味，蓄為內熱，易引起癰疽瘡毒。由以上可知，《內經》強調飲食不可過飽，不可久坐，且宜清淡素食。

第四，均衡飲食，不可偏食，《素問．五臟生成論》：

> 多食鹹，則脈凝泣而變色；多食苦，則皮槁而毛拔；多食辛，則筋急而爪枯；多食酸，則肉胝皺而唇揭；多食甘，則骨痛而髮落，此五味之所傷也。[57]

《內經》提示若偏嗜五味，將傷害五臟，進而對全身造成嚴重傷害。《素問．生氣通天論》：

> 味過於酸，肝氣以津，脾氣乃絕；味過於鹹，大骨氣勞，短肌，心氣抑；味過於甘，心氣喘滿，色黑，腎氣不衡；味過於苦，脾氣不濡，胃氣乃厚；味過於辛，筋脈沮弛，精神乃央。[58]

---

55 程士德：《素問注釋匯粹》（北京：人民衛生出版社，1981年），頁521。

56 同上注，頁134。

57 張志聰：《黃帝內經集注》（杭州：浙江古籍出版社，2002年），頁81。

58 程士德：《素問注釋匯粹》（北京：人民衛生出版社，1981年），頁53。

張志聰注：「過食鹹則傷骨，故骨氣勞傷。水邪勝則侮土，故肌肉短縮。水上淩心，故心氣抑鬱也。」[59]可知長期偏嗜某種食物，可能使五臟機能受損，久則產生多種病變。因此五味要適當取食，太過與不及皆傷身，《素問．生氣通天論》：

> 是故謹和五味，骨正筋柔，氣血以流，腠理以密，如是則骨氣以精。謹道如法，長有天命。[60]

「謹和五味」，乃提醒飲食不能過酸、過鹹、過甘、過苦、過辛，飲食五味應當適度，不要偏嗜，五味貴得其平，要注重味道的平衡，也就是均衡飲食，才能生氣通天，長有天命。此外，食物的種類要符合五行的原則，要多樣化，《內經》認為：

> 五穀為養，五果為助，五畜為益，五菜為充，氣味合而服之，以補精益氣。此五者，有辛酸甘苦鹹，各有所利，或散或收，或緩或急，或堅或耎，四時五藏，病隨五味所宜也。[61]

「五穀」是補養身體最重要的食物，此外，「五果」、「五畜」、「五菜」，這些食物也有助益作用，要「氣味合而服之」，便可補精益氣，「辛酸甘苦鹹」各種滋味，各有所利。《內經》強調飲食要多樣化，五味各有不同的作用，各種食物各有其精華、營養。如若生病，依照病情斟酌調配五味飲食，將可得到良好的療效。

《內經》飲食養生的重點在於「飲食有節」、「謹和五味」，從食物的種類，到調配料理，《內經》極為重視食物陰陽五行的類比調配關係。何謂美

---

59 程士德：《素問注釋匯粹》（北京：人民衛生出版社，1981年），頁53。

60 同上注。

61 鄭林主編：《張志聰醫學全書》（北京：中國中醫藥出版社，1999年1月），〈素問集注．藏氣法時論〉，頁103。

食？依照《內經》的觀點，五味調和、營養調和的食物即是美食，也就是對於人體有幫助，營養均衡，口味適當，就是美食。這是現代人飲食生活可取法之處。綜合言之，飲食宜遵循正道，定時定量，營養均衡，勿暴飲暴食，保持身心愉快，且必須注意清潔與衛生，所謂「病從口入，禍由口出」，節制欲望，以免食之過度，樂極生悲。〈頤卦・彖〉:「頤貞吉，養正則吉也。」[62]《易經・頤卦》也認為養生之道正確與否，在於自己對物欲的控制程度，若飲食養生方法不正確，則百病叢生。以現代醫學觀點而言，偏食、飲食不節、暴飲暴食、飲食過量、貪嗜重味，皆是摧殘健康的元凶。飲食營養不當是導致身體早衰的原因之一，動物實驗說明：降低30%-40%的平衡營養水平，可保證緩慢的生長率，使預期壽命延長1/3-1/2。一些營養家認為，人的總能量攝入減少1/2-1/3，壽命將會延長。這是因為糖、脂肪、蛋白質在代謝過程中，產生大量氧自由基（freeradical），漏出線粒體（mitochondria）膜，引起組織細胞的損傷，導致人體衰老。節制飲食，可以延緩衰老。飲食失節，營養失調，將影響人體的生長發育，引起早衰，縮短壽命。[63]因此，若能遵循《內經》飲食養生的原則，飲食有節，按時飲食，清淡飲食，均衡飲食，身心自然和順暢旺，生機蓬勃，遠離病災。

（二）順時養生

《黃帝內經》重視「因天之序」順時養生，提出四季養生。人類既然生存於自然環境中，自然受到自然界變化之牽引、影響，故人應適應自然界之變化，受自然規律的制約，順之則生，逆之則亡，隨著四時氣候之變化而調適、養生，才能身康體健，不易致病。順時養生，是在天人相應的理論之下所發展出來的人體保養方法。《內經》說：

> 夫四時陰陽者，萬物之根本也。所以聖人春夏養陽，秋冬養陰，以從其根，故與萬物沉浮於生長之門。逆其根，則伐其本，壞其真矣。故陰陽

62 樓宇烈校釋：《老子周易王弼註校釋》（臺北：華正書局，1981年），頁526

63 張學梓、錢秋海、鄭翠娥：《中醫養生學》（北京：中國醫藥科技出版社，2002年），頁94。

> 四時者，萬物之終始也，死生之本也，逆之則災害生，從之則苛疾不起，是謂得道。道者，聖人行之，愚者佩之。從陰陽則生，逆之則死。從之則治，逆之則亂。反順為逆，是謂內格。[64]

《內經》認為，陰陽四時是萬物的根本，是生命源起。天地萬物，都必須要順應天地周期循環的規律，聖人行道，即順應自然，依循自然的規律法則，因此能守護生命，養生長壽；如果違背陰陽，不能順應自然規律，「逆之則死」，就會「災害生」。因此，掌握「春夏養陽，秋冬養陰」的法則，調陰陽，應四時，順應陰陽四時而調整生命活動，便是《內經》養生的關鍵。《內經》中〈四氣調神大論〉篇便明述了四個季節不同的養生法則：

> 春三月，此謂發陳，天地俱生，萬物以榮，夜臥早起，廣步於庭，被發緩形，以使志生，生而勿殺，予而勿奪，賞而勿罰，此春氣之應，養生之道也。逆之則傷肝，夏為寒變，奉長者少。
>
> 夏三月，此謂蕃秀，天地氣交，萬物華實，夜臥早起，無厭於日，使志無怒，使華英成秀，使氣得泄，若所愛在外，此夏氣之應，養長之道也。逆之則傷心，秋為瘧，奉收者少，冬至重病。
>
> 秋三月，此謂容平，天氣以急，地氣以明，早臥早起，與雞俱興，使志安寧，以緩秋刑，收斂神氣，使秋氣平，無外其志，使肺氣清，此秋氣之應，養收之道也。逆之則傷肺，冬為飧泄，奉藏者少。
>
> 冬三月，此為閉藏，水冰地坼，無擾乎陽，早臥晚起，必待日光，使志若伏若匿，若有私意，若已有得，去寒就溫，無泄皮膚，使氣亟奪，此冬氣之應，養藏之道也。逆之則傷腎，春為痿厥，奉生者少。[65]

---

64 鄭林主編：《張志聰醫學全書》（北京：中國中醫藥出版社，1999年1月），〈素問集注．四氣調神大論〉，頁13。

65 徐芹庭：《新細說黃帝內經》（新北市：聖環圖書股份有限公司，2016年），頁278。

〈四氣調神大論〉是《內經》論述四時養生的重要篇章，意指要順應四時陰陽氣候變化而調神，此處的「神」是指精神情志，是一切生理、心理活動的主宰，也是生命活動現象的總領導。全篇講述人應隨春夏秋冬四時之氣變化的特點，以調攝精神情志，因而得名。人生於天地之間，依天地之氣生，既依賴自然而生存，就應順四時之法受到自然規律的制約。自然界雖不斷的運動變化，人若能與自然和諧統一，做到天人合一，與自然同節奏，就可盡享天年。否則將造成疾病的發生。《靈樞．本神》曰：

> 故智者之養生也，必順四時而適寒暑，和喜怒而安居處，節陰陽而調剛柔。如是則僻邪不至，長生久視。[66]

張志聰注：「此皆心神之運用，故智者順承天地之性，而得養生之道也。」[67] 季節變化推動著萬物生長的正常進行，智者順承天地之性，能適應四時氣候之變化，掌握養生之道，身體得以康健。《素問．寶命全形論》曰：「人以天地之氣生，四時之法成。」張介賓注：「春應肝而養生，夏應心而養長，長夏應脾而養化，秋應肺而養收，冬應腎而養藏，故以四時之法成。」[68]順應自然，理解「天人相應」，掌握自然的規律與節奏，順應四時變化做好自我調節、養護，此即為養生之要訣。《素問．上古天真論》曰：

> 有賢人者，法則天地，象似日月，辨列星辰，逆從陰陽，分別四時，將從上古合同於道，亦可使益壽而有極時。[69]

由以上可知，上古賢者，與萬化同流，法天地，應四時陰陽變化，善處四時之

---

66 張學梓，錢秋海，鄭翠娥：《中醫養生學》（北京：中國醫藥科技出版社，2002年），頁15。河北醫學院：《靈樞經校譯》（北京：人民衛生出版社，1995年），頁176-177。

67 河北醫學院：《靈樞經校譯》（北京：人民衛生出版社，1995年），頁176-177。

68 程士德：《素問注釋匯粹》（北京：人民衛生出版社，1981年），頁384。

69 徐芹庭：《細說黃帝內經》（新北市：聖環圖書股份有限公司，2000年），頁116。

序，春溫，夏熱，秋涼，冬寒，依時養生，故能不受外邪侵犯干擾，四季和順，自能延年益壽。

中國的傳統醫學提倡「天人合一」的理論，認為「人身小宇宙，宇宙大人身」，人體的健康是離不開天道，一個人身心健康或疾病都和周圍的自然環境有著密切的關係。養生不能逆天而行，只有合乎自然的規律，自然就是道，就是天命，只有應承天命，「與道合一」，才能得到真正的健康。四時養生的理論觀念明顯地來自於天人相應。得道的聖人，能透視陰陽四時背後的規律，掌握宇宙運行的根本法則，將人體與道體類比，順應自然運行的規律，過著「合於道」的生活，依時養生，因此能「苛疾不起」、「長生久視」，健康長壽。

（三）情志養生（調攝情志）

《內經》認為百病生於氣，情志若不協調，則百病叢生。《內經・素問》說：

> 百病生於氣也，怒則氣上，喜則氣緩，悲則氣消，恐則氣下，驚則氣亂，思則氣結。[70]

「氣」影響健康甚大，情緒的波動常是致病的因素，內心如果能常保平靜、理性、客觀、穩定，則精氣充足，元神光彩，身心愉悅健康。《內經・素問・陰陽應象大論篇》：

> 人有五藏，化五氣，以生喜怒悲憂恐。故喜怒傷氣，寒暑傷形。暴怒傷陰，暴喜傷陽。……在志為怒，怒傷肝；……在志為喜，喜傷心……；在志為思，思傷脾……；……在志為憂，憂傷肺……；在志為恐，恐傷腎。[71]

---

70 同上注，頁285。

71 鄭林主編：《張志聰醫學全書》（北京：中國中醫藥出版社，1999年），頁26-29。

馬蒔注：「人有肝心脾肺腎之五臟，以化五臟之氣，而喜怒悲憂恐之五志而生焉。」[72]《內經》文本以五行對應五臟，並列舉出五種會傷及內臟的情緒，分別為「怒、喜、思、憂、恐」，明述情緒對於身體的影響，又提出「暴怒」傷陰、「暴喜」傷陽，認為情緒的起伏是疾病產生的重要因素，對身體傷害甚大，若不自我節制，任由情緒氾濫，暴怒狂悲，將危及生命。所以提出了預防的方法，就是要調攝情志。《內經》還提到：

> 凡此十二官者，不得相失也。主明則下安，以此養生則壽、歿世不殆，以為天下則大昌。主不明則十二官危，使道閉塞而不通、形乃大傷，以此養生則殃，以為天下者，其宗大危，戒之戒之。[73]

「十二官」是指人體內的六臟六腑，體內各臟腑要健康平衡，身體才會康健。而「心」之官最為重要，心是十二臟腑之主，可稱為「君主之官」，就像君主統治全國一樣統攝全身。因此想要長壽健康就要先懂得養心，如果不懂得養心，全身都會遭殃，而體內臟腑也會失序大亂。《內經》此段文字在說明精神的調和與否對於體內各臟腑的影響變化與協調性的重要。心之官就是精神之府，《內經》認為，精神失序，體內臟腑功能便會紊亂，以今日西醫而言，便會產生內分泌失調、免疫力下降等問題，這便是人體生病的原因，楊定一說：

> 我們原本是和諧、快樂和健康的，但當量子諧振被破壞時，身心就會被帶往退化與不快樂的道路上。於是引發許多所謂的文明病，包括高血壓、心臟病、糖尿病、纖維肌痛症、憂鬱症、癌症，以及其他許多慢性病。[74]

---

72 程士德：《素問注釋匯粹》（北京：人民衛生出版社，1981年），頁75。

73 鄭林主編：《張志聰醫學全書》（北京：中國中醫藥出版社，1999年1月）〈素問集注・靈蘭祕典論〉，頁41。

74 楊定一：《真原醫》（臺北：天下文化出版社，2012年），頁153。

因此，養生首重調養精神，「主明則下安，以此養生則壽」，主明，就是要精神清明，內心平靜，情緒調和，故《內經》養生方法，重要的第一步，便是調攝心志。

而如何調攝心志呢？《內經》說：

> 恬淡虛無，真氣從之，精神內守，病安從來。是以志閑而少欲，心安而不懼，形勞而不倦，氣從以順，各從其欲，皆得所願。故美其食，任其服，樂其俗，高下不相慕，其民故曰樸。是以嗜欲不能勞其目，淫邪不能惑其心，愚智賢不肖，不懼於物，故合於道。[75]

《內經》提出調攝情志的方法在於「恬淡虛無」、「精神內守」。少欲則恬淡；神不外馳，則內守。其中關鍵在於不貪不求，「高下不相慕」，減少欲求，不與他人攀比，避免滋生負面的情緒干擾自己的心神，這樣才能達到精神飽滿充實，氣足神旺。

內心清靜、不起妄念是養生的重要原則，一個人若能滌除雜思，淡泊寡欲，淨化心靈，則能身心康泰，疾病無所從來。《素問．痹論》：「靜則神藏，躁則消亡。」[76]張志聰說：「靜則神氣藏而邪不能侵，躁則神氣消亡而痺聚於藏矣。」[77]《內經》認為靜則神聚外邪不侵，躁則神亡百病叢生。《素問．至真要大論》：「清靜則生化治。」人若能常守清靜之道，則生化順常，生命自可綿延長久。《素問．陰陽應象大論》：

> 是以聖人為無為之事，樂恬憺之能，從欲快志於虛無之守，故壽命無窮，與天地終。[78]

---

75 鄭林主編：《張志聰醫學全書》（北京：中國中醫藥出版社，1999年1月），〈素問集注．上古天真論〉，頁8。

76 徐芹庭：《細說黃帝內經》（臺北：聖環圖書股份有限公司，2006年），頁1042。

77 曹炳章主編：清．張隱庵，黃帝內經素問集注，中國醫學大成（一）（北京：中國中醫藥出版社，1997年），頁138。

78 程士德：《素問注釋匯粹》（北京：人民衛生出版社，1981年），頁95。

《內經》認為心靈虛靜，無為恬淡，知足常樂，可以長生。《黃帝內經・靈樞》：

> 夫百病之始生也，皆生於風雨寒暑，清濕喜怒。喜怒不節則傷臟，悲哀愁憂則動心。[79]

《內經》認為情緒過於激烈，會傷害五臟身心；喜怒不節、悲哀愁憂更是擾動內心，健康的殺手。因此，情緒若能保持穩定，內心平靜安和，人就不易生病，因此，情緒安定、精神愉快有利於養生。而讓情緒波動最大的因素是「嗜欲」,「嗜欲」的害處誠如《內經・素問》所言：

> 歧伯曰：嗜欲無窮，而憂患不止，精氣弛壞，榮泣衛除，故神去之而病不愈也。[80]〈湯液醪醴論第十四〉

貪求無饜雖是人之常情，然人若汲汲營營追逐於外在物欲，心隨物轉，「嗜欲無窮」，必然疲於奔命，精神衰敗，不僅會引發內在身體的疾病，還會「憂患不止，精氣弛壞」，永無安寧，誠如《佛說八大人覺經》所言：「多欲為苦。生死疲勞。從貪欲起。少欲無為。身心自在。」多欲是苦，多愁煩憂是疾病的源頭，人不能長壽健康，病根乃貪欲過甚，有欲貪就有煩惱。

《韓非子・解老》說：「眾人之用神也躁，躁則多費，多費之謂侈，聖人之用神也靜。靜則少費，少費之謂嗇。」[81]可見清靜使人減少精氣的耗損。一個人若能放下妄念，心裡達到虛靜的狀態，就能固精存神，身體康健。《莊子・刻意》說：

---

79 張志聰：《黃帝內經集注》（杭州：浙江古籍出版社，2002年），頁383。

80 同上注，頁101。

81 陳奇猷校注：《韓非子集釋》（臺南：平平出版社，1974年），頁350。

> 平易恬澹，則憂患不能入，邪氣不能襲，故其德全而神不虧。[82]

平易恬儋無所求，精神不虧，形德既安，則邪氣無機可乘，身心自然安泰，《文子・守真》說：「靜漠恬淡，所以養生也。」[83]恬淡虛靜是養生之重要條件。全生之要訣乃養性以全氣，保神以安心，而如何全氣保神，則應去除情欲干擾，避免情緒過度起伏，內心寧靜平和，外無所求，心安神定，才是最佳的養生狀態。人若思慮過度，將精氣散失，心力交瘁，故宜減少思慮，以養心養氣。

不勞形苦思，不胡思亂想，保持內心愉悅，才是長壽百歲之道。無欲無為，息止萬念，虛靜凝神，可使氣和體柔，如此，延年益壽，長生可求。此為養生之至妙要道，故養生者應協調身心，使心情和諧舒暢，自如自在，方能「達延生命，壽與天齊」。近年來的精神官能症等，幻聽、幻象等問題，都是源自心靈的焦躁不安，百慮叢生，無法平靜，內心波濤起伏，疲於思慮，心神不安，飽受煩憂之煎熬。臺灣人一年吃掉十三億顆安眠鎮靜藥，嚴重到健保局去年開始控管醫師開藥。[84]精神科醫師楊聰財說：「無法安靜，代價就是自律神經失調。」而且分析：

> 噪音、焦慮會讓身體分泌可體松，傷害記意中樞，混亂人的免疫能力，干擾心臟血管、腸胃道，造成壓力性潰瘍。但在安靜時，大腦會出現 α 波，讓人清醒、放鬆，又能保持對外界警覺。[85]

現代醫家認為情緒過度波動，緊張與壓力將破壞身體的平衡。緊張性的長期不良刺激導致神經衰弱，頭暈腦脹，全身不適；進而導致內分泌紊亂，激素分泌失調，三大「緊張激素」大增：即糖皮質醇（Glucocorticoid）、腎上腺素

82 郭慶藩：《莊子集釋》（臺北：華正書局，1980年），頁538。

83 唐・徐靈府：《文子，通玄真經注》（臺北：世界書局，1962年），頁52。

84 《天下雜誌・安靜的魔力》（臺北：天下雜誌股份有限公司，2013年2月），頁120。

85 同上注，頁124。

（Epinephrine）、正腎上腺素（Norepinephrine）增加，使身體總處於「應激、應急狀態」。高血壓、心臟病、動脈硬化自然而然發生了！身體潛力耗盡，抵抗能力下降，各種疾病也乘虛而入。所以消除或者最大限度的減少「緊張性」，保持心理平衡才能健康地歡度人生，這是養生的訣竅。[86]而人為何情緒多波動，多愁多憂？乃因妄念、欲求太多，貪欲是罪惡的源頭，妄念是痛苦的開始，故談養生，首先要消除過多的欲望、妄念，心靈才能平靜。

情志養生，可幫助人情緒舒暢，減少思慮，百脈氣血暢通。平易恬淡可以讓人內心寧靜愉悅，「心平愉」[87]、「血氣和平」[88]。心平則大地平，心安則大地安。心靜，氣就平順，要凝聚精氣，必須靠「精神內守」，內心虛靜。人在虛靜狀態下，生命磁場穩定，能量源源不斷，因此，恬淡養生，清靜養神，將使身心康泰，長生無憂。

四　結語

健康的活著比什麼都重要，當一個人的身體出了毛病時，才會意識到除了健康，任何榮華富貴與名利地位都是浮雲。養生的意義是以對生命的保全和養護為目的，以延長生命為重心，生命誠可貴，先民很早就注重養生的課題。《黃帝內經》是中國現存最早的中醫理論著作，書中匯整先人積累的豐富醫療經驗與智慧，是中國傳統科學中探討生命規律與保健療癒的醫學寶典。

《內經》以道體為核心，以陰陽為總綱，建構了天人相應、陰陽相生的養生理論體系，書中所載的醫療哲學讓世人對於人體與疾病有了基本的認知，更可貴的是提出養生的指導原則「法於陰陽，合於術數」、「和陰陽」、「治未病」，對今日預防醫學提供珍貴的方法與觀念。

86 李順成、程玲玲、張景會：《一生的保健原理》（新北市：藝軒圖書出版社，1999年），頁278。

87 《荀子・正名篇》：「心平愉，則色不及傭而可以養目，聲不及傭而可以養耳，疏食菜羹而可以養口，麤布之衣、麤紃之履，而可以養體，屋室、廬庾葭、蒿蓐、尚機筵，而可以養形。故雖無萬物之美而可以養樂，無執列之位而可以養名，如是而加天下焉，其為天下多，其和樂少矣。夫是之謂重己役物。」

88 《荀子・君道篇》：「血氣和平、志意廣大，行義塞於天地之間、仁智之極也。」

「養生」即是「養護生命」。養，即供養之意，也就是提供維持生命的基本需求，此外，積極方面亦有調養之意，即藉著飲食、休閒、休息、運動、藥補等使身體得以恢復及調節機能；護，乃保護之意，也就是避免身心受到傷害，順應人事與天時，甚至積極掌握人事與天時，因天之序，順時養生，俾能盡其天年，甚至達到《內經》所言「壽敝天地，無有終時」的境地。

疾病的緣由，大多是因違反自然、違反道德、違反和諧，而《內經》治病的方法即在於生活作息、飲食、情志、運動、立身行事均須合乎自然、合乎道德、合乎和諧。《周易・既濟》說：「君子思患而預防之。」「治未病」是預防醫學的目標。真正的養生之道，是以提昇人的整個生命品質為目的。高品質的生命即能活到天年。預防勝於治療，而預防要及時，養生要趁早。身體是修道的工具，養身是為了修德，而修德亦能養身，二者互為因果。如何培養健康的身心靈，在《內經》中可看到先民防患未然之道與依循自然規律以養生的先知卓見，現代人若能汲取古人的養生智慧，建立良好的生活習慣與態度，必能遠離病痛，氣足神旺，完成此生重要的課題與工作。

以《莊子》作為方法

──荀子「聖/王」敘事與孔孟「聖人」敘事的深層結構重探

曾暐傑

國立臺灣師範大學國文學系副教授

摘要

所謂「以道家作為方法」，亦即在思想史的脈絡中，將「荀子思想的建構具有道家涉入的向度」之圖式作為基本預設，以道家的思維結構去檢視其可能涉入《荀子》的痕跡，並由此來釐清《荀子》與《論語》、《孟子》有什麼樣根本的差異。也就是說，在此一視域下的探究，將能夠指出《荀子》的確受到道家文本的影響，攝入《莊子》等相關經典思維，而形塑了與《論》、《孟》不同的論述結構。但這並非意味著荀子是為儒學的歧途，而應說這是戰國末年「新儒學」的統合性思維型式。如果從文本的深層結構來看便會發現：孔子與孟子的論述結構幾乎是以倫理場域涉入政治場域的「聖人」單向度表述，而荀子則是倫理場域與政治場域並舉的「聖王」雙向度表述。而《荀子》此一「聖王」論述中的「盡倫」、「盡制」，正與《莊子》中的「內聖外王」有著同樣的思維結構；而「內聖外王」是《論》、《孟》中所無，而為《荀子》在轉化中攝入的概念，甚而「內聖外王」在思想史上成為儒家思想的核心思維，由此可以理解到，荀子即便受到道家文本的涉入，但其並未離開儒家的核心價值，反而是企圖在孔子的論述基礎上，更進一步開展倫理之外的政治實踐向度。當然，這並不意味著孟子並無政治思維的向度，而是孟學以倫理實踐作為政治實踐的思維，在儒學內部的方法去彰顯政治向度；然而荀子選擇了以道家作為方法，涉入《莊子》內聖外王思想，從儒學外部對儒學進行回歸性重構。

關鍵詞：荀子、莊子、內聖外王、聖人、聖王、儒家

一　前言——以《莊子》作為方法

荀子在孔孟心性之學的典範（paradigm）中通常被認為是「儒學之歧途」[1]，此是對於韓愈（768-824）:「孔子傳之孟軻，軻之死，不得其傳焉」(〈原道〉)[2]的道統敘事接著講而形成的意識型態。據此產生了如程頤（1033-1107）所說「荀子偏駁，只一句性惡，大本已失」(〈伊川先生語五〉)[3]、朱熹（1130-1200）所謂「不須理會荀卿，且理會孟子性善」[4]，乃至於當代新儒家牟宗三（1909-1995）先生認為:「荀子之學不可不予以疏導而貫之于孔孟」、「荀子之廣度必轉而繫屬于孔孟之深度，斯可矣。否則弊亦不可言。」[5]這顯示出在思想史中有著一超越歷時性脈絡的穩定非荀結構。

也就是說，儒學道統意識的論述在思想史的脈絡中是如同馮友蘭（1895-1990）所謂「接著講」的推進歷程。[6]亦即在宋明新儒學乃至當代新儒學的典範內，雖然都承繼了韓愈孔孟的道統，但都在各自的時代與脈絡中開展出新的向度與內涵，並非單純地「照著講」。由此可以理解到：荀學的批判在思想史的歷程中有其穩定性結構，不隨著歷時性脈絡而改變，那麼荀學的結構必然有其作為孔孟儒學的他者之關鍵性脈絡。這或許與荀子處於戰國末年時代的交界點，而作為先秦思潮的整合者有關。亦即如同佐藤將之教授所說:「荀子思想的意義在於其戰國各種思想的綜合」[7]，這點可由《荀子‧解蔽》中的論述探得端倪：

> 墨子蔽於用而不知文。宋子蔽於欲而不知得。慎子蔽於法而不知賢。申

1 勞思光：《新編中國哲學史》(一)(臺北：三民書局，2005年)，頁316。

2 〔唐〕韓愈撰，劉真倫、岳珍校注：《韓愈文集彙校箋注》(北京：中華書局，2010年)，頁4。

3 〔宋〕程灝、程頤撰：《二程集》(臺北：漢京文化，1983年)，頁262。

4 〔宋〕黎靖德編，王星賢點校：《朱子語類》(北京：中華書局，2007年)，頁3254。

5 牟宗三：《名家與荀子》(臺北：臺灣學生書局，2006年)，頁203-204、215。

6 參馮友蘭：《三松堂全集》第四卷(鄭州：河南人民出版社，2001年)，頁5

7 〔日〕佐藤將之：《荀子禮治思想的淵源與戰國諸子之研究》(臺北：臺大出版中心，2013年)，頁19。

子蔽於埶而不知知。惠子蔽於辭而不知實。莊子蔽於天而不知人……一家得周道，舉而用之，不蔽於成積也。[8]

由此可以見得荀子有意識地以解蔽作為方法去吸納與統合各家思想，以回歸其所認為「仁知且不蔽」的孔子之道。當然荀學脈絡中的「孔子之道」，對於漢唐以降的「孔孟典範」而言便是歧出——歧出於儒家心性之學的偏雜之學。但此是在儒學道統下所形成的解讀，具有意識型態的批判，假使暫且擱置儒家道統意識，回歸思想史發展的脈絡以及文本結構自身，那麼便能夠從思想內涵與論述結構上去思考「孔孟」與「荀學」的核心差異。[9]

也就是說在去道統化的脈絡下，孔孟心性之學與荀學是為「不同地理解」而非「較好地理解」[10]，如此來看，便會如同王邦雄所說：荀學「不是儒學的歧出，而當是儒學的特出。」[11]荀子思想必然有其與孔孟儒學特異之處，是以在儒家道統意識中成為他者、受到批判——關鍵即在於荀學的綜合性特質，亦即司馬遷（145-1B.C.）所說「推儒、墨、道德之行事興壞」（〈孟子荀卿列傳〉）[12]，藉由統合儒家、墨家與道家等學派思想，進而建構出在戰國末年具

8 〔清〕王先謙撰：《荀子集解》（臺北：世界書局，2000年），頁362-363。

9 儒學道統與宋明儒學典範對於荀學的批判是一種在心性之學脈絡下所形成的意識型態批判，但同樣地，荀子對於思孟學派、亦即心性之學典範的批判，也是一種意識型態的批判，這點由其在〈非十二子〉中批判道：「世俗之溝猶瞀儒、嚾嚾然不知其所非也，遂受而傳之，以為仲尼子弓為茲厚於後世：是則子思孟軻之罪也。」「弟陀其冠，神禫其辭，禹行而舜趨：是子張氏之賤儒也。正其衣冠，齊其顏色，嗛然而終日不言、是子夏氏之賤儒也。偷儒憚事，無廉恥而耆飲食，必曰君子固不用力：是子游氏之賤儒也。」便可見得荀子有著從理論論證批判過渡到人身論證批判的向度之傾向。見〔清〕王先謙撰：《荀子集解》，頁82、90-91。

10 「不同地理解」是為不在企圖針對所謂的傳統儒學的恢復為目標，不以道統意識去詮釋孔孟之學與荀學，而是接受每個學說的詮釋都有其時代性意義與前見，而無須重構或複製孔子學說原本的狀態——即便無論是孟子或是荀子，在詮釋的當下都自我認同作為重現孔子的本義。但在當代研究的脈絡中，如能理解到：作為詮釋者的孟子與荀子，都「不是為了復古而復古，而要強調理解上古能古為今用，強調一種歷史實效的連續性與融貫性」，便能夠暫時擱置意識型態，而從文本自身的結構與內涵去再詮釋。參張鼎國著，汪文聖、洪世謙編：《詮釋與實踐》（臺北：政大出版社，2011年），頁124。

11 王邦雄：〈由老莊道家析論荀子的思想性格〉，《鵝湖學誌》第27期（2001年12月），頁28。

12 〔漢〕司馬遷撰，〔日〕瀧川資言考證，楊海崢整理：《史記會著考證》（上海：上海古籍出版社，2015年），頁3044。

有「現代性」意義的「新儒學」——然而也正是此一綜合性弱化了儒學的純粹性，是以在儒學道統中被視為歧途。[13]

誠如佐藤將之教授所指出：《史記》的論述脈絡中，「道德」與「道家」具有詞彙上的可互換性，由此對照《荀子》論述的內涵，的確可以發現荀子思想受到道家影響甚多，甚至可說是以道家作為方法去開展儒學——開展一個符合戰國末年具有時代性意義的儒學系統。[14]諸如其「虛壹而靜」的修養論、「天行有常，不為堯存，不為桀亡」的天論，都與《莊子》有所連結。是以那個所謂的時代性意義乃至於後來儒學道統所視之為歧途的部分，很大一部分可以說便是來自於道家；或者，更準確地說，來自於莊子思想的滲透，是以莊學作為方法的展開。

此正如倪德衛（David S. Nivison, 1923-2014）所指出：荀子「對於心的觀念，明顯地包含了道家的色彩」[15]，尤其對於《莊子》篇章有著明確連結的事實。王葆玹與何志華也同樣指出：荀子撰作時正是《莊子》於戰國流行之時，是以兩者之間有著相當程度的交涉[16]；甚至如王邦雄所說：「荀子思想可直承老莊道家而來。」[17]是以可以了解到，當前學界可說已有基本的共識，認為除了在儒家的向度去詮釋荀學外，「《莊子》對《荀子》的影響也不可忽視。」[18]

---

13 此一荀學對當代學者而言是為「古代」哲學，但對荀子當下而言，便是一種相對於原始孔孟儒學，具有「現代性」意義的論述脈絡，一種以統合各家思想以回歸孔子學說的思維與進路。這點由其對俗儒的批判：「略法先王而足亂世術，繆學雜舉，不知法後王而一制度，不知隆禮義而殺詩書」（〈儒效〉），便可以理解到荀子有意識地在「法先王」中承繼傳統，並藉由「法後王」去開創「戰國時代的當代性思維」。見〔清〕王先謙撰：《荀子集解》，頁120。

14 更準確地說，那是對廣義的「道德之學」的指涉，包含老莊、黃老與法家的統合，如此便能藉由太史公此一概括符應〈解蔽〉中的指涉以及符合《荀子》思想的內涵。也就是說，所謂的道德／道家並非後代思想史脈絡中專指老莊之「道家」，而是包含諸如黃老之學、申韓此類黃老法家的部分。然而不能否認的是：老莊思想的確對於荀子具有重要影響與滲透。參〔日〕佐藤將之：《荀子禮治思想的淵源與戰國諸子之研究》，頁71。

15 David S. Nivison, "Hsun Tzu and Chuang Tzu," in *Chinese Texts and Philosophical Contexts: Essays Dedicated to Angus C. Graham*. ed. by Henry Rosemont. La Salle, IL: Open Court, 1991, pp. 130-131.

16 參王葆玹：《老莊學新探》（上海：上海文化出版社，2002年），頁190；何志華：〈採信與駁詰：荀卿對莊周言辯論說之反思〉，《中國文化研究所學報》第65期（2017年7月），頁7。

17 王邦雄：〈由老莊道家析論荀子的思想性格〉，頁10。

18 〔日〕佐藤將之：《荀子禮治思想的淵源與戰國諸子之研究》，頁20。

關於莊荀關係的論述亦如史托納克（Aaron Stalnaker）所指出：「關於荀子對於莊子語言的借鑑已被指出」[19]——學者多在《莊子》與《荀子》的詞彙字句的相似性中進行比較與梳理，且有著豐碩的成果；但對於莊荀之間「借鑑的特質與本質」，是個仍然值得持續深化與開展的向度。或許可以藉由莊荀之間的交涉，梳理荀學文本的深層結構，探尋其在什麼樣的面向形成了與孔孟儒學典範之不可交涉性，而致使其被斥為儒學之歧途——另一方面也藉由此一孔孟儒學的他者，揭示孔孟儒學的深層結構及其核心價值。

二　「內—外」結構的涉入——荀學對孔孟儒學修養論的創造性詮釋

莊荀關係在前人研究的豐碩成果與基礎上，如何持續深化與開展的關鍵，或許如同馮耀明所指出：除了藉由「歷史語法的分析……揭示有關句子的表面結構（surface structure）」外，可以更進一步掌握文本的深層結構（deep structure），將有助於義理思想的詮釋與開展。[20]亦即在學者所梳理《荀子》文本中關於「虛壹而靜」、「大清明」的心之論述，「無為」、「道德」等修養與政治論述，以及非人格意涵的天之論述等與《莊子》文本中道家語彙的連繫性之基礎上，可以一定程度確立荀子確實受到莊子及其後學的影響[21]；那麼便可在《莊子》與《荀子》文本中探尋其論述深層結構的同構性，以深化兩者之間的鏈結。

亦即藉由文本的綜觀對比中，可以試圖去發掘是否有著在《莊子》與《荀子》之間具有共同的深層結構，而不見於《論》、《孟》的深層語法結構；這樣的深層結構不僅是「虛靜」、「清明」與「無為」這類在表面結構中有意識地創造性繼承，而是一種在論述中呈顯的無意識語法結構，其並非一明確的觀念及

19 Aaron Stalnaker, "Aspects of Xunzi's Engagement with Early Daoism," *Philosophy East and West* 53:1(2003.1), p. 87.

20 馮耀明：〈莊荀詁釋四題〉，《東海中文學報》第38期（2019年12月），頁26。

21 參〔日〕佐藤將之：《荀子禮治思想的淵源與戰國諸子之研究》，頁62；許從聖：〈虛靜．壹一．清明．水喻——莊子與荀子的心論異同重探〉，《臺大中文學報》第60期（2018年3月），頁45-94。

哲學語彙，而是融入文本論述脈絡中的一種深層結構。而在以此《莊》、《荀》《論》、《孟》四部經典的跨文本對讀中，便可以發現：作為儒家的荀子其論述脈絡中同《莊子》一般有著「內—外」結構；相對地，《論語》與《孟子》的語境中則無有此一深層結構。

（一）涉入他者・轉道成儒：從莊子的「內聖外王」到荀子的「盡倫盡制」

所謂的「內—外」語境的深層結構，是指「以身體為界線的內外」，亦即作為道德主體（moral subject）實踐為論述對象的內外場域之區分。所謂的「身體」是如同楊儒賓所說，先秦時期那種非生理性形體的「身體」，是意識、形軀、氣感與社會所相互含攝而不可劃分的共名，可以說是一種以身體主體（body subject）為中心的道德實踐思索下所形成的「內—外」結構。[22]亦即這不僅只是語法脈絡中的功能性詞彙，而是一種作為道德實踐脈絡下之道德實踐場域的結構性區分——「內」與「外」自身便是一種道德實踐的指涉，且在語境中具有不可劃分性。

1 源起：道家「內聖外王」的涉入

所謂的不可劃分性一如「內聖外王」之結構，「內」與「外」不僅僅是也不能只是作為「聖」與「王」的形容詞或副詞，而必須是同「聖」與「王」繫連為「內聖」與「外王」的完型結構。也就是說，「聖」、「王」必然分別與「內」、「外」構築而成一道德實踐場域之指涉對象而不能分割，亦即其語境不能重新繫連為「外聖」與「內王」，那在以道德主體為核心的論述脈絡中是不能成立的謬誤，亦即那樣的語言結構在道德哲學的系統中並無正當性與合法性。而「內聖外王」一語正是出於《莊子・天下》：

> 不該不遍，一曲之士也。判天地之美，析萬物之理，察古人之全，寡能

22 關於先秦時期的身體觀請參楊儒賓：《儒家身體觀》（臺北：中央研究院中國文哲研究所籌備處，1996年），頁9。

備於天地之美，稱神明之容。是故內聖外王之道，闇而不明，鬱而不發，天下之人各為其所欲焉以自為方。悲夫！百家往而不反，必不合矣。後世之學者，不幸不見天地之純，古人之大體，道術將為天下裂。[23]

由此可以理解到，就《莊子》而言，「內聖外王」便是極致而無所偏邪的道之整體，也就是《莊子》對於終極真理與實踐典範的指稱，亦即是「道」在人間對於道德主體而言實踐的判準，可作為其具有關鍵性意義的核心思想；甚至可以說至少在上古思想史的脈絡中，「內聖外王」是莊子特有的語彙與概念，那並不見於《論語》與《孟子》等儒家的經典與論述當中；然而，荀子恰好是最先提出近似於「內聖外王」觀念的思想家[24]：

凡以知，人之性也；可以知，物之理也。以可以知人之性，求可以知物之理，而無所疑止之，則沒世窮年不能徧也……曷謂至足？曰：聖王。聖也者，盡倫者也；王也者，盡制者也；兩盡者，足以為天下極矣。(〈解蔽〉)[25]

2 儒化：荀子「內聖外王」的轉化

由此可以見得荀子此處藉由「盡倫」與「盡制」建構了「聖」與「王」的兩個向度，也就是在內在意識形軀的身體去實踐倫常道德、於外在社會氣感的身體去實踐禮制政治，即呼應了《莊子》所謂的以「內」顯「聖」、以「外」踐「王」的「內聖外王」之思維。而荀子所謂的「盡」即是將倫常禮制實踐到極致，是為「至足」、「天下極」者，與《莊子》稱「內聖外王之道」為「析萬物之理，察古人之全，寡能備於天地之美，稱神明之容」之大體，有著同樣的論述脈絡，二者皆將「內聖外王」視為道德實踐的極致境界。荀子也指出了不

23 〔清〕王先謙撰：《莊子集解》(臺北：世界書局，2015年)，頁310。

24 參張亨：〈論「內聖外王」〉，《東華漢學》第25期(2017年6月)，頁245。

25 〔清〕王先謙撰：《荀子集解》，頁374-375。

能彰顯「內聖外王之道」的關鍵，正在於道之不能窮盡有所偏而「不能徧」，此一道德實踐的完型思考也直接呼應了《莊子》「不該不遍，一曲之士也」的思維。

如再進一步對比《荀子・解蔽》開篇之宣稱「凡人之患，蔽於一曲，而闇於大理」，更是可以發現其與《莊子・天下》此處「不該不遍，一曲之士也……是故內聖外王之道，闇而不明，鬱而不發」的敘事有著同構性，兩者的論述思維有著高度相似性，如此便可以初步設想與推論，荀子的論述體系可能來自於《莊子》，有著莊子思想的涉入。因為「內聖外王」一個作為《莊子》如此重要的核心概念，與之交涉的文本與思想家應該有所承繼與轉化。

由文本內部來看，《荀子》的思想與《莊子》思維體系及論述結構的確有著相互含攝的現象，且荀子在〈解蔽〉中指出「莊子蔽於天而不知人」，可以見得其有意識地超越性繼承莊子思想；[26]而再從歷史外緣因素而論，根據歷史文獻記載，荀子的生年明顯晚於莊子，且根據何志華教授等學者的考證，可以得知《荀子》篇章的撰作大抵皆在《莊子》成書之後，甚至如王葆玹教授所說，荀子在撰作〈解蔽〉時，正是《莊子》流行之時，如此更可以進一步推論，關於「內聖外王」的思維系統，是荀子對於《莊子》的吸納、是《莊子》文本對於《荀子》的涉入，而非來自於儒學系統內部。[27]

---

26 荀子在〈非十二子〉中並無在儒家意識型態中對莊子進行批判及產生排他性論述，而僅在〈解蔽〉中企圖解莊子之蔽，可以見得荀子認為莊子思想僅是蔽於一隅而非全然不可用，這點也就構成了荀子創造性轉化《莊子》思想系統的正當性，同時也證成荀子是有意識地將《莊子》涉入其思想體系之中。見〔清〕王先謙撰：《荀子集解》，頁362。

27 當然，《莊子》內篇、外篇與雜篇的撰作者與成書年代可能有其內部差異性，但在思想史的脈絡中而論，荀子受到《莊子》思想與論述結構的影響大抵是為學界所認可的——亦即或許以現今能夠掌握的文本來說，無法明確論證荀子的思想與成書直接受到莊子本人影響；但如將《莊子》作為一莊學系統，亦即視為莊周及其後學乃至於支派，那麼其對於《荀子》文本的影響與涉入大抵是不可否定的。關於荀子與莊子所處年代以及其著作成書時代，請參何志華：〈採信與駁詰：荀卿對莊周言辯論說之反思〉，頁7；王葆玹：《老莊學新探》，頁190；林麗玲：〈《荀子》與《老子》、《莊子》關係重探——從詞彙用例考察〉，《人文中國學報》第20期（2014年9月），頁41。

（二）自體免疫·荀學變異：以莊子的「內聖外王」重構儒家「聖人敘事」

在此內緣與外緣的雙重論證的基礎下，便可以進一步發掘到：除了《荀子》之外，在《論語》與《孟子》等先秦儒家典籍中並無「內聖外王」這樣的思想系統。此處所謂《論》《孟》中無有「內聖外王」的思維，並不只是文化詞源學（cultural etymology）意義上而論，指出早期儒家文本的表面結構中沒有「內聖外王」此一語彙；而是指至少在《論》《孟》文本的深層結構中，並沒有如同《莊子》與《荀子》這樣的「內聖外王」思想體系。[28]也就是說，有無「內聖外王」四字並非關鍵，關鍵在於是否具有「內—外」道德實踐結構以及「聖」與「王」的完型結構並舉。

亦即《荀子》在表面結構中並無「內聖外王」的詞源繼承，但是從上述其「聖也者，盡倫者也；王也者，盡制者」的論述結構來看，可說荀子在深層結構中繼承與轉化了《莊子》「內聖外王」的思維結構，而與孔孟有著不同的論述策略與結構，這或許也是孫卿在爾後思想史脈絡中成為儒學的他者與歧途之深層結構來源。此一關鍵差異在於：荀子的思想中有著「止諸至足……足以為天下極」的「聖王」（〈解蔽〉）[29]敘事，但在孔孟的論述系統中，僅有「聖人」而無「聖王」敘事。

在《論語》中全無「聖王」之論述，僅有三則提及「聖人」，其中〈子張〉

28 關於早期儒家是否有內聖外王之道，梅廣先生便曾從文化詞源學的脈絡去論證與否定，並指出「內聖外王」從來不屬於儒家體系，而是道家莊子刻意區別內外系統的論述，「無益且有害於儒學思考」；相對地，張亨先生則認為，如能「不泥於語言，不執著在這四個字上，儒家豈無內聖外王的想法？」其實梅先生從詞源學的表層結構去開展深層結構的比較，指出傳統儒家所謂的內聖外王之道並不能割裂，既不能割裂則不必也不能分舉「內聖」與「外王」進而產生這樣的語彙；而張先生則是從後設的角度去思考內聖外王的深層結構，進而思考孔孟儒學乃至宋明儒學的實質內涵，兩者各自從不同的層次方法去梳理與論證，各有其正當性。而本文在此基礎上，從深層結構的語境為核心，指出如以「內聖外王」作為考察，《莊》《荀》與《論》《孟》將可以在〈論六家要旨〉的學派劃分之外，嘗試呈現出另一個不同的脈絡思考。參梅廣：〈「內聖外王」考略〉，《清華學報》新41卷第4期（2011年12月），頁630、654；張亨：〈論「內聖外王」〉，頁250。

29 〔清〕王先謙撰：《荀子集解》，頁375。

中所謂：「君子之道，孰先傳焉？孰後倦焉？……有始有卒者，其惟聖人乎！」[30]指出能按照次第傳道授業者唯有「聖人」，此與同樣強調為學次第、明確指出「學惡乎始？惡乎終？曰：其數則始乎誦經，終乎讀禮；其義則始乎為士，終乎為聖人」（〈勸學〉）[31]的荀子雖有著類似的思維，但荀卿卻明確指出「學者以聖王為師，案以聖王之制為法」（〈解蔽〉）[32]，能夠作為典範的是為「聖王」而非《論語》中所謂的「聖人」。

亦即荀子在道德實踐中強調於政治場域中以「聖王」作為終極價值，其所建構的「君師」與《論語》中的「人師」有所不同。且從《論語・季氏》中孔子所說：「君子有三畏：畏天命，畏大人，畏聖人之言」[33]可以了解到，在孔門系統中以「聖人」為師，那是有意識地區別具有政治或權威的「大人」而言──也就是說，在《論語》中或許文化詞源學意義上的「聖王」語彙並未形成，但其所謂的「大人」即類似於荀子所言之「聖王」，但孔門系統中並不強調「盡制」的層次；或者說，孔子及其弟子並沒有企圖在道德實踐的脈絡中去建構一個對等的「內聖外王」系統，這也是梅廣先生所說：「先秦儒家思想在孟子以前都不用這個思維對立概念」[34]的關鍵所在。

相對的，荀子在〈勸學〉的為學次第中指出為學修養的目標在於成為「聖人」，但在〈解蔽〉中卻強調「以聖王為師」、「以聖王之制為法」，將至足之道歸諸「聖王」，如此便可以看出在荀學脈絡中，有意識地去劃分「意識形軀身體」內在修養極致的「聖人」與「社會政治身體」外在實踐極致的「聖王」。也就是說，在修養論中，為學實踐的極致僅是達致「盡倫者」的層次，然而終極關懷必須疊加政治向度在「盡倫者」之「聖」的基礎上，在道德實踐中去同時成為「盡制者」之「王」，如此才是為「天下極」之道，也正是「內聖外王」的完型結構實踐──對荀子而言，內聖外王是不可分割的究極之道，但卻

30 〔宋〕邢昺疏：《論語注疏》，收入阮元校勘：《重刊宋本十三經注疏》第八冊（臺北：藝文印書館，2001年），頁172。

31 〔清〕王先謙撰：《荀子集解》，頁9。

32 〔清〕王先謙撰：《荀子集解》，頁375。

33 〔宋〕邢昺疏：《論語注疏》，頁149。

34 梅廣：〈「內聖外王」考略〉，頁631。

不能不區別其內外次第而雙彰論述之。這正是其藉由涉入《莊子》的內聖外王之道，而建構出不同於孔子道德系統的關鍵。

三　「內聖外王」的虛實——荀學與孔孟儒學聖人觀的差異化詮釋

至於孟子則大抵繼承並深化了孔子思想而來，但相對於《論語》格言式語錄體的型式，《孟子》的論辯式語錄體更明顯地凸出在無有「內—外」論述結構中建構「聖人」敘事的脈絡；也能夠更清楚地呈顯：創造性轉化《莊子》「內聖外王」系統的荀子，與孔孟如何產生了對於儒學「不同地」詮釋。亦即相對於荀子有著「聖人—聖王」之二元「內—外」結構而論，在《孟子》中則只在「聖人」敘事中建構道德實踐進程，而無有「聖王」意識——或者更準確地說：其「聖王」的內涵被收攝在「聖人」體系之中，所謂的「盡倫」與「盡制」的實踐並不像荀子在二元結構中整合，而是在「聖人盡倫」敘事中體現「盡制」的一元的「盡倫／制」結構，這點可說幾乎與《論語》一致。在這個層次上，的確可以稱荀子是為儒學、是為孔孟心性之學的「特出」。

（一）虛化的聖王：在荀學建構的「盡倫盡制」結構回溯孟學

孟子的論述系統中無有「聖王」意識的思維結構，或許由《孟子》中唯一提及「聖王」的段落去梳理，反而能夠呈顯出此一不具「內—外」深層結構的關鍵。亦即〈滕文公下〉一篇中孟子說到：「聖王不作，諸侯放恣，處士橫議，楊朱、墨翟之言盈天。下天下之言，不歸楊，則歸墨」——指謫道家「楊氏為我，是無君也」、批判墨家「墨氏兼愛，是無父也」，而「無父無君，是禽獸也。」[35]此處可以發現，孟子攻訐的墨家與道家思想，卻也正是「推儒、墨、道德之行事興壞」（〈孟子荀卿列傳〉）的荀子，所據以摶成戰國新儒學的關鍵來源，那麼孟荀在思想史上的交鋒或許便不是偶然，而有其論述深層結構

35 〔宋〕孫奭疏：《孟子注疏》，收入阮元校勘：《重刊宋本十三經注疏》第八冊（臺北：藝文印書館，2001年），頁117-118。

的根本差異。

也就是說，從表層結構來看，孟子的論述中的確具有「聖王」此一詞彙，這並不代表其具有聖王意識；因為從深層結構而論，此一「聖王」與《莊》、《荀》中「內聖外王」系統中的「聖王」並非同一層次指涉。亦即《孟子》此處唯一的「聖王」論述是為實然（is）敘事，然而《莊》、《荀》脈絡中的「聖王」是為應然（ought）闡釋。所謂的實然敘事意味著：孟子此處僅是就政治場域中的歷史脈絡與現實意義進行表述，其中並不涉及道德主體的實踐意義；在《孟子》中關涉道德實踐的應然論述的脈絡，其皆以「聖人」作為敘事結構。

關鍵即在於此一段落之「聖王」是與「諸侯」、「處士」並立的結構，這都是政治場域中的身份指涉；孟子之所以提及「聖王」，是因為其此處的論述結構需要以「王」與「諸侯」、「士」這樣的政治身份形成一個由上而下全面性的政治場域含括——以強調整個戰國政治時空的混亂，以構成孟子之辯的正當性，亦即回應其所謂「予豈好辯哉？予不得已也」(〈滕文公下〉)[36]的論述策略。孟子在這裡完全沒有賦予「聖王」實質的內涵與道德義務的企圖，而僅僅是用以具現作為儒學他者的楊墨所形成世俗世界之墮落。

甚至可以說那是一種類似政治場域中「帝王—諸侯—大夫—士」身份階層結構的書寫慣性，並不意味著孟子具有聖王意識。[37]這點除了《孟子》全書僅此一處涉及「聖王」可以探得端倪外，更重要的是，此一對於世俗世界的實然敘事之後，對於理想時空的應然論述：[38]

> （甲）楊墨之道不息，孔子之道不著，是邪說誣民，充塞仁義也。仁義充塞，則率獸食人，人將相食。吾為此懼，閑先聖之道，距楊墨，放淫辭，邪說者不得作。作於其心，害於其事；作於其事，害於其政。聖人復起，不易吾言矣。(〈滕文公下〉)

---

36 〔宋〕孫奭疏：《孟子注疏》，頁118。

37 此如梅廣先生所說：孟子此處唯一的「聖王」指涉，僅是「實指（歷史上的，如堯舜）或虛指，是政治學說用語」，那只是強調理想中的君主在當下的世俗時空中並不存在的事實，並沒有理論上的實質意義。參梅廣：〈「內聖外王」考略〉，頁631。

38 〔宋〕孫奭疏：《孟子注疏》，頁118。

（乙）昔者禹抑洪水而天下平，周公兼夷狄驅猛獸而百姓寧，孔子成《春秋》而亂臣賊子懼……我亦欲正人心，息邪說，距詖行，放淫辭，以承三聖者；豈好辯哉？予不得已也。能言距楊墨者，聖人之徒也。（〈滕文公下〉）

此處可以見得孟子指出楊朱與墨翟的思想將形成無父無君的混亂狀態，那不僅只是思想的闡釋，而是對於現實社會政治場域行動的涉入──由邪說而誤導人民、使仁義無法在現實中彰顯，亦即其所謂「（甲）邪說誣民，充塞仁義」。也就是說，楊朱為我與墨翟兼愛這樣的學說主張，絕不只是思維上的差異，而是孟子所說「作於其心，害於其事；作於其事，害於其政」──是思想涉入政治行動的浩劫，是為政治場域中之事。然而，孟子卻將導正此一政治場域中恢復秩序規範的責任與期望訴諸「聖人」人格的連結而非「聖王」的政治實踐，也就是其所強調的：「（甲）聖人復起，不易吾言矣」、「（乙）能言距楊墨者，聖人之徒也」。

（二）隱藏的內外：在孟學潛在的「內聖外王」結構中顯題化

其實引文（甲）此處孟子所言「作於其心，害於其事；作於其事，害於其政」的「心—事」、「事—政」即具有《莊子》的「內聖—外王」與《荀子》的「盡倫—盡制」的「內—外」潛在結構，但是顯然孟子之時並沒有如同荀子去區分「盡倫之聖」與「盡制之王」，而如同梅廣先生所說：「內聖外王是一個整體概念，本無內聖之道、外王之道的分開說法」[39]；在孔孟的系統裡，既無分論內聖與外王之意識，自然也無涉入「內聖外王」一語彙之必要，因為無論是

39 當然這不意味著孔孟不具有「內聖外王」的內涵，如果從後設的角度將「內聖外王」作為一種詮釋的方法與工具，那麼的確也可以如同張亨先生所說，孔孟論述中政治實踐的部分即是一種「外王」──只必須意識到，在原始孔孟經典的脈絡中，他們沒有這樣的二元意識。而熊十力以降，在當代儒學研究的脈絡中，以「內聖外王」作為判準去詮釋儒學也有其正當性，因為那是一種以後設的角度去細緻地梳理孔孟心性結構的方法。如同古人對於形軀身體的理解與認識就是一整全的經絡化身體，而無當代西方解剖學的概念；但這不意味著今日論者不能以現代解剖學的觀念去解釋古代經絡身體之部分與全體之關係。參梅廣：〈「內聖外王」考略〉，頁623；張亨：〈論「內聖外王」〉，頁250。

孔子或孟子，對他們來說就只有道德實踐一事，而無所謂內外。

是以引文（甲）中「充塞仁義」便極為關鍵而具有雙重向度：「仁義充塞」同時指涉了道德主體的仁義放失，以及政治場域的仁義缺乏，那是個連繫學說思想與社會政治行動的關鍵；是含括了「楊墨之道不息，孔子之道不著」的思維向度與「率獸食人，人將相食」的社會政治向度。因為無論是道德主體的自我修養或是政治實踐，關鍵都在於孟子所說：「凡有四端於我者，知皆擴而充之矣，若火之始然，泉之始達。苟能充之，足以保四海；苟不充之，不足以事父母」（〈公孫丑上〉）[40]——擴充四端、彰顯良知、體現良能便是修身，也是政治實踐；是內亦是外，是以無內也無外。

亦即在此一脈絡中，孟子有著「心—事—政」一貫結構，這樣的結構貫穿了整部《孟子》而為其核心思想，與〈公孫丑上〉中所謂「先王有不忍人之心，斯有不忍人之政矣。以不忍人之心，行不忍人之政，治天下可運之掌上」相互含攝呼應。從深層結構而論，此一不忍人之心之仁心擴充，即是「內聖」；不忍人之政之仁政實踐，即是「外王」，這便如張亨先生所說，是一種「孟子式的內聖外王之道」[41]——但在孟子的思維裡，他沒有「內聖」、「外王」的意識、他沒有區別分判內聖與外王次第，對他而言，仁心仁政便是一無內無外的整全道德實踐。

就此脈絡而言，孟子仁心仁政思維與《禮記・大學》中所謂「物格而後知至，知至而後意誠，意誠而後心正，心正而後身修，身修而後家齊，家齊而後國治，國治而後天下平」[42]一氣呵成的工夫次第有其同構性。相對的，《荀子・大略》中言：「小人不誠於內而求之於外」、〈堯問〉內曰：「忠誠盛於內，賁於外，形於四海」[43]，都有著「誠於內」而「踐於外」的思維，是將格致誠正修齊治平的連續性道德實踐，劃分為「格致誠正—修齊治平」的內外二重結構，甚至是「格致誠正—修齊—治平」的三重結構。而從上述梳理中所揭示

40 〔宋〕孫奭疏：《孟子注疏》，頁66。

41 張亨：〈論「內聖外王」〉，頁250。

42 〔唐〕孔穎達疏：《禮記正義》，收入阮元校勘：《重刊宋本十三經注疏》第五冊（臺北：藝文印書館，2001年），頁983。

43 〔清〕王先謙撰：《荀子集解》，頁497。

《莊子》對於荀子思想的涉入，可以理解到，荀子這樣特出於孔孟儒學的「內—外」結構，大抵是以《莊子・逍遙遊》中所說：「定乎內外之分」，作為思維的方法與判準。

四 「盡倫盡制」的隱顯——荀學作為孔孟儒學他者的心性論反思

從孔孟心性儒學的典範而論，沒有「內聖—外王」的敘事結構，並不意味著孟子實質上沒有「外王」的向度，而僅是其「外王」的向度含括於「內聖」之中；然而既然無有所謂的「外王」，自然也不會且不需強調「內聖」，因為「內」與「外」在道德實踐系統內是為定向副詞，兩者有其相對性——其中一個向度的成立，必然伴隨著另一個向度存在的預設；沒有「外」的概念出現，則不會有「內」的概念，如此在孔孟儒學的典範中，自然不會有文化語義學脈絡下「內聖外王」此一用語的出現。是以可說孟學的道德實踐論述中內涵有一潛在的二元向度，然而這樣的二元向度在《孟子》的文本中並不存在，唯有從後設的角度去詮釋，此一二元向度才得以呈顯。

從上引文（乙）中所言：「昔者禹抑洪水而天下平，周公兼夷狄驅猛獸而百姓寧，孔子成《春秋》而亂臣賊子懼」可以發現，孟子於此處並列禹、周公與孔子，而三者所達至的成就「天下平」、「百姓寧」、「亂臣賊子懼」皆為政治場域中之「外王」之事；也就是說，孟子並未區分政治人與道德人，無論有無實際政治權位，對其而言一切的人格典範與實踐都是即內聖即外王的。是以孟子將禹、周公、孔子合稱為「三聖」。

而此處所謂的「聖」對孟子而言即是「聖人」，亦即其以「聖人」概括一切人格典範。這點從〈公孫丑下〉：「問曰：『周公何人也？』曰：『古聖人也』」；〈滕文公下〉：「堯、舜既沒，聖人之道衰」；〈盡心下〉：「聖人，百世之師也，伯夷、柳下惠是也」；以及〈公孫丑上〉中的一段論述探得端倪：[44]

44 〔宋〕孫奭疏：《孟子注疏》，頁81、117、251、55-56。

（丙）非其君不事，非其民不使；治則進，亂則退，伯夷也。何事非君，何使非民；治亦進，亂亦進，伊尹也。可以仕則仕，可以止則止，可以久則久，可以速則速，孔子也。皆古聖人也。

由此可以知道，除了引文（乙）中周公、孔子皆明確被定義為「聖人」外，包括堯、舜、伯夷、伊尹、柳下惠等人格典範也都是為孟子所謂「聖人」之符應對象。此如同姜龍翔教授所指出，孟子的「聖人」觀念存在著二元系統：其一為「在政治上發揮巨大影響力的帝王」，是為「聖王系統」；其一為講究「道德修養」的「聖賢系統」。[45]但必須理解到：這是從後設的角度去闡釋《孟子》中「聖人」敘事的深層結構，就孟子自身而言，這樣的二元系統並不存在；也就是說，他並沒有「聖王」與「聖賢」的區分意識，亦即沒有《莊》、《荀》論述中的「聖─王」與「內─外」思維結構──對孟子而言，人格典範皆是道德實踐的整體。

（一）在進退之間，無有內外：聖人涉入政治場域即是政治實踐

亦即「聖人」在道德的實踐中沒有修養向度與政治向度的「內─外」之別，只有藉由引文（丙）中所謂「進」、「退」、「仕」、「止」、「久」、「速」的從容轉換，亦即孟子所說：「古之人，得志，澤加於民；不得志，修身見於世。窮則獨善其身，達則兼善天下」（〈盡心上〉）[46]──無論是修身向度的求其放心，或是政治向度的經世濟民，都是道德主體的自我實踐、覺知與選擇。[47]對

45 參姜龍翔：〈論孟子聖人觀念的二元系統〉，《東華漢學》第9期（2009年6月），頁131。

46 〔宋〕孫奭疏：《孟子注疏》，頁230。

47 在當代漢語哲學場域中，一直有著「得志時是儒家，失意時是道家」的思維，認為這是承繼中國古代士人的二重人格型態而來。然而這樣的「得意時是儒家，失意時是道家」的心態，不免如同陳弱水先生所說「難免有些工具性，和個人生存意義的連結有時並不深刻」，不僅弱化了儒家精神、也污化了道家逍遙。但假使從孟子在進退之間的實踐便可以理解到：得志與不得志、仕與不仕，孔孟典範下的儒者，都已然有著自己的一套悠然從容的應對之道，而未必是道家思想的涉入。參金觀濤：《興盛與危機：論中國社會超穩定結構》（新界：香港中文大學出版社，1992年），頁263；陳弱水：《唐代文士與中國思想的轉型》（增訂本）（臺北：國立臺灣大學出版中心，2016年），頁216。

孟子而言，無所謂內外，一切皆是道德身體的生命實踐、一切都蘊含在自我那「形—氣—心」結構的身體形軀當中——修身是一種踐形、治國平天下亦是一種踐行，無一作為道德主體的行動不是踐形，這即是其特有的踐形觀。[48]是以孟子在〈離婁上〉即言：

> （丁）規矩，方員之至也；聖人，人倫之至也。欲為君盡君道，欲為臣盡臣道，二者皆法堯舜而已矣。不以舜之所以事堯事君，不敬其君者也；不以堯之所以治民治民，賊其民者也。孔子曰：「道二：仁與不仁而已矣。」[49]

1　「聖王」不是一種身份，只是「聖人」的政治涉入

其於此處單舉「人倫之至」之「聖人」，是以可以說，孟子的觀念中只有「盡倫」的「聖人」系統而無「盡制」的「聖王」系統，因為一切都是身體的自我實踐，不必特別去凸出政治實踐的向度，因為所謂的政治實踐也僅是道德修養的過渡與延伸——如此處引文（丁）所述「欲為君盡君道，欲為臣盡臣道」，那不是在道德實踐外別有一事，而是唯有挺立道德主體，達至「人倫之至」的「聖人」境界，才有能力也才有資格去修身、齊家、治國、平天下，這也是為何孟子會強調：「惟聖人，然後可以踐形」（〈盡心上〉）[50]——先做人，再為王；先成為道德人（moral man），才有資格作為君王。[51]

亦即對孟子而言，其不言「聖王」是因為那並非一種人格與身份，而僅是一種道德實踐的向度，在道德實踐的脈絡中是道德主體在政治場域中的延展與涉入；「道德人」自身才可以作為一種精神結構去修養與實踐，《孟子．滕文公

48 參楊儒賓：《儒家身體觀》，頁8。

49 〔宋〕孫奭疏：《孟子注疏》，頁125。

50 〔宋〕孫奭疏：《孟子注疏》，頁241。

51 就孟子之性善論而言，存有（being）類似於羅爾斯（John Rawls）所謂具有「正義感受」（sense of justice）與「善之意識」（conceptions of the good）內涵之道德人格（moral person），且此一內涵同時具有道德力量與政治實踐向度的可能。參John Rawls, *A Theory of Justice*. Cambridge, MA: Harvard University Press, 1971, pp. 85-86.

上》所載「君行聖人之政，是亦聖人也」[52]之概念，即是此一理念的寫照。也就是說，堯、舜、禹、周公因涉入政治場域中具有君王者之身份，然而孟子仍稱之為「聖人」而不舉之為「聖王」，使堯、舜、禹、周公與伯夷、柳下惠、孔子無差別地並置為「聖人」含括的對象。因為兩者的差異僅在於前者涉入政治場域，而後者則無，因而在孟子的概念中並無「聖王」，只有「涉入政治場域的『聖人』」──堯、舜、禹、周公之屬；與「未涉入政治場域的『聖人』」──伯夷、柳下惠、孔子之屬。

2　「盡制」不是一種工夫，只是「盡倫」的實踐延展

此正如引文（丁）孟子引述孔子之語「道二：仁與不仁而已矣」作為其論述的支點原則，揭示了沒有所謂的「聖人」與「聖王」的二元系統，在道德實踐中唯一可能形成的區分，僅在於對「有四端於我者」(〈公孫丑上〉)之道德的身體，是否能夠「求其放心」(〈告子上〉)，而有著「苟能充之」與「苟不充之」而形成「仁」與「不仁」的區別而已。[53]「聖人」在自我修養向度中之「仁」即為「仁心」;「聖人」於政治實踐向度中之「仁」即是「仁政」，二者都僅是道德實踐中的不同向度之體現。也就是說，「仁」以身體為實踐的場域，成為含攝繫連自我與政治場域的關鍵，亦即孟子在〈離婁上〉所示：

> （戊）三代之得天下也以仁，其失天下也以不仁。國之所以廢興存亡者亦然。天子不仁，不保四海；諸侯不仁，不保社稷；卿大夫不仁，不保宗廟；士庶人不仁，不保四體。[54]

---

52 此語雖是陳相對滕文公所說，但在陳相轉述此段其與滕文公的對話中，孟子並沒有反對此一命題，而僅是針對陳相繼承許行的農家之說的部分進行批判，足以見得此一概念在作為整全系統的《孟子》文本中具有正向意涵。且在〈滕文公上〉的第四章段落中，許行與陳相等人皆因認可滕文公的仁心仁政而願意依附成為「聖人氓」，呼應了孟子「其身正而天下歸之」(〈離婁上〉)的理想。見〔宋〕孫奭疏：《孟子注疏》，頁97、126。

53 〈公孫丑上〉:「凡有四端於我者，知皆擴而充之矣，若火之始然，泉之始達。苟能充之，足以保四海；苟不充之，不足以事父母。」見〔宋〕孫奭疏：《孟子注疏》，頁66。

54 〔宋〕孫奭疏：《孟子注疏》，頁126。

也就是說，即便是在政治場域的時間中，「盡制」也並非關鍵與判準，此呼應引文（丁）所強調「聖人，人倫之至也。欲為君盡君道，欲為臣盡臣道」──為君為臣的政治實踐的極致不是來自於「盡制」，而是以「人倫之至」，亦即以「盡倫」為根源進而去延展與涉入。引文（戊）此處孟子雖以反面的否定論證進行論辯，但將之恢復為正向表述，便可以明確地了解到：「盡倫」在不同的實踐場域會形成不同的效果──「聖人」在士庶人場域中「盡倫」即得以「保四體」、「聖人」在卿大夫場域中「盡倫」即得以「保宗廟」、「聖人」在諸侯場域中「盡倫」即得以「保社稷」、「聖人」在天子場域中「盡倫」即得以「保四海」。

（二）在身體之中，無有聖王：盡倫延展政治場域即是政治向度

由此可以了解到：對於孟子而言，「盡制」即是「盡倫」的一種體現與向度[55]，而沒有所謂獨立的「盡制」之工夫。是以引文（丁）所說「聖人，人倫之至也」，即是在修養工夫中體現「仁心」；而其後「欲為君盡君道，欲為臣盡臣道」便是在道德實踐中將「仁心」涉入政治場域，而使「仁心」轉化與過渡為「仁政」的向度。也就是說，「仁」縱貫了天下、社稷、家族與自我，一切都是道德主體的踐形實踐，而如引文（戊）所說：「三代之得天下也以仁，其失天下也以不仁。國之所以廢興存亡者亦然」──「三代」、「天下」與「國」自身沒有能動性能行仁或不仁，此處的隱而不顯的實際主詞是為「道德主體」；從正面表述即是：「聖人」將「仁心」涉入作為政治場域的三代與天下，則能得天下，興社稷，此也是孟子在〈離婁下〉所說：「由仁義行，非行仁義也」[56]的關鍵所在。

---

55 「『盡制』即是『盡倫』的一種體現」意味著對孟子而言，擴充道德內在根源是道德實踐的核心與判準；但不能逕自逆反而指孟子的論述為「『盡倫』即是『盡制』」，那將虛化了格致誠正修齊治平的歷程結構。此正如張亨先生所說：孟子的修養論是一種「推延模式」，「並非認為修身之後，就能齊家、治國、平天下」。參張亨：〈論「內聖外王」〉，頁248。

56 〔宋〕孫奭疏：《孟子注疏》，頁145。

1 在身體中覺察：政治與修養的完型實踐

是以對孟子來說，一切都是身體在不同向度的實踐，而無所謂的內在人倫道德與外在政治禮義的分別。這樣的道德實踐是為「身體感」的體現，那並不只是純粹的內在感受，也不等同於外在社會文化脈絡運作下的身體，而是介於兩者之間的身體自體感受；[57]所有的道德實踐皆是以身體為中心，而無所謂內外之分。這從引文（丁）中所謂「規矩，方員之至也；聖人，人倫之至也」一句，便可以明確地看出無有「內—外」結構的孟學與涉入《莊子》「內聖外王」結構的荀學根本上的差異。亦即由此可以發現此段論述結構與《荀子・解蔽》:「聖也者，盡倫者也；王也者，盡制者也」有著極為相似的表層結構，但是從深層結構而論，卻是兩種不同的典範。

《孟子》所謂「聖人，人倫之至也」與《荀子》所謂「聖也者，盡倫者也」，在這個面向上兩者的思維是一致的[58]；甚至在「規矩，方員之至也」與「王也者，盡制者也」，兩者也有高度的同構性——荀子所謂的「制」即是建構秩序的規範，亦即孟子所說的「規矩」，兩者同樣有著在道德中建立秩序的思維。但荀子將此規範實踐的對象具象化，訴諸與「聖」並立的「王」；然而孟子則在規矩方圓的隱喻中保留了規範的抽象性與原則性，並不將其作為與「聖」並立的另一概念與對象。因為對荀子而言，其關注的是「道德」與「政治」之間的關係；然而孟子則認為所謂的「政治」終究還是「道德」問題自身。

2 在身體中規矩：盡倫與盡制的完型結構

總體而論，孟子在踐形觀的實踐中，本就沒有什麼不是在道德的實踐脈絡裡，身體感藉由道德仁義，悠遊於內在價值根源與外在政治規範之間——那皆是身體自我的感知與體現，皆是求其放心的自我實踐；是以，其自信地說予梁惠王：「王何必曰利？亦有仁義而已矣。」（〈梁惠王上〉）[59]這並不是在道德浪

57 參龔卓軍：《身體部署——梅洛龐蒂與現象學之後》（臺北：心靈工坊，2006年），頁70。

58 如由此脈絡去詮釋孟荀的思想結構，便可以發覺孟子與荀子有著共同的儒學向度，同樣在道德實踐中追求人倫的極致，就這點而論，孟荀是共享儒學核心內涵與價值的。

59 〔宋〕孫奭疏：《孟子注疏》，頁9。

漫主義中弱化政治實踐，而是孟子真實地相信：只要擴充四端、安頓好自我的內在道德，自然會知道如何去利國利民——先成為一個「聖人」，然後便會知曉如何涉入政治場域作為一個政治人。

「聖王」從來不是別有另一身份對象，而只是「聖人」的道德仁義在政治向度的延展——這也是為何孟子強調「聖人治天下」(〈盡心上〉)、「聖人，百事之師也」(〈盡心上〉)[60]的關鍵所在。那麼對孟子而言，所謂的建構政治秩序的規矩方圓，其尺度便不在外在具體的向度，而是「聖人」內在道德的尺規。[61]是以引文（丁）所謂「規矩，方員之至也」來自於「人倫之至」的「聖人」體悟，規矩便在聖人的心中、便在人倫之至中具現，是以孟子於此論述結構中，並不挺立「聖王」而與「聖人」相對。

而荀子之所以要特別涉入「內一外」結構，將「聖王」而與「聖人」並置，關鍵即在於其禮法論述中有著外在客觀規範的需求與權威性，是以其必須「以聖王為師」——因為其規矩方圓不在於心中內在的尺度，而必須是一外在客觀的規範，此正如其於〈正論〉中所言：「天下之大隆，是非之封界，分職名象之所起，王制是也……故凡言議期命是非，以聖王為師。」[62]這即是透過「王」的權威性向度去確立跨身體的道德規範，如僅是從「聖人」的內在向度去建構，將缺乏「聖王」的實質政治權力，而無有制約的可能。然而由荀學的此「聖王」敘事回溯，更可以理解到孔孟心性之學的核心向度及其對於自我身

---

60 〔宋〕孫奭疏：《孟子注疏》，頁238

61 由此便可以理解為何孟子必須強調「仁義內在」而批判告子的「仁內義外」的說法，正是由於在踐形觀的實踐中，無有不是道德實踐的內在體現——即便「義」此一看似會涉入身體之外的他者、具有規範意義的向度，其規範依舊不在外而在內。或者更明確的說，孟子從來無有「內一外」的道德思維結構，此處亦是因告子提出了「仁內義外」此一命題，為了與之辯駁才涉入「內一外」的論述結構；事實上，孟子的思想系統中並無「內一外」的道德論述結構，這點由《孟子》全書僅此一處涉及「以身體為界線的內外」論述，便可得到證實。甚且可以說，在孟學的典範中，會如李明輝先生所說，「內一外」錯綜並置的思維，可能是「思想不透徹而產生的不一貫」。關於「仁內義外」說學界已有諸多細緻的研究成果，本文不再贅述。此處僅從《孟子》文本不具「內一外」論述的深層結構去呼應孟子挺立「仁義內在」的脈絡與思維。請參李明輝：《儒家與康德》（臺北：聯經，1990年），頁58-59；許朝陽：〈告子對比下的孟子「義」之可能義蘊〉，《淡江中文學報》第28期（2013年6月），頁1-28。

62 〔清〕王先謙撰：《荀子集解》，頁316。

體實踐的自信與堅持，而得以在作為儒學特出的荀學脈絡中，更加明晰孔孟儒學的真義。

五　結論——被莊學消解的儒家莫比烏斯環

據此可以了解到，荀子於孔孟之後，有意識地在其論述中涉入《莊子》的「內聖外王之道」，「內—外」論述結構成為貫穿《荀子》的思維型式，而展現出與孔孟思想無內無外之道德實踐不同的論述系統。然而荀子為何要以《莊子》為方法去涉入儒學，去批判孟學進而回到其意識型態中的孔子學說，這是值得探究的關鍵。[63]也就是說，從〈非十二子〉中荀子的宣示：「上則法舜禹之制，下則法仲尼子弓之義，以務息十二子之說」[64]，可以了解到，荀子有著強烈的儒學意識，但他卻涉入了《莊子》之學，甚至在此宣誓中，更體現了「外王」與「內聖」的結構，建置了舜禹「盡制」的「聖王」典範與仲尼子弓「盡倫」的「聖人」典範，那麼此一「內—外」結構對荀子而言，必然有其關鍵意義。

這點可以從思想史脈絡中將孟荀分判為「重仁系統」與「重智系統」，或者言其一偏重內在心性修養、一偏重外在政治實踐的評述來思索。[65]亦即孟學與荀學當然各有其不同的理論核心，但是如同梁濤教授所說：「儒學既有心性、內聖的一面，也有政治、外王的一面」，兩者本是貫通的。[66]或許不宜言其有所重或有所偏。就孟學而言，其本無「內—外」結構，是以不能言其偏重內聖之學；以荀學而論，既然其涉入並舉「內—外」結構，是以亦不能言其偏重外王之學。應該說孟學認為政治是為道德的延展，亦即聖人在政治場域的涉

---

63 所謂「以《莊子》為方法」的意義在於：荀子無意繼承莊子思想，而是在解蔽的實踐中，將「內—外」結構涉入其儒學論述；然而這樣的論述是如同倪德衛所說：「拒絕了道家的某些預設前提」，而非遵循莊學之典範。參David S. Nivison, “Hsun Tzu and Chuang Tzu,” pp. 130-131.

64 〔清〕王先謙撰：《荀子集解》，頁84。

65 參唐端正：《先秦諸子論叢（續編）》（臺北：東大圖書公司，2009年），頁209；蔡仁厚：《孔孟荀哲學》（臺北：臺灣學生書局，1984年），頁530。

66 梁濤：〈統合孟荀　創新儒學〉，收入趙廣明主編：《宗教與哲學》（北京：社會科學文獻出版社，2018年），頁75。

入；而荀學則是以政治與道德竝立的完型結構，去凸出「聖」與「王」的向度。

由此可知，荀子並非要否定孟子的內在性，轉向外在禮法的實踐；而是企圖在孟學「無內無外」的論述結構中涉入「內一外」結構。然而正因為荀學的「外王」結構，亦即所謂的「聖王」敘事，在《孟子》文本的表層結構中隱而不顯；是以當荀子將此一「聖王」結構顯題化，便顯得荀卿是有意識地以「外王」結構去弱化孟學的「內聖」結構。然而，事實上荀子只是以後設的思維去將潛藏於孟學「聖人」敘事中的「聖王」與「聖賢」二元結構顯題化，而非否定其「內聖」結構──況且孟學並無「內聖」意識，荀子本就無從批判之。是以孔孟之學到荀學的轉向，關鍵即在於荀學企圖以《莊子》的「定乎內外之分」為方法，在儒學系統中「重建」一個「內聖外王」系統。[67]

至於為何要涉入莊學的「內一外」結構，這可能與《莊子・知北遊》中所謂「仲尼曰：『古之人，外化而內不化；今之人，內化而外不化』」[68]有關。此段評述託於仲尼之口，恰好與〈非十二子〉中荀子指謫思孟學說混淆了「先君子之言」，而讓人「以為仲尼子弓為茲厚於後世」相呼應。如以「內化而外不化」一語對照荀子對於孟學的批判，便可以發現這的確對於孟子學說有著指涉的對應性──亦即孟學僅有「盡倫」的「聖人」敘事，也就是從後設角度來看的「內聖」結構；而沒有凸出「盡制」的「聖王」敘事，也就是從後設角度來看的「外王」結構。

然而荀子並非批判孟學「內聖」本身，而是指謫其缺乏「外王」的竝立結

67 荀子的論述有意識地企圖從思孟學派回歸孔子之學，是以其儒學思想的建構，是一種以重建與回歸為目標的開展；但實質上荀子是「接著」孔子講而非「照著」孔子講，屬於傅偉勳（1933-1996）所說創造的詮釋學中的蘊謂層次──「原思想家可能要說什麼？」「原思想家所說的可能蘊含是什麼？」的詮釋開展。參傅偉勳：《從創造的詮釋學到大乘佛學──「哲學與宗教」四集》（臺北：東大圖書公司，1999年），頁10。

68 此處的「化」與「不化」雖然在《莊子》的脈絡中有著「游移」與「寧靜」之義，但於《荀子》的文本中，其「化」多有著「轉化」與「教化」之義，前者如「聖人化性而起偽」（〈性惡〉），後者如「聖王之治而禮義之化」、「師法之化，禮義之道」（〈性惡〉）──恰好是為「盡倫」之「聖人」與「盡制」之「聖王」系統。加諸荀子並沒有繼承作為道家的莊子之核心思想，而是以《莊子》作為方法，並觀諸《荀子》文本中對於道家思想的含攝與轉化，由此可以顯示：荀子對於《莊子》大抵有著創造性詮釋的向度。見〔清〕王先謙撰：《莊子集解》，頁564；〔清〕王先謙撰：《荀子集解》，頁399、403、405。

構——一如仲尼所言此處並非要以「內化」取代「外化」，而是指出不能僅是「內化」而「外不化」。這點從荀子所說：「君子務脩其內，而讓之於外」(〈儒效〉)，「小人不誠於內而求之於外」、「文貌情用，相為內外表裡」(〈大略〉)、「忠誠盛於內，賁於外」(〈堯問〉)[69]皆可以見得其對於內聖之學的重視，甚至以內聖之學為基礎。由此可以見得，荀子對於孟學的批判不在於破壞其心性結構，關鍵在於將隱藏於孟學心性之學中的「內—外」結構，顯題化為一具有時代性意義的新儒學——在迫切需要秩序建構的時空下，凸出政治實踐在道德實踐中的獨立性。

可以說孔孟「聖人」敘事下的內外結構，構成了先秦儒學的莫比烏斯環（Möbius Strip）[70]——一個沒有內外之分的拓撲學結構；任何平面的物質都必然有兩個不同的面，但是當條狀的平面物質被扭曲翻轉成一個類似「∞」的環狀後，便會形成一個面、一條邊的立體幾何形狀。在這個幾何結構的平面上前進，無論怎麼翻轉，都始終在同一平面上，且終究會回到原點。這就如同體現於《孟子》之中的孔孟之「聖人」敘事，道德與政治、盡倫與盡制、聖人與聖王的二元向度都收攝為身體道德實踐的整體；聖人必能在盡倫中涉入政治場域而成就盡制之功，而政治場域的實踐終將繫連與回歸身體自覺的內在本質。

此一孔孟的莫比烏斯環，因著荀子有意識地涉入《莊子》的「內聖外王之道」、以《莊子》為方法，還原了孔孟「聖人」敘事中無有內外的結構，將莫比烏斯環攤平消解，重構了道德與政治、盡倫與盡制、聖人與聖王的二元向度結構。自此，至漢唐，儒學無有此一莫比烏斯環去以道德收攝政治向度、以道德去收束君王，逐漸形成了具有他律性格的儒學體系。直至唐宋以降，新儒家才重建了儒學的莫比烏斯環——這當然不是荀子在將「內聖外王」結構涉入儒學建構時的本意，莊子及其後學大概也不會預期其系統會以這樣的形式涉入儒

---

69 〔清〕王先謙撰：《荀子集解》，頁111、459、452、497。

70 莫比烏斯環在當代學術中常被作為各種理論的隱喻與指涉，其意義在於將抽象的人文系統具象化與符碼化，在複雜的理論概念中，將可以藉由對莫比烏斯環的實際體驗與領會，去與文本產生共鳴。這也是此處以此喻作為全文收攝的目的所在。參Klaus Möbius, Martin Plato, Anton Savitsky, *The Möbius Strip Topology History, Science, and Applications in Nanotechnology, Materials, and the Arts*. Singapore: Jenny Stanford Publishing, 2022, pp. 156-161.

學典範，但此一思想史上的偶然，卻成為儒學發展歷的關鍵——這樣的脈絡，也唯有在以《莊子》作為方法的詮釋中得以浮現，此亦是以《莊子》作為方法的意義與目的。

試論道教、道家與《周易》的氣論

許隆演

中國文化大學中國文學系博士

摘要

氣流遍於宇宙，萬物無不由氣所化生，故生不能無氣。氣有陰陽清濁，亦有貴賤善惡，人稟氣而生，受陽多者為男，受陰多者為女，受善氣多者為貴，受惡氣多者為賤。

氣可修煉，內修心性，外育品德，進而延年益壽，修煉成仙。要達到這種境界，就要拋棄私欲，捨去浮華，見素抱樸，少私寡欲，使心回歸嬰兒時期的自然質樸。

氣原本是無限的，但在人身上，受限於有限的形體，只能作有限的表現，所以「道」是無體之名，屬形而上；「形」是有質之稱，故屬形而下。

關鍵詞：元氣、形氣、神、道、玄、神仙

一 前言

一般所謂的宗教，都是以有神論與信仰為主要成立的要件，通常肯定有至高無上的神靈，而且相信神靈有最高的權威可支配宇宙萬物，為了達到這個目的，常以儀軌作為崇拜祈禱，期望能得到神靈之的庇佑。道教就是在這種情形下所產生，是中國土生土長的宗教，吸取了中國大量的傳統文化，以「道」作為最高之信仰原則，以「天人合一」作為精神的核心，以「止惡揚善」為其思想導向，以「長生成仙」為其修養的最終目標。道教雖然認為處處有神，但大都是對自然界的崇拜，大體上可歸納為三類，一為天神，主要有日月、星辰、雷電、風雨等；二為地祇，包括了五嶽、山川、社稷、河海等；三為人鬼，即死去的祖先。而因為要與鬼神交流，於是出現了與神鬼交通的巫覡，女曰巫，男曰覡。尤其殷人尚鬼，故重巫覡。到現在，人們還是相信鬼神的力量能影響我們的生活，改變我們的命運。所以常要祈求鬼神保佑我們，答應我們的請求。要達到此目的，當然就必須付出代價，所以要以最謙卑的態度或最虔誠的儀式，來祈求鬼神的庇佑以對我們目前生活的改善。

本文道教以《太平經》、《抱朴子》為主，道家以《老》、《莊》為代表，周易以《周易正義》為範圍。

二 道教

所謂「道教」乃總括漢魏間流行的金丹、仙藥、黃白、玄素、吐納、導引、禁咒、符籙等道法之稱呼。這其中大多數根本無至上神信仰，也無所謂教主，例如相信呼吸吐納便能長壽，或篤信實踐房中術即可成仙，需要拜什麼神嗎？即使是太平道，所講的也只是天地日月運行之道，信的是那個道理，而不是主宰天地及人生命的至上神。[1]這與一般宗教之性質略有不同。

1 龔鵬程：《道教新論》（北京：北京大學出版社，2009年1月），頁12。

道與教，分之則為二，合之則為一，道是所以立教的宗旨或理本，教是推衍此理本以化導世俗的應用。[2]

上古時候，人們對於自然界的不能瞭解與無法控制，產生了依賴與恐懼，因此形成了崇拜的心理。所以在中國古代，自然界的天地、日月、星辰、山岳、河川、動植物等，無不有神，古代的鬼神崇拜與巫覡活動，也成了道教的起源。

道教開始時，主要是一些民間的活動，包含了古代宗教、民間巫術、神仙傳說以及易學、陰陽五行、老莊的道學理論、儒家的倫理思想等，甚至包括了原始的古代醫學，可以上溯到原始社會的萬物感應等，無所不包，是中國本土的宗教產物，具有鮮明的中國特色。到秦、漢時期，方士取代了巫覡，鬼神衍生出神仙，在神道設教的需要下，有太平道、五斗米道等宗教團體風行全國。與《老子》所說的先天地生觀念一致。後來發展成以長生不老之「道」，以神仙不死之「道」來教化信仰者，勸人們通過養生修煉和道德品行的修養而長生成仙，最終解脫死亡，求得永恆。成仙不死，這是道教對死亡的獨特解釋，這一解釋的豐富內涵構成其神仙信仰。這種富有個性的神仙信仰可以說是中國普通百姓生命精神的一種濃縮，[3]它是在中國古代宗教信仰的基礎上，沿襲方仙道、黃老道某些宗教觀念和修持方法而於東漢時逐漸形成。

中國封建社會由戰國進入秦漢時代以後，開始建立了一個統一的中央集權國家，但是封建生產方式仍然無法根除，貧富差距也愈來愈大。而統治者如何對付農民的反抗以鞏固自己的政權，則成為一個迫切的問題。秦王朝以嚴刑峻法及暴力鎮壓來加強其統治，但卻轉瞬之間即被覆滅。到漢武帝晚年，盜賊群起、四處紛紛起義。至東漢王朝，政治日益腐敗，整個社會一直動盪不安，地主大量的兼併土地，使更多的農民變成無家可歸的流民，甚至被迫淪為盜賊，加以天災頻仍，疫病流行，廣大人民陷於水深火熱中，遂使道教得以滋生和成長。一方面，生活在社會底層的廣大群眾，他們渴望擺脫苦難。因此幻想有一種超人的力量來伸張正義，並幫助他們改善處境，於是就把希望寄託在神靈的

2 盧國龍：《道教哲學》（北京：華夏出版社，1997年10月），頁22。

3 李剛：《何以中國根柢全在道教》（四川：巴蜀書社，2008年8月），頁3。

護祐上，這是宗教產生最大的原因，另一方面，統治階級在面臨嚴重的社會危機的時候，也極力企圖利用宗教來麻痹人民反抗的意志，宣揚君權神授，藉以消弭隨時都可能發生的人民革命，為求長治久安與個人的福壽康寧。在這種社會需要下，道教終於產生。而道教主要產生的來源，依據任繼愈先生的《中國道教史》，他認為是源於古代宗教和民間巫術、戰國至秦漢的神仙傳說與方士方術、先秦老莊哲學和秦漢道家學說、儒學與陰陽五行思想以及來源於古代醫學與體育衛生知識。[4]

（一）《太平經》

《太平經》是後漢時原始道教的經典，非一人一時所作，代表著民間道教的性質與思維，也代表著民間道教的類型與特色。

1　「道」為道教的最高思想原則

《太平經》以「道」為萬物最高本體，道亦為萬物之根本。

> 夫道何等也？萬物之元首，不可得名者。[5]
> 夫道者，乃大化之根，大化之師長也。故天下莫不象而生者也。[6]
> 道無奇辭，一陰一陽為其用也。[7]

道是什麼？它是物的基元和首腦，無法用名字來稱呼它，而大道乃普遍化育萬物的基礎，也是普遍化育萬物的導師，天下萬物沒有不效法它而獲得生存的。道也沒有特別的說法，只不過是一陰一陽構成其施用的具體形態而已。

由於氣有清濁，亦有善惡，人稟受善惡不同之氣後，氣就會內化於人心，儒家稱之為「德」，亦會外顯於行為，稱之為「情」，倘體內一「氣」不存，生

4　任繼愈：《中國道教史》（上海：人民出版社，1990年6月），頁9-15。
5　王明：《太平經合校．守一明法》（北京：中華書局，1960年2月），頁16。
6　《太平經合校．天咎四人辱道誡》，頁662。
7　《太平經合校．合陰陽順道法》，頁11。

命便告終結。

> 道者，天也，陽也，主生；德者，地也，陰也，主養；萬物多不能生，即知天道傷矣。[8]

道者，天也，屬陽，道乃主生，故萬物由道而生；德者，地也，屬陰，地乃主養，天道不因自然，則萬物不可成，萬物不可成即天道傷矣。此反映了道教對大自然無限尊重的心態。人也是天地陰陽所化生，同為自然萬物之一者，因而同其他萬物一樣，必需遵守天道之運行。當然天也不會因人而改變其規律，更不會改變其養育萬物的運行。

2 天地萬物，皆一氣所化生

「氣」是宇宙最終的本源，人如不修煉，體內氣耗盡，人即死亡，但如煉到肉體全由精粹的氣所構成，肉體即可飛升為神仙。

> 元氣行道，以生萬物，天地大小，無不由道而生者也。[9]

「氣」流遍於宇宙，所以人自然活在氣中，而人稟「氣」而生，故身體內在亦含有「氣」，所以「受陽施多者為男，受陰施多者為女，受王相氣多者為尊貴則壽，受休廢囚氣多者數病而早死，又貧極也。」[10]萬物皆因氣所化生，所以生不能無「氣」，天地大小物體，沒有不由元氣所化生，而氣可養生，也何卻惡，而百姓日用而不自知。

> 天地之性，萬物各自有宜，當任其所長，所能為，所不能為者，而不可強也；萬物雖俱受陰陽之氣，比若魚不能無水，游於高山之上，及其有

8 《太平經合校．闕題》，頁218。

9 王明：《太平經合校．守一明法》（北京：中華書局，1960年2月），頁16。

10 《太平經合校．忍辱象天地至誠與神相應大戒》，頁424。

水，無有高下，皆能游往；大木不能無土，生於江海之中。是以古者聖人明王之授事也，五土各取其所宜，迺其物得好且善，而各暢茂，國家為其得富，令宗廟重味而食，天下安平，無所疾苦，惡氣休止，不行為害。[11]

天地之本性，萬物各具有它本身能適應之物，有些能為，有些是其所不能為者，不可勉強。萬物稟受同樣的陰陽二氣而生，若像魚無水，則不能游於高山上，但若有水，不論高處或低處，都能游往；而高大樹木，不能無土而生於江海之中，是以古之聖王，他們處理事務時，五行之土，各取其所適應者，於是，農產植物，生長茂盛，國家因此而富足，宗廟祭品因此而豐盛，天下太平，惡氣止息，不再產生禍害。

元氣迺包裹天地八方，莫不受其氣而生。[12]

元氣行道，以生萬物，天地大小，無不由道而生者也。故元氣無形，以制有形。[13]

「氣」無不由道而生，而天地萬物為「一氣」所化，「氣」又包裹著天地八方，無物不受「氣」而生，且內在於萬物，因其無形，故能將自身舒散於有形之體。

天地凡事，皆一陰一陽，乃能相生，乃能相養。[14]

相生相養乃對立面的相互聯結或轉化，只要事物的變化達到一定的極限，即能陽極變陰，陰極變陽。

11 《太平經合校．使能無爭訟法》（北京：中華書局，1960年2月），頁203。

12 《太平經合校．分解本末法》（北京：中華書局，1960年2月），頁78。

13 《太平經合校．守一明法》（北京：中華書局，1960年2月），頁16。

14 《太平經合校．闕題》，頁221。

3 三氣融合，和諧平衡

萬物由「道」所生，「道」中含有「陰」、「陽」、「中和」三種基本成分，只有這三種陰、陽與中和之氣，才能萬物滋生。

> 元氣有三名，太陽、太陰、中和；形體有三名：天、地、人；天有三名：日、月、星，北極為中也；地有三名：山、川、平土；人有三名：父、母、子；治有三名：君、臣、民。[15]

> 天氣悅下，地氣悅上，二氣相通，而為中和之氣，相受共養萬物，無復有害，故曰太平。天地中和同心，共生萬物，男女同心而生子，父母子同心，共成一家。君臣民共成一國。[16]

所謂之中和之氣乃太陽（天氣），太陰（地氣）二氣相通之謂，所以說三氣（太陽、太陰、中和）所達致之平衡，即所謂之太和也。元氣產生天地萬物，「天地人本同一元氣，分為三體，各有自祖始。」[17]

> 元氣恍惚自然，共凝成一，名為天地，分而生陰而成地，名為二也，因為上天下地，陰陽相合施生人，名為三也。[18]

元氣恍惚渾沌，保持自然之狀態，共同凝結成為一實體，稱之為天地，又稱之為「一」，凝結後化生陰陽二氣，這時之為「二」，上則為天，下則為地，陰陽相合而生人類，天地人稱之為三，而後又滋生萬物。

---

15 《太平經合校·和三氣興帝王法》，頁19。

16 《太平經合校·三合相通訣》，頁149

17 《太平經合校·三五優劣訣》，頁234。

18 《太平經合校·闕題》，頁305。

4 陰陽五行災異說

兩漢盛行陰陽五行，《太平經》亦多用陰陽五行。

> 天下之災異怪變萬類，皆天地陰陽之變革談語也。[19]

> 王者行道，天地喜悅；失道，天地為災異。[20]

如果君主治理不好，就會陰陽失調，出現各種災異，如暴風，地震等天災，也是天對君王的警告，大小災異表示著大小不同的警告，這是對君王的諫正，以達政治上的長治久安。

5 修道守一

修道包括內修心性，外育品德，有時為修身養性而煉丹服食，除了內修外育外，還應辟穀、針灸、調脈、服藥等等，最終可達天人合一，反璞歸真，成聖成仙的效果。

守一即是守本，就是保持身體中精、氣、神，使之不向外洩而長駐體內的修養功夫。守本更重要的是守神，因為生命是形與神的結合。

> 形者乃主死，精神者乃主生。常合即吉，去則凶。無精神則死，有精神則生，常合即為一，可以長常存也。[21]

形體主管死滅，體內精與神才是主管著人的生存，形體與精神常融合在一起，則吉，形體與精神常離，則凶。體內若無精神，則面臨死亡，有精神則能繼續生存，所以常合為一體，則可長生也。

---

19 《太平經合校・來善集三道文書訣》，頁321。

20 《太平經合校・闕題》，頁17。

21 《太平經合校・太平經鈔壬部》，頁716

修道要博學力行，成仙修道是一艱苦的過程，如果不勤加修煉，想走捷徑，是很難成功的。

> 故聖人力思，君子力學，晝夜不息也。猶樂欲象天，轉運而不止，百川流聚，迺成江海。[22]

所謂博學力行是指精讀熟記，深思全書至要意旨，所以聖人極力精思，君子極力學習，晝夜皆不止息，樂意像天運行一樣永不止息，像百川奔流滙聚成江海。

6 神仙分九類

《太平經》建立了神仙的職位分類，神仙共分九等。

> 夫人者，迺理萬物之長也，其無形委氣之神人，職在理元氣；大神人職在理天，真人職在理地；仙人職在理四時；大道人職在理五行，聖人職在理陰陽，賢人職在理文書，皆授語，凡民職在理草木五穀，奴婢在理財貨。[23]

人是掌理萬物之主宰，其中無形氣神人與元氣相類似，故掌元氣；大神人與天空相類似，故掌天空；真人專精又誠信，與地相類似，故掌大地；仙人會變化，與春夏秋冬相類似，故掌四時；大道人擅長預測，故掌五行；聖人操持平和之氣，故掌陰陽；賢人文辭明晰，故掌文書；皆通過不同方式向帝王提出建議，而普通百姓，職掌草木五穀，奴婢職掌財貨販運，各類人等，稟持皇天安排之天然職掌，不違各自職務與天意，就能創造出太平盛世。

7 因果報應

《太平經》受佛教影響，主張因果報應，認為人在世上的善惡行為都有

---

22 《太平經合校・力行博學訣》，頁208。

23 《太平經合校・九天消先王災法》，頁88。

報應。

> 力行善反得惡者，是承負先人之過，流災前後，積來害此人也。其行惡反得善者，是先人深有積蓄大功，來流及此人也。[24]

人的報應有的報應在自己身上，有的則報應到後代，所以力行善反得惡者，就是後人承負了上一代的報應，其行惡反得善報者，是先人深有積蓄大功，而後人才能得此福報也。

（二）《抱朴子》

《抱朴子》是晉代神仙道教的代表作，是魏晉時道教被官方抑制後，上層社會門閥士族所崇信的神仙道教專著。作者葛洪，字稚川，號抱朴子，在道教史上最先對道教作出明確規定，其道學著作《抱朴子》內篇專言神仙方術，外篇則言修齊治平之理，在中國道教史上奠定了神仙道教的理論基礎，樹立了道教史上一塊里程碑。葛洪把「道」、「玄」、「一」作為宇宙本體的思想。建立了以「道」、「玄」、「一」為核心的思想理論，提供了道教的思想理論根據。

1 建立「道」、「玄」、「一」為本體之道教理論基礎

> 道者涵乾括坤，其本無名。論其無，則影響猶為有焉；論其有，則萬物尚為無焉。[25]

道包含了乾坤，最初，本無名，說它是無，其實它還是有；說它是有，則萬物都還是虛無的。

> 長生之道，道之至也，故古人重之也。[26]

---

24 《太平經合校・解承負訣》，頁22。

25 金毅：《抱朴子內篇・道意》（北京：旅游教育出版社，2012年11月），頁215。

26 《抱朴子內篇・黃白》，頁381。

長生不死的道術，乃是道術的最高目標，所以古人非常重視它。

> 以言乎邇，則周流秋毫而有餘焉；以言乎遠，則彌綸太虛而不足焉。為聲之聲，為響之響，為形之形，為影之影，方者得之而靜，員者得之而動，降者得之而俯，昇者得之以仰，強名為道，已失其真，況復乃千割百判，億分萬析，使其姓號至於無垠，去道遼遼，不亦遠哉？[27]

若以近處來說道，即使在秋毫之間遊走，還是游刃而有餘；如從遠處來談道，那即使包括了整個宇宙也不夠。它是發出聲音的聲？還是發出音響的音？它是成形的形體？還是只是顯影的影子？方的東西得到它而安靜，圓的東西得到它而動，降的東西得到它而下，升的東西得到它而上，勉強稱它為道，已失去其真實性，何況還要千百般解剖，億萬般分析，使它的姓字名號達到無邊無涯，這樣離道的本體遙遙邈邈，不是更遙遠了嗎？

> 玄者，自然之始祖，而萬殊之大宗也。眇眛其深也，故稱微焉；綿邈乎其遠也，故稱妙焉，其高則冠蓋乎九霄，其曠則籠罩乎八隅，光乎日月，迅乎電馳，或倏爍而景逝，或飄滭而星流。[28]

「玄」是世界的本源，萬物之最大根本。廣大、高深，充滿宇宙。它幽遠深遠，所以稱它為「微」，它綿妙悠遠，所以又稱呼它為「妙」。它的崇高，就像冠蓋到九霄之上，它的廣闊籠罩四面八荒，能與日月同光，比閃電飛馳還快，它時而閃爍，像影子消逝得無影無踪，時而像彗星奔流而逝。

> 唯道家之教，使人精神專一，動合無形，包儒墨之善，總名法之要，與時遷移應物而變化，指約而易明，事少而功多，務在全大宗之朴，守真

27 《抱朴子內篇．道意》，頁215。

28 《抱朴子內篇．暢玄》，頁1-2。

之源者也。[29]

夫玄道者，得之乎內，守之者外，用之者神，忘之者器，此思玄道之要言也。[30]

只有道家的思想使人專一，行動合乎不顯形跡的的自然法則，包括儒、墨的長處，也包括了名家、法家之要旨，能隨著時間轉移與事物的變化而變化，其要旨簡約而明瞭，事少而功倍，主要在於它的質樸與守真。

「道」是老子思想的核心，葛洪將其定位在「道家之教」，主要是將道教建立在道家的思想哲理基礎上，並借老子之名提高道教的地位，從此確定信奉「道」為最高之法則。這個「道」又稱「玄」，他說：「玄者，自然之始祖，而萬物之大宗也。」這「玄」也和「道」一樣，既是天地萬物的總源，也是萬物生存的依據。

道起於一，其貴無偶，各居一處，以象天地人，故曰三一也。天得一以清，地得一以寧，人得一以生，神得一以靈。金沈羽浮，山峙川流，視之不見，聽之不聞，存之則在，忽之則亡，向之則吉，背之則凶，保之則遐祚罔極，失之則命雕氣窮。老君曰：忽兮恍兮，其中有象；恍兮忽兮，其中有物。一之謂也。[31]

道由一產生，它的高貴在於無可比擬，各處一處，用來象徵天、地、人，所以稱「三一」，皇天得之，天即清明，后土得之，地則安寧，人類得之，即可得到生命，神明得之，即可得到威靈。金屬下沈，羽毛漂浮，山岳聳峙，河川流淌，視之不見，聽之不聞，視它存在就存在，忽略它就消失，順之則吉，逆之則凶，寶（保通寶）之則有綿延不盡的福澤，失之就會性命凋落，元氣喪盡，

29 《抱朴子內篇．明本》頁234。

30 《抱朴子內篇．暢玄》，頁5。

31 《抱朴子內篇．地真》，頁428。

太上老君說：恍恍惚惚，其中卻有形象；恍恍惚惚，其中卻有實物，這說的就是一也。

一乃數之始，萬物之根源。而道起於一，並非生於一。所以知一者，無一之不知也，不知一者，無一能知也。

> 一能成陰生陽，推步寒暑。春得一以發，夏得一以長，秋得一以收，冬得一以藏。[32]

一能生成陰陽，推算寒來暑往，春天得一，則萬物得以萌發，夏天得一，則萬物得以成長，秋天得一，則萬物得以收成，冬天得一，則萬物得以儲藏。

2 「氣」生天地萬物

「氣」為萬物之本源，自天地至於萬物，無不須氣以生者也。葛洪認為人的生命是形、氣、神三者的統一，其中「氣」不僅是聯繫著形和神的中介物，而且是生命之本，天地萬物和人類都由一氣化生。人如不修煉，體內的氣逐漸耗盡，人即趨於死亡，但若精煉其氣，則能長生成仙。他認為「元氣」為天地萬物的本原，所以他說：

> 夫人在氣中，氣在人中，自天地至於萬物，無不須氣以生者也。善行氣者，內以養身，外以卻惡，然百姓日用而不知焉。[33]

> 夫有因無而生焉，形須神而立，有者，無之宮也，形者神之宅也，故譬之於堤，堤壞則水不留矣，方之於燭，燭糜則火不居矣，身勞則神散，氣竭則命終，根竭枝繁，則青青去木矣，氣疲欲勝，則精靈離身矣。[34]

32 《抱朴子內篇．地真》，頁428。
33 《抱朴子內篇．至理》，頁147。
34 《抱朴子內篇．至理》，頁130。

「有」藉「無」而產生,「形」須有「神」的幫助才能建立,「有」是「無」的殿堂,「形」是「神」的宅院,所以比方其為堤防,堤防壞了則留不住水;又來比方蠟燭,蠟燭燒盡,火就不存在了。身體疲勞則精神渙散,元氣耗盡,生命就終結了。樹根如果乾枯,枝葉雖然茂盛,那青青樹葉馬上會掉下去,所以如果元氣疲乏,而欲望旺盛,那精神靈魂也將會馬上離開身體了。

3 肯定世上有神仙

人經過服藥與修煉,生命可以延續到更高境界,可以成為長生不老的仙人,所以神仙論成為道教理論主要的內容。葛洪認為仙人無種,神仙不是由神仙產生,而是由人修煉而成的,就以目前台灣最重要的宗教信仰來說,媽祖是林默娘,關聖帝君是關羽,都是由人而修煉成神。

東漢張陵創立的五斗米道和張角創立的太平道,都是早期之民間道教,五斗米道是因入道者須繳交五斗米以供道而名之,都受到道教早期經典《太平經》的影響,認為宇宙運行的原理在於它的生生不息,一切吉凶都是人類自己所造成,所以修養工夫成了道教重要的工作。有人問曰:「神仙不死,信可得乎?」葛洪認為「萬物云云,何所不有?況列仙之人,盈乎竹素矣,不死之道,曷為無之?」在葛洪所撰之《神仙傳》內就集有神仙赤松子、黃帝、老子、呂尚、彭祖等九十四名,劉向所撰之《列仙傳》亦列有廣成子、老子、彭祖、左慈、等仙人七十二名。

4 眾神之神

《史記・齊太公世家》記載之呂尚:

> 太公望呂尚者,東海上人。其先祖嘗為四嶽,佐禹平水土甚有功。虞夏之際封於呂,或封於申,姓姜氏。夏商之時,申、呂或封枝庶子孫,或為庶人,尚其後苗裔也。本姓姜氏,從其封姓,故曰呂尚。
>
> 呂尚蓋嘗窮困,年老矣,以漁釣奸周西伯。西伯將出獵,卜之,曰「所

獲非龍非彲，非虎非羆；所獲霸王之輔」。於是周西伯獵，果遇太公於渭之陽，與語大說，曰：「自吾先君太公曰『當有聖人適周，周以興』。子真是邪？吾太公望子久矣。」故號之曰「太公望」，載與俱歸，立為師。

劉向《列仙傳》記載之呂尚：

呂尚者冀州人也。生而內智，預見存亡。避紂之亂，隱於遼東四十年。西適周，匿於南山，釣於磻溪。三年不獲魚，比閭皆曰：「可已矣。」尚曰：「非爾所及也。」已而，果得兵鈐於魚腹中。文王夢得聖人，聞尚，遂載而歸。至武王伐紂，嘗作陰謀百餘篇。服澤芝地髓，具二百年而告亡。有難而不葬，後子伋葬之，無屍，唯有《玉鈐》六篇在棺中云。[35]

姜子牙本名姜尚，相傳西伯在外出打獵前，占卜一卦，曰：「所獲為非龍非彲，非虎非羆；所獲為霸王之輔。」結果在渭河之濱遇見太公。

相傳姜子牙為玉虛宮元始天尊門下，在崑崙山修行約四十年，精通六韜兵法，後奉元始天尊之命，下山輔佐周西伯討伐紂王，並代為封神，據封神榜的記載，計封三百六十五位神，所以後人稱之為眾神之神。

據說姜太公活了百餘歲，據瞭解，修煉達到某個境界後，除能增開智慧外，亦能延年益壽。姜太公雖無道教所奉三清最高之神位，但已達眾神之神最崇高之地位。

5 一氣化三清[36]

古時最高統治者黃帝，被尊稱為道教始祖，以闡揚道教精義的老子，被尊稱為道祖，創立道教的張道陵則被稱為教祖，此三位統稱為「道教三祖」。

另外道教所奉三清，乃三位最高神祇的合稱，三清為元始天尊、太上老君、靈寶真君等都是大道一氣所化，所以既是三又是一，《道藏經目錄》卷首

35 劉向：《列仙傳》，《中國神仙傳記文獻初編第一冊》（臺北：捷幼出版社。1992年3月），頁13。
36 龔鵬程：《道教新論》（北京：北京大學出版社，2009年1月），頁14。

說道生於一，分為三元：

混洞太無元化生天寶君，居玉清境，即元始天尊。
赤混太無元化生靈寶君，居上清境，即靈寶天尊。
冥寂玄通元化生神寶君，居太清境，即道德天尊。

三元又稱三寶，三寶即天寶、靈寶、神寶。分治於三清境，即玉清境、上清境、與太清境，故三寶又稱三清，又名三天，即清微天、禹余天、大赤天，天寶君治在玉清境，即清微天，其氣始青；靈寶君其治在上清境，即禹余天，其氣元黃；神寶君其治在太清境，即大赤天，其氣玄白。

道教各教不自稱某派，而自稱某某道或某某教，如全真教、太一教、天師道，上清派，茅山派等等，原既無共同的教主，也無共同的主神，既無共同的經典，亦無共同的教法。[37]

6　欲成神仙，必先得道

意識到人生短促，生存不易，大力宣揚生的可戀，死的可懼。它認為要成神仙，就必須努力修行，這樣才能得道重生，這種觀點表現了道教早期的思想。

(1) 修道成仙

道教不僅提出修煉成仙的理論，而且通過宗教實踐來豐富這種理論。

A 不死與飛升

古之得仙者，或身生羽翼，變化飛行，失人之本，更受異形……，老而不衰，延年久視，出處任意，寒溫風濕不能傷，鬼神眾精不能犯，五百兵毒不能中，優喜毀譽不為累，乃為貴耳。[38]

37 龔鵬程：《道教新論》（北京：北京大學出版社，2009年1月），頁15。
38 《抱朴子內篇．對俗》，頁68。

古代得道之仙人，身體能生出羽翼，可以變化飛行，還可能失去身體本來之形狀……，年老而不衰，長生而不老，出仕或退隱，任意而行，寒溫風濕不能傷害，牛鬼蛇神不能侵犯，萬般毒藥兵器也不能傷，憂喜毀譽皆無法連累，這才是可貴。

B 神通變化

《抱朴子》所描述的不僅能將自己化形為飛禽走獸，金木玉石，可以隱身易形，還可以變化出自己所想要的各種東西，如興雲吐霧、呼風喚雨、隔空取物、撒豆成兵等。有了這些本領，可以突破山河的阻隔，可以任意行動而自由自在，予取予求，富貴則如探囊取物耳。成仙的具體作法：

(2) 具體修煉

A 形神相衛

> 苟能令正氣不衰，形神相衛，莫能傷也。凡為道者，常患於晚，不患於早也。恃年紀之少壯，體力之方剛者，自役過差，百病兼結，命危朝露，不得大藥，但服草木，可以差於常人，不能延其大限也。故仙經曰：養生以不傷為本。此要言也。[39]

肉體要有精神才有生命，精神要有肉體才有依托，內養形神，令正氣不衰，由此才能外祛邪祟而延年益壽。

B 矢志進取

> 夫求長生，修至道，訣在於志，不在於富貴也。[40]

39 《抱朴子·極言》，頁312。

40 《抱朴子·論仙》，頁29。

> 凡學道當階淺以涉深，由易以及難，志誠堅果，無所不濟，疑則無功，非一事也。[41]

所以對沒立下成仙之志，或持懷疑態度者，是無法達到成仙目的的。且凡是學習仙道者，都應當逐步由淺入深，從易到難，若能心志堅誠，沒什麼做不到的，如有疑惑就難成功。凡皆如此，非只學仙一事。

C　拜從明師

立志成仙者，要遍訪名師，誠心求得成仙之道，以免多走冤枉路而一事無成。

> 未遇明師而求要道，未可得也。[42]

未遇到明師，卻要尋求要道，那是不可能的。

> 叔本年七十皓首，朝夕拜安世曰，道尊德貴，先得道者則為師矣，吾不敢倦執弟子之禮也。由是安世告之要方，遂復仙去矣。夫人生先受精神於天地，後稟氣血於父母，然不得明師，告之以度世之道，則無由免死，鑿石有餘焰，年命已凋頹矣。由此論之，明師之恩，誠為過於天地，重於父母多矣，可不崇之乎？可不求之乎？[43]

叔本年七十白髮皓首，朝夕拜安世說，道尊德貴，先得道者則為師，不在年齒之大小，吾不敢倦執弟子之禮也。於是安世告之要方，遂成仙去了。父母生我，然非明師，無法告以長生之道，無法免死，就如開鑿石頭，只冒出短暫的火花，年命就已凋頹矣，所以明師之恩，誠為過於天地，重於父母多矣，可不

41 《抱朴子．微旨》，頁156。
42 《抱朴子．微旨》，頁157。
43 《抱朴子．勤求》，頁324。

崇拜乎？可不求之乎？

（3）延年益壽，修煉成仙

從理想目標看，以「天人合一」為精神核心的止惡揚善修行，不僅被看做身心健康的需要，而且成為進一步修煉成仙的基礎，這就使修道理論與實踐皆具有豐富的倫理內涵。

> 人道，當食甘旨，服輕暖，通陰陽，處官秩。耳聰明，骨節強，顏色悅懌，老而不衰，延年久視，出處任意，寒溫風濕不能傷，鬼神眾精不能犯，五兵百毒不能中，憂喜毀譽不為累，乃為貴耳。[44]

葛洪認為人要生活得好，就要爭取延年益壽，直至長生不死，所以世俗生活過得好，幸福美好，自是人們所追求的目標，更是人們追求長壽的原因。

人是神仙的基礎，神仙是人的昇華，所以抱朴子認為「神仙無種」，仙是人精氣的凝結，人如不修煉，體內精氣耗盡，即趨死亡，如能修煉到更多的精煉之氣，肉體即能飛昇成仙。成仙必需經過長時間的修煉，所以要儘量延長生命，也就是要貴生，要想辦法延年益壽。

A　結胎受氣

在神仙界，不同的日子和時辰，有不同的神仙值班，

> 按仙經以為諸得仙者，皆其受命偶值神仙之氣，自然所稟。[45]

> 人之吉凶，制在結胎受氣之日，皆上得列宿之精。其值聖宿則聖，值賢宿則賢，值文宿則文，值武宿則武，值貴宿則貴，值富宿則富，值賤宿則賤，值貧宿則貧，值壽宿則壽，值仙宿則仙。又有神仙聖人之宿，有

44 《抱朴子・對俗》，頁68。
45 《抱朴子・辨問》，頁288。

治世聖人之宿，有兼二聖之宿，有貴而不富之宿，有富而不貴之宿，有兼富貴之宿，有先富後貧之宿，有先貴後賤之宿，有兼貧賤之宿，有富貴不終之宿，有忠孝之宿，有凶惡之宿。如此不可具載，其較略如此。[46]

結胎受氣只是成仙的一個先天條件，視其所稟之氣，是聖是賢，是文是武，或富或貧，或貴或賤，先天決定後，仍要後天的努力。

B　寶精行氣[47]

寶精講的是房中術，行氣說的是呼吸法，又稱服氣、食氣、吞氣。人的生命本來自自然之氣，自然之氣通過父精母血，男女合氣，而化為每個人的生命之根，所以葛洪主張「人復不可都絕陰陽，陰陽不交，則坐致壅閼之病，故幽閉怨曠，多病而不壽也。任情肆意，又損年命。唯有得其節宣之和，可以不損。」[48]又說：「人不可以陰陽不交，坐致疾患。若欲縱情恣欲，不能節宣，則伐年命。」[49]道教對房中術既反對禁欲，又反對縱欲，只有善於此術者，才能達延年益壽的效果。

夫人在氣中，氣在人中，自天地至於萬物，無不須氣以生者也。善行氣者，內以養身，外以卻惡，然百姓日用而不知焉。[50]

故行炁或可以治百病，或可以入瘟疫，或可以禁蛇虎，或可以止瘡血，或可以居水中，或可以行水上，或可以辟飢渴，或可以延年命，其大要者，胎息而已。[51]

46 同注45。
47 《抱朴子．釋滯》，頁187。
48 《抱朴子．釋滯》，頁193。
49 《抱朴子．微旨》，頁169。
50 《抱朴子．至理》，頁147。
51 《抱朴子．釋滯》，頁192。

葛洪認為人體有兩種氣，先天的是真氣、元氣，後天的是人體外的凡氣，行氣者要呼吸後天的凡氣，以培植人體內先天的真氣，真氣旺，則百病消，精氣愈旺盛，壽命也愈長。

C　還丹金液

在日常生活中，人食五穀可以補充損耗的元氣，如果服食上等藥材，自然可使元氣永存而長生不死。

> 夫金丹之為物，燒之愈久，變化愈妙。黃金入火，百煉不消，埋之，畢天不朽。服此二物，煉人身體，故能令人不老不死。此蓋假求於外物以自堅固，有如脂之養火而不可滅，銅青塗腳，入水不腐，此是借銅之勁以扞其肉也。[52]

金丹言種東西，燒之愈久，變化愈妙。黃金入火，百煉不消溶，埋在地下，再久也不會腐朽，服此二物，煉人身體，可令人不老不死。這是此假借外物來鍛鍊人的身體，以求自己身體堅固，有如脂之養火而不可滅，銅青塗腳，入水不腐，此是借銅之力量來保護身上的肉。

D　神仙理論

葛洪把神仙劃分為三大系列，一是天神，二是地祇，三是先人。首先，道教神仙遍布宇宙的四面八方，所有的神仙都傳達「道」的資訊，有助於修道者與「道」溝通。其次，道教神仙雖多，但最為核心的卻是天上的「三清尊神」，也就是元始天尊、靈寶天尊、道德天尊。而「道」除了是道教的根本信仰外，「道」也是「抽象」的，但各路神仙則是具體的。

---

52 同注51；《抱朴子・金丹》，頁80。

三　道家

道是混然一體，超越時空之上，無上下空間之分，亦無古今時間之分別，既寂兮無聲，又寥兮無形，徧行在人世間的每個落角落，而不改其天道的思想核心「道」。

> 有物混成，先天地生。寂兮寥兮，獨立不改，周行而不殆，可以為天下母。吾不知其名，字之曰道，強為之名曰大。大曰逝，逝曰遠，遠曰反。[53]

「道」是自身獨立存在的，沒有任何力量可以去改變它，它周而復始地流動著，永遠不會停息。天生本質，既負擔自身之存在，又負責萬物之生成，故可說是天下之母。吾不知其名，將其名暫定為「道」，若要給出人間的名號，則只能勉強說「大」，「大」是廣大無邊而又運行不已，運行不已而又擴展遙遠，擴展遙遠最後又回到原處。道家認為養生包括了修性和修命，性包括了心（思想）、神（精神）、靈（靈魂）。命則包括了身、形、肉。要達到修性與修命，首要的是「壹其性，養其氣。」壹是保持淳樸專一，性則指人的心性性情。養其氣則要積其氣，純其氣，以行其氣。蓋氣聚則生，氣散則亡，人的生命長短，就看其氣積有多少，氣盡則亡，故要存其氣，更要純其精氣，精氣愈純，壽命也愈長。行其氣指在體內順暢地運行，如運行不暢，則易罹患疾病，為了保持氣在體內運行順暢，就要時常保持心情愉悅。

（一）《老子》

《老子》曰：「天長地久，天地所以能長且久者，以其不自生，故能長生。」[54]老子認為天地生成萬物作用，乃生生不息的運行，而天地能長生，在於天地無心且不自生，順應天地自然之運行，讓萬物自生自長，天地也沒有自

---

53 樓宇烈：《王弼集校釋．老子．第二十五章》（臺北：華正書局，2006年8月），頁63。

54 樓宇烈：《王弼集校釋．老子．第七章》（臺北：華正書局，2006年8月），頁19。

已，又不超越於萬物之上，與萬物同在，故天地萬物能共長生。

1 道生一、一生二、二生三、三生萬物

「道」顯無，即為天地之始，「道」顯有，即為萬物之母。道既是天地萬物之源，更要負責天地萬物的生成。

成玄英說「一」是元氣、「二」是陰氣與陽氣、「三」是天地人也，道從本降跡，肇生元氣，又從元氣變生陰陽，於是陽氣輕浮，昇而為天，氣降而為地，二氣昇降和氣為人，有三才次生萬物。

2 專氣致柔

> 載營魄抱一，能無離乎？專氣致柔，能嬰兒乎？[55]

營魄者，魂魄也。太極之陰陽之氣，開始從形上向形下凝結時，會先凝結成魂魄，然後成為形體。抱一之「一」，即四十二章的「道生一、一生二、二生三。」就形構原理而言，「一」是氣，二是陰陽，三是陰陽之和。

《老子》曰：「心使氣曰強」[56]，「氣」是自然之氣，就像嬰兒般的純真，但心知會鼓動「氣」的運行，更會干擾「氣」的和合，所以老子主張取消心知的人為造作，使心不介入亦不干擾「氣」的自然運行，使「氣」回歸如嬰兒般無欲的純真。

3 道體虛無

> 道之為物，惟恍惟惚，惚兮恍兮，其中有象，恍兮惚兮，其中有物，窈兮冥兮，其中有精。[57]

道之為物，似有似無，彷彿中，有點形象，道體虛無，以其恍惚窈冥，無形而

---

55 《王弼集校釋・老子・第十章》，頁22-23。

56 《王弼集校釋・老子・第五十五章》，頁146。

57 《王弼集校釋・老子・第二十一章》，頁52-53。

不可繫，恍惚之間，總在生天生地生萬物。道作為一個存在來說，它是無形的存在，是形上道體，故以恍惚來說它的無形可繫。而惚兮恍兮，恍兮惚兮，乃道體之生成作用，其中有精，其中有象，指道體內在於有，是天生本真的「德」，是無形可見，可是其中有精，說明了具體存在的真實性了。

4 道常自然

> 道生之，德畜之，物形之，勢成之。是以萬物莫不尊道而貴德，道之尊，德之貴，夫莫之命，而常自然。[58]

「道」是萬物生成之依據，萬物的生成都由「道」而來，所以「道」生萬物，又內在於萬物，內在於萬物的又稱之為「德」。所以道生萬物，德養萬物，物形萬物，勢成萬物，這就是一般所說「道生德畜，物形勢成。」前者乃形上之理，後者為形下之理。道德本也，形勢末也，本尊末卑，本貴末賤，是以萬物莫不尊道而貴德。此道尊德貴，無人可命令它，而它自然會如此。

物之構成元素是氣，氣分陰陽，萬物以陰陽二氣為其形質，在和諧中自然成長，道德之所以尊貴，就在於無人可以命令它，它自身恆常如此，故人有高貴的品質，就在於生命之自然，《莊子》庖丁解牛不是在說人為的運用智慧技巧，而是順應自然也。

5 絕聖棄智，見素抱樸

老子認為人的本性有如初生嬰兒之樸實，心平氣和，無私無欲。然而，由於後天的影響和貪欲的誘惑，往往失去本性，因此要除去後天的影響與誘惑。

> 絕聖棄智，民利百倍；絕仁棄義，民復孝慈；絕巧棄利，盜賊無有。[59]

---

58 《王弼集校釋．老子．第五十一章》，頁136-137。

59 《王弼集校釋．老子．第十九章》，頁45。

道家認為仁義有心，聖智有為，因此聖人要絕棄自己的聖智有為，就可民利百倍；要絕棄自己的仁義有心，就可以民復孝慈，這是消除心知的執著與人為的造作，為政者無心無為，給了百姓無不為的空間，把天下歸還天下，百姓無須爭名盜利，人民不爭不奪，當然盜賊無有了。

聖人不執著於仁義聖智，自然心靈虛靜，不干擾，不助長，不見可欲，使民心不亂，可使天下人民歸於素樸，「從絕仁棄義說見素抱樸，從絕巧棄利說少私寡欲，從絕聖棄智說絕學無憂，無仁義的執著分別，無巧利的善巧爭端，無聖智之才學器用。」[60]豈不自然美好。

人性的喪失在於欲無止境，所以要人性復歸就是要拋棄人為的浮華，而復歸自然的質樸本性。見素抱樸，少私寡欲。道家認為有生命就有欲，所以道教與道家都不主張無私或禁欲，《老子》說：「非以其無私也，故能成其私。」[61]「成其私」是無私的修養功夫，人要成其私，但不能損害他人之「私」，因此人要將「私欲」限制在自我的限度內，所以要求寡欲。

（二）《莊子》

1　形氣相嬗，生死循環

> 察其始而本無生，非徒無生也而本無形，非徒無生形也而本無氣，雜乎芒芴之間，變而有氣，氣變而有形，形變而有生，今又變而之死，是相與而為春秋冬夏四時行也。[62]

觀察起始，本自無生，未生之前，不只無生，本來也無形，不只無形，也無氣，從無至有，大道在恍惚之內，造化芒昧之中，和雜清濁，變成陰陽二氣，二氣又凝結，變而有形，形又變而有生命，從無出有，自有還無，又變而死，生死往來，變化循環，亦如春夏秋冬，四時之循環。

60 王邦雄：《老子道德經的現代解讀》（臺北：遠流出版事業股份有限公司，2010年2月），頁96。

61 《王弼集校釋・老子・第七章》，頁19。

62 方勇、陸永品：《莊子詮評・至樂》（成都：四川出版集團，2007年5月），頁555。

2 道通為一

宇宙萬物皆由「道」所生，萬物形體內俱有「道」的存在，故《莊子》說：「天地與我並生，萬物與我為一。」[63]「自其同者視之，萬物皆一也。」[64]「氣」聚則形成生命，「氣」散則亡，生與死，就在那一氣之間。

> 生也死之徒，死也生之始，孰知其紀。人之生，氣之聚也；聚則為生，散則為死。若死生為徒，吾又何患，故萬物一也，其所美者為神奇，是其所惡者為臭腐，臭腐復化為神奇，神奇復化為臭腐。故曰：「通天下之一氣」。[65]

宇宙萬物之循環，乃一氣之運行，一氣而分陰陽，陰陽聚散而化生萬物。〈則陽〉曰：「天地者，形之大者也；陰陽者，氣之大者也。」萬物之死生，由一氣之聚散，神奇、腐臭，始終循環，無時無刻，無窮無盡。而其本質同為一氣，形體雖有不同，但仍道通為一。今以玄道觀之，已超出執著與對立，也超脫了造作與紛擾，在心知無執著分別下，生命也就無障礙與紛擾，萬物也就紛紛回歸道體的一體無別。

3 心齋

> 回曰：「敢問心齋。」仲尼曰：「若一志，無聽之以耳而聽之以心，無聽之以心而聽之以氣！聽止於耳，心止於符。氣也者，虛而待物者也。唯道集虛。虛者，心齋也。」[66]

顏回問心齋，孔子說：專一你的心志，無復異端，凝寂虛忘。勿以感官聽之，耳根虛寂，反聽無聲，凝神心符，勿以心聽之，應聽之以氣，因心有知覺，會

63 《莊子詮評．齊物論》，頁72。

64 《莊子詮評．德充符》，頁170。

65 《莊子詮評．知北遊》，頁694。

66 《莊子詮評．人間世》，頁126。

起攀緣，而氣無情慮，虛柔任物，所以心不使氣，志不強行，心知退出，讓氣回歸自在，如此，被心知侷限的氣得以無掉心知的執著，得到全面的釋放，回歸氣的自由自在。「虛」即無心，也就是解消主體的心知，心不執著氣，不宰制氣，氣不被壓制，也不被扭曲，可以得到全面釋放，而回歸氣的本身，使生命回歸自然。「虛」即無心，道生成物，當在虛靜中臨現，也只依止於心靈上的虛靜，所以虛者，心齋也。

4 坐忘

坐忘包含忘身與忘心，也就是成玄英注〈在宥〉「身心兩忘，物我雙遣，養心也。」具體而言，外則離於形體，內則除去心識。

> 仲尼蹵然曰：「何謂坐忘？」顏回曰：「墮肢體，黜聰明，離形去知，同於大通，此謂坐忘。」[67]

孔子問：何謂坐忘？顏回說：忘其身，忘其知，內心虛靜，忘掉自己，達到精神上無我無待的境界，這時與大道混同為一，這就是坐忘。因「聰屬於耳，明關於目，而聰明之用，本乎心靈，既悟一身非有，萬境皆空，故能毀壞廢四肢百體，屏黜聰明心智也。」[68]心知會執著形體，形體會被心知制約，所以修養功夫要從「心」做起，先要去知，再來是要在「去知」中「離形」，墮肢體是離形，黜聰明是去知。離形去知後，就同於大道了。也就是說心無執著分別，無所偏好了。

四　《周易》

《易》為筮書之通名，《周禮》稱：「太卜掌三《易》之法，一曰《連

67 《莊子詮評・大宗師》，頁240。

68 （晉）郭象注，（唐）成玄英疏：《南華真經注疏・大宗師疏》（北京：中華書局，1998年7月），頁163。

山》，二曰《歸藏》，三曰《周易》。」《周易》為一書之專名，因其為周代筮書，故曰《周易》。易有八卦，相傳為伏羲所畫，六十四卦或云為伏羲所自重（王弼等說），或云為文王所重（司馬遷等說）。卦辭爻辭，或云係文王所作（司馬遷等說），或云卦辭文王作，爻辭周公作成（馬融等說），彖、象、繫辭、文言、序卦之屬十篇，即所謂十翼者，相傳皆孔子作，此等傳說，俱乏根據。[69]六十四卦之卦辭、爻辭為經。孔子之十翼為傳。十翼者，孔穎達周易正義卷第一云：「上彖一，下彖二，上象三，下象四，上繫五，下繫六，文言七，說卦八，序卦九，雜卦十。」

五　《周易正義》

（一）參天兩地

天得三合，謂一、三與五也；地得兩合，謂二與四也。乃三之以天，兩之以地。必三之以天，兩之以地者，天三覆，地二載。何以參兩視為奇耦者？蓋古之奇耦，亦以三兩言之。且以兩是耦數之始，三是奇數之初故也。不以一為奇者，一無以含兩，故以三有包兩之義，明天有包地之德，陽有包陰之道，故天舉其多，地言其少也。以數言之，陽為三，陰為二也。

（二）大衍之術

「大演之數五十」，用王輔嗣意。云《易》之所賴者五十，其用四十有九，則其一不用也。不用而用以之通，非數而數以之成。用與不用，本末合數，故五十也。以大衍五十，非即天地之數，然此倚數生數，在生蓍之後，立卦之前，明用蓍得數而布以為卦，故以七、八、九、六當之。七、九為奇，天數也；六、八為耦，地數也，故取奇於天，取耦於地，而立七、八、九、六之數也。七為少陽，其氣輕上浮，八為少陰，其氣濁下沈，故成語曰：七上八下。九為老陽，陽極而變陰，六為老陰，陰極而變陽。

---

69 馮友蘭：《中國哲學》（臺北：臺北商務印書館股份有限公司，2002年12月），頁457。

1 蓍占成卦法

準備五十根蓍草（今之籌策），取出一根，橫置於正前方，代表「太極」，在整個運算過程中保持不動。真正進行運算的四十九根。

（1）第一次運算（第一變）

A 任意分四十九根為兩組，甲組與乙組。（分而為二以象兩）

B 從甲組中取出一根，放置於左手兩指之間。（掛一以象三）

C 甲組每四策為一組。（揲之以四以象四時）

D 甲組所餘之數，為一或二或三或四，（若無餘數，則取出四根）將此餘數也放置於左手兩指之間。（歸奇於扐以象閏）

E 乙組亦每四策為一組。（再揲之以四，以象四時）

F 乙組所餘之數，為一或二或三或四，將此餘數也放置於左手兩指之間。（再歸奇於扐）

G 將左手兩指所得之根數置於左斜上角。（所謂再扐而後掛）

（2）第二次運算（第二變）

A 再將所餘之四十四根或四十根，任意分為甲、乙兩組。

B 重複第一次運算中的（2）至（7），將左手兩指之間所得之根數置於左斜上角，但勿與前次的重疊。此時餘數應為四十或三十六或三十二。

（3）第三次運算（第三變）

A 再將第二次運算所餘之數，任意分為甲乙兩組。

B 重複第一次運算中的（2）至（7），將左手兩指之間所得之根數置於左斜上角，但勿與前兩次的重疊。

C 最後留在桌上的餘數每四策為一組，可得九或八或七或六組，九與七為陽爻，八與六為陰爻。至此初爻成。二、三、四、五、上、各爻皆依初爻之演法而得出，六爻俱得而卦成。九、八、七、六謂之四營，《易》以四營為成卦，每卦六爻，每爻三變，故十有八變而卦成。

2 以錢代蓍法

（1）取銅錢三枚，銅錢分正面與背面，象徵陰陽二氣，有字一面為陰，無字或人頭一面為陽，銅錢三枚象徵天、地、人三才。

（2）讓求卦者，將三枚銅錢置於龜甲內或捧於手中，十字交錯手掌成虛拳並將銅錢在龜甲內或手中上下搖動，讓銅錢之磁場與心靈溝通後，將銅錢隨意拋擲於案上，視其正反情況即得一爻。自初爻至上爻，由下而上，即得六爻，卦成。

（3）卦爻之紀錄：

二陰一陽，為陽爻，稱少陽。以三天兩地計數，陰為二，陽為一，二陰為四，一陽為三，合計為七，七為少陽也。

二陽一陰，為陰爻，稱少陰。以數計之，二陽為六，一陰為二，合計為八，為少陰也。

三陽，三陽為九，稱老陽，老陽為動爻，需變為陰爻。

三陰，三陽為六，稱老陰，老陰為動爻，需變為陽爻。

（三）《易》有太極

> 太極謂天地未分之前，元氣混而為一，即是太初、太一也。故《老子》云「道生一」，即此太極是也。又謂混元既分，即有天地，故曰「太極生兩儀」，即《老子》云「一生二」也。不言天地而言兩儀者，指其物體，下與四象相對，故曰兩儀，謂兩體容儀也。[70]

太極就是天地未分時的混沌狀況，兩儀就是天地，四象即為春、夏、秋、冬四時，在《易》卦上，四象是少陽，老陽，少陰、老陰，少陽之爻代表春，老陽

---

70 （魏）王弼，（晉）韓康伯注。（唐）孔穎達疏：《周易注疏・繫上十一疏》（臺灣：臺灣學生書局，2016年1月），頁681。

之爻代表夏，少陰之爻代表秋，老陰之爻代表冬。故法象莫大乎天地，變通莫乎四時。

《周易》是最基本的陰陽二爻所構成，其次是代表著天、地、雷、風、水、火、山、澤的乾、坤、震、巽、坎、艮、兌所組成，闡述了天、地、人三才的基本變化。

孔穎穎達認為《老子》四十二章的「一」是氣，「二」是陰氣與陽氣，「三」是陰陽之和[71]。而太極是天地未分時的渾沌元氣，又稱太極之未形，即太極尚未開闢代生萬物前，因是渾沌為一，所以又稱太初、太一。又因氣化尚未開始凝成形氣事物，故無形無質，完全不同於天地萬有，根本不能用「有」來命名，只能稱之為「無」。

孔疏以渾沌狀態下之元氣作為《易》之始。如此從「道」至「形」，從無到有，需要有一物質中介，就是「氣」，因為太易者，未見氣也。太初者，氣之始也。太始者，形之始也。所以萬物形成之過程正是由於「陰陽之氣」有規律地變化，相互推盪，才有從「道」到「形」的轉化。

陽氣積聚成天，陰氣積聚成地。陰陽二氣和合，成三才，生萬物，此即〈咸卦・彖〉所謂之「天地感而萬物化生」。孔疏則曰：「天地二氣，若不感應相與，則萬物無由得變化而生」[72]。天地感其實也是陰陽相感，乃是陰陽二氣之相互作用，從而產生萬物，**韓康伯注繫辭「是故易有太極，是生兩儀。」**時曰：「夫有必始於無，故太極生兩儀也。太極者，無稱之稱，不可得而名，取有之所極，況之太極者也。」[73]又曰：「道者何？無之稱也，無不通也，無不由也，況之曰道。寂然無體，不可為象。必有之用極，而無之功顯。」[74]孔疏認為太極即天地未分之前，元氣混而為一，太初、太一也；天地萬物由此而生兩儀，兩儀生萬物也。

71 參閱王邦雄：《老子道德經現代解讀》（臺北：遠流出版事業股份有限公司，2010年2月），頁194。存在之理是就純理而言，形構之理則是涉及「氣」。

72 《周易注疏・咸彖疏》，頁338-339。

73 《周易注疏・繫上十一，韓注》，頁636。

74 《周易注疏・繫上四，韓注》，頁601。

（四）一陰一陽之謂道

「一陰一陽之謂道」的確切涵意，就是一陰一陽對立面轉化往來不窮，這就叫做「道」。[75]這是《易傳》對《易經》總體精神的描述和體驗，分體而言，便是天道、地道和人道，三才都分而為二，體現了陰陽對立的性質：「立天之道曰陰與陽，立地之道曰柔與剛，立人之道曰仁與義。」陰陽是貫通天、地、人的中介，因此而構成了自然、社會的一體化模式。同時，陰陽在解釋《周易》卦畫中，與《周易》的原有架構結合起來，而推演出《易傳》的宇宙模式。這個宇宙模式與社會模式的核心範疇便是象徵陰陽的天地。[76]

這宇宙模式與社會模式乃儒家之氣化模式，儒家以「道」之存有作為德性價值之根據，「道」可作為「陰」與「陽」之純一體，而陰與陽只是氣，氣乃事物變化與發展之動力，一般言氣，皆以陰陽言之，《周易》不言氣而言陰陽，蓋以陰陽與剛柔而代之，或指陰陽為天地，但若言氣為天地則不可，換言之，氣有陰陽，陰陽是氣而不可以氣為陰陽，猶言天地是氣，而不可言氣為天地也。而未有天地，先有陰陽，既有陰陽，即分天地，陰陽相盪而後象成，象成而有形質，於是萬物生焉，故陰陽乃《周易》最核心之思想。《易》以道陰陽，而陰陽在天地間有迭運之氣，太極動而生陽，動極而靜，靜而生陰，靜極復動，一陰而復一陽，一陽復一陰，此氣之迭運也。

在《老子》，「無」與「有」為道體之一體兩面，「無」乃萬物生成之根源與依據，具無限性。「有」則是就道體之實存性言，具有限性。王弼亦認為，「無」為萬物存在之依據，「有」為形體、經驗之存有。惟兩者皆不可分裂，相互依存。其實這就是說道體含有陰和陽，而陰陽之運動變化即構成了道之內容。

「一陰一陽之謂道」，孔疏曰：「陰陽雖由道成，即陰陽亦非道，故曰一陰一陽。」[77]萬物皆始在於氣，在其成物之前皆虛無也。萬物稟於陽氣多而為

75 徐志銳：《周易大傳新注》（臺北：里仁書局，1995年10月），頁547。

76 張立文：《周易與儒道墨》（臺北：東大圖書公司，1991年11月），頁8。

77 《周易注疏・繫上四疏》，頁603。

動，稟於陰氣多而為靜。孔疏立於元氣自然之宇宙生成論立場，充分發揮了漢代易學中之陰陽二氣說，認為陰陽之氣乃化生宇宙社會萬物之本原，「乾卦本以象天，天乃積諸陽氣而成天」[78]。坤卦本以象地，地乃積諸陰氣而成地。

（五）一氣流行

天地未分之前，元氣混而為一，元氣在無形無狀下，陽氣上升為天，陰氣下降為地，形成天氣與地氣，而天氣中含有地氣，地氣中含有天氣，人就在天地一氣中，氣輕上浮，氣濁下沈，天地一氣流行。

天有無限創造之可能性，地有無限具體事物之產生性，精即氣強力之作用，讓天有無限生妙之可能，讓地有無限多具體事物之產生，一氣流行下，天有無限生生之作用，地有無限的具體化成。乾文言「元亨利貞」孔疏曰：

> 以此四句明天之德也，而配四時。元是物始，於時配春，春為發生，故下云「體仁」，仁則春也。亨是通暢萬物，於時配夏，故下云「合禮」，禮則夏也。利為和義，於時配秋，秋既物成，各合其宜。貞為事幹，於時配冬，冬既收藏，事皆幹了也。於五行之氣，唯少土也。土則分王四季，四氣之行，非土不載，故不言也。[79]

春夏秋冬代表金木水火，（土則分王四季，四氣之行，非土不載，故不言也。）春生夏長，秋收冬藏，即是元氣一氣流行，稍為具體化之實然義，萬物在春生前，潛伏於地中，在一氣流行下，春生開始萌牙，萬物興盛，夏長即進入茂盛，秋為結果，開始凋落，冬則收藏，保留元氣。元氣流行，有其變化，有春之始，有夏之盛，有秋之成，有冬之藏，故一氣流行有其義。

一氣流行非僅在其絕對之無限層面而自由自在，那只是在精神層面，要從冬的地底到春的萌芽，夏之茂，秋之成與冬之藏，形成一貫，如此一氣流行，百物以興，萬物以藏，有生有長，有收有藏，年年循環，生生不息。

---

78 《周易注疏・乾卦辭疏》，頁49。

79 《周易注疏・乾文言疏》，頁68-69。

氣化流行的世界內，生出了萬物，萬物出生之形態、時空狀態各不相同，但其本質皆為氣，內在皆為氣的流通，故以氣化論而言，萬物為一體。氣化論都有其本體，其本體就是元氣，比較具體的內容即是陰陽五行，惟《周易》較少言及五行，《周易正義》比較強調氣的存在，其中之規律就是道，道氣原就不分，只是本體甚少言及。

元氣，本者之原也。元者道也，本是最初的本質，一切皆始於道，所有生化原則皆為道。道在吾人身上，所以任何言行皆為道的展現，道雖無限，惟在人有限的形體內，只能作有限的表現。一氣流行的天道賦予到人身上，其流行變重濁緩慢，亦即一氣流行受形軀之限制，遲滯了天道無限生生之發展，本是自由變化之物，一有形體之限制，即受拘限，故曰：「凡有形之物，以形為累。」[80]而天地雖復有形，惟天地運行，一氣流行，故能無限，永保無虧，且生生不息，至健至極。

（六）形而上與形而下

卦爻象變化之義理法則，因隱藏於卦之內部，無形無象，可稱之為「無」，故稱之為形而上；而卦爻畫和陰陽爻象，因顯現於爻卦之外表，有形象可見，可稱之為「有」，故稱其為形而下。

「易」指陰陽變易，即剛、柔二爻相易，屬形而上；「乾」「坤」指卦象，卦畫與卦象因有形可見，屬形而下，故為器。一般而言，形上有無限義，具無限之本體，因形上而不可能是實有；而形下是有限的，有限乃是實有，但也因其有限，實有也因此而受限於形體，而不可能是無限的。就筮法而言，六十四卦隱藏著無形的陰陽變化法則，有著天地萬物陰陽變化之規律，無形無象，陰陽二氣及其變化運行之法則，可稱為形上之領域；而可見之象，如畫卦、蓍草、卦象等則屬形下之器，易道則縕於卦爻象中以示人，故爻象是易道之表現，離開了易道，爻象亦無法存在。

道是無體之名，形是有質之稱。凡有從無而生，形由道而立，是先道而後

80 《周易注疏・乾彖疏》，頁61。

形，是道在形之上，形在道之下。故自形外已上者謂之道也，自形內而下者謂之器也。形雖處道器兩畔之際，形在器，不在道也。既有形質，可為器用，故云形而下者謂之器也。[81]

「道」、「器」的差異在於一為無形，一為有形。而有形皆從無形而生，所以形而上者稱作「道」，形而下者稱作「器」，形雖處在「道」「器」之間的界域，既有形質，亦屬器而非屬於「道」。在此孔疏以道體器用解釋「有」和「無」，亦即道體為無，器用為有，所謂形而上者即「自形外已上者謂之道」，形既是器，「形內」無疑是「有形」之物，形外當然指「無形」之謂，凡無形之物，皆可稱之為道；自形內而下者謂之器，凡有形之物，皆可稱之為器。形在器，不在道，是說已成形之物為形內，既有形質，可以為器用，故云形而下者謂之器；而無形，包括尚未成形，未成形之物，皆可稱之為「道」。形而上之道是「無」、是「體」，形而下之器是「有」、是「用」孔疏的所以道器的關係是道體器用，孔疏的道體器用與玄學體用思想是直接相關的。[82]

（七）十二消息卦

卦氣說除了說明節氣外，主要在詮釋引發節氣變化之陰陽二氣，其中以十二消息卦為代表，十二卦分別為復子、臨丑、泰寅、大壯卯、夬辰、乾巳、姤午、遯未、否申、觀酉、剝戌、坤亥，指一年十二個月中，陰陽二氣彼此消長之變化。即自六十四卦中，解析出陰陽二氣消息規律之十二卦。

在一個卦體中，陽爻去而陰爻來，稱為「消」，陰爻去而陽爻來，稱為「息」。簡言之，陰去則陽來，陽去則陰來，陰陽消長，循環不息，所以十二辟卦也被稱為十二消息卦。

十一月復卦，代表子月，節氣冬至，一陽復始，表示陰極則反，陽氣始生，陽氣漸盛，陰氣漸消，陰柔反去，陽剛漸生，萬物開始萌生。

十二月臨卦，代表丑月，節氣為大寒，卦象為二陽生，陽又長，陰又消，臨卦六爻代表小寒至立春。

---

81 《周易注疏．繫上十二疏》，頁643。

82 胡士穎：〈《周易正義》道器思想述論〉《紅河學院學報》2010年6月。

正月泰卦，代表寅月，節氣為雨水，卦象為三陽生，陽氣盛長，陰氣為陽所浸，逐漸衰微。

二月大壯卦，代表卯月，節氣為春分，卦象為四陽生，陽氣勝過陰氣，表示春天之到臨。萬物活動繁衍，生機勃勃。

三月夬卦，代表辰月，節氣為穀雨，卦象五陽生，剛勝於柔，表示陰氣將滅，天地間僅存一點陰氣殘留，陽氣充沛，清明掃墓、郊遊，處處欣欣向榮。

四月乾卦，代表巳月，節氣為小滿，卦象六爻皆陽，陽氣極盛，表示夏天即將到來，草木茂盛，天地之氣，已達亢極陰生之時。

五月姤卦，代表午月，節氣為夏至，卦象開始一陰生，表示陰氣開始萌生而浸陽，天地之氣，陽極陰生。

六月遯卦，代表未月，節氣為大暑，卦象為二陰生，表示陰氣漸旺，陰來則陽退，作物已趨成熟，天氣悶熱。

七月否卦，代表申月，節氣為處暑，卦象為三陰生，內卦陰氣已長，已至立秋，此時陰氣強盛，時值七月十五日，中元以祭祀祖先與鬼神之習俗，求得保佑以獲吉祥。

八月觀卦，代表酉月，節氣為秋分，卦象為四陰生，陰氣已盛天氣漸冷，已陷一片蕭瑟之氣中，農作物已成熟，得以收成，中秋明月，闔家團圓。

九月剝卦，代表戌月，節氣為霜降，卦象為五陰生，陰氣盛長，表陽氣將盡，剝至極點，五爻皆陰，此時陰氣強盛，草木凋零，落葉紛飛，天地間生氣被剝奪，萬物生命活力大減。

十月坤卦，代表亥月，節氣為小雪，卦象為純陰用事，表陰氣極盛，陰息陽消，但陽氣不能消盡，柔長剛消必有盡時，萬物皆隱，天地閉塞成冬，陰氣達極盛之時，由於陰中有陽，陽中有陰，盛極而反，一陽復生，新的一年又復始。

自十一月起陽氣又復萌生，〈序卦傳〉曰：「物不可以終盡，剝窮上反下，故受之以復」[83]，再返回陽息陰消之過程，如此陰陽循環，四時有序，萬物生

83 《周易注疏．序卦》，頁755-756。

生不息，陰陽二氣，共成歲功。

復卦至乾卦，此六卦又稱息卦，屬天之陽氣；姤卦至坤卦，此六卦又稱消卦，屬地之陰氣。息卦為生長之卦，陽氣日增，陰氣漸減；消卦為衰滅之卦，陰氣日增，陽氣日減。

宇宙萬物之生滅，原乎陰陽二氣之消長，陰長則陽消，陽消則陰長，陰長其一則陽消其一，陰長其二，則陽消其二，反之亦然，陰陽二氣永遠保持盈虛消長之平衡，以維持宇宙萬物之變化與更迭。剛則陽爻也，柔則陰爻也。剛柔兩體，是陰陽二爻，相雜而成八卦，遞相推盪。若十一月一陽生而推去一陰，五月一陰生而推去一陽。諸卦遞相推移，故云八卦相盪也。

陰陽二爻，表陰陽二氣，剛柔二體；陰陽二爻，相雜而成八卦，陰陽二氣，相盪而有寒暑，如十一月，一陽生而推去一陰，天氣日暖，至四月，全皆陽爻，天氣極熱，陽極生陰，至五月，一陰生而推去一陽，陰陽消息，反覆循環。又曰：

> 但復卦一陽始復，剛性尚微，又不得其中，故未有元亨利貞。泰卦三陽之時，三陽在下，而成乾體，乾下坤上，象天降下，地升上，上下通泰，物通則失正，故不具四德。唯此卦二陽浸長，陽浸壯大，特得稱臨，所以四德具也。[84]

「消」者滅也、盡也；「息」者生也、長也，稱消息者大都以陽言，陽滅為消，陽長為息，陰盛則陽衰、陽盛則陰衰，陰陽二氣相與消息，乃生四時，乃生萬物。（參見下頁「十二消息卦圖」）

84 《周易注疏・臨彖疏》，頁244。

<table>
<tr><td>四月 火
立夏 乾 巳
小滿</td><td>五月 火
芒種 姤 午
夏至</td><td>六月 土
小暑 遯 未
大暑</td><td>七月 金
立秋 否 申
處暑</td></tr>
<tr><td>三月 土
清明 夬 辰
穀雨</td><td colspan="2" rowspan="2">二 南 七
八 九
東 五 中 十 西
三 四
一 北 六</td><td>八月 金
白露 觀 酉
秋分</td></tr>
<tr><td>二月 木
驚蟄 大壯 卯
春分</td><td>九月 土
寒露 剝 戌
霜降</td></tr>
<tr><td>一月 木
立春 泰 寅
雨水</td><td>十二月 土
小寒 臨 丑
大寒</td><td>十一月 水
大雪 復 子
冬至</td><td>十月 水
立冬 坤 亥
小雪</td></tr>
</table>

十二消息卦圖

六　結語

道教以戒律抑惡勸善，它借用不同的經典，對戒律嚴以要求，止惡揚善，遏止邪風惡行，獎善罰惡。尤其主張修心持戒，以制心神，卻除一切塵慾，洗心清靜，才能通明智慧，導氣自然狀態，以致延年益壽，因此要獲得長壽，就要卻除惡根，順應自然。道教的神仙生活，其實是要世俗生活過得幸福美滿，所以道教與道家對生命都非常看重與珍貴，其給後人最重要的貢獻不在於虛幻的成仙之道，而在於養生。道教思想中的貴生，即是重視生命，蓋生者神之本，形者神之具，故此養氣亦為後人所重視。

道家《老子》曰：「天下萬物生於有，有生於無。」此「無」指虛無，具形而上之意。《老子》既以「道」為本體，《莊子》繼承其思想，亦以「道」為形上。《老子》用陰陽二氣的沖和來說明道生成萬物的過程，而《莊子》更把氣的集散離合來對萬物的生滅變化作了更理性的說明，把「道」視為「通天下一氣」，因此，《莊子》認為人的疾病與陰陽二氣有關，他說：「陰陽之氣有沴」，所有疾病的原因都在於氣的不正常，與陰陽二氣的不平衡，故認為氣應隨時保持暢通與適度的調和。

《莊子．天下》說：「易以道陰陽」，序卦則說：「有天地，然後萬物生焉，盈天地之間者，唯萬物。」天地是萬物化生之基礎，天地相交，二氣相遇，乃得天施地生，品物咸章。尤以泰卦，象天下地上，地在上，地氣濁而下降，天在下，天氣輕而上升，二氣相交，陰陽相感，萬物化生。

「氣」瀰漫在天地萬物之間，遍在流通，動而不滯，「氣」也化於萬物之內，也存在吾人身上。所以人與萬物的活動，應隨順天道與陰陽之氣所形成的四時寒暑與生長變化，保持陰陽二氣之調和。

《老子》上篇首章王弼注校詁

陳錫勇
中國文化大學中國文學系教授

摘要

王弼注本《老子》正文當如太史公《史記・老子列傳》所述：「著書上下篇，言道德之意五千餘言。」而先後當是「德」前「道」後，如《韓非子・解老》、馬王堆帛書《老子》甲、乙本次第，是此「上德不德，是以有德。下德不失德，是以無德。」乃《老子》上篇首章，唯後人妄移先後，乃以第三十八章稱之。而王弼注歷宋、明以來多有殘缺、妄改。今據樓宇烈《校釋》之王弼注為底本，凡王注歧解誤注則案之於後，以供學者卓參也。

關鍵詞：《老子》、王弼注、三十八章

一　前言

太史公《史記．老子列傳》曰：「老子者，楚人也，名聃，周．守藏室之史也。孔子適周，將問禮於老子。……老子脩道德，其學以自隱無名為務。居周，久之，見周之衰，迺遂去。著書上下篇，言道德之意五千餘言，莫知其所終。」鄭板橋〈歷覽〉詩曰：「焚香痛哭龍門叟，一字何曾誑後生。」《老子》者，春秋時老聃所作，老聃，楚人，早於孔子，所著《老子》上下篇五千餘字，言「道」、「德」之意。其上篇首章曰：「上德不德，是以有德；下德不失德，是以無德。上德無為而無不為也。」是凡《韓非子．解老》、馬王堆帛書《老子》甲、乙本並如此，唯帛書本「無不為」訛鈔作「無以為」。若王弼注本本章注之最為詳盡，此章當為《老子》王弼注之上篇首章也。而王弼所據注之《老子》當如太史公、韓非所見本，是老聃所著五千餘言之《老子》也。今所見《老子列傳》多有唐鈔妄衍者，並非太史公原文耳。

《後漢書．劉焉傳》注引《典略》曰：「（張脩）使人為姦令祭酒，主以老子《五千文》使都習。」脩亡、魯據漢中，「因其人信行脩業，遂增飾之。」而本傳曰：「魯，字公旗，初祖父陵、順帝時客於蜀，學道鶴鳴山中，造作符書，以惑百姓。受其道者輒出米五斗，故謂之米賊。陵傳子衡，衡傳於魯，魯遂自號師君。」據此則《五千文》是張脩所刪，而張魯承之，乃增飾作《想爾注》也。然則《洞真太上太霄琅書》卷四曰「係師《想爾》」，是證《想爾注》張魯所作也。饒宗頤《老子想爾注校證》有說。唯此所謂《老子》是《五千文》本，乃張脩妄刪《老子》為五千言之注本。而《道藏》太玄部列目第一、第二：老君大字本《道經》上、老君大字本《德經》下。第五、第六：老君《道經》上《想爾訓》、老君《德經》下《想爾訓》。若第三、第四河上公《章句》者，不當在此，其注所據本五千四百餘字，絕非《五千文》本，而成書在王弼注《老子》之後。然則，是《道藏》著錄有誤也。又《廣弘明集》卷十三，釋法琳〈辨正論〉曰：「漢安元年，歲在壬午，道士張陵分別黃書……故注五千文。」則是「天師道」說法，此改《五千文》、《想爾注》並為三張所宗法也。凡此所謂《道德經》者妄改《老子》上下篇先後，並改「無名萬物之始」之「萬物」作「天地」，是「道」前「德」後，非《老子》原貌。《老子》上下篇是「德」前「道」後，是五千餘言者。太史公所見本、韓非所見本，帛書本並如此，而王弼所據《老子》並如是也。今所謂第三十八章即《老子》上篇首章。

王弼（226-249）生於魏文帝黃初七年，卒於魏齊王嘉平元年，年二十四。凡所注《老子》當在正始中，《世說新語・文學》曰：「王輔嗣弱冠詣裴徽，……」曰：「何平叔注《老子》始成，詣王輔嗣。……」是併在正始（240-249）中，而注引《續晉陽秋》許詢曰：「正始中，王弼、何晏好《莊》、《老》玄勝之談，而世遂貴焉。」而袁宏作《名士傳》以夏侯太初，何平叔，王輔嗣為正始名士。是輔嗣年少才高，金聲玉振於當朝也。然隋、唐以來帝王崇道，多從河上公注本為說，唐・開元七年（719年）劉知幾年五十九，議曰：「《老子》書無河上公注，請存王弼學。」宰相宋璟等，不然其論，奏與諸儒質辯。博士司馬貞等阿意，共黜其言，請二家兼行，語見《新唐書》本傳。故王弼注唯存而已，至乎宋、明則殘缺衍訛多有。若清・四庫館臣校本則正文、注文扞格者多矣！如王注：「天下之物皆以有為生。」而正文訛作「天下萬物生於有」；王注：「上篇、為學者日益，為道者日損。」而該章正文訛作「為學日益、為道日損」。段玉裁曰：「不先正底本則多誣古人。」說者是也。若王弼注亦或歧解，如：「天下之至柔，馳騁天下之至堅。」王注：「氣無所不入，水無所不經。」是不知本章言「道」，凡「道」生萬物，萬物負陰而抱陽，是道至柔而馳騁於萬物，故下文曰「吾是以知（尚德）無為之有益也」。如：「谷神不死。」王注：「谷神，谷中央無者也。無形無影，無逆無違，……此至物也。」是不知本章「谷」本作「浴」，「神」、「申」通假，是謂：谷水延申不絕，以喻道生萬物，生生不絕也。段玉裁曰：「不斷其立說之是非則多誤今人。」說者是也。今為此論文，但求不誣古人，不誤今人也。

二　校詁

上德不德，是以有德；下德不失德，是以無德。

注：德者，得也。常得而無喪，利而無害，故以德為名焉。何以得德？由乎道也。何以盡德？以無為用。以無為用，則莫不載也。故物，無焉，則無物不經；有焉，則不足以免其生。是以天地雖廣，以無為心；聖王雖大，以虛為主。故曰以「復」而視，則天地之心見；「至日」而思之，則先王之志覩。故滅其私而無其身，則四海莫不瞻，遠近莫不至；殊其己而有其心，則一體不能自全，肌骨不能相容。

是以「上德」，不求而德，不為而成，故雖有德而無德名也。下德，求而得之，為而成之，則立善以治物，故德名有焉。

上德無為而無不為也。

注：求而得之，必有失焉；為而成之，必有敗焉。善名生則有不善應焉。故上德之人，唯道是用，不德其德，無執無用，故能有德而無不為。無不為者，無所偏為也。凡不能無為而為之者，皆下德也，仁義、禮節是也。將明德之上下，輒舉下德以對上德。

上仁為之而無以為也；上義為之而有以為也。上禮為之而莫之應也，則攘臂而扔之。

注：至於無以為，極下德之量，上仁是也。是及於無以為而猶為之焉。為之而無以為，故有為之之患矣。本在無為，母在無名。棄本捨母，而適其子，功雖大焉，必有不濟；名雖美焉，偽亦必生。不能不為而成，不興而治，則仍為之，故有弘普博施仁愛之者，而愛之有所偏私，故上仁為之而無以為也。

愛不能兼，則有抑抗正直而義理之者，忿枉祐直，助彼攻此，物事而有心以為矣。故上義為之而有以為也。

直不能篤，則有游飾修文禮敬之者。尚好修敬，校責往來，則不對之間忿怒生焉。故上禮為之而莫之應也，則攘臂而扔之。

故失道而後德，失德而後仁，失仁而後義，失義而後禮。

注：夫大之極也，其唯道乎！自此以往，豈足尊哉！故雖德盛業大，富有萬物，猶各得其德，而未能自周也。故天不能為覆，地不能為載，人不能為贍。萬物雖貴，以無為用，不能捨無以為體也。捨無以為體，則失其為大矣，所謂失道而後德也。以無為用，則得其母，故能已不勞焉而物無不理。下此已往，則失用之母。不能無為，而貴博施；不能博施，而貴正直；不能正直，而貴飾敬。所謂失德而後仁，失仁而後義，失義而後禮也。

夫禮者，忠信之薄而亂之首也；前識者，道之華而愚之首也。

注：夫禮，所始首於忠信不篤，通簡不暢，責備於表，機微爭制。夫仁義發於內，為之猶偽，況務外飾而可久乎！故夫禮者，忠信之薄而亂之首也。前識者，前人而識也，即下德之倫也。竭其聰明以為前識，役其智力以營庶事，雖得其情，姦巧彌密，雖豐其譽，愈喪篤實。勞而事昏，務而治薉，雖竭聖智，而民愈害。捨己任物，則無為而泰；守失失樸，則不順典制。耽彼所獲，棄此所守，故前識者，道之華而愚之首也。

故苟得其為功之母，則物作焉而不始也，萬物存焉而不勞也。用不以形，御不以名，故仁義可顯，禮敬可彰也。

是以大丈夫居其厚而不居其薄；居其實而不居其華。故去彼取此。

注：夫載之以大道，鎮之以無名，則物無所尚，志無所營。各任其正事，用其誠，則仁德厚焉，行義正焉，禮敬清焉。棄其所載，捨其所生，用其成形，役其聰明，仁則尚焉，義則競焉，禮則爭焉。故仁德之厚，非用仁之所能也；行義之正，非用義之所成也；禮敬之清，非用禮之所濟也。

載之以道，統之以母，故顯之而無所尚，彰之而無所競，「□之而無所爭」。用夫無名，故名以篤焉；用夫無形，故形以成焉。守母以存其子，崇本以舉其末，則形名俱有而邪不生，大美配天而華不作。故母不可遠，本不可失。仁義、母之所生，非可以為母。形器、匠之所成，非可以為匠也。捨其母而用其子，棄其本而適其末，名則有所分，形則有所止。雖極其大，必有不周；雖盛其美，必有患憂。功在為之，豈足居也。

案：王注當先注「上德」、「下德」，而後注「上德無為」、而後注「無不為」。然今所見「上德之人，唯道是用，不德其德，無執無用，故能有德而無不為」二十四字訛在「『上德』、不求而得，……下德、求而得之，……。」之前，此後人妄移，並奪「上德」二字，而此後「下德」並當句讀。若此二十四字當在「善名生，則有不善應焉。故」之下。若「下德為之而有以為」八字乃衍文，當刪。又此下訛改「無不為」作「無以為」，殊不悟王注既曰「無所偏為也」，是注正文「無不為」，是後人見河上公注本、或御注本有「下德為之」句乃妄衍、妄改也。是不知《老子》本無此句，《韓非子・解老》、馬王堆帛書《老子》甲、乙本並如此，而王弼注《老子》亦無此句。凡有此句者河上公注本以來妄衍，帝王用之為注，故隋、唐以來學者從之，而不悟其謬，唯劉知幾辯之耳。

又：王注以「上德」為「有德而無名」；「下德」為「有德名」，是以「德名」之無、有為說。而河上公因此而注曰：「上德，謂太古無名號之君，德大無上，故言上德也。」曰：「下德，謂號謚之君，德不及上德，故言下德也。」是證此「德名」、「名號」之相承，是證河上公注本當在王弼注《老子》之後。若第三十五章王注：「道之出言淡然無味。」是王本正文作「道之出言」，而河上公注：「道出入於口，淡淡。」是河上公本正文作「道之出口」，是「言」壞而為「口」，此亦證河上公注本當在王弼注《老子》之後。

唯此二注並謬，「道」何言哉？此「言」乃「焉」之借，是謂「道之出焉」，道之動也，視之不見、聽之不聞、撫之不得，「足」猶「可」也，見第十四章、第二十一章可知。而「上德」、「下德」二家注亦謬，「上德」

是謂「尚德」，尚德故「無為」，是能無不為也；「下德」是謂「以德為下」，故尚仁、尚義，尚禮而「為之」，此「無為」、「為之」之別也。故六十四章曰：「為之者敗之；執之者失之，聖人無為故無敗；無執故無失。」故本章曰：「尚德不得，是以有德；下德不失得，是以無德。」是二家不明通假而緣詞生訓而妄注也。

案：《老子》曰：

尚德不得，是以有德；下德不失得，是以無德。

是「尚」、「上」，「德」、「得」，同音通假，是謂：尚德者遵道、法自然，故無求於外得。外得者「名」、「貨」也，謂「仁」、「義」之名，謂「禮」之法物、貨也。無求於外得，是以有德。

以「德」為下，是謂「下德」，以「德」為下，故有求於外得，是以尚仁、尚義、尚禮而為之，為之而敗德，是以無德。

案：《老子》曰：

尚德無為而無不為也。

凡「上德」、「上仁」、「上義」、「上禮」並「尚德」、「尚仁」、「尚義」、「尚禮」之謂也，「德」、「仁」、「義」、「禮」焉有上下之分。是周之尚德，「以德配天」、「敬德保民」，故本章以「尚德不德」、「尚德無為」說之，此後各章多省「尚德」二字，如第五十七章引聖人之言曰：「我無事而民自富，我無為而民自化，我好靜而民自正，我欲不欲而民自樸。」是謂：我尚德無事；我尚德無為；我尚德好靜；我尚德寡欲。則民自福、自化、自正、自樸也。

尚德者尊道，故遵道而為，既有道可遵，故無為。唯其尚德尊道是能無不為。「無不為者，無所偏為也。」王注說者，是也。此《老子》「無為」、「為之」之別，王注曰：「凡不能無為而為之者，皆下德也，仁、義、禮節是也。王弼誤以「上德」、「下德」對舉，是歧解，若曰「凡不能無為而為之者，皆以德為下，仁、義、禮節是也」，是為正解也。

本句帛書《老子》甲、乙本「無不為」訛抄作「無以為」，第四十八章曰：「為道者日損，損之又損，以至於無為，無為而無不為。」是謂為道者損其外得，損之又損，乃至於尚德無為而無不為也，故曰「絕學無憂。」此證《老子》本句當作「無不為」，〈解老〉引文不誤，王弼本並如此，高明《帛書老子校注》說者是不然也。王弼注是後人妄改，而今通行本正文是四庫館臣所校，妄用訛本以為《老子》，非《老子》文本，作「無以為」者，非王注原注也。

案：《老子》曰：

尚仁為之而無以為也；尚義為之又以為也。尚禮為之而莫之應也，則攘臂而扔之。

凡「為之」者，是不能「尚德」，以「德」為下之敗德者，故第六十四章曰：「為之者敗之，執之者失之。」尚仁者執親疏而「無以為」，蓋因親疏而無與為、無從為也。尚義者執利害，故百官趨利避害，是唯為之而又為也，適成一獨夫也，若尚禮者執貴賤而為之，是校責往來而攘臂相向矣。故第十七章曰：「太上（尚德者）下知有之；其次（尚仁者）、（百官）親譽之；其次（尚義者）、（百官）畏之，其次（尚禮者）、（百官）侮之。」是百官因親疏、利害、貴賤而分。不得公正而敗德亡天下也。夫唯尚德者可以託天下、寄天下也，百官之任事以德，唯知上之尚德者有之而已，故成事遂功，唯自然而已。是「無為」尚德之有益於天下，若夫尚仁、尚義、尚禮者是「為之」而不足以取天下也。

案：《老子》曰：

故失道而後德，失德而後仁，失仁而後義，失義而後禮。

「道」、「德」一體，第二十三章曰：「同於德者，道亦得之；同於失者，道亦失之。」而「仁」、「義」同類，本章所謂「前識者」，故第十八章曰：「大道廢，安有仁義。」是統言之，本章則分言之，而「失」猶「敗」也，見前引

第六十四章。此謂：敗道而後尚德，敗德而後尚仁，敗仁而後尚義，敗義而後尚禮。統言之是「大道廢敗，於是標舉仁義；仁義不行，於是標舉禮文」，乃至於邦家昏亂也。是不能尚德尊道而無為，故華誇仁義而為之，尚仁則因親疏而敗德；尚義則因利害而敗德，乃至於尚禮而為之。尚禮而失其忠信，是行禮如儀，乃至於攘臂相向，是以邦家昏亂而敗亡也。

案：《老子》曰：

夫禮者，忠信之薄而亂之首也；前識者，道之華而愚之首也。

夫禮者，當以忠信為本，然春秋之時，蟻穴之鬥，教之以為忠、會盟爭霸，書之以為信。兵強天下而生靈塗炭，背盟毀約而智巧萌生，忠信亡而邦家亂矣，故第六十五章曰：「以智治邦，邦之賊也。」是智巧多而大偽生，行禮如儀而忠信亡，是亂邦、亂天下之首也。「前」者，先也。「識」者，幟也，意動而標志者也。道本素樸，不能守道之自然，乃華誇仁、義而為之，然為之而拘於親疏而無從為，或為之而拘於利害而為之又為，是遇事而敗德矣，「愚」者，「遇」之借也。故第五十六章曰：「塞其穴，閉其門；和其光，同其塵。……是謂玄同。」此誡尚仁、尚義者去其「生理、心理之私」，去其「自是、自現，回歸素樸」，是能深同於尚德。第五十六章曰：「挫其銳、解其紛，是謂玄同。」此誡尚禮者「簡省法物之供養、禮文之繁複，回歸忠信之本質」，是能深同於尚德者。「玄同」乃「玄同於尚德」之省略語，然解《老》者不明其細，說者多謬。

案：《老子》曰：

是以大丈夫居其厚而不居其薄；居其實而不居其華。故去彼而取此。

因此，大丈夫當居守厚實之德，而不處於忠信之薄，華誇不實之「禮」、「仁與義」。是以大丈夫去離「仁、義、禮」，而趣向於尚德也。

三　結語

本章乃《老子》尚德說，分明尚德「無為」與尚仁、尚義、尚禮「為之」之別，故大丈夫當居德尊道，而去離仁、義、禮；居守「無為」，而不可「為之」，故第六十四章曰：「為之者敗之，執之者失之；聖人無為故無敗，無執故無失。」是謂尚仁、尚義、尚禮者為之而敗德，執親疏、利害、貴賤而失德。失德則道亦失之矣。王弼不明其細，乃以「上德」、「下德」對舉，以「德名」之「無」、「有」說之，是歧解也。

《老子》第四十章曰：「天下之物生於有，有生於無。」此「無」，指「道」、無名、無形，故字之曰道。「有」，指「道之動」、無名、無形而實有，故曰「有」，是實生萬物，猶第四十二章曰：「道生一，一生二，二生三，三生萬物。」本章之「一、二、三」，亦第二十五章之「大、逝、遠、返」。並皆忽恍而無名者，視之不見、聽不之聞、撫之不得，不可致詰者，故曰「萬物之始無名」。此則「道」為萬物之本，若夫「萬物之母」則「有名」矣。今王弼曰：「載之以道，統之以母，故顯之而無所尚，彰之而無所競。用乎無名，故名以篤焉；用乎無形，故形以成焉。守母以存其子，崇本以舉其末，則形名俱有而邪不生，大美配天而華不作。」「道」，無形、無名，「母」，是物，是器，有形、有名。是不可並論，第五十一章曰：「道生之而德畜之，物形之而器成之。」然王弼以「道德」為本而曰「崇本以舉其末」，據《老子》「尚德無為」、「敗德為之」之別，當是崇其本以息其末。若曰「守母以存其子」，則譬喻不當，是亦歧解也。

雖然，就其注以證其正文，是同於韓非《解老》所引《老子》本章，並無「下德為之」句也。

太公望思想探究
──以《六韜》為視點

周貞余
中國文化大學哲學系兼任助理教授

摘要

吾人以「神龍見首不見尾」來形容姜太公應是貼切的。太公望於西周初年，被周文王封為「太師」，被尊為「師尚父」為三公之一，足見地位之崇高。輔佐文王，與謀「翦商」，後輔佐周武王滅商，歷經文王、武王、成王、康王四朝。因功封於齊，成為齊國的始祖，為齊文化的創始人。由於太公任賢治國，影響齊國至深且鉅，更為稷下學術圈奠下基礎，歷代典籍均尊崇其歷史地位，是中國歷史上最享盛名的政治家、軍事家、謀略家、神仙家。

有關太公望完整記載的史料並不多，除《史記》以專章論述外，其餘則在《說苑》、《韓詩外傳》、《戰國策》、《尉繚子》、《韓非子》、《淮南子》、《呂氏春秋》、《新書》、《論衡》、《新序》等書中，零星可以看到有關太公望的記載。武王平商而王天下後，封師尚父於齊營丘。太公治國修政，因其俗，簡其禮，通商工之業，便魚鹽之利，而人民多歸齊，遂成為大國。「工商魚鹽」是太公建立齊國的重要政策。

太公望之文治武略影響深遠，不僅是西周的開國功臣，更是輔佐文王、武王、成王、康王四朝的元老，可說是奠定周朝八百年的歷史。其思想、理論博大精深，對齊學有著深刻影響，更是稷下學派思想得具獨特性的奠基者。有關太公望思想較完整的記錄堪稱《六韜》一書，本文將以《六韜》中之文韜為本，探究太公望思想核心。

關鍵詞：六守、三寶、兵道、安徐以靜

一　前言

《史記．齊太公世家》載：

> 太公望呂尚者，東海上人。其先祖嘗為四嶽，佐禹平水土，甚有功。虞夏之際，封於呂，或封於申，姓姜氏。夏商之時，申、呂或封枝庶。子孫或為庶人。尚其後苗裔也。本姓姜氏，從其封姓。故曰呂尚。
>
> 呂尚蓋嘗窮困，年老矣。以漁釣奸周西伯。西伯將出獵，卜之。曰，所獲非龍非彲，非虎非羆。所獲霸王之輔。於是周西伯獵。果遇太公於渭之陽。與語大說，曰，自吾先君太公曰，當有聖人適周，周以興，真是邪。吾太公望子久矣。故號之曰太公望，載與俱歸，立為師。

武王平商而王天下後，封師尚父於齊營丘。太公治國修政，因其俗，簡其禮，通商工之業，便魚鹽之利，而人民多歸齊，齊乃為大國。太公望人格特質及其治國理念具有三個特點：1. 輕鬼神而重人事。2. 愛民與富民。3. 尚制度而慎賞罰，這些特點都表現在他治國的理念中。〈貨殖列傳〉云：

> 《周書》曰：「農不出，則乏其食，工不出，則乏其事，商不出，則三寶絕，虞不出，則財匱少。」財匱少而山澤不辟矣。此四者，民所衣食之原也。原大則饒，原小則鮮。上則富國，下則富家。貧富之道，莫之奪予。而巧者有餘，拙者不足。故太公望封於營丘。地潟鹵，人民寡，於是太公勸其女功，極技巧，通魚鹽，則人物歸之，繈至而輻湊。故齊冠帶衣履天下，海岱之閒，斂袂而往朝焉。其後齊中衰，管子修之，設輕重九府，則桓公以霸，九合諸侯，一匡天下；而管氏亦有三歸，位在陪臣，富於列國之君。是以齊富彊至於威、宣也。

「地潟鹵」乃鹽鹼地，無法耕種，人民因此少，國家落後貧窮。太公至齊國後，鼓勵婦女致力於紡織刺繡，鼓勵人民造車造船，商人得以貨暢其流，此乃「通商工之業，便魚鹽之利」。人民靠海水煮鹽，至海捕魚，取其資源。即是太公建立齊國的重要政策：「工商魚鹽」，使人、物、財、貨歸聚齊國，齊國逐漸富裕，為日後齊國得以九合諸侯，一匡天下奠定基礎。

有關太公望思想較完整的記錄堪稱《六韜》一書。《六韜》以太公答周文王、武王之間的對話形式完成，其書包括文韜、武韜、龍韜、虎韜、豹韜、犬韜六個部分，共六十篇。有學者認為《六韜》應是戰國中期齊國的著作[1]，或是稷下先生整理姜太公遺教而書寫的著作[2]。《六韜》自問世後，一直受到高度重視，在宋神宗時被列為「武經七書」之一，作為武學教本，成為武將們必讀的兵書。1972年，山東臨沂銀雀山西漢初年的墓葬發掘出《六韜》，校勘今日現存的各種《六韜》版本和注本，說明《六韜》一書，在漢武帝之前就已流行，因此《六韜》殘簡之發現雖能間接否定了《六韜》是秦末之後，學者假託呂尚所著的懷疑，然若以此認定《六韜》為姜太公呂尚所著，證據稍嫌不足。吾人以為《六韜》一書無論是假託呂尚之名或為呂尚所著，該書內容均是闡述或繼承與發揚太公思想，吾人應可借此瞭解太公望。

太公望的文治武略影響深遠，不僅是西周的開國功臣，更是輔佐文王、武王、成王、康王四朝的元老，奠定周朝八百年的歷史。其思想、理論博大精深，對齊學有著深刻影響，更是稷下學派思想得具獨特性的奠基者。其具體思想特點以下幾點來闡述：

二　思想特色

（一）天下非一人之天下

《六韜・文韜・文師》中所記載之太公望言論中提到：

1　見徐勇：《齊國軍事史》，《齊文化叢書》，第十五冊，1997年，p.153。

2　見陳復：《商周交會在齊國：齊文化與齊學術的研究》乙編：《戰國齊學術的特徵與影響》（臺北縣：花木蘭文化出版社，2009年9月），p.109。

> 天下非一人之天下，乃天下之天下也。同天下之利者則得天下，擅天下之利者則失天下。天有時，地有財，能與人共之者，仁也；仁之所在，天下歸之。免人之死，解人之難，救人之患，濟人之急者，德也；德之所在，天下歸之。與人同憂同樂、同好同惡者，義也。義之所在，天下赴之。凡人惡死而樂生，好德而歸利，能生利者，道也；道之所在，天下歸之。

「天下非一人之天下，乃天下之天下也」，這是太公「陰謀修德，以傾商政」，與文王、武王滅商興周最大也是最根本的思想。這一思想，除〈文師〉外，在〈發啟〉、〈文啟〉、〈順啟〉等篇中，也都反覆論述這個觀念。「天下非一人之天下，乃天下之天下也」這樣大氣魄的思想，在距今三千年前的時代是相當難能可貴的。欲得天下者，須得天下心。太公認為，人之本性，乃惡死而樂生，好德而歸利，能給予人以生利的是道義，能行仁、德、義、道者，則天下人歸服。因此，國君當以天下之利為利，以天下之害為害，以天下之樂為樂，以天下之生為生。換言之，即以天下人之心為心。只有以仁、德、義、道為天下興利除害，使天下人與之共利害，同生死，共憂患，共苦樂，如此則能固結民心，萬民歸之。

在《禮記．禮運》篇、《孔子家語》中亦記載孔子之言：「大道之行也，天下為公。」先秦時期儒道法各家思想雖不相同，然對於君王的統治權力，主張一秉至公應是相通的原則。在專制權力控制的時代下，提出以民為主，可謂是民權思想，這是相當難得而可貴的。此一論點，在戰國末期的《呂氏春秋》中亦可看見，《呂氏春秋．貴公》曰：

> 昔先聖王之治天下也，必先公，公則天下平矣；平得於公。……天下非一人之天下也，天下之天下也。陰陽之和，不長一類；甘露時雨，不私一物，萬民之主，不阿一人。

「貴公」是《呂氏春秋》基本的政治思想，治天下必以公，天下非一人之天下。

在《六韜》中，強調國君要行仁修德，澤及百姓，不可暴民虐民，為己而害民，只有這樣，人民才能與國君同舟共濟擁戴國君。這是其他軍事謀略家所沒有的。足見《六韜》一書所記載的內容與太公望的思想應是相符。

（二）道之所起處

〈文韜．明傳〉曰：

> 文王寢疾，召太公望，太子發在側。曰：嗚呼！天將棄予，周之社稷將以屬汝。今予欲師至道之言，以明傳之子孫。
>
> 太公曰：王何所問？
>
> 文王曰：先聖之道，其所止，其所起，可得聞乎？
>
> 太公曰：見善而怠，時至而疑，知非而處，此三者，道之所止也。柔而靜，恭而敬，強而弱，忍而剛，此四者，道之所起也。故義勝欲則昌，欲勝義則亡；敬勝怠則吉，怠勝敬則滅。

此段言先聖為君治國之道，此記載與《大戴禮記．武王踐祚》觀念幾乎一致。「見善而怠，時至而疑，知非而處」，此乃道之所止處，為先聖為君治國之道遭廢棄之處，國乃危矣。換言之，作為一國君主須「見善即行，得時則駕，知非而改」。武王伐紂，卜卦不吉，風雨暴至，無人敢進，武王沉吟。唯有太公闖入太廟，踩碎龜甲，大呼「弔民伐罪，上合天道，當為則為，何須以朽骨定行止也！」此乃得時則駕，當為則為。管子亦主張「以時為寶」。

「柔而靜，恭而敬，強而弱，忍而剛」，為道之所起處。亦即：道之源起於柔，由柔和進入內心的寧靜；從外在的謙恭發展到內在的敬慎；強毅而能弱；堅忍而能剛，此四者為先聖為君治國之道得以實行的立基點。以此立基點，進而延伸至君主當有何作為？《六韜》記載：

> 文王曰：「主位如何？」
>
> 太公曰：安徐而靜，柔節先定，善與而不爭，虛心平志，待物以正。（〈文韜．大禮〉）

黃老道家思想特色乃主張柔節、雌節，治身即治國，強調君王的清靜守、因循無為。上述的引文可以明顯看出其與黃老道家思想主張相同。嚴格來說，根據《六韜》中所記載者，顯示太公同時兼具儒家、道家思想。主張君主為政以德，恭而敬，同時主張君主須虛心平志、削心約志，從事於無為，可謂儒道並行。這些思想不僅影響著作為史官的老子，更影響管子，更直接呈顯於《管子》四篇。

《老子》主柔，言「柔弱勝剛強」、「天下之至柔，馳騁天下之至堅」、「弱之勝強，柔之勝剛」，強調「上善若水」，主張「動善時」、「君子得其時則駕」。《老子》曰：

> 古之善為道者，微妙玄通，深不可識。……孰能濁以靜之徐清，孰能安以動之徐生。保此道者不欲盈。夫唯不盈，故能蔽而新成。（15章）
>
> 是以聖人之治，虛其心，實其腹，弱其志，強其骨。常使民無知無欲。（3章）
>
> 致虛極，守靜篤。（16章）

相對地，《管子》四篇主張：

> 心之在體，君之位也。
> 「位者」，謂其所立也。人主者立於陰，陰者靜，故曰「動則失位」。陰則能制陽矣，靜則能制動矣，故曰「靜乃自得」。
> 虛其欲，神將入舍；掃除不潔，神乃留處。人皆欲智，而莫索其所以智乎！智乎，智乎，投之海外無自奪。求之者，不得處之者。夫正人無求之也，故能虛無。
> 天之道，虛其無形。
> 虛之與人也無間，唯聖人得虛道，故曰「並處而難得」。（《管子‧心術上》）

綜上所論，可以看出其間的思想脈絡。太公承繼先王之道，影響《老子》，《管子》四篇作者承繼《老子》思想，發展成獨具特色的黃老思想。

「義勝欲則昌，欲勝義則亡」，一國君主必須謹守義理，當義理常在，國家昌盛，反之，國家則亡。《老子》言：「不知常，妄作凶。知常容，容乃公，公乃全，全乃天，天乃道，道乃久。沒身不殆。」（16章）

這些道理在歷史的演變與發展上屢見不鮮。因此，君主必須時時戒慎恐懼，如履薄冰。《六韜》記載太公曰：

> 君不肖，則國危而民亂；君賢聖，則國安而民治：禍福在君不在天時。（〈文韜．盈虛〉）

強調君主賢明乃一國盛衰之關鍵，由此看出太公輕鬼神而重人事的特點，這些思想幾乎影響著整個周朝。禍福在君不在天時，領導人的作為、德行是國能治而民能安的關鍵，此一道理，從古至今未嘗改變。

（三）六守三寶

《六韜》載，太公言人君有六守、三寶。文王問：「六守何也？」太公曰：「一曰仁，二曰義，三曰忠，四曰信，五曰勇，六曰謀，是謂六守。」六守乃為國家選拔人才的六項德性標準，其標準為何？太公明言：

> 富之而觀其無犯，貴之而觀其無驕，付之而觀其無轉，使之而觀其無隱，危之而觀其無恐，事之而觀其無窮。富之而不犯者，仁也；貴之而不驕者，義也；付之而不轉者，忠也；使之而不隱者，信也；危之而不恐者，勇也；事之而不窮者，謀也。（〈文韜．六守〉）

國家能否昌盛，首重人才，人才以德為重，必須富之、貴之、付之、使之、危之、事之，而觀其能否不犯、不驕、不轉、不隱、不恐、不窮，通過六項德性標準來考察。周滅商後，對於能否得天下民心更加戒慎恐懼。除提出君主必須

「敬德保民」，在選才上更提出德性兼備。「六守長，則君昌」，賢士之於國家之昌盛，具有舉足輕重之角色。

春秋時期，社會急劇動盪不安，各諸侯間爭戰不斷，各國君主銳意變法圖強，隨著士階層的崛起，君主們網羅人才、競相納士，真可謂求賢若渴、用人唯才。齊桓公任用管仲為相，實行改革，最終完成霸業，即是最好的例證。

六守的選賢標準，在《鶡冠子》中亦看到幾乎雷同的觀念，《鶡冠子・道端》言：

> 富者觀其所予，足以知仁；貴者觀其所舉，足以知忠。觀其大祥，長不讓少，貴不讓賤，足以知禮達。觀其所不行，足以知義，受官任治，觀其去就，足以知智，迫之不懼，足以知勇，口利辭巧，足以知辯；使之不隱，足以知信。貧者觀其所不取，足以知廉。賤者觀其所不為，足以知賢。測深觀天，足以知聖。

陸佃說鶡冠子「其道駁，著書初本黃老，而末流迪於刑名」。《鶡冠子》相傳為戰國時期楚國隱士鶡冠子所作，《鶡冠子・學問篇》以道德、陰陽、法令、天官、神征、伎藝、人情、械器、處兵為「九道」，足見作者以黃老刑名為本，兼及陰陽數術、兵家等學，正是黃老一派道家的特點。有關刑名一辭，陳復先生如此詮釋：

> 齊學的真理觀不是沒有純粹真理議題的討論，只不過更常見其真理觀的思想常隱藏在現實議題（如政治與倫理）的關注裡，這種不同的思維傾向，前者稱做「形名」，後者稱做「刑名」，「形名」只是在純粹思維「名」與「實」的對應問題，「刑名」則在思考這種「名」與「實」的對應如何落實在政治與倫理，變做統治者的教化。[3]

---

3 見陳復：《商周交會在齊國：齊文化與齊學術的研究》乙編：《戰國齊學術的特徵與影響》（臺北縣：花木蘭文化出版社，2009年），p.4。

齊學以姜太公為始祖，隨著時代發展，社會急劇動盪不安，各國思變，士人們在面對時代變動，思想主張自然因應時代的要求，符合實際社會生活與需求，真理觀的思想常隱藏在現實議題的關注裡。換言之，思考「名」與「實」如何落實於政治倫理上，乃是時代必然之要求。因應時代要求而產生的思想，乃成為齊學的思想特色。

至於三寶呢？三寶乃立國之基礎，國家發展的經濟命脈，人君無以三寶借人，借人則君失其威。國君必須自己掌握和控制國家經濟命脈的三大支柱。三寶為何？《六韜》載，太公曰：

> 大農、大工、大商，謂之三寶。農一其鄉，則穀足；工一其鄉，則器足；商一其鄉，則貨足。三寶各安其處，民乃不慮。無亂其鄉，無亂其族。臣無富於君，都無大於國。六守長，則君昌；三寶完，則國安。（〈文韜・六守〉）

三寶的提出，在三千多年前的時代實屬不易，非有大智慧而又能愛民富民者，方能提出這樣的觀念。此一主張農、工、商三者並重的思想，在其他先秦古籍中並未多見，《荀子》和《尉繚子》等只主張重農而不輕商。而太公主張「農一其鄉則穀足，工一其鄉則器足，商一其鄉則貨足」。一個國家若能穀足、器足、貨足，即可長治久安，此乃三寶。大農、大工、大商，從另一個角度看，即為農大、工大、商大，「不以役作之故，害民耕績之時」，不擾民，人民自然聚集，齊國故能逐漸成為大國，管仲即在此基礎下，助桓公完成霸業。

（四）守國要守四時

守國要守四時，是上古思想人須順應自然而行，順天而行的思想上的延續性。君主若不明白四時運行的道理，即違背國家立國的根本。《六韜・文韜・守國》曰：

> 文王問太公曰：「守國奈何？」太公曰：「齋，將語君天地之經、四時所

生、仁聖之道、民機之情。」

王即齋七日，北面再拜而問之。

太公曰：「天生四時，地生萬物，天下有民，仁聖牧之。故春道生，萬物榮；夏道長，萬物成；秋道斂，萬物盈；冬道藏，萬物（尋）〔靜〕。盈則藏，藏則復起，莫知所終，莫知所始，聖人配之，以為天地經紀。故天下治，仁聖藏，天下亂，仁聖昌，至道其然也。」

「聖人之在天地間也，其寶固大矣。因其常而視之則民安。夫民動而為機，機動而得失爭矣。故發之以其陰，會之以其陽，為之先唱，天下和之。極反其常，莫進而爭，莫退而遜。」

「守國如此，與天地同光。」

此段所論乃為君王南面之術，正是黃老道家的特色。吾人以數點析述此段文意重點，以掌握其中義理：

1. 守國之道，須掌握「天地之經、四時所生、仁聖之道、民機之情」，此乃先王之道，欲聞之，須齋戒矣。
2. 「天地之經、四時所生」為天之道；「仁聖之道、民機之情」為人之道。人之道須順應天之道。
3. 「天生四時，地生萬物，天下有民，仁聖牧之」隱含著君權統治，人民之於君主，如同天生四時、地生萬物，君主為百姓之母。
4. 「故春道生，萬物榮；夏道長，萬物成；秋道斂，萬物盈；冬道藏，萬物（尋）〔靜〕。盈則藏，藏則復起，莫知所終，莫知所始，聖人配之，以為天地經紀。」乃言，春生、夏長、秋斂、冬藏，盈而藏，藏而復起，周行不殆，不知其所終，此乃天地運行之自然規律，為常道。聖人遵循此常道，作為天地間綱常法度，以治理國家。四時之大順不可失，失之，國之危矣。
5. 「因其常而視之則民安」乃言，順因天地運行的常道而行事，則人民自然安定太平。此為順因之道。《六韜》中已提出順因思想。同樣觀念在其他篇章中，亦被提出，「因其明，順其常」(〈守土〉)、「太上因之，其次化之」(〈文啟〉)、「因之，慎謀，用財」(〈三疑〉)。此處所言的「因」，其含意主要在於「順任」的意思。陳鼓應先生認為在《管子》四篇中，「因」已成為獨立的哲學概念，並發展為「靜因之道」，並將它提升而為道的一種重要特性，而提出「道貴因」的命題。[4]

6.「發之以其陰，會之以其陽」，明代劉寅《武經七書直解》：「陰，兵刑也。陽，德澤也。……謂刑以伐之，德以合之。」同樣觀念亦被應用在〈兵道〉中：「一合一離，一聚一散；陰其謀，密其機，高其壘，伏其銳士，寂若無聲，敵不知我所備」。天道的運行是相對的，有陰即有陽，陰陽相互依存，陰依伏於陽，陽依伏於陰，一隱一顯，陰陽同時兼具「刑」「德」的意蘊。根據司馬談〈論六家要旨〉「因陰陽之大順，采儒墨之善，撮名法之要」來看，太公作為齊學發展的始祖，的確吸收陰陽學說，而成為黃老道學的思想特色。

7.君王若能掌握天之道，因順自然，從事於無為；同時又能掌握地之道，洞察人心，則天下治矣。《群書治要六韜》曰：「武王勝殷，召太公問曰：『今殷民不安其處，奈何使天下安乎？』太公曰：『夫民之所利，譬之如冬日之陽，夏日之陰，冬日之從陽，夏日之從陰，不召自來。故生民之道，先定其所利，而民自至。』」太公用陰陽來形容冬夏，冬天的太陽，夏天的陰涼，是人民所希望的。如何使天下安矣？即是建立一個人民所共同喜愛的環境，則人民自然來歸。

（五）兵之道莫過乎一

《六韜．文韜．兵道》曰：

> 武王問太公曰：「兵道如何？」
>
> 太公曰：「凡兵之道莫過乎一。一者能獨往獨來。黃帝曰：『一者皆於

4　見陳鼓應：《《管子》四篇詮釋——稷下道家代表作》(臺北：三民書局，2003年)，p.38。

> 道，幾於神。』用之在於機，顯之在於勢，成之在於君。故聖王號兵為凶器，不得已而用之。」

凡用兵之道莫過於掌握一，「一」者何也？謂「一」近於道、幾於神。「一」者能使人獨與宇宙往來，幾於神化的境界。《老子》言：

> 天得一以清，地得一以寧，神得一以靈，谷得一以盈，萬物得一以生，侯王得一以為天下貞。(《老子・39章》)

兩者所言之「一」，其義應為相通。而此「一」應為上古時期，「絕地天通」前天人得以交通，而能通天者必須具有專一、恭敬、正直、虔誠、充滿智慧，能通曉四方、洞見萬物之能力。(「一」之意，在《老子》中，有更深層的意涵，此須另闢專章討論，此處不再贅言。）換言之，太公與老子均掌握到契入「道」之關鍵，乃為「一」。而「道」之運用，貴在「機」。換言之，用兵之道貴在「機」也，「機」者，時機也。

《黃帝四經》亦談「機」。《黃帝四經》主張君子要謙卑己身以順從天道，以「道」作為準則，「柔身以待時」。守柔、守雌，亦要待「時」。「時」者，「機」也，即是時機之意。

（六）戰不必任天道

《群書治要六韜》中載，武王問太公：

> 凡用兵之極，天道、地利、人事，三者孰先？」太公言：「天道難見，地利、人事易得。天道在上，地利在下，人事以饑飽、勞逸、文武也。故順天道不必有吉，違之不必有害；失地之利，則士卒迷惑；人事不和，則不可以戰矣。故戰不必任天道，饑飽、勞逸、文武最急，地利最寶。

天道不可見，地利和人事卻是吾人可以掌握的，不使人民饑餓，人皆好逸惡

勞，勞役須平均分攤，故過勞過逸，事分輕重緩急。順天道不必有吉，因天道不易掌握，失去地利便失人和，即生災禍。武王又問

> 天道鬼神，順之者存，逆之者亡，何以獨不貴天道？太公曰：此聖人之所生也。欲以止後世，故作為譎書而寄勝於天道，無益於兵勝，而眾將所拘者九。

姜太公堅持凡事須掌握現實，分輕重，重點在於掌握住可以掌握的事。

三　結論

太公望作為齊學始祖，兼具儒家、道家、陰陽家、名家、兵家、縱橫家等思想，而發展出獨具特色之思想。以《六韜》文本為視點，吾人可以看到，太公提出天下非一人之天下，以民為本、「柔而靜，恭而敬，強而弱，忍而剛」為君王治國之道的立基點，更主張君主為政以德，恭而敬、六守三寶的提出，國家選才重德性兼備，三寶為國家經濟命脈，國君必須自己掌握與控制、守國須守四時，順應四時，不違背自然、用兵之道貴在機、戰不必任天道，而更重地利、人和，著重的是現實的掌握而不昧於卜卦之說，故有「弔民伐罪，上合天道，當為則為，何須以朽骨定行止也！」之行。

太公之思想觀念可謂獨具特色，在當時代是具前衛與前瞻性，實屬難能可貴。在國家治理上，其考慮周全而具全方位與多元。太公之思想、理論可謂博大精深，不僅奠定周朝八百年之基業，對齊學更具深刻之影響，以今日角度觀之，其治國思想與理念仍具有積極意義與參考之借鏡。

《六韜》與周王朝立國精神關係之探析

黃靖芬
高雄醫學大學通識教育中心兼任助理教授

摘要

《六韜》是我國古代一部著名的兵書，最早著錄此書的是《隋書．經籍志》，題為「周文王師姜望撰」，姜望即姜太公呂望。《六韜》包括〈文韜〉、〈武韜〉、〈龍韜〉、〈虎韜〉、〈豹韜〉和〈犬韜〉，是以周文王、武王和姜太公對話的形式寫成的一部兵書。《六韜》通過周文王、武王與呂望的對話，論述治國、治軍和指導戰爭的理論與原則，對後代的軍事思想有很大的影響，被譽為是兵家權謀類的始祖。司馬遷《史記．齊太公世家》稱：「後世之言兵及周之陰權，皆宗太公為本謀。」《六韜》中太公的思想除對周國能成功以寡擊眾推翻殷紂暴政，建立新的王朝起到相當大的作用外，太公以民為本的愛民思想以及富民政策，在文王與武王的支持下，都對周王朝立國精神與國家走向建立了可傳之百代的標竿。

關鍵詞：姜太公、《六韜》、愛民思想、富民政策

一　前言

《六韜》是我國古代一部著名的兵書。最早著錄此書的是《隋書．經籍志》，題為「周文王師姜望撰」。姜望即姜太公呂望。唐以後人多傾向於此書並非太公所著，而是出自秦漢間人或漢以後的偽造。1972年山東臨沂銀雀山漢墓竹簡本《六韜》出土後，學者們多認為《六韜》成書於戰國，盛行於西漢前期。[1]

《六韜》一書在歷史上留下數種版本，僅傳本就有《群書治要》本，《續古逸叢書》中的宋《武經七書》本，此外《太平御覽》、《北堂書抄》、《通典》、《長短經》、《李善注文選》、《藝文類聚》、《史記》、《說苑》等書中還存有大量的引文和逸文。這些都是校勘《六韜》的重要版本和資料。在銀雀山漢墓竹簡《六韜》、定州漢墓竹簡《太公》出土及敦煌唐人寫本《六韜》殘卷公布以後，又為校勘《六韜》提供了權威依據。[2]本論文因重點不在考證，故選用徐培根註譯的《太公六韜今註今譯》通行本作為研究文本之依據。

《六韜》包括〈文韜〉、〈武韜〉、〈龍韜〉、〈虎韜〉、〈豹韜〉和〈犬韜〉，是以周文王、武王和姜太公對話的形式寫成的一部兵書。《六韜》通過周文王、武王與呂望對話的形式，論述治國、治軍和指導戰爭的理論與原則，對後代的軍事思想有很大的影響，被譽為是兵家權謀類的始祖。司馬遷《史記．齊太公世家》稱：「後世之言兵及周之陰權皆宗太公為本謀。」[3]何元興指出《六韜》成書脫離不開當時的社會背景，全書對於戰爭目的的把握，戰爭前期的政治敘述，軍事的謀略和籌畫，戰爭的作戰方法都具體說明，包含了對當時社會環境的描述，同時又具有獨到的見解之處，在實用性和功利性上超越了同時代

1　1985年，文物出版社出版了《銀雀山漢墓竹簡（壹）》，對外公布了《六韜》竹簡的照片、摹本和釋文。計有竹簡146枚，2100多字，四個篇題。銀雀山漢墓竹簡本《六韜》的問世，受到了學術界的高度重視。

2　房立中主編：《姜太公全書》〈六韜校理〉（北京：學苑出版社，1996年1月），頁19。

3　（漢）司馬遷著，楊家駱主編：《新校本史記三家注并附編二種　二》（臺北：鼎文書局，1981年8月），頁1479。

的許多作品，為國家治理提供了一條可行之路。[4]

由此可知，太公的思想除對周國能成功以寡擊眾推翻殷紂暴，建立新的王朝起到相當大的作用外，對其立國精神與國家走向必定也有一定程度的影響。本文擬以《六韜》與其他相關文獻探討之。

二　姜太公與《六韜》

太公姓姜名尚，字子牙，相傳其先祖曾在堯舜時代擔任過四嶽首長，封於呂以呂為姓，又稱呂尚。太公生卒年眾說紛紜，生年史料無載故不詳，卒年則有《古本竹書紀年》：「周康王六年，齊大公望卒。」[5]依此推算，太公活躍於西元前十一世紀，《史記．齊太公世家》記載太公卒有百餘年。

太公未遇文王時，古籍記載其曾事紂王。《史記．齊太公世家》：「或曰，太公博聞，嘗事紂。紂無道，去之。游說諸侯，無所遇，而卒西歸周西伯。」[6]「周西伯昌之脫羑里歸，與呂尚陰謀修德以傾商政，其事多兵權與奇計，故後世之言兵及周之陰權皆宗太公為本謀。周西伯政平，及斷虞芮之訟，而詩人稱西伯受命曰文王。伐崇、密須、犬夷，大作豐邑。天下三分，其二歸周者，太公之謀計居多。」[7]又說武王「遷九鼎，脩周政，與天下更始。師尚父謀居多。」[8]太公對過往華夏地區各部落爭主導權與統治方式定有一段不算短的觀察與思考期，最後他把這些智慧與謀略帶入西陲的周國，使得這個邊陲小國得以在革命戰爭中取得了勝利，建立新的王朝，太公居功厥偉。

太公在未至周室之前的事蹟礙於史料的缺乏，僅止於傳聞，無從考證，約七十二歲入周室至就封國齊國，其間都有史官為他記言記事，這些言論與史料就成為研究太公治國、謀國、文韜、武略思想重要之依據，《六韜》的一些基本思想很可能來源於這些史官的紀錄。爾後西周末年遭逢犬戎之禍，周室東

4　何元興：《《六韜》軍事哲學思想研究》（臺北：東吳大學哲學系碩士論文，2017年7月），頁4。

5　范祥雍訂補：《古本竹書紀年輯校訂補》（上海：上海古籍出版社，2011年10月），頁29。

6　《新校本史記三家注并附編二種　二》，頁1478。

7　《新校本史記三家注并附編二種　二》，頁1478-1479。

8　《新校本史記三家注并附編二種　二》，頁1480。

遷，戰亂期間，周國貴族紛紛埋象徵權力的鼎、簋、盤等銅器後東逃東土，史料隨之散佚，史官流落民間，《六韜》又經春秋中葉和戰國中期時人撰寫、擴展、補充成書，經過漢人之附益，才以今天的面目出現在世人面前。

《六韜》這部兵書由文王、武王與太公的問答構成。文王與太公的問答見於〈文師〉、〈盈虛〉、〈國務〉、〈大禮〉、〈明傳〉、〈六守〉、〈守土〉、〈守國〉、〈上賢〉、〈舉賢〉、〈賞罰〉、〈發啟〉、〈文啟〉、〈文伐〉、〈順啟〉等文獻。例如〈明傳〉篇文王發問「先聖之道，其所止，其所起，可得聞乎？」[9]〈上賢〉篇文王發問「王人者，何上何下？何取何去？何禁何止？」[10]而大部分則是就某一問題，向太公提出「為之奈何？」再由太公作具體展開。

《六韜》中武王姬發與太公的問答則自第二篇〈武韜〉之〈兵道〉開始，主題多集中在用兵之道，符合歷史武王伐紂的時序記載。武王與太公的問答裡關於治國的理念則在〈文韜．明傳〉中。

三　《六韜》治國思想對周王朝的影響

《六韜》治國思想集中在〈文韜〉，〈文韜〉有十二篇，主要闡述了政治和軍事的關係，強調政治應先於軍事。政治是軍事的基礎，軍事則是政治的延伸，戰爭本乎道義，要想奪取戰爭的勝利，取得天下的統治權，就必須通過政治收攬天下人之心。用兵與治國是緊密相關的，沒有以人民為基礎的戰爭是不可能取得勝利的。收攬人心的關鍵在於愛民，在於按為君之道施政行事，處理好君臣關係，推行相應的內外政策和發展經濟，才有可能在軍事上取得全面勝利。筆者認為太公對於周王朝立國精神的影響在愛民與富民這兩點，以下分述之。

（一）愛民思想

文王第一次見到太公時，太公向文王借釣魚之道為比喻，說明人君治天下的道理，太公說：

9　徐培根註譯：《太公六韜今註今譯》（新北：臺灣商務印書館，2020年1月），頁60。

10　《太公六韜今註今譯》，頁75。

> 天下非一人之天下，乃天下之天下也。同天下之利者則得天下，擅天下之利者則失天下。天有時，地有財，能與人共之者仁也。仁之所在，天下歸之。與人同憂同樂，同好同惡，義也。義之所在，天下赴之。凡人惡死而樂生，好德而歸利，能生利者道也。道之所在，天下歸之。(〈文韜・文師第一〉)[11]

太公認為天下不是一個人的天下，而是天下人的天下。只有和天下人利益一致，休戚與共，才能取得天下。反之，就會為天下人所唾棄。而要做到與天下人利益一致，就必須實行「仁」、「義」、「道」、「德」。

愛民之道，太公指出在「利而勿害，成而勿敗，生而勿殺，與而勿奪，樂而勿苦，喜而勿怒。」並且進一步闡釋：

> 民不失務則利之，農不失時則成之，薄賦斂則與之，儉宮室臺榭則樂之，吏清不苛擾則喜之。民失其務則害之，農失其時則敗之，無罪而罰則殺之，重賦斂則奪之，多營宮室臺榭以疲民力則苦之，吏濁苛擾則怒之。故善為國者，馭民如父母之愛子，如兄之愛弟。見其飢寒則為之憂，見其勞苦則為之悲。賞罰如加於身，賦斂如取於己。此愛民之道也。(〈文韜・國務第三〉)[12]

觀周人歷史，周族在克殷建立國家之前，中國基本上只是各部落之間爭奪主導權，取得天下共主的地位，沒有所謂的政治統治思想。《史記・周本紀》謂周之先祖為棄，棄為后稷，「播時百穀」[13]；夏末政衰，子不窋去稷不務，不窋以失其官而奔戎狄之間；二傳至公劉，「復脩后稷之業，務耕種，行地宜」[14]；九傳至古公亶父「復脩后稷公劉之業」[15]，「貶戎狄之俗，而營築城郭室屋，而邑別

---

11 《太公六韜今註今譯》，頁43。

12 《太公六韜今註今譯》，頁54-55。

13 《新校本史記三家注并附編二種　一》〈周本紀〉，頁112。

14 《新校本史記三家注并附編二種　一》〈周本紀〉，頁112。

15 《新校本史記三家注并附編二種　一》〈周本紀〉，頁113。

居之」[16]，由此可知古公亶父以前，周人時而游牧，時而農耕。「古公卒，季歷立，是為公季。公季脩古公遺道」[17]，「公季卒，子昌立，是為西伯。西伯曰文王，遵后稷、公劉之業」[18]，至文王姬昌時，周已是以農立國。周有天下之後，國家的形態又進一步發展，即由原始部落型國家，進化為封建國家。周自公劉以後純粹以農立國，農耕部族不但知道土地的價值，更知道人民與人力之重要性。既得天下後，除分配土地，又復分配人民，如何管理統治廣大土地上的人民及其人力、物力與資源就是一門了不起的學問，這都不是憑空而來的。太公在〈文韜〉早已就農耕民族著重之處提點文王。所謂愛民之道，就在於與人民齊順天時，共享土地所產生的財富，替人排憂解難，憂樂好惡與共，給人民種種利益，使人民不失業，不誤農時，減少刑罰，減輕賦斂、徭役，不苛擾百姓，愛民如子弟。君主只要實行愛民之道，自然就能取得人民的擁護，從而取得天下。在此基礎上，為往後周王朝建立與治理立下第一根定海神針即是「愛民」，唯有愛民，得到人民擁護，才能在如此廣大的土地中支配龐大的人力與物力。

以愛民為出發點收攬人心，並將之施諸行政，則賴君臣上下共同的努力。〈盈虛〉一章闡明君主之賢否與國家盛衰之關係：

> 文王問太公曰：「天下熙熙，一盈一虛，一治一亂，所以然者何也？其君賢不肖不等乎？其天時變化自然乎？」
>
> 太公曰：「君不肖，則國危而民亂；君賢聖，則國安而民治。禍福在君，不在天時。」[19]

國安民治，政權方能穩固，傳之久遠。在夏、商民智幼稚之時，王權來自於神權，是天命所給予，天子就是這個「天」、「上帝」之子，具有與「天」同樣的

---

16 《新校本史記三家注并附編二種　一》〈周本紀〉，頁114。

17 《新校本史記三家注并附編二種　一》〈周本紀〉，頁116。

18 《新校本史記三家注并附編二種　一》〈周本紀〉，頁116。

19 《太公六韜今註今譯》，頁50。

權威性。欲推翻神權所維護的王朝，必須利用另一個神權觀念，而謂新王朝之建立亦由上帝所命。《詩》云：「天命玄鳥，降而生商。宅殷土芒芒。古帝命武湯，正域彼四方。」[20]此傳說說明湯之先祖契乃上帝之子，湯有天下是秉承天命。這種神權觀念在殷商又特別濃厚，孔子云：「殷人尊神，率民以事神」[21]，觀《尚書・商書》中也不斷的有「天命」、「上帝」、「神后」一類之言就可得知。但夏、商之君同為上天授命，為何仍然會滅亡？天命授予王權，王權竟也有傾覆的一天，這對天命神權的理論帶來了很大的衝擊，新建立的周王朝統治者不得不對傳統的神權理論進行修訂。於是我們在以上古檔案資料彙編的《尚書》中看到上天授命仍然會滅亡是因「天」遺棄了他們，並將「天命」轉移給新的王朝、新的天子。有鑑於殷之覆亡很大程度是因失去民心所致，所以周之統治者提出「敬德」、「明德」與天命觀作結合，這才出現了從神本論到民本論的轉向，而在太公的《六韜》就已經出現類似敬德保民的思想。

敬德保民的核心內容是「慎罰」，太公反對嚴刑峻法，「上勞則刑繁，刑繁則民憂，民憂則流亡」(〈文啟〉)[22]；主張以教化治國，提倡「愛民之道」、「馭民如父母之愛子，如兄之愛弟，見其饑寒則為之憂，見其勞苦則為之悲。賞罰如加諸身，賦斂如取於己」(〈國務〉)[23]。除了慎罰，太公也非常重視君主的行為規範，認為「君不肖，則國危而民亂；君賢聖，則國安而民治」(〈盈虛〉)。[24]革命戰爭已是在與傳統天命觀相抗衡，戰爭欲取勝，太公認為最重要的就是以收攬民心為第一要義；收攬人心實以君主持躬賢明，修明內政為首要之務。太公以帝堯為例：

> 帝堯王天下之時，金銀珠玉不飾，錦繡文綺不衣，奇怪珍異不視，玩好之器不寶，淫泆之樂不聽，宮垣屋宇不堊，甍桷椽楹不斲，茅茨徧庭不

20 屈萬里著：《詩經詮釋》〈商頌・玄鳥〉（臺北：聯經出版事業公司，2000年10月），頁622。

21 （清）阮元校勘：《十三經注疏　禮記正義》〈卷五十四表記〉（臺北：藝文印書館，2011年12月），頁915。

22 《太公六韜今註今譯》，頁92。

23 《太公六韜今註今譯》，頁55。

24 《太公六韜今註今譯》，頁50。

> 剪。鹿裘禦寒，布衣掩形，糲粱之飯，藜藿之羹。不以役作之故，害民耕織之時，削心約志，從事乎無為。吏，忠正奉法者尊其位，廉潔愛人者厚其祿。民，有孝慈者愛敬之，盡力農桑者慰勉之。旌別淑慝，表其門閭。平心正節，以法度禁邪偽。所憎者，有功必賞，所愛者，有罪必罰。存養天下鰥寡孤獨，賑贍禍亡之家。其自奉也甚薄，其賦役也甚寡。故萬民富樂而無飢寒之色。百姓戴其君如日月，親其君如父母。[25]

人君應自己勤儉節約、絕嗜禁欲，抑非損惡，虛心平志，重予輕取，薄賦減徭，賞功罰過，懲惡揚善，吏治清明，無為而治不苛擾百姓。所以太公才會說：「君賢聖，則國安而民治。禍福在君，不在天時。」(〈盈虛〉)「禍福在君，不在天時」，這就是對傳統的天命神授觀的一種反動。此後周人的「德」不僅與天相關，更與「民」有著不可分的聯繫，開始注重「民」對「君」的支撐作用。《尚書》中記載「天惟時求民主」[26]、「民之所欲，天必從之」[27]、「天視自我民視，天聽自我民聽」[28]、「皇天無親，唯德是輔；民心無常，惟惠之懷」[29]，這都是周人「敬德」才可以「保民」思想的呈現。

收攬民心後，太公又在〈武韜・順啟〉向文王說明治天下之策：

> 文王問太公：「何如而可為天下？」
>
> 太公曰：「大蓋天下，然後能容天下。信蓋天下，然後能約天下。仁蓋天下，然後能懷天下。恩蓋天下，然後能保天下。權蓋天下，然後能不失天下。事而不疑，則天運不能移，時變不能遷。此六者備，然後可以為天下政。[30]

25 《太公六韜今註今譯》，頁50-51。

26 （清）阮元校勘：《十三經注疏　尚書正義》〈卷第十七・多方〉（臺北：藝文印書館，2011年12月），頁256。

27 《十三經注疏　尚書正義》〈卷第十一・泰誓上第一〉，頁154。

28 《十三經注疏　尚書正義》〈卷第十一・泰誓中第二〉，頁155。

29 《十三經注疏　尚書正義》〈卷第十七・蔡仲之命〉，頁254。

30 《太公六韜今註今譯》，頁103。

統治天下者自身之修養很重要，度量能容天下，誠信能約束天下人，仁德足以使天下人服之，恩澤足以保天下，權蓋天下而不失，舉事當機立斷不猶疑，此六者全備方能為天下人所愛戴。

> 故利天下者，天下啟之；害天下者，天下閉之；生天下者，天下德之；殺天下者，天下賊之；徹天下者，天下通之；窮天下者，天下仇之；安天下者，天下恃之；危天下者，天下災之。天下者非一人之天下，唯有道者處之。[31]

此段用以說明施行仁政與暴政對人民心理的影響，而歸結於為君之道在於修己以愛民，予民實惠，人民自然懷德而安之，以德治國才能使政權長久。

從《六韜》內容看來，文王生前多次向太公請教治國之道，至於對武王的傳授則記載於〈文韜・明傳〉。文王臥病在床召見太公，當時太子姬發也在床邊。文王有感生命即將結束，周國的社稷大事就要託付給太公，希望太公講授至理明言，以便明確地傳給子孫後代。太公曰：

> 見善而怠，時至而疑，知非而處，此三者，道之所止也。柔而靜，恭而敬，強而弱，忍而剛，此四者，道之所起也。故義勝欲則昌，欲勝義則亡；敬勝怠則吉，怠勝敬則滅。[32]

在《大戴禮記》與《上博簡》的〈武王踐阼〉都有類似的言論，然卻是在武王克殷踐阼後親向太公請教人君領導之道，時間點並不一致。[33]以傳世本《大戴

31 《太公六韜今註今譯》，頁103

32 《太公六韜今註今譯》，頁60。

33 中國人民大學哲學院曹峰在〈道家「帝師」類文獻初探〉一文指出：《大戴禮記》描述武王踐阼之後，特地招士大夫問「可以為子孫常者」的「黃帝、顓頊之道」，大家都說不知道，唯有師尚父太公可以傳授，但傳授之前，必須首先舉行隆重的授受儀式。然後師尚父將「道書」的內容，如「敬勝怠者吉，怠勝敬者滅，義勝欲者從，欲勝義者凶。」等流傳至今的格言警句傳授給了武王。上博簡也有〈武王踐阼〉，但在內容和體例上有很大不同。例如上博簡〈武王踐阼〉除了武王問師尚父外，另外還有武王問於太公望曰：「亦有補盈於十言而百世不失之道，

禮記》〈武王踐阼〉為例，太公是這樣說的：

> 敬勝怠者吉，怠勝敬者滅，義勝欲者從，欲勝義者凶，凡事，不強則枉，弗敬則不正，枉者滅廢，敬者萬世。藏之約、行之行、可以為子孫常者，此言之謂也！且臣聞之，以仁得之，以仁守之，其量百世；以不仁得之，以仁守之，其量十世；以不仁得之，以不仁守之，必及其世。[34]

不管是〈文韜．明傳〉或是〈武王踐祚〉都出現「敬勝怠者吉，怠勝敬者滅，義勝欲者從，欲勝義者凶」之語，這是太公在告知武王，辦事情要勤敬努力，不要懈怠，要不然就會出偏差；不恭敬就會導致歪門邪道，偏差歪邪就會毀滅，只有恭敬認真才會永世長存。靠仁義得到國家，遵循仁義來行事，就會江山永固；隨心所欲，做一些不仁不義的事情，違反了「人道」和「天道」，禍害就會降臨。太公這些智慧與韜略都是可以傳於子孫萬代的治國良方。

與《太公金匱》、《太公兵法》合稱「太公三書」的《太公陰謀》裡亦有武王問太公治國之法的篇章：

> 武王問太公曰：「賢君治國教民，其法何如？」
>
> 太公對曰：「賢君治國，不以私害公，賞不加於無功，罰不加於無罪，法不廢於仇讎，不避於所愛；不因怒以誅，不因喜以賞；不高臺深池以役下，不雕文刻畫以害農，不極耳目之欲以亂政，是賢君之治國也。[35]

不以私害公，賞罰分明，與《六韜》太公的教導周人敬德保民的思想是一致的。

有之乎？」然後再次舉行隆重的授受儀式。《大戴禮記》成分非常複雜，裡面有不少儒家傾向的文獻，〈武王踐阼〉的內容當然也可以作儒家的解釋。然而，師尚父姜太公道家色彩濃厚，武王向師尚父問「道」的儀式以及所問「黃帝、顓頊之道」，都使這篇文獻更接近於道家文獻。本文出自臺北：《哲學論集》第49期，2018年，頁51-52。

34 （漢）戴德編：《大戴禮記》，《漢魏叢書》本第四冊，卷第六。

35 （清）嚴可均編：《全上古三代秦漢三國六朝文》卷七，中國哲學書電子化計劃，上網日期：2023.8.6 網址：https://ctext.org/wiki.pl?if=gb&chapter=965157

《淮南子・道應訓》也收錄武王與太公的一段對話，當時周國以太公特別的革命戰略為謀，以小博大、以寡擊眾，最終推翻殷紂暴政，武王踐祚後曾憂心忡忡地問太公：「寡人伐紂天下，是臣殺其主而下伐其上也。吾恐後世之用兵不休，鬬爭不已，為之奈何？」[36]興兵討伐奪取紂王的天下，這是臣殺君、下伐上的事情，武王擔心以後這類的戰爭將會繼續下去，人們相互間的鬥爭就不會停止，因而請教太公如何避免重蹈覆轍。太公曰：

> 甚善，王之問也！夫未得獸者，唯恐其創之小也；已得之，唯恐傷肉之多也。王若欲久持之，則塞民於兌，道全為無用之事，煩擾之教。彼皆樂其業，供其情，昭昭而道冥冥，於是乃去其瞀而載之木，解其劍而帶之笏。為三年之喪，令類不蕃。高辭卑讓，使民不爭。酒肉以通之，竽瑟以娛之，鬼神以畏之。繁文滋禮以弇其質，厚葬久喪以亶其家，含珠鱗施綸組以貧其財，深鑿高壟以盡其力。家貧族少，慮患者貧，以此移風，可以持天下弗失。[37]

太公為此向武王提供了種種讓百姓消磨意志的對策，就像老子所云：「化而欲作，吾將鎮之以無名之樸」[38]，於萬民歸服感化之中，若私欲興作違道而行，國君就應以純樸自然之道強制遏止其私欲，使民心向樸，國家必然長治久安。

在〈文韜・明傳〉、〈武王踐祚〉的太公皆是以統治者的角度著眼開導年輕的武王，說明人君「敬、怠、義、欲」態度的重要性。凡事江山社稷大事，必須保存敬畏、虔誠之心，才能使江山社稷平順吉祥，若有輕慢、懈怠的思想，那麼很快就會呈現滅亡的景象；只有仁義治國才是國家長治久安的辦法，若欲望橫生，定然使國家陷入凶途，如殷紂就是最好的例子。在《淮南子・道應訓》中的太公則偏向道家的角度去說明如何遏抑民之私欲，避免他們以下犯

---

36 （漢）劉安編，何寧撰：《淮南子集釋　中》（北京：中華書局，2014年9月重印），頁907。

37 《淮南子集釋　中》，頁907-910。

38 （魏）王弼注，樓宇烈校釋：《老子道德經注校釋》（北京：中華書局，2010年10月重印），第三十七章，頁91。

上，在《六韜・盈虛》太公也曾以帝堯為例，人君自己應勤儉節約、絕嗜禁欲，抑非損惡，虛心平志，親身示範，如此教化百姓，使民心向樸，持天下而弗失。

根據《史記・周本紀》記載：「西伯曰文王，遵后稷、公劉之業，則古公、公季之法，篤仁，敬老，慈少。禮下賢者，日中不暇食以待士，士以此多歸之。」[39]可知周這個部族在公劉、古公亶父、季歷與姬昌時期，即以積德行義聞名，人民多來附，領土也大大的擴展，所以太公在《六韜》中所提到的愛民思想在周人的首領姬昌看來，也並非多新奇的想法。但所謂「物以類聚，人以群分」，早年不受重視無所遇的太公，遇上想法一致的文王，太公「以德行仁」的革命方針和方略，讓文王決心接受太公的意見，投入拯救人民於水火的革命工作，並以太公目光高遠的軍事謀略，以寡擊眾，推翻殷紂暴政，從而協助周國建立了完整、嚴密的政治體系，開創了一個物質文明及精神文明皆深刻地影響著後世的王朝。

（二）富民政策

在武王克殷建國之後，周人在太公「天下非一人之天下，乃天下之天下也。同天下之利者則得天下，擅天下之利者則失天下」的主張下，有了以民為本的思想，以民為本這樣的思想也肯定人民求富的正當性和以土地求富的途徑。先秦思想家認為，追求富貴不僅是人之常情，而且是國家治理和教化的基礎。因此要允許百姓爭取正當的物質利益，並為他們創造合法財富提供條件。《漢書・食貨志》云：

> 殷周之盛，詩書所述，要在安民，富而教之。故《易》稱「天地之大德曰生，聖人之大寶曰位；何以守位曰仁，何以聚人曰財。」財者，帝王所以聚人守位，養成群生，奉順天德，治國安民之本也。[40]

---

39 《新校本史記三家注并附編二種　一》〈周本紀〉，頁116。

40 （漢）班固著，楊家駱主編：《新校本漢書集注并附編二種　二》（臺北：鼎文書局，1978年4月），頁1117。

同樣也是肯定這樣的富民安民思想。

太公認為天下不是一個人的天下，而是天下人的天下，只有和天下人利益一致，休戚與共，才能取得天下。因此，國君若要長久保有國家，就要有相應的治國人事政策與經濟政策，選擇適當的人才和建立適當的事業。我們在《文韜・六守》就看到太公所主張的富民政策：「人君有六守三寶」，六守：仁、義、忠、信、勇、謀。三寶：大農、大工、大商謂之三寶。

「六守」是選擇人才與考核人才的方法，太公主張用人唯才，人用對了，施政也就成功一半了。所謂「事在人為」，用對人，做對事，就是施政的精要，也是治理國家，造福百姓的全部。

太公也發明了一種三寶經濟制度。太公說：

> 大農、大工、大商，謂之三寶。農一其鄉則穀足，工一其鄉則器足，商一其鄉則貨足。三寶各安其處，民乃不慮。無亂其鄉，無亂其族。臣無富於君，都無大於國。六守長，則君昌。三寶全，則國安。[41]

太公認為把農民組織起來聚居在一地進行生產，糧食就會充足；把工匠組織起來聚居在一地進行生產，器具就會充足；把商賈組織起來聚居在一起進行貿易，財貨就會充足。國家努力發展農業、手工業和商業，就能實現富足的目標，這三大行業各居其所，各安其業，民眾就不會尋思變亂。我們觀察歷史中每逢改朝換代之際，多半是因為國家財政紀律崩壞、天災、苛吏、土地兼併、戰亂等導致流民問題的出現，嚴重者可能引發國家動亂而傾覆，例如明朝中葉以後，流民問題最烈，甚至直接導致了明朝的滅亡。管仲在齊國提出「禁遷徙，止流民」政策，目的就是控制人口流動，此乃太公的三寶政策具體實踐。

這三寶除了是太公向文王所獻之經濟政策，也在齊立國之初被列入了齊建國方針之一。《史記・齊太公世家》記載：「太公至國，脩政，因其俗，簡其禮，通商工之業，便魚鹽之利，而人民多歸齊，齊為大國。」[42]農工商同時發展，

---

41 《太公六韜今註今譯》，頁63。

42 《新校本史記三家注并附編二種　二》〈齊太公世家〉，頁1480。

重點又是發展工商業，齊國才發展成為一個民富國強的大國。太公深知農、工、商三業對國家經濟重要性。國無農，無食不穩；國無工，無器不富；國無商，無貨不暢，故要三寶並重發展，使人民有業可從，衣食飽暖，器具足用，財貨流通，財政充裕。只有人民這個根本基礎穩固了，國家也才能夠安寧。

太公除了為西周新發明經濟制度外，也在貨幣制度上為西周立了「九府圜法」。《漢書・食貨志下》云：

> 凡貨，金錢布帛之用，夏殷以前其詳靡記云。太公為周立九府圜法：黃金方寸，而重一斤；錢圜函方，輕重以銖；布帛廣二尺二寸為幅，長四丈為匹。故貨寶於金，利於刀，流於泉，布於布，束於帛。[43]

九府是周代管理財政的九個部門，九府各個機關收取不同的貨物財幣，支援各種用途，需要一種便於作為支付的通用價值尺度。太公採用了金帛兩種本位，規定金（實際為銅），每塊一寸見方，重一斤以這種統一規格的金為幣材鑄成錢幣，並以銖為單位以定輕重價值；布帛則以二尺二寸寬為一幅，四丈長為一匹作為單位。[44]依據《周禮》的內容，我們也看到這九個部門分掌不同的職能，分別管理物資收儲調度、財政收支、稅賦徵收、貨幣鑄造、倉庫管理、會計核算、戶口造冊、國內外往來文書等。可說九府圜法的創立，對周初恢復生產發展經濟起到了重要作用。

《六韜》的「三寶」思想，不僅是周朝經濟發展的基本政策，且為其封國齊國奠定了國富民強的基礎。在此基礎上，春秋時期的齊桓公和管仲得以「九合諸侯，一匡天下」，成就霸業。

四　結語

姜太公早年困頓，老年得志，為周文王、周武王修文練武、勵精圖治，並

---

43 《新校本漢書集注并附編二種　二》，頁1149。

44 參考簡巨：〈太公望創立「九府圜法」〉，《上海財稅》，1997年03期。

策劃推翻殷紂的暴政，文王病重，託孤姜太公，武王姬發仍以姜尚為師。太公是武王克紂的首席謀主、最高軍事統帥與西周的開國元勛，亦是中國古代的一位影響久遠的傑出的韜略家、軍事家與政治家，儒、道、法、兵、縱橫諸家皆將他視為本家人物，被尊為「百家宗師」。牧野之戰，紂兵大敗，紂王自焚而死，從此商亡周立，為周朝建立了完整嚴密的政治體系。

太公的《六韜》不是單純地就軍事而論戰爭，而是從哲學的角度，以政治家的眼光，將政治與軍事、治國與治軍緊密地結合起來加以論述。太公在輔佐文王、武王立國與治國之中，堅持以民為本，實行仁政，收服民心，使萬民歸心。敬德保民，與人民齊順天時，太公認為這就是對人治理天下的高尚道德，亦是人君無為而無所不為的根本道理所在。

另一方面，在以民為本的指導思想下，為使人民能各安其業，不會尋思變亂，太公認為國家應努力發展農業、手工業和商業，就能實現富足的目標。《六韜》富國、富民、足民的經濟的思想是全面而周到的，人君有六守三寶。六守：仁、義、忠、信、勇、謀。三寶：「大農、大工、大商謂之三寶。」《六韜》深知農、工、商三業對國計民生的重要意義。故要農、工、商並重，協調發展，使人民有業可從，衣食飽暖，器具足用，財貨流通，財政充裕。此政策除了使往後周王朝政局穩定發展外，也為其封國的強大奠定了政治、物質基礎。齊立國之後，「三寶」被列入為建國方針之一，即「通商工之業，便魚鹽之利」，農工商同時發展，重點又是發展工商業，因而，後來的齊國才發展成為一個民富、國強的大國。

故知太公《六韜》中的思想除對周人能成功以寡擊眾推翻殷紂暴政，建立新的王朝起到相當大的作用外，太公以民為本的愛民思想以及富民政策，在文王、武王兩代領導者的支持下，都對周王朝立國精神與國家走向建立了可傳之百代的標竿。

姜太公之戲劇形象探析

林登順

國立臺南大學國語文學系教授

摘要

姜太公的形象一直被文獻書寫，保存在諸如史書、雜劇、小說、地方志、寶卷、道教科儀等不同類型的文獻中。關於他的傳說被不同群體講述和重新塑造。與以往研究民間信仰涉及神明有所不同，姜太公信仰不存在從一個地方神明到國家祀典的過程。對於姜太公的信仰和口頭傳統在民間的形態，民眾如何依託姜太公信仰創造屬於他們的傳統？這種地方傳統是如何與國家「大一統」的文化進行整合的？因此，姜太公傳說的歷史演變，尤其在明清時期，當姜太公走下國家「武聖」神壇之後，其形象如何透過小說戲劇嬗變，則值得再深入探析。

「姜子牙斬將封神」成為主題，說明姜太公傳說在明代禮儀改革的背景下，出現了從「禮」到「俗」的重要轉變。他的主要形象是圍繞「封神」情節展開的。姜子牙具有封賜眾神的法力，從風雨河伯等神擴大到三百六十五位神明。普通百姓是通過口耳相傳的方式講述著姜太公的故事。鑒於他們的識字率低，並不能以通過文人筆記小說，甚至不能以雜劇文本、評話文本方式去瞭解流傳在普通百姓生活中的口頭傳說，更不可直接使用文本中的口頭傳統去解讀不識字群體的口頭傳統。

在姜太公傳說中，我們看到來自不同時期、不同群體對口頭傳統的塑造。明代之前姜太公傳說的兩種類型，分別代表著不同傳統，前者主要為文獻中記載的傳說，代表著國家和文人的立場，後者則是百姓日常生活中的口頭傳承，兩者隨著王朝禮儀制度的轉換發生滲透寖變。

《姜子牙》是一部3D電影動畫片，2020年10月1日才正式上映，並創下

16.03億人民幣票房。電影用隱喻的手法，揭示和批判許多社會問題，內涵深刻而豐富。姜子牙心懷一顆勇敢、愛民、至善之心，呈現出迥異於歷史的樣貌型態。男主角姜子牙不再以為人熟悉的「姜太公」形象出場。

電影《姜子牙》打破傳統的正邪對立觀念，解構傳統的是非觀，將是非、正邪、好壞放置在全域中進行探討，將看待問題的角度放置在更高、更全面的思考之上，對傳統神話正邪兩派進行重構，打破觀眾的定向期待視野，帶給觀眾更多的反思。從神話走向現實，順應電影市場的潮流，也是動畫電影現代性改編的必然選擇。

關鍵詞：姜太公、戲劇形象、動漫電影

一　前言

姜子牙在歷史上是一位心懷大志的非凡政治家、軍事家，憑著文韜武略協助周武王滅殷興周。[1]其推崇以法治國，安定民心；人們讚賞他的高尚品格。姜子牙文化作為中國傳統文化的一個組成部分，在當代的中國仍然值得提倡。

武成王呂尚本為炎帝之後，原姜氏、呂姓，一名涓，字子牙，所以又稱子牙。他有許多的稱謂，除了呂尚、姜子牙，還有姜太公、師尚父、太公望、呂望、呂牙等名號。司馬遷說因為姜子牙被冊封於呂地，所以又稱為呂尚。

《新唐書・志第五・禮樂五》記載：

> 開元十九年（西元731年），始置太公尚父廟，以留侯張良配。中春、中秋上戊祭之，牲、樂之制如文宣。出師命將，發日引辭於廟。仍以古名將十人為十哲配享。
>
> 上元元年（唐肅宗西元760年[2]），尊太公為武成王，祭典與文宣王比，以歷代良將為十哲象坐侍。秦武安君白起、漢淮陰侯韓信、蜀丞相諸葛亮、唐尚書右僕射衛國公李靖、司空英國公李勣列於左，漢太子少傅張良、齊大司馬田穰苴、吳將軍孫武、魏西河守吳起、燕晶國君樂毅列於右，以良為配。[3]

《唐會要・卷三十二》亦載：

> 唐玄宗開元十九年（731）四月十八日，兩京及天下諸州各置太公廟一所，以張良配享，春秋取仲月上戊日祭。諸州賓貢武舉人，準明經進

1　劉彥彥：《歷史・政治・文學——姜子牙形象的演變與文化內涵》，《南開學報》2012年第1期，第110-116頁。

2　唐高宗亦有上元（西元674年）年號。

3　宋・歐陽修：《新唐書・卷十五・志第五》（臺北市：鼎文書局，1978年），第377頁。

> 士，行相飲酒禮。每出師命將，辭訖發日便就廟引辭。仍簡取自古名將功成業著弘濟生人，准十人例配享。[4]

到了宋孝宗乾道六年（西元1170）詔武成王廟升李晟於殿上，降李勣於西廡李晟之位另加曹彬從祀。[5]

姜太公的形象一直被文獻書寫，保存在諸如史書、雜劇、小說、地方志、寶卷、道教科儀等不同類型的文獻中。關於他的傳說被不同群體講述和重新塑造。與以往研究民間信仰涉及神明有所不同，姜太公信仰不存在從一個地方神明到國家祀典的過程。他的身份自出現之初便帶有「國家」或者「君臣」的觀念，後被列入神仙行列與國家「武成王」，更是朝廷「禮制」和「正統」的象徵，並非地方神明的形象。至明洪武年間，對於姜太公的祭祀已經不符合明代的正統禮儀。朱元璋下令罷「武成王」名號，廢專廟祭祀，改為從祀帝王廟，此後國家「武聖」的身份被關羽取代。[6]雖然如此，在清代的民間社會，姜太公卻搖身一變成為了百姓的家宅保護神。姜太公在民眾的日常生活中具有辟邪的法力，比如門戶、窗戶上多貼「姜太公在此，諸神回避」，或「姜太公在此，百無禁忌」。此時姜太公被普通民眾想像成為可以阻擋邪惡的神明。姜太公信仰的這種轉變發生在明清時期，背後動因值得深究。

以往學者關於姜太公的研究，多集中對其故里、思想、歷史地位等方面進行討論，偏重具體歷史事件、《六韜》著述及以唐、宋為主的斷代史研究。[7]雖然近年來有學者關注姜太公的神話傳說，但偏重於對某種建築儀式、姜太公人

---

4 宋・王溥：《唐會要・卷二十三・武成王廟》（上海市：上海古籍出版社，1987年），第327頁。

5 元・脫脫：《宋史・卷一百零五・志第五十八・禮八》https://ctext.org/wiki.pl?if=gb&chapter=704974。中國哲學書電子化計劃。

6 關於關羽信仰在明代的興起，可參見朱海濱：〈國家武神關羽明初興起考——從姜子牙到關羽〉，《中國社會經濟史研究》2011年第1期。

7 參見蔣波：〈三十年來的姜太公研究〉，《管子學刊》2012年第4期；于賡哲：〈由武成王廟制變遷看唐代文武分途〉，《魏晉南北朝隋唐史料》第19輯，2002年，第133-141頁；黃進興：〈武廟的崛起與衰微（7-14世紀）：一個政治文化的考察〉，《聖賢與聖徒》（北京市：北京大學出版社，2005年），第205-236頁；卜祥偉：〈論姜太公思想文化軟實力及當代價值〉，《管子學刊》2018年第4期。

物形象及歷史背景的考證。[8]對於姜太公的信仰和口頭傳統在民間的形態，民眾如何依託姜太公信仰創造屬於他們的傳統？這種地方傳統是如何與國家「大一統」的文化進行整合的？因此，姜太公傳說的歷史演變，尤其在明清時期，當姜太公走下國家「武聖」神壇之後，其形象如何透過小說戲劇嬗變，則值得再深入探析。

二　姜子牙歷史形象之演變

在先秦文獻中，姜太公是以「勇將」、「賢臣」、「善兵法計謀」等形象出現的歷史人物，此時他在文獻中的名字多是「師尚父」、「師望」。[9]漢代，姜太公不只是輔佐君王的功臣，而且成為齊國「正統」禮儀和疆域的象徵。他的生平事蹟存在口傳的痕跡，並且開始被神化。《史記》的「齊太公世家」是姜太公的人物傳記，記錄了「太公」的身世以及功績。在司馬遷的記載中，「太公望」與文王相遇的過程具有卜驗的情節。[10]「齊太公世家」中的文字，尤其關於姜太公的身世表述比較籠統，具有口傳的性質，這也為後世姜太公傳說的演化奠定了基礎。在《史記》〈封禪書〉中，司馬遷還提到姜太公與齊國八神的關係密切，或由太公創造而來。[11]

關於姜太公的神異記載代表著文字的傳統。在文人的記述中，重點並不在太公的生平，而是要表現戰場中太公的法力，以及帶有天人感應、帝王思想的神奇經歷。姜太公死後成神的最早記錄，應為漢代劉向《列仙傳・呂尚篇》。[12]劉向記述了太公成為神仙的經歷。這種帶有神異色彩的傳說在後期進一步演化，至魏晉南北朝的志怪小說中，出現了新的姜太公「役神」傳說版本，且與

8 參見李世武：〈從魯班和姜太公神格的形成看傳說和儀式的關係——以民間工匠建房巫術為中心〉，《民族文學研究》2011年第2期；陳曉：〈神話傳說與歷史事實中的姜太公〉，《黑龍江教育學院學報》2013年第7期。

9 《詩經》「大雅」（北京市：中華書局，2006年），第323頁。

10 司馬遷：《史記》卷三十二（北京市：中華書局，1963年），第1478頁。

11 司馬遷：《史記》卷二十八（北京市：中華書局，1963年），第1367-1368頁。

12 劉向：《列仙傳》「呂尚」（北京市：學苑出版社，1998年），第16-17頁。

風雨河神關係密切。在晉朝干寶《搜神記》中，太公的身份是「灌壇令」。[13]其主要職能是保證當地風調雨順、社會安定，這也被視為「有德」的體現。張華《博物志》將「太公」的事蹟收錄在「異聞」中，雖有細微差異，但故事結構與《搜神記》基本一致。[14]在這種結構中，姜太公具備了「灌壇令」的德行與「役神」的法力，並且與齊國境內的「泰山」、「東海」等要素聯繫起來。雖然這則傳說版本出現了新的結構，但太公作為齊國權力的象徵意義沒有改變。不僅如此，該時期文獻對《太公伏符陰謀》的轉引中，有太公可以主導「四海神河伯」助武王伐紂的情節，展現他可以幫助君王在戰爭中獲勝的能力。[15]無論身為「灌壇令」還是主導風雨河伯神明，姜太公「役神」傳說是天人感應與帝王思想的投射。

南北朝時期，河南汲縣（今河南衛輝市）城東門北側建有「太公廟」，該廟前有碑刻，碑云：「齊太公呂望者，此縣人也。」[16]此太公廟是由國老王喜、廷掾鄭篤、功曹郊勤等人商議建立。雖然酈道元認為是訛作，但在此之後汲縣太公廟一直被當地人重修，姜太公的傳說也在當地流傳。另一處太公廟則位於汲縣城西北二十五里處，廟宇建在太公泉上，相傳是太公故居。晉武帝泰康十年（289）汲縣縣令盧無忌在〈太公望表〉中稱齊太公呂望是汲縣人，並自稱「太公之裔孫」。[17]大魏武定八年（550），太公廟又受到當地尚氏家族的重修，碑文由當時汲郡太守穆子容撰寫。在碑文中，明確寫到齊太公與當地尚氏家族的關係是「尚氏之興，元出姜氏」。[18]他們追念太公望為祖先，以此自稱為「聖賢之門」。

在唐代仍然流傳，並得到皇帝的認可，以此為依據專門為太公修建廟宇進行祭祀。唐初，姜太公還只是作為臣子在周文王、周武王祠中陪祀，在國家層

13 干寶：《搜神記》卷四（北京市：中華書局，1979年），第44頁。

14 張華：《博物志》卷八（北京市：中華書局，1985年），第47-48頁。

15 蕭統：《六臣注文選》卷四十六（北京市：中華書局，1987年），第868頁。

16 酈道元：《水經注》卷九（北京市：華夏出版社，2006年），第188-189頁。

17 侯大節：《衛輝府志》卷一〈地理志〉（上海市：中華書局，1934年1月，《欽定古今圖書集成／方輿彙編／職方典／衛輝府部》）

18 侯大節：《衛輝府志》卷一〈地理志〉。

面未有專門的廟宇進行供奉。貞觀年間，唐太宗下令將姜太公遷出先王祠，在傳說姜太公釣魚處的磻溪（今屬陝西寶雞）另立太公廟進行單獨祭祀。開元十九年（731），唐玄宗下令在兩京及天下諸州各置太公廟一所，有專門的祭祀禮儀和配祀武將。[19]天寶六年（747），朝廷下令州鄉貢武舉人上省遴選前，要先拜謁太公廟。這一詔令直接將國家的武舉考試系統與太公廟祭祀聯繫起來，說明太公廟在國家武將系統中的地位非常重要。唐肅宗時期依照孔子封王為例，尊封姜太公為「武成王」，享受「王」的祭祀，成為國家層面最高武功神明。[20]太公廟也改名為「武成王廟」，簡稱「武廟」，祭祀儀禮依照「文宣王」孔子規格設置。姜太公代表了唐王朝「正統」的尚武信仰和禮儀。

宋、元時期朝廷依然認可姜太公「武聖」的地位，以及他作為「正統」武功神力的象徵，並在都城建立武成王廟。[21]

國家層面不僅通過禮儀、廟宇祭祀等手段完成了姜太公作為「武成王」信仰的推行，而且將「武」的觀念整合到國家制度和治國理念當中。在此背景下，「役神」傳說符合了國家對其「武成王」地位的認可，不僅被收錄在祀典中，而且唐、宋時期的小說也延續了太公「役神」的結構。[22]在地方社會，姜太公作為祖先的範圍也在擴大，他被追認為姜氏、呂氏、尚氏、齊氏、高氏、盧氏、柴氏等48個姓氏的祖先。[23]民間除在河南一帶有姜太公祖籍地的風物傳說之外，在宋代江浙沿海地帶還出現了姜太公居所的傳說：「石室在常熟縣海隅山，石室凡十所，相傳太公避紂居之，《孟子》：『太公避紂，居東海之濱，常熟去海近，或是。』」[24]

19 王溥：《唐會要》卷二十三（臺北市：世界書局，1968年），第435頁。歐陽修、宋祁：《新唐書》卷十五（北京市：中華書局，1975年），第377頁。

20 司馬光：《資治通鑒》卷二百二十一（北京市：中華書局，1956年），第7091頁。

21 脫脫：《宋史》卷一百零五（北京市：中華書局，1977年），第2555-2556頁。

22 見李冗：《獨異志》卷上（北京市：中華書局，1983年），第20頁；徐堅：《初學記》卷二（北京市：中華書局，1985年），第24、28頁；李昉等編：《太平廣記》卷二百九十一（北京市：中華書局，1961年），第2311頁；劉昫：《舊唐書》卷二十一（北京市：中華書局，1975年），第822頁。

23 封演：《封氏聞見記》卷四（北京市：中華書局，1985年），第49-50頁。

24 范成大：《吳郡志》第八卷，擇是居叢書景宋刻本。

元雜劇中吸收了姜太公「武成王」形象和武神崇拜，出現了諸武神論功績分座次的故事文本。姜太公是眾武神之首，並且可以主宰其他武神。現存孤本元明雜劇《十樣錦諸葛論功》共分四折，顧頡剛將這一雜劇歸為元、明之際的作品。[25]該劇講述了北宋年間官員李昉與張齊賢奉朝廷之命修建武廟，請十三武將入廟論功定位次的故事。劇中姜太公為十三武將之首，這符合國家賜封的「武成王」形象。姜太公自稱「太公望呂尚」，首先陳述了自己的出身、功績，隨後說明他是受玉帝敕令為十三將定功績和位次。[26]不僅如此，元代話本的刊刻，說明以姜太公助武王伐紂為中心的口頭創作正在說書人中流傳。元英宗至治年間（1321-1323），福建建安虞氏刊刻了評話類說唱文學《新刊全相平話武王伐紂書》。[27]封面頁刻有「呂望興周」四字，為此話本的核心內容。姜太公以「漁公」的形象出現，後成為文王和武王的大臣和猛將。太公擁有降妖的法力，比如他用「降妖章」和「降妖鏡」捉妲己，但書中還未出現太公封神的情節。[28]「呂望興周」的故事經過民間說書人的口頭創作，形成了較為固定的講述模式。刊刻的評話雖然是文本，但其中保留了來自說書人以及民間社會的口頭傳統。然而，姜太公傳說隨著明初的一場禮儀改革發生了變化。

明洪武年間，太祖朱元璋下令罷太公「武成王」名號，廢專廟祭祀，改為從祀帝王廟。至此，存在了六百多年的「武成王」國家祀典被取消。洪武三年（1370），朱元璋對國家祭祀禮制進行了改革，頒布「改神號」和「禁淫祠」條令。朱元璋在條令中提到元末以來的紛爭局面，他總結動盪的原因之一是「聲教不同」。因此，在其「一統天下」之後，本為「布衣」的朱元璋將「禮」定為治國之道。

---

25 中國戲劇出版社編輯部編：《孤本元明雜劇》第一冊（北京市：中國戲劇出版社，1958年），第42頁；顧頡剛：《元明雜劇》（上海市：上海古籍出版社，1979年），第164頁。

26 中國戲劇出版社編輯部編：《孤本元明雜劇》第二十二冊（北京市：中國戲劇出版社，1958年），第2-3頁。

27 《新刊全相平話武王伐紂書》（北京市：文學古籍刊行社，1956年）。

28 在元代《新刊全相平話武王伐紂書》中雖有「封神」情節，但不是太公封神。比如在「太公水淹五將」中，有紂王大臣費仲把薛延沱封為白虎神、尉遲桓封為青龍神、要來功封為來住神、申屠豹封為豹尾神、戍庚封為太歲神的情節。武王將崇侯虎封為夜靈神。

他在改革國家禮儀制度時，認為自唐代以來朝廷給諸多神明追加「美號」的做法是不可取的。他下令除五嶽、五鎮、四海、四瀆、孔子可以依其舊名之外，其他歷代忠臣、烈士的美稱名號皆宜革去。把無功於民的忠臣、烈士的神祠，列為「淫祠」。[29]洪武二十年（1387），當禮部奏請沿襲前代做法繼續立武學、用武舉，並且建昭烈武成王廟祭祀太公時，太祖予以駁回。他的理由有二：

第一，太公是周朝之臣，封為諸侯，而用帝王的祭祀規格是不符合禮儀的。

第二，文、武應兼備，而不應異科，沒有只講韜略不事經訓的道理。

綜合兩點，他認為應去太公王號，罷其舊學，從祀帝王廟。[30]一年之後，明太祖正式罷太公「武成王」封號和專廟祭祀。舊王朝的「正統」受到挑戰，作為「武成王」的太公已不符合明朝的「正統」禮儀，他只被認作周朝的一個臣子，其祭禮應在帝王之下，不再是國家最高武功的象徵。

受到明初禮儀改革的影響，通過文本流傳的姜太公傳說，在明代出現了由「禮」到「俗」的轉變。面對明朝新的國家「正統」的出現，姜太公傳說逐漸發展出「姜子牙斬將封神」主題。明代隆慶至萬曆年間（1567-1619），《封神演義》成書。目前可以看到現存最早版本是明代金閶書坊舒沖甫刻本，共二十卷一百回，藏於日本內閣文庫，全稱《新刻鍾伯敬先生批評封神演義》。[31]柳存仁、趙景深等學者認為，元代話本《新刊全相平話武王伐紂書》是《封神演義》的原型作品。[32]雖然可以這樣認為，但我們看到《封神演義》的內容重點已經從「呂望興周」變為「姜子牙封神」。蘇州書肆商人舒沖甫認為「封神」主題來自傳說，用詞多為俚語，所寫之事多半荒唐。[33]李雲翔在卷首「封神演義序」中，也提到文本內容的來源：

---

29 《明太祖實錄》卷五十三（臺北市：「中央研究院」歷史語言研究所，1968年），第1033-1038頁。

30 《明太祖實錄》卷一百八十三（臺北市：「中央研究院」歷史語言研究所，1968年），第2759頁。

31 《封神演義》卷首封面頁，明刊本，日本內閣文庫藏。

32 柳存仁：《元至治本〈全相武王伐紂平話〉明刊本〈列國志傳〉卷一與〈封神演義〉之關係》，柳存仁：《和風堂文集》（上海市：上海古籍出版社，1991年），第1230-1258頁；趙景深：《中國小說叢考》（濟南市：齊魯書社，1982年），第97-103頁。

33 《封神演義》卷首封面頁，明刊本，日本內閣文庫藏。

> 俗有姜子牙斬將封神之說，從未有繕本，不過傳聞於說詞者之口，可謂之信史哉。余友舒沖甫，自楚中重資購有鍾伯敬先生批閱封神一冊，尚未竟其業，乃托余終其事。余不愧續貂，刪其荒謬，去其鄙俚，而於每回之後，或正詞，或反說，或以嘲謔之語，以寫其忠貞俠烈之品，奸邪頑頓之態，於世道人心，不無喚醒耳。[34]

從李雲翔的話語中我們可知。即至明代中後期，「姜子牙斬將封神」的故事已經成為說書人口頭創作的素材；此書版本流傳地原在楚中一帶，被李雲翔的友人蘇州書商舒沖甫購回重刊；而在刊印過程中，李雲翔對文本進行了刪改，原則是去除書中荒謬、鄙俗的內容，重在宣揚忠貞俠烈的品質，教化於人。此後，明清時期流傳的《封神演義》，乃是經過文人再加工的文學作品。

「姜子牙斬將封神」成為主題，說明姜太公傳說在明代禮儀改革的背景下，出現了從「禮」到「俗」的重要轉變。原本志怪小說中的傳說，主要在文人階層傳播，姜太公具有作為周朝臣子和齊國之主的德行，通過傳說體現其武功才能。在民間流傳的故事中，「姜子牙」成為更常見的名字，他的主要形象是圍繞「封神」情節展開的。姜子牙具有封賜眾神的法力，從風雨河伯等神擴大到三百六十五位神明。

在文人看來，轉變後的內容是荒謬和鄙俗。因此在最終成書的文本中，姜子牙始終以人的身份出現，他雖然冊封了眾神，但他自己仍是輔佐周朝的臣子，即便被封的神明，也是依據品德高下進行冊封，這與朱元璋禮制改革的思想一致，也符合明代文人對儒家「禮」的期待。不過，儘管在舒沖甫等刊刻書稿的年代「封神」主題或存在於說詞者之口，或被文人搜集、改編後撰寫成書，這並不能說明此時封神傳說已經在普通百姓中流傳。

儘管明初朱元璋實施禮儀改革，在國家層面取消了姜太公的專門祭祀和廟宇，但從現有地方志文獻來看，新的政策並沒有影響地方官員和民眾的祭祀與傳說的流傳，反而在地域範圍上有所擴大。

---

34 《封神演義》，明刊本，日本內閣文庫藏，第7a-8b頁。

明初朱元璋廢除姜太公專廟祭祀的做法，似乎並沒有影響地方繼續修建太公廟宇，不過廟宇的名稱多以「太公廟」或「姜太公廟」為主，「武成王廟」這樣的稱呼比較少見，在上表中僅有青州府和寧國府寧國縣兩處，而且兩處建於宋代。從上表統計可知，姜太公廟宇主要分布在河南（8處）、北直隸（6處）、陝西（4處）及南直隸（3處），山東和浙江各2處，山西、四川和湖廣各有1處。這與明代之前主要在河南、陝西一帶區域相比有所擴大，並且因「避紂居東海之濱」的說法，有向沿海一帶擴散的趨勢。這些廟宇中有一些是前代留下的，甚至已經廢棄，而有些卻是明代重新修建的，比如河北大成縣和山西棗強縣兩處太公廟，則均是在萬曆年間由地方官員新建。太公廟一般位於距離縣城較遠的村莊、河邊或山泉處。

明代地方志記載的太公廟，大多以「釣魚處、太公墓、姜太公廟」形式出現。太公廟有11處，武成王廟2處，釣魚處或釣魚臺6處，太公墓2處，太公舊居1處，賣漿水臺1處，太公池1處，釣魚綱1處。在河南汲縣，以姜太公風物傳說為中心，就有太公泉、太公臺和太公舊居三處地點。[35]

可見，明代姜太公信仰在地方的傳播與祭祀，與其風物傳說密切相關，形成了「傳說—釣魚臺—姜太公廟」的信仰特點。從具體記載中可以看出，傳說的內容主要與姜太公人物生平有關，比如太公為此地人、太公在此地釣魚、太公葬於此地等。這種現象並非只在姜太公的傳說中體現，顧頡剛在研究孟姜女故事時就提到在明代各地湧現的孟姜女傳說，而且也存在「孟姜故里—孟姜女

---

35 李輅纂修：《大名府志》卷四，明正統十年刻本；李侃纂修：《山西通志》卷五，民國二十二年景鈔明成化十一年刻本；儲珊纂修：《新鄉縣志》卷三、卷六，正德元年修，明藍絲闌鈔本；狄同奎纂修：《大城縣志》卷八，明萬曆崇禎間刻本；何景明纂修：《雍大記》卷三十三，明嘉靖刻本；胡順華纂修：《興化縣志》卷一，明嘉靖刻本；鄒守愚纂修：《河南通志》卷十八，明嘉靖三十五年刻本；趙廷瑞纂修：《陝西通志》卷十一，明嘉靖二十一年刻本；趙惟勤纂修：《獲鹿縣志》卷四，明嘉靖三十五年刻本；杜思纂修：《青州府志》卷十，明嘉靖刻本；龍文明纂修：《萊州府志》卷六，明萬曆三十二年刻本；柳琰纂修：《嘉興府志》卷十八，明弘治五年刻本；田琯纂修：《新昌縣志》卷十三，明萬曆刻本；王鶴齡纂修：《棗強縣志》卷三，清康熙刻本；侯大節：《衛輝府志》卷一，明萬曆刻增修補刻本；李賢纂修：《明一統志》卷三，清文淵閣四庫全書本；范鎬纂修：《寧國縣志》卷二，明嘉靖刻本；劉大謨、楊慎纂修：《四川總志》卷十二，明嘉靖刻本；薛綱纂修：《湖廣圖經志書》卷八，明嘉靖元年刻本。

浣衣處—姜女墓—姜女祠／廟」的形式。[36]可以說，明代是地方風物傳說與信仰普遍結合的時期。當然，以上僅是對部分明代地方志進行梳理的結果，並未能代表所有情況。但從這些資料可以說明，在人們的想像中，姜太公的生平與該地區具體的風物聯繫起來。然而，我們若只瞭解到這一層，還是沒有完整地看到在不識字人群中的姜太公形象。

普通百姓是通過口耳相傳的方式講述著姜太公的故事。鑒於他們的識字率低，並不能以通過文人筆記小說，甚至不能以雜劇文本、評話文本方式去瞭解流傳在普通百姓生活中的口頭傳說，更不可直接使用文本中的口頭傳統去解讀不識字群體的口頭傳統。因此要探尋明代民間社會姜太公傳說的流傳並不容易。不過，上文對明代地方志的資料統計顯示，與人物生平事蹟相關的傳說其實有兩種，一種是以「姜太公釣魚」情節為核心，另一種是以姜太公故里、葬地等為中心。其中，在類似「土民」、「故老」這樣的普通民眾的想像中，更傾向姜太公是一位在河邊釣魚的老者，漁夫形象明顯，這從多處釣魚處便可看出。而對於地方官員和士人家族，姜太公是輔佐帝王成功建立基業的賢臣，或者是他們的祖先，他們為姜太公修建廟宇和墓地。

顯然，在不識字人群中，依託「釣魚臺」的傳說，是百姓口頭傳述的主要內容。在他們的想像中，姜太公作為賢臣的身份並不明顯，反而其「漁者」形象突出。姜太公「漁者」的身份，符合了湖泊沿海一帶漁民的想像，並且出現在明代後期江南地區漁戶免課的傳說中。明代初年，朝廷便在南直隸、湖廣、浙江、福建等地設立河泊所，以便管理漁戶、徵收漁課。[37]當時漁戶所占比例僅次民、軍、匠、灶，從事漁業的人口不在少數。

明代的文人筆記小說和評話中出現了江南漁戶免課的傳說，並且與姜太公的圖像結合起來。在馮夢龍的筆記小說《古今譚概》中，專列一條「使宅魚」傳說：

36 參見顧頡剛：〈孟姜女故事研究〉，顧頡剛編著：《孟姜女故事研究集》（上海市：上海古籍出版社，1984年），第34、42頁。

37 參見〔日〕中村治兵衛：《中國漁業史の研究》（東京市：刀水書房，1995年），第149頁。

> 錢氏時，西湖漁者日納魚數斤，謂之使宅魚。有不及數者，必市以供，頗為民害。羅隱侍坐，壁間有《磻溪垂釣圖》。武肅指示隱索詩，隱應聲曰：「呂望當年展廟謨，直鈎釣國更誰如？若教生在西湖上，也是須供使宅魚。」武肅王大笑，遂蠲其徵。[38]

該傳說的內容基於唐末五代時期羅隱的一首詩展開。五代後梁吳越王錢鏐統治時，規定西湖漁民每天交納漁課數十斤，稱為「使宅魚」。錢鏐請羅隱為《磻溪垂釣圖》提詩，羅隱用反諷的方式告誡在西湖上徵收的漁課過重，於是錢鏐豁免了漁課，取消了使宅魚的規定。該傳說還出現在田汝成《西湖遊覽志餘》、周清原《西湖二集》等文獻中。[39]姜太公的事蹟成為明代江南地區漁民的口頭傳說，被漁業者供奉為「祖師」也不足為奇。

在明代的地方風物傳說和民間姜太公信仰中，幾乎找不到姜太公具有主宰或者影響其他神明的內容，但隨著傳說由「禮」到「俗」的轉變，又反過來影響了姜太公傳說的變化，民間社會依託新的風物出現，而有了新的「正統」表達和想像。

有清一代，統治者將關公尊為他們的護國神加以崇拜，在全國範圍內大興關帝廟。在清朝入關後的十位皇帝中，自順治九年（1652）開始，就有八位皇帝先後13次加封關公。[40]關公成為了新的武神和國家「武」的正統象徵。有學者認為，姜太公的武神地位被關羽取代。[41]然而，若從民間社會的角度來看，隨著姜太公「封神」傳說在民間的流傳，姜太公傳說不再僅僅依託「釣魚臺」、「太公池」等自然風物，而是與普通百姓日常生活結合，出現新的口頭傳說內容和「家神」信仰，他成為普通百姓對於「武」的正統想像。

38 馮夢龍：《古今譚概》卷三十（福州市：海峽文藝出版社，1985年），第934頁。

39 田汝成：《西湖遊覽志餘》卷二十四（杭州市：浙江人民出版社，1980年），第374頁；周清原：《西湖二集》（杭州市：浙江人民出版社，1981年），第292-293頁。

40 參見杜鵑、于鵬飛：《關公崇拜在清代的發展研究》，《中北大學學報（社會科學版）》2018年第3期。

41 參見朱海濱：《國家武神關羽明初興起考——從姜子牙到關羽》，《中國社會經濟史研究》2011年第1期。

與明代江南漁民使用姜太公圖像的做法類似，清代「封神」傳說與圖像結合的做法在民間也進一步傳播，使貼有「姜太公在此」的紙條具有了辟邪的法力，姜太公也成為了家宅保護神。在清代乾隆年間的江南地區，多有在家戶貼「姜太公在此，諸神回避，百無禁忌」辟邪的習俗，民間將此追溯到《封神演義》。由於識字率高、出版業較發達等原因，江浙一帶是《封神演義》刊刻的主要區域。[42]有學者對清代35個書坊刊刻的36種《封神演義》進行匯總，其中尤其以江蘇地區書坊最多。加之戲劇、說唱的影響，可以說，清中前期「封神」傳說主要在江浙流傳。在清人黃圖珌看來，貼「姜太公在此」以辟邪的習俗和說法實在可笑：

> 世俗之造屋、起船、修倉、作灶、定居、安床以及做酒合醬等事，俱書貼示曰：姜太公在此，諸神回避，百無禁忌。未知出於何典。相沿日久，雖簪裾《詩》《禮》之家，亦皆如此，不以為奇。乃曰：出於《封神演義》，是有本也。可發一大笑。[43]

黃圖珌是華亭（今上海）人，本身也是一位劇作家，他於雍正、乾隆年間在浙江任官。在他的描述中，貼「姜太公在此，諸神回避，百無禁忌」的做法被人們運用到日常生活的很多方面，不僅存在於普通百姓家中，文人士大夫之家亦皆如此。這一習俗與建立新事物有關，除與漁民相關的起船之外，還與家宅密切相關，比如造屋、作灶、定居、安床等。在清代浙江和福建地區，士大夫在他們的文集中，也提到民間有在門戶上貼「姜太公在此，諸神回避」的做法，並且「俗傳諸神皆呂尚所封」，他們認為「封神」一說是民間的解釋，士大夫則會將出處追溯到《史記·封禪書》或《舊唐書》等典籍。浙江嘉興人錢泰吉還提到民間有將太公像掛在室內辟邪的做法，他認為這樣的習俗來自《搜神

---

42 參見周博：《〈封神演義〉的成書及其在明清時期的傳播研究》，廣西師範大學碩論，2007年，第35-36頁。

43 黃圖珌：《看山閣集》卷十六，《清代詩文集彙編》編纂委員會編：《清代詩文集彙編》第288冊（上海市：上海古籍出版社，2012年），第570頁。

記》中太公為灌壇令的記載。[44]

姜太公的辟邪法力體現在寫有「姜太公在此」的紙條、圖像以及與此有關的傳說之中。甚至在光緒年間的上海、江蘇等地，人們還通過購買一種叫做〈姜太公驅疫圖〉的圖畫驅除瘟疫，圖畫上印有「驅疫」和「令」三字，只要將這幅圖懸貼在家家戶戶的門首處，便可保護全家平安，起到「太公鎮宅、共托平安」的作用。[45]這種「家神」信仰的出現，說明文字中的口頭傳統與民間日常生活的風物傳說融合，結果是文字的傳統通過圖像和傳說進入民間社會。或寫有「姜太公」名字、或畫有姜太公形象的圖像，成為了風物傳說的載體和表達民間想像的方式。

不過，文人對「姜太公在此」習俗的記載，多帶有他們的主觀色彩，認為這樣的傳說非常可笑和鄙俗。至於民間究竟如何講述「姜太公在此」的故事卻不得而知。慶幸的是，我們可以從清末民國時期的地方志中，找尋到一些普通百姓的口頭傳統，並看到「封神」傳說如何與家宅平安聯繫在一起。雖然這些傳說仍被文人或起碼識字的人群記載，但其中體現了來自民間的口頭傳統。在民國時期的河北萬縣，流傳著關於「太公在此」的四則民間傳說，第一、二則基本一致，現摘錄一、三、四則於下：

第一則，昔日姜太公封神畢，回天覆命，玉皇甚喜，欲將太公封一相當神號，以執掌一切而酬其庸，此時神位已滿，一時覓不出相當缺位，於是封於牆角。太公心雖不樂，然迫於君命，不得不謝恩而去，坐於牆角。故民間築牆完畢，皆於牆角書「太公在此」，以代牌位。

第三則，民間每於牆壁大書「太公在此」字樣，相傳是昔日天帝怒人民之奢望，思重懲之，降以惡風暴雨，正在危急之際，適姜太公來此坐於一家之牆角，於是風雨驟止，該地倖免於難。人皆感之，認為神異，於是將太公二字常寫於牆角，謂能趨吉避凶，相沿成習，至今不易。

第四則，姜太公封神後，諸神皆有位置，唯獨太公向隅，玉皇憐之，降詔諸神，謂：嗣後太公所列之地，諸神所須避位暫讓。故民間之欲禳不詳者，皆

44 錢泰吉：《甘泉鄉人稿》卷十七，清同治十一年刻本光緒十一年增修本。

45 〈姜太公驅疫圖〉，《申報》1887年9月10日。

書「太公在此」之紙條，黏貼各處，其意在太公在此，諸神尚須退位，何況鬼怪乎？[46]

在這三則傳說中，「一」和「四」則都與「封神」有關，「三」則與志怪小說中姜太公為「灌壇令」傳說有關。內容相似之處是姜太公封神之後，唯獨沒有自己的神位，玉皇大帝將其封在牆角。隨後不管是民間築牆還是欲避不詳，都將「太公在此」寫於紙上，貼於牆角或各處。

從萬縣的傳說中，我們看到明初取消姜太公「武成王」封號之後對「封神」傳說的影響。這種影響被保留在民間口頭傳統中。傳說中太公受玉帝指令封神的內容，與元明雜劇《十樣錦諸葛論功》中的內容有所類似，只不過姜太公沒有再像元明雜劇中的情節一樣坐到眾武神首位，而是出現了「此時神位已滿，一時覓不出相當缺位」的尷尬情況，儘管太公心不樂意，但還是「迫於君命」，接受了玉帝的封賜。這恰恰是明太祖朱元璋取消封號的隱喻。不過，國家層面雖然不再承認姜太公的「武成王」封號，以及推崇其他神明成為「武聖」，但在民間百姓的想像中，姜太公仍然具有可以戰勝一切的「武」的形象，以及具有可以封諸神的法力，這就足以為他們阻擋日常生活中的恐慌與不詳。或者說，在民間社會中，姜太公辟邪的法力正是來自其「武」的形象，依託文字、圖像和家宅講述的風物傳說成為新的「正統」，這也是民間想像中的根本要素。

在姜太公傳說中，我們看到來自不同時期、不同群體對口頭傳統的塑造。明代之前姜太公傳說的兩種類型，分別代表著不同傳統，前者主要為文獻中記載的傳說，代表著國家和文人的立場，後者則是百姓日常生活中的口頭傳承，兩者隨著王朝禮儀制度的轉換發生滲透寖變。

三　姜子牙之影劇形象詮釋

《姜子牙》是一部3D電影動畫片，由程騰和李煒共同執導，關皓天編

46 路聯達、任守恭：《萬全縣志》卷十一，民國二十三年鉛印本。

劇，北京光線影業有限公司發行。原定2020年1月25日春節上映，因疫情延至2020年10月1日才正式上映，並創下16.03億人民幣票房。該片主要依據明朝小說《封神演義》改編，劇中主角姜子牙（太公望）故事，主要描述在封神大戰立下大功的姜子牙，因他一時之過，被貶下凡間，失去神力且被世人唾棄，為重回崑崙，姜子牙踏上旅途。在戰後的廢墟上，重新找到自我，也發現當年一切的真相，這是一個尋找自我救贖的旅程。

電影《姜子牙》不僅畫面精美，而且立意高遠，姜子牙堅守初心以護佑蒼生為己任，充滿了正義感；影片用鮮活的故事情節，塑造姜子牙的英雄形象。他與師尊之間的分歧與矛盾，就是正義與邪惡、光明與黑暗的對立，影片附加對人性的考量。電影中，不只重新塑造神話中的人物形象，連故事結構也進行調整，整部作品沒有著重紂王妲己、武王伐紂等耳熟能詳的商朝歷史，更跳出原本歷史故事的框架。男主角姜子牙不再以為人熟悉的「姜太公」形象出場，作品的重點，放在神話故事的延伸，姜子牙與其心結——九尾妖狐之上，由姜子牙在斬殺九尾狐時的猶疑，他成為眾神之長的神途受影響，直至他與小九重遇，踏上「解謎之旅」後，發生蛻變，讓觀眾從故事中，看到他青年、中年、老年三個階段的經歷，見證姜子牙從信仰神（元始天尊）、懷疑神，直至他重新尋回自我的過程。

電影用隱喻的手法，揭示和批判許多社會問題，內涵深刻而豐富。姜子牙心懷一顆勇敢、愛民、至善之心，呈現出迥異於歷史的樣貌型態。

（一）動畫人物的解構與重塑

電影《姜子牙》以姜子牙、小九、九尾妖狐和天尊為主要角色；並以電影陌生化手法，處理觀眾最熟悉的神話文本，對文本之姜子牙、申公豹、九尾妖狐等人物的情感、形象、性格和遭遇，進行重新解構與塑造。對傳統神話體系正邪兩方的對立、公平與不公的界定，以及文化內核的重構，改變傳統文本中典型人物、典型事件的設定，塑造出全新的動畫人物和故事情節。在增加觀眾陌生感與新鮮感的同時，突破傳統神話舊調重彈的窠臼，讓傳統神話一成不變的局限性，得到擴展，增強神話故事的傳播力。

以往的經典文本與影視作品中，人物形象，往往延續經典文學作品中的形象進行推演。《姜子牙》電影人物的創作，則是在傳統經典文學文本框架下，對人物進行全新的解構與重塑，從而讓人物具有新的生命與形象。《封神演義》中，姜子牙是推翻暴君的正義形象，所以，很多影視戲劇中的姜子牙，多以原型出現，妲己禍國殃民、武王伐紂、姜子牙封神等一系列故事，也是其中的原型故事。但動畫電影《姜子牙》則對一些原型人物及事件，進行全新解構與重塑。

在《封神演義》中，姜子牙是周王朝的開國第一功臣，是睿智的白髮老翁，是率領諸神扶周滅商，結束紂王殘暴統治的正義使者，是眾民之神。而動畫電影《姜子牙》通過對故事文本的再創造，進行重新解構，塑造後姜子牙這一人物。

動畫電影中，姜子牙的衣著設計別出心裁，蓑衣的材質樣式參考飛鳥之羽毛，紋理上借鑑樹葉的脈絡，服飾的設計，象徵以姜子牙為代表的道，對自然與人生思想理念的認識，也闡釋影片中姜子牙拯救蒼生，希冀自然與萬物和諧共生的崇高理想。身披蓑衣，是經典的漁夫形象，造型設計雖與傳統文本中的姜太公形象，有相似處。但姜子牙卻是以一種年輕化的姿態，展現在大眾面前，重塑後的姜子牙面部削瘦、一頭黑髮，是中年姜子牙的形象，帶給觀眾強烈的認知反差，也從側面印證姜子牙潛在的反叛性格，並與影片表現叛逆主題的深層意義上，達成偶合。與《封神演義》中，白髮蒼蒼、老態龍鍾的姜子牙形象，截然不同。片尾姜子牙在自我超脫之後，蛻變成一個白髮蒼蒼又散發光芒的老人，頗有博愛萬民的形象意味，透過人物造型的轉變，表明姜子牙精神信念的轉變，最終成為自己的神。影片從衣著、形象、身形等造型設計的不同，看出影片中之姜子牙，與傳統文本中不同外形的鮮明對比，表現出姜子牙年輕化與平民化的傾向。

而影片中姜子牙的外在性格設計，主要呈現他由神仙轉變成日常化英雄的設計。相比於《封神演義》中，姜子牙睿智好強性格，以及有事便求師尊幫助的行事風格，姜子牙變得更加沉默與忍耐，他面對仙界十年放逐毫不抱怨，面對寒冷孤寂的環境，仍全力適應，與西方開放冒險的精神不同，姜子牙的性格，呈現出中華民族深層含蓄、內斂保守的真性情。

另外，與《封神演義》中的姜子牙相比，影片中姜子牙從原本對於師尊的崇敬，已轉變為對師尊的懷疑，他打破天界與人界天梯的行為，就代表他已主動放棄崇高的神仙身份，主動成為一名平民英雄。

影片經由對姜子牙神話英雄的全新架構，把他重塑為一位失去神力的昔日功臣，也就是一介凡人。他有著大眾認知中，神仙善良、眾生平等的信念，也有傳統大眾認知範圍之外，神仙所不具有的猶豫不決和迷茫躊躇。突破人物平面化的局限，轉向多維度的立體化人物，全新的姜子牙最終審視內心的「心魔」，開始踏上尋找自我的歷程，完成自我救贖以及眾生救贖，[47]從而增加觀眾的熟悉感，彰顯當代人人平等的情感觀念。

（二）《姜子牙》中的英雄塑造

電影開篇指出紂王昏庸，九尾作亂，蒼生疾苦，靜虛宮掌教師尊率眾助西周起義，展現一個宏大的敘事背景。姜子牙誅除九尾功勳卓著，一戰封神，欲領眾神之長共衛蒼生，此為宏大之事件。在這些宏大的敘事語態中包含了人性關懷，起義是為了天下蒼生；誅除九尾、救民眾於水火亦是為天下蒼生，此乃英雄之舉。

封神大典上，姜子牙奉命監斬九尾，在九尾受誅過程中，他發現九尾體內尚存無辜元神，便動了惻隱之心，力排眾議救下九尾體內的無辜，姜子牙則被師尊封了神力，發配到北海修煉，姜子牙無悔於心。

電影一端是宏大的敘事（西周起義、封神大典），另一端又聯繫鮮活故事情節（誅除九尾、助小九尋父、救下每個眼前之人），影片構成宏大與幽微、歷史真實與影像虛構之間的美學想像，其中植入了人性的關懷，在人性的閃耀中，映現出姜子牙的英雄品性及家國情懷。

《姜子牙》中視覺奇觀炫耀，充分滿足觀眾視覺體驗的同時，於銀幕上呈現出，姜子牙對黎民百姓的護佑、對九尾妖狐及師尊等反派勢力的對抗，凸顯

47 馮美：〈成長中他者與言說主體之間的構建關係探析〉，《東南傳播》2013年第8期，第98-100頁。

出普世的價值訴求與情感彰顯。

影片中師尊提出為神者「舍一人而救蒼生」的宿命，體現邊緣化人物的特點。姜子牙信奉：「不救一人，怎麼救蒼生？」其心存悲憫不願犧牲無辜，只願往後做個凡人，救下每個眼前之人。放棄名利、無畏犧牲的精神，強化了姜子牙人物的主流化塑造。理想很平實，平實中凸顯著人性的偉大。放棄一切，成為一個守護蒼生的神，是姜子牙的初心；大戰讓他感受到世間的悲慘，亦看到人類和妖族的貪婪。他奮力救下每個眼前之人，喊出是神、是妖、是人，不可欺，不可操縱，不可不救的口號，立場正義又堅定。用自己的方式勇敢而戰，成為大眾景仰的樣貌，也成了真正的神。

影片中呈現複雜的人性深度，用一系列戲劇張力的故事情節，表達姜子牙對初心的堅守，以及對生命的捍衛。失去神力的姜子牙更具平民色彩，即影片中表現出日常化英雄的回歸，從而產生更為複雜的社會文化意義。姜子牙在北海目睹人間疾苦後，便踏上反省與自我批判之路，在幻象與現實之間飽受煎熬，表達主體尋求自我認同的艱難履歷。

日常化英雄的回歸或在場，使姜子牙成了觀眾欲望的承載者，似乎敘事都在訴諸那個在場的觀眾自己，完成從虛幻向在場主體身份的有效轉換。新鮮刺激的銀幕體驗，不僅得益於動畫商業大片的奇觀化營造，更在於對黑惡勢力的抗爭。姜子牙通過伸張正義的行為，刻畫一個不失人性、血肉豐滿的英雄，迎合大眾，對新時代主流英雄人物的文化想像。

《姜子牙》緊扣觀眾的心理欲求，從正面表達人們的普世情感，以及新時代英雄的人文情懷，透過人物的敘事，讓受眾經由對個體英雄的認同，繼而達成對主流價值、新時代內涵精神相的呼應，這種英雄塑造方式，既有創新性又兼具時代脈搏。

（三）隱喻藝術建構起豐富美學

隱喻性的存在，是電影中不爭的事實。《姜子牙》電影多處用隱喻的手法表現深刻內涵。北海戰場上，隨處可見的風鈴，隱喻著那場腥風血雨的大戰，讓許多將士失去生命。風吹鈴響，可慰亡靈；小九在古戰場撿起一串風鈴，招來亡魂拚命追殺，待小九抛出風鈴後，該亡魂才甘休。回家，回家……的呼喚讓人憐惜又痛心，暗示著那些背井離鄉，戰死沙場的屍骸無人惦念，亡魂渴望回家的無耐與悲涼；遍地的風鈴，揭示出戰爭的殘酷、醜陋、黑暗。

師尊在影片中，從未露其真面目，十二金尊亦戴著面具示眾。他們代表著時局的統治者，因爭名逐利，做了許多愧對蒼生之事，雖滿口天道蒼生，卻是粉飾歷史，遮蔽事實，所以他們都不以真面目示人，呈現創作團隊別出心裁的角色設計。讓人聯想到現實社會中，也存在著粉飾太平、不顧百姓、不思民生、見不得光的腐敗人物，警醒著世人，增加觀眾無限想像的空間。

姜子牙拚盡法力，衝斷宿命鎖之後，登上崑崙道所剩的最後一根鎖──天梯，姜子牙義無反顧地摧毀天梯，金尊怒道，天梯若斷，世間再無庇佑。但是，天梯斷了，蒼生才能得到真正的護佑，即是說這根天梯鎖，即是最重要的一道貪念，姜子牙摧毀的是黑心統治者們的貪婪、腐敗之路。天梯一斷，隱喻著斬斷統治者貪圖名利、殘害百姓的路徑與念想。

天梯斷後，迎來蒼生的黎明與希望，故事進入後北海時期，該時期可見大地回春，萬物復蘇；與前北海時期，遍地屍骸、民眾淒苦的生活情景，形成鮮明對比。隱喻著發動戰爭解決不了所有問題，戰爭只會帶來生靈塗炭、陷民眾於水火。亦折射出社會上的不公，需要道義的支援與人性的關懷，敢於揭露黑暗、敢與黑暗勢力英勇奮戰。姜子牙就是這麼一位飽含正義、心懷蒼生的正義之士，與歷史上的姜子牙進行很好的契合。在姜子牙的角色設定中，無疑承載著民眾對清明政治的企盼與渴望，也傳達人們對黑暗現實社會的不滿的心理。

電影中還彰顯一種生態觀，三界之中，沒有哪一類非得征服另一類才能更好生存；正如影片結尾處，大家都可和平共處，共築一個春天。劇中有人說，真沒想到我們北海，也能過上平靜的好日子啊！表現的是一種驚歎，亦是幸福與知足。這樣的好日子，正是正義、人性、生態等共同作用、互相協調的結果，內在隱喻性豐富而深刻。

由於姜子牙堅守初心，才有一個清明繁榮的後北海時期，民眾才得以享受北海的太平盛世。文化作為一個系統，它的形成不是一種力量的塑造，而是各種不同力量最終妥協、交易和實現的過程。[48]《姜子牙》的藝術探索，為我們突破傳統敘事的狹隘、適時關照當下主流價值與意識形態，提供現實經驗的映照，以現代視角，在影片中注入新的人文理念及時代內涵。對整部動畫進行回望，姜子牙不過是影片中虛擬的符號，它以符號作為載體，包含著複雜的文化表意實踐。一個被日常化的動畫英雄，為大眾提供一個建構欲望與想像、充分展示本我的夢幻世界。在個人無法企及的理想，或日常生活之間，建構起一套敘事機制。姜子牙英雄形象的塑造，有效縫合真實生活細節，與想像的內心欲望，標誌著日常生活本真的回歸。[49]電影中多處用隱喻的手法，表現了諸多深刻思想，諷刺和批判許多社會問題，亦弘揚古代聖賢的仁、善、義、勇等內涵精髓。[50]

（四）傳統神話人物文化內核的全新闡釋

傳統神話具有獨特的文化內涵及深層意義，動畫電影在對傳統神話敘事符號進行重構時，必然少不了對神話文化內核的深入探究和全新闡述，文化內核也就成為重構敘事符號的一個重要手段。

在《封神演義》中，正邪兩方界限明確。天尊作為正方的代表人物帶領姜子牙及各弟子助力武王伐紂，消滅以申公豹、蘇妲己為代表的敵方陣營，正邪兩方始終對立，概念清晰。就傳統神話體系而言，這是「原型」敘事符號。在動畫電影《姜子牙》中，表面上的正邪兩派，依舊是正義的師尊一派，以及邪惡的九尾狐一派，但隨著劇情的推進，姜子牙對天尊的決定產生質疑，故事的真面目逐漸浮出水面，「正邪」的概念已經開始變得模糊。

隨著姜子牙對真相的探尋，正邪兩方已不再清晰，影片將「救一人還是救蒼生」的哲學思辨，作為故事內核；將著名的「電車難題」[51]拋給影片中的人

48 周憲：《文化表徵與文化研究》（北京市：北京大學出版社，2007年），第4頁。

49 侯文輝：〈現代性與美國皮克斯動畫電影的文化邏輯〉，《裝飾》2011年第4期，第82-83頁。

50 丁家珍〈《子牙》中的英雄塑造與隱喻藝術〉，《電影文學》2021年第4期，第114-116頁。

51 電車問題或列車問題，是一個倫理學的思想實驗。英國哲學家菲利帕．福特（Philippa Ruth Foot，1920年10月3日-2010年10月3日），在1967年中首次提出這個問題。其大致內容為：一輛失控的列車在鐵軌上行駛。在列車正行進的軌道上，有五個人被綁起來，無法動彈。列車將要

物進行選擇。師尊作為秩序體系的主宰，堅持「舍一人而救蒼生」的蒼生觀，而姜子牙作為個體「平民英雄」，則堅信「不救一人何以救天下」的生命倫理觀。兩者雖有分歧，但正如中國傳統生死觀中，儒家對生命價值追求與道家「生而不亡」的永恆狀態的思想，並無好壞、正邪之分。直到影片最後，代表秩序與體系的天梯被毀，姜子牙揭開真相，影片就再無「正邪」之分。

電影《姜子牙》打破傳統的正邪對立觀念，解構傳統的是非觀，將是非、正邪、好壞放置在全域中進行探討，將看待問題的角度放置在更高、更全面的思考之上，對傳統神話正邪兩派進行重構，打破觀眾的定向期待視野，帶給觀眾更多的反思。

在電影《哪吒之魔童降世》中，哪吒作為一個被世人厭惡、被龍族憎恨、被天界打擊的一個孩子，從影片開始到結束一直被誤解、質疑和敵對，他始終懷有珍貴的反抗性精神，這種精神使哪吒呈現出現代性的思想。在哪吒說出「若命運不公，便和他奮鬥到底」，其反抗精神達到頂峰。但哪吒不是反抗世間的一切事物，而是在反抗命運、反抗不公。

與哪吒明確的反抗精神不同，《姜子牙》更多地是對「何為公平」的探討。姜子牙四次登天梯時的心境變化，就體現影片的主題：「一人即蒼生」。姜子牙第一次登上天梯時，他是一個主動追隨師尊、遵守眾生規則的一個神，他有著堅定的信念：守護蒼生。第二次登上天梯時，他聽從師尊命令，斬殺狐妖，卻在緊要關頭，被狐妖喚起心頭的一絲善意，他的信念開始動搖，他開始思考一人和蒼生的問題。在第三次登上天梯時，他明晰背後實情，知道狐妖的無辜及師尊的「陰謀局」，對以往的信仰和秩序產生質疑，他的信念崩塌，開始質疑師尊的行為，也開始真正明白「不救一人，怎麼救蒼生？」最後一次登上天梯時，他徹底頓悟，打破天梯，天梯的破裂，意味著整個世界規則秩序的瓦解，姜子牙突破師尊的封印，成為「自己的神」，也解開小九與狐妖之間的宿命鎖，拯救了一人，即拯救了「蒼生」。

碾壓過他們。你站在改變列車軌道的操縱桿旁。如果拉動此桿，則列車將切換到另一條軌道上。但是，另一條軌道上也有一個人被綁著。你有兩種選擇：什麼也不做，讓列車按照正常路線碾壓過這五個人。拉下操縱桿，改變到另一條軌道，使列車壓過另一條軌道上的那個人。

電影《姜子牙》對傳統神話內核重新闡述，對公平進行全新定義，到底何為公平，姜子牙用行動告訴我們，公平或不公皆從內心出發。正如姜子牙所說：「用你自己的方式，去成為一個，真正的神。」

四　結語

從先秦到明清時期，姜太公的形象在逐漸發生改變。先秦到秦漢時期，姜太公的形象是正面的，他足智多謀、意氣風發，為建立周朝立下了汗馬功勞。而隨著漢末讖緯的流行，一些政治家利用讖緯造勢，將姜太公包裝成帶有一點神話色彩的人。但總體來說，該時期姜太公的形象是作為一個人出現。唐朝時期，由於政治需要，道教在唐朝發展起來，姜太公的形象被納入了道教體系，其形象以道家系統為基礎，開始全面發展。此時，姜太公的神化色彩最為濃厚，武神地位也得到官方與民間的認可。到了明代，姜太公的武神地位被關羽取代。在文學作品中，其戰神地位被黃飛虎取代，形象也不似以前那樣神勇有謀，反而更帶有世俗化、人性化色彩。

而在快速發展的現代社會，電影、動畫正在逐漸興起。《姜子牙》是動畫電影向成人化、國際化發展的一次可貴嘗試，這對於動畫電影的創作和發展具有十分重要的啟示和意義。

《姜子牙》在傳統文化內核的基礎上，對傳統人物的神話形象進行重塑，將傳統神話文化的內核，進行全新的闡釋，讓人物具有新的形象與價值，組成全新的故事結構。這不僅符合現代社會的審美需求，也適應動畫電影市場的發展規律。要想讓動畫在世界動畫市場中脫穎而出，就應要求電畫工作者在創作時，運用中國傳統文化元素，融合新時代特性，以及大眾的審美要求。因此，在創作中，突破傳統動畫電影在人物、敘事上的既有框架局限，衝開動畫「同質化」的藩籬，在實踐中不斷吸取經驗，打造出具有文化特色的動畫作品，向全世界傳播具有豐富色彩的中國傳統文化。

當代社會文化軟實力，越來越成為國家形象的重要組成部分，電影作為一種跨文化交流的重要載體，其文化導向作用愈發明顯，因此，我們要從中國傳統文化這一寶藏中汲取養分，創造出具有中國風格、中國內涵的電影。以實現中國傳統文化的現代話語表達。中國當代神話電影，並非只是傳統神話故事的簡單呈現，而是以現代人的視野進行人物形象重塑、情節改編、主題重構來喚起民族文化記憶。《姜子牙》通過改編突破姜太公這一傳統人物形象的創作，由「臉譜化」的神仙形象，轉化為現實主義的「平民化」英雄形象，逐漸從神話走向現實，順應電影市場的潮流，也是動畫電影現代性改編的必然選擇。

北斗、本命與燃燈：宋元以來的道教燃燈儀式

謝世維

國立政治大學宗教研究所教授

摘要

本文以宋元以後的北斗七星儀式與燈儀來進行初步研究，期盼為宋元以來的道教燈儀帶來新的觀點，也讓我們對燃燈儀式的宗教內涵有更深的認知。在宋元道法當中最關鍵的北斗儀式就是「告斗法」，告斗是一種法術，以醫療禳災為主要功能。從天心正法以降，各法派都採用告斗法，可以看出告斗法確實是各法術傳統所共同使用的一種醫療型法術。本文聚焦於告斗法當中的燃燈儀式，探究燃燈儀式的理論基礎、燃燈儀式程序的內在宗教意涵，並對於燃燈儀式當中的「占燈」進行初步討論。通過本文的材料與分析，揭示歷史上在宋元以後道教文獻所保存有關燃燈儀式的珍貴資料，一方面讓我們更深的去理解道教燃燈儀式的教理內涵；二方面也讓我們理解到燃燈儀式歷史的淵遠流長。

關鍵詞：道教、燃燈、北斗星君、本命、告斗

一　前言

國際間的學者對北斗信仰已經有很大量的研究，但是對於北斗信仰與燈儀的發展，研究尚不多見。[1]而過去學界對於道教燈儀的討論大多是集中在黃籙齋當中的九幽神燈相關儀式，[2]但對於斗科的燈儀則較少有深入的探究。[3]本文以宋元以後的北斗儀式與燈儀來進行初步研究，期盼為宋元以來的道教燈儀帶來新的觀點，也讓我們對燃燈儀式的宗教內含有更深刻的認知。

北斗信仰在漢文化圈有悠久的歷史，在道教傳統當中，早期北斗的冥想，與六朝上清經傳統有密切關聯。早在四世紀的上清經當中就有針對北斗七星的存想，四世紀末五世紀初的《上清天關三圖經》〈太霄隱訣〉當中提供北斗七星的冥想方法：

> 瞑目思北方七星，光明煥照北方，星精內映，來覆我身，斗中真君混沌變化，无有常形，共乘綠霞之雲，來迎我身，同昇七星之中。自覺我身在斗中央華蓋之下，精光煥赫，冠匝一身，隨斗運轉，如車之輪。須臾之頃，已開天關，七星九君，各授我豁落七元開關之符，以制北帝六宮，斷塞死氣之根。受符而旋，以復本元，還在斗中，七符煥照，如火之精，運我來下，豁然蹈空，倏忽之間，安住寢床。叩齒三十六通，仰

---

1 參見Herbert Franke, "The Taoist Elements in the Buddhist Great Bear Sutra," *Asia Major* 3/1, 1990, pp. 75-111. Henrik Sørensen, "The Worship of the Great Dipper in Korean Buddhism," in Henrik Sørensen ed., *Religions in Traditional Korea*, Copenhagen: Seminar for Buddhist Studies, pp. 75-150. Christine Mollier, *Buddhism and Taoism Face to Face* (Honolulu: University of Hawai'i Press, 2008), pp. 134-173. 香港道教協會、廣州市道教協會：《道教與星斗信仰》（濟南：齊魯書社，2014年），蕭登福：《太歲元辰與南北斗星神信仰》（臺北：新文豐出版社，2017年）。余欣：〈天命與星神〉，《唐研究》18（2012年），頁478。

2 黃籙類的燈儀主要用於度幽，包括《黃籙九陽梵氣燈儀》、《黃籙九卮燈儀》、《黃籙破獄燈儀》、《黃籙五苦輪燈儀》等。參見李遠國：〈苦魂滯魄乘光解脫：話說幽燭破暗的道教燈儀〉。

3 金籙類的燈儀包括《玉皇十七慈光燈儀》、《上清十一曜燈儀》、《三官燈儀》、《南斗延壽燈儀》《北斗七元星燈儀》、《北斗本命延壽燈儀》等，其中《北斗七元星燈儀》、《北斗本命延壽燈儀》屬於北斗燈儀。

> 頭呪曰：「玄光耀精，流景震形，乘霞遯變，上昇七星，璇璣促轡，如電奔驚，天一開關，度我著生，北帝陰宮，落我死名，不度不落，上向七精、我佩七元，流金火鈴，豁落天機，流漫八冥，運使六甲，策御六丁，天降玄覆，帝給神兵，乞丐東華，記我玉名，飛空乘虛，上詣玉清。」畢，便三十六一咽氣止。以開天關，斷死根，混合萬變之道，畢於此。行之七年，佩豁落七元符，財有飛霞綠軿，來迎兆身，唯在祕修，慎勿輕傳。[4]

這是一套有關七星的冥想法。這部經典重心在於「移七元以斷死」、「為我移度七星，填塞鬼門，斷塞死氣」、「為我斷死路於鬼戶，度生錄於南軒」、「豁落七元，塞死戶於東北，受生宮於九玄，記名東華」。透過七星的星精覆罩，並迎其身至七星中，斷其死根。這種冥想行持續七年，並佩帶「豁落七元符」，就會有飛霞綠軿，來迎接修行者。這套符在唐代有遺留。唐代李白〈訪道安陵遇蓋寰為余造真籙臨別留贈〉一詩當中提到「豁落七元符籙」：

> 學道北海仙，傳書蕊珠宮。丹田了玉闕，白日思雲空。為我草真籙，天人慚妙工。七元洞豁落，八角輝星虹。三灾蕩璇璣，蛟龍翼微躬。舉手謝天地，虛無齊始終。[5]

這首詩描寫的是李白在北海受教於高如貴，並由蓋寰書寫符籙，受籙的法籙當中有七元豁落符，受籙者可因此獲得北斗七星救度之力。詩中描繪七元豁落符的天書特質，在虛空當中八角垂芒，煥耀太空；璇璣指的是北斗第二與第三星，也代表斗勺四星，詩中描述北斗能夠守護人身，防止風災、火災、水災等三種災難，使人安然度過災厄。柯睿曾經仔細分析過這首詩，[6]可見「豁落七

---

4 《上清天關三圖經》，〈太霄隱訣〉，收錄於文物出版社、上海書店、天津古籍出版社：《正統道藏》（上海：上海書店，1988年），冊33，頁810-811。

5 （唐）李白：〈訪道安陵遇蓋還為余造真籙臨別留贈〉，《李白集校注》（上海：上海古籍出版社，1980年），頁254。

6 參見柯睿，白照傑譯：《李白與中古宗教文學研究》（濟南：齊魯書社，2017年），頁27-31。

元符籙」以及北斗信仰在唐代的普遍。

至於燃燈於本命，是早期就有的概念。這種實踐顯示在「本命」之位上燃燈，則真光就會光照身內之神。《洞真上清開天三圖七星移度經》當中的〈帝君明燈內觀求仙上法〉說道：

> 告南極上元君曰：子學神真之道，處靈宮之上，瓊房之內，而不知明燈以自暎，通玄光於五藏之內，因得明矣，形體之神，因得歸也。子能暮明燈於本命，朝明燈於行年，常明燈於太歲，三處願念，即體澄炁正，真光內照，萬神朗清。元君奉受法度，施行三年，即致夜光童子二十四人，玄光自然而明，不須明燈而通光也。然此上真之妙法，亦不傳於下世，若有金名玉字玄格者，得吾此道，行之九年，身體光明，徹見萬里，玄觀自然，夜光童子降子之房，授子真書，白日登晨。
>
> 常明燈於所住靜室本命之上，暮入室，向燈長跪，叩齒十二通，呪曰：玄光暎太陰，八達朗且明，澄神曲室裏，仰徹耀上清，五暉發玄臺，玉芝自然生，洞照通太真，萬神監我形，削滅九陰炁，記上東華名，保我无終休，長與日月并，拔度七玄難，南宮更受榮，明光啟玉皇，上受內觀經，天降飛霄輦，騰空御綠軿，得謁太帝館，進拜玉皇庭。畢，再拜，向本命仰頭，嚥液七過止。
>
> 又常明燈於行年之上，朝而向燈，叩齒十二通，呪曰：明燈照行年，散光煥八方，嬰嬰色象澄，內觀朗空同，披釋朗神衿，子與玉真通，仰宗高上道，眇邈無形蹤，思得玄雲降，控轡御飛龍，卻我百年期，還返嬰兒容，賜我西華女，給我金晨童，侍香履年命，稽首玉帝房，神泰道亦暢，懽適香煙中，整心住太玄，精感洞虛無，室招神霄降，瞑目矚仙公，拔過七祖難，度形還南宮。畢，再拜，向燈嚥炁二七過止。
>
> 常太歲上明燈以通神，履願以求真，三年玄光內暎，神真下降，授子不死之方，當時自有感應也。當朝夕燒香，叩齒十二過，向燈呪曰：燈火暎太真，明光徹玄虛，披朗無上道，心注玉帝廬，洞達空洞內，神觀形自舒，積感致靈降，心恬理潛居，朝禮太帝堂，夕誦金真書，逍遙玄都

> 裏，萬歲反嬰孩，天冠紫霄霞，帝給綠瓊輿，浮遊五嶽巔，適意得所如，七祖免三塗，福慶有盈餘。畢，再拜，嚥液二七過止。
>
> 若能常於三處明燈不滅，七玄九祖即得去離十苦，上昇南極，一身神明澄正，目視萬里，耳聰遠聽，心智逆知未然，神真來降，夜光童子當教子求仙之道。九年如此，靈光自明，通於表裏也。五離首過於五帝，存五晨以度生，事畢於此也。[7]

燃燈在本命可以通玄光於五藏之內，體內之神，得到光明與穩定，達到體澄氣正，真光內照，萬神朗清的境界，最後夜光童子會來教授求仙之道。

透過燃燈也可以啟請北斗七真君鎮壓邪靈，例如《七元璇璣召魔品經》，提到「列二十八宿，有中皇九道神炁，下布人身，養育生民，上為九星真君。皆好長生，有不死之道，在此極之。上名曰九道，皆置九宮列八卦，皆有真符九道。令後學佩授，大驅鬼神，翻天轉地，攝伏惡魔。」[8]並說「若有疾病之家來迎子，當立道場然燈，先作符九道，安九宮八卦之上，保宅遏魔，其病自瘥。」[9]其儀式需要設立道場，將九道符安設在九宮八卦的壇場之上，然後燃燈，這樣就可以驅魔治病。同一時期，另一部道經《北帝七元紫庭延生祕訣》則記載：

> 魁：身；魌：祿；魓：福德、男女；魒：命；魁：官職；魖：壽考；魒：妻妾奴婢。以上七位，用燈七椀，於道靖內明點，占其明暗，即知本位災危。凡醮，用晦朔之日。《七元經》云：「此日，北帝七元真人下降人間，檢校罪福。」凡人修醮，求解災厄，即得吉無不利。[10]

---

7 《洞真上清開天三圖七星移度經》〈帝君明燈內觀求仙上法〉，收錄於文物出版社、上海書店、天津古籍出版社：《正統道藏》，冊33，頁455-456。

8 《七元璇璣召魔品經》，收錄於文物出版社、上海書店、天津古籍出版社：《正統道藏》，冊34，頁447。

9 《七元璇璣召魔品經》，收錄於文物出版社、上海書店、天津古籍出版社：《正統道藏》，冊34，頁448。

10 《北帝七元紫庭延生祕訣》，收錄於文物出版社、上海書店、天津古籍出版社：《正統道藏》，冊32，頁549。

這段文字已經將北斗燈儀的基本要素都呈現出來。信眾需要在道靖之內用七梡燈，然後點燃，每座燈象徵不同的特性，藉由七盞油燈所對應之人之禍福，而個別燈火的明暗，可以占卜其運勢，並祈求北斗七元真君解厄賜福。這其中包括壇場設置、燈梡以象徵七星、各燈梡有具體象徵、燃燈燈火占驗、在特定日期向七元真人祈福等等，其北斗燈儀的要素已經具備，這是明確七星燈儀的肇始，而這也隱含了日後在宋元開始大為流行的北斗燈儀。

二　佛教的燃燈

筆者已經在他文探討過五世紀佛教燃燈的儀式，[11]本節特別提出佛教燃燈儀式的兩個傳統。其一是藥師佛燃燈儀式。《藥師琉璃光如來本願功德經》云：

> 救脫菩薩言：大德，若有病人，欲脫病苦，當為其人，七日七夜，受持八分齋戒。應以飲食及餘資具，隨力所辦，供養苾芻僧。晝夜六時，禮拜供養彼世尊藥師琉璃光如來。讀誦此經四十九遍，然四十九燈。造彼如來形像七軀。一一像前各置七燈，一一燈量大如車輪。乃至四十九日光明不絕。造五色綵幡。長四十九搩手。應放雜類眾生至四十九。可得過度危厄之難。不為諸橫惡鬼所持。[12]

這是以藥師佛為主的燃燈儀式，透過燃燈供養藥師佛療癒病患，相關的研究可以參見自如法師的研究。[13]另一個傳統是正月十五燃燈祈福，其起源可以參照敦煌藏經洞中唐宋時期的燃燈文，這些文獻將燃燈的淵源指向了古代印度佛教中「大神變月」的燃燈禮佛儀式。《大宋僧史略》記載：「西域十二月三十日，

11 參見謝世維：〈破暗燭幽：古靈寶經中的燃燈儀式〉，《國文學報》第47期，2010年，頁99-130。

12 （唐）玄奘譯：《藥師琉璃光如來本願功德經》，收入於《大正新修大藏經》（臺北：新文豐出版公司，1983年），冊14，頁407。

13 參見Zhi ru, “Lighting Lamps to Prolong Life: Ritual Healing and the Bhaiṣajyaguru Cult in Fifth- and Sixth-Century China” 收於*Buddhist Healing in China and Japan*, University of Hawai'i Press, 2020.

是此方正月十五日，謂之大神變月。」[14]佛祖釋迦摩尼示現神變、降服神魔是在印度的12月30日，即東土正月十五日。在古代印度，每逢這個時節，相傳天雨奇花，寺塔舍利，大放光明，呈現火樹銀花的美景，僧俗官庶，聚集在寺塔的周圍，火樹燈輪，天雨散花，奏樂禮敬，燈火通明。

受這種燃燈與中原上元燃燈儀式結合，敦煌的燃燈儀式顯得相當盛大。敦煌文獻P3461記載：「厥今青陽上朔，官僚欽仗於仙巖；太簇中旬，士庶崇投於聖谷。燈燃千樹，食獻銀盤，供萬佛於幽龕，奉千尊於杳窟……遂使年支一度，傾城趨赴於仙巖；注想虔誠，合郡燃燈於靈谷。」[15]正月十五這一日，上自官員、下至庶民，齊赴莫高窟，設供焚香、燃燈誦佛、振鐘鳴樂，呈現齋會供儀式的肅穆，同時具有全民同歡的悅樂。P3497窟上歲首燃燈文說：「每歲初陽，燈輪不絕，於是燈花焰散，若空里之分星，習炬輪暉，似高天之布月。」[16]敦煌文獻P3405《正月十五日窟上供養》：「三元之首，必燃燈以求恩；正旦三長，蓋緣幡之佳節。宕泉千窟，是羅漢之指蹤；危嶺三峯，實聖人之遺蹟。所以敦煌歸敬，道俗傾心，年馳妙供於仙巖，大設馨香於萬室。振洪鐘於筍檐，聲徹三天。燈廣車輪，照谷中之萬樹。」[17]這裡描寫的燈輪，是以圍繞主竿為中心的層層圓盤，每層盤上點燈，敦煌壁畫當中有很多燈輪的圖像，可以知道唐代燃燈儀式的盛況。[18]

三　北斗與燈儀

本文在燈儀的討論上，將聚焦在北斗與燈儀上，有關黃籙齋中的九幽燈儀由於篇幅所限，將在他文當中討論。宋元時期開始，北斗科儀成為道教重要的

14 （宋）贊寧撰，富世平校注：《大宋俗史略校注》（北京：中華書局，2015年），卷下，頁224。

15 新文豐編輯部主編：《敦煌寶藏》（臺北：新文豐出版公司，1986年），冊128，頁394。

16 新文豐編輯部主編：《敦煌寶藏》，冊128，頁484。

17 新文豐編輯部主編：《敦煌寶藏》，冊128，頁221。

18 參見參見巫鴻：《空間的敦煌：走近莫高窟》（北京：生活．讀書．新知三聯書店，2022）頁43-44。陳懷宇：〈敦煌出土燃燈文中所見三種佛教燃燈傳統論述〉，收於《佛教文獻與文學》（臺北：佛光出版社，2011年）。

儀式，而相應的北斗燈儀也流行。宋代對於禮斗的普及與北斗經有莫大的關係，北宋是《北斗經》開始流行的時期。晁公武（約1105-1180）《郡齋讀書志》神仙類云：

> 自此以下，皆非古今書目所載。以其世多傳者，不可不收也。至於《北斗經》之類，以為永壽元年老子所說，尤鄙淺可笑，雖行於世，亦削去。[19]

《郡齋讀書志》是我國現存最早的、具有提要內容的私藏書目，對於後世目錄學影響極大。該書收入的圖書達1492部，基本上包括了宋代以前各類重要的典籍，尤以搜羅唐代和北宋時期的典籍最為完備。但是晁公武顯然對《北斗經》有所貶抑，可以顯見在這個時期《北斗經》已出現，而且有一定的流行程度。

《北斗經》到南宋元代就已經成為廣泛流行的經典，全真七子的譚處端年少時得了風癱，肢體麻木，藥物無法治癒，於是每日默誦《北斗經》，「忽夢大席橫空，公飛昇欲擄之，見北斗星君冠服而坐，公叩首作禮間，恍然而覺，自茲奉道之必篤矣。」[20]譚處端是在金大定七年（1167）遇見王重陽，而誦《北斗經》之事當在這之前，由此可見在金朝之時，《北斗經》已經是當時流行的經典，而誦唸《北斗經》也是一個廣泛的修習道教的實踐。[21]

另一個有關《北斗經》的敘述可以從南宋白玉蟾《海瓊白真人語錄》卷一看到：

> 真師曰：《北斗經》非太上所作，蓋漢時張正一所紀太上之旨以為之。今人不知經旨，徒然瞻星禮斗。夫人之身，所有一氣，東升西沉，上升

19 （宋）晁公武：《郡齋讀書志校證》（上海：上海古籍出版社，1990年），卷16，〈神仙類〉，頁765-766。

20 《甘水仙源錄》，收錄於文物出版社、上海書店、天津古籍出版社：《正統道藏》，冊19，頁731-732。

21 梁淑芳：《全真七子修行之道》（臺北：文津出版社，2019年），頁98-99。

下降，亦如天地。天地之氣，曰陰與陽，人所稟亦如之。若夫天之北斗，晝夜常輪，以分陰陽，以定時刻，故天地以之常存。胡不思人身一氣統之者誰？能知所統之者，則知身中之北斗也。斗經云：家有《北斗經》，六畜保興生。此蓋身中北斗宰制其氣，則眼不欲視、耳不欲聞、鼻不欲香、舌不欲味、身不欲觸、意不欲思，畜此精華，自然至於宅舍安寧、子孫榮盛也。[22]

從白玉蟾談論《北斗經》的內容來看，《北斗經》已經是當時流行經典，白玉蟾很巧妙地將北斗在天地的地位，轉化為身中北斗作為統御身中之氣的核心，透過五官的內斂，蓄積身中之精華，達到《北斗經》中所說的安寧與榮盛。

北斗的宗教實踐在南宋的白玉蟾思想中也有其重要性。《海瓊白真人語錄》卷二〈鶴林法語〉[23]云：

度師問曰：「斗為帝車，運乎中央，臨制四方，以察妖祥。故《經》曰：『中斗大魁，總監眾靈。』又本經曰：『北斗七星，天中大神。』《魯語》亦曰：『譬如北辰，而眾星拱之。』審如是，則斗極是為無配之象，以其總御星河故也。或曰：『斗居天中，乃云北斗。』何以言之？殊不知斗柄所指，自子而始，至亥而終，晝夜常輪，始終皆北，故曰北斗也。」[24]

白玉蟾的弟子首先引用《度人上品妙經》：「東斗主筭，西斗記名，北斗落死，南斗上生，中斗大魁，總監眾靈。」當中的經文，接著提到本經曰：「北斗七

22 《海瓊白真人語錄》，收錄於文物出版社、上海書店、天津古籍出版社：《正統道藏》，冊33，頁111-112。

23 該卷弟子福州天慶觀管轄兼都道正紫光林伯謙等編輯。林伯謙，號紫光，彭耜弟子，白玉蟾再傳弟子，福州天慶觀提舉兼都道正。關於白玉蟾弟子之考察，可以參見蓋建民：《道教金丹派南宗考論》上冊，頁487-529。

24 《海瓊白真人語錄》，收錄於文物出版社、上海書店、天津古籍出版社：《正統道藏》，冊33，頁120。

星，天中大神。」這句話就是引自《玄靈北斗本命延生真經》：「北斗九辰，中天大神。上朝金闕，下覆崑崙。調理綱紀，統制乾坤。」[25]《魯語》即指《論語》。《論語．為政篇第二》：「為政以德，譬如北辰，居其所而眾星共之。」這裡指出北斗總理並統御整個星辰，強調北斗的斗柄始於子，指向北方，終於亥，亦指向北方。這一段論述很清楚的點出了在南宋時北斗信仰的重要性，文中引用《度人經》、《北斗經》來論證其權威性，這也間接證明這時期《北斗經》已經與《度人經》有著等量齊觀的地位。

接著弟子與白玉蟾又有一段對話：

> 度師問曰：「五星、六曜，有流伏凌犯之躔、悖逆薄蝕之異，實災厄禍患之所關也。凡禳災度厄者，必關告焉。關告可也，必法象而立其燈焉！按《金籙要略》云：『諸燈皆有式。』而獨不立此燈之式，非遺之也，蓋羅、計、紫、孛在天而為隱曜。彼固隱之，此固顯之。何謂也？」
>
> 祖師曰：「譬如北斗燈式，而右弼星亦為隱曜，固不欲燈之，但有八燈而已。夫羅睺乃火之餘炁也，計都乃土之餘炁也，月孛乃金水之餘炁也，紫炁乃木之餘炁也。今但存十一曜之燈，持於四星不必燈之。可矣！」[26]

「六曜」就是即太陽、太陰，加上羅睺、計都、紫炁、月孛四曜，合為六曜。六曜與五星，合為十一曜。星辰沖犯所造成的災難，是古代普遍存在的觀念，屬於星命信仰的一環。《元始天尊說十一曜大消災神呪經》：「不知有五行推運，十一曜照臨，主其災福。至如土火留伏，金木凌犯，羅計勃逆，日月薄

25 《太上玄靈北斗本命延生真經》，收錄於文物出版社、上海書店、天津古籍出版社：《正統道藏》，冊11，頁347。

26 《海瓊白真人語錄》，收錄於文物出版社、上海書店、天津古籍出版社：《正統道藏》，冊33，頁120。

蝕，致以州縣播遷、人民災難、水火蟲蝗、刀兵相犯，悉皆由也。」[27]要解決這種沖犯之災，就必須要關告星辰，而其法式，就必須要先法象天地，設立燈盞，依照不同的燈儀，有著不同的燈儀法式。所謂「諸燈皆有式」指的是各種燈儀都有其圖式。明朱權的《天皇至道太清玉冊》卷五稱「醮壇所用燈圖，古有一百餘樣，其式繁多」[28]，該書所列燈圖，計有十一種，諸如：玉皇燈圖、周天燈圖、本命燈圖、北斗燈圖、南斗燈圖、十二曜燈圖、九天玉樞燈圖、火德燈圖、九宮八卦土燈圖、血湖地獄燈圖、煉度燈圖等。白玉蟾針對斗科的燈儀做出說明，在白玉蟾所引用的「北斗燈式」北斗七星再加上左輔星，一共是八座燈。白玉蟾接著說：

> 又曰：「科教中有關燈一節，謂斗運乎中天，實司人間禍福死生之權，故急須投告，無不應者。苟力能辦醮，當依密醮式或河圖醮式，[29]隨心禱祝。今有為神祠慶生日而關燈者，因疾病而許下關燈者，實未知關燈之妙處。」[30]

此處，白玉蟾特別強調斗科燈儀的重要性，所謂「斗運乎中天，實司人間禍福死生之權」，其關乎至大，影響著人間的生死禍福，因此透過燈儀關告北斗，是最為靈驗的。這種概念實來自《太上玄靈北斗本命延生真經》：「老君曰：北辰垂象，而眾星拱之，為造化之樞機，作人神之主宰，宣威三界，統御萬靈，

---

27 《元始天尊說十一曜大消災神呪經》：「不知有五行推運，十一曜照臨，主其災福。至如土火留伏，金木凌犯，羅計勃逆，日月薄蝕，致以州縣播遷、人民災難、水火蟲蝗、刀兵相犯，悉皆由也。」（1b）《元始天尊說十一曜大消災神呪經》，收錄於文物出版社、上海書店、天津古籍出版社：《正統道藏》，冊1，頁868。

28 《天皇至道太清玉冊》，收錄於文物出版社、上海書店、天津古籍出版社：《正統道藏》，冊36，頁409。

29 杜光庭《廣成集》卷12〈洋州宗夔令公本命醮詞〉：「惟太上垂文，元皇設教。正一著修禳之品，河圖有陳醮之科。苟罄精勤，必蒙昭祐。敢因本命之日，爰伸九曜醮祈，蠲潔丹心，歸依玄極。」（7b-8a）

30 《海瓊白真人語錄》，收錄於文物出版社、上海書店、天津古籍出版社：《正統道藏》，冊33，頁122。

判人間善惡之期，司陰府是非之目。五行共稟，七政同科。有迴死注生之功，有消災度厄之力。上至帝王，下及庶人，尊卑雖則殊途，命分俱無差別。……若有此危厄，如何救解？急須投告北斗，醮謝真君，及轉真經，認本命真君，方獲安泰，以至康榮。」[31]白玉蟾也感嘆道，當代有人用燈儀來為神明祝壽，或僅僅將燈儀限制在疾病的時候來使用，其實是輕忽關燈這個儀式的廣大作用，及其深刻的影響。

北斗的重要性，又可以從道教的科法《太上天壇玉格》當中看出來，這是一部規範道法的規範文本，透露的是宋元時期道門所遵循的規範，《太上天壇玉格・下》提到：

> 諸行法官，遇致齋日，當獨寐蔬食，須密室沐浴更衣，不觀色，不邪聽，手不拈穢物，足不踏厭地，口不惡言，身不染婬，心不恨怒。此之謂「致齋」。如北斗上真降日，合自前一日齋，五更行事。[32]

這裡強調法師齋戒的重要性，齋戒來自古禮祭祀前的潔身淨心之禮。[33]齋戒至誠，潔淨身心，道法就會靈驗；而法師也特別重視在北斗降真的日子進行齋戒，[34]並且在五更也就是寅時就開始進行齋戒。

---

31 《太上玄靈北斗本命延生真經》，收錄於文物出版社、上海書店、天津古籍出版社：《正統道藏》，冊11，頁347。

32 《道法會元》，〈太上天壇玉格〉，收錄於文物出版社、上海書店、天津古籍出版社：《正統道藏》，冊30，頁530。

33 《禮記・祭統》：「故散齊七日以定之，致齊三日以齊之。定之之謂齊，齊者精明之至也，然後可以交于神明也。」《靈寶无量度人上經大法》卷56〈取救亡魂品〉：「夫取救亡魂之法，全藉預告〈遷拔朱章〉、〈救苦符吏法式〉，預於致齋前一月或半月或七日，擇吉地建壇。」

34 據《天皇至道太清玉冊・朝修吉辰章》，「北斗下降」之日為：正月初三、二十七日；二月初三、二十七日；三月初三、十九日、二十七日；四月初三、初七、二十七日；五月初三、初九、十七日；六月初三、二十七日；七月初三、二十七日；八月初三、二十七日；九月初三、二十七日；十月初三、二十七日；十一月初三、十七日、二十七日；十二月二十七日。《諸神聖誕日・玉匣記等集目錄》：「（八月）初三日、二十七日，北斗下降。」

四　宋元時期告斗之法

前文白玉蟾提及以燈儀關告北斗，稱之為「關燈」，斗科既是道教科儀也是法術傳統重要的儀式，其中關告北斗的燈科又特別重要。在宋元道法當中就是「告斗法」，告斗是一種法術的儀式，以醫療禳災為主要功能。從天心正法、童初法、五雷法、神霄法、火府法、清微法、淨明法都採用告斗法，可以看出告斗法確實是各法術傳統所共同使用的一種醫療型法術，可以說是各派道法的公約數法術，值得深入去探討。《道法會元》卷四提供一段對告斗與燃燈的理論依據，這是我們理解告斗法的重要材料：

> 禳告之法，北斗為天喉舌，居天中，斡旋造化。經云：大周天界，細入微塵，何往非此。故告斗之法不一，而告斗之誠不二。但要誠心，雖至愚之夫，獻花酌水，亦可自告，況有道之士乎。其分門立法者，有用某將某法如何告者，往往大多。蓋不過賴神將為之引耳。其告之靈驗，我之誠也。能明此理，雖無將無法，無燈無香，亦可以奏告矣。古人立燈建壇，蓋法像耳。次假燈以占禍福。此理有之。常人每夜明燈尚可以占來日吉凶，況對上真啟告而求驗之乎。祖師云：千家告斗，一樣占燈，其說信矣。學法之士，每於奏告時，當澄心定慮，然後發燈，舉目一見斗燈，即如北斗星光在前矣。次上香述意，訖，靜坐凝神，倏忽間動念告斗。此乃以天感天。然後占燈，乃不言善應也。非達理者不可與言。至於上章拜表，陳詞，讚燈，設醮，此又科教之設耳。[35]

這段文字非常關鍵，是告斗法的理論基礎，其中很清楚的提到各種法術派別告斗之法都不同，但是其核心原理是一致的。其關鍵在於祈求者的誠心，而且古人設立燈盞並建立壇場，這是法像天上的星斗。然後透過燈火來占卜禍福，這種感應是自古以來就有的道理，無論是用什麼法術派別的方式來告斗，占燈的

35　《道法會元》，〈太上天壇玉格〉，收錄於文物出版社、上海書店、天津古籍出版社：《正統道藏》，冊28，頁690-691。

方式與原理都是一致的。而告斗的儀式程序諸如上章拜表、設立醮典，這些都是依照道教的科教去執行而已。我們可以將這段論述視為告斗與燃燈的基本理論。

宋代最早的告斗科儀應該屬天心正法，其中卷六當中有〈燃燈報應法〉，這也是目前看到最早告斗與燃燈的儀式說明：

> 凡點燈，用上帝訣、五雷訣。次第誦呪，存想斗中諸聖，乘黑雲從天門下降。須是虔誠用之，析福解謝立應。燈每盞，存天丁力士，服色同。三十六將，北斗七王，裝束執圭。
>
> 凡點斗燈，先須禹步，罡至破軍。遂誦北斗七星名字，念罡神呪。然後舉燈，先從貴點起，次點諸星。下著脾子所占，行其祭禮。然後看燈明者，即身體安泰。若暗，即受其迍邅。可宜虔告醮謝，審其吉凶也。
>
> 〈辯證光暗法〉
>
> 已上點星燈，乞平安，或占家宅人口身命。其法，取六合夜祭點，仍更為人家。忽為病纏綿，可依式點斗燈，認本命所屬星君，消禳灾咎，辯認吉凶。若是星煞入命，庶可禳度也。[36]

筆者認為這很可能是最早有關告斗法儀式化的記錄，雖然說的是點燈，但是其儀式結構就是告斗法。而這可能是告斗法最初的雛型，影響後來的各派法術的告斗之法。因此，筆者推測，告斗法很可能是從唐代禮斗法的基礎上發展出來的醫療型儀式，普遍被實踐，而天心正法加以系統儀式化，而這也是諸道法中告斗法的源頭與基礎。其後《無上三天玉堂大法》卷十一、卷二十四〈延生度厄品〉開始有更系統而完整的告斗儀式結構。壇場懸掛北斗像，壇中安設斗燈，燈內、燈下安符，儀式有更程式化的程序：入戶—燃燈—焚符—請降—上香、禮拜—占燈—禳解—入醮—拜表。其程序可以看出將早期素樸的燃燈法套入完整的儀式程序，形成告斗法的程序，但是其儀式核心在於燃燈與占燈。

36 《上清天心正法》，〈燃燈報應法〉，收錄於文物出版社、上海書店、天津古籍出版社：《正統道藏》，冊10，頁636。

《道法會元》卷172〈元應太皇府玉冊〉為童初法的科儀文本，其中〈祈禳篇〉當中提供一個斗科的完整程序與內容，文中提到在太一、太陰、害炁這三元會合之時，會有災害發生，因此需要建壇燃燈告斗。儀式首先必須建一個三層壇：

> 壇法三級，上層高五寸，闊二尺，心中為之中皇宮，列三清，玉皇，北極天皇。中層高一尺，闊三尺，安南北斗。下層高一尺，闊五尺周列八門卦位，十干大神，十二支神，四馱神將。於壇下劍鏡各八口，東青，西白，南赤，北黑旛三十二首，中央黃旛一首。每方旛作八門儀列。[37]

然後〈玄樞篇〉中提到，依照科法開始設立燈盞，其關鍵是以燈來象徵北斗，並進行燃燈：

> 營情慾界接構嗔癡為不善之，多罹諸釁咎，伏連注訟，人物彫衰。給符籙之外，令人改操以禳之。用燈為斗，以黑紙旛立符斗樣，供以時果玄酒異花清香，並上斗棧一通，上燈目，魁為始。[38]

燃燈之後，儀式專家開始進行一系列的觀想：

> 上燈訖，當凝心注想，啟詞北請，清淨身心，同潔內外。純誠上徹仙府，則玉童仙吏將格而鑒，神祇吉凶，明暗可測。稍有穢觸，殃禍立至。誠懇則福慶自來。凡是伏連鬼疰，塚訟考逮之難，天譴鬼誣，千殃萬厄，罪多之釁，皆九晨皇君所掌，故令禳謝，首懺求之，消灾解厄也。自魁為始。念呪者，每至一星，明一燈，一燈一遍念呪也。凝心注想，自有

37 《道法會元》，〈元應太皇府玉冊〉，收錄於文物出版社、上海書店、天津古籍出版社：《正統道藏》，冊30，頁110。

38 《道法會元》，〈元應太皇府玉冊〉，收錄於文物出版社、上海書店、天津古籍出版社：《正統道藏》，冊30，頁110-111。

玄樞密旨。俟燈之明暗，以審吉凶，詳說於後。用者遵為立成。若誠心不切，穢怒不恭，返招殃考，無冀於福臻矣。[39]

先入壇，淨穢結界畢，端簡平立，澄神入斗，先舉左足躡第一星，歌斗章。[40]

歌畢，開目想自身為真人，青龍從肝出左，白虎從肺出右，朱雀從心出前，玄武從腎出後。便以舌柱上腭，存為度仙橋一道，五藏中五色雲炁覆之，凝然度身登橋上，直至斗中。便呼年月日時四直功曹使者，在斗中云：今日弟子某，為有某厄難，急切告請。次存四直入斗去，良久，存見一人從斗中出，狀如玉女，兩手托羊頭，名擎羊使者；次見一人左手執劍，手把花盤，名陀羅使者。存此二人乘空而降醮筵。檢校精潔。所有供養不精專者，是此二人回報，乃真人不下降。次存見七星皇君，夫人內妃，衣服首飾，存之分明，千乘萬騎，威光赫奕，浮空下降。降時，乃顯各有異香，紫雲入室，乃是七星降臨。躬身叩齒，依科告請。切忌僧尼、孝子、婦人、雞犬穢觸，殃禍立至。未請真皇之前，先於壇外安日直土地，先上香關白，仍隔宿啟申，關白土地建誠，次日設醮。[41]

這是一個告斗儀式的詳細程序，包含告斗時詳細的觀想。詳細的儀式步驟與咒語口訣，可以讓我們很深入的理解告斗每個一環節以及其意義。

告斗法最完整的還是清微法的告斗法。其中《清微玄樞奏告儀》之儀節如下：入壇－淨壇－啟請－獻茶－重啟－召將－禮師－衛靈－發爐－燃燈－請降九皇－獻茶－投符作占－通章（宣章）－熏章、焚章、焚符（焚化於香爐）－默朝（三禮）－謝恩（焚〈謝恩符〉）－發願－復爐。燃燈的環節在發爐之

39 《道法會元》，〈元應太皇府玉冊〉，收錄於文物出版社、上海書店、天津古籍出版社：《正統道藏》，冊30，頁111。

40 《道法會元》，〈元應太皇府玉冊〉，收錄於文物出版社、上海書店、天津古籍出版社：《正統道藏》，冊30，頁111。

41 《道法會元》，〈元應太皇府玉冊〉，收錄於文物出版社、上海書店、天津古籍出版社：《正統道藏》，冊30，頁112。

後，然後請降九皇。

與清微告斗法相關的還有《紫極玄樞奏告儀》，儀節如下：步虛－淨壇－存變、召將－遣將請斗－運香供養、口章啟師－發燈－請降斗真－進茶－請三真衛壇、召方使者－讀章－熏章、遣發－占驗－解厄－請神丹、服神丹－占驗－叩謝斗真－謝師－退出。

從上以的儀式程序可以看出「燃燈－請降九皇－獻茶－宣章－熏章、焚章、焚符」等是整個儀式的核心結構，其中會加入「占驗」的儀節，或在宣章之前，或在焚章之後。儀式以燃燈為九皇之象徵，〈清微灌斗五雷奏告儀〉當中提到：「以燈法星，以火炳靈。」[42]在請降九皇之後，進行獻供儀式，然後宣讀章文，之後焚化章文，因此燃燈是一個象徵，用以象九皇，而宣章也就是「告斗」的核心，用來宣達已意，祈願求福，消災解厄。此奏告斗真儀式的壇場，通常稱之為「星壇」或「燈壇」。此星壇排列有象徵九皇的燈座。這種以燃燈象九皇在宋以前即已存在，並與唐代的星祭星供有關。清微告斗燃燈儀式的細節與觀想，可以從〈玄樞玉訣祕旨〉當中看出來：

> 取水一瓶置於静室，焚香默坐，置水面前。便想水光接天，忽然虛空中現出斗星一座，每一星大如車輪，星內金光炳煥，照映十方。法官先從本命官起，心拜三拜，奏云：「臣合諸降真光正炁結集身中元神，願得超凡入聖，與道合真。」即吸本命官之炁，不必參詳。但自己存想曰：「此本命星官也」。掐掌上陰斗語，彷彿如有影像。仍以本命訣按下丹田黃炁包絡，咒曰：「元始祖劫，化生諸天。開明三景，是為天根。上無復祖，惟道惟身。」咒畢暨至，凝結化成元命眞人，上清冠，霞衣，綠玉圭，朱履。又存肝青，心紅，脾黃、肺白、腎黑。五炁下聚為五色祥雲，捧擁元命眞人，冉冉乘雲而昇中天斗府。到此時心同太虛，心斗天斗合而為一。存所差將方元帥，為我於斗宮請叩楊耿二使通傳詞意。二使出，引入御前，面奏云：「臣某貫屬住止，本命年月日時生。切念

42 《道法會元》，〈清微灌斗五雷奏告儀〉，收錄於文物出版社、上海書店、天津古籍出版社：《正統道藏》，冊28，頁820。

> 臣某夙有善緣，仰荷師資，為臣奏補某職。重念臣身處塵凡，心歸至道，伏為某今宵淨念朝元，恭俟恩旨，令臣身中元神變化自然，與道合眞。願臣飛仙得到虛庭。」次默念北斗九星咒，至元皇正炁來合我身，即叩齒，存見九星光炁注下，流入口中。隨炁吐納，服元皇正炁。[43]

這個觀想相當關鍵與細緻，將北斗七星與本命緊密連結，法官將北斗七星的真炁降下結集於身中的元神，形成本命星官，最後凝結為元命真人，五臟之氣形成五色祥雲，捧著元命真人，進入到北斗七星的斗府，此時元命真人與北斗七星合而為一，即可令人長生，魂魄安康。這既是一個啟告儀式，也是一個修煉的程序。

五　燃燈的咒語

在燃燈之時需要配合各種咒語，從這些咒語的內容可以看出燃燈的意義與邏輯，對我們理解燃燈儀式背後的神學理論有所幫助。首先看到《道法會元》卷之一百八十九〈太乙火府奏告心文・然燈決驗〉：

> 凡入壇然燈，必須再拜，啟白師真，祝曰：「臣今奉為某然燈奏告，丐為解禳。伏望師尊，允今所啟，特賜主盟。」次再拜起立，執然燈符，撚取天門金光，及斗光斗炁，吹布于上，從本命燈上點起，或貪狼星起，依次然點。再念金光咒，及北斗真言，取乾亥炁吁布于燈，想光中七星垂象，光滿一室，與天中之斗相合交映，光鑒凡誠。[44]

燃燈的燈火來源，是透過燃燈符，燃取天門金光，再結合斗光與斗炁，將這些

---

43 《道法會元》，〈玄樞玉訣祕旨〉，收錄於文物出版社、上海書店、天津古籍出版社：《正統道藏》，冊28，頁854-855。

44 《道法會元》，〈太乙火府奏告心文・然燈決驗〉，收錄於文物出版社、上海書店、天津古籍出版社：《正統道藏》，冊30，頁193-194。

光炁布於燈之上，此時燈光即是七星的顯像，北斗星的光芒照滿壇場空間。在程序上，《法海遺珠》卷之十二〈璇璣建壇祈告次序〉當中，更清楚的區分為「請光」、「然符紙」、「點燈」：

〈念請光咒〉

天之靈光，亥地之靈光，申日月之光，午未星曜之光，五方五斗靈光，掐五方訣北極天罡神光。辰吾身靈光，上聖威光，急降靈光。

〈誦撚符紙咒〉

正一陽光，焰上朱煙，開明童子，一十二人，洞照一室，及臣等身。百邪摧伏，煞鬼萬千。光明朗徹，通真達靈，升入無形，與道合真。急急如律令。

〈誦點燈咒〉

春夏起魁，秋冬起戌，至辰掐定，閉炁，點燈一燈，一咒。

上帝有敕，發點斗燈。七王來降，救護群生。左輔右弼，顯現威光。天蓬元帥，統領天兵。五雷使者，六甲六丁。玄武大聖，台中三星。去病除禍，回死作生。三魂附體，七魄安寧。違敕者死，准敕者亨。斗燈一點，身宅光明。急急如律令。[45]

第一個步驟請光，啟請天、地、日、月、星、斗、罡之靈光下降至壇場，而這也是燈火之光的來源。其次開始燃燒符紙，讓開明童子光照壇場，驅走邪鬼。接著點燈的時候，透過上帝的敕命，請七星降臨，來救護群生。並請左輔與右弼星，顯現威光，並啟請天蓬元帥，統領著天兵降臨。並請五雷使者與六甲六丁來降。玄武大聖與中臺星降臨。這些神真協助病患去病除禍，回死作生。讓三魂附體，七魄安寧。

45 《法海遺珠》，〈璇璣建壇祈告次序〉，收錄於文物出版社、上海書店、天津古籍出版社：《正統道藏》，冊30，頁193-194。

這個點燈咒相當流行，在洞幽法師元妙宗所編《太上助國救民總真秘要》卷之九當中也可以看到。這個儀式為「蓋斗燈推占訣法」首先要建立壇場排列「敕字延生燈式」。其方法是敕字四十九盞燈，延字三十六盞燈，生字二十四盞燈。法訣如下：

> 凡治瘟疫狂邪病患，醮謝並點此燈，常點辟瘟延壽。並各用石灰作痕，後安燈點之。先步七星綱，誦咒曰：
>
> 北斗七星，玉真仙靈。貪狼巨門，保臣長榮。祿存文曲，使臣聰明。廉貞武曲，保臣長寧。破軍輔弼，護臣身形。常居吉慶，永保福齡。注上生籍，除落死名。神清炁潔，洞達幽冥。禦邪攝鬼，群妖摧傾。學道修真，我願合成。七元扶衛，飛昇紫庭。急急如律令。
>
> 從用五雷訣，閃目三轉，作電光滿室，挑發訣，即誦發燈咒曰：
>
> 上帝有敕，發點斗燈。七王來降，照護眾生。左右輔弼，親見威靈。天蓬元帥，統領天兵。五雷使者，六甲六丁。玄武大聖，台中三星。去病除禍，誅斬妖精。三魂輔體，七魄安寧。違敕者死，稟敕者亨。延生一點，身宅光明。急急如律令。
>
> 然後點燈，如人病患淹延，醫治不可者，宜點此燈。[46]

這個燈儀雖然是將燈排列為「敕延生」三字，但是整體燈儀仍舊是以北斗七星君為核心，在咒語當中可以清楚看到北斗七星每個星的功能：貪狼、巨門星可以保護人民長榮。祿存、文曲星可以讓人聰明；廉貞、武曲星，保佑人們長久安寧；破軍、輔、弼星，守護人們的身形。此處點燈咒與〈璇璣建壇祈告次序〉大致相同，可以推測應該是北宋時期就已經流行的咒語。

《道法會元》卷之一百六十七．〈上清天蓬伏魔大法補遺〉「破六洞符」當中保留另一種型態的燃燈呪語：

---

46 《太上助國救民總真秘要》，〈敕字延生燈式〉，收錄於文物出版社、上海書店、天津古籍出版社：《正統道藏》，冊32，頁144。

右符下書事由，燒香爐中了，點燈。丑至巳逆剔出。

〈**大火鈴呪**〉

朱烏凌光，神威內張。山源四鎮，鬼祟滅亡。神蛇吐毒，邪精伏藏，魂臺四明，瓊戶琳琅。中有玉真，坐鎮明堂。手揮紫霞，頭建神光。口誦洞經，三十九章。普召萬神，龍虎截罡。猛獸奔走，銜刀呑鎗。揭山钁天，神雀毒彪。六頭吐火，啗鬼之王。雷豬電犬，掣天流橫。梟磕駁爍，逆風橫行。天禽羅陣，皆在我傍。吐火萬丈，檢察不祥。群神啟道，村落山鄉。千神萬靈，稽首叩顙。澤尉捧爐，為我燒香。所在所經，萬神送迎。邪魔滅跡，鬼妖為塵。天禽來衛，震伏千精。莫干我炁，內外合真。急急如律令。

右呪書符後化此符，然後點燈，或行持。頑祟作拒，燒此符，念呪曰：「紅燈照破千年鬼，巳午。古鏡照出萬年邪。巳午。業畜妖精皆照耀，煞文。照破債負與冤家。寅文。」

〈**點燈呪**〉

太陽正照；陰鬼當衰。神光赫赫，九靈太微。我今所化，萬鬼燒糜。七炁成斗，三炁成台。五星俱照，符到速追。乾元一炁，元亨利貞。吾奉帝敕，總攝吏兵。三十六將，急降威靈。一依敕命，來赴壇庭。焚燒魔鬼，灰滅邪精。豁落將軍，三五吏兵。承準天符，不得久停。急急奉北帝律令敕。[47]

這個順序大概還是依照「請光咒」、「燃符咒」、「點燈咒」的順序，配合手訣，請光時誦的是「大火鈴呪」其內容以驅邪為主題，可以看出是透過燃燈進行儀式醫療的典型。

47 《道法會元》，〈上清天蓬伏魔大法補遺〉，收錄於文物出版社、上海書店、天津古籍出版社：《正統道藏》，冊30，頁71-72。

六　燃燈中的占燈儀式

燃燈儀式當中重要的一環就是占燈，是燃燈儀式一個最關鍵的功能。所謂的占燈，就是透過燃燈中的燈火，其燈火火焰的大小、色澤、火光、燈毬、晃動等等徵候，來進行占卜，因為燈代表著該患者的本命，因此有關燈的一切，都印證著本命的狀況。

占燈法是占卜法的一種，在唐代就已經普遍存在於法術實踐當中，至宋元時期，天心正法中的燃燈法已有占燈的方法。至《玉堂大法》卷十一，〈延生度厄品〉即有詳細的占燈。

可是在自然情況下，燈火一直處在不穩定的狀態，如何去判斷燈火的樣態呢？〈玄樞玉訣祕旨〉「占燈」一節提到：「凡事占，必先叩之元辰。念文誦咒，閉目一瞬息，開看之，有驗也。」至於燈火的徵象，該秘旨清楚列出各種狀況：

> 黑暗昧，主公事晦氣。白，人事喪車。青，冤祟鬼。黃，犯煞病，證遷延。紅，七日內安。如血紅，不好。燈下黑炁往來，有冤魂。黑白二炁，家先為禍。白炁籠花，病亡。發燈時滅，或燈盞落地，病十日亡。燈暗花毬，晦氣。燈中一焰直上不動者，元辰穩，有壽。動，病則遷延。結花毬落地，三日即亡。花毬平靜，病安壽永。焰紅潤小通明者，吉。及破其他器用，病亡。廉貞燈暗不明者，不好；明，吉；暗，平；滅，死。風雨吹滅，或蟲撲滅，大凶。先小後大，吉。先大後小，凶。先暗後光，吉。先明後暗，凶。有花，吉。無花，平。青焰，伏屍，憂。赤焰，口舌、血光。光焰，喜、吉。白焰，兵戈、孝服。黑焰，官災、重病。黃赤焰，瘟。紫焰，有喜。焰青長，吉。焰紅長，安。焰紫光暈紅長，安。黃花圓淨，暈明，燈焰定，正長，木色，先無花後有花，本命燈焰長，紅黃色，已上皆大吉。一彗成輪，凶。燈焰長五寸便滅，大凶。

風吹不已，災非。輪黑，官司凶；白，有孝服、刀兵、西方之鬼。黑，主家先司命，水泉北方之鬼，凶。黃，主有疫疾，或犯土及土地。赤，主血光獄事，帶血孕婦死鬼，南方火鬼。青，主有邪祟、癆瘵、伏屍，東方木下之類。焰大赤，凶。燈爆響，主火災，或燒屋。三彗，有火災。吐淚者，大凶。焰黑短小、暗色不明，主大凶。焰青短者，凶、爆死，主咒詛。花在上，主有喜事。花在下，主有財。諸燈動者，主星辰臨照。光明，大吉。紅紫色光，吉。散光，吉。焰長，有五色俱備者，主大吉祥。朝奏登壇雷聲動，主墳有犯。香爆響，主有天曹願信未還。請聖，一應言詞失脫不來，亦主天曹有願信未還。犬吠，主有不祥，有落水鬼。犬相咬，主有官事獄訟。孝子和尚來，主不吉。大抵以燈紅潤而有花通明者，吉。無風自動，有災。暗，遲滯。焰長即滅，主凶。[48]

以上是對燈光、火焰、燈相等等進行很細膩的描述與徵兆說明。對於燈火的占驗，這是告斗法的一部分，而且是相當核心的一環，法師在關告元辰之後，念誦咒語，然後閉眼，在張開眼的一瞬間，觀看燈火的火焰，就可以依照燈焰的外觀進行占卜，〈玄樞玉訣祕旨〉清楚揭示占卜的方法與各種燈焰的形式，這是經驗的累積，也是占卜手冊式的工具書，為我們提供古代占卜重要的訊息。

七　結論

本文探討北斗信仰與燃燈，文中聚焦於宋元以後的告斗法，以及其中的燃燈環節。從本文的分析可知，燃燈是北斗儀式當中的一個部份，透過「燈」這種實物，來體現、具象化星斗，這種具身（embodiment）的過程，需要經過非常繁複而細膩的儀式程序，包括請光、燃符紙、燃燈、咒語、觀想、關告、占驗等等，這些程序蘊含著北斗與本命的信仰內涵，透過「燈」而加以實踐。

48 《道法會元》，〈玄樞玉訣祕旨〉，收錄於文物出版社、上海書店、天津古籍出版社：《正統道藏》，冊28，頁856。

告斗之法現在仍有實踐。學者呂燁在考察江西東北的道教科儀，發現當代贛東北地方道壇仍有告斗儀式，尤其是感應壇俞振文所藏的《焚符科》，屬於驅邪法事，當中有點燈、取生炁、占卜、解厄等儀式環節，與宋元以來的告斗法相符。[49]當代燃燈、占燈也可以在臺灣的儀式當中看到，疫情期間大龍峒保安宮起建「武漢肺炎祈安法會」其中的「造橋」的宗教儀式最具特色，在臺灣造橋儀式是普遍消災禳解儀式，尤其是天災人禍，需要依賴法術儀式在安慰、療癒人心。造橋儀式一開始會先進入造橋梁的儀式，後在橋面上放上十三盞燭燈，法師會藉由燭火的燃燒的光，來判斷本命的吉凶，信徒穿過橋梁等同於擺脫邪祟之氣，達到身心轉化。透過儀式具體化的形式，使信眾從抽象的相信，轉為更具實質性的一種安定力量。[50]而在臺北陽明山姜太公道場更是以點七星燈的儀式聞名，來自各界的人士到道場點燈來祈福、開運、改運、禳災、保佑平安，而七星燈法會程序為點燈、過七星爐陣、祭改等，可以看出以道教燃燈結合民間科儀，形成特色獨具的七星燈儀式。

當代臺灣廟宇每年的禮斗法會，即是歷史上斗科的當代實踐，對當代禮斗所進行的研究與調查，已經汗牛充棟，本文只是想將禮斗與燃燈的歷史淵源，進行初步的梳理，揭示歷史上在宋元以後道教文獻所保存有關燃燈儀式的珍貴資料，一方面讓我們更深的去理解燃燈儀式的教理內涵；二方面也讓我們理解到燃燈儀式歷史的淵遠流長。

49 呂燁：〈贛東北地方道壇的朝斗與告斗〉，收於《儀式、宗教與中國社會：勞格文教授榮退紀念研討會》，頁867-897。

50 參考張靖委：〈大帝祛瘟．禳災解厄——大龍峒保安宮起建武漢肺炎祈安法會〉，道教與民間宗教神明信仰文化研討會，大龍峒保安宮，2020年。

書畫藝術中道家樸素思維的內化與外顯

洪昌穀
中國文化大學美術系副教授

摘要

「道家」(Philosophical Taoism)體系對傳統文化影響深遠，其樸素思想時晦時明地投射在藝術創作的形質之中。歷代許多書畫創作者受到道家樸素思維的薰陶，復經內化之後自然地外顯於作品之上，其體用的轉化機制，與近代美術企圖以宣言、運動或主義的激情來引領創作不類。此種價值認同反映在文化行為裡，更接近是建立一套自我思維的目標管理(Management by Objective, MBO)系統。道家本質崇尚自然及無為、追求心靈自由和超脫，當其成為創作的主體意識，便能產生創作情緒的躊躇滿志，並使藝術形式開展更多的可能性。

傳統書畫雖屬於平面美術的表現範疇，卻有著迥異於一般西方美術在二維(Second Dimension)媒材的表現情趣。於傳統道家樸素思維的語境下，無論在形而上的思維以及形而下的語彙，都有著樸素自在的特色，而歷代書法與繪畫名家也大多不期然而然的受到道家樸素思維的滲融。基於此；本論文以道家美學為經、書畫表現為緯，對傳統中深受道家樸素思想影響的書畫藝術，做出美感與形式互為表裡的揭櫫。

關鍵詞：道家、樸素、書畫、內化、外顯

一　前言

（一）研究範圍與方法

1　研究範圍

傳統文化上，由於道家思想主題夥頤，影響藝術品類亦廣，難以羅列賅盡，為避免寬泛之失，本論文之研究時間雖上涉先秦下迄近代，然仍以春秋至清代為主。研究主題設定為道家樸素思維。至於研究標的框限於美術創作媒材與美感跨域感通（correspon-dence）有高度相契的書法與水墨繪畫。

2　研究方法

本論文研究方法採用文獻分析法（documentary analysis）、諾夫斯基（Erwin Panofsky, 1892-1968）圖像學（iconology）釋義法與索緒爾（Ferdinand de Saussure, 1857-1913）的符號學（semiotics）進行歸納、分析、對照。在引用資料方面，基本上採取古人原著原文的第一手資料。對文意的詮釋，以一般學術界公認並較無爭議者為主，儘量避免主觀的唯心論斷。文中並配合圖片進行析論時之對照，務期達到信而有徵的學術立場。

（二）名詞釋義

1　道家樸素思維

道家勝義紛陳，延展亦廣。其思維作用；除了在亂世中指引一種安身立命的生存哲學，也涉及先哲長期對天地萬物本體論的探討。道家明確提出「道」是宇宙一切物質的本體，無限規律的源頭，貫通在天、地、人三才之間，存乎在六合之內。道非具體之形象或事物，也不可為「名相」觀念所束縛，因此權以「無」來言詮。春秋時期集此思想大成者李耳在《道德經》[1]開宗明義第一

1　1973年，馬王堆漢墓出土了帛書《老子》有兩種抄本，被研究者稱為甲本和乙本。皆是《德

章即清楚揭示：「道可道，非常道。名可名，非常名。無，名天地之始。有，名萬物之母。」道以無稱，但其無並非虛空一切，而是道涵蓋一切，統攝一切觀念與現象。《老子．四十二章》：「道生一，一生二，二生三，三生萬物。」即是此義。又《老子．二十五章》云：「人法地，地法天，天法道，道法自然。」自然是道家樸素思維的來源，也是人文藝術的終極訴求。

道家強調人們應當法地、法天、法自然，此天人合一思想在歷史發展過程中不斷被繼承、發揚，逐漸變成龐大的思想體系。對應這體系的人文現象雖然體貌駁雜，但在多元的脈絡中之中仍然可梳理出一個共同的基本規律，即是簡約→繁複→簡約的正循環，強調不假人工的樸素思想讓創作者具有順天應人的自由心性，使作品表現出活潑天真的自然機趣。

道家樸素思維主要集中在《易經》、《道德經》、《管子》、《老子》、《莊子》、《列子》、《淮南子》、《參同契》、《抱朴子》……等經典子部類書之中，其強調順應自然、追求無為，忘懷楷則，藏器內斂，影響了古人宇宙觀、人生觀、生命觀、甚至個人處世態度以至於治國之法。映照於傳統書畫，發展出一套跨域整合以及對立統一的思辨哲學，對藝術的創新與突破的裨益甚鉅。

2 書法

所謂「書法」，通指「優美文字書寫之法」。書法若是定義在「有意義的符號描寫（含契刻）」，可溯自新石器時代。[2]書法在長久歷史的遞嬗中是進德修身的媒介，也是治藝者直抒心性絕佳的創意平臺。漢文化長期以來即將其視為「超越功利」、「超越實用」屬性的「自由快感」[3]，不僅可潛化學養、甚至可

篇》在前，《道篇》在後。有別魏晉以來王弼註釋《道篇》在前，《德篇》在後的《道德經》，帛書《老子》與王弼註本《道德經》分為八十一章的次序亦不同。本文以道家樸素思維探賾為主，故不涉及版本學之辨考，避免有膠柱鼓瑟之慮。

2 新石器時代文化群的西安半坡、姜寨出土仰韶文化陶器以及山東大汶口出土的陶尊就已發現有意義的刻畫符號與圖形符號。在線性樣式上，郭沫若與于省吾皆認為是文字的原始構成。然亦有學者如高明等人持否定看法。見高明《中國古文字通論》北京：文物出版社，1987，頁32-40。

3 就「性質」而言：美感是「無關心的滿足」(disinterested satisfaction)，是純粹的觀照，可超越切身利害，而快感則受「切身利害」所決定，唯有美感是「自由的快感」。此說法是德國．康

以綜合眾妙，通於自然，體現天人本體大用之「道」。故古今論書者，輒以「書道」名之。如秦・蒙恬《筆經》:「秦相李斯曰：夫書之妙，道會自然。」可見其在傳統文化裡藝以弘道之功。

英文稱書法為Calligraphy，這一詞彙來自古希臘文Kalligraphia，由Kalli（美）與graphia（書寫）複合而成，即「優美的書寫」，內涵上兼具美感形式及實務操作，巧妙地將藝術與實用涵攝為一，Calligraphy在意義上與漢字書法內涵並不完全相侔，但至少在實用及美感的基本要求是相近的。雖然世界各地文化都有書法藝術，[4]就其發展與影響的深廣度而言，以漢字為表現主體的書法當居首位。漢字主要以形聲和象形構成，造形多樣，字字獨立，兼具文涵與造形，提供書法豐富的創作素材，歷代書法家據以開創各種不同體勢與風格，成為作者自抒胸臆，「轉情性於形質」[5]的媒介。

3 水墨畫

水墨畫又簡稱水墨，繪畫過程中運用水與墨調和，使其產生濃、淡、焦、乾、溼諸多變化，並施於繪畫載體之謂也。水墨畫的興起與歷史發展規律及道家、禪佛思維的滲融有密切關係，自南朝宋・王微於《敘畫》一文，開宗明義地闡釋:「圖畫非藝行，成當與《易》象同體。」[6]其所云的「與《易》象同體」就是指由陰陽交泰，剛柔相推所成的萬象，換言之；繪畫所表現的，近於道家體察自然的精神。到了唐代王維提出「夫畫道之中，水墨為最上，肇自然之性，成造化之功。」更進一步將水墨蕭條淡泊，單色無彩的樸素特性推升至繪畫中最尊榮的等級，並且日益駸廣。

德（Immanuel Kant, 1724-1804）於《判斷力批判》（德語：*Kritik der Urteilskraft*, 1790）提出的想法，成為現代美學的理論重要學說。

4 以西方拉丁文體系為主的書法，大多著重造形設計。回教文化區往昔禁止人體表現，間接促使藝術家全心投入書法研究，尤其阿拉伯文字本身即具屈曲纏繞特性，其書法藝術理論與創作均極為完整。而在中國大陸全國性書法比賽亦多見回文、藏文及非漢字書體與賽，可見一斑！

5 語出唐代孫過庭《書譜》:「雖篆隸草章。工用多變。濟成厥美。各有攸宜。篆尚婉而通。隸欲精而密。草貴流而（上二字點去）流而暢。章務檢而便。然後凛之以風神。溫之以妍潤。鼓之以枯勁。和之以閒雅。故達其情性。形其哀樂。」

6 俞崑，《中國畫論類編》臺北：華正書局，1984，頁585。

清・王翬、惲格評清・笪重光《畫筌》有云：「畫法不離縱橫聚散四字，所謂一陰一陽之謂道。」[7]水墨畫成為載道的途徑為藝界所認同，爾後隨著文人的崇尚發揚，水墨乃成為千年來傳統繪畫最重要的表現形式，進而引領風騷。

4 內化

依照心理學角度來看，內化（Internalization）為個體通過學習和體驗將外部思想、觀念模式等，轉化為自我的價值認同並顯現在信念、態度和行為表現。此現象通常發生在思想啟蒙時期，之後在整個生命週期中都會陸續發生。隨著時間日久內化更加自主和深入，個體會主動選擇和建構信念與價值觀，並越趨於固化。

從文化社會學的觀點來看，通過內化，個人吸收社會環境中的資訊，將其納入自己的心理結構中，會在日常生活中不自覺流露出來。內化是社會化的核心機制之一，潛移默化自我的行為準則，使得個體能適應社會規範並獲致認同。

在傳統書畫藝術方面，古代名家強調讀書、師承、交友、遊歷等活動均會對創作者產生內化的影響，如唐・杜甫〈奉贈韋左丞丈二十二韻〉：「讀書破萬卷，下筆如有神。」董其昌《畫旨》也指出「讀萬卷書，行萬里路。」來提升本身的氣韻。足見古人多藉由閱覽典籍或是生活體悟獲取知識經驗，再內化成為創作的思想指導，這個過程對於創作的氣韻提升和性靈抒發，起著非常重要的作用。

5 外顯

在心理學中，「外顯」（extrinsic）與上述的「內化」有互為表裡的指涉意義。將內在的想法、情感和信念，通過行為、語言或其他具體形式表達出來，亦可透過非言語方式傳達就是外顯。如：面部表情、姿勢動作、肢體語言甚至是眼神交流等，傳遞出符號學（Semiotics）中的符旨（signified），達到內外聯

7 笪重光，《畫筌》：「布局觀乎縑楮，命意寓於規程。統於一而締搆不棼，審之而開闔有準。尺幅小，山水宜寬；尺幅寬，邱壑宜緊。卷之上下隱截巒垠，幅之左右吐吞岩樹，一縱一橫，會取山形樹影；有結有散，應知境闢神開。」詳參上註，頁805。

屬對應。德國古典美學巨擘黑格爾（Georg Wilhelm Friedrich Hegel, 1770-1831）《美術講稿》中說道：

> 藝術的形式（Forms）是美的實現，其創意要從其「觀念」中尋找，觀念之完成就是內容的體現，同時也是形式的完成……每一特定的形狀，也即是每一觀念內容所賦予作品本身的特定形式，應該是永遠要適合其內容的。[8]

承上概念；初唐書學名家孫過庭（646-691）《書譜》亦云：「得時不如得器。得器不如得志」、「寫樂毅則情多怫鬱。書畫讚（贊）則意涉瓌（瑰）奇。黃庭經則怡懌虛無。太師箴又縱橫爭折。暨乎蘭亭興集。思逸神超。私門誓戒。情拘志慘，所謂涉樂方笑，言哀已歎。」可見創作者內在思想、情感對作品外顯的形式有決定性的影響。

由上可知，個人成長環境和學習歷程環境，對個人思想的內化有決定性影響，內化思維又會對外顯形式產生自我審查的指導作用。書畫創作在美學意識和文化語境中，外顯出主體的思維，使作品與觀者能有效的達成溝通和共鳴。

二　道家樸素思維發展脈絡

（一）先秦崇天法地的自然觀

先秦時期是我國思想發展史上朝氣蓬勃的階段，許多人文哲思除了泛見於諸子卓論，內化成為族群普同認知與個人行為依輔之外，同時也不斷積澱、延異（Différance）[9]，其中道家的思想雖然非為藝術創作而產生，卻因強調自

8 劉思量，《藝術心理學——藝術與創造》，臺北：藝術家，2004，頁26引自Georg Wilhelm Friedrich Hegel, *Aesthetics: Lectures on Fine Art*, vol. 1, trans T. M. Knox. vol.1 pp.299-300, Oxford 1975。

9 延異（法語: Différance）一詞由二戰之後的法國知名解構主義（deconstruction）哲學家德希達（Jacque Derrida, 1930-2004）所創，原詞有其多重含意，主要可概括成意義的延伸及變異。

然，追求心性解放與藝術創作所欲的精神性不謀而合，深受文人雅士所喜，進而內化成為創作心源，外顯於藝術作品之上。

稽考道家原始樸素的概念，源於師法自然觀點，由發軔到成為系統化的理論，經過了長期的發展與轉化而成。早期先民生存受客觀條件所限，需深入了解所處環境，是故俯仰天地，體察自然成為生活要務，隨著時間推移逐漸發展出自然與人事連動的想法。認為自然中的晝夜、寒暑、陰晴、旱澇等現象與個人生命的榮枯、際遇的浮沉有著極為隱奧，卻又難以言詮的幽微關係，積累日久遂產生「崇天」、「法自然」的觀念。吾人可從先秦思想作品，如《詩經》和《尚書》可以發覺多次以「上帝」、「天命」的現象來詮釋人事及生命。並歸納出順天者昌，不可悖天的「自然」思維。《周易》載：

> 夫大人者，與天地合其德，與日月合其明，與四時合其序，與鬼神合其吉凶。先天而天弗違，後天而奉天時知進退存亡而不失其正者，其唯聖人乎。[10]

哲學家項退結認為：

> 尚書以政治事件為中心，它談上帝、道德規範、大自然與人事的常道，以及大自然的現象與人事的聯繫。而以上帝之命為最重要的主題。例如《湯誓》、《大誥》、《多士》、《無逸》、《君奭》、《多方》、《康王之誥》、《文侯之命》等篇乃是說明政權之得失乃來自天命之任命或解除，《皋陶謨篇》則指出政治措施，社會家庭秩序均須以天命為基礎。《洪範篇》則把官職、倫理道德、人事禍福，視為上天所賜（洪範九疇），並透過卜筮來聯繫自然和人文現象。至於《詩經》透露著上天與人的密切關係。如直接用「上帝」一詞19次，「天命」或「天之命」、「昊天之命」等詞10次。主宰人文現象的「天」、「昊天」、「蒼天」更達60多次。[11]

10 王弼，韓康伯註，《周易》臺北：新興書局，1993，頁5。

11 韋政通，《中國哲學辭典大全》，臺北：水牛出版社，1994，頁32-55。

足見先秦時期人們對生命的詮釋主要來自於自然力量。從崇天法地的原始宗教巫覡起，南方楚文化的「陰陽」思想與周文化的「中行」思想和北方殷文化的「五行」思想三者逐漸融合，成為道家思想的主要構成，而基於師法自然的樸素美學觀，也在此時奠定基礎。

至於漢代域外傳入的佛教及其派生的禪宗，更加推進樸素思想，爾後各歷史分期，便在這基礎上不斷地延伸和擴充，而成為龐大周延的美學體系。

（二）道家學說的延展

先秦諸子百家爭鳴的情況，經西元前221年秦王嬴政的一統，形塑文化聚合的條件。道家所謂的「道」是通過觀察天地自然，經約分提煉後所得最精簡的絕對理念，也是統攝天、地、人（三才）的感通元素，是「至大無外，至小無內」的普遍存有，也是萬事萬物的基本共性。由於秦末兵燹頻仍，造成人心思定，老、莊主張清靜無為，順應自然的亂世生存哲學，廣受人們接受。到了漢代，原始道家以陰陽思想為核心，兼採儒、墨、名、法、兵、農之學，成為順應世變的心靈方劑。方此之際「黃、老」之學大盛，並促使道家學理成為漢代文化主流的思想。《漢書・儒林傳》載：「孝武本好刑名之言，及至孝景不任儒，竇太后又好黃老術。」[12]即可看出當時主政者對於道教的青睞。雖然有漢一代，採取董仲舒罷黜百家，獨尊儒術的政策，但值得注意的是；此時期的儒家，已非單純孔孟道德之儒學，而是充滿融會《易傳》無為觀念[13]和道家虛無思想，高舉「天人交感」之道儒。西漢淮南王劉安及其幕下的士人編纂《淮南子》即擷取大量道家學說，高誘《淮南子・敘》：「其旨近老子，淡泊無為，蹈虛受靜，出入經道（《道德經》）。」[14]《全後漢文》卷四十五載崔瑗的《草書勢》：「觀其法象，俯仰有儀：方不中矩，圓不副規⋯⋯。」另，熹平石經的書者蔡邕在書論《九勢》也認為：「夫書肇於自然，自然既立，陰陽生焉；陰陽

12 敏澤，《中國美學思想史（第一卷）》山東：齊魯書社，1987，頁330。

13 《易傳・繫辭傳上・第十章》：「《易》無思也，無為也，寂然不動，感而遂通天下之故。非天下之至神，其孰能與於此。」

14 同上註，頁350。

既生，形勢出矣。」文中充滿道家詞語的敘述，故知漢雖政治倡言獨尊儒術，其文藝底蘊卻大量嫁接道家思維。

漢代道家思想盛行相當程度也表現在美術造型中。四川成都市郊出土的伏羲女媧畫像石（圖1），其中一手執「規」與「日」，一手執「矩」與「月」，與東漢王延壽在《魯靈光殿賦》記述西漢景帝子劉餘（魯恭王）修建的靈光殿壁畫中「伏羲鱗身，女媧蛇軀」[15]的形像契合，另有唐《伏羲女媧像》絹畫中伏羲女媧造型特徵亦與之相似（圖2）。均是原始道家卜筮文化中天圓地方，陰陽（月、日）化育的具體徵候。

圖1　四川成都市郊出土伏羲女媧畫像磚拓片

圖2　唐《伏羲女媧像》絹畫[16]

漢文化宇宙觀的建立，大範疇地暗合道教的理念。而道教崇尚超脫塵世，返璞歸真，強調意境、超越世俗，鼓勵人們追求內心的寧靜與自由，這種追求在文藝術中得以體現。因此在藝術美感意識上，當然也相當程度受到滲透，道家樸素思維便因勢開展，在自然之道的框架中，孳乳壯大，成為千載以降美學大系的思想主軸。

15 王延壽，《魯靈光殿賦》：「……圖畫天地，品類群生。雜物奇怪，山神海靈。寫載其狀，托之丹青。千變萬化，事各繆形。隨色象類，曲得其情。上紀開闢，遂古之初。五龍比翼，人皇九頭。伏羲鱗身，女媧蛇軀。鴻荒朴略，厥狀睢盱……」

16 本作絹本設色，經過修復，144.3×101.7cm。1928年新疆維吾爾自治區吐魯番採集。中國國家博物館藏。

（三）自然觀照下的樸素思維

傳統「自然」一詞的意涵，除指天、地、山、川、風、雨、晴、晦諸自然界現象之外，亦是人性真誠無偽，絕斷機巧，顯示本真面目之形容。《老子．第二十五章》云：「人法地，地法天，天法道，道法自然。」郭象注《莊子．逍遙遊》：「天地以萬物為體，而萬物必以自然為正。自然者，不為而自然也。」

道家認為自然、道、天，地、人次第依存，人事各種作為均無法脫離道這個母系統。人在此系統的制約中必須保持真誠無偽，故《莊子．漁父》有云：「真者，精誠之至也。不精不誠，不能動人……真者，所以受於天也，自然不可易也。故聖人法天貴真，不拘於俗。愚者反此。」師法天地自然的「法天」與強調個人忘機遺巧的「貴真」，同時反映在藝術哲思之中，便發展出不假人工雕飾的美學觀，並成為藝術家追求樸素風格的創作依據。

《周易》二十二賁卦，☶離下艮上，「上九，白賁，无咎。」王弼注云：「處飾之終，飾終反（返）素，故在其質素，不勞文飾而无咎也。以白為飾，而无患憂，得志者也。」被視為群經之首的《易經》由自然貫串人文，深受文士推崇（圖3-1、圖3-2、圖3-3）。道家主張天籟高於人籟，多一分人工則少一分天趣。賁本是絢爛之美，華彩燦然，白賁則是絢爛之極歸返於素淡，因此人

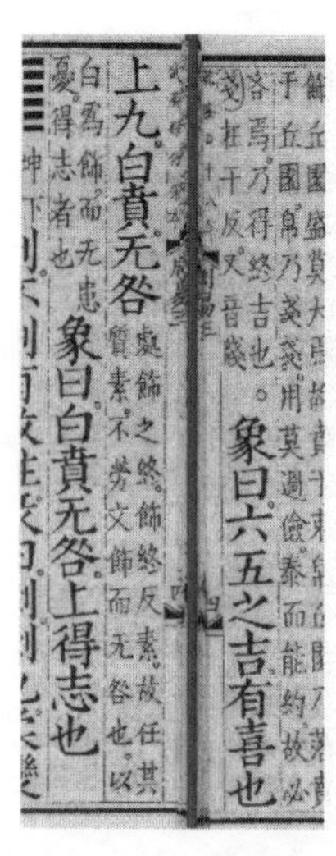
象曰六五之吉有喜也
上九白賁无咎
處飾之終飾終反素故任其質素不勞文飾而无咎也以白為飾而无患憂得志者也
象曰白賁无咎上得志也

處飾之終。飾終反素。

圖3-1　《周易》賁卦　　圖3-2　上九，白賁無咎　　圖3-3　飾終反（返）素

為造型美的最高階段，就是回返到不假人工雕飾的樸素之境。此與《論語・八佾》「素以為絢兮」及《周禮・考工記》「繪畫之事後素功」的思路異曲同工，都是強調素樸之美，超越了視覺感官的愉悅，獲致真實本質性的認知，能產生一種更高價值的審美情趣。

東漢・許慎《說文解字》:「樸，木素也。」清・段玉裁・注:「以木為質，未彫飾，如瓦器之坯然。」東漢・王充《論衡・量知》:「無刀斧之斷者謂之樸。」此外《說文解字》釋素:「白緻繒也。从糸𠂹，取其澤也。凡素之屬皆从素。」東漢・劉熙（熹）訓詁專著《釋名》:「素，樸素也。已織則供用，不復加巧飾也。」[17]綜緒上論，樸與素之定義甚明。至於樸素一詞，《老子》十九章有言:「見素抱樸，少私寡欲，絕學無憂。」此段依據明代薛蕙《老子集解》注云:「物無飾曰素，木未斲曰樸。見素者；外見其質不加飾也。抱樸者；內存其真不分散也。」為人之道與治藝相通，唯有保持樸素本性，減少自利引發的私欲，揚棄浮文虛禮，方能免於雜念憂擾。

《老子》二十八章提出:「復歸於嬰兒」、「復歸於無極」、「復歸於樸」[18]。嬰兒、無極、樸此三個復歸，滌除了思慮的塵埃及標準的定則，回到天然純真狀態，當價值判斷失去絕對性，人便能夠活得悠游逍遙，藝術也就能夠成就俯拾皆是的自在風采。

此外，由自然歸納的道是《老子》宇宙觀的基礎，其內有許多「泛樸素」的主張，如:「道沖，而用之久不盈」(第四章)、「谷神不死，是謂玄牝」(第六章)、「致虛極、守靜篤、萬物並作，吾以復觀。夫物芸芸，各復歸其根，歸根曰靜，是曰復命……」(第十六章)、「靜為躁君」(第二十六章)、「反者、道之動，弱者道之用。天下萬物生於有，有生於無」(第四十章)、「明道若昧，進道若退，夷道若纇，上德若谷，大白若辱，廣德若不足，建德若偷，質德若渝，大方無隅，大器晚成，大音希聲，大象無形，道隱無名」(第四十一章)、

17 漢典https://www.zdic.net/hant/%E7%B4%A0（查閱日期2023/08/25）。

18 原文為:「知其雄，守其雌，為天下谿。為天下谿，常德不離，復歸於嬰兒。知其白，守其黑，為天下式。為天下式，常德不忒，復歸於無極。知其榮，守其辱，為天下谷。為天下谷，常德乃足，復歸於樸。樸散則為器，聖人用之則為官長，故大制不割。」

「天下之至柔，馳騁天下之至堅，無有入無間」(第四十三章)、「大成若缺，其用不弊；大盈若沖，其用不窮；大直若屈，大巧若拙，大辯若訥。靜勝躁，寒勝熱，清靜為天下正。」(第四十五章)[19]

樸素思想胎息自先民的生命哲學，經道家的發微，上述「泛樸素」再延異出：卑、下、曲、枉、缺、少、雌、牝、昧、退、柔、弱、無、忘……等特質，反映在人生態度則為虛靜、忘機、守愚、藏器、弗盈、訥言、寡欲、未濟、黜聰明、含蓄內斂、韜光養晦……等，至於表現在書畫美感上呈現陰柔、輕淡、留白、簡筆、藏鋒、拙趣、醜怪、率真、無意、逸筆、草草、漫興、不求形式、蕭條澹泊……等特質，這些觀念與主張成為傳統美學裡內涵與造形不可或缺的要因，進以構築成龐大的藝術氣象。(圖4、圖5)

掃除理性思維的過度思考，轉向知忘是非的樸素純真，便可處處心安，愜意自在。

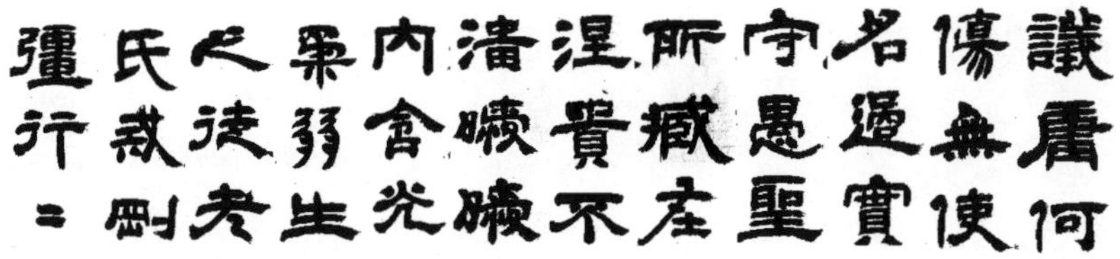

議庸何傷無使名過實守愚聖所臧在涅貴不緇曖曖內含光柔弱生之徒老氏誡剛強行行

圖4　清・鄧石如《崔瑗・座右銘》局部，書法／紙本。守愚、柔弱不僅是樸素思想的外顯，也是一種處世自全的立身之道

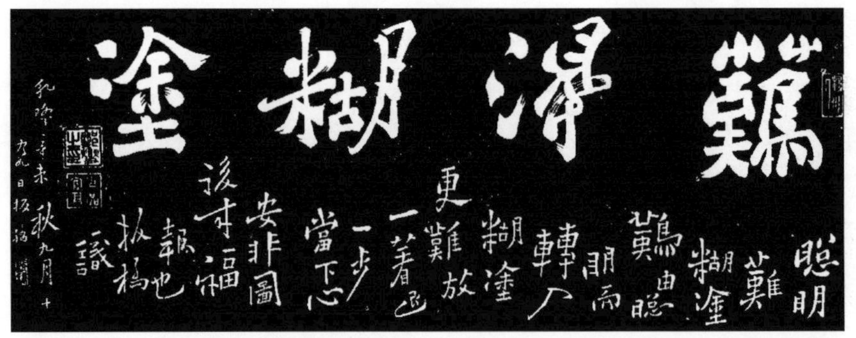

圖5　清・鄭燮《難得糊塗》，書法／拓本。《莊子・大宗師》：「黜聰明，離形去知。」

19 余培林譯注，《老子讀本》臺北：三民書局，1987，頁23-80。

三　書畫美學中蘊含的道家樸素思維

西漢・揚雄《法言・問神》載云：「言，心聲也；書，心畫也，聲畫形，君子小人見矣。」明確揭櫫言語表達和書畫作品都是創作者內在思想的表徵，藝術創作者，往往就是思想的實踐者，為避免匠氣庸俗，建構自身超然脫俗並可一以貫之美學思想允稱第一義諦。創作者用心去靜觀人生，外在客體經消融、積澱，凝為「意象」(image)，再將其運用在個人的創作上，便能彰顯出「意志」(will) 的行為堅持。

傳統的審美趣味，無論是美的創造或鑑賞，講求的是意境、氣韻、以達主客體的高度統一。范溫《潛溪詩眼》云：「韻者，美之極。」司空圖《與王駕評詩書》云：「思與境偕」，王國維《人間詞話》亦謂：「凡事既盡其美，必有其韻，韻苟不勝，必亡其美。」[20]藝術上所追求的，不止在一個形下的物象框架中，而應有更多形而上的主體思想。

書法作為一種文化德目的操持，不單是粗記點劃的記事符號，在積極面上它是傳統國人宇宙觀、人生觀、生命哲學的綜合載體。故漢代年滿17歲要考書體「諷籀書」、「試八體」[21]。到了唐代甚至設立「書學博士」的專職官員。文字從記事符號變化為「超功利」、「超實用」的高層次純藝術[22]，小可蒙養心性、取會風騷，大至綜合眾妙、通於自然，體會天人主體大用的「道」，所以古代書論，每以「書道」稱之，即寓意於此。

唐・張懷瓘《書斷》「書之為徵，期合乎道。」元・劉有定注鄭杓《衍極》：「書之氣必通乎道，同混元之理⋯⋯」[23]「藝與道合」既是傳統書畫的正

---

20 王世德主編，《美學辭典》臺北：木鐸出版社，1987，頁223-226。

21 許慎（30-124）言：「尉律，學僮十七以上，使試諷籀書九千字，乃得為史。又以八體試之。郡移大史並課最者以為尚書史，書或不正輒舉劾之。」見《說文解字・序》段玉裁注本，臺北：藝文印書館，1997，頁766-767。

22 德國美學巨匠康德（I. Kant, 1724-1804）在《判斷力批判》(1790) 提出高層次的「自由美」(Pulchritudo vaga) 與平凡的「附庸美」(Pachritudo adhaerens——前者是無條件的、純粹的，藝術美應側重在與實用或功利無涉。唐代書法，雖仍具應試的實用目的，然而更多時候已具備孫過庭《書譜》所言「達其情性，形其哀樂」的「高層次藝術」條件。

23 華正人編，《歷代書法論文選》臺北：華正書局，1988，頁418。

鵠，樸素思想又源於自然之道所派生，且為道之要件，治藝者援引入書畫，轉思維於形質，以達含道映物之功，也就容易理解了。

《莊子》云：「能有所藝者，技也。技兼於事，事兼於義，義兼於德，德兼於道，道兼於天。」《荀子．正名篇》也提及：「凡人莫不從其所可，而去其所不可。知道之莫之若也，而不從道者，無之有也。」古人治藝，追求「技進乎道」，法天貴真，不僅是思想更近乎信仰，故能落實於創作行為之中，此於書畫創作亦然。

和老子同屬道家系統的莊子，繼承了老子的思想，集成了虛靜恬淡的樸素美學，徐復觀先生認為：

> 莊子不是以追求某種美為目的，而是以追求人生的解放為目的，但他的精神，既是藝術性的，則在其人生中，實會含有某種性質的美。因為反映在藝術作品方面，也一定會表現為某種性格的美。而這種美，大概可以用「純素」或「樸素」兩字加以概括。[24]

運用在繪畫方面，明．李日華撰之「竹嬾論畫」中，多見貴古賤今之意，其認為古人之優點在於：「簡而愈備，淡而愈濃」，而畫面氣韻的匯歸則是：「繪事必以微茫慘淡為妙境，非性靈廓徹者，未易證入，所謂氣韻必在生知，正在此虛淡中所含意多耳。」由此虛靜恬淡思想契入繪畫，乃促使繪畫發展導向重水墨而輕色彩，李氏又云：「董巨，一以林麓溪瀨，遠近出沒，出奇擅勝，於是水墨滃淡為工……」[25]

明．惲向《道生論畫山水》云：「畫家以簡潔為上，簡者簡於象非簡於意，簡之至者縟之至也」[26]

其認為畫面上應多存虛處，不宜繁複，才能在有限的筆墨中表達意境，這也是品評畫作高低的客觀條件。所以其云：「至平，至淡，至無意，而實有所

---

24 徐復觀，《中國藝術精神》臺北：學生書局，1967，頁133。

25 俞崑，《中國畫論類編》臺北：華正書局，1984，頁132-133。

26 同上註，頁767。

不能不盡者」，就是「忘象以求意」的崇虛尚靜精神。

清・笪重光《畫筌》

> 畫至神妙處，必有靜氣，蓋掃盡縱橫餘習，無斧鑿痕，方於紙墨間靜氣凝結。靜氣今人所不講也，畫至於靜其登峰矣乎。[27]

造型看似簡單卻內蘊豐富，揚棄操作慣性，沒有人為加工的痕跡就是一種樸素思想的運用，運用得宜便能達到繪畫的高境明・董其昌於《畫禪室隨筆》・卷一・評書法有云「書法雖貴藏鋒」。[28]

康有為《廣藝舟雙楫・榜書第二十四》云：

> 榜書……以安靜簡穆為上……觀「經石峪」及「太子父皇帝神道」，若有道士，微妙圓通，有天下而不與，肌膚若冰雪，綽約若處子，氣韻穆穆，低眉合掌，自然高絕，豈暇為金剛怒目邪？[29]

語中所述，一派道家虛靜恬淡之風姿。清・鄭績在《夢幻居畫學簡明》曰：「意筆如草書，甚流走雄壯，不難於有力，而難於靜定。定則不漂，靜則不躁。」[30]繪畫中寫意的筆法與《老子》「靜為躁君」同理，皆主張虛靜樸素成象。莊子從哲學上概括為「唯道集虛」和「虛室生白」(人間世)，美學思想中的不重形似，著意追求神似、傳神對后世我國美學思想的影響更是巨大的。

王弼在《周易》坤卦中注云：「陰之為道，卑順不盈，乃全其美。」[31]

明・袁宏道之《袁中郎集》中亦謂：「蘇子瞻酷嗜陶令詩，貴其淡而適也。凡物釀之得甘，炙之得苦，雖淡也不可造；不可造，是文之真性靈也。」[32]認

27 明文書局編輯部，《中國美學史資料彙編》臺北：明文書局，1983，頁812。

28 同上註，頁161。

29 華正人編，《歷代書法論文集》臺北：華正書局，1988，頁796。

30 同上註，頁572。

31 王弼、韓康伯註，《周易》臺北：新興書局，1993，頁5。

32 明文書局編輯部，《中國美學史資料彙編》臺北：明文書局，1983，頁164。

為「淡」這種含蓄美是文章的真性靈，也是書畫樸素美感意趣所在。清・王昱《東莊論畫》云：「位置高簡，氣味荒寒，運筆渾化，此畫中最高品也。須絢爛之極，方能到此。」又「清空二字，畫家三昧矣。」[33]這一絢爛到平淡的美感轉進歷程與東坡所云：「五色絢爛，漸老漸熟，乃造平淡。」以及杜子美所云的「老大意轉拙」其意涵上是相同的。在傳統美學思想發展過程中，「絢爛」只是起始與其後續推進的過程，而「平淡」所呈現出沒有繁文縟節的質樸美感，才是終極追求的目標。

從美術史來看，自董其昌、莫是龍倡言繪畫南北分宗後，崇南抑北論一直受到文人畫系統的畫家所認同，並幾乎成為日後繪畫發展的正統主流。南宗繪畫的用筆特色「主柔」，間接暗示樸素美的傾向為繪畫中的正統，為繪畫所貴，也是評騭一張繪畫作品良窳的客觀條件。

除了在形式構成上要求契合天地間的「自然」之道外，另在創作時的精神狀態，也應極力要求自適無礙，遺去機巧，同《莊子》「解衣磅礴」般，如此方能把樸素思想的內化發揮至淋漓盡致。宋・米芾《海嶽名言》載云：

> 吾書小字行書，有如大字。唯家藏真跡跋尾，間或有之，不以與求書者。心既貯之，隨意落筆，皆得自然，備其古雅。[34]

宋・董逌《廣川書跋》卷八《唐經》云：「書法要得自然……若一切束于法者，非書法。」[35]董氏認為書法創作不能受到太多既法規所限制，必須脫離成法桎梏方能見自然之意態，也才具有真意。這一主張，清・周星蓮《臨池管見》亦云：「作字之法……純任自然，不可思議。」[36]書法下筆時應純以自適放鬆的狀態為之，太多的思考，都將造成下筆時阻滯不前，而成矯作之態。唐・符載《觀張員外畫松石序》，曾對創作時精神狀態憑任自然，有段深入的論述，其云：

---

33 俞崑，《中國畫論類編》臺北：華正書局，1984，頁214。

34 華正人編，《歷代書法論文集》臺北：華正書局，1988，頁332。

35 明文書局編輯部，《中國美學史資料彙編》臺北：明文書局，1983，頁53-54。

36 華正人編，《歷代書法論文集》臺北：華正書局，1988，頁418。

> 觀夫張公之藝非畫也，真道也。當其有事，已知遺去機巧，意冥玄化，而物在靈府，不在耳目。故得於心，應於手，孤姿絕狀，氣交沖漠，與神為徒。若忖短長於隘度，算妍蚩於陋目，凝觚舐墨，依違良久，乃繪物之贅疣也，甯置於齒牙間哉？[37]

於茲，符載首先認為水墨繪畫的價值已超過繪畫形式（形而下），而臻至「道」（形而上）的境界，繪畫具備氣沖之「道」，最高的精神原則即是師法自然（天地），放懷胸臆（人），所以藝術創作者所應秉持的態度，就是做到「遺去機巧，意冥玄化」精神狀態的解放，如果只是一味地忖度長短，汲汲於既定成規，則真正藝術精神便無法獲致，只能算是繪畫中無用的「贅疣」而已。言簡意賅，切中要旨，同時也發人深省。

基本上、自然、虛靜、絕巧都是樸素精神的發揮，反映在繪畫上時常出現不夠細膩，不夠精緻，不夠妍麗等，簡言之；就是畫面上看起來技巧不好，作品看起來簡單草率，缺乏視覺悅目的效果，也不符合感官知覺對作品「漂亮」的期待，然而這卻是作品雅俗之別的樞紐。

書畫藝術深受道家樸素思維的影響，內化與外顯的關係，總其大要，可歸納為以下梗概（圖6）：

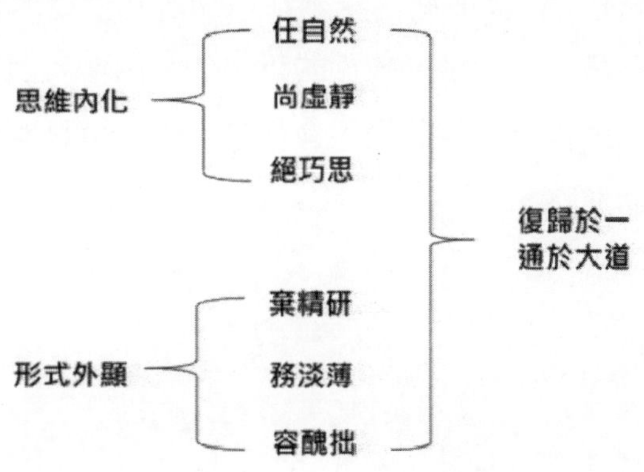

圖6　書畫中樸素思維的內化與外顯的關係（筆者繪製）

37 明文書局編輯部，《中國美學史資料彙編》臺北：明文書局，1983，頁353。

四　道家樸素思維於書畫的外顯形式

瑞士語言學家索緒爾（Ferdinand de Saussure, 1857-1913）認為語言是基於符號及意義的一門科學，稱為符號學[38]（Semiotics），依據本質與形式區分符徵與符旨（signifier & signified，或譯成能指與所指）。索氏認為任何符號（sign），包含本文所述及的「書畫」皆是由「符徵」和「符旨」構成的，「符徵」可以是聲音、形象或感官知覺可感事物，「符旨」則為所反映的的概念或內涵。

書畫的形式就是指涉內涵的符徵，可以傳遞符旨，也就是創作者的思想。至於書符徵具體表現在用筆、用墨、布局、敷色，以及皴、擦、點、染、拓等各種能表現出形式效果的技法。徐復觀先生認為：

> 在中國則常可發現在一個偉大的藝術家身上，美學與創作者，是合而為一的。而在若干偉大的畫家中，也常是由他人的創作活動與作品，以「追體驗」的功夫，體驗出藝術家的精神意境。[39]

簡言之，中國古代藝術宗匠，通常思想與創作駢臻，理論與技巧兼擅。張大千師承李瑞清，書法用筆蒼勁、質樸率真，曾書道：「不為環中，烏有象外」[40]。（圖7-1、圖7-2）環中是作品內涵，象外是作品形式。依據符號學分析，作品的符旨明確地對接符徵，樸素是抽象性的哲思，經由作者內化之後，成為真性情的創作意識，驅動創作行為具體表現在作品之中。這是歷代書畫名家藉物抒情，以藝載道的生命進路。

---

38 引自筆者美學課程自編講義〈19世紀西方美學家與美學想〉單元。

39 徐復觀，《中國藝術精神》臺北：臺灣學生書局，1967，頁7。

40 此語出自唐．司空圖，《詩品．雄渾》：「超以象外，得其環中，持之非強，來之無窮。」

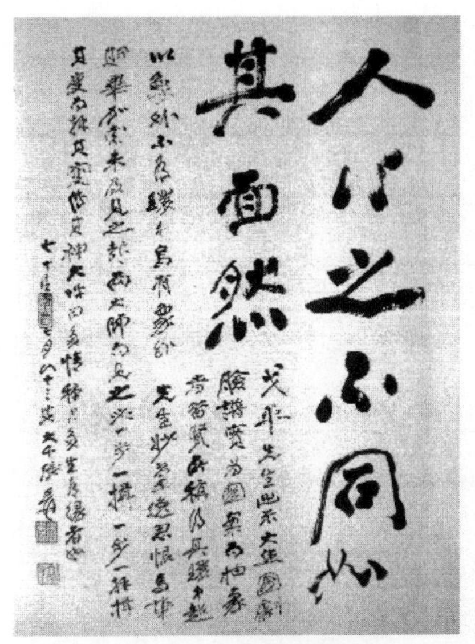

圖7-1　張大千題《國劇臉譜》序文書法　圖7-2　釋文：不為環中，烏有象外。

由於歷代書畫名家眾多，本文難以一一羅列，於茲僅舉犖犖大者，見微知著，進窺書畫樸素風規。

傅山書法與王鐸齊名，被時人許為清初第一。其撰《霜紅龕集》綜合前人對書法的卓識提出：「寧拙毋巧，寧醜毋媚，寧支離毋輕滑，寧率真毋安排，足以回臨池既倒之狂瀾矣。」其高舉的拙醜與率真、支離（非操作慣性），皆符合老莊樸素的思維。以醜為美是古代文人深諳的審美趣味。東晉．葛洪在《抱朴子》便認為：「以醜為美者有矣」[41]清代鄭板橋題畫《石圖》：「米元章論石，曰瘦、曰皺、曰漏、曰透，可謂盡石之妙矣。東坡又曰：石文而醜。一醜字則石之千態萬狀，皆從此出。」[42]（圖8、圖9）

書法以醜為美，因此產生「亂石鋪街」、「粗服亂頭」、「不避漲墨」等樸素美學觀。清人論書認為鄭燮書如亂石鋪街（圖10），而明末徐渭書畫快意跌宕，

---

41 國家圖書館《抱朴子內外篇．塞難》https://taiwanebook.ncl.edu.tw/zh-tw/book/NCL-9910008095/reader（查閱日期2023/08/27）

42 米芾相石四法，源自元代陶宗儀所編的《說郛》收錄傳為宋代《漁陽公石譜》：「元章相石之法有四語焉，曰秀，曰瘦，曰皺，曰透。四者雖不盡石之美，亦庶幾云。」又《宋史》卷四百四十四《米芾傳》：「無為州治有巨石，狀奇醜，芾見大喜曰：此足以當吾拜，具衣冠拜之呼之為兄。」參見《宋史》https://ctext.org/library.pl?if=gb&file=76123&page=124，頁124。

亦屬此類（圖11）。南朝劉義慶《世說新語・容止》:「裴令公有俊容儀，脫冠冕，粗服亂頭皆好。時人以為玉人。」以此形容對書法不拘禮法，擺脫成規頗為生動。清代龔賢在《周亮工藏集名家山水冊》上題:「殘道人粗服亂頭，如王孟津書法。」殘道人指的是清初四大畫家之石谿（髡殘），其畫風自由不羈與書法家王鐸一樣，皆是筆隨意走，不囿於時俗。另外，齊白石《水墨山水》題畫詩不避「漲墨」（圖12），而包世臣於《藝舟雙楫》中主張「漲墨」（圖12-1、12-2、12-3），所謂「漲」即是跨越線性框架限制，走脫成規狴犴，以自抒胸臆。諸多形式表現均在體現樸素的精神。

圖8　劉延濤論書畫，主張亂頭粗服拙醜的美感意趣

圖9　劉延濤《蘭石圖》局部，表現石頭「醜益妍」的造型

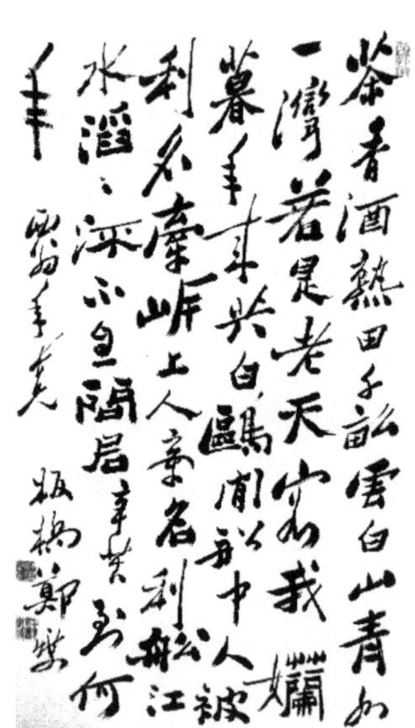

圖10　鄭板橋書法布局有「亂石鋪街」之譽

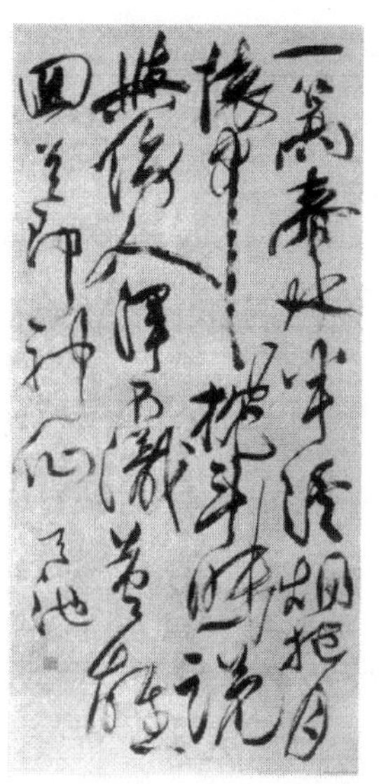

圖11　徐文長書法布局錯落有致，自然揖讓，不囿成規

圖12　齊白石《水墨山水》題畫詩，基於率真樸素，行筆不避漲墨情況下，降低了文字識別度，卻提升了書法的藝術性。

圖12-1　老夫（漲墨）

圖12-2　為歡（漲墨）

圖12-3　欲登（漲墨）

張懷瓘《書斷》:「歐之與虞，可謂智均力敵，亦猶韓盧之追東郭兔也。論其眾體，則虞所不逮。歐若猛將深入，時或不利；虞若行人妙選，罕有失辭。虞則內含剛柔，歐則外露筋骨。君子藏器，以虞為優。」站在藝術評鑑的立場，當作者藝術達到相當的造詣，實難評騭優劣，尤其對初唐兩位大師歐陽詢與虞世南進行論斷。更屬不易，張懷瓘秉如秤之心，不計技巧，從君子處世的樸素之道——「藏器」當成評判甲乙依據，置虞於歐之上，大抵符合古人用捨行藏，內斂含蓄的哲理，如是結論也反映了當時的文藝共識。（圖13、圖14）

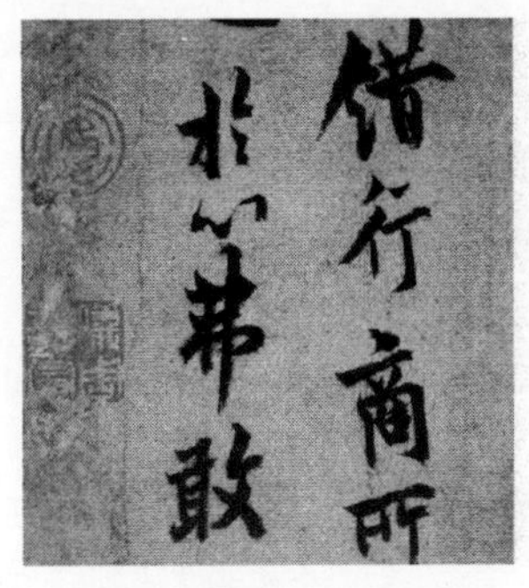

圖13　歐陽詢《卜商帖》局部

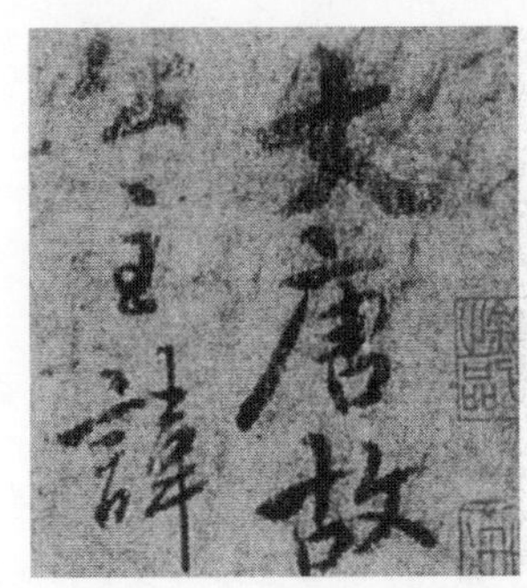

圖14　虞世南《汝南公主墓誌銘》局部

歐陽修《鑒畫》提到：「蕭條淡泊，此難畫之意，畫者得之，覽者未必識也。」趙孟頫：「作畫貴有古意，若無古意，雖工無益。今人但知用筆纖細，賦色濃艷，便自謂能手，殊不知古意即虧，百病橫生，豈可觀也？」畫風蕭條淡泊，色彩不求濃豔，甚至崇尚生、拙，這都是樸素思維下虛淨恬淡的外顯。

清・邵梅臣《畫耕偶錄論畫》對繪畫用筆、用色、氣韻多持貴拙貶巧之論，其云：

> 「畫筆寧拙勿巧，作寫意畫，尤不可以南北宗派橫於胸中，致墮惡道。」又：「寫意畫著色可，不著色亦可，妙處不在顏色也。且宜拙多於巧……」[43]

近代書畫名家黃賓虹亦謂：「畫宜熟中求生。畫山水應生而帶拙，畫花卉則剛中見柔。柔易俗，故柔中應求拙。」[44]拙就是不過度人工巧飾，回歸本我的純真，尋回不受塵染的童心。此處拙不等同於蒙昧無知，毫無技巧能力，而是藝術不同階段的提升，其轉進的歷程猶如青原惟信禪師所謂參禪三般見解：「未參禪時，見山是山，見水是水。及至後來，親見知識，有個入處。見山不是山，見水不是水。而今得個休歇處，依前見山只是山，見水只是水。」[45]

禪學一如人生，拙趣與不等同技術不佳笨拙，而是由初始不諳技術，到學成之後技巧純熟，技巧爛熟之後變成習慣性操作，便喪失了天然本真，最終再揚棄技巧，追求最初心般忘機的樸素之美。到這階段的拙已經歷巧的過程，達到「寓巧於拙」境界。此與孫過庭《書譜》揭示的書法學習進程「平正」→「險絕」→「平正」過程幾乎一致。宋末蔣捷名詞《虞美人》以「聽雨」一

43 同註42，頁288。

44 浙江美術館藏品介紹－黃賓虹花鳥畫語錄－https://www.trueart.com/news/385520.html（查閱日期2023/08/28）。

45 明・瞿汝稷集，《指月錄》（電子書）原文：「吉州青原惟信禪師，上堂：「老僧三十年前未參禪時，見山是山，見水是水。及至後來，親見知識，有個入處。見山不是山，見水不是水。而今得個休歇處，依前見山只是山，見水只是水。大眾，這三般見解，是同是別？有人緇素得出，許汝親見老僧。」

事，串起人由青春至暮年不同的人生體驗：「少年聽雨歌樓上。紅燭昏羅帳。壯年聽雨客舟中。江闊雲低、斷雁叫西風。而今聽雨僧廬下。鬢已星星也。悲歡離合總無情。一任階前、點滴到天明。」經歷過人生悲歡離合，走過生命的春夏秋冬，曾經翻動情緒「聽雨」，到了老年的都化為波瀾不興的默然，彷若古剎的梵唄，安緩無慮。這種如老僧入定的禪默，已臻生命中的拙境。書畫崇尚拙趣究竟就是生命拙境的外顯，也是藝術人生通透體悟的表徵（圖15、16、17、18、19、20）。

圖15　趙孟頫《秀石疏林圖》色彩不務濃豔，是子昂所謂作畫貴有古意的用色主張

圖16　倪瓚《幽澗寒松圖》逸筆草草，不求形似，是離形得似的表徵

圖17　梁楷《潑墨仙人》「少則得，多則惑」是老子的智慧，也是簡筆畫的意趣所在

圖18　徐渭《葡萄》不求精工點染的寫意畫，開拓心手之間更大的解放與自由

圖19 **吳昌碩《依樣》金石派在繪畫中融入碑學書法的特性，質樸無華，內斂大器**

圖20 **齊白石《煉丹士》純樸天真，不落斧鑿，成就齊白石雅俗共賞的藝術風華**

五　結論

倘言要求「重現」是西方藝術表現上的一個明顯特質，那麼華夏藝術的特色，似乎是更重視審美主體與客體應會之際心物交融的「表現」，既重視表現，當然含蘊於主體之中的精神構件，包括宇宙觀、人生觀、生命哲學、人文哲思便會反映於藝術的器象上。其中「樸素」的觀念是中國哲學的一個突出思想，也是構成書畫獨特氣韻的一個強大因子。

樸素是一種人生境界，是一種生存進路，也是一種生活的選擇。通常來自體會生命跌宕起伏後的超然與解脫，樸素之心可以往來道德的實踐、可以出入生命的困頓、更可以在精神上自由的超脫，成就與天地大道湊泊的美感。

「藏拙於巧、用晦而明、寓清於濁、以曲為伸。」此為華夏民族頂立天地間，體悟自然造化後的生命理則。長久以來書畫美學觀照就在任自然、尚虛靜、絕巧思的樸素思維特質中，呈現出棄精妍、務淡薄、容醜拙的美感形式，道家的樸素思維便在俯仰之間與文化底蘊共生共榮，相應相合。

當創作主體靈府澄澈時則道器雙清，苟若意識渾沌則道器皆昧。樸素思維勝義紛披，於歷史脈絡及時代語境之中，由伏流匯成巨津，影響人文藝術既深且廣。天無私覆、地無私載。天行既健，人本創作自當無已，書畫亦於樸素思維薰修下，瀟灑自在、窮變風神。

回光見性為全真：《太乙金華宗旨》丹法之研究

孔令宜
中國文化大學中國文學系兼任助理教授

摘要

《太乙金華宗旨》是一本道教內丹修煉的奇書，託名為唐代全真道祖師呂洞賓所作，詮釋晚明以降三教合一的趨勢。德國漢學家衛禮賢與瑞士心理學家榮格翻譯為《金花的秘密》。道以虛無為體，以隱現為用，道即性、元神，金華隱藏的光，光即先天真炁。人出生前，性命合一；人出生後，性命分離。內丹理論基礎，是將道家宇宙論作返回的修煉，順則死逆則生，順則凡逆則仙。所謂性命雙修，性指元神，命指元炁。制魄斷識，煉魂保神。《太乙金華宗旨》直提性功，金丹功法的秘密在於回光，回光的關鍵在於天心，回光的秘訣在於純想，注想天心，玄關祖竅位於眉心。孔子曰：「知止」，釋迦牟尼曰：「觀心」，老子曰：「內觀」，逆反的工夫論。「回」即「止」，「光」即「觀」，回光即是定慧雙修的功法，心空忘神合道，把握到超越個別的宗教與教派其根源性的道。

回光的基礎功法，煉己即築基，煉心即煉氣，氣本心之所化，心息相依，垂簾得中，回到元神真如之性的本來面目。百日築基，補足長期虧損的精、炁、神三寶，作為藥材，回復精滿、氣足、神旺三全，臻入回光的高階功法。內丹三關的程序為煉精化炁，煉炁化神，煉神還虛。初關百日關，煉精化炁，取坎填離，小周天採後天八卦圖式，有為階段。中關內結金丹聖胎十月，煉炁化神，乾坤相交，大周天採先天八卦圖式，從有為過渡到無為階段。金丹功法就是取坎填離以復乾坤。上關九年，煉神還虛，無為而為，始於無極而終於無極。中國道教內丹學為道教的心性學，從後天的精、氣、神返回先天的元精、元炁、元神。回光即是返乾，歸返純陽乾體，修真成為真人。

關鍵詞：太乙金華宗旨、內丹、全真道、回光、見性、元神、真炁

一　前言

《太乙金華宗旨》[1]是一本道教內丹修煉的奇書。「太乙」亦稱「太一」，「太」者為至尊的稱謂，「一」者為元始。「金華」指黃金之花，所涵藏的光。「宗旨」指主要的旨趣。作者題為唐代呂喦（796-？，名喦，或作岩、巖，字洞賓，號純陽子）。或謂為清初道壇扶鸞降乩之作，應為清初道士假託呂洞賓之作。根據賴賢宗記載，目前所見的中文版本有下列六本：（一）清．邵志琳編（1775，乾隆四十年）的六十四卷本《呂祖全書》之中的第四十九卷的《先天虛無太乙金華宗旨》，共十三章。（二）清．蔣豫蒲編（1803，嘉慶八年）十六卷本《全書正宗》第二卷《孚佑上帝天仙金華宗旨》十三章。（三）彭文勤等纂輯、賀龍驤校刊本的《道藏輯要》，1906年出版，其中的室集二收入《金華宗旨》共十三章，採用的是蔣豫蒲本。也就是臺灣的新文豐出版公司的《道藏輯要》第十二冊所收本，書名是《金華宗旨》。（四）清代龍門宗第十一代的閔一得，得之於金蓋山龍蹻山房宗壇所傳，而出版於1831年（道光辛卯年）的閔氏訂正本《呂祖師先天虛無太乙金華宗旨》，共十三章。也就是臺灣的自由出版社出版的《道藏精華》第一集之五所收本。（五）清．陳謀校編再版於1852年（咸豐二年）的十八卷本的《呂祖全書宗正》第十卷《先天虛無太乙金華宗旨》共十三章。（六）民國十年（1921）年，湛然慧真子編的《長生術．續命方》所收的《太乙金華宗旨》共十三章。這也就是衛禮賢德文譯本所根據的版本。楊儒賓的《黃金之花的秘密》中譯本也收進此版原文。[2]

一般認為，《太乙金華宗旨》的眾多版本可分為兩個系統。一個是淨明道派系統，以《道藏輯要》為代表。由清康熙進士彭文勤刊行，嘉慶蔣元庭增刊，光緒成都二仙庵重刻，民初慧真子以《長生術．續命方》合刊本等，此為

1　（唐）呂祖純陽真人：《太乙金華宗旨》道藏精華第十三集之三（臺北：自由出版社，2022年7月）。

2　賴賢宗：〈丹道文化基金會新版《太乙金華宗旨》序〉，收入呂祖著，王魁溥編譯：《太乙金華宗旨今譯》（臺北：丹道文化出版事業股份有限公司，2006年9月），頁8-9。

衛禮賢所據之本。另一個是龍門派系統，以《道藏續編》為代表。在清道光十一年（1831年）由龍門派第十一代傳人閔一得編輯刊行，此版本最早可追溯到明崇禎年間舉人陶太定。關於《太乙金華宗旨》的宗派與傳承系譜問題，可參閱鄭燦山論文。[3]1929年德國漢學家衛禮賢（Richard Wilhelm, 1873-1930）譯出德文版《金花的秘密》。瑞士心理學家榮格（Carl Gustav Jung, 1875-1961）作序。英國翻譯家貝恩斯（Cary F. Baynes）譯出英文版。日本湯淺泰雄、定方昭夫譯出日文版。《太乙金華宗旨》成為東西方一座溝通的橋樑，具有文本詮釋的國際化問題，在視域融合的觀點下，具有東西方跨文化溝通的意義。

二　性命雙修之宗旨

道家與道教的終極根源為「道」，道本無名。《老子》曰：「致虛極，守靜篤。」大道本為虛無，虛無為宇宙太虛混沌一片的先天狀態。人在未出生前，元神、元炁、元精同一，性命合一；人一旦出生後，精、氣、神分開，性命分離。故道教內丹學修煉的共同法門，在於煉精化炁，煉炁化神，煉神還虛。從後天的精、氣、神返回先天的元精、元炁、元神。道教內丹學其理論基礎，是將道家宇宙論作返回的修煉，所謂順則成凡，逆則成仙。

道教興起於東漢，道教修煉分為正一與丹鼎兩大派。正一派以符籙為主，丹鼎派又分為外丹與內丹。最早盛行外丹，以鼎爐煉製丹藥，鉛含汞金屬物質，煉成金丹，服食反而造成性命傷亡。宋元以降，盛行內丹，以人的身體為鼎爐，以精、氣、神為材料，進行煉製丹藥，內結金丹。內丹比附外丹術語，隱晦難懂。內丹學的五大門派為南宗、北宗、中派、東派、西派。《莊子・養生主》探討養生之旨，不唯在養形（養生），亦在養生命的主宰（養生主）。金丹道修煉以「性命雙修」為特色，分為「先性後命」、「先命後性」兩種型態。道教內丹學，將性功修煉稱為「玉液還丹」，將命功修煉稱為「金液還丹」，由此完成丹道程序。北宗丹法的特徵為「先性後命」，重清修，識心見性，全性

3　鄭燦山：〈《太乙金華宗旨》之考證與析評〉，《輔仁宗教研究》第八期（新北市：輔仁大學宗教學系，2003年冬），頁163-192。

修真，全真而仙；南宗丹法的特徵為「先命後性」，重雙修。明代以降，南北兩宗多有融合。

《太乙金華宗旨》首章「直提性功」。《道藏輯要》版本〈天心第一〉開宗明義曰：

> 呂祖曰：自然曰道。道無名相，一性而已，一元神而已。性命不可見，寄之天光；天光不可見，寄之兩目。……太乙者，無上之謂。丹訣甚多，總假有為而臻無為，非一超直入之旨。所傳宗旨，直提性功，不落第二法門，所以為妙。金華即光也，光是何色？取像於金華，亦秘一光字在內，是先天太乙之真炁。[4]

道法自然，道本無名無相，強名之曰「性」、「元神」，「道」即是「性」、「元神」。「太乙」是至高無上的稱謂。光取象於金花的顏色，「金華」指金花之中隱藏的「光」，實際上就是人的先天太乙之真炁，「光」即是「真炁」、「元炁」。「炁」字指先天之氣；「氣」字指後天之氣。「真炁」即是先天「太乙」。書名「太乙金華」，指人的先天真炁如同金花之光，人有先天之真炁則有生命，無則死亡。衛禮賢與榮格將《太乙金華宗旨》翻譯為《金花的秘密》，帶領歐洲的學生進行丹道修煉，金花呈現「曼陀羅」的圖案。金華即光，天光即道。

論大道之體用。《道藏續編》版本〈天心第一〉曰：

> 蓋不明大道體用，而互相戕賊。如是求生，猶南轅北轍也。夫豈知大道以虛無為體，以隱現為用？[5]

大道以虛無為本體，以隱現金華為功用。道就是元神、性，而元神、性的表現形式為金華，也就是光、性光。無形的性光，即是先天真炁。元神其散為真炁，

---

4 （唐）呂祖純陽真人：《太乙金華宗旨》，道藏精華第十三集之三（臺北：自由出版社，2022年7月），頁1-2。

5 張其成：《張其成全解太乙金華宗旨》（三河：華夏出版社有限公司，2023年3月），頁9。

其聚為真火，一聚一散，一升一降，周流不已。「性」與「命」是道教內丹學一個重要的概念，所謂「性命」雙修，「性」指「元神」，「命」指「元炁」。

無極即道也，無極而太極。〈元神識神第二〉曰：

惟元神真性，則超元會而上之。其精炁則隨天地而敗壞矣。然有元神在，即無極也。生天生地皆由此矣。[6]

無極即元神、真性，也就是道。人的精氣順隨著天地而衰敗，只有人的元神真性才能超越時空而存在。無極能創生天地萬物。無極之道為先天，先天一炁處於一片虛無混沌之中。《莊子‧在宥》曰：「至道之精，窈窈冥冥。」在太極未判之時，陰陽未分。無極而太極，無中生有。《周易‧繫辭傳上》曰：「是故易有太極，是生兩儀，兩儀生四象，四象生八卦。」氣化宇宙論，兩儀分為陰陽兩氣，萬物稟氣受形而生。

形神不二、身心不二。〈回光守中第三〉曰：

凡人自呱的一聲之後，逐境順生，至老未嘗逆視，陽氣衰滅，便是九幽之界。[7]

內丹思想認為，人身由父母元精陰陽和合而生。鍾離權十試呂洞賓，以黃粱一夢感化之，授金液大丹之功，並賜號純陽子。鍾呂二人為內丹學祖師，鍾呂金丹道風行於宋元。《鍾呂傳道集》曰：「人之生，自父母交會，而二氣相合，即精血為胎。」[8]人在出生以前，精氣血相交為胎成形，此時「精」為元精，本有先天之元精、元炁、元神。人體為父母初交時一點元炁而立命，十月胎圓得一點元陽而為元神。人未出生前，元神為性，元炁為命，性命不分。人從母胎

6　（唐）呂祖純陽真人：《太乙金華宗旨》，頁5。

7　（唐）呂祖純陽真人：《太乙金華宗旨》，頁11。

8　（東漢）鍾離權述，呂嵒集，施肩吾傳：《鍾呂傳道集》，收入《道藏》（北京：文物出版社、上海：上海書店、天津：天津古籍出版社，1988年）第四冊，洞神部方法類三卷，頁656-681。

呱的一聲誕生之後，性命從此分離，就順隨著環境生活，直到死亡都不曾逆反過，終至陽氣逐漸耗盡，進入陰間。本為「形神不二」、「身心不二」的法門，實指「性命不二」。受後天情識的染執，真意變為習心，胎息變為凡息，性命分離永不相見。

元神、識神與魂、魄的身體觀。〈元神識神第二〉曰：

> 凡人投胎時，元神居方寸，而識神則居下心。下面血肉心。……蓋身中有魄焉。魄附識而用，識依魄而生。魄陰也，識之體也。識不斷，則生生世世，魄之變形易質無已也。惟有魂，神之所藏也。……一靈真性，既落乾宮，便分魂魄。魂在天心，陽也，輕清之炁也。此自太虛得來，與元始同形。魄，陰也，沈濁之炁也，附於有形之凡心。魂好生，魄望死。一切好色動氣皆魄之所為，即識也。[9]

「元神」與「識神」是道教內丹學一個重要的基本概念。「方寸」又稱「寸田」，「天心」所在的位置。人投胎的時候，元神居住在兩目方寸之間，而識神居住在下面的心之中，指識神所依附的形軀血肉之心。識神其實是後天累積的知識，元神則是先天無知無識。人一出生，「性」一分為二「魂」與「魄」，分為清濁之氣、陰陽之氣。魂是陽性的，屬於輕清之炁，來自宇宙太虛，是藏元神之所在，居住在天心；魄是陰性的，屬於沈濁之氣，魄依附意識而產生作用，意識依附魄而存在。魂喜靜好生；魄喜動好死。一切聲色動氣的習性，都是魄所起的作用，也就是識神的作用。識神不斷，生死輪迴。

回光功法的作用。〈元神識神第二〉曰：

> 故回光所以煉魂，即所以保神，即所以制魄，即所以斷識。古人出世法，煉盡陰滓，以返純乾，不過消魄全魂耳。[10]

---

9 （唐）呂祖純陽真人：《太乙金華宗旨》，頁5-9。

10 （唐）呂祖純陽真人：《太乙金華宗旨》，頁8。

識神使元神混濁，消耗殆盡，意識反過來控制無意識。修煉回光法的目的，在於保護元神，抑制識神，就必須制魄斷識，以煉魂保神。修煉盡識神陰性的渣滓，返回先天元神乾陽的境界。人受魄的影響，順則死亡，逆則長生。消陰制魄的基本修煉功法就是回光法，為丹道修煉的入手功法。回光是太乙金華功法的總名稱。

功法首重煉心。《道藏續編》版本〈天心第一〉曰：

> 故儒崇內省，道崇內視，佛氏《四十二章經》亦云：「置心一處，何事不辦？」蓋以無上大道，只完得一心全體焉耳。全體惟何？虛淨無雜焉耳。宗旨妙體如此。宗旨妙用，亦惟在「置心一處」也。內觀，即是「置心一處」之訣，即是心傳秘旨。[11]

回光功法，首重「煉心」。為使識神退位，元神上位，功法以修煉「心」為重點。佛經上所謂的「置心一處，何事不辦？」意思是天上的大道不過是使人的「一心」與宇宙「全體」完全地融合。至於「全體」指何？就是指虛空明淨沒有雜染的境界。《太乙金華宗旨》玄之又玄的體用就只是在「置心一處」四個字，於祖竅回光調息。佛道兩家所謂「內觀」，即是「置心一處」的秘訣，於祖竅收視返聽，回光返照，心息相依，如此乃能心齋、坐忘。精炁神合一成丹，虛靜大定，煉虛合道，此乃呂祖心傳的秘旨要點。儒家尊崇「內省」的工夫，道家崇尚「內視」的工夫，佛教注重「觀心」的工夫，三教都重視反觀自覺內心。儒家有「存心養性」之說，道教有「修心煉性」之說，佛教有「明心見性」之說，三教皆以「煉心」為首要的工夫論。

煉心即煉氣，心氣不二。〈回光調息第四〉曰：

> 息者，自心也。自心為息，心一動，而即有氣，氣本心之化也。[12]

---

11 張其成：《張其成全解太乙金華宗旨》，頁9。

12 （唐）呂祖純陽真人：《太乙金華宗旨》，頁17。

「自」字的本義為「鼻」。「息」字由「自」字與「心」字兩字組合而成。人出生之前，本有先天之炁；人出生之後，便有後天之氣，為口鼻呼吸之氣。所以說呼吸之氣息來自於心。心一動就立刻有氣，「氣」本來就是由「心」所化生的。本為「心氣不二」的法門，實指「性命不二」。人於母胎之前，心氣合一。元神之天心受到塵世的污染，則為識神之心，真心變為妄念，真炁變為凡息。修煉的秘訣，雖然「心」不可見，卻可從「氣」入手。[13]起心動氣，氣為心的化身。心息相依，「煉心」即是「煉氣」。

回光修煉法，性命雙修。〈坎離第十一〉曰：

> 坎離即陰陽，陰陽即性命，性命即身心，身心即神炁。[14]

坎離二卦就是陰陽，陰陽就是性命，性命就是身心，身心就是神氣。坎離二卦就是陰陽、性命、身心、神氣。內丹修煉以煉心為要務，將身體作為煉丹的容器。回光修煉法，煉心即是煉氣，煉心即是煉身，煉心即是煉形，煉心即是煉命，煉心即是煉性，所謂「性命雙修」。《性命圭旨》曰：「命蒂元氣，性根元神。潛神於心，聚氣於身。……是以神氣不離，氣不離神，吾身之神氣合，而後吾身之性命見矣；性不離命，命不離性，吾身之性命合，而後吾身未始性之性、未始命之命見矣。」[15]命結蒂於元氣，性根源於元神。神潛藏於心，聚氣及於身。心有神為性，歸根復命，盡性了命。

順則死，逆則生。《太乙金華宗旨闡幽問答》曰：

> 問：從性學入手否？答曰：性學非命學不了，先從性探引命之作，命通

---

13 黃惠菁說：「而心無從下手，所幸『氣本心之所化』，故以『氣』作為眉目。……對於『命』卻鮮少提到，但仍可從『氣』之部分切入。……雖少言『命』，但剖析過後，能發現『氣』與『身』是『命』的突破口。」見氏著：《《太乙金華宗旨》修行次第研究》（嘉義：南華大學人文學院生死學系哲學與生命教育碩士論文，2021年12月），頁28、44、46。

14 （唐）呂祖純陽真人：《太乙金華宗旨》，頁50。

15 （東周）尹真人高弟子述，傅鳳英注譯：《新譯性命圭旨》（臺北：三民書局，2022年10月），頁27。

方得徹性；性非命不徹，命非性不了。故《易》云：「窮理盡性以至於命」，盡性罷了，又何以至於命？不得窮到底，焉知神物隱於此。可以生人，可以殺人；生殺只在這個，並非另有玄關。[16]

王魁溥說：「《闡幽問答》是全真教的弟子們，對《太乙金華宗旨》有不明之處提出問題，呂祖針對提出的問題，一一作了回答。」[17]或問：從性學入手？呂祖回答說：性學非命學不能了悟，先從性探求命，命通就能徹悟性；性非命不能徹悟，命非性不能了悟。《周易．說卦》曰：「窮理盡性以至於命。」盡性即可，為何還要至於命？不徹底窮究，怎麼能知道神物隱藏於此？順則死，逆則生的原理即在於此，順則凡人，逆則成仙的道理亦在於此，並非另有關鍵。儒家窮理盡性，義命觀是德福一致，佛教禪宗明心見性，解脫生死苦海。儒家與佛家顯教都注重心性修養，對於身體缺乏關注。道教內丹學對性命雙修均有理論與工夫，屬於道教的心性學。

明心見性，本來面目。〈元神識神第二〉曰：

學人但能護元神，則超生在陰陽之外，不在三界中，此惟見性方可，所謂本來面目是也。[18]

修煉之人只要能守護住元神，就能夠超越陰陽之外，不在三界（欲界、色界、無色界）之中。這只有「見性」才可以，就是見到本來面貌。元神是人的本來面目，是人能長生的原因所在。透過回光修煉法，識神回歸元神的真如之性，本來面目。《太乙金華宗旨》「直提性功」，簡易直捷，無非「性命雙修」之宗旨。

《太乙金華宗旨》首章總結。慧真子注〈天心第一〉曰：

---

16 《闡幽問答》（白話注解），收入呂祖著，王魁溥編譯：《太乙金華宗旨今譯》，頁231。

17 《闡幽問答》（白話注解），收入呂祖著，王魁溥編譯：《太乙金華宗旨今譯》，頁231。

18 （唐）呂祖純陽真人：《太乙金華宗旨》，頁5。

> 此章全旨，首述大道之根源。夫天心者，即大道之根苗也。人能靜極，則天心自現。情動順出而生人，為元性也。此性自父母未生此身受孕之時，即寓於真竅；自「呱」的一聲落生之後，則性命分為二矣。由此而往，非靜極，性命不復相見。故《太極圖》曰：「太乙含真炁，精神魂魄意。靜極見天心，自然神明至。原此性雖居於真竅，而光華寄於二目。故祖師教人回光以求真性。夫真性即元神，元神即性命。究其實，即元炁也，而大道即此物矣。」[19]

無極而太極，內丹以天心為大道的萌芽。虛無到極致，靜定到專篤，天心自然就會顯現出來，以「道法自然」為根本原則。人尚未出生以前，性與命合一，元神居住於玄竅，元性之光寓寄於二目；人出生以後，性與命二分，從此不再相見。經由修煉，光一旦回轉，先天一炁出現，真炁即是元炁。回光返照，制魄斷識，就能見到真如本性，本性即元神，達到性命雙修。使後天性命分離的狀態返回到先天性命合一的狀態，方是回歸本來性命應有的面目。道教內丹學，以心、性、氣、命為理論基礎，透過修真之道，回復元神的真性，成為真人。

三　回光之逆反功法

道教內丹學各道派皆主張性命雙修，對於先後次序與入手工夫有所異同。修煉有兩種方法，一為修心，一為修氣，修心修氣即修性修命。以性功煉心，以命功煉氣，為性命內修之學說。道教內丹功法的特徵，將人身小宇宙模擬為太虛大宇宙運行的規律。「煉己」與「築基」係為基礎功法，修行悟道者必須先將長期虧損的元精、元炁、元神三寶補足，回復到精滿、氣足、神旺三全。築基穩固之後，再臻入內丹三關高階功法。《太乙金華宗旨》使用的是回光功法，透過修煉，由外控內，從後天之精、氣、神回復先天之元精、元炁、元神，逆反的工夫論，回光返照。

19 張其成：《張其成全解太乙金華宗旨》，頁7-8。

(一)煉己

築基為道教內丹修煉的準備階段。《天仙正裡直論》曰:「修仙而始曰築基。築者,漸漸積累增益之義。基者,修煉陽神之本根,安神定息之處所也。」[20]築基指奠定基礎,奠定修煉的基礎。築基的關鍵在於煉己,兩者有其關聯性。煉己的過程,即是築基的過程。

人誕生以後,受六根(眼、耳、鼻、舌、身、意)的引誘,六塵(色、聲、香、味、觸、法)的干擾,真心變為妄念,真息變為凡息。如何才能不因境心轉,不因境起念?煉己的方法在於「煉心」,首先使心定心靜。

煉己即煉心。〈百日立基第九〉曰:

> 元神也,元炁也,元精也。升降離合,悉從心起;有無虛實,咸在念中。[21]

元神、元炁、元精的一升一降,一聚一散,都是由心引起的;有與無之間,虛與實之間,皆在意念的調控之中。煉己即煉心,把自己心念上的雜染欲念消除,拂拭清淨,一塵不染。心定心靜,收返視聽,內視內聽,回到日月相交之精光。

(二)築基

《太乙金華宗旨》之中築基的工夫,使用的是回光修煉法。通常需要百日的時間,故稱為「百日築基」。金丹功法的秘密在於「回光」,回光的關鍵在於「天心」,回光的秘訣就是「純炁」、「純想」,以「心息相依」為竅門。

回光返照法。〈回光守中第三〉曰:

---

20 (明)伍守陽:《天仙正理直論》,收入《藏外道書》第五冊(四川:巴蜀書社,1992年),頁815。

21 (唐)呂祖純陽真人:《太乙金華宗旨》,頁44-45。

> 夫元化之中，有陽光為主宰，有形者為日，在人為目，走漏神識，莫此甚順也。故金華之道，全用逆法。回光者，非回一身之精華，直回造化之真炁；非止一時之妄念，直空千劫之輪迴。……人之精華，上注於目，此人身之大關鍵也。……但於先天祖竅繫念便了。[22]

所謂「回光」，指的是使光逆轉，光就是真炁，返回先天真一之炁。《老子》曰：「載營魄抱一，能無離乎？」「守中」指「抱元守一」。在宇宙造化之流，陽性之光為萬物的主宰，光就是陽氣，就是真炁。在天地之間就是太陽，在人的身體就是眼睛。元神走漏耗盡，識神產生作用，順則死亡。所以金華大道，使用的是逆反則長生的工夫論。逆行修煉法，就兩眼觀物而言，兩眼睜開外觀宇宙萬物，為順視；兩眼閉上內觀天心祖竅，為逆視。所謂回光，指光一旦回轉，直回宇宙造化的真陽之炁。不惟止住一時的妄念，而且解脫輪迴。《太乙金華宗旨》之中，第三章為〈回光守中〉，第四章為〈回光調息〉，第五章為〈回光差謬〉，第六章為〈回光徵驗〉，第七章為〈回光活法〉。回光是太乙金華功法的總名稱。人全身的真炁精華，向上凝住於兩眼之中，兩目之間正是人身煉養最重要的關鍵所在。這種入手的修煉功法，需要集中意念於先天之炁所寓居的祖竅之中。

何謂天心？《道藏輯要》版本〈天心第一〉曰：

> 回光之功，全用逆法。注想天心。天心居日月中。《黃庭經》云：「寸田尺宅可治生。」尺宅，面也。面上寸田，非天心而何？……儒曰「虛中」，釋曰「靈臺」，道曰「祖土」、曰「黃庭」、曰「玄關」、曰「先天竅」。蓋天心猶宅舍一般，光乃主人翁也。故一回光，則周身之炁皆上朝。[23]

回轉光的具體方法，完全在於使用逆反的工夫論。回光的關鍵在專注意念於天

22 （唐）呂祖純陽真人：《太乙金華宗旨》，頁10-15。

23 （唐）呂祖純陽真人：《太乙金華宗旨》，頁2-3。

心的位置。「天心」為何？儒家稱為「虛中」，佛教稱為「靈臺」，道教又稱為「天目」、「祖土」、「黃庭」、「玄關」、「玄竅」、「祖竅」、「先天竅」等。《黃庭經》曰：「寸田尺宅可治生。」[24]上中下丹田各方圓一寸，稱為寸田。「尺宅」指的是一尺之宅的面部，面上「寸田」指的是面部一寸之田的天心。於面部寸田的天心，亦稱「方寸」，可以掌握生命。《道藏輯要》版本〈天心第一〉曰：「性命不可見，寄之天光；天光不可見，寄之兩目。」本性與生命不可見，寄藏於天光之中；天光亦是不可見，寄存於兩目之中。元神與真炁無形，寓寄於兩目之間。慧真子注〈天心第一〉曰：「原此性雖居於真竅，而光華寄於二目。」元神本性寓居於先天祖竅，金華之光的真炁隱現於兩目之間。天心猶如屋宅，光宛如屋主。光一旦回轉，人全身周流之真炁就會向面部的玄關凝聚。

中黃、緣中。〈回光守中第三〉曰：

> 止觀是佛法，原不秘的。以兩目諦觀鼻端，正身安坐，繫心緣中。道言中黃，佛言緣中，一也。不必言頭中，但於先天祖竅繫念便了。光是活活潑潑的東西，繫念於祖竅之中，光自然透入，不必著意於中宮也，此數語已括盡要旨。其餘入靜出靜前後，以《小止觀書》印證可也。緣中二字極妙。中無不在，遍大千皆在裡許，聊指造化之機，緣此入門耳。緣者，緣此為端倪，非有定著也。此二字之義，活甚妙甚。[25]

「止觀」是佛教的功法，原本就沒有秘密。用兩眼觀看鼻尖，端正身體安心靜坐，將意念集中在「緣中」的部位。道家說的「中黃」部位，佛教說的「緣中」部位，是一樣的。不一定要專注於頭頂的部位，但要將意念集中在先天祖竅的部位就可以。光是活活潑潑的東西，將意念專注於先天祖竅之中，光就會自然而然地照進，而不用特意專注於「中宮」的部位，這寥寥數語已概括「止觀」功法的要旨。其他入靜出靜前後的事情，可以參考隋代智顗大師所著之書

24 （西晉）景林真人傳，劉連朋、顧寶田注釋：《新譯黃庭經．陰符經》（臺北：三民書局，2023年3月），頁63。

25 （唐）呂祖純陽真人：《太乙金華宗旨》，頁15-16。

《小止觀》作為印證。「緣中」二字非常精妙，「中」無所不在，周遍整個大千世界都可以概括在其中，天地宇宙造化之幾微，順著這個「中」就可以入門。「緣」指沿著、順著這個端倪開始，並非是固定不變的。「緣中」二字的意思，太靈活、太玄妙。

道教內丹煉養功法的關鍵在「天心」，又稱為「中黃」、「黃中」、「黃庭」、「緣中」、「玄牝之門」等。道教所謂的「中黃」，在人身地天之正中。《周易・坤卦・文言》曰：「君子黃中通理，正位居體。」《周易》稱為「黃中」。佛教所謂的「緣中」。《老子》曰：「谷神不死，是謂玄牝。玄牝之門，是謂天地根。」天谷之中的「天谷」，即是先天祖竅、玄牝之門。此為內丹修煉最玄妙的關竅，然而各家說法不一，有的說是中丹田，有的說是上丹田，有的說是不固定，還有說不是具體的部位，而是無形的靈光。《太乙金華宗旨》的作者公諸於世，全真道龍門派以為天心位於眉心，祖竅乃眉心。一般指中丹田（心腎之間），也有的指下丹田（臍下兩腎之間）。[26]

天目即眉心。《道藏續編》版本〈天心第一〉曰：

> 乃於萬緣入下之時，惟用梵天「伊」字，以字中點存諸眉心，以左點存左目，右點存右目，則人兩目神光，自得會眉心。眉心，即天目，乃為三光會歸出入之總戶。人能用三目如梵「伊（∴）」字然，微以意運如磨鏡，三光立聚眉心，光耀如日現前。[27]

究竟天心的實際位置於何？在清代全真道龍門派閔一得道士所傳的《道藏續編》版本之中，明確地指出「天目」位於「眉心」，[28]此為回光功法的關鍵所

---

26 「『回光返照』」有兩說，有的主張守兩眼間，有的主張守下丹田。我認為不能太拘泥，要活用，初可守下丹田，炁升乾鼎，可守玄關。」見氏著：《張其成全解太乙金華宗旨》，頁39。

27 張其成：《張其成全解太乙金華宗旨》，頁10。

28 蕭天石說：「回光返照法　回光法乃做功夫時，宜收拾精神，依照太乙金華宗旨所示：「於萬緣放下之時，惟用梵天∴字，以字中點存眉心，以左點存左目，右點存右目，則人兩目神光，自得會於眉心。眉心即天目，乃為三光會歸出入之總戶。（按∴字即梵天伊字，謂日月天罡在人身總戶，為丹書所謂日月合璧處。」）見氏著：《人生內聖修養心法》（臺北：自由出版社，2015年10月），頁105。

在。開啟天心的秘訣在於梵天伊字（∴），把左邊的一點放在左眼，把右邊的一點放在右眼，把中間的一點放在兩眉之間的齊平處，於是兩眼的神光自然聚集於眉心。「天心」即是「天目」，位於「眉心」的天目，斯為三光凝聚與出入的總門戶。當萬緣放下之時，也就是心無雜念之際，微微地用意念導引，三光就會立刻聚集於眉心，彷彿太陽光耀於前。

諸家關於玄關祖竅有不同的說法，其實皆可以融會貫通。全真道內丹初功觀照兩眼之間的祖竅，回光調息。全真道「北五祖」為王玄甫、鍾離權、呂洞賓、劉海蟾、王重陽。呂洞賓之後，內丹分為南北中東西五派。呂洞賓其門人張伯端、王重陽分別創道教內丹派南北兩宗。北派全真道創始人為北宋末王重陽，號重陽子，主張三教合一。全真道主張清靜單修，以自身陰陽為主的丹法。王重陽論玄關祖竅，祖竅是在兩眼兩眉之間。王重陽的七大弟子，「北七真」為馬丹陽、譚處端、劉處玄、丘處機、王處一、郝大通、孫不二。金元時期的丘處機為登州（今山東棲霞）人，本獨自於昆崙山修道，聞終南山道士王重陽至寧海州（今山東牟平）傳道，遂下山拜其為師，成為王重陽第一位弟子。

丘處機創全真道龍門派，號長春子，解說祖竅。《丘祖秘傳大丹直指》曰：「欲明回光調息，須知觀音堂之妙用。觀音堂者何？觀屬眼，音屬耳，眼屬心，耳屬腎，心腎相接處，為觀音堂，主持一身神氣者也。其法自兩眼角收心一處，收到兩眼中間，以一身心神，盡收此處，所謂『乾坤大地一起收來』是也。」[29]如此乃是建立一橫一縱的兩條道路，而其要訣在於十字路口尋真種，於臍下一寸三分處乃是全真道龍門派的安爐之處。

金丹派南宗興起於兩宋，全真道「南五祖」為張伯端、石泰、薛道光、陳楠、白玉蟾。南派祖師張伯端《悟真篇》曰：「要得谷神長不死，須憑玄牝立根基。真精既返黃金室，一顆靈光永不離。」[30]各派之回光守中的重點在於守中，由後天之中，進至先天之中，致中和，天地位焉，萬物育焉。

---

29 陳攖寧校注：《丘祖秘傳大丹直指》。請參閱來靜：《龍門丹訣》（臺北：丹道文化出版事業股份有限公司，2003年1月），頁30。

30 （北宋）張伯端撰，劉國樑、連遙注譯：《新譯悟真篇》（臺北：三民書局，2023年1月），頁144。

關於《太乙金華宗旨》道派歸屬的問題,賴賢宗說:「《太乙金華宗旨》的版本和所歸屬道派的問題,本文主張在運用文獻學的成果之後,爬梳出《太乙金華宗旨》的不同版本是從太乙派到天仙派,再由金華派而最終變成龍門派,也要經由對比研究而確定《太乙金華宗旨》的回光修持法以及三教合一的教旨是不變的。筆者認為,上述不同教派的版本的內容的略有改變,是一個朝向原教旨(核心教義)的更加清楚的解釋而有的運動。」[31]據此指出《太乙金華宗旨》所屬為北宗全真內丹,強調「回光功法」與「三教會通」是《太乙金華宗旨》原教旨的回歸,不同版本的詮釋核心,具有身體觀的返還修煉,以及當代三教會通的意義。

由外制內。《道藏續編》版本〈天心第一〉曰:

> 諸子遵循行去,別無求進之法,只在純想於此。《楞嚴經》云:「純想即飛,必生天上。」天非蒼蒼之天,即生身於乾宮是也。久之,自然得有身外天。蓋身猶國土,而「一」乃主君,「光」即主君心意,又如主君敕旨。故一回光,則周身之氣皆上朝。[32]

循序漸進的回光功法,回光的秘訣在於「純想」,集中意念的意思。佛教《楞嚴經》曰:「純想即飛,必生天上。」這裡所說的「天」,並非是宇宙統體之天,而是指人身體的「乾宮」頭部。用意念導引,注想於天心,由外制內的工夫。久而久之,自然而然地得到身外的法身,聖胎而成。人的身體猶如國之彊土,「一」是國君,「光」就是以國君的意念而頒布聖旨。所以光一旦回轉,人全身周行之真炁就會向頭部的天心凝結。

精思、純炁、純想。〈回光守中第三〉曰:

> 回光則天地陰陽之炁無不凝,所謂精思者此也,純炁者此也,純想者此

31 賴賢宗:〈《太乙金華宗旨》之教義形象的變遷與丹道理論的當代詮釋〉,收入《道家詮釋學》(北京:北京大學出版社,2010年1月),頁169。

32 張其成:《張其成全解太乙金華宗旨》,頁10。

> 也。初行此訣，乃有中似無；久之功成，身外有身，乃無中似有。百日專功，光才真，方為神火。[33]

所謂「精思」、「純炁」、「純想」，專注意念的意思。回光返照，天地間陰陽二氣無不凝聚。甫修煉回光法之初，回光的秘訣在於「純想」，專一心志，集中意念，是有中似無。久而久之，功法修煉而成，無為而為，身外又有一身，是無中似有。百日築基專心煉功一百天，才能出現真正的光，成為人身的真陽神火。

觀鼻法。〈回光守中第三〉曰：

> 佛道二祖，教人看鼻尖者，非謂著念於鼻端也，亦非謂眼觀鼻端，念又注中黃也。眼之所至，心亦至焉。……曰鼻端二字最妙，只是借鼻以為眼之準耳。初不在鼻中，蓋以大開眼，則視遠，而不見鼻矣；太閉眼，則眼合，亦不見鼻矣。大開失之外走，易於散亂；太閉失之內馳，易於昏沈。惟垂簾得中，恰好望見鼻端，故取以為準。只是垂簾恰好，任彼光自然透入，不勞你注射與不注射也。[34]

佛教與道教的祖師都教人靜坐時，兩眼觀看鼻端，稱為「觀鼻法」。並非將意念集中於鼻端，也不是兩眼觀看鼻端意念又專注於「中黃」。最妙的方法就在於觀看鼻端，只是借觀鼻作為眼觀的一個標準，本意就不在鼻端。就像佛教渡筏的比喻，從此岸渡到彼岸之後，最後連法也要捨棄。佛道祖師，開示瞇眼，指的就是垂簾得中。靜坐的毛病有二種，一為散亂，一為昏沈。因為眼睛太開，看得遠，就看不見鼻端；眼睛太閉，快合上眼簾，也看不見鼻端。眼睛大開的缺失在於精神外馳，容易散亂；眼睛太閉的缺失在於精神內馳，容易昏沈。只有垂簾適中，才能恰到好處看見鼻端，所以拿來當作標準。光自然就會照進，不需要特意為之。

心息相依。〈回光調息第四〉曰：

---

33 （唐）呂祖純陽真人：《太乙金華宗旨》，頁9-10。

34 （唐）呂祖純陽真人：《太乙金華宗旨》，頁13-14。

> 莫若即其病而為藥，則心息相依是已。故回光兼之以調息，此法全用耳光。一是目光，一是耳光。目光者，外日月交精也；耳光者，內日月交精也。然精即光之凝定處，同出而異名也。故聰明總一靈光而已。坐時用目垂簾後，定箇準則便放下。然竟放下，又恐不能，即存心於聽息。息之出入，不可使耳聞，聽惟聽其無聲。一有聲，即粗浮而不入細，即耐心輕輕微微些，愈放愈微，愈微愈靜，久之，忽然微者遽斷，此則真息現前，而心體可識矣。蓋心細則息細，心一則動炁也；息細則心細，炁一則動心也。定心必先之以養炁者，亦以心無處入手，故緣炁為之端倪，所謂純炁之守也。[35]

心氣不二的法門，「心息相依」，「調心」即「調氣」。對症下藥的原則，在於「心」與「息」相互依存，氣本心之所化生，氣由心生。所以修煉回光功法，還必須兼顧調息，調息功法全用耳光。回光功法，一用眼光，一用耳光。眼光在外，耳光在內，日月相交之精光。精是光的凝定狀態，兩者同源而異名。耳聰與目明都是靈光的作用。靜坐垂簾之後，專心諦聽呼吸。不能讓耳朵聽到呼吸出入之聲，只是去聽呼吸的無聲之聲。一旦有聲音，表示氣息太粗太浮躁，需要把氣息調放到輕微，愈輕微就愈安靜，久而久之，忽然連輕微的氣息也聽不到。這就是真息出現，能識別心之本來面目。因為「煉心」即「煉氣」，心細則氣息也細，心念專一則可以調氣；氣息細則心也細，氣息專一則可以調心。定心之前先要養氣，從無心處入手，調氣成為定心的伊始，稱為「純炁」之守。回光功法，以心息相依為秘訣，心靜氣細。經由調息的工夫，使心安靜下來；心安定下來，身也安定下來。

聽息法。〈回光調息第四〉曰：

> 卻昏沈，只在調息。息即口鼻出入之息，雖非真息，而真息之出入，亦於此寄焉。凡坐須要靜心純炁。心何以靜？用在息上。息之出入，惟心

---

35 （唐）呂祖純陽真人：《太乙金華宗旨》，頁18-19。

> 自知，不可使耳聞。不聞則細，細則清；聞則氣粗，粗則濁，濁則昏沈而欲睡，自然之理也。雖然心用在息上，又善要會用，亦是不用之用，只要微微照聽可耳。……目不外視，耳不外聽，則閉而欲內馳。惟內視內聽，則既不外走，又不內馳，而中不昏沈矣，此即日月交精交光也。[36]

調息法有二種，一為數息法，一為聽息法。《太乙金華宗旨》使用的是聽息法。靜坐時克除昏沈的方法，在於調息的工夫。息就是口鼻呼吸之氣，雖然是後天之氣不是真息，但是先天真息的出入，卻寄託於呼吸之中。靜坐時需要靜心純炁。心如何能靜？可從調息的工夫入手。氣息的一出一入，只有心知道，不能讓耳朵聽到。耳朵聽不到則表示氣息細，氣息細則表示氣之清；耳朵聽到則表示氣息粗，氣息粗則表示氣之濁，當然昏沈想睡。經由調氣，使心細；經由煉心，使氣清。善用調息法，是種不用之用，只要輕微地聽照即可。眼睛不外視而內視，耳朵不外聽而內聽，心神既不外泄又不內馳。內視內聽，混濁之氣變為輕清之氣，日月交精交光。所謂「煉心」即「煉氣」，修煉之心為識心，以調整後天之氣使識心安定；以平定識心使後天之氣輕細，導引先天之炁，融入心中。不再為識神之心，心與氣合一，變回元神，蛻變為本心與真炁。由性功到命功，達到性命雙修。

此外，儒釋道三教的呼吸修持法，可以相通，都是由調息數息的準備功夫，進到修而無修的心性功夫。道教內丹的調息，尤其全真道，不僅是從細心來修，調息是調理體內陰陽的功夫，抽取坎中的一陽而填補離中的一陰，招攝先天炁，成就純陽之體，而性命雙修，達到一陰一陽之謂道的境界。故能會通三教，又不失自身的特色與專長。[37]

定慧雙修。〈回光守中第三〉曰：

> 聖聖相傳，不離返照。孔云「致知」，釋號「觀心」，老云「內觀」，皆此法也。但反照二字，人人能言，不能得手，未識二字之義耳。反者，

36 （唐）呂祖純陽真人：《太乙金華宗旨》，頁22-23。

37 賴賢宗：〈全真道的三教會通與養生〉，收入《道家詮釋學》，頁235-252。

> 自知覺之心，反乎形神未兆之初，即吾六尺之中，反求箇天地未生之體。……止觀二字，原離不得，即定慧也。……如是不可得已，即仍舊綿綿去止，而繼之以觀，觀而繼之以止，是定慧雙修，此為回光。回者止也，光者觀也。止而不觀，名為有回而無光，觀而不止，名為有光而無回。[38]

三教聖人世世代代相傳的功法，都離不開「返照」的意思。孔子說：「知止」，[39] 釋迦牟尼說：「觀心」，老子說：「內觀」，皆使用逆反的工夫論。所謂「反」，就是從有知覺意識之心，返回形神尚未顯露的無意識之心，在人身中反求天地尚未形成的本體，使身心回到原始的狀態。「止」與「觀」二字，原本就分不開，即是「定」與「慧」二字。當靜坐時雜念出現，尋找雜念產生的念頭。若尋找念頭不可得，就要綿綿地止住。止然後觀，觀然後止，這是定慧雙修的功法，此也就是回光。所謂「回」，即是「止」；所謂「光」，即就是「觀」。止而不觀，稱為有回而無光；觀而不止，稱為有光而無回。「回光」即是「止觀」，「回光」與「守中」實為同一事。

心空。〈逍遙訣第八〉曰：

> 聖學以知止始，以止至善終；始乎無極，歸乎無極。佛以「無住而生心」為一大藏教旨，吾道以「致虛」二字完性命全功。總之三教不過一句，為出死護生之神丹。「神丹」為何？曰一切處無心而已。吾道最秘者沐浴，如此一部全功，不過「心空」二字足以了之，今一言指破，省卻數十年參訪矣。[40]

儒家以《大學》「三綱領」、「八條目」的「知止」為開始，以「止於至善」為終結。以無極為開始，又以無極為終結。佛教以《金剛經》的「應無所住而生

38 （唐）呂祖純陽真人：《太乙金華宗旨》，頁13-17。

39 據《道藏續編》版本，作「知止」；據《道藏輯要》版本，作「致知」。

40 （唐）呂祖純陽真人：《太乙金華宗旨》，頁39-40。

其心」為重要的教旨。道教以《老子》的「致虛」來完成性命的全部功夫。總而言之，儒釋道三教不過都以一句話，來作為出死護生的神丹。神丹是什麼？就是一切處於無心罷了。道教功法中最奧妙的就是周天「沐浴法」，一部《太乙金華宗旨》的全部功法，不過是「心空」二字足以概括。如今一語點破，省下求道者花費數十年的時間去參悟，簡易直截。

《太乙金華宗旨》說明回光法的原則、方法、功效，可見回光修煉法的復興，以及明末清初以來三教合一的趨勢。全真道上以《易》理，提倡儒家倫理，融合禪宗止觀性功，而一歸於道，主張三教合一，儒釋道三教如鼎之三足。在當代宗教哲學與詮釋學之中，具有宗教多元論的意義，把握到超越個別的宗教與教派其根源性的道。

四　內丹三關之修煉步驟

《老子》曰：「道生一，一生二，二生三，三生萬物。」百日築基，將煉丹之藥材元精、元炁、元神準備齊全，接著進入內丹三關的高階功法，居中御外的工夫。內丹三關初關，先以炁運精，煉精化炁，則三變為二；中關，再煉炁化神，則二變為一；上關再煉神化虛，則一化為虛，與道相合。內丹三關分為：初關，又稱取坎填離、小周天，有為的階段；中關，又稱乾坤相交、大周天，從有為過渡到無為；上關，無為而為。楊儒賓說：「在人身上修煉，最關鍵的因素也是如何轉化人的陰陽二氣、五行（五臟之氣），最後煉得純陽之體。內丹道教有一公式：煉精化氣→煉氣化神→煉神還虛，這套公式可以視為內丹之學的共同法門。」[41]這套公式可以視為呂祖以下的內丹之學的共同法門。

（一）煉精化炁

內丹三關的第一關，初關為「煉精化炁」，將精與炁合煉為炁，以先天之炁作為煉丹之母，需要一百天的時間，又稱「百日關」。是有為的階段。

41 榮格著，楊儒賓譯：《黃金之花的秘密　道教內丹學引論》（臺北：商鼎數位出版有限公司，2022年10月），頁7。

坎離二卦。〈坎離交媾第十一〉曰：

> 凡漏泄精神，動而交物者，皆離也；凡收轉神識，靜而中涵者，皆坎也。七竅之外走者為離，七竅之內返者為坎。一陰主於逐色隨聲，一陽主於返聞收見。坎離即陰陽，陰陽即性命，性命即身心，身心即神炁。一自斂息精神，不為境緣流轉，即是真交。而沈默趺坐時，又無論矣。[42]

凡是漏神泄精，動心而接觸外物的，都可以離卦來象徵；凡是收神攝識，心靜而涵養其中的，都可以坎卦來象徵。七竅外走的是離卦，七竅內返的是坎卦。離卦（☲）中間的一陰爻主管追逐聲色，坎卦（☵）中間的一陽爻主管收回視聽。坎離二卦就是陰陽，陰陽就是性命，性命就是身心，身心就是神氣。只要收斂呼吸，精神不隨外境塵緣而變遷流轉，就是真正的坎離相交、神氣相合。何況沈默靜坐時，功效更高。「坎離交媾」的目的，在於「煉精化炁」，將精與炁合煉而成為炁，達到三歸二。

宇宙萬物由陰陽二氣化生而成，名為元陽元陰，屬於先天之炁，用乾與坤兩個符號表示。元陽元陰變為火與水，陽為火，陰為水，屬於後天之氣，用離與坎兩個符號表示。將坎水之中的一點元陽與離火之中的一點元陰互相置換，則水與火可歸返先天元陰與元陽的狀態。原理應用於人體內煉，通過煉精化炁，將生殖之精（丹家稱為坎水、真鉛）的元陽，與生命核心（丹家稱為離火、真汞）的元陰互相置換，可歸返媾胎之初的先天元精、真炁。

逆行修煉法。慧真子注〈周天第十二〉曰：

> 凡人自有生以來，被嗜欲所纏，逐日心火上炎，腎水下耗，晝則若不靜養，神氣難以交合，非至夜間睡著，陰陽始得交泰。然神氣交合已極，則一陽復生，此自然之活子時矣。斯時假呼吸運轉，使神氣歸根，則謂之小周天矣。[43]

---

42 （唐）呂祖純陽真人：《太乙金華宗旨》，頁50。

43 張其成：《張其成全解太乙金華宗旨》，頁76。

《莊子・逍遙遊》曰：「嗜欲深者天機淺。」日復一日，心火上升，腎水下泄，神氣難合。逆行修煉法，就精氣運行而言，腎精屬水，向下流走、向外泄出，為順行；讓腎精回轉向上，為逆行，又稱為「還精補腦」。憑藉著真意、呼吸的運轉，凝神入氣穴，稱為小周天功法。

取坎填離。〈逍遙訣第八〉曰：

> 法子欲入靜，先調攝身心，自在安和，放下萬緣，一絲不掛。天心正位乎中，然後兩目垂簾，如奉聖旨，以召大臣，孰敢不尊？次以二目內照坎宮，光華所到，真陽即出以應之。離外陽而內陰，乾體也。一陰入內而為主，隨物生心，順出流轉。今回光內照，不隨物生，陰炁即住，而光華注照，則純陽也。同類必親，故坎陽上騰，非坎陽也，仍是乾陽應乾陽耳。二物一遇，便紐結不散，絪縕活動，倏來倏去，倏浮倏沈，自己元宮中，恍若太虛無量，徧身輕妙欲騰，所謂雲滿千山也。次則來往無踪，浮沈無辨，脈住炁停，此則真交媾矣，所謂月涵萬水也。[44]

回光功法，由心靜入手，以調攝身心，放下塵緣雜念，無牽無掛。注想天心，位於兩眼之間的眉心，兩眼垂簾，全身之炁上注於天心，返回元神。百日築基之後，發動位於兩眼之間的天心，用天目之光內照坎宮（下丹田）。光華所到之處，真陽就會出來呼應。坎卦一陽要發揮作用，還要用離卦之火去光照。

離卦外陽而內陰，離卦的本體原為乾卦。中間一陰爻作主，於是隨著外物而生念，順著外泄而流轉。如今回光內照，不隨著外物而生念，陰氣就停止。由於光華的照射，就變成純陽。因為同類相親，所以坎卦中間的一陽爻就上升，此一陽爻原非坎陽，仍然是乾陽與乾陽相應。兩者相遇，就交結不散，絪縕活動，忽來忽往，忽浮忽沈。此時居於元宮之中，如同無涯的太空，遍身輕妙，飄飄然欲飛升，所謂雲滿千山的景象。又覺得來往無蹤，浮沈無跡，脈停氣停，斯為真正的「坎離交媾」，所謂月涵萬水的景象。

44 （唐）呂祖純陽真人：《太乙金華宗旨》，頁33-35。

八卦之中，坎指腎，下丹田。坎為水，坎中滿。離指心，中丹田。離為火，離中虛。心火為陽外陰內的離卦，腎水為陰外陽內的坎卦。離卦中間的一爻真陰要返歸於坤（☷），坎卦中間的一爻真陽要返歸於乾（☰），就是「取坎填離」。眼睛為巽卦，眼光照入坎宮，能夠吸引太陽之精，能夠升降氣機。回光返照就是要使坎卦中間的陽爻上升，與離卦外面的陽爻相遇。《周易．乾卦》曰：「同聲相應，同氣相求。」同類相親，兩者相遇，氤氳相交。離卦不隨外物而生念，停止中間陰氣作主，在光華的照耀下，變成純陽的乾卦。

《周易參同契》曰：「易謂坎離。坎離者，乾坤二用。」[45]坎離二卦是乾坤二卦的體現。內丹煉製必須腎水上升，心火下降，二者相交方能結成金丹。坎離為易說包含天地的變化，以及道教內丹的根本思想。《太乙金華宗旨》初關煉精化炁的階段，故「小周天」，又稱為「取坎填離」、「坎離相交」、「水火相交」、「心腎相交」、「搬運心腎」、「抽鉛填汞」、「鉛汞成丹」，小周天功法採用後天八卦圖式。

取坎填離以復乾坤。〈逍遙訣第八〉曰：

> 呂祖曰：
> 玉清留下逍遙訣，四字凝神入炁穴。
> 六月俄看白雪飛，三更又見日輪赫。
> 水中吹起藉巽風，天上遊歸食坤德。
> 更有一句玄中玄，無何有鄉是真宅。[46]

一首律詩，道盡金丹功法的玄奧，金丹功法就是「取坎填離以復乾坤」。「六月」指離卦之火。火旺之景，如六月炎暑之象。「白雪飛」指離卦中間一爻之真陰將要歸返於坤。以旺火而煎坎水，水汽熱極，則沸點上騰，如雪飛相似。「三更」指坎卦之水。「日輪」指坎卦中間一爻之真陽將要返歸於乾。然水因

45 （東漢）魏伯陽撰，劉國樑注譯，黃沛榮校閱：《新譯周易參同契》（臺北：三民書局，2022年2月），頁12。

46 （唐）呂祖純陽真人：《太乙金華宗旨》，頁32。

被火熏蒸，則真炁發動，但陰靜則陽動，正如夜半之景，故仙家謂之「活子時」。斯時以意攝氣，使之逆升順降，如日輪升轉相似。「水中」指坎卦，「巽風」指眼睛，眼光照入坎宮，能夠吸引太陽之精。「天上」指乾宮，頭頂。「遊歸食坤德」指乾入坤中、天入地中，溫養神火。丹訣最後就是無為而為。

活子時。〈逍遙訣第八〉曰：

> 俟其冥冥中，忽然天心一動，此則一陽來復，活子時也。……天心鎮靜，動違其時，則失之嫩；天心已動，而後動以應之，則失之老。天心一動，即以真意上升乾宮，而神光視頂，為導引焉，此動而應時者也。天心既升乾頂，游揚自得，忽而欲寂，急以真意引入黃庭，而目光視中黃神室焉。既而欲寂者，一念不生矣；視內者，忽忘其視矣。爾時身心便當一場大放，萬緣泯跡，即我之神室爐鼎，亦不知在何所，欲覓己身，了不可得。此為天入地中，眾妙歸根之時也，即此便是凝神入炁穴。[47]

初關具體的功法為小周天，以意引氣。等到杳冥之中，忽然天心一動，這就叫「一陽來復」，即是所謂的「活子時」。煉丹講究火候，天心還靜止時，真意已發動，丹藥就失之太嫩；天心已發動，真意才發動，丹藥就失之太老。當天心一動，就立刻將真意上升至乾宮（頭頂），兩眼的神光注視頭頂以作為導引，這時動為適時地動。真意已經上升到頭頂，悠然自得，忽然天心運動想要靜止下來，要立刻用真意導引至黃庭（中丹田），而且眼光要內視黃庭神室。天心想要靜止下來，即是所謂的「活午時」，一念不生；內視的眼光，忽然遺忘內視。此時身心都得到解放，塵緣雜念泯滅，即使連自己的神室爐鼎，也不知在哪，想要找自己的身體，也找不到。頭頂為乾卦，腹部為坤卦，「乾入坤中」指神入氣中，溫養神火。「天入地中」的境界，眾妙歸根的時刻，這就是凝神入氣穴。

47 （唐）呂祖純陽真人：《太乙金華宗旨》，頁35-36。

小周天。慧真子注〈逍遙訣第八〉曰：

> 學者當真炁充足時，若不令其順出而逆之，則謂之性光。須假河車輪轉之法，輪轉不已，則真炁滴滴歸根，而車住輪停、身清氣爽矣。然輪轉一次，則謂之一周天，則丘祖所謂之小周天也。[48]

初關功法初步是打通任、督二脈，用真意使精化炁，「火逼金行」顛倒轉，以真意引火逼金，「金」指腎水中的精氣，為「水中金」。復使炁自會陰、尾閭、夾脊上達泥丸，再下降至丹田，若此反復運轉不停，稱為「河車通」、「河車搬運」。丹藥產生在坎水下丹田，修煉下丹田可以化精為炁。一般所說的「回光返照」下丹田，較接近南宗的作法，亦是一般社會上通行的養生靜坐。小周天功法以上丹田為鼎，以下丹田為爐，合稱鼎爐。

目的是煉精化炁的「小周天」，以意領氣循環，與後天八卦有關。後天八卦以坎離代表人體的心腎、水火。後天八卦的方位，離南坎北，在十二地支為子午，坎位於子，離位於午，故「小周天」又稱為「子午相交」、「子午周天」、「子午定息」。坎離交媾的小周天，就是通過子午周流，貫通任、督二脈，使坎離相交、神氣相合，取坎填離以復乾坤，恢復先天八卦元炁。

張其成將小周天功法分為九種層次：[49]

1. **調身：**一般採取坐姿，全身放鬆，微閉兩眼，合上雙唇，舌抵上顎，調勻呼吸。
2. **調藥：**「藥」指精、氣、神，「調藥」指調精、調氣、調神，以達到精滿、氣足、神旺。凝神入氣穴，後天之精轉為先天之精，且感活子時來到，藥物已在下丹田產生。
3. **產藥：**外藥與內藥為煉精化炁階段的產物，大藥則為煉炁化神階段由外藥與內藥相合而成的產物。活子時到來，外藥已產生。外藥活子時是小周天

48 張其成：《張其成全解太乙金華宗旨》，頁60。

49 請參閱張其成：《張其成全解太乙金華宗旨》，頁122-127。

運行之初由內而生的先天真陰祖氣。活子時在先天精氣充足時自然到來。

4. **採藥**：外藥產生要及時採藥入爐。用武火將外藥歸於氣穴，加強意念將產生的內氣暖流向下行，使外藥入於爐中。採藥之訣，用意念「火逼金行」。加強意念的方法，稱為「聚火之法」。秘訣為：「撮提谷道，舌抵上顎，目閉上視，鼻吸莫呼」，即「撮、抵、閉、吸」四字訣，使內氣上行督脈。

5. **封爐**：把外藥採入下丹田的爐中，要及時封固，不使外馳。將外藥用文火及時溫養於氣穴。用呼吸「火逼金行」，運藥烹煉。

6. **運煉**：把採藥入爐經過溫養的外藥（先天祖氣），逼進總督一身陽經的督脈、總任一身陰經的任脈，用進陽火、退陰符的小周天功法煉成丹母，共運煉三百息。用武火將經過溫養的藥物出爐升鼎，從下丹田爐後的兩個小孔下降，過會陰，經尾閭，而接入督脈，然後進陽火上行，貫夾脊，經玉枕，入泥丸宮；從泥丸宮出頭面正中，而接入任脈，然後退陰符下行，經鼻唇，經絳宮，回到下丹田。周流一周，即是小周天，又稱「河車搬運」。小周天藥物運煉經過「三關」、「上下鵲橋」、「三丹田」。「三關」指尾閭關、夾脊關、玉枕關。從尾閭至夾脊，如羊駕車之輕柔；從夾脊至玉枕，如鹿駕車之迅速；從玉枕至泥丸，如牛駕車之奮進。「上鵲橋」有兩個，一在眉心，一在鼻竅；「下鵲橋」也有兩個，一在尾閭，一在谷道。藥物經上鵲橋要上舌抵上顎，經下鵲橋要撮提谷道。腦為泥丸宮上丹田，心為絳宮中丹田，臍下三寸為下丹田。

7. **火候**：火候進退是周天烹煉的關鍵。進陽火指藥物進入督脈後，透過加強意念與呼吸的方法，逆行而上。退陰符指藥物進入任脈後，透過放鬆意念與呼吸的方法，順行而下。進陽火，除去卯時沐浴，在子、丑、寅、辰、巳五個陽時進行，按「乾用九而四策之」，各三十六吸，五時共一百八十吸，吸氣長而呼氣短，逆行至泥丸宮。退陰符，除去酉時沐浴，在午、未、申、戌、亥五個陰時進行，按「坤用六而四策之」，各二十四呼，五時共一百二十呼，呼氣長而吸氣短，順行至下丹田。小周天氣機升降完成。

8. **沐浴**：指在進火退符過程中的「息火」與「停符」，是調節火候的方法。

卯時沐浴為進陽火至夾脊時，不進火，放鬆吸氣調為自然呼吸；酉時沐浴為退陰符至絳宮時，不退符，呼氣長而吸氣短調為自然呼吸。呼吸無心，略事休息，以便溫養。

9. **停火：**又稱「止火」，指運煉百日，停止河車搬運。火候已足，下丹田結成黍珠的黃芽，若不停火，丹藥就會失之過老。止火之後，進入大周天功法。

黍珠。〈回光守中第三〉曰：

> 百日後，光中自然一點真陽，忽生黍珠，如夫婦交合有胎，便當靜以待之。光之回，即火候也。[50]

百日築基一百天之後，以光華內照坎宮，光會自然地凝結，人身中的一點真陽，忽然會產生黍粒大小般的光珠，[51]猶如夫婦交合後懷胎一樣，當此時要靜靜地等候。光的回轉過程，要及時把握住火候。

金丹。〈回光徵驗第六〉曰：

> 先天一炁，即在現前證驗中自討，一炁若得，丹亦立成。此一粒真黍珠也。一粒復一粒，從微而至著。有時時之先天，一粒是也；有統體之先天，一粒乃至無量是也。一粒有一粒力量，此要自家膽大，為第一義。[52]

先天一炁，就要在當時的效驗中去尋找，先天真一之炁如果找到，金丹也就可以煉成。這是一粒真正的黍珠。一粒再一粒，從鮮微到顯著。可以有階段性，先天之炁，從一粒到無數粒。一粒有一粒的力量，自己的志願要弘大，方為金丹大道最重要的第一義。

---

50 （唐）呂祖純陽真人：《太乙金華宗旨》，頁10。

51 據《道藏輯要》版本，作「黍珠」；據《道藏續編》版本，作「沈珠」，均喻為丹藥。

52 （唐）呂祖純陽真人：《太乙金華宗旨》，頁30。

（二）煉炁化神

內丹三關的第二關，中關為「煉炁化神」，將真炁與陰神合煉為陽神，炁與神合成丹藥，內結聖胎，懷胎十月，需要十個月的時間。是從有為過渡到無為的階段。

大周天。〈周天第十二〉曰：

> 然天之回旋也未嘗少息，果能陰陽交泰，大地陽和，我之中宮之位，萬物一時暢遂，即丹經沐浴法也，非大周天而何？此中火候，實實有大小不同，究竟無大小可別。到得功夫自然，不知坎離為何物？天地為何等？……金丹火候，要歸自然。……我能轉運陰陽，調適自然，一時雲蒸雨降，草木酣適，山河流暢，縱有乖戾，亦覺頓釋，此即大周天也。[53]

所謂周天修煉，相當於昊天的回旋未曾一刻停止，如果能做到陰陽相交，大地就會一片陽和。內心能夠中和位育，全身就會暢通順遂，就是丹經所謂的「沐浴法」，洗滌身心的意思，即是「大周天」功法。大、小周天的火候，確實有大小的不同，本質卻無大小的分別。等到功法純熟自然，就不知坎離為何？乾坤為何？修煉金丹的火候，要旨在於自然而然。能運轉陰陽，調和自然，祥雲普降甘霖，草木受到潤澤，山河運行流暢，縱然有些不自然之處，也會覺得頓時釋懷，這就是所謂大周天的功法。內丹三關中關，將炁與神合煉，使炁歸神，則二變為一。

乾坤相交。〈元神識神第二〉曰：

> 丹道以精水、神火、意土三者，為無上之訣。精水云何？乃先天真一之炁。神火即光也，意土即中宮天心也。以神火為用，意土為體，精水為基。[54]

53 （唐）呂祖純陽真人：《太乙金華宗旨》，頁52-54。

54 （唐）呂祖純陽真人：《太乙金華宗旨》，頁7。

金丹大道是把精水、神火、意土三者，視為無上之寶。精水為何？就是先天真一之炁。神火就是光，意土就是中宮的天心。以神火作為功用，以意土作為本體，以精水作為基礎。丹道三要素即精水、神火、意土。三者的關係是意土為本體，神火為功用，精水為基礎。以卦象來表示，意土為坤卦，神火為離卦，精水為坎卦。回光即是返乾，歸返純陽之乾卦。回光的功法，可使精水（坎）充足、神火（離）發動、意土（坤）凝定，而結成純陽聖胎（乾）。丹道修煉的最高境界純陽聖胎則為乾卦。

八卦之中，乾為天，坤為地。乾為純陽，坤為純陰。在小周天功法，取坎填離而為乾坤，乾坤相交，天地交泰，大周天功法回到先天八卦。在小周天功法，取坎填離之後，離南坎北轉為乾南坤北，原本後天八卦的坎離兩卦，已轉為東卯西酉的先天八卦方位。中關煉炁化神的階段，故「大周天」，又稱為「乾坤相交」、「酉卯周天」，大周天功法採用先天八卦圖式。

心定心靜。〈逍遙訣第八〉曰：

> 夫一回光也，始而散者欲斂，六用不行，此涵養本原，添油接命也。既而斂者，自然優游，不費纖毫之力，此為安神祖竅，翕聚先天也。既而影響俱滅，寂然大定，此為蟄藏炁穴，眾妙歸根也。[55]

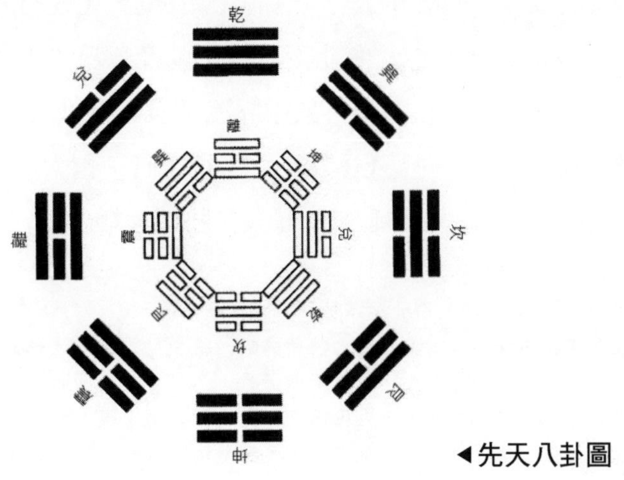

◀先天八卦圖

55 （唐）呂祖純陽真人：《太乙金華宗旨》，頁37。

修煉回光功法，首先，開始時光分散，後來逐漸收斂專注，眼、耳、鼻、舌、身、意六根的功能停止運作，這就是涵養根源，添油續命。其次，已經收斂集中的光，自然而然地優游自如，不費一絲一毫的力氣，這就是將元神安於先天祖竅。最後，外界影響都消失，進入心定心靜的寂然大定狀態，這就是凝神入氣穴，眾妙歸根。

無心。〈周天第十二〉曰：

> 周天非以氣作主，以心到為妙訣。若畢竟如何周天，是助長也，無心而守，無意而行。仰觀乎天，三百六十五度，刻刻變遷，而斗柄終古不動。吾心亦猶是也。心即璇璣，炁即群星。吾身之炁，四肢百骸，原是貫通，不要十分著力。於此鍛鍊識神，斷除妄見，然後藥生，藥非有形之物，此性光也。而即先天之真炁，然必於大定後方見，並無採法，言採者大謬矣。見之既久，心地光明，自然心空漏盡，解脫塵海。若今日龍虎，明日水火，終成妄想。[56]

《太乙金華宗旨》的周天功法，以心到為秘訣，煉心為主，並非以氣的運行作主，煉氣為輔。如果刻意講究如何運行周天，就是揠苗助長，要無心地意守，要無意地運行真炁。仰望天空，三百六十五度天體運行，只有北極星亙古不移。人的心也是如此，心就像北極星，氣就像眾星拱之，圍繞運轉。呂祖認為，人身上的氣原本就在四肢百骸中周流循環，所以煉功時不需要太用力。[57] 鍛鍊識神，斷除妄念，丹藥自然產生。「正子時」指大周天功法中，大藥將產生之時，人體產生「六根震動」的景象，丹田火熾，兩腎湯煎，眼吐金光，耳

---

56 （唐）呂祖純陽真人：《太乙金華宗旨》，頁51-52。

57 大周天功法：採用坐姿，入定之後，調節意識，從左前人體內運於臍輪，神與氣合，真氣流滿於丹田。精氣在意念的導引之下，上至璇璣穴，向左臂下，至曲池，經內關逆掌及指尖，出手臂至手臂外關，上肘逾肩井，上大椎而下，出尾閭。由下復上，過玉枕，達昆侖泥丸至面部，過鵲橋，降重樓，經胃口過臍，至玉柱，復到氣海，行於右腿，歷膝關，穿足背至趾間轉涌泉踵後，上運過陰谷，通過尾閭，復至頂門。如前下鵲橋，依次到左腿，如循右腿經脈一樣，下落涌泉，貫尾侖而下撮元海，如上真氣循經貫注一周。請參閱張其成：《張其成全解太乙金華宗旨》，頁127-128。

後風生，腦後鷲鳴，身涌鼻搐，將得大藥。此時採藥入爐升鼎，所用火候為綿密寂照。大周天功法以中丹田為鼎，以下丹田為爐，合稱鼎爐。

丹藥並非為有形之物，這就是無形的性光。性光即是先天真一之炁，必須在寂然大定之後才會見到，沒有刻意可以採到的方法，說有刻意的採法可是大謬誤。用心為識光，放下為性光。性光出現，久而久之，心中一片光明，自然達到心空而塵漏的境界，解脫生死苦海。如果口說內丹術語龍虎、水火等，不能從有為過渡到無為的階段，終究難結丹藥。大周天是把於小周天煉成的丹母送進十二經、奇經八脈，共二十脈，煉成精、炁、神合一的大藥，內結金丹，金丹又稱為聖胎、嬰兒。大周天功法實則為入定功夫，氣由微動到不動，真意運用由兩眼觀照到無覺，由定生慧，入六神通境，則胎成可證，陽神可成。

（三）煉神還虛

內丹三關的第三關，上關為「煉神還虛」，同於虛無大道。嬰兒褓抱三年，六年茁壯，修煉上關需要九年的時間。無為而為，始於無極而終於無極。

明心見性為悟道。〈勸世歌第十三〉曰：

> 放下萬緣毫不起，此是先天真無極。太虛穆穆朕兆捐，性命關頭忘意識。意識忘後見本真，水清珠現玄難測。無始煩障一旦空，玉京降下九龍冊。步雲漢兮登天闕，掌雷霆兮驅霹靂。凝神定息是初機，退藏密地為常寂。……回光在純心行去，只待真意凝照於中宮，久之自然通靈達變也。總是心靜炁定為基，心忘炁凝為效，炁息心空為丹成，心炁渾一為溫養，明心見性為了道。[58]

《太乙金華宗旨》直提性功。放下塵緣，絲毫不起塵心，這才是先天的真正無極。先天太虛一片靜穆而泯滅一切徵兆，性命關頭要忘卻忘識。連意識都忘卻才能照見本真之面目，水清則黍珠出現，玄妙難測。無始的煩惱一旦空虛，就

58 （唐）呂祖純陽真人：《太乙金華宗旨》，頁55-57。

像玉清神宮降下九龍之珠。又像升上雲霄登天闕，掌握風雲驅走霹靂。凝神定息只是初機開始，退藏於密地才能達到常寂常靜的境界。

回光的功法，在於專注意念去修行，只要將真意凝照於中宮丹田，久而久之自然能通靈達變。總而言之，金丹大道關鍵性的要領，以心靜炁定為基礎，以心忘炁凝為效驗，以心空炁息為丹成，以心炁合一為溫養，以明心見性為悟道。

心空方為真空。〈性光識光第十〉曰：

> 識不斷，則神不生；心不空，則丹不結。心淨則丹，心空即藥。不著一物，是名心淨；不留一物，是名心空。空見為空，空猶未空；空忘其空，斯名真空。[59]

識神不斷，元神就不生；心念不空，金丹就不結。心靜則金丹凝結，心空則丹藥生成。不執著於任何事物，稱為心靜；不留戀任何事物，稱為心空。發現空為空，還不是真空；連空都忘記，此才稱為真空。《莊子・人間世》「心齋」、《莊子・大宗師》「坐忘」的工夫論。心空忘神，方為真空。

無為而為。〈逍遙訣第八〉曰：

> 大道之要，不外「無為而為」四字。[60]

《太乙金華宗旨》指出大道的要旨，不外乎「無為而為」四個字。心空心忘，無為而為，道法自然。關於無極，賴錫三說：「以上主要是相應於天地和太極這兩層存有論，來略談內丹心性論之理論預設，完全未涉及到無極層次的討論。此乃因為，在無極的究竟冥契狀態中，此時連元神超越意識都已守藏歸寂，完全進入前意識（無神）、前世界（無太極）的絕對靜默玄冥中。」[61]煉

59 （唐）呂祖純陽真人：《太乙金華宗旨》，頁49-50。

60 （唐）呂祖純陽真人：《太乙金華宗旨》，頁32。

61 賴錫三：〈論《太乙金華宗旨》的心性、身體、魂魄觀——內丹學的「氣、光」身心修證與冥

神還虛階段，以上丹田泥丸宮為爐，以天地宇宙為鼎，合稱鼎爐。所謂「三花聚頂」，是指精炁神融於頂天。一切歸元，陽神出景，元神飛升，羽化成仙。

綜而言之，煉氣修道，煉氣以整合身心，百日築基的基本功，故有動功之課程。從道行道，身心有道以立人生之宗旨，故有靜功之傳授。道家整體養生學乃煉氣修道，以調整靈體元神，亦是傳統丹道所云的煉氣化神，煉神還虛，故道家整體養生學亦是道家整合治療學。全真道養生，是養身心靈的全體。關於全真道龍門派之養生丹功，可參閱賴賢宗著作。[62]提倡身心靈氣道的道家整合治療學，可補一般心理治療的身心靈之陳說的不足。一般心理治療所說的身心靈，缺少質料性的原理，以及終極實在與終極關懷，缺乏道與天心的終極實在與實踐動力。丹道以氣作為質料性原理，氣本來是身的一部分，因為氣是身體裡面最為精微的一部分，以及用道作為終極關懷與終極實在。

五　結論

《太乙金華宗旨》一般從文獻考證道派源流，或從文本分析義理內容，或從西方著作詮釋原典。筆者試圖從文本論述內丹思想，運用本體論、工夫論、宇宙論、心性論、身體觀等現代哲學語言，結合中國道教內丹學道派發展史的角度考察教義形象，詮釋明末清初以來三教合一之趨勢，闡明性命雙修之宗旨，直提性功之教義。丹道之目的在於通過內在性命的修煉證成超越的天道，天道性命相貫通，從有限的生命返回無限的道體。相較於儒家窮理盡性的德福一致，佛教禪宗明心見性的解脫生死，丹道順則死逆則生，順則凡人逆則仙人，對於身體觀的「命」可謂為勝場。惜筆者無中醫背景知識，對於關竅位置無法精準掌握。《太乙金華宗旨》不唯體現一心朗現之道家境界，亦是道教內丹實際修煉者對回光功法之體證，呈顯著《周易》、《老子》、《莊子》「三玄」的生命智慧，修真成為真人，中國道教內丹學可稱為道教的心性學。

契體驗〉，《成大中文學報》第二十一期（臺南：國立成功大學中國文學系，2008年7月），頁122。

62 賴賢宗：《龍門養生築基——全真龍門基礎丹功》（臺北：丹道文化出版事業股份有限公司，2012年1月）。

明代中葉「名聲建除」機制的轉變
──從《吳郡二科志》切入論析*

金貞淑

（韓國）蔚山大學人文科學研究所研究員

摘要

《吳郡二科志》為明代中葉閻秀卿私撰的一本人物志。以當時生存的一群吳中文人為對象，分門別類，以詩文著名的人物歸類於〈文苑〉，以個性狂放出名的人物則收錄於〈狂簡〉。仿效孔門四科，故稱之為「二科」。然而，若審視其分類旨趣，則即知收錄故事迥異於儒家德性標準。在重視「中庸」與「名教」的明代社會裡，能夠出現「狂簡」一科，可謂非常破格。更值得注目的是，吳中文人善於詩文書畫，其身分地位大致是在地方上的布衣，然其「名聲」則遠遠超過於中央獲得科舉「功名」的人物。此證明無論在賦予「名聲」的權威、公認「名聲」的機制、成立「名聲」的標準根據等等都產生了變化。基此觀點，擬將論析明代中葉「名聲建除」機制的轉變。

關鍵詞：名聲建除、才性、才名關係、狂簡、文苑、吳郡二科志、世說體

* This work was supported by the Ministry of Education of the Republic of Korea and the National Research Foundation of Korea(NRF-2021S1A5B5A16078573).

一　前言

《吳郡二科志》為明代中葉閻秀卿私撰的一本人物志。以當時生存的一群吳中文人為對象，分門別類，以詩文著名的人物歸類於〈文苑〉，以個性狂放出名的人物則收錄於〈狂簡〉。體制結構因仿效孔門四科而名曰「二科」。雖然如此，若細味作者的分類旨趣，以及論人觀點，其實迥異於孔門四科的標準。明代社會在士人教育上依然重視「中庸」與「名教」，在此能夠出現「狂簡」一科，可謂非常破格。即便是「文苑」，論述焦點在於文學才華，迥然有別於政治實用目的之「文學」。

明代中葉吳中文人的生命追求講究博雅人生，重視古文詞，多善長詩文書畫。其身分地位則大致為在地方上的布衣，大部分科舉考試節節失利而未入官僚系統。他們雖是邊緣身分，但其「名聲」則遠遠超過那些從中央獲得科舉「功名」的人物。這樣的現象多少反映明代中葉社會既有的諸如賦予「名聲」的權威、公認「名聲」的機制、成立「名聲」的標準根據等各方面都產生些動搖，而由民間公認名聲的系統開始逐漸運作，發揮影響力。本文基於此觀點，從閻秀卿《吳郡二科志》切入，擬將探析明代中葉「名聲建除」機制轉變的軌跡。

本文所謂「名聲建除」一詞，其來源為《吳郡二科志》的〈狂簡科序〉，引相關內容如下：

> 曲禮羈躬，聖人之教；任情孟浪，狂士所崇，天水違行，矛盾不律矣。仲尼曰：「不得中行而與之，必也狂狷。」迺眷念之深，何乎？豈不以絕異之姿，木鐸易觸，卓犖之行，席珍所存？如琴牢音歌臨弔，曾點童冠浴沂，相伍門下，或加旌褒，取之於可漸也。沿是而還，建除不一。逖觀往哲，可得而言，高則為俠成名，下則滑稽自表：四豪名過筌宰，七賢散處竹林，相如甘立壁之困，正平發坐塚之談，優孟垂葬馬之淚，

畢卓忍竊酒之羞，王衍寧馨，阮瞻將無，李白奇才，義山浪子。[1]

引文中提到的「建除不一」，在研讀上相當費解。筆者認為這句話的意思蓋指針對孔子論弟子因得不到中行而選其次的「狂狷」而發的。狂者進取，狷者有所不為，該「建」的該「除」的都不同。[2]如果考慮每人的才情殊異，任情放達，其言行姿態也自然因人而異，正如引文中舉到子張、曾點二人的越禮狂放的例子。不過作者閻秀卿雖句句引經據典，將孔子作為自己言說的權威，論其旨趣焦點則兩相有別。孔子因求不得中行弟子，想到其次的狂狷，希望把他們導向於中行，因材施教，重點還是離不開「裁」，裁定的標準是「中行」。至於閻秀卿提到的「建除不一」則似乎將焦點挪移至狂者、狷者的言行姿態之多元這一點上。他們在言行方面常常超越規範，在日常生活中呈現的「絕異之姿」、「卓犖之行」亦多采多姿。所以引文的後半部，正是「建除不一」的諸多實例，即戰國四君子、竹林七賢、司馬相如、禰衡、優孟、畢卓、王衍、阮瞻、李白、李商隱等人，在此強調的是「不一」，而不是「裁」。

至於筆者提出的「名聲建除」一詞，就關注「才」與「名」之關係而言。所謂儒家的名教，正是以名為教，以教為名，如孔門四科之德行、政事、言語、文學之名目，就由此而產生。不過將重點移到「建除不一」的話，人之才情發揮的空間變成更大更多元，隨之得名之標準也不能限制於一。從這個角度重新回顧閻秀卿之「建除不一」，可知其背後隱含著一個訊息，正是重視個體的如其為人之生命人格，賦予名目也離不開個體的如其為人之生命人格這一點。[3]閻秀卿在《吳郡二科志》分門別類，設為「文苑」、「狂簡」二科，這是對於明代社會給人之名目的一種反思。藉此想要表達的是，名聲建除的標準不

1 （明）閻秀卿：《吳郡二科志》（臺南：莊嚴文化事業有限公司，1996年，四庫全書存目叢書），史部第90冊，頁135-136。

2 「狂狷」的出處，見於《論語》、《孟子》等，如《論語・公冶長》：「子在陳曰：歸與！歸與！吾黨之小子狂簡，斐然成章，不知所以裁之也。」亦如《論語・子路》：「子曰：不得中行而與之，必也狂狷乎！狂者進取，狷者有所不為也。」

3 「如其為人之生命人格」這句，轉引於牟宗三：《才性與玄理》（臺北：臺灣學生書局，1993年），頁44。

一，無論名聲公認的主體，還是名聲本身的內涵，或者是賦予名聲的方式等等。本文就從這樣的觀點出發，關注明代中葉吳中文人的私撰人物志，主要從閻秀卿《吳郡二科志》切入，擬將探析明代社會名聲機制的變化推移。

二　吳中地區私撰人物志的流行及閻秀卿《吳郡二科志》

（一）吳中地區私撰人物志的流行

明代中葉在吳中地區流行的人物志可分為官撰和私撰。官撰人物志的歷史可以追溯到南宋范成大《吳郡志》50卷。其中〈人物篇〉共有7卷，編制在第22卷到27卷，但並沒有進一步分門別類。

到了明初盧熊編《蘇州府志》開始出現了對人物加以分門別類的例子。〈人物篇〉編制在第21卷至第41卷，將人物分為11類，諸如〈名臣〉、〈儒林〉、〈文藝〉、〈循吏〉、〈忠義〉、〈孝友〉、〈高行〉、〈隱逸〉、〈方伎〉、〈釋老〉、〈列女〉等。到了武宗正德元年（1506），《（正德）姑蘇志》60卷為花了三十餘年的時間重修從明初以來的蘇州府相關記錄，被譽為地方志的典範。其中人物部分編制在第43卷到第58卷，諸如〈名臣〉、〈忠義〉、〈孝友〉、〈儒林〉、〈文學〉、〈卓行〉、〈隱逸〉、〈薦舉〉、〈藝術〉、〈雜伎〉、〈遊寓〉、〈列女〉、〈釋老〉等13類。

值得注目的是編纂《（正德）姑蘇志》的人物。根據王鏊〈姑蘇志序〉：「廣東林侯世遠之守蘇也，宿弊盡剗，文事聿興。……侯乃延聘文學，得同志者七人，相與討論，蒐輯合盧、范二志，參以諸家，裨以近事，閱八月而成。」[4]參照置於《（正德）姑蘇志》目錄後面之「修志名氏」，便可知參與者具體有哪些人。如禮部尚書吳寬、吏部右侍郎王鏊；福建按察司簽事杜啟；蘇州府知府林世遠。所謂七人指：鄉貢進士浦應祥、祝允明；蘇州府學生蔡羽；長洲縣學生文壁；長洲縣儒士朱存理、邢參；對讀儒士陳怡。[5]其中祝允明、

4　（明）王鏊：〈姑蘇志序〉，《王鏊集》（上海：上海古籍出版社，2013年），頁212-213。

5　（明）王鏊等修纂：《（正德）姑蘇志》（臺北：臺灣學生書局，1965年），頁9。

朱存理都私撰了人物志，其他人物則大部分都被收錄於吳中人物志。

蘇州府在明初盧熊編志以後，續志計畫陸陸續續持續了30餘年，官撰地方志的諸多活動在記錄吳中鄉土人物的風氣上形成了很重要的背景因素。除了這樣的客觀背景因素之外，吳中文人對自我鄉土人士的關懷非常強烈，私撰人物志也十分活躍，數量也遠遠多於其他地區，這番風氣一直持續到明末。例如王賓《吳下名賢記錄》、朱存理《吳郡獻徵錄》，雖然失傳，均為記錄吳中先賢的人物志。成化、弘治年間，張昶編撰《吳中人物志》為記錄從先秦到明初的吳中人物，並分為〈孝友〉、〈忠義〉、〈吏治〉、〈薦舉〉、〈宦跡〉、〈儒林〉、〈文苑〉、〈閨秀〉、〈逸民〉、〈流寓〉、〈列仙〉、〈方外〉、〈藝術〉等13類。目前所見的版本，乃隆慶庚午年（1570）經由其曾孫張獻翼重新刪減整理後再次刊行的。除此外，還有祝允明的《成化間蘇材小纂》，將成化年間（1465-1487）的吳中人物分成〈簪纓纂〉、〈邱壑纂〉、〈孝德纂〉、〈女憲纂〉、〈方術纂〉等五類。

至於祝允明《金石契》（收錄共11人：朱存理、史經、朱凱、楊循吉、王淶、都穆、李詢、邢參、吳烜、劉棄）、徐禎卿《新倩籍》（收錄共5人：唐寅、文徵明、邢參、張靈、錢同愛）、閻秀卿《吳郡二科志》，均以當時正在生存活動的吳中名士為主要內容。若以已亡故的吳中先賢為對象，則例如有楊循吉《吳中往哲記》、《蘇談》、《吳中故語》，袁袠《吳中先賢傳》，黃魯曾《續吳中往哲記》、《續吳中往哲記補遺》，顧元慶《雲林遺事》，劉鳳《續吳先賢贊》，王世貞〈吳中往哲像贊〉，張大復《吳郡人物志》，王穉登《丹青志》，文震孟《姑蘇名賢小紀》等。

那麼，與其他地區相較，尤在吳中地區盛行人物志的原因到底為何？同時期松江府的何良俊認為吳中之所以「文獻足徵」主要在於吳中士風。他說：

> 吾松江與蘇州連壤，其人才亦不大相遠。但蘇州士風，大率前輩喜汲引後進，而後輩亦皆推重先達。有一善，則褒崇贊述，無不備至，故其文獻足徵。吾松則絕無此風，前賢美事皆湮沒不傳，余蓋傷之焉。[6]

---

6 （明）何良俊：《四友齋叢說》（北京：中華書局，2007年），卷16，頁134。

撰寫吳中人物志之所以能夠延綿到數百年，首先是因為該地區的人文力量深湛且雄厚，還有歷代人才輩出更是一個重要原因。不過，筆者認同何良俊的看法，吳中的士風即前輩和後輩相互推重並加以把它文字化，這樣的地域士風才是吳中地區形成編撰人物志源源不絕的關鍵所在。

（二）閻秀卿與《吳郡二科志》

閻秀卿《吳郡二科志》為記錄明代中葉江南蘇州地區文人的「地域人物志」。作者閻秀卿（1484-1507）的事蹟不甚詳細。根據文徵明為閻秀卿撰寫的〈亡友閻起山墓誌銘〉，他的名起山，字秀卿，蘇州人。因貧病而夭折，年僅24歲。他準備科舉考試，兼任家庭教師，拿到薪水就全部用於買書。他愛讀《左傳》、《史記》、《漢書》等文史典籍，可見他也與其他吳中文人同樣追求博學，讀書範圍並不侷限於應試用的經書。留下的著作只有《吳郡二科志》。

「吳郡」、「吳中」乃蘇州的舊名，指當時蘇州府一帶的統稱。明代的蘇州府隸屬於南直隸，正是南京直屬管轄地。明代正德年間（1506-1521）的蘇州府管轄地區為一州七縣。一州為太倉州，七縣為吳、長洲、崑山、常熟、吳江、嘉定、崇明，治所為吳縣和長洲縣。這一小冊的人物志並不是以已故「先賢」為對象，而是在與作者閻秀卿同時代生存的人物當中，篩選了幾位光榮故鄉吳中的文人，就把他們記錄下來。

「二科」是模仿《論語・先進》中的「孔門四科」的。孔子的弟子被分為「德行」、「政事」、「文學」、「言語」等科目，《吳郡二科志》則分類吳中文人為「文苑」和「狂簡」兩個科目。「文苑科」選錄了在當時吳中文人中以詩文聞名的五位人物，如楊循吉、祝允明、唐寅、文徵明、徐禎卿。「狂簡科」則選收了因個性狂放而不受禮法和世俗限制的人物，即桑悅和張靈二人。根據此書正文的內容，閻秀卿撰《吳郡二科志》的時間為弘治癸亥（1503），正是唐寅科場案（1499）發生之後。所以所收的人物及故事內容範圍，也僅止於他們人生的一段故事，並非包括一輩子。何況閻秀卿在完成《吳郡二科志》之後，沒過幾年，就先於他們過世了。

《吳郡二科志》由三個部分組成：序文、人物本傳、評論。序文部分除了屬於全書總序的〈二科志序〉外，另獨立設置了〈文苑科序〉和〈狂簡科序〉的兩個小序。作者閻秀卿的人物觀和價值觀，在對各人物的簡短評論中，都得到了體現。不僅對收錄人物的才華表示欽佩和讚賞，對他們未能得志的現實深感惋惜。閻秀卿本身也貧病加交，也經歷了科舉考試屢次受挫，故在字裡行間時時流露出對他們的憐憫之情。

三　「名聲建除」機制的民間化

《吳郡二科志》的「二科」雖僅以「文苑」和「狂簡」構成，就其分門別類的體制而言，可謂其模式根源於孔門四科，同時也可視為繼承《世說新語》的人物分類。從這一點而言，《吳郡二科志》可列於模仿世說體體制的著作。孔門四科是孔子將弟子分類為德行、政事、言語、文學等四種特長，這些科目可以說是漢末人物品評中廣為使用的「題目」之源流。所謂「標榜」、「題目」云云，在漢末清流人物品評活動中是首次出現的。「標榜」是指用極短的幾個字表現人物的特長，高高掛起，令人醒目，與他人明顯區分開來；「題目」也是用簡短精煉的幾個字畫龍點睛式地評價人物風格特色。人物品評是《世說新語》的核心特徵，其三十六門目正是從孔門四科開始的。

閻秀卿的人物分類宗旨在〈二科志敘〉中得到了很好的體現：

> 郡之為文苑者，頡頏相高，流美天下，是生有榮而沒有傳，不可幾矣；郡之為狂簡者，磊落不羈，怨愁悉屏，是任其真而全其神，不可幾矣。遂類其言行，作《二科志》。[7]

或以詩文或以狂放個性出名，作者對之積極肯定其記錄價值，這是決定作者編纂《二科志》的動機。值得注意的是，在吳中文人之間對人物個性的肯定出現逐漸增加的趨勢。譬如祝允明《金石契》（1491）和徐禎卿《新倩籍》（大約

7　（明）閻秀卿：《吳郡二科志》（臺南：莊嚴文化事業有限公司，1996年，四庫全書存目叢書），史部第90冊，頁129。

1495年左右），兩書編撰時間相差不久，但比較晚出的《新倩籍》的觀人焦點比起人物的品德更突出人物的個性。舉例子如下：

> （唐寅）雅資疏朗，任逸不羈。……家貲微羡，而饜習優汰，不能自裁。
>
> （張靈）性聰明，善習技巧。家本貧寠，而復挑達自恣，不修方隅，不為鄉黨所禮。
>
> （錢同愛）早負才思，不受俗訓。善文采，誇飾修容，軼蕩簡闊，雅為士林所獎。[8]

《新倩籍》的特點是，雖然也有像錢同愛一樣在士林受到讚賞的例子，但像唐寅、張靈一樣行動自由奔放、毫無顧忌，在鄉黨不受禮遇的人物也開始被記錄下來。這與《金石契》重視人品和德量形成鮮明的對比。

吳中人物志愈到弘治年間（1488-1505）的末葉愈出現重視人物個性的情形，這一事實到了《吳郡二科志》就更加明確。《吳郡二科志》與《新倩籍》相比，更加強調人物個性的清狂層面，關注不受世俗規範或觀念約束的人物行為，設定違背聖人教誨和中庸之道的「狂簡」品目，這一點尤其值得注目。值得關注的是，作者在《吳郡二科志》〈狂簡科序〉中特別提到了《世說新語》中的魏晉名士，將他們並列在狂狷的譜系上。例如《世說新語．任誕》中竹林七賢與畢卓，他們放下世俗的規範，不再約束自己，通過越軌行為展現與生俱來的「自然」情性。例如王衍，他作為清談領袖，不僅掌握了麈尾，還憑藉優美的風采和神韻，廣受名士的青睞。還有阮瞻，他對於老莊與名教有無異同的質問，巧妙地以「將無同」三個字回答。到了16世紀中葉，何良俊在《何氏語林．任誕》的小序，就以漢末清流——嵇康、阮籍—阮孚—謝鯤作為一個圖式。[9]換言之，在明代中葉吳中文人將一千多年前的魏晉名士再次召喚到他們的生命現場，這是因為他們對「狂」這一品目重新採取了肯定的態度。

---

8 （明）徐禎卿：《新倩籍》，收錄於范志新編年校注：《徐禎卿全年編年校注》（北京：人民文學出版社，2009年），頁794-796。

9 關於明人文獻中所見對狂士譜系的圖式化，參見林宜蓉：《中晚明文藝場域「狂士」身分之研究》（臺北：國立臺灣師範大學國文研究所博士論文，2003年），頁16-36。

明朝是以儒學為統治思想的社會。教育士子強調儒學的名教，要求官僚在言行方面以中庸之道為上乘。但是何以到了明代中葉，反名教的狂士就能得到如此肯定和禮讚呢？這或許可以從「品評機制」的變化角度重新詮釋。也就是說，人物品評從公共領域轉移到私人活動領域，所以才有如此轉變的可能。

「文苑」和「狂簡」的分類，乍看似乎是作者閻秀卿個人的獨創見解，但其實這是充分反映吳中文人當時認識氛圍的結果。從序文中所云「郡之為文苑者」、「郡之為狂簡者」可以窺見，事實上在吳中地區文人之間已經先有了名聲或某種能力的公認過程。以下是其例證：

> 琴川桑悅于文章無所讓，亦曰天下無多人，獨長州祝某，翰林羅玘與悅三人耳。玘江西人亦知名，玘與悅微有隙，而悅初未識允明，力詆咲。及從石田所見其文，乃嘆服。由是觀之，蓋公論也。(〈文苑科・祝允明〉)

> 與吳趨唐寅相友善，寅獨器許，薦于石田沈周，南濠楊循吉，由是知名。(〈文苑科・徐禎卿〉)

> 敢為大言，更不量。嘗銓次古人，以孟軻自況，班馬屈宋而下，不論也。有問韓文曰：此小兒號嗄之聲，問翰林文學曰：虛無人。舉天下亦惟悅最高耳。其次祝允明，其次羅玘。由是喜俠者多慕焉名。(〈狂簡科・桑悅〉)[10]

在明代一般士人獲得名聲，其主要管道是科舉考試，所以製造名聲的公信力，其主導權原係由明朝中央政府決定的。但是在吳中文人之間流行人物志，並由作者自行賦予品目的種種情況，就反映出決定人物名聲的品評、生產公信力的機制開始鬆動，多少從公共領域轉移到了民間活動領域上。那麼，就根據上引內容而言，在吳中地區對人物名聲的公信力起到決定作用的人有誰呢？就是沈

---

10 （明）閻秀卿：《吳郡二科志》（臺南：莊嚴文化事業有限公司，1996年，四庫全書存目叢書），史部第90冊，頁129-138。

周、桑悅、唐寅、祝允明、楊循吉等吳中地區的文人，並非受到中央影響而使然。

這意味著賦予名聲和公認名聲的運作機制發生了變化，其主導權從中央轉移到了地方的地域文壇。所以清代趙翼（1727-1814）在〈明代文人不一定是翰林院出身〉[11]一文中表示，明初的翰林院掌握了文權核心，但到了明中期則從中央轉移到了地域文壇。造成此局面的主因在於政治和文壇的分離。明代中期中央的文權開始弱化，賦予名聲和公認名聲的主導權開始鬆動，這是形成吳中文人流行人物志，主動品評地區人物的盛況之形成背景之一。

吳中文人的身分地位大部分是因科舉失利而未能走上仕途，被擠到官僚體系外的布衣身分。例如，祝允明、唐寅是鄉試合格的舉人，文徵明也是長久未能擺脫諸生，後來好不容易經由推薦獲得翰林院待詔一閑職而已。這種趨勢繼續延續到了下一代的黃省曾、王紱、沈度、沈粲、劉溥、蔡羽、王寵、陳淳、周天球和錢穀等吳中文人。他們以詩文書畫聞名於當時，名聲遠播，即便是翰林院的官僚也無法比擬的。

四　結語

吳中文人獲得名聲，不是藉由科舉及第而得來的功名，也不是儒家強調的德目之實踐。他們重視自身的文學才能和脫俗的個性，藉此重新詮釋人物的價值意義，並從此建立名聲。從這一點而言，《吳郡二科志》並非單純以人物分類為目的，而是反映一種對既定「名聲機制」的反省，並試圖提出新的人物品評與賦予名聲的標準。還有他們對狂士提出新理解，這並不侷限於吳中文人，可以說是在16世紀明代文人之間普遍出現的社會現象。這樣的現象亦有與以「狂者的胸襟」自居的陽明思想相應的部分。

11 （清）趙翼撰；王樹民校證：《廿二史劄記校證》（北京：中華書局，2001年），頁782-784。

明代崇道思想與社會風氣的探究

連啟元
中國文化大學史學系教授

摘要

道教源自於傳統文化思想，與道家思想、多神崇拜的相互融合發展，有著追求長生、得道成仙、濟世救人等宗旨。道教思想與文化發展至明代，受到皇室與民間社會的崇敬，不僅表現在皇室對宮觀的敕封與修建，還編纂《道藏》與《續道藏》，對道書的蒐羅整理，具有重大貢獻。而在民間地方與文人社會，更將道教思想文化，融入於日常生活之中，表現在飲食、養生、胎息、藝術、文學之中。本文嘗試就明代官方崇道思想、道教經典彙集、文人養生文化、民間進香、藝術文化等面向，探討道教思想文化，如何進入日常生活之中，產生潛移默化的作用與影響。

關鍵詞：崇道思想、武當山、道藏、養生文化、進香道教源自於傳統文化思想，與道家思想、多神崇拜的相互融合發展，有著追求長生、得道成仙、濟世救人等宗旨。道教思想與文化發展至明代，受到皇室與民間社會的崇敬，不僅表現在皇室對宮觀的敕封與修建，還編纂《道藏》與《續道藏》，對於道書的蒐羅整理與保存，具有重大貢獻。而在民間地方與文人社會，更將道教思想文化，融入於日常生活之中，表現在飲食、養生、胎息、藝術、文學之中。本文嘗試就明代官方崇道思想、道教經典彙集、文人養生文化、民間社會藝術活動的等面向，探討道教思想文化，如何進入日常生活之中，產生潛移默化的作用與影響。

一　明代歷朝皇帝的崇道思想

明太祖朱元璋（1328-1398）在建立明朝時，受到佛、道等宗教力量的幫助，於即位之後，出榜招來正一道的張道陵四十二代孫張正常（？-1377），同時派人加以訪求。之後張正常入賀，被授為「正一嗣教真人，賜銀印，秩視二品。賜銀印，秩視二品。設寮佐，曰贊教，曰掌書，定為制。」[1]另外，明太祖平定天下時，也曾有感於真武神「陰翊顯佑，靈明赫奕」，於南京定都之後，即建真武廟加以奉祀。

真武大帝的崇祀到了明成祖永樂時期，更加蓬勃發展。朱棣（1360-1424）以燕王的身份，發動靖難之變，取得帝位，是為明成祖，並認為其封地在北平，受到北方守護神真武大帝的佑助，因此極為崇敬真武大帝。根據祝允明《野記》記載：

> 文皇屢問姚公起義之期，姚每言未可，上曰：「如何？」姚曰：「伺有天兵來助乃可。」上未知所謂。一日，啟上，明日午時，天兵應至。及期，上已發兵，見空中兵甲蔽天，其帥即玄帝也。上忽搖首，髮皆散解被面，即玄帝像也，此其應云。[2]

1　（清）張廷玉：《明史》（臺北：鼎文書局，1997年），卷299，〈列傳．方伎〉，頁7654。

2　（明）祝允明：《野記》（《叢書集成新編》第85冊，臺北：新文豐出版社，1985年），頁45-46。

此後更加封真武大帝為「北極鎮天真武玄天上帝」，視為護國之神，並在京師北直立地區建真武廟。明成祖甚至親撰〈御製真武廟碑〉，予以大加頌揚：

> 朕惟凡有功德於國者，無間於幽冥，必有酬報之典，天人之際，理一無二。惟北極玄天上帝真武之神，其有功德於我國家者大矣。昔朕皇考太祖高皇帝，乘運龍飛，平定天下，雖文武之臣克協謀佐，實神有以相之。肆朕肅靖內難，雖亦文武不二心之臣，疏附先後，奔走禦侮，而神之陰翊默贊，掌握樞機，斡運洪化，擊電鞭霆，風驅雲馳，陽降左右，流動揮霍，濯濯洋洋，繽繽紛紛，翕欻恍惚，跡尤顯著。神用天休，莫能紀極。……嘗以武當山神之修真凝道，超舉升化之地，已命創建宮觀，永永祀神。上以資薦皇考、皇妣在天之靈，下為天下生靈祈豐年綏福。履自經始，至於告成之日，神顯靈應，嘉生屢臻。異睹殊觀，千態萬狀。言難罄述，筆莫殫紀。雖有善巧者，亦莫能形容其彷彿也。稽諸載籍，曠乎前聞。夫以神之昭貺於朕者又若此，抑朕復何以為神之報哉，其不尤難矣乎。顧惟北京，天下之都會，乃神常翊相予於艱難之地，其可無廟宇為神攸棲，與臣民祝祈倚庇之所。遂差吉創建崇殿，脩無締構，維新亢爽，高明規模，弘邃神靈，感乎來遊來止。星麾飈馭，飄飄旖旎。儼然視瞻，歲時蠲潔。以虔祀事，庶幾朝夕神保無斁。雖然神之佑相於朕者，固不係乎報不報，而朕心之拳拳不已者，故無所用其至，惟盡其誠而已。[3]

《明史．禮志》則記載：「京師所祭者九廟。真武廟，永樂十三年建，以祀北極佑聖真君。正德二年改為靈明顯佑宮，在海子橋之東，祭日同南京。」[4]因此，真武廟成為京師重要的九廟之一，皆由朝廷遣官祭祀。

此外，成祖又以武當山為真武大帝功成飛昇之處，於是賜名為「太嶽太和

---

3 （明）不著撰人：《御製真武廟碑》（《正統道藏》第608冊，洞神部記傳類，臺北：藝文印書館，1962年），頁1-3。

4 （清）張廷玉：《明史》，卷50，〈禮志四．吉禮四．京師九廟〉，頁1305。

山」，號稱「太嶽」，並在「武當山重建廟宇，兩京歲時朔望各遣官致祭，而武當山又專官督祀事。」[5]因此明代歷朝皇帝，時常遣官祭祀，並祈福、求子等願，進而被視為明代的「帝王家廟」。由於皇室的崇敬，各地藩王也在武當山設立道觀，以供奉真武大帝，民間祭祀更易絡繹不絕。

從永樂十年（1412）至永樂二十一年（1423），明成祖致力於營建真武宮於武當山，以天柱峰金頂為中心，共建九宮九觀三十三處建築群，大小房宇1800多間，由於明代帝王的崇信，遂掀起真武崇拜的熱潮。[6]在明成祖修建武當山宮觀之後，成為當時百姓傾心嚮往的名山仙境，於是武當山擁有大量的道教建築群。

不僅永樂十六年（1418）由明成祖敕封武當山為「大嶽太和山」[7]，到了嘉靖三十二年（1553）明世宗又賜名「治世玄岳」，[8]使得武當山成為明代皇室欽定的天下第一名山，王世貞（1526-1590）稱為「至明太宗文皇帝尊之曰大嶽，世宗朝復尊之曰玄嶽，而五嶽左次矣。」[9]從「大嶽」到「玄嶽」的皇帝敕封，武當山的地位和聲望，甚至一度凌駕於泰山等五嶽之上。

此後，世宗又因崇敬道教，甚至專心於修玄，於嘉靖三十五年（1556）為其皇考和皇妣上道教尊號，更自號「靈霄上清統雷元陽妙一飛玄真君」，後加號「九天弘教普濟生靈掌陰陽功過大道思仁紫極仙翁一陽真人元虛圜應開化伏魔忠孝帝君」，再號「太上大羅天仙紫極長生聖智昭靈統元證應玉虛總掌五雷大真人玄都境萬壽帝君」，[10]儼然以道教教主自居。

由於明代帝王多尊崇道教，官方的提倡與宣揚，對於道教思想與文化的傳播，有著極大的影響。

---

5 （清）張廷玉：《明史》，卷50，〈禮志四・吉禮四・諸神祠〉，頁1308。

6 蔡泰彬：〈泰山與太和山的香稅徵收、管理與運用〉，《臺大文史哲學報》74期，2011年5月，頁129-130。

7 （明）任自垣：《敕建大嶽太和山志》（湖北：湖北人民出版社，1999年），卷2，頁23。

8 （明）徐階、張居正等纂修：《明世宗實錄》，卷394，嘉靖三十二年二月壬戌條，頁4上。

9 （明）王世貞：《弇州四部稿》（《文淵閣四庫全書》1279-1284冊，臺北：臺灣商務印書館，1986年），卷1，〈賦部・玄嶽太和山賦有序〉，頁1上-下。

10 （清）張廷玉：《明史》，卷307，〈列傳第一百九十五〉，頁7896。

二　道教經典的彙集與編纂

早在漢代時期，張道陵（34-156）在創立道教之初，便著有經籍書文，隨後日趨增多。東晉葛洪所撰《抱朴子》的〈內篇．遐覽〉就有提及當時的道教經書，包含：三皇內文天地人三卷、元文上中下三卷、混成經二卷、玄錄二卷、九生經、二十四生經、九仙經、靈卜仙經、十二化經、九變經、老君玉曆真經、墨子枕中五行記五卷、溫寶經、息民經、自然經、陰陽經、養生書一百五卷、太平經五十卷、九敬經、甲乙經一百七十卷、青龍經、中黃經、太清經、通明經、按摩經、道引經十卷、元陽子經、玄女經、素女經、彭祖經、陳赦經、子都經等。[11]南朝陸修靜的《三洞經書目錄》，更收錄道教經籍，達一千二百二十八卷。而《隋書．經籍志》也記載道教經戒、服食、房中、符籙等書籍和符圖等，共三百七十七部，一千二百十六卷。[12]

然而，將道教經籍彙集稱為「藏」，則始於自唐代。開元年間，唐玄宗令搜集道教經籍，親自披閱，編成《三洞瓊綱》。天寶七年（749）詔令傳寫，以廣傳布，名《開元道藏》。宋代至元代，都陸續編有《道藏》，但由於各種緣由，這些《道藏》大多亡佚。因此，現存所見的《道藏》，多為明代所編纂，由此可見明代對道教經典保存的重要價值。

明代編纂的《道藏》，主要有兩部：一、是《正統道藏》，一是《萬曆續道藏》。

永樂四年（1406），明成祖鑒於以前的《道藏》大多散佚，遂命第43代天師張宇初（1359-1410），負責編纂《道藏》，另編纂《龍虎山志》。[13]此項編纂

11　（晉）葛洪：《抱朴子》（《叢書集成新編》第20冊，臺北：新文豐出版社，1985年），卷19，〈內篇．遐覽第十九〉，頁374。

12　（唐）魏徵等：《隋書》（臺北：鼎文書局，1979年），卷35，〈經籍志四．道經〉，頁1094-1095。

13　（明）張宇初：《峴泉集》（《文淵閣四庫全書》1236冊，臺北：臺灣商務印書館，1983年，據國立故宮博物院藏本影印），卷2，〈龍虎山志序〉，頁5下：「已而今上嗣位，首承召命，蒙恩兩朝，博厚之仁，鴻龐之澤，莫得而盡紀也。問病舊志，多疏淺凡近，竊有慨焉。或謂值茲盛世，非加以稽古索隱，以成一山之盛典，豈不使奇芬偉躅，湮鬱渙漫，若珠主之蔽於淵藪，其質可珍而忽不收襲，亦豈不自棄也哉！」

《道藏》的工程浩大，歷經近40年，直到正統十年（1445）才全部峻工，因此被稱為《正統道藏》。《正統道藏》共5305卷，依照三洞四輔十二部分類，各部收書共一千四百三十種。計洞真部三百一十六種；洞玄部三百零三種；洞神部三百六十四種；太玄部一百一十七種；太平部六十六種；太清部二十四種；正一部二百四十種。

萬曆時期，鑒於《正統道藏》搜羅不全，且《正統道藏》刊印以後，又有不少新的道書刊刻，亟需增補。神宗命第五十代天師張國祥（？-1611），負責修纂《續道藏》，後稱為《萬曆續道藏》。《萬曆續道藏》共180卷，分裝32函。

《正統道藏》編纂完成之後，曾於宮中進行點校，正統九年（1442）十月，即「命道錄司右演法邵以正，點校道藏經於禁中。」[14]此外，則頒賜《道藏》給各地親王或道觀，主要是多以江南地區為主，例如：正統八年（1443）頒賜南京玄真觀、正統十年（1445）頒賜天津天妃宮、正統十二年（1447）分別頒賜北京白雲觀與南京冶城山朝天宮、獅子山盧龍觀、方山洞玄觀、長壽山朝真觀，以及龍虎山上清宮、句容茅山元符宮、宣城元妙觀、甘州佑善觀等。正統十三年（1448）頒賜慶王朱秩煃、貴州大道觀。正統十四年（1449）頒賜南京神樂觀、楚王朱季椒、蘇州元妙觀、宜興通真觀、溧陽泰清觀等。[15]

頒賜《道藏》的同時，通常也會賜下敕諭，例如正統十二年（1447）五月二十五日，英宗賜給江西龍虎山大上清宮的敕諭：

> 皇帝聖旨，朕體天地保民之心，恭成皇曾祖考之志。刊印道藏經典，頒賜天下，用廣流傳。玆以一藏，安奉龍虎山大上清宮，永充供養。聽所在道官道士，看誦讚揚。上為國家祝釐，下與生民祈福。務須祇奉守護，不許縱容閑雜之人，私借觀玩，輕慢褻讀，致有損壞遺失，違者必究治之。諭。[16]

---

14 《明英宗實錄》，卷122，正統九年十月丁未條，頁2444。

15 （清）佟世燕修、戴務楠纂：（康熙）《江寧縣志》（《稀見中國地方志彙刊》第10冊，江蘇：中國書店，1992年，據清康熙二十二年〔1683〕刻本影印）。

16 （明）不著撰人：《皇明恩命世錄》（《中華道藏》第46冊，北京：華夏出版社，2004年，據萬曆續道藏本），卷6，〈頒賜藏經旨〉，頁325。

另外，正統十三年（1448）八月初十日，賜給終南山宗聖宮的敕諭：

> 朕體天地保民之心，恭承皇祖考之志，刊印道藏經典，頒賜天下，用廣流傳。茲以一藏，安置陝西西安府盩厔縣終南山宗聖宮，永充供養，聽所在道官、道士看誦讚揚，上為國家祝釐，下與生民祈福，務須祗奉守護，不許縱容閒雜之人私借觀玩，輕慢褻瀆，致有損壞遺失，違者必究之，故諭。[17]

兩道敕諭的格式，大致相同，應是正統年間朝廷頒賜《道藏》與敕諭時，通用的標準格式。明代藩王獲賜朝廷所賜經書，還會上表謝恩，正統十三年（1448）正月慶王朱秩煃「以賜佛道藏經及護持，欲來謝恩。」[18]

除了朝廷主動頒賜《道藏》之外，有時則是由親王或官員的奏請。正統十四年（1449）五月，從太常少卿王一居（？-1449）的奏請，「賜道藏經於南京神樂觀」。[19]而嘉靖二十七年（1548）十月，則是應遼王朱憲㸅的奏請，賜予「道號清微忠教真人，給與金印及道藏經典。」[20]

而陝西的樓觀，則曾因道士之盛名，被神宗皇帝賜予《道藏》：

> 明萬曆間有道士姬東坡者，善鼓琴，講《南華經》，上嘉其恬寂，賜道經二藏，龍旗、御仗、幢幡十六及瑞蓮圖，並勞以璽書。[21]

所謂道經二藏，應該是《正統道藏》、《萬曆續道藏》，同時能被賜予兩部道經，可謂殊榮。

《正統道藏》、《萬曆續道藏》的刊刻傳世，後代多統稱為《道藏》。經過

17 （明）王三聘等輯：《終南仙境志》，據明萬曆三年（1575）刊本，頁9。

18 （明）陳文等纂修：《明英宗實錄》，卷162，正統十三年正月甲寅條，頁3152。

19 （明）陳文等纂修：《明英宗實錄》，卷178，正統十四年五月辛卯條，頁3436。

20 （明）徐階、張居正等纂修：《明世宗實錄》，卷341，嘉靖二十七年十月戊午條，頁620。

21 （清）劉於義於監修、沈清崖等編纂：《（雍正）陝西通志》（《文淵閣四庫全書》551-556冊，臺北：臺灣商務印書館，1983年，據國立故宮博物院藏本影印），卷28，〈祠祀一〉，頁91下。

明代兩次大規模的編纂、增補，不僅收錄翔實的道教經典資料，更有助於道教在全國各地的傳播。明代皇帝對於《道藏》的編纂，使道教信仰與思想的更廣泛傳播，並融入到民間的社會生活。因清代對《道藏》未進行過大規模的編纂，所以明代編纂的《道藏》仍保存許多珍貴文獻，提供研究道教思想、文化、信仰等的資料。

三　文人社會與道教養生思想

晚明文人高濂，字深甫，號瑞南道人、湖上桃花漁，浙江錢塘人，其《遵生八牋》為著名的養生著作，同時「少志博習，得古今書最多，更喜集醫方書。」[22]「八牋」或作「八箋」，即指八種專論主題，分別為：〈清脩妙論牋〉、〈四時調攝牋〉、〈起居安樂牋〉、〈延年卻病牋〉、〈飲饌服食牋〉、〈燕閒清賞牋〉、〈靈秘丹藥牋〉、〈塵外遐舉牋〉。其中〈靈秘丹藥牋〉，便是以道教的養生修練法，高濂自謂：

> 故余《八箋》之作，無問窮通，貴在自得，所重知足，以生自尊。博採三明妙論，律尊生之清修。備集四時怡養，規尊生之調攝。起居宜慎，節以安樂之條。卻病有方，導以延年之術；虞燕閑之溺邪僻，敘清賞，端其身心。防飲饌之困膏腴，修服食，苦其口腹。永年以丹藥為寶，得靈秘者乃神，故集奇方於二藏。隱德以塵外為尊，惟遐舉者稱最，乃祿師表於百人。[23]

而「永年以丹藥為寶，得靈秘者乃神，故集奇方於二藏」，即是從道經之中，探求並收錄煉丹、方藥、秘術等。

不過，高濂雖然蒐集煉丹、方藥等秘術，但更重視養生、行氣的效用，甚

22 （清）葉昌熾：《藏書紀事詩》（臺北：世界書局，2010年），卷3，頁20上。

23 （明）高濂：《遵生八牋》（《文淵閣四庫全書》871冊，臺北：臺灣商務印書館，1983年，據國立故宮博物院藏本影印），卷17，〈靈秘丹藥牋上〉，頁1上。

至運用在日常生活之中。而胎息法則是高濂提倡的呼吸養生之法：

> 《金匱妙錄》曰：「凡欲求長生卻病，大法有三：一保精，二行氣，三服餌。凡此三事，亦各有法，不得真傳，卒難得遇也。故保精之術，列敘百數，服餌之方，略有千種，皆以勤勞不強為務。夫行氣可治百病，可袪瘟疫，可禁邪魅，可止瘡血，可居水中，可辟飢渴，可延年命。其大要旨，胎息而已。胎息者，不以口鼻為之，如在胞胎之中，則以成道。」。[24]

高濂認為從道教修煉的養生、長生之法，主要有：保精、行氣、服餌等三種，各有其法，但是行氣之法，著重呼吸，其中最重要的是胎息法。高濂以胎息法養生頗有功效，稱「余則日得空閑，即以唐李真人十六字行之，自然不飢不渴，如常飲食一般，不可厭倦間斷。久久行之，功不盡述。」[25]

另外，在〈延年卻病牋〉所也提到有關呼吸的導引法：

> 張成之為司農丞，監史同坐。時冬嚴寒，余一二刻間，兩起便溺，問曰：「何頻數若此？」答曰：「天寒自應如是。」張云：「某不問冬夏，只早晚兩次。」余諗之曰：「有導引之術乎？」曰：「然。」余曰：「旦夕當北面。」因暇專往叩請，荷其口授。曰：「某先為家婿，妻弟少年遇人有所得，遂教小訣：臨臥時坐於床，垂足解衣，閉氣，舌拄上齶，目視頂門，仍提縮穀道，以手摩擦兩腎腧穴，各一百二十次，以多為妙。畢即臥。如是三十年，極得力。」歸稟老人，老人行之旬日，云：「真是奇妙。」亦與親舊中篤信者數人言之，皆得效驗。[26]

高濂此處所提的導引之術，即是舌抵上顎，提縮穀道，以手摩擦兩腎穴位，各

24 （明）高濂：《遵生八牋》，卷9，〈延年卻病牋上〉，頁1下-2上。

25 （明）高濂：《遵生八牋》，卷9，〈延年卻病牋上・胎息銘解〉，頁24下-25上。

26 （明）高濂：《遵生八牋》，卷9，〈延年卻病牋上・擦腎腧穴說〉，頁67上-68下。

一百二十次，親自按摩皆得效驗，甚至將方法傳授給親人、鄰里，皆有功效。

周履靖（1542-1632），字逸之，浙江嘉興人，號梅顛道人，也善於養生之道，曾於萬曆六年（1578）編成《赤鳳髓》，收錄多年來修練養生導引術的心得，根據周履靖〈跋〉提及，自己之所以對道教養生有興趣，是因自幼體弱多病之故：「余少而有尪羸之疾，則聚族而謀養生，採苓餌朮，烹鍊炮炙之，攻月不日暇。」[27]因此嘗試多方的服餌、煉丹之法，以及結緣名流，探尋養生之要。《赤鳳髓》還收錄轉氣、調氣、嚥氣、行炁、閉炁、調炁、胎息、呼心氣、吹腎氣、吁肝氣等口訣與心法。

而《赤鳳髓》更收錄導引圖七十二種，每圖皆以古仙人法所繪，並加以文字敘述說明。例如〈羡門虎勢戲〉：

> 閉氣低頭，拳戰如虎發，威勢兩手，如提千觔鐵，輕起來，莫放氣，平身吞氣入腹，使神氣之上，而復覺得腹內如雷鳴，或五七次，如此行之，一身氣脈調，精神爽，百病除。[28]

其餘如〈庚桑熊勢戲〉、〈士成綺鹿勢戲〉、〈費長房猿勢戲〉、〈亢倉子鳥勢戲〉等，皆是呼吸配合動作的導引之法。

不僅日間的呼吸導引之法，有助於養生，若夜間的睡眠得當，一樣也可以進行養生。周履靖認為：

> 夫學道修眞之士，若習睡功玄訣者，於日間及夜靜無事之時，或一陽來之候，端身正坐，叩齒三十六通，逐一喚集身中諸神，然後鬆寬衣帶。而側臥之訣，在閉兌目半，垂簾赤龍，頭枕上齶，並膝收一足，十指如鈎，陰陽歸竅，是外日月交光也。然後曲肱而枕之，以眼對鼻，鼻對生門，合齒開天門，閉地戶心，目內觀坎離會合，是內日月交精也。功法

27 （明）周履靖：《赤鳳髓》（《叢書集成新編》，第24冊，臺北：新文豐出版社，1985年），〈跋〉，頁1。

28 （明）周履靖：《赤鳳髓》，卷1，〈五禽書・羡門虎勢戲〉，頁47。

> 如鹿之運督，鶴之養胎，龜之喘息。夫人之晝夜，有一萬三千五百息，行八萬四千里氣，是應天地造化，悉在玄關橐籥，使思慮神歸於元神內藥也。[29]

此後，周履靖又於萬曆二十五年（1597）刊刻《夷門廣牘》，此書分為十個類目，即藝苑、博雅、尊生、書法、畫藪、食品、娛志、雜占、禽獸草目、招隱等。其中，「尊生牘」收錄十二種養生著作，包含：《天隱子》、《赤鳳髓》、《煉形內旨》、《玉函秘典》、《金笥玄玄》、《逍遙子導引訣》、《唐宋衛生歌》、《胎息經》、《益齡單》、《怪疴單》、《既濟真經》、《修真演義》，上述多與道教養生、咒禁、服氣、導引有關，皆是周履靖個人興趣所致。由於周履靖多親身施行養生之法，根據史料記載，周履靖以九十一歲的高齡去世，[30]可謂深得養生長壽之道。

四　民間社會的崇道風氣：進香活動、戲曲小說

一般研究認為，北宋張商英（1043-1121）所提出的道教神譜圖，繪有虛皇天五老、玉清天天寶君、上清天靈寶君、泰清天神寶君、九天司命保生天尊大帝、昊天玉皇上帝、三十二天帝等，共二百二十一位神真，並標明其名諱與所居的天界，可視為宋代是道教諸神譜系的形成時期。[31]而明代則是將道教諸神的奉祀、信仰文化，融入至民間地方社會，形成普及化的重要階段。

除了明代皇帝對於武當山的道教扶持與發展之外，但更重要的是，一般百姓對於武當山的崇敬與信仰。真武大帝的聖誕為三月三日，因此各地前往入山朝香的人數眾多，每年香客可達數萬之多，[32]王世貞更提及「永樂中建真武廟

---

29 （明）周履靖：《赤鳳髓》，卷3，〈華山十二睡功總訣〉，頁55。

30 徐朔方編撰：《晚明曲家年譜》（浙江：浙江古籍出版社，1993年），卷2，〈周履靖年譜〉，頁307。

31 李遠國：〈道教神譜體系與圖像研究〉，《道教文化研究中心通訊》，第5期，2007年1月，頁1-4。

32 （明）凌雲翼：《大嶽太和山志》（湖北：湖北人民出版社，1999年），補遺，頁517。

於太和，幾竭天子之府庫，設大璫及藩司守之。而二廟歲入香銀，亦以萬計。每至春時，中國焚香者，傾動郡邑。」[33]可見各地進香人數的踴躍，香稅收入的豐厚。明末小說《北遊記》就很如實的反映出，當時民間社會對武當山的虔誠信仰，根據《北遊記》的二十四回記載：

> 武當山祖師大顯威靈，逢難救難，遇危救危，四海風平波息，民感神恩。人家孝子順孫求伊父母、無子求嗣者，無有不驗。名揚兩京一十三省，進香祈福者不計其數。有虔心者，半空中自然飄飄然飛一紅緞來，掛於身上，名曰掛彩。天下萬民，不論男婦小兒，或有一步一拜者，紛紛然而來，口念無量壽佛，萬感萬應。今至二百餘載，香火如初，永受朝拜，天下大太平。[34]

此處也反映出民間社會，對於武當山的信仰與進香的盛況。謝肇淛（1567-1624）在《五雜俎》提及了當時民間的武當山進香的紀錄：

> 均州之太和山，萬方士女，駢闐輻湊，不減泰山，然多閩、浙、江右、嶺蜀諸人，與元君雄視，無異南北朝矣，而均州諸黃冠千數，放縱無忌，此則岱宗所無也。武當、元君二祠，國家歲籍其香錢，常數萬緡。官入之，以給諸司俸祿。不獨從民之便，而亦籍神之貺矣。然官吏餼稟，自當有惟正之供，取足於此，似為不經。似當入之本州，以為往來廚傳之費，免加派之丁糧則善矣。今泰山四、九二月之終，藩省輒遣一正官至殿中親自檢閱，籍登其數，從者二人，出入搜索，如防盜然，謂之「掃殿」，而袍帳、化生、俚褻之物，皆折作官俸，殊不雅也。武當亦然。[35]

---

33 （明）王世貞：《弇州四部稿》，卷174，〈說部．宛委餘編〉，頁13下-14上。

34 （明）余象斗編著：《北遊記》（臺北：博揚文化事業公司，2016年），第24回，〈祖師復下凡間救苦〉，頁209-210。

35 （明）謝肇淛：《五雜俎》（《續修四庫全書》子部雜家類1130冊，上海：上海古籍出版社，1997年，據明萬曆四十四年潘膺祉如韋館刻本影印），卷4，〈地部二〉，頁10下-11上。

謝肇淛所謂武當山的真武大帝、泰山的碧霞元君，都是明代後期全國性質的南、北兩地大型宗教活動，因此稱為「無異南北朝矣」。而民間因真武大帝、與碧霞元君的進香活動，也帶來諸多的香稅收入，特別是三月初三為真武大帝的聖誕日、九月初九則為真武大帝的飛昇日，前者稱為「春香」，後者稱為「秋香」，都有絡繹不絕的信眾，前往武當山參拜，因此有「四方居民每遇春三，趨謁而徼福者，莫不駢肩接踵，不數百里，歡呼而至。」[36]因此，也都成為明代官方重要的稅收來源之一。

由於明代皇帝的崇道風氣，加封了許多道教神祇，促使道教更加民間化與普及化。早期的道教是多神崇拜，廣博而多元，將傳統古代崇奉的眾多的天地神靈，多納入道教思想與信仰的神靈系統，例如玉皇大帝等尊貴的天神以外，更廣泛與日常生活、各行各業相互結合，形成供奉門神、風伯、雨師、雷公、灶神、城隍、土地神、媽祖等各種保護神。此外，也陸續增加民間信仰的關公、王靈官、八仙等信仰，進而歸入道教體系。

民間廣泛流傳的「八仙」，雖在唐代已出現，但直到宋元時期「八仙」究竟指哪八個仙人，仍然說法不一，直到明代才確定為：李鐵拐、鍾離權、張果老、何仙姑、藍采和、呂洞賓、韓湘子、曹國舅。其中的呂洞賓，號純陽子，更受到明代的極大崇敬，根據《萬曆野獲編》記載：「世宗奉玄諸典，不可勝紀。惟嘉靖二十五年，以永禧仙宮成，命成國公朱希忠祭告朝天等宮，首揆夏貴溪告純陽孚祐帝君；而工所告成，則用次揆嚴分宜。近呂洞賓屢著靈異，然爵以帝號，則始見於此。但人間未有稱之者，即羽流輩，亦未之知也。」[37]可見嘉靖二十五年（1546）建成的永禧仙宮，由世宗命成國公朱希忠、內閣首輔夏言等，前往致祭，並因呂洞賓號純陽子，於是加封為「孚佑帝君」，因此「帝君」的封號，可見其尊貴與尊崇。

此外，除了玄天上帝為官方欽定祭祀外，明代皇帝還在民間社會，加封各種道教神祇。在東南沿海受到廣泛奉祀的福建莆林默娘，在明初被兩次加封為

---

36 （明）范欽：《嘉靖事例》(《北京圖書館古籍珍本叢刊》史部政書類51冊，北京：北京圖書館出版社，1997年，據明抄本影印)，第2冊，〈議處太和山香錢〉。

37 （明）沈德符：《萬曆野獲編》(北京：中華書局，1997年)，卷14，〈呂仙封號〉，頁362。

天妃，明太祖以其「護海運有功，封孝順純正孚濟感應聖妃」，成祖則於「永樂七年封為護國庇民妙靈昭應弘仁普濟天妃，以正月十五日、三月二十三日，南京太常寺官祭」[38]，並建天妃廟。此後，明代的天妃廟多由道士主持，天妃就歸入了道教神祇的系統。天妃的信仰延續到清代，根據趙翼《陔餘叢考》記載：「臺灣往來，神跡尤著。土人呼神為『媽祖』。倘遇風浪危急，呼『媽祖』，則神披髮而來，其效立應；若呼『天妃』，則神必冠帔而至，恐稽時刻。」而「媽祖」與「天妃」的稱呼雖然不同，但卻代表著天妃信仰的廣泛，以及信眾對天妃的誠摯信賴。[39]

明代文學藝術作品之中，《封神演義》、《三寶太監西洋記通俗演義》等故事，描述「八仙」、「玉皇大帝」、「太上老君」等神仙形象，幾乎隨處可見，也加深了道教思想在民間社會的流傳。

《封神演義》為諸神鬥法的故事，以商、周易代的歷史背景，敘述商紂王、周文王等兩大勢力背後，截教、闡教等神仙群體的鬥法故事。截教神仙，多是由精怪修行而成，以通天教主為首，主要是支持商紂王；而闡教神仙，則是負有靈根的神仙修煉而成，以太上老君、元始天尊為首，主要是支持周文王。雙方都有奇特的術法與能力，例如：千里眼、順風耳，土遁，飛行、七十二變等，更有學者認為，《封神演義》所描述的封神情節，與玄天上帝收魔的故事，有其極相似的關聯性。[40]《封神演義》的奇幻情節，不僅吸引讀者，也將道教的思想與文化，融入民間社會之中。

在明代著名的小說三言、兩拍，之中，道教神祇與思想文化的形象，也隨處可見。《喻世明言》的〈張道陵七試趙升〉，開頭即提及「儒教中出聖賢，佛教中出佛菩薩，道教中出神仙。那三教中，儒教忒平常，佛教忒清苦，只有道教，學成長生不死，變化無端，最為瀟落。」並提及張道陵如何修道成仙，同時以七種試煉，磨練弟子趙升的求道意志，七試分別為：「第一試，辱罵不

38 （清）張廷玉：《明史》，卷50，〈禮志四．吉禮四．諸神祠〉，頁1308。

39 （清）趙翼：《陔餘叢考》（《續修四庫全書》子部雜家類1151-1152冊，上海：上海古籍出版社，1997年，據清乾隆五十五年湛貽堂刻本影印），卷35，〈天妃〉，頁14a-b。

40 李亦輝：《《封神演義》考論》（北京：人民文學出版社，2018年），頁190。

去。第二試，美色不動心。第三試，見金不取。第四試，見虎不懼。第五試，償絹不吝、被誣不辨。第六試，存心濟物。第七試，捨命從師。」同時，也描寫道教真人張道陵的養生、長壽之術，以及幻化、驅邪、斬妖等神蹟。[41]

太上老君為道教始祖之一，一般認為老子是太上老君的化身，以《道德經》度人無數，故又稱為「道德天尊」。葛洪《抱朴子》記載：太上老君「身長九尺，黃色，鳥喙，隆鼻，秀眉長五寸，耳長七寸，額有三理上下徹，足有八卦，以神龜為床，金樓玉堂，白銀為階，五色雲為衣，重疊之冠，鋒鋌之劍，從黃童百二十人，左有十二青龍，右有二十六白虎，前有二十四朱雀，後有七十二玄武，前道十二窮奇，後從三十六辟邪，雷電在上，晃晃昱昱，此事出於仙經中也。見老君則年命延長，心如日月，無事不知也。」[42]可見太上老君相貌奇特，既有青龍、白虎、朱雀、玄武等四象神獸為護衛，又有窮奇、辟邪等神獸隨侍前後，見到太上老君則年命延長、無事不知。

《封神演義》的小說內容裡，鴻鈞道人一道傳三友，而其中三友分別是：太上老君、元始天尊、通天教主。演義之中的元始天尊為闡教教主、通天教主為截教教主，但作為師兄的太上老君，雖未掌教，但地位與能力都在闡、截兩教之上。當通天教主擺下了誅仙陣，要阻擋姜子牙進軍，元始天尊雖前來協助，卻無法破陣，後來太上老君要求撤除誅仙陣，通天教主不肯，太上老君訓斥道：「你趁早聽我之言，速速將此陣解釋，回守碧游宮，改過前愆，尚可容你還掌截教。若不聽我言，拿你去紫霄宮，見了師尊，將你貶入輪迴，永不能再至碧游宮，那時悔之晚矣。」最後，太上老君聯合元始天尊等人，共破誅仙陣。[43]

在《西遊記》的描述中，太上老君居住在三十三天外的離恨天兜率宮，當孫悟空與二郎神、梅山六聖大戰之時，曾助二郎神一臂之力。同時，又將孫悟

41 （明）馮夢龍：《喻世明言》（臺北：三民書局，2010年），卷13，〈張道陵七試趙升〉，頁195-206。

42 （晉）葛洪：《抱朴子》，卷15，〈內篇・雜應第十五〉，頁282。

43 （明）陸西星：《封神演義》（臺北：三民書局，1991年），第77回，〈老子一炁化三清〉，頁774-781。

空關入八卦爐內，以六丁神火焚燒七七四十九天，雖然沒使其損傷，但也燻迷了孫悟空的雙眼。[44]

從民間的戲曲、小說等文學作品，反映出各種道教神祇的形象，諸如道行深厚、法力無邊等，深入人心，也將道教的思想與信仰，完全融入在日常生活之中。

五　結語

明代帝王無論出於政治或信仰的需要，多有尊崇道教的立場，因此對於道教宮觀多有賜額、修建、遣官祭祀之舉，特別是對真武大帝的崇敬與祭祀，明代歷朝皇帝多有遣官前往武當山，進行祈子、求福，儼然成為「皇室家廟」，也推動了道教思想與文化的推廣。此外，在官方崇敬道教的態度下，明代也開啟道教經典的彙集與編纂。

明代以前，雖陸續編有道教經典與彙集，但是大多亡佚。因此明代致力於蒐集、編纂的《道藏》，主要有兩部：《正統道藏》、《萬曆續道藏》。前者於永樂四年（1406）開始編纂，歷時四十餘年，完成於正統十年（1445），因此被稱為《正統道藏》。後者則於萬曆時期繼續的編纂、增補，稱為《萬曆續道藏》。兩部《道藏》的刊刻傳世，不僅收錄翔實的道教經典資料，更有助於道教在全國各地的傳播。由於清代未進行過大規模《道藏》的編纂，所以明代編纂的《道藏》仍是保存了許多珍貴文獻，提供研究道教思想、文化、信仰等資料。

道教思想文化在明代文人社會，除了宗教精神的寄託之外，則反映在養生文化與養生書籍的編纂，以高濂、周履靖等文人為例，雖然對於求仙的煉丹、方藥等秘術，極有興趣，但是卻強調個人身體的保健，都重視養生、行氣的效用，認為養生才是長生之法，甚至以行動具體實踐在日常生活之中。無論是配合呼吸的胎息法、導引法，或是按摩、叩齒、睡眠法等，都是能運用在日常生活作息之中，進而達到延年祛病、長壽健康。同時，明代文人還將相關文獻蒐

44 （明）吳承恩：《西遊記》（臺北：桂冠出版社，1994年），第7回，〈八卦爐中逃大聖　五行山下定心猿〉，頁75-76。

羅編輯成書，無論是《遵生八牋》、《赤鳳髓》、《夷門廣牘》等，都嘉惠後人，讓道教文化得以保留與傳承。

民間社會對於崇道的文化與風氣，則反映在進香活動、與戲曲小說。武當山的信仰與進香的盛況，由於受到皇家與官方推廣的影響，信徒更是絡繹不絕，而從民間的戲曲、小說等文學作品，則是直接反映出各種道教神祇的形象，完全融入在日常生活之中。從民間地方社會對於道教信仰文化的接受，說明了明代是將道教諸神的奉祀、信仰文化，融入至民間地方社會，形成普及化的重要階段，同時也產生出多元的社會風尚。

《老子想爾注》長生成仙思想探微

黃竹芳
太和書院講師

摘要

《老子想爾注》為漢代早期道教非常重要的傳教經典著作，透過對《老子想爾注》的認識，可以瞭解道教長生成仙的思想淵源及其思想內蘊。長生成仙思想是中華民族本土宗教──道教有別於其他各國宗教追求生命永恆不朽的一種獨特方式。《老子想爾注》以長生成仙為其思想核心，主張內修積精，神成仙壽；外行積善，長生得福。並將奉行「道誡」與「積精」、「積善」相連結，以達《老子想爾注》修道長生、仙壽天福之終極目標。本文論述重點：首先從「生命觀」來探討《老子想爾注》關於長生成仙的思想理論；繼而從「神仙譜系」之建構，考察「太上老君」在道教長生思想中的意義以及「聖人」、「仙士」、「道人」所具備的理想品格與素養，以明《老子想爾注》長生成仙思想中所蘊含濃厚道德思想的生命美學；再從「煉養之術」精氣神合──來探究《老子想爾注》長生成仙形神俱妙的終極境界；再進一步從「生命永恆」與「長生不死」來探討生命永恆的真諦。透過《老子想爾注》長生成仙思想內蘊及生命永恆美學之析論，以明《老子想爾注》護生、愛生、貴生的思想與行善積德、善盡人倫的道德觀，為道教所樹立積德成福、神成仙壽良善而積極的宗教文化之典範。這是《老子想爾注》思想的價值，也是《老子想爾注》對道教文化之意義與影響及對人類社會的功能與貢獻。

關鍵詞：老子想爾注、長生成仙、生命觀、太上老君

一　前言

《老子想爾注》為漢代道教最重要的注老之作，作者為張道陵（34-156）[1]。作為道教最早的《老子》注本，《老子想爾注》道論思想體系的演繹，多源自《老子》之「道」的理念，在詮釋學上稱為「本體詮釋」[2]。《老子想爾注》作為《老子》的注本，其形式為依經作注，在對《老子》的詮釋時，必有所承繼亦有所創發，於其中推衍《老子想爾注》作者自己的思想體系，並衍生出《老子想爾注》更多元多樣性之論點，在詮釋學上稱為「創造詮釋」[3]。《老子想爾注》是道教注《老》的第一本著作，是老學史上首次從宗教神學角度注解《老子》之作，將《老子》從哲學思想轉向長生成仙的信仰，是宗教史上之創舉，在道教發展史上有其宗祖的地位，[4]是研究早期道教的寶貴文獻資料。

關於《想爾注》以宗教神學角度釋《老》之做法，最為學者詬病之處有二：其一、從形式上言，《老子想爾注》對《老子》經本刪省虛字，改換字詞，又標新斷句；其二、從義理上看，《老子想爾注》注語淺鄙，改字異解，注解移義，屈成其解，附會神異等等。關於《老子想爾注》對《老子》改字異解之做法，筆者從四個角度對《老子想爾注》從詮釋學、思想內涵、宗教傳教的立意及「道教老學」的立場上給予重新定位及肯定。筆者認為：（一）從創造性詮釋學的角度來看，德．伽達默爾說：「每一時代都必須按照自己的方式

1 關於《老子想爾注》作者之考辨，參見拙論：《《老子想爾注》思想研究》，國立高雄師範大學國文學系博士論文，111年6月，頁19-27。筆者就《漢天師世家》、《三國志》、《後漢書》等，言記張道陵及張魯相關資料判讀，認為張道陵著《老子想爾注》的可能性更高於其孫張魯；而張魯踵繼其祖張道陵所著《老子想爾注》再進而加以釐訂之，亦不無可能。

2 「本體詮釋」指將其概念內涵與意義，賦予第一因的意義，朝向形上學第一因本體論探求意義的極至。（參見潘德榮：《詮釋學導論》第7章，臺北：五南圖書出版有限公司，1999年8月），頁192。

3 「創造詮釋」即是在理解與解釋的過程中，不囿於原本概念的本義，產生創發性的思維與意義（參見潘德榮：《詮釋學導論》第7章，臺北：五南圖書出版有限公司，1999年8月），頁192。

4 參見任繼愈主編：《中國道教史．上》（臺北：桂冠圖書股份有限公司，1991年10月），頁41。

來理解歷史留下的文本。」[5]換言之，文本的詮釋是開放性的，超越時空的，是永無止境不斷創新的詮釋和理解的，是賦予文本萬古常新的生命活泉。《老子想爾注》在義理上改字異解，注解移義，全為契合宗教之旨而考量，《老子想爾注》對《老子》文本增刪改易，將「道」的內涵由道家哲學轉向宗教神學，「標誌著『道教老學』的產生」[6]，從創造性詮釋學的角度而言，是一種創新。（二）從思想內涵來看，《老子想爾注》從勸化的角度，主張積德行善，奉行道誡，強調修身，注重養生，以達長生成仙之目標，思想立意正向而積極，符合宗教勸善之旨，注解內容意歸宗教，三十五章注（第三章至第三十七章）自始至終，思想一貫，自成體系。（三）從宗教傳教的立意來看，《老子想爾注》首開以宗教神學注老之風，其修道積德、長生成仙的思想成為《老子想爾注》的終極目標。《老子想爾注》用神仙思想解《老》，將《老子》抽象形上的哲學之「道」，神化改造為「老子」──「太上老君」，賦予「道」神學意義的概念，實為達成其宗教化修道長生成仙之理想。是以《老子想爾注》內容附會神異，充滿神祕性；至於《老子想爾注》注語淺近，更貼近道徒心理層面以落實修身、修道的信仰生活，純為闡道翼教而立說，應無淺鄙之實。（四）從「道教老學」的立場來看，《老子想爾注》標幟著道教以宗教思想注老之發軔，形成獨具一格的「道教老學」。孫亦平指出：「道教老學是道教學者站在信仰的立場上，用道教得道成仙的思想來詮釋《道德經》而漸形成的一門學問。這種詮釋不僅將老子的哲學之道演化為宗教之道，而且也為教道的創立與持續發展奠定了思想與信仰基礎。」[7]《老子想爾注》在漢代三家注《老》之作中，從宗教神學釋《老》，不僅首開「道教老學」之風氣，其思想見地融道家、黃老、神仙方術、讖緯之學、民間巫術等於一書，迥異於各家注《老》之學，在老學史上，堪稱獨樹一格。《老子想爾注》以神仙思想注解《老子》，特別是將「老子」神化為「太上老君」，並將「道」神格化為「至上神」，為一切

5 〔德〕伽達默爾（Hans-Georg Gadamer, 1900-2002）著，洪漢鼎譯：《真理與方法：哲學詮釋學的基本特徵》上卷，2冊（上海：上海譯文出版社，2004年1月），頁383。

6 李剛：《漢代道教哲學》（四川：巴蜀書社，1995年），頁220。

7 孫亦平：《杜光庭思想與唐宋道教的轉型》（南京：南京大學出版社，2004年），頁105。

萬物的創世主，在在展現《老子想爾注》思想內涵及風格的獨到與創新。

人類先民意識到肉體生命的短暫，以及對自然死亡的恐懼，從而生出對延年益壽的渴望與追求，乃至於對長生不死、生命永恆的熱切嚮往。這種超越肉體生命的有限性，而企盼長生不死、生命永恆存在的無限性，是人類各民族的共性問題與終極關懷。在《詩經》中早有文字記錄了華夏先民對長生延壽的渴望之心聲。如《詩經》中的祝頌之辭：「以介眉壽」[8]、「萬壽無疆」[9]、「萬壽無期」[10]、「南山之壽」[11]、「松柏之茂」[12]等，反映出華夏先民對長生延壽的企慕和嚮往。

世界有名的宗教如佛教、基督教、回教等，都認為人死後靈魂會進入另一個世界（彼岸世界），它們提供信徒到達彼岸的方法、途徑，「以求在肉體生命死亡之後，人的靈魂能夠在彼岸世界裡得到永生，它們給世人提供的都是那種以靈魂不死為特徵的『宗教式』的超越方法。」[13]在道家、道教所追求的長生成仙思想，則是超越時空限制達到肉體與靈魂生命永恆長存的一種哲學思想。這種企慕肉體與靈魂生命能長存不死的長生成仙信仰，是屬於中華民族追求生命永恆的一種獨特方式。[14]

《老子想爾注》作者透過對《老子》注解的方式，進行其宗教化的教義及誡律之宣揚，標幟著對神化之「道」──太上老君的信仰。《老子想爾注》要求信徒信仰「真道」，法道行事，駁斥不合「真道」的邪文偽伎之思想、觀念、方法，是最早將道家哲學之祖──《老子》經典予以宗教化、神學化的《老子》注本。《老子想爾注》對《老子》宗教化、神學化的注解主要表現在兩個獨特的面向：一、是《老子想爾注》對哲學之「道」作了宗教神學化之詮

8 〔唐〕孔穎達編撰：《毛詩正義》（北京：北京大學出版社，2000年12月），頁589（〈豳風・七月〉）。

9 〔唐〕孔穎達編撰：《毛詩正義》，頁594（〈豳風・七月〉）。

10 〔唐〕孔穎達編撰：《毛詩正義》，頁718（〈小雅・南山有台〉）。

11 〔唐〕孔穎達編撰：《毛詩正義》，頁686（〈小雅・天保〉）。

12 〔唐〕孔穎達編撰：《毛詩正義》，頁686（〈小雅・天保〉）。

13 姚聖良：《先秦兩漢神仙思想與文學》（濟南：齊魯書社，2009年8月），頁11。

14 參見姚聖良：《先秦兩漢神仙思想與文學》，頁7。

解，將「道」的永恆性、崇高性，推闡為人身的長生之道，透過注解《老子》樹立「道誡」，作為五斗米道宗教信仰之戒律原則，為「道」作了權威性之界定。二、是《老子想爾注》以長生成仙為其思想核心，主張內修積精，神成仙壽；外行積善，長生得福；將奉行「道誡」與「積精」、「積善」相連結，以達《老子想爾注》修道長生、仙壽天福之終極目標。可以說「道誡」就是「道」的具體表現，整部《老子想爾注》的思想基調便是長生成仙，而長生修煉思想，都在「道誡」的內容中。是以，唯有言行、思想合道意、奉道誡者能修煉長生成仙。

《老子想爾注》作為漢代早期道教的經典著作，透過對《老子想爾注》的認識，可以瞭解道教長生成仙的思想淵源及其思想內蘊。本文〈《老子想爾注》長生成仙思想探微〉論述之重點：首先從「生命觀」來探討《老子想爾注》關於長生成仙的思想理論；繼而從「神仙譜系」之建構，考察「太上老君」在道教長生思想中的意義以及「聖人」、「仙士」、「道人」所具備的理想品格與素養，以明《老子想爾注》長生成仙思想中所蘊含濃厚道德思想的生命美學；再從「煉養之術」──精氣神合一來探究《老子想爾注》長生成仙形神俱妙的終極境界；再進一步從「生命永恆」與「長生不死」來探討生命永恆的真諦。透過《老子想爾注》長生成仙思想內蘊及生命永恆美學之析論，以明《老子想爾注》護生、愛生、貴生的思想與行善積德、善盡人倫的道德觀，為道教所樹立積德成福、神成仙壽良善而積極的宗教文化之典範。這是《老子想爾注》思想的價值，也是《老子想爾注》對道教文化之意義與影響及對人類社會的功能與貢獻。

二　《老子想爾注》長生成仙的生命觀

長生成仙是《老子想爾注》人生追求的終極目標，也是《老子想爾注》非常重要的生命觀。在超脫生死桎梏的生命究竟之議題上，先秦、兩漢道家及道教的長生思想，對《老子想爾注》有相當程度的影響和啟發。老子言「長生」，主要從物質生活上減損，而在精神生命上提升與超越。《老子》對攝生的看重，「主要是提倡一種精神上的生死觀念的絕對超越，其所言及的『長生』主要乃長久、長壽之意，而非成仙不死。」[15]固然《老子》並無成仙思想，然而《老子》中的部分章句充滿玄秘性，如「谷神不死」(第六章)、「死而不亡者壽」(第三十三章)、「長生久視」(第五十九章)[16]等，為《老子想爾注》長生成仙思想的「改造利用開啟了方便之門」[17]。至於《莊子》本具濃厚的仙道思想，《莊子》對「真人」、「至人」、「神人」等體道者的特異神通形象之描述，對《老子想爾注》及道教的神仙思想，在理論上及修煉上提供了相當豐富、寶貴的資料。漢代《老子道德經河上公章句》一書，雖未見一「仙」字，然將「道」形容成有意志，能報應善惡的神祕力量，已具備天人感應思想，而其所宣揚行善得福、積德長壽的修道概念，都為《老子想爾注》行善積德之長生成仙思想所取法。《太平經》是文獻中最早建立神仙譜系及神仙職掌的經典，主張行善積德為成仙的重要法門。《老子》、《莊子》、《老子道德經河上公章句》、《太平經》、《老子想爾注》等著作，使先秦至漢代均瀰漫著長生思想及成仙信仰並蔚為風潮。

生死議題一直以來是人們不斷尋思並探求解決之策的現實問題，期能擺脫古今人類對死亡短壽的恐懼，而祈求永恆長生的可能。長生成仙是《老子想爾注》思想的終極目標，整部《老子想爾注》都是圍繞在長生成仙這一思想核心而進行推闡。在追求長生的生命觀中，《老子想爾注》有相當份量地表述。

(一)《老子想爾注》中「生」與「長生」之關係及意義

追求長生的生命觀，為《老子想爾注》重要的思想內蘊。在《老子想爾注》中「生」字出現五十七次，「壽」字出現十三次，「長生」一詞出現六次，「仙」字出現三十次，「仙壽」出現十一次，「神」字出現二十三次。從

---

15 梁宗華：〈道家哲學向宗教神學理論的切換——《老子想爾注》「道」論剖析〉，《哲學研究》1999年第8期，頁55。

16 王卡點校：《老子道德經河上公章句》(北京：中華書局，1997年10月第二次印刷)，頁21、134、232。

17 梁宗華：〈道家哲學像宗教神學理論的切換——《老子想爾注》「道」論剖析〉，頁55。

「生」、「壽」、「長生」、「仙」、「仙壽」頻繁出現的次數而觀之，「生」是《想爾注》一個重要的思想範疇，[18]而長生成仙則是《想爾注》成為宗教神學重要的思想特徵之一。茲錄「生」字之相關注文如下：

《老子想爾注》中「生」字之注文

《老子想爾注》注文內容	章數	頁數
道絕不行，耶文滋起，貨賂為生，民競貪學之。身隨危傾。	第三章	6
自威以道誡，自勸以長生。	第四章	7
和則相生，戰則相剋。	第四章	7
情性不動，喜怒不發，五藏皆和同相生，與道同光塵也。	第四章	7
譬如盜賊懷惡不敢見部史也，精氣自然與天不親，生死之際，天不應也。	第五章	8
不如學生，守中和之道。	第五章	8
陰孔為門，死生之官也，最要，故名根。	第六章	9
陰陽之道，以若結精為生。	第六章	9
道重繼祠，種類不絕，欲令合精產生，故教之。	第六章	9
上德之人，志操堅彊，能不戀結產生，少時便絕。	第六章	9
能法道，故能自生而長久也。求長生者，不勞精思求財以養身，……而目此得仙壽，獲福在俗人先，即為身先。	第七章	10
不知長生之道。身皆尸行耳，非道所行，悉尸行也。	第七章	10
嬰兒無為故合道，但不知自制，知稍生，故致老。	第十章	13
道不食之，口爽者，糜爛生瘡。	第十二章	15
行道致生，不致貨；貨有為，乃致貨妨道也。	第十二章	15

18 參見黃新華：〈《老子想爾注》長生思想探析〉，《道教論壇——弘道》2018年第2期，總73期，頁18。

《老子想爾注》注文內容	章數	頁數
求生之人，與不謝，奪不恨，不隨俗轉移，真思志道。	第十五章	19
生道不去。	第十五章	19
尸死為弊，尸生為成。	第十五章	19
萬物含道精，並作，初生起時也。	第十六章	20
能行道公政，故常生也。	第十六章	20
能致長生，則副天也。	第十六章	21
天能久生，法道故也。	第十六章	21
而復一邊生像，沒而不殆也。	第十六章	21
謂詐聖知邪文者，夫聖人天所挺生，必有表，河雒著名。	第十九章	23
反言仙自有骨錄，非行所臻，云無生道，道書欺人。	第十九章	23
道生邪死，死屬地，生屬天。	第二十章	25
生故屬天，惡死亦屬地也。	第二十章	25
道設生以賞善，設死以威惡。……仙王士與俗人同知畏死樂生，……仙士畏死，信道守誡，故與生合也。	第二十章	25
无心意如嬰兒未生時也。	第二十章	25
生死之官也，精其真，當寶之也。	第二十一章	27
古仙士寶精以生，今人失精以死，……今但結精便可得生乎？……百病並生。	第二十一章	27-28
聖人法道，但念積行，令身長生生之行。	第二十二章	29
行道者生，失道者死。	第二十四章	31
四大之中，所以令生處一者；生，道之別躰也。	第二十五章	33
天地廣大，常法道以生。	第二十五章	33
結志求生，務從道誡。	第二十七章	34

《老子想爾注》注文內容	章數	頁數
但歸志於道，唯願長生。	第二十八章	36
道人同知俗事高官重祿好衣美食珍寶之味耳，皆不能致長生。長生為大福。	第二十八章	36
五帝精生。	第二十九章	37
身常當自生。	第二十九章	37
天子之軍稱師，兵不合道，……但見荊棘生。	第三十章	38
偏將軍不專煞生之權，像左。	第三十一章	40
王者行道，天地喜，滋澤生。	第三十二章	41
道人求生，不貪榮名。	第三十二章	41
復生去為不亡。	第三十三章	43
以為生既不責恩，復不名主，道乃能常大耳。……大者長生，與道等壽。	第三十四章	43
無味之中有大生味。	第三十五章	45

（本表依據饒宗頤：《老子想爾注校證》〔上海：上海古籍出版社，1991年〕製成。）

在僅殘存的三十五章《老子想爾注》中，「生」字出現在二十四章注文中，足見《老子想爾注》對個體生命養生、長生之重視。筆者歸納「生」字在《老子想爾注》中之意涵，可析為五種：

1. **作「長生、長生成仙」解**。如「貨賂為生」（第三章注）、「自勸以長生」（第四章注）、「不如學生」（第五章注）、「結精為生」（第六章注）、「求長生者」（第七章注）、「長生之道」（第七章注）、「行道致生」（第十二章注）、「求生之人」（第十五章注）、「生道不去」（第十五章注）、「故常生」（第十六章注）、「能致長生」（第十六章注）、「云無生道」（第十九章注）、「道設生以賞善」（第二十章注）「與生合也」（第二十章注）、「實精以生」（第二十一章注）、「結精便可得生乎」（第二十一章注）、「令身長生生之行」(第二十一章注)、「行道者生」(第二十四章注),「常法道以生」(第二十五章注)、「結志求生」(第二十七章注)、「唯願長生」(第二十八章注)、「能致長生」、「長生為大福」(第二十八章注)、「身常當自生」(第二十九章注)、「道人求生」(第三十二章注)、「大者長生」(第三十四章注)、「无味之中有大生味」(第三十五章注)。《老子想爾注》中「生」作長生、長生成仙之表述,共計有二十七次之多,足見長生成仙為《老子想爾注》十分重要的生命觀。

2. **作「生命」解**。如「合精產生」(第六章注)、「戀結產生」(第六章注)、「生處一者」、「生,道之別躰也」(第二十五章注)、「煞生之權」(第三十一章注)。

3. **作「生存」解**。如「生死之際」(第五章注)、「生死之官」(第六章注、第二十一章注)、「故能自生而長久也」(第七章注)、「尸生為成」(第十五章注)、「天能久生」(第十六章注)、「復一邊生像」(第十六章注)、「道生邪死」(第二十章注)、「生屬天」(第二十章注)、「生故屬天」(第二十章注)、「畏死樂生」(第二十章注)、「復生去為不亡」(第三十三章注)。

4. **作「生長、生出」解**。如「知稍生」(第十章注)、「糜爛生瘡」(第十二章注)、「初生起時」(第十六章注)、「天所挺生」(第十九章注)、「嬰兒未生」(第二十章注)、「五帝精生」(第二十九章注)、「以為生即不責恩」(第三十四章注)。

5. **作「滋生」解**。如「和則相生」(第四章注)、「和同相生」(第四章注)、「百病並生」(第二十一章注)、「但見荊棘生」(第三十章注)、「滋澤生」(第三十二章注)。

承上述,可見《老子想爾注》中,「生」字絕大部分作長生、長生成仙解,而其餘作生命、生存、生長之解者,亦多與長生之意互有關聯。《老子想爾注》重視個體生命之養護,由「生」字頻繁地作長生、長生成仙之表述,再加上「仙」字、「壽」字、「仙壽」及「神」字大量之運用,可知《老子想爾注》以長生成仙作為道徒信道奉誡之終極目標,於茲可見一斑。

林慈涵在〈道家與道教的主題問題——以《老子想爾注》為例〉一文中指出：

> 「個人之生」是透過信念與方法，在個人的生命單位上具有永恆性，其長生包含肉身的延續與到達他界的不滅，亦即常提的神仙思想，這是宗教問題。宗教務在確保生的平順與死的安寧，而宗教更為宏大的宇宙觀，消除了人類對於肉身消失的焦慮感，並在生至死的過程中將祈報的機制納入以安置福禍，提供一套明確的是非標準讓大眾依循，這是宗教得以安頓人心的原因。[19]

「長生成仙」所象徵的生命境界是無憂無慮的、自在快意、無形體之拘束、無死亡之威脅。《老子想爾注》追求的終極目標是長生成仙，是以修道積德、行善去惡、長生成仙，形成道教信仰的核心理念。由《老子想爾注》中「生」字頻繁地表述為長生及長生成仙之意，可以顯見，《老子想爾注》思想透過生命永恆長存的實踐以安頓人心，這是宗教對人類社會莫大的功能和貢獻。

（一）《老子想爾注》以「生」解「道」之生命內蘊

《老子想爾注》與通行本《老子》注本最大的不同，便是從宗教的角度詮解《老子》，把《老子》中天地之母、萬物之宗的「道」體與長生成仙思想融為一體，並結合民間方術、神仙思想，從而建立自己的宗教神學體系。《老子想爾注》為宣揚其長生成仙之宗旨，以「生」解「道」，在《老子》「道」論的基礎上，注入了長生成仙思想，梁宗華指出：「這樣的『道』顯然為道教的神仙長生學說提供了本體論基礎。」[20]在《老子》的道論基礎上，《老子想爾注》不僅在注文中頻繁地置入「生」及「長生」之詞，以凸顯其長生成仙之生命觀（見前一單元——「生與長生」所論），同時借改字異解之方式，成功地將長生成仙思想融入《老子》的道論思想中，以「生」解「道」之生命內涵，

---

19 林慈涵：〈道家與道教的主體問題——以《老子想爾注》為例〉，《臺大中文學報》第七十三期，2021年6月，頁167。

20 梁宗華：〈道家哲學向宗教神學理論的切換——《老子想爾注》「道」論剖析〉，頁52。

成為《老子想爾注》生命觀一項重要的思想特色。

在表現「生」的思想概念上，《老子想爾注》透過「改字異解」之方式，進行長生成仙思想之嵌入。《老子想爾注》為凸顯其長生成仙思想，在注解《老子》時，直接改易《老子》之原文，如：《老子》第十六章，通行本《老子道德經河上公章句》：「公乃王。王乃天。」[21]《老子想爾注》更易為：「公能生，生能天。」[22]將「王」改易作「生」。按《老子道德經河上公章句》注解「公乃王。王乃天。」為「公正無私，〔則〕可以為天下王。治身正則形一，神明千萬，共湊己躬也。能王，〔則〕德合神明，乃與天通。」[23]河上公注「王」為稱王天下之意。另陳鼓應於《老子今註今譯及評介》中作「公乃全」，援引王弼註：「無所不周普」，認為「王」是「全」字之缺誤，將「王」改作「全」。陳鼓應並引勞健之說，認為「公乃王」或「公乃生」，應作「公乃全」，以為王弼註：「無所不周普」為正確合宜之解。[24]筆者以為：河上公注「公乃王，王乃天」解「王」為稱王天下，其意為能行包容、公正之德者，可為天下之王，其德合神明，與天通、與道合，是以終其一生無有危殆。筆者以為河上公解「王」為稱王天下，其文意與《老子》本義相合；而學者勞健、陳鼓應從用韻及釋義認同王弼本作「公乃全」，解「全」為「無所不周普」，亦為有理有據。

《老子想爾注》解「公能生，生能天。」其注文曰：「能行道公政，故常生也。能致長生，則副天也。」[25]《老子想爾注》中非但將「王」改字為「生」，於注文中更見行道「常生」、「長生」之語。筆者以為，《老子想爾注》改字異解無非是向長生成仙之旨靠近。《老子想爾注》將「公乃王，王乃天」改易作「公能生，生能天」，是為了扣緊《老子想爾注》全書的長生思想之一貫宗旨，而將「王」改作「生」。歷來，有「公乃王」、「公乃生」、「公乃全」

21 王卡點校：《老子道德經河上公章句》，頁63-64。

22 饒宗頤：《老子想爾注校證》（上海：上海古籍出版社，1991年），頁20-21。

23 王卡點校：《老子道德經河上公章句》，頁64。

24 陳鼓應註譯，王雲五主編：《老子今註今譯及評介》（新北市：臺灣商務印書館，2017年7月），頁117-118註⑪。

25 饒宗頤：《老子想爾注校證》，頁20-21。

之不同版本及解釋，而《老子想爾注》改「王」為「生」，將《老子》第十六章虛靜之道，用長生作了詮解，此為《老子想爾注》以「生」解「道」之特色，目的乃是強化其長生成仙之生命觀。

再以《老子》第二十五章為例，《老子》曰：「道大，天大，地大，王亦大。域中有四大，而王居其一焉。人法地，地法天，天法道，道法自然。」[26]此章為《老子》論「道」之最高的本源性，為《老子》論道最富形上哲學意義的一章。[27]《老子想爾注》同樣改「王」為「生」，其曰：「道大，天大，地大，生大。域中有四大，而生處一。人法地，地法天，天法道，道法自然。」[28]陳鼓應指出：《老子》傅奕本、范應元本「王」均作「人」，吳承志、奚侗、嚴靈峰等皆認為「王」應作「人」。從字形上看，「人」古文作「三」，「王」為讀者誤判；從前後文觀之，「人亦大」與後文「人法地，地法天，天法道，道法自然。」脈絡為一貫。[29]顧寶田、張忠利說：「生大，多本作「王亦大」，或作「人亦大」，《老子》帛書甲乙本作『王亦大』。」[30]又說：「而生處一，多本作『而王居其一焉』。《老子想爾注》改『王』為『生』，又十六章『公乃王，王乃天』，亦改『王』為『生』，以附會其長生成仙之說也。」[31]可知多數版本作「王亦大」、「王居其一焉」，或作「人亦大」、「人居其一焉」，獨《老子想爾注》作「生大」、「生處一」，《老子想爾注》改「王」為「生」，有刻意附會長生成仙之意而作的改字，以遂其全書之宗旨，表現《老子想爾注》「貴生」思想的一大特徵。[32]

《老子想爾注》於注文中更提出「生，道之別躰也。」〈第二十五章注〉曰：「四大之中，何者最大乎？道最大也。四大之中，所以令生處一者；生，

26 王卡點校：《老子道德經河上公章句》，頁102。

27 參見顧寶田、張忠利注譯，傅武光校閱：《新譯老子想爾注》（臺北：三民書局，2019年1月），頁128。

28 饒宗頤：《老子想爾注校證》，頁32-33。

29 參見陳鼓應注譯，王雲五主編：《老子今註今譯及評介》，頁145-147注⑩。

30 顧寶田、張忠利注譯，傅武光校閱：《新譯老子想爾注》，頁130注⑭。

31 顧寶田、張忠利注譯，傅武光校閱：《新譯老子想爾注》，頁130-131注⑯。

32 參見顧寶田、張忠利注譯，傅武光校閱：《新譯老子想爾注》，頁133。

道之別躰也。自然者，與道同號異體，令更相法，皆共法道也。天地廣大，常法道以生；況人可不敬道乎！」[33]《老子想爾注》不唯將《老子》原文之「王」改為「生」，於其注文中，更言「生，道之別躰也」，逕言「生」是「道」的另一種表現形式。《老子想爾注》在本章注中賦予「生」極重要的位置，與「道」、「天」、「地」同列在四大之中。尋繹《老子想爾注》之意，「道」為四大中之最大者，「道」體具有至高性、永恆性，「生」既是「道」的一種表現形式，則「道」體賦予天地的生命型態應與「道」一般永恆常在，於人則是長生成仙。是以注文最後曰：「天地廣大，常法道以生；況人可不敬道乎！」《老子想爾注》認為天地法道而能恆久永存，人更應效法大道自然之法則，亦可以長生久壽。顧寶田、張忠利說：「追求長生成仙是道教修行的目標，此種貴生重己思想在《老子》書中即有，經《老子想爾注》、《太平經》等闡發，及後世道教理論家的充實完善，成為道教理論的重要特徵。」[34]誠如學者之言，《老子想爾注》改「王」為「生」字，又異解「生」為「道之別躰」，不僅為《老子想爾注》思想之一大特色，同時「成為道教理論的重要特徵」，在在顯示《老子想爾注》以「生」解「道」之用意，全為推闡長生、貴生之思想。

（二）《老子想爾注》行道致長生的生命理想

承上述，《老子想爾注》提出「生，道之別躰也」，筆者認為有三點意義：其一、「生」是「道」的另一種形式的存在，這種以「生」解「道」的獨特詮釋，其實就是《老子想爾注》「生道」思想的主張，也就是「貴生」思想的生命觀。其二、將「生」與「道」結合，使長生成仙的終極追求，建構在合「道」的行為規範上，便進一步與合道意、奉道誡的宗教主張作了緊密的結合。其三、使長生久視、神成仙壽之生命最高之理想境界，因合道、行道而達「生道不去」，在長生成仙的理論上加深其可能性。

《老子想爾注》強調人的壽命長短可由自身的行為善惡來決定，堅決反對一般宿命論之觀點，不同意夭、壽為與生註定。《老子想爾注》曰：「道生邪

33 饒宗頤：《老子想爾注校證》，頁33。

34 顧寶田、張忠利注譯，傅武光校閱：《新譯老子想爾注》，頁131注⑰。

死」，「道設生以賞善，設死以威惡。」（第二十章注）又曰：「自威以道誡，自勸以長生。」（第四章注）《老子想爾注》強調大道與邪道最大的區別，便是大道能教人長生之道，而邪道、邪學但令人夭死。大道對善人賞賜長生仙壽，對惡人威懾以死劫短壽，勉人勤修長生之道，時時以道誡惕勵自身。又曰：「能行道公政，故常生也。能致長生，則副天也。天能久生，法道故也。人法道意，便能常久也。」（第十六章注）「奉道誡者可長處吉不凶」（第三十六章注），「能法道，故能自生而長久」（第七章注）[35]。《老子想爾注》認為，大道能容，天能法道無所不包、無所不容，是以天能永恆長存，人能「副天」與天相符，效法大道之意，能行公正之道，便能長生久壽；能奉行大道之誡律者，可享平安吉祥而無災劫之凶害。

反之，「人非道言惡，天輒奪筭。」（第二十七章注）「人不行誡守道，道去則死。」（第三十六章注）《老子想爾注》並嚴厲警惕眾人，若人毀謗大道，言語邪惡，行為離道，上天必會剝奪其年壽，減其壽數。是以，「欲求仙壽天福要在信道、守誡、守信。」（第二十四章注）若想得仙壽天福，要在能「信道」、「守誡」、「守信」；倘若非道行惡，不守道行誡，「道去則死」，失道者必無活路，唯有死路。「行道者生，失道者死。」（第二十四章注）[36]人的壽命之長短決定在自身的善惡行為，「道」能賞善罰惡，行善積德合道，天道必賞賜以長生仙壽，此為《老子想爾注》之生命觀。

延續行道可致長生，壽命長短非由命定而決定在己之生命觀，《老子想爾注》並強烈批判《太平經》主張成仙自有骨錄之說法，以及「貴賤實有命，愚者而妄語」[37]的宿命論之命定觀。《老子想爾注》曰：

> 今人无狀，裁通經藝，未貫道真，便自稱聖，不因本，而章篇自揆，不能得道言；先為身，不勸民真道可得仙壽，脩善自懃。反言仙自有骨錄，非行所臻，云无生道，道書欺人。此乃罪盈三千，為大惡人，至令

35 饒宗頤：《老子想爾注校證》，頁25、7、20-21、46、10。

36 饒宗頤：《老子想爾注校證》，頁34、46、31、31。

37 王明：《太平經合校》（北京：中華書局，1960年），頁289。

> 後學者，不復信道，元元不□。……是故絕詐聖邪知，不絕「真聖道知」也。[38]（第十九章注）

《太平經》的生命觀主張「人人得壹生，不得重生也。」[39]意即人人各一生的一世觀，並言成仙者為具有仙質者，[40]此論點與《老子想爾注》主張「勸民真道可得仙壽」、行道「能致長生」，透過修道積德行善，則人人皆可得長生仙壽天福之理念完全相左。《老子想爾注》認為聖人、道人、仙士至誠行道，治身養生合道，此皆行道致長生成仙之典範，如：「聖人法道不為惡，故不伐身，常全其功也。」;「聖人法道，但念積行，令身長生生之行。」（第二十二章注）「道人所以得仙壽者，不行尸行，與俗別異，故能成其尸。」（第七章注）[41]「道人行備，道神歸之，避世託死過太陰中，復生去為不亡，故壽也。」（第三十三章注）「古之仙士，能守信微妙，與天相通。」（第十五章注）「仙士畏死，信道守誡，故與生合也。」（第二十章注）[42]《老子想爾注》中頻頻舉出聖人、道人、仙士「法道」、「積行」、「行備」、「信道守誡」，故能「身長生生」、「復生不亡」、「與生合也」而得長生仙壽之例，以茲證明長壽可因積善而得，神仙可因修道而致。

《老子想爾注》思想的終極目標為長生成仙。然東漢另有主張生死自然，反對神化儒學，與天人感應論、長生不死說形成對立之勢，代表學者為桓譚（西元前40年前後-西元32年前後）及王充（西元27年-約西元97年）。桓譚認為生老病死乃自然現象，不認同長生不死之說。桓譚將燭幹比作人的形體，以燭火喻形神。認為：精氣神不能離開人的形體而獨立存在，正如燭光不能脫離燭體而存在，認為長生不死違反自然現象。又草木五穀依陰陽之氣而生長、成

38 饒宗頤：《老子想爾注校證》，頁23。

39 王明：《太平經合校》，頁298。

40 《太平經》固然主張一世之生命觀，也提出成仙者皆具仙質，但也強調修善積德可由俗入聖、由聖入仙、由仙入神，表現積極修德之生命態度。有關《太平經》之生命觀，請參見拙論《《老子想爾注》思想研究》第伍章第一節之四。

41 饒宗頤：《老子想爾注校證》，頁29、10。

42 饒宗頤：《老子想爾注校證》，頁43、18、25。

熟、結果，果熟蒂落復入土中，再長出新苗。就像人與禽獸昆蟲，皆為雌雄交合而產生新的生命。生命發展的過程有生、長、老、死，有生長便會有老死，正如春、夏、秋、冬更替，四時遞嬗本為自然規律。若想改變自然律求得長生不死，是令人困惑不解的事。[43]桓譚燭滅無火之自然主義的生死觀，對王充神滅無鬼的無神論有很深的影響，認為人有生命便有死亡，人死如火滅，火滅則無光，否定鬼神之存在，對神仙方術予以嚴肅地批判，認為養身只可延壽，但不能使人長生不死。王充也是自然主義的思想家，其自然觀是主張天道無為，認為天地是客觀存在的物質實體，人與萬物都是天地間「氣」的運行自然而生，自然災變的出現是由於自然之氣的不協調而造成的。王充批判人世間所謂自然災異是上天用來譴告君王之說為謬論，並駁斥秦漢方士和儒書讖緯所言「得道仙去」、「度世不死」、「長生成仙」之說。

王充以鳥獸食為裹腹，「恬淡無欲」，終究「亦老而死」；草木無情欲，卻「春生秋死」；以「壽不踰歲」為例，與「人多情欲」，竟壽至百歲作對比——「無情欲者反夭，有情欲者壽也」，來說明「恬淡無欲」並不能致長生不死，並以此駁斥傳說中如老子等真人，「恬淡無欲」，「養精愛氣」，常保「精神不傷」而得長生不死，此為虛妄之謬論。或謂仙人王子喬長壽之秘訣為辟穀食氣；而古長壽之彭祖食氣，終不能久壽，卒病而死。或謂服食藥物可延年度世，然迄今證明「世無其效」。王充批判食氣、辟穀、服藥而欲延年度世不死，為不實之妄說。王充認為凡有血脈之生物，有生便有死。天地陰陽所構成的宇宙是不生不死的，因此是無始無終的。死是生的證明，生是死的徵驗。有開始就有結束，有結束就有開始。只有無始無終者，方無生無死，乃所謂長生不死。[44]

桓譚的「燭滅論」[45]與王充的「神滅論」[46]，認為有生有死為生命之自然

43 參見朱謙之校輯：《新譯本桓譚新論．怯蔽第八》（北京：中華書局，2009年版），頁34。

44 參見黃暉：《論衡校釋．道虛篇第二十四》（北京：中華書局，1990年版），頁321-323。

45 參見桓譚：《新論．怯蔽第八》，朱謙之校輯：《新譯本桓譚新論》（北京：中華書局，2009年版），頁34。

46 參見《論衡．道虛篇第二四》，黃暉：《論衡校釋》（北京：中華書局，1990年版），頁321-323。

現象，視長生不死、度世成仙之說為異道，為虛妄之論，此與《老子想爾注》主張長生成仙之核心思想深有牴觸，是以《老子想爾注》強烈抨擊桓譚、王充等人「云无生道，道書欺人」的無神論，否定積德長生、修道成仙之書文為「邪文」，並指陳其人為「罪盈三千」惡貫滿盈的大惡人，其原皆出於對生死觀立論相反之故。

此外，《老子想爾注》又厲斥太平道首領自稱天師、號稱聖神者為「詐聖」；駁斥「言仙自有骨錄」、「祭餟禱祠、存思五藏神」等為「邪道」。《老子想爾注》中所指陳的「詐聖」、「邪道」，係針對《太平經》作者不明真道，卻擅自稱天師、聖人。所謂「言仙自有骨錄」係批判《太平經》的「貴賤命定論」。《太平經》認為「貴賤實有命」，「命貴不能為賤，命賤不能為貴」[47]，《老子想爾注》針對「仙自有骨錄，非行所臻」的成仙命定論，認為神仙大門只對貴族階層、有神仙骨相之人開放，並非所有人修道就能成仙之觀點進行批判。[48]此論點與《老子想爾注》主張透過尊道、奉行道誡、積善成功，則人人可得長生仙壽之論有所牴觸，有礙其宣教，[49]不利其長生成仙之道的推闡。

《老子想爾注》駁斥「无生道」、「仙自有骨錄」之說為謬論，並斥之為邪文、邪說、邪道、大惡之人。《老子想爾注》對「生道」、「貴生」思想之推闡與宣揚，透過行道可致長生之理念，充分發揮《老子想爾注》宗教勸善止惡之立教精神，同時也呈現《老子想爾注》長生成仙合道的生命高度之境界。

（三）小結──《老子想爾注》「生道」思想對道教生命觀之影響

追求長生成仙的生命價值與意義，為《老子想爾注》最重要的思想內蘊，也是《老子想爾注》人生追求的終極目標。長生成仙的系列理論之總稱，便是「生道」思想。[50]在《老子想爾注》中，從「生」、「長生」、「壽」、「仙壽」頻

---

47 王明：《太平經合校》，頁289。

48 參見顧寶田、張忠利注譯，傅光武校閱：《新譯老子想爾注》，導讀頁16。

49 參見陳麗桂：〈《老子想爾注》轉向道教的理論呈現〉，國立政治大學中國文學系編：《漢代文學與思想學術研討會論文》（第三屆）（臺北：2000年初版），頁270。

50 參見張梅：〈論《老子想爾注》之「生道」思想〉，《求索》2013年4月，頁117。

繁出現的情形看來，可知「長生成仙」是《老子想爾注》成為宗教神學相當重要的思想特色。

《老子想爾注》為強化長生成仙之宗旨，刻意將《老子》中「王」改「生」，改字以遂其長生之要旨。《老子想爾注》第十六章，將《老子》「公乃王，王乃天」[51]，改字作「公能生，生能天」[52]，《老子》的虛靜之工夫，《老子想爾注》取代以「長生」之道。《老子想爾注》第二十五章，將《老子》「道大，天大，地大，王亦大。域中有四大，而王居其一焉。」[53]改字為「道大，天大，地大，生大。域中有四大，而生處一。」《老子想爾注》賦予「生」極重要的位置，與「道」、「天」、「地」同列四大之中。《老子想爾注》更於注文中異解《老子》曰：「生，道之別躰也」，將「生」視作「道」的另一種形式的存在。「道」是四大中最大者，「道」具有至高性、永恆性，「生」是「道」的另一種形式的存在，則「道」的永恆存在的特性，於人則是長生久壽。這裡便衍生出「法道長生」的修道內涵，《老子想爾注》曰：「欲求仙壽天福要在信道、守誡、守信。」（第二十四章注），「能法道，故能自生而長久」[54]（第七章注），若想得仙壽天福，要在能「信道」、「守誡」、「守信」，唯有至誠奉行大道之誡律者，能得長生之福。

筆者以為，《老子想爾注》以「生」解「道」的思想主張，將「生」與「道」結合，使長生成仙的終極追求，建構在合「道」的行為規範上，此為「生道」思想最可貴之處。《老子想爾注》在「長生」思想上加註了「合道」的概念，指出了修道德以長生致仙之途徑，深化了「生道」的意義，也提升了道教生命觀的深度內涵。

---

51 王卡點校：《老子道德經河上公章句》，頁63-64。

52 饒宗頤：《老子想爾注校證》，頁20-21。

53 王卡點校：《老子道德經河上公章句》，頁102。

54 饒宗頤：《老子想爾注校證》，頁32-33、33、31、10。

三 《老子想爾注》神仙譜系之建構

《太平經》的神仙譜系，在「天君」之下細分為六等仙階：神人、真人、仙人、道人、聖人、賢人等，同時又註明各等仙階之職掌，神仙譜系之建構與表述，相當精詳。《老子想爾注》的神仙譜系則僅提及至上神尊——太上老君與聖人、道人、仙士、仙人、仙王士、有道者、善為士、得仙之士、道士等名稱，除了太上老君的至尊之仙階，其餘聖人、道人、仙士、有道者等皆為對修道有得或向道、慕道者之尊稱，並未見明顯神仙高低位階之區分。《老子想爾注》的神仙譜系較之《太平經》，顯得簡單而質樸，此應與《想爾注》依經作注受限於《老子》文本文意有關，《老子》中未見神仙思想之章句，是以，《老子想爾注》在神仙譜系仙階的表述上較少著墨。然而《老子想爾注》在神化老子為太上老君及聖人、仙士、道人的理想品格與素養之表述上，亦有獨到的見地。透過《老子想爾注》神仙譜系建構之說明，有助於對《老子想爾注》長生成仙生命境界之認識。

（一）神化老子——開啟老子為道教最高神尊之序幕

老子為先秦道家學派的創始人，關於老子生平有關的傳記，最早見於《史記．老莊申韓列傳》[55]，司馬遷筆下的老子是一位「脩道養壽」之隱君子，《史記》言老子壽高一百六十餘歲或二百餘歲，又言老子智慧高深莫測，而有「猶龍」之嘆。《史記》雖未言老子是神仙，然已為老子神化預作了鋪墊。西漢．劉向《列仙傳》為首先將老子由哲學家轉化為神仙的神話傳記。《列仙傳》稱老子「生於殷」、「德合元氣、壽同兩儀」[56]，即言老子年壽已超過八百歲，是與天地同壽的真人（神仙）。而最早將老子視為「道」的化身之說者，為東漢．王阜所作的〈老子聖母碑〉。〈老子聖母碑〉言：「老子者，道也」[57]，直

---

55 〔西漢〕司馬遷：《史記卷六十三．老莊申韓列傳第三》（北京：中華書局，1959年9月），頁2139-2143。

56 王淑岷：《列仙傳校箋》（北京：中華書局，2007年6月），頁18。

57 〔宋〕李昉：《太平御覽》（臺北：臺灣商務印書館，1975年），頁6。

言老子就是「道」；形容老子「生於無形之先，起於太初之前，行於太素之元。」[58]意謂老子即是道體；且逕稱老子的母親為神仙聖母。〈老子聖母碑〉將老子與道合一，為後來《老子想爾注》將老子視同為道，為創生宇宙萬物的創世說，提供了先期的文獻資料。至東漢靈帝邊韶作〈老子銘〉，言老子「道成身化，蟬蛻渡世。自羲農以來，世為聖者作師。」[59]則為文獻中首見老子的「化身」之說。自漢以來，老子神話的歷程，後來一一為《老子想爾注》所承繼與發揚。

老子由先秦哲學家，至漢代老子已是度世不死之神仙。而《老子想爾注》則將〈老子聖母碑〉言「老子者，道也」，進一步神格化老子，不僅視老子為「道氣」之化身，更奉老子為至上神尊，稱老子為「太上老君」。《老子想爾注》云：「一者道也。……一散形為氣，聚形為太上老君，常治崑崙，或言虛無，或言自然，或言無名，皆同一耳。」[60]（第十章注）《老子想爾注》為道書中最早稱老子為「太上老君」之文獻記載，同時也是首先將老子（太上老君）尊奉為統御眾神仙之至上天尊、是宇宙天地最高的主宰神、創世主之道教典籍。「虛無」、「自然」、「無名」皆指「道」、「一」、「氣」，《老子想爾注》將太上老君（老子）等同「道」、「一」、「氣」，既是「道」體，又是「氣」化宇宙天地之造物主，其仙階為眾神之長，位極仙尊。

魏晉以後至唐宋，神化老子的繪事工程邁向成熟階段，對老子是道體、是神明之宗、老子誕生的神話、老子形象的神化、世為聖者所作師的化身說以及老子的各項神通能力等等事蹟之描繪，乃繼漢代《史記》、《列仙傳》、〈老子聖母碑〉、〈老子銘〉及《老子想爾注》等神化老子之事蹟，再加以踵事增華，可謂極盡神化老子之能事，益顯老子神異傳奇。而《老子想爾注》神化老子為「太上老君」，此為漢代以來種種神仙老子的傳奇中位階最高之神尊，與《太平經》中至高的「天君」等同。《老子想爾注》實為道教神仙譜系中，開啟老子為最高仙階神尊之序幕。

---

58 〔宋〕李昉：《太平御覽》，頁6。

59 陳垣：《道家金石略》（北京：文物出版社，1988年），頁3。

60 饒宗頤：《老子想爾注校證》，頁12。

《老子想爾注》對《老子》「道」的本體論，雖有所承繼，但也有《老子想爾注》作者的轉化、改造、創新與發揮之處。為了闡道翼教，《老子想爾注》將哲學形而上的本體之「道」，賦予了神格、人格的特性，將抽象概念之「道」轉化為「吾」、「我」、「仙士」，如：第四章注、第十三章注、第十六章注、第十七章注、第二十章注、第二十一章注、第二十五章注、第二十九章注等。《老子》中的「吾」、「我」都是從人、己的角度去做說明，不曾神化「道」及「老子」，「吾」、「我」均未摻雜神格化的色彩。《老子想爾注》對《老子》最大的改造，便是將哲學形上之「道」的概念神格化、擬人化，「道」成了「老子」，將「老子」其人等同創生宇宙天地的「道」，「老子」化身為「道」，搖身一變成了創造天地、萬物的造世主。《老子想爾注》刻意將「道」以第一人稱「吾」、「我」作注解，「吾」、「我」就是老子的自稱，意指老子就是「道」。又言「我，仙士也」[61]，即言老子就是神仙。《老子想爾注》將「道」以第一人稱之「吾」、「我」作注解，又進而將「老子」與「道」作了連結，「道」成為「老子」，於是「道」具備了人性化，能勸善誡惡、勉人修道，如同人類的上師；而「老子」瞬間成為「道」體，成為「真天下之母」（第二十五章）[62]，於是「老子」被賦予了神性，成了能化育萬物的造世主。

《老子想爾注》將「老子」神格化為「太上老君」，使「道」、「吾」、「我」、「老子」、「仙士」與「太上老君」劃上等號，連成一體。《老子想爾注》這樣的設想，筆者以為有四點值得留意：

第一，「道」是「萬物之宗」、是「天下萬物之母」，而《老子想爾注》注解「吾」、「我」即是「道」，意即，老子就是道；老子就是天下萬物之母。在《老子想爾注》中，老子成為化生天地萬有的造物主，具有創生天下萬物之神力。學者陳麗桂指出：「老子是崇道、體道之人，不是神，於是又把『道』的一切尊高、權威屬性都給了老子，將他神化為宗教所需要的神——『太上老君』。」[63]此為《老子想爾注》有意賦予老子萬能的神性，形塑老子成為道教

61 饒宗頤：《老子想爾注校證》，頁22。

62 饒宗頤：《老子想爾注校證》，頁32。

63 陳麗桂：〈《老子想爾注》解老〉，《華中師範大學學報》第48卷第1期，頁72。

的至上神尊。

第二，老子既是「道」的化身，其所著的《老子》便是道教至高無上的一部聖經。而張道陵正是由老子這位至上神尊、宇宙的創世主親授道法，[64]不僅說明張道陵也是具有神通法力之高士，也強調他創教辦道淵源於道家之祖老子（太上老君）的正統性，而其所著的《老子想爾注》承繼《老子》的道論思想而來，《老子想爾注》的內容要義自然成為老子的代言，也為《老子想爾注》確立在道教至尊的聖典地位。

第三，老子成為「道」的代言人，具有創造天下萬物的無窮神力，是道教的至上神尊，其所傳授勸善積德的種種道誡，自然對道教徒具有絕對的權威性，能令信眾奉行不悖以趨善避惡。是以，將老子神格化以塑造老子的神威，為教團建立教律規範產生重要的約束力量。

第四，《老子想爾注》有兩處言「我，仙士也」（第十七章注、第二十章注）[65]，此為《老子想爾注》刻意要說明老子就是神仙，且明確言記老子神仙「貴信道言」（第十七章注）、「樂信道守誡，不樂惡事」（第二十章注）[66]，在老子神仙的貴尚、賤惡、樂與不樂的原則中建立教團規範，作為信眾思想言行的指歸，並為道徒指出修道成仙實為可行的途徑。

《老子想爾注》將哲學《老子》改造成為一部宗教教理的聖典，同時將「道」神格化、擬人化為「吾」、「我」、「老子」，又建構出一位在宗教意義上的至上神尊——太上老君，「老子」、「太上老君」都是「道」的化身，成為「道」的代言人，於是，由老子（太上老君）所頒布的「道誡」，便成為教徒奉行不悖的日常法則；《老子》之「道」自然無為、至虛守靜、謙下不爭等道性，自然也成為《老子想爾注》之教理、教義、教誡的主要內容。而遵循太上老君之道進行修煉者可如仙士一般了道修真，長生成仙。是以神化老子在道教長生思想上深具意義。

---

64 參見《正統道藏．續道藏》（北京：文物出版社、上海書店、天津古籍出版社，1988年3月）第三十四冊《漢天師世家》，頁820-821。

65 饒宗頤：《老子想爾注校證》，頁22、25。

66 饒宗頤：《老子想爾注校證》，頁22、25。

(二)「道氣」化身「太上老君」在道教神學上的意義與影響

《老子想爾注》為道書中最早尊稱老子為「太上老君」者。《老子想爾注》將老子(太上老君)視為道氣之化身，形容太上老君為一位聚散隨意的神靈，此為道教神學體系之濫觴。《老子想爾注》曰:「吾、我，道也。」(第十三章注)將形上抽象的「道」人格化為具象的「老子」。又曰:「一散形為氣，聚形為太上老君，常治崐崙。」(第十章注)[67]將「道」與「氣」作了結合，並將「道」神格化為至高無上的神尊——「太上老君」。《老子想爾注》中「老子」、「太上老君」儼然就是「道氣」的化身。

對於「太上老君」的釋義，從字義上看，「太」是最大之意，是至大到能含融一切萬有;「上」就是在一切萬有之上;「太上」即是最大、最高、至尊之意;「老君」為對「老子」的敬稱。《老子想爾注》將抽象的「道」化身為具象的人物「老子」，更進而神化其人為神尊「太上老君」。是以《老子想爾注》中的「道」「既是無法表象的自然神，又是可以顯現的人格神。」[68]「道」化為神，「道」的化身就是至尊之神。「道」是虛無，「一散形為氣」，分散時為無形無象之氣;此「道氣」又具有神性，聚集時便是神。「太上老君」是「道氣」的化身，是道教對老子極敬之尊稱，是道教最高之神靈，《老子想爾注》言:「道尊且神，終不聽人。」(第三十五章注)「天子乘人之權，尤常畏天尊道。」(第二十六章注)「王者雖尊，猶常畏道。」(第三十七章注)「道設生以賞善，設死以威惡。」(第十二章注)[69]《老子想爾注》樹立「道」的無上權威，從天子以至臣民都須順服於「道」的神威靈感，並賦予「道」絕對的神權，能賞善罰惡、降災賜福、主宰壽夭，以強化五斗米道的思想主張，並鞏固道教組織，以深化其信仰。

這是《老子想爾注》獨具一格的宗教神學之「氣化論」，「道」即是「一」，表現為「氣」，道透過「聚」、「散」的方式，散形則為「氣」，「氣」聚

---

67 饒宗頤:《老子想爾注校證》，頁16、12。

68 李遠國:〈論《老子想爾注》中的養生思想〉，《中國道教》2005年第6期，頁23。

69 饒宗頤:《老子想爾注校證》，頁44、33、47、25。

則化為「太上老君」至上神尊。「道」是無所不能的神靈，「道」是無所不在的「氣」，此「道氣」可變化萬端，宇宙萬物皆此「道氣」所化。道教「一氣化三清」的理念，便是源自《老子想爾注》之氣化宇宙論的思想觀念。《老子想爾注》將「道」、「一」、「氣」、「老子」、「太上老君」勾聯一氣的思想理念，漸次演為道教的氣化宇宙圖式，成為「一氣化三清」、「太上老君十八化」、「太上老君八十一化」及更多道教神仙譜系的重要核心思想。

道教中「一氣化三清」的概念，認為道化生為渾沌無極之元氣，由渾沌不分之元氣化分為陰、陽二氣，再由陰、陽二氣衍生出天、地、人，由此產生天下萬事、萬物。一氣化為三清，三清歸本於一氣；三清化生宇宙萬殊，以無生萬有。因此，三清被神格化成為道教最高的三位尊神，被視為「道」體的分化和宇宙萬物生命起源。《老子想爾注》所提「太上老君」的概念，為後來道教得以巧善運用「一氣化三清」的理念，轉以具象的神尊──「三清道祖」來說明抽象深奧的、形上的「道氣」宇宙生成論，可謂深入淺出，具體而微。「太上老君」氣化、神化之概念，將形上哲學的宇宙本源之「道」、「氣」與宗教神靈最高主宰之至上神的神學觀念相結合，此為《老子想爾注》所創立之宗教神學宇宙觀。[70]後來道教又衍生出太上老君十八化。據《道藏》載：「太上老君」第十八化：「商武丁時，始降全神為老子。」[71]老子是太上老君第十八次的化身，此說明老子的前身就是無世不出的太上老君，這明顯是《老子想爾注》「吾、我、道也」，「一散形為氣，聚形為太上老君。」的承繼與發揮。

繼太上老君十八化之後，道教更有太上老君八十一化神變事跡的創造與流傳，[72]使道教神仙譜系更為充實、富贍可觀。這說明太上老君的素材「明顯具有宗教神話學上的含義，這就是《老子想爾注》宗教化特徵的主要表現之一。」[73]

---

70 參見李養正著，張繼禹編訂：《道教經史論稿》（北京：華夏出版社，1995年第一版），頁331。

71 轉引自沈武義：《道教神仙譜系（上）》（高雄：高雄道德院附設修真道教學院，2014年2月），頁29-30。

72 參見甘成福主編：《平涼史話》（蘭州，甘肅文化出版社，2007年），頁145-146。又見於胡春濤：《老子八十一化圖研究》（四川：巴蜀書社，2012年12月第1版），頁305-397。

73 陳慧娟：《兩漢《老子注》養生思想研究》（新北市：花木蘭文化出版社，2014年），頁180。

《老子想爾注》把道家哲學本體之「道」，與宗教至上神尊「太上老君」劃上了等號，「太上老君」便是「道」。同時將「道」轉化為「道誡」，是太上老君所垂訓的教誡，將「誡」立在與「道」同等重要的位置，可以說整部《老子想爾注》就是一部太上老君所頒布的「道誡」，「道誡」成為貫串《老子想爾注》全文的重要概念。《老子想爾注》為文獻中首次提出「太上老君」的名號，在道教神學上深具意義。以下從宗教信仰與長生修煉的角度來說明。

其一、從宗教信仰的角度看。尋繹《老子想爾注》的作者將「道」、「太上老君」與「道誡」三者並列為一的用意，應是遂其宗教之目的而做的安排。「道」體的神格化為「太上老君」，將有本體性、至高性、永恆性的「道」，化身為「太上老君」，便賦予了「太上老君」與「道」相同都是「萬物之宗」的至尊之地位，是化生宇宙、天地、人類、萬物的最偉大神聖的母親。在宗教的立場來說，便是為宗教形塑了一位宇宙的創世之神。有了這位來自「道」體化身的創世神尊太上老君，在宗教便擁有一位至尊的精神領袖，可增強信仰的力量，堅定信徒的道心。太上老君的中心思想便是「道」，由太上老君所傳布的「道誡」，便是合「道」的思想行為之規範，增強了「道誡」的權威性。於是道教有了信仰之神，有中心思想，也有道教的誡規、誡令。信徒入教，便要信奉太上老君，要服從太上老君的道誡、箴言，作為修道的南針。

其二、從長生修煉的角度來看。《老子想爾注》以「氣」釋「道」，將「道」、「氣」合一，提出「道氣」論。「道氣」布化流行無所不在、無所不能，「太上老君」便是「道氣」的化身。借助「道氣」的修煉，便可如太上老君擁有長久永恆的神性而得長生成仙。於是「道氣」便與「長生」作了連結，能依「道」煉「氣」，便可達長生之旨，使長生成仙成為可以實踐的人生理想境界。

《老子想爾注》將「道氣」與宗教神學結合，首次提出氣化太上老君的概念，不僅堅定道教的信仰，也提高修煉長生成仙的可能性，更為道教勾勒出「一氣化三清」的神學體系，並演化更多元、更豐富的神仙譜系，鞏固了道教的思想、信仰，並影響至今。

（三）聖人、道人與仙士的品格與素養

《老子想爾注》中對修道有得或嚮慕大道者稱之為聖人、道人、仙士、仙王士、有道者、善為士、得仙之士、道士、仙人等。筆者據饒宗頤《老子想爾注校證》統計，其中「聖人」出現十次，分別在第五章注、第十九章注（二次）、第二十二章注（五次）、第二十八章注、第三十五章注；「道人」出現十六次，分別在第七章注、第二十四章注、第二十六章注、第二十八章注（三次）、第二十九章注、第三十一章注、第三十二章注、第三十三章注（二次）、第三十六章注（四次）、第三十七章注；「仙士」出現十四次，分別在第七章注、第十五章注、第十七章注、第二十章注（九次）、第二十一章注（古仙士）、第三十三章注；「有道者」出現二次，分別在第二十四章注、第三十一章注；其餘各出現一次，「善為士」第十五章注，「得仙之士」第十七章注，「仙王士」第二十章注，「道士」第三十五章注、「仙人」第六章注。[74]這其中除了聖人、仙士、道人之稱呼，更多的是這些修道有成者，抱持的生命態度。由《老子想爾注》頻繁地提及「聖人」、「仙士」、「道人」之語及其生活態度及思想觀念看來，「長生成仙」確為《老子想爾注》修煉的宗旨目標。《老子想爾注》中雖未對神仙仙階建立明確的系統，然於聖人、仙士、道人等的品格與素養則有清楚詳盡地闡述。《老子想爾注》中，這些修道有成之聖人、仙士、道人、實與仙人無異，其所具備之品格與素養分述如下：

1　志道守誡、守一抱道

仙士、道人、聖人等，皆為修道行道有成之人，是以在修道之態度上，必以「道」、「誡」為其信仰之核心，堅定「志道守誡」、「守一抱道」的思想理念。如「信道不勧（倦）」（第二章注），「古之仙士，能守信微妙，與天相通。人行道奉誡，微氣歸之，為氣淵淵深也，故不可識也。」（第十五章注）「何以

74 劉昭瑞指出：「『道人』一詞在《想爾注》中共出現了10次，『仙士』一詞則出現了11次。」（劉昭瑞：《老子想爾注》導讀與譯注，南昌：江西人民出版社，2012年6月，頁34。）筆者據饒宗頤《老子想爾注校證》統計「仙士」一詞出現14次，「道人」一詞出現16次，並列出相關注文以為參考。

知此道今端有？觀古得仙壽者，悉行之以得，……能以古仙壽若喻，今自勉厲守道真，即得道綱紀也。」（第十四章注）[75]「仙士畏死，信道守誡，故與生合也。」「我仙士也，但樂信道守誡。」「仙士味道，不知俗事，純純若癡也。」「仙士意志道如晦，思臥安牀，不復雜俗事也。精思止於道，不止於俗事也。」（第二十章注）「聖人法道，但念積行，令身長生生之行。」（第二十二章注）「道誡甚難，仙士得之，但志耳。」（第三十三章注）「吾，道也，所以知古今終始共此一道。」（第二十一章注）「一，道也。設誡，聖人行之為抱一也，常教天下為法式也。」（第二十一章注）[76]諸如上引可知，仙士、聖人、道人守道真、志於道、奉行道誡，其志道守誡、抱道合一的思想理念與根本信仰皆同。

2　清靜無欲、養生保精、知止知足

《老子想爾注》乃推闡《老子》之道論而作注，是以，依道而修行之道人、聖人、仙士，在生活態度上表現的種種修為，都是合於無為不爭、清靜無欲、知止知足、保精以養生之道性。如「谷者，欲也。精結為神，欲令神不死，當結精自守。」（第六章注）「能法道，故能自生而長久也。求長生者，不勞精思求財以養身，不以無功劫君取祿以榮身，不食五味以恣，衣弊履穿不與俗爭，即為後其身也。而目此仙壽，獲福在俗人先，即為身先。」（第七章注）「道所不欲也。行道致生，不致貨；貨有為，乃致貨妨道矣。」（第十二章注）「吾，道也。觀其精復時，皆歸其根，故令人寶慎根也。道氣歸根，愈當清靜矣。知寶根清淨，復命之常法也。」（第十六章注）「仙士……不貴榮祿財寶。」（第二十章注）「古之仙士實精以生」（第二十一章注）「聖人不與俗人爭」（第二十二章注）「入清靜，合自然，可久也。」（第二十二章注）「道人當自重精神，清靜為本。」（第二十六章注）「道人同知俗事、高官重祿的好衣美食珍寶之味耳，皆不能致長生。」（第二十八章注）聖人「去甚惡及奢太也」（第二十九章注）「道人求生，不貪榮名」（第三十二章注）「諸知止足，終不

75 饒宗頤：《老子想爾注校證》，頁6、18、17。

76 饒宗頤：《老子想爾注校證》，頁25、25、26、26、29、42、28、29。

危殆。」（第三十二章注）「寶精勿費，令行不（缺）也。」（第三十六章注）[77] 由上引可知，仙士、道人以清靜為本，寡欲無求，不爭功名，不貪世俗之榮利，不重生活之享受，以徵逐聲、色、名、利、財貨為「妨道」之事，養生重寶精而勿失，以得道長生成仙為其治身之目標。

3 去惡行善、務修道德、競行忠孝仁義

《老子想爾注》強調「道」喜善而惡惡，是以聖人、仙士、道人學道成仙，當要去惡行善，務修道德，競行忠孝仁義，以修養聖賢之品德內涵。如「心為凶惡，道去囊空。空者耶（邪）入，便煞人。虛去心中凶惡，道來歸之。」（第三章注）「聖人法天地，仁於善人，不仁惡人。」「人當積善功，其精神與天通。」（第五章注）「俗人不能積善行，死便真死，屬地官去也。」（第十六章注）「道用時，家家慈孝，……道意賤死貴仙，競行忠孝質樸。」（第十八章注）「我，仙士也。但樂信道守誡，不樂惡事。」「仙士閉心，不思慮邪惡利得。」（第二十章注）「聖人法道不為惡。」「聖人法道，但念積行。」（第二十二章注）「上古道用時，以人為名，皆行仁義。」「道用時，家家慈孝。」「道用時臣忠子孝。」（第十八章注）「治國之君務修道德，忠臣輔佐務在行道，道普德溢，太平至矣。」（第三十章注）「人為仁義，自當至誠，天自賞之，不至誠者，天自罰之；天察必審於人，皆知尊道畏天，仁義便至誠矣。」（第十九章注）[78]由上引可知，仙士、聖人但念積善行，不樂為惡事，其精神與天神相通。道意競行忠孝仁義，至誠之人廣行道德於天下者，必得天神賞賜及護佑，於治國可享太平之盛世。

綜上所述，從《老子想爾注》中屢稱道人、仙士、聖人，並讚揚道人、仙士、聖人等所具備的人格特質及其人對自身的生命態度，便可以反映《老子想爾注》對生命所持的態度和理想。林慈涵說：「檢視一部經典的理想人格，必然是將經典中所敘述的特質加以歸納。而人格特質是形成於主體的『判斷』，

77 饒宗頤：《老子想爾注校證》，頁9、10、15、20、26、27、30、30、33、36、38、41、41、46。

78 饒宗頤：《老子想爾注校證》，頁6、8、8、21、23、25、26、29、29、22、23、23、38、24。

主體有著什麼樣的判斷，就有著什麼樣的人格表現。『判斷』需要『標準』才能成立，因此搜索經典中所承認的理想標準，是解釋理想人格的源頭。」[79]《老子想爾注》十分重視道人、仙士、聖人的理想人格：「信道守誡」、「寶根清淨」、「不貪榮名」、「務修道德」、「仁義至誠」等積德行善的人格素養，並鼓勵道徒以聖人、仙士、道人的理想人格為範式，以成就長生成仙之終極目標。由仙士、道人、聖人所具備的理想人格素養，可以識讀出《老子想爾注》長生成仙思想中所蘊含濃厚道德觀的生命美學。

（四）小結──《想爾注》長生成仙思想在倫理道德教育上的意義

《老子想爾注》的人生終極目標即為長生成仙，而長生成仙最重要的關鍵在品德修養，《老子想爾注》將老子神格化為太上老君，並與「道」、「氣」劃上等號，強化了修道成仙的可行性；同時又為長生成仙指出了聖人、道人、仙士完美人格素養的典範：聖人法道，行善積德而道德完美；道人奉道守誡，清靜寡欲；仙士樂道，超凡脫俗。或為入世修道，或為出世修煉，然皆具備聖賢品德與修仙、修真之素養。蕭天石指出：道教認為學道須先學做人，做人當修養聖賢品格，具備聖賢品德修至聖賢境界，才能向修真、修仙之路邁進。換言之，學做神仙，須先學做聖賢；學道貴在修養聖賢品格。[80]神仙本是凡人做，透過修道，道教認為俗人、凡人也可超凡入聖、超聖成神、超神入化，「即修我之真，以合天地之真，使我與天地合一，天地在而我亦永在矣。」[81]透過努力修道，積善去惡，最終可超聖登真入於化境，而與天地同存，臻至長生成仙之勝境。《老子想爾注》中，聖人、仙士、道人皆有共同的道德修養與品格素質，蓋而言之包括：奉道守誡、守一合道、清靜無欲、養生保精、去惡行善、務修道德、競行忠孝仁義、知止知足等內涵素養，足為道徒法式。

《老子想爾注》為宗教立說，為闡道翼教，以神諭「道設生以賞善，設死

79 林慈涵：〈道家與道教的主題問題──以《老子想爾注》為例，《臺大中文學報》第七十三期，2021年6月，頁146。

80 參見蕭天石：《道家養生概要》（臺北：自由出版社，1975年6月），頁36。

81 蕭天石：《道海玄微》（臺北：自由出版社，1981年6月），頁233。

威惡」[82]，殷殷勸誡以積善去惡，並以聖人、道人、仙士之理想人格典範，循循善誘以超脫生死、長生成仙之道。《老子想爾注》所提出的這些宗教神學的教義及聖人、道人、仙士等的理想人格典範，其法道、修道、行道的觀念及行為，為東漢末年動盪不安、人命危淺的亂世社會，提供了一帖安身立命的良方，具有勸化向善的積極作用。這同時也是《老子想爾注》思想在品格修養、倫理道德及生命教育上展現的深度意義。

四　《老子想爾注》長生煉養之術——精氣神合一——形神俱妙

「精氣神」是道教三寶，是人體生命的三個基本要素，為內丹修煉的三個入手工夫。「精氣神」又分為先天與後天：先天之精氣神是人體生命能量的來源；後天之精氣神是人體生命活動的要素。精為基礎，氣為動力，神為主宰；[83]透過後天人身之修煉，可返回先天之道身。從《老子想爾注》中所顯現的修煉內容，基本上可分為修性（心、神）即「性功」以及修命（身、形）即「命功」兩部分。而從修煉的途徑進行觀察，又可分為積精、煉氣、養神、合道等方法。李遠國說：「修身指內煉精氣神、外積仁義德。」又李大華說：「修命即煉形煉氣。『命即氣也』，亦指身形。」「修性即修煉心神。『性即神也』，而神者心也。」[84]可知「修身」包含形（身）和神（心）兩部分。「修命」即煉形（身），為「命功」，指煉精、煉氣；「修性」即煉神（心），為「性功」，指修心、積仁、行義。道教認為：透過「內修精氣神，外積仁義德」，將後天人身中之精氣神，經由一段時間不斷地修煉，可煉出先天之元精、元炁、元神，而與道合，使後天有為之人身煉返先天無為之道身，而得長生仙壽。

在修仙的途徑上，《老子想爾注》明確指出了方向，《老子想爾注》第十三章注曰：

---

82 饒宗頤：《老子想爾注校證》，頁25。

83 參見胡孚琛主編：《中華道教大辭典》（中國社會科學出版社，1995年），頁487（精氣神條）。

84 胡孚琛主編：《中華道教大辭典》，頁979（修身條）、1129（修命條）、1129（修性條）。

> 設如道意，有身不愛，不求榮好，不奢侈飲食，常弊薄羸行；有天下必无為，守樸素，合道意矣。人但當寶身，不當愛身，何謂也？奉道誡，積善成功，積精成神，神成仙壽，以此為身寶矣。貪榮寵，勞精思，以求財，美食以恣身，此為愛身者也，不合於道也。[85]

由〈第十三章注〉可以推知，《老子想爾注》長生煉養既主張內修積精，期能神成氣來養得仙壽；又強調外行積善，修德合道，以得成仙成神。內修積精即為煉形寶身；外行積善，即是修養德行，《老子想爾注》的長生煉養思想實涵蓋煉形寶身及修養德行兩大部分。換言之，《老子想爾注》長生煉養的實踐層次可分為形體之修煉與心神之修煉。形體修煉即為修命之功，心神修煉即為修性之功。在《老子想爾注》中的長生煉養思想，呈現「性」、「命」的修煉內涵與工夫。

在「性功」的修煉上，《老子想爾注》主張：合道意——守一合道；務從道誡；積善成功；信真道，摒偽伎——絕詐聖邪知等，說明《老子想爾注》中「道意」、「道誡」、「積善」及「信仰真道」等心性之修養在長生煉養上的重要意義。在「命功」的修煉上，《老子想爾注》主張：積精成神，神成仙壽；房中節欲；太陰煉形；食母、食氣等，說明《老子想爾注》強調透過寶精、節欲、煉形、煉氣而達長生成仙之人生理想境地。[86]丹家修煉講求精、氣、神合一，多主張性功、命功雙修，即煉形寶身，煉神長生，以達形神俱妙之修煉境地。道家、道教養生修煉的工夫有四個次第：煉精化氣，煉氣化神，煉神還虛，煉虛合道。《老子想爾注》重視修性、修命之煉養，強調修道長生、積善成仙為人生修煉之最終目標與最高境界。在性功與命功的修煉上，《老子想爾注》亦展現養生修煉工夫的四個次第，注重精、氣、神合一，而臻形神俱妙的境地。《老子想爾注》「性」、「命」修煉之術的內涵，對魏晉以後道家、道教長生修煉之功法次第有相當程度的啟發和影響。

---

85 饒宗頤：《老子想爾注校證》，頁16。

86 有關《老子想爾注》對於「性功」、「命功」之詳細內容，請參見拙論：《《老子想爾注》思想研究》第六章，國立高雄師範大學國文學系博士論文，2022年6月，頁443-500。

（一）精──煉精化氣

「精指人形體中的精華，是軀體中的生命物質。」[87]「精」分為先天元精和後天交感之精，先天元精沒有形質，為「道氣」所化生，與生俱來，在人之身，為生命之本；後天交感之精源於元精，有形質，相當人體的精液，貯存於人身上的下丹田。道教認為「精」的消耗，就是對生命的耗損，「精」盡之時，即是生命的完結。因而，保生之根本在於保「精」，格外強調保「精」。[88] 修煉的入手工夫第一關，便是將後天交感之精修返先天之元精，再將此元精上化為元氣。「煉精化氣」為修煉長生之「初關」[89]，在「煉精化氣」之前要先修煉寶精、結精，修丹結精須減少淫欲，使精不洩、丹不漏，即丹家所謂不漏身、不走丹，到達道家養生所講「精滿不思淫」。《老子想爾注》主張結精自守、寶精長生、房中節欲，超越欲念的修煉，到達精結丹成，人身充滿精氣能量，可將凡俗形下之氣轉為先天之真氣、元氣，此即為「煉精化氣」。

（二）氣──煉氣化神

「氣」，亦有先天與後天之分。先天的氣，稱為元氣，寫作「炁」。元氣是從人體生命運動的機能，體現為高度有序的能量流和軀體活力。後天的氣，指呼吸之氣。[90]「氣」具有一種屬性──使物質與精神之間具有一種轉換機制。這種轉換機制，不僅使物質可以轉換為精神性的能量，也可以使精神提升為更精粹的能量。[91]道教修煉的第二關（中關），便是將後天的呼吸之氣煉回先天之「元炁」，進而神、炁合煉，炁煉成神。[92]「煉精化氣」初關煉成，持續修煉，便能煉至抽鉛（坎、陰、水）添汞（離、陽、火），所謂採陰補陽，還精補腦，陰盡陽純之功法，所指即為人身任督二脈陰陽交會，循環無礙，常使腎

87 胡孚琛主編：《中華道教大辭典》，頁487（精氣神條）。

88 參見顧寶田、張忠利注譯，傅武光校閱：《新譯老子想爾注》，頁40-41。

89 胡孚琛主編：《中華道教大辭典》，頁1258（煉精化氣條）。

90 參見胡孚琛主編：《中華道教大辭典》，頁487（精氣神條）。

91 參見洪千雯：《先秦道家哲學中「自然」的理論意義及地位》（臺北：國立臺灣大學哲學研究所博士論文，2019年7月），頁189。

92 參見胡孚琛主編：《中華道教大辭典》，頁1258（煉精化氣條）。

水上升，心火下降以換骨煉形，神炁歸一。此時，人身充滿真元之氣，可取代後天物質之養育，而達道家養生所言之「氣滿不思食」之境地。《老子想爾注》也主張煉氣、食氣、食母以求長生。《老子想爾注》曰：

> 心者，規也，中有吉凶善惡。腹者，道囊，氣常欲實。心為凶惡，道去囊空；空者耶入，便煞人。虛去心中凶惡，道來歸之，腹則實矣。志隨心有善惡，骨隨腹仰。氣強志為惡，氣去骨枯；弱其惡志，氣歸髓滿。[93]（第三章注）

> 人行道奉誡，微氣歸之，為氣淵深也，故不可識也。[94]（第十五章注）

> 仙士與俗人異，不貴榮祿財寶，但食母者，身也，于內為胃，主五藏氣。俗人食谷，谷絕便死；仙士有谷食之，无則食氣，氣歸胃，即腸重囊也。腹之為實。[95]（第二十章注）

《老子想爾注》指出心如鏡，可反映吉凶善惡。人的腹部為盛裝大道的袋子，要常用真氣充實它。心中有凶惡之念，真道離去，腹囊空虛，外邪入侵，人體便會受損害。去除心中凶惡之念，真道入身，道氣充滿，則身強體健可祛病除邪。《老子想爾注》強調道氣與身體的關係，人若能奉行道誡，精微不可見的道氣會進入人身深處，含藏於腹中。仙士修煉，講究貴身重道，清靜寡欲，不重視榮祿財寶、珍饈美饌，有五穀則食之，無之食氣。腹為盛裝道氣之囊袋，道氣充實，「骨隨腹仰」，「氣歸髓滿」，可強身祛邪。俗人食穀，意指俗人重視物質生活享受，習奢已久；一旦失去物質享受，便無法生存以至於死亡。

筆者以為，《老子想爾注》提出「食母」、「食氣」與「食谷」，當另有深意：《老子想爾注》以「食谷（穀）」喻重視物質生活享受；以「食母」喻奉道守誡；以「食氣」喻充實道氣。可以顯見，《老子想爾注》重視合道的生活修

---

93 饒宗頤：《老子想爾注校證》，頁6。

94 饒宗頤：《老子想爾注校證》，頁18。

95 饒宗頤：《老子想爾注校證》，頁26-27。

養，強調「道氣」充實，運用行氣、煉氣的氣功修煉之術，以強身健骨，而達長生久壽之旨。《老子想爾注》提出「食母」、「食氣」，並非意指不食五穀，或只是求道、煉氣，而是彰顯《老子想爾注》奉道行誡、清靜寡欲以求長生的一貫思想主張。若絕五穀，但「食氣」、「食母」，欲得長生成仙，恐適得其反。審觀《老子想爾注》中，全書未見「辟穀」之說，他說或言《老子想爾注》長生煉養主張「辟穀」之說，筆者以為非《想爾》之見。《老子想爾注》所言「食氣」、「食母」是指勤修大道，奉行道誡，清靜寡欲，與道氣合一；常行氣、煉氣以強身、貴身，修煉至道氣合一，乃可長生久壽。《老子想爾注》中所言之「食母」與《莊子．大宗師》所言「伏犧氏得之，以襲氣母。」[96]所指相同，成玄英釋「氣母」為「元氣之母」[97]。《莊子》舉古三皇之一伏羲帝為例，說明得道之後，方可得氣。可知《老子想爾注》「食母」、「食氣」之說，乃為修道、煉氣以求長生之重要功法。

《老子想爾注》主張「食氣」、「食母」、「氣歸髓滿」的修煉功法，此即為「煉氣化神」的「中關」修煉層次。筆者以為「採陰補陽」、「還精補腦」等道教修煉術語，即指「抽坎添離」，意為人身任督二脈陰陽交會，使腎水上升，心火下降，將腎中「金精」上升腦部「泥丸」，使陰盡陽純之功法，實非關男女房中之事。《老子想爾注》極力反對黃、容偽伎「從女不施」（第九章注）[98]，從房中節欲，破除坊間以「精液」補「腦」的錯誤觀念。筆者認為《老子想爾注》的長生修煉觀相當正確，頗有見地。

（三）神——煉神還虛

「神」，亦分為先天與後天。先天的神，為元神，為元意識，是一種極端清醒，毫無思慮的狀態，是一點本來自我之虛靈慧光。後天的神，為「識神」，指精神，是指人的靈氣。[99]人的精神現象，包括思維、意志、情感等有

96 〔清〕郭慶藩：《莊子集釋》，頁177。

97 〔清〕郭慶藩：《莊子集釋》，頁177注8。

98 饒宗頤：《老子想爾注校證》，頁11。

99 參見胡孚琛主編：《中華道教大辭典》，頁487（精氣神條）。

意識的方面；也包括人的一般心理活動等無意識的方面。[100]道教修煉的第三關（大關），便是將後天的「識神」修返先天之「元神」，進而從「有為」之法修入「無為」之法。蓄養精氣，持續修煉，便能修出精氣充滿、元神光彩，而達道家養生修煉之「神滿不思睡」的境地，精、氣、神充滿，這便是古修仙之士能修煉到入大定的不倒丹功。清靜無欲，抱元守一，入於虛无；修煉日久，則「无為之性自圓，无形之神自妙」，「神性形命與道合」，所謂「九載功圓」之境。[101]《老子想爾注》主張「精落故當載營之，神成氣來」、「能法道，故能自生而長久」、「精神與天通」、「與道同光塵」[102]，此即為「煉神還虛」之「大關」的修煉層次。

（四）精氣神合一——煉虛合道——形神俱妙

精、氣、神的意義，胡孚琛以生命的結構解釋：「道家和道教人體觀中的形，即是軀體結構，相當於自然界的物質層次，它的精華便是陰精。氣是人體內含有高度信息量的能量流形成的結構，是人體的生理機能，稱之為人體的生命結構。人的心理也是有結構的，它可視一種過程的秩序，即意識流的形式，這說明意識本身就是一種高度有序的實在。人的神是生命運動的最高形式，是一種高層次的特殊息。」[103]〔日〕丸山敏秋（1953-）以氣的角度解釋精、氣、神：「『形』是『氣』凝集之相，『神（精神）』是『氣』擴散之相，『形』與『神』本質上都是『氣』的動靜所造成的。位於兩者中間領域的『氣』，本質上化為一的『氣』，也就是依存在樣式而不同的狹義的『氣』。……『精』就是這狹義的『氣』所謂『生命能量』的『精氣』。」[104]對於「精、氣、神」學者或從不同角度進行解釋，然皆肯定「精、氣、神」為人身重要的生命結構、生命能量。

100 參見馮契《哲學大辭典》「精神」條（上海：上海辭書出版社，1992年10月），頁1714。

101 胡孚琛主編：《中華道教大辭典》，頁1258「煉神還虛條」。

102 饒宗頤：《老子想爾注校證》，頁12、10、8、7。

103 胡孚琛：〈道家和道教形、氣、神三重結構的人體觀〉，轉引自楊儒賓（1956-）主編：《中國古代思想中的氣論及身體觀》（臺北：巨流圖書有限公司，1997年2月），頁175。

104 〔日〕丸山敏秋：〈中國古代「氣」的特質〉，轉引自楊儒賓主編：《中國古代思想中的氣論及身體觀》（臺北：巨流圖書有限公司，1997年2月），頁168。

至於如何提升「精、氣、神」再作進化？道教內丹修煉提出的第四關，即為「煉虛合道」，便是將「精、氣、神」與「道」合一。李大華指出：「煉虛合道為內丹修煉的最上一乘功法，也是其終極目標。」[105]修煉至「煉神還虛」之境，尤當至虛守靜，使形神合道。道家養生修煉的最高境界便是精、氣、神合一，「一」就是「道」，「合一」便是「煉虛合道」，復歸於道的境界。修煉歸返於道：三歸二、二歸一、一合道，此為丹家逆修成仙之路徑。《性命圭旨》曰：「精化為氣者，由身之不動也；氣化為神者，由心之不動也；神化為虛者，由意之不動也。」[106]煉精化氣，要在「身」靜下工夫；煉氣化神，要在「心」靜下工夫；煉神還虛，要在「意」靜下工夫。透過虛靜專一，使精氣神合一。修煉至精、氣、神契合大道，與道合一之境，即所謂「形神俱妙」。李大華指出：「形神俱妙指金丹修成，超脫登真，契合大道的一種景象。……煉形化氣，煉氣化神，煉神還虛，從而形神俱妙。通過這一系列的轉化，形神在『虛』的境界裡達到『俱妙』，但不是其形體現實地輕舉飛升。實際上，後來的丹家奉行的多是神合大道，而不是形體飛升。」[107]

筆者以為《老子想爾注》主張結精自守、精結為神，收束精的外用行為，守精化氣，便是「煉精化氣」的境界；靠心念抑止身體之欲望，至身心無欲、神成氣來，便是「煉氣化神」之境界；精、氣、神充滿，身心回到空無（虛）之境，心空一念，心中無欲，守誡不違，便是「煉神還虛」；守道合一，煉氣歸根，欲根轉化，身心達到清靜無為之境，清靜無為便是道性，此為「煉虛合道」的境界。「道教修煉的最高境界精氣神合一，便是復歸於道。一與道同，守一、抱一、守玄一等等，亦為道教的重要修煉方法。」[108]煉「形」為修「命」之功，煉「神」為修「性」之功。形住、氣住，則神住、性明；知性、盡性而後了命；性命不二，此謂性命雙修、形神俱妙之境。由此以觀《老子想爾注》長生煉養之術的法要，就在於性命雙修，精氣神合一。

---

105 參見胡孚琛主編：《中華道教大辭典》「煉虛合道條」，頁1258。

106 傅鳳英注譯：《新譯性命圭旨》（臺北：三民書局，2005年10月），頁115。

107 胡孚琛主編：《中華道教大辭典》「形神俱妙條」，頁1129。

108 顧寶田、張忠利注譯，傅武光校閱：《新譯老子想爾注》，頁44。

（五）小結——《老子想爾注》「性」、「命」修煉對道教內丹修煉的影響

《老子想爾注》以奉行道誡為綱領，建構其宗教煉養的思想理論及實踐方法。由於《老子想爾注》為隨經注解的方式，其煉養思想理論及實踐方法遂散見於各章注中，雖未能見其完整統合有系統之論述，然審視其注文，仍能理出《老子想爾注》的煉養思想理論及實踐法門。不僅可見奉行道誡之修煉要領，同時亦論及《老子想爾注》的守一合道、積善得福、精氣神合一之煉養思想理論，又兼及結精自守、致氣貴柔、去除偽伎等實踐方法，雖僅為概論，亦可見煉養思想之大較。

細審《老子想爾注》長生煉養之術，雖未明言「性命雙修」，而修性與修命之功已具。觀《老子想爾注》之煉養實包含形（身）、神（心、性）兩部份，煉形即為命功，煉神即為性功，是以修煉實含括形神俱煉、性命雙修。李遠國指出「內煉精氣神，外積仁義德。」[109]的修煉內涵，「內煉精氣神」為修命之功，「外積仁義德」為修性之之功。《老子想爾注》主張「積善成功」、「萬善當著」、「守一合道」，講的就是「外積仁義德」的修性之功；《老子想爾注》強調「結精自守」、「積精成神」、「神成氣來」，說的便是「內煉精氣神」的修命之功。《老子想爾注》雖未明指出「煉精化氣，煉氣化神，煉神還虛，煉虛合道」的修煉要領，實已是精氣神合一，性命雙修，形神俱妙之境了。

所謂形神俱妙，李大華指出：「形神在虛的境界裡達到俱妙，並不是其形體現實地輕舉飛升。實際上，後來丹家奉行的多是神合大道，而不是形體飛升。」[110]「形神俱妙」是指修煉至精氣神合一，所達到在身心靈虛靜、明照，氣通天地，神與道合的妙境。此同《莊子》所言「唯道集虛」，意指只要達到虛靜無為的境界，「道」自然與之相合。「形神俱妙」並非指形體飛升，而是精神上的超脫自在，心性圓明透澈，證悟真理，與道合一的高度境界。這種境界便是《莊子》中的真人、仙人、至人的境界：「獨與天地精神往來」，「上與造

109 胡孚琛主編：《中華道教大辭典》「修身條」，頁979。

110 胡孚琛主編：《中華道教大辭典》「形神俱妙條」，頁1129。

物者遊，而下與外死生无始終者為友。」[111]修真、修仙所講的便是精氣神合一，神合大道的一種境界，是修煉如仙真的境地，並非修至舉形飛升。李大華對「形神俱妙」的解釋，為「長生成仙」指出了修仙的正確觀念，道家、道教修煉長生成仙之終極境界，不應是追求形而下的「太陰煉形」死而復生之術或期成舉形飛升。今生積德行善，養生內煉，便可得長生久視；及至精氣神合一，神合大道，形神俱妙，即是神仙之境地；他日修道有成歸返天鄉，必能證入仙籍，位列仙班。此「形神俱妙」之詮解，適為《老子想爾注》「長生成仙」之最佳注腳。

《老子想爾注》諭令道徒守道誡以轉正念，以化習氣；從寶精貴生、食母、食氣做起，透過心念虛靜，寡欲無為，務去偽伎，房中節欲；勉勵行善積德以合道意，達到形神俱妙之境，則可與道人、仙士同養仙壽，得長生福祉。《老子想爾注》煉養功法及主張，實為內丹煉養之術，為道教內丹修煉提供了性命雙修的重要理念及功法。

五　生命永恆與長生不死

《老子想爾注》吸收戰國至秦漢以來的神仙思想，對於長生成仙的議題備極關注，可以說整部《老子想爾注》思想，都圍繞著「長生成仙」的命題而進行推演。生命永恆不朽之追求是屬於「生命倫理學」的範疇。邱仁宗對「生命倫理」的定義是：「根據道德價值和原則，對生命科學和衛生保健領域內的人類行為進行系統的研究。」[112]易言之，「生命倫理」意即從道德的角度對人類生命進行系統的研究。邱仁宗將生命的議題與道德行為作了聯繫。李剛對道教生命倫理的定義又進一步指出：「是對人的生命表現出終極關懷，關注人能否獲得永恆，生命怎樣才能得到拯救而永存不朽等形而上的問題。」[113]換言之，「道教生命倫理」就是「道教的生命觀」。細審《老子想爾注》註解《老子》

111 〔清〕郭慶藩：《莊子解釋》，頁112、755、755。

112 邱仁宗：《生命倫理學》（上海：上海人民出版社，1987年5月），頁2。

113 李剛：《勸善成仙——道教生命倫理》（成都：四川人民出版社，1994年7月），頁2。

時置入積德行善及善惡命筭之觀念，形成尊道奉誡、行善去惡以求長生成仙的生命倫理觀。《老子想爾注》與《老》、《莊》最大的不同，便是將「道」神格化、人格化，使「道」成為一位生命永恆長存的神仙至尊。透過修道的努力，人人可成就長生成仙的終極目標。李剛在《漢代道教哲學》中說：「老莊的『道』是非人格的、自然運作的宇宙本體，道教則將其人格化、神聖化、超自然化，成為化生宇宙現象的最高神祇，具有永恆不滅性。這樣，『得道者』即與道同體的人便具有道的永恆屬性，成仙不死。」[114]筆者整合邱仁宗、李剛學者之見，定義「道教生命倫理觀」：所謂「道教生命倫理」，指道教透過道德倫理規範之實踐，以獲得生命永恆之理想境地，意即「修道成仙的生命觀」。

道教內丹修煉的次第為煉精化氣→煉氣化神→煉神還虛→煉虛合道；內丹修煉的最高境界為性命雙修、形神俱妙、精氣神合一。《老子想爾注》修煉的終極目標是長生久視，修道成仙。然而，長生修煉之術究竟能否使生命永恆？生命永恆的定義為何？又如何達到生命永恆？《老子想爾注》長生成仙思想是否等同肉身不死？

（一）生命永恆之道

前蘇格拉底（前470-前399）時代有一句話說：「人類之所以走向毀滅，是因為他們不能把起點與終點聯繫起來。」[115]此即是說明人類不能「永恆」的原因，在於人類的滅亡，是知道出生，不知道死亡。起點和終點不能連成一氣。現代詮釋學專家洪漢鼎解釋說：「這句話的後代詮釋是：自然界日月星辰能把終點與起點聯結為一個整體，故它們冬去春來，周而復始，永恆存在。而人類卻不能這樣循環，他們死而不歸，一去不返，故必然毀滅。」[116]面對肉體（物質）生命的必然死亡、毀滅之議題，哲學家提出了精神（靈魂）不滅之主張。

---

114 李剛：《漢代道教哲學》（四川：巴蜀書社，1995年5月），頁22。

115 *Philosophie heute*（《今日哲學》，最後1章「生活：與伽達默爾對話」──開始）。轉引自洪漢鼎：《當代哲學詮釋學導論》第6章（臺北：五南圖書出版股份有限公司，2014年3月），頁249。

116 洪漢鼎：《當代哲學詮釋學導論》第6章，頁249。

洪漢鼎認為：肉身必然死亡，面對此，只要從精神方面探索生命的不滅。靈魂的研究，就成為研究的主要方向。靈魂觀，也是宗教信仰的發端和存在的基礎。[117]

〔荷蘭〕斯賓諾莎（1632-1677）則特別強調精神的永恆，即是靈魂的永恆。洪漢鼎解析說：「對於人類來說，個體死亡，精神永恆，這在近代哲學思想中有最明確的表現，例如荷蘭．斯賓諾莎談到過心靈的永恆，他在《倫理學》中寫道：『人的心靈不能完全隨身體之消滅而消滅，但是它的某種永恆的東西仍然留存著。……只要我們的心靈從永恆的形式下包含身體的本質，則我們的心靈即是永恆的，而且心靈的這種永恆的存在既不是時間所能限制，也不能用綿延去說明的。』一個人的肉體死亡，個體消失；但其在世的一言一行，會對人類社會總體留下影響，而這些影響也會隨人類社會總體的不朽而不朽。」[118]人類的身體分為形神兩部分，形可滅，神永存。「形」指有形質的生命，物質生命是有限性的，終將消亡結束；「神」指心靈、精神（靈魂）生命，人的心靈、神魂是無限性的，不受時間、空間的侷限，是永恆的存在。這種永恆心靈的存在，如同《左傳》中所說的「三不朽」──立德、立功、立言。《春秋左傳正義．襄公二十四年》：「太上有立德，其次有立功，其次有立言，雖久不廢，此之謂不朽。」[119]

正因為我們都會死亡，生命有限，所以更要把握我們的生命。生命既然無法永生，我們可以從其他方式達到永生，生命可透過下一代子孫去延續；相信有來世或精神世界的存在；如《左傳》的三不朽，以在世的一言一行做人類社會的典範而影響後世；透過創造性的成就帶給他人積極性的影響，例如科學

117 洪漢鼎：《當代哲學詮釋學導論》第6章，頁250。

118 洪漢鼎：《當代哲學詮釋學導論》，頁250。

119 參見〔唐〕孔穎達：《春秋左傳正義》卷35，李學勤主編：《十三經注疏》（北京：北京大學出版社，1999年12月），7中：1003。（《春秋左傳．襄公二十四年》：「立德，謂創製垂法，博施濟眾，聖德立於上代，惠澤被於無窮，故服以伏義、神農，杜以黃帝、堯、舜當之，……禹、湯、文、武、周公與孔子皆可謂立德者也。立功，謂拯厄除難，功濟於時，……禹、稷當之，……謂言得其要，理足可傳，記傳稱史逸有言，《論語》稱周任有言，及此臧文仲既沒，其言存立於世，皆其身既沒，其言尚存，……史佚、周任、臧文仲當之，言如此之類，乃是立言也。」）

家、文學家或哲學家的創造與發明；經由文本的理解與解釋，與古人對話，透過閱讀，形成嶄新的視域，也是一種永恆的模式；獲得一種經驗的超越感，一種繼續存在的感覺，例如道家、道教或佛教修持的生命昇華等。[120]

（二）長生與不死

《老子想爾注》為「長生成仙」提出修性、修命各種方法，以達精氣神合一，形神俱妙之境；道人、賢者透過「太陰煉形」之術，亦能令肉身死而復活。然而人身即令能長生久視，終究無法使物質身軀永久不死、不滅。吾人以為身死而復活，是指延壽長生，駐世長久之意，此為得道者的一種修仙長生之術。「不死」不可逕從字面解為肉身不死，而是指身行道德有成，靈性生命提升與大道合一，是為「長生不死」之意。張道陵（34-156）終其一生修煉，高壽一百二十三歲；《列子》中彭祖「壽八百」；《莊子》中廣成子「千二百歲」。物質生命終歸死亡。自古至今，言養生致長壽者多，眾家修煉法門各有訣竅，巧妙不一。然，但見長壽者，未見不死之人。

《老子》第三十三章曰：「知人者智，自知者明。勝人者有力，自勝者強。知足者富。強行者有力。不失其所者久。死而不亡者壽。」細審《老子》「死而不亡者壽」[121]（第三十三章），其意在強調自我的修養和自我的認知、覺察，才能開展自我的精神生命和思想生命。真正的長壽在於身死而不被遺忘。[122]《老子》第五十章曰：「出生入死。生之徒，十有三，死之徒，十有三，人之生，動之死地十有三。夫何故？以其求生之厚。蓋聞善攝生者，陸行不遇兕虎，入軍不被甲兵，兕無（所）投其角，虎無所措（其）爪，兵無所容其刃。夫何故？以其無死地。」[123]《老子》指出長壽、短壽者各占十分之三，此為自然壽終者。而「求生之厚」者，本可長壽之人，只因奉養彌奢，生活無度，而加速走向死亡之路的，也占了十分之三。意思是只有十分之一的少數人

---

120 參見洪漢鼎：《當代哲學詮釋學導論》，頁250-252。

121 王卡點校：《老子道德經河上公章句》，頁133-134、134。

122 參見陳鼓應註譯，王雲五主編：《老子今註今譯及評介》，頁173-174。

123 王卡點校：《老子道德經河上公章句》，頁191-193。

是「善攝生者」，這些善於養護生命的人，是不會將自身陷入死亡之境地。可知，老子重「攝生」，是要能養生有節、清靜寡欲，不貪口腹而獵殺，不好戰功而興兵，知足知止，不置身於死地，此為老子「長生」之方。《老子》強調合道長生，在人事上則主張「重積德」，認為德與道合同，個體生命也能達到無災、無殃、無禍之境地，與道的永恆性一般得以長生久視。《老子第五十九章》曰：「治人，事天，莫若嗇。夫唯嗇，是謂早服。早服謂之重積德。重積德則無不剋，無不剋則莫知其極，莫知其極，則可以有國。有國之母，可以長久。是謂深根固蒂，長生久視之道。」[124]在治人事天上，《老子》提出「嗇」的概念。「嗇」，《河上公章句》作「愛惜」解。「嗇」即是愛惜、保養、收藏之意。[125]陳鼓應指出：「老子提出『嗇』這個觀念，非專指財務上的，乃是特重精神上的。『嗇』即指培蓄能量，厚藏根基，充實生命力。」[126]厚積薄發便是「嗇」在治人事天上的意義。「早服」意即早作準備[127]；「重積德」認為不斷地積蓄德，於國可保長治久安，於身可保長生久視。《老子》特別重視「抱一」、「合道」，是以「含德之厚」者、「古之善為士者」、「善攝生者」，都是能「保此道者」，即能與道相合相通之人。這些「得道」者，不僅不會有外來的災難、傷害：「毒蟲不螫，猛獸不據，攫鳥不搏」，「陸行不遇兕虎，入軍不被甲兵」；且能得「徐清」、「徐生」逐漸邁向清靜、長生之境地。以其人之德合道：「敦兮其若朴，曠兮其若谷，渾兮其若濁。」敦厚質樸、心量開闊、渾濁若愚，此為「含德之厚」者與道相合的人格修養和生活態度。《老子》提出早服積德之觀點，此為健康長壽、心靈長久安適自在之道，是以「含德之厚」、「善攝生者」能得長生久視。

《莊子》強調欲修「仙」者當與「道」合一。一個人若能自然無為、清淨寡欲，使心境達到虛靜空明的狀態，就達到「道」的境界，就能與「道」相結

124 王卡點校：《老子道德經河上公章句》，頁230-232。

125 參見陳鼓應註譯，王雲五主編：《老子今註今譯及評介》，頁249注㈡。

126 王卡點校：《老子道德經河上公章句》，頁249〔引述〕。

127 「早服」，郭店簡本作「早備」。姚鼐說：「『服』者，事也。嗇則時暇而力有餘，故能於事物未至，而早從事以多積其德，逮事之至而無不克矣。」（轉載自陳鼓應註譯，王雲五主編：《老子今註今譯及評介》，頁249注㈢。）

合。《莊子・人間世》曰：

> 回曰：「敢問心齋。」仲尼曰：「若一志，无聽之以耳而聽之以心，无聽之以心而聽之以氣，聽止于耳，心止于符。氣也者，虛而待物者也。唯道集虛。虛者，心齋也。」[128]

《莊子》中借孔子回答顏回「心齋」之問，提出「若一志」、「聽之以氣」、「唯道集虛」之論。「心齋」意謂心不染塵境。[129]「若一志」意即你要專注心思，心無雜念。以「聽」為例，「无聽之以耳」，因耳聽音聲，雜取眾音，要能凝神於心，「不著聲塵，止于聽。」[130]進而「无聽之以心」，「心」有知覺，易對境攀緣，不若「氣」無思慮、無情欲、無知覺；只有「氣」涵容萬有，虛靜至柔，與「道」相合相通。「唯道集虛」，只有虛靜其心，真道方能會聚於心。所以說，「虛」就是指「心齋」；「聽之以氣」就是虛靜其心，即指「心齋」。「心齋」指虛心靜氣不染塵境，如此修煉便能至「坐忘」之境。「坐忘」即「端坐而忘」。[131]，《莊子・大宗師》曰：

> 仲尼蹴然曰：「何謂坐忘？」顏回曰：「墮肢體，黜聰明，離形去知，同於大通，此謂坐忘。」仲尼曰：「同則无好也，化則无常也。而果其賢乎！丘也請從而後也。」[132]

所謂「忘」指置之於度外，不住於心。意即仁義道德、禮樂規範等世俗的教條、觀念、儀節皆不執於心念中，最後「坐忘」的境界，指忘掉一切有形、無

128 〔清〕郭慶藩：《莊子集釋》，頁112。

129 參見〔唐〕玄成英《莊子疏》曰：「齋，齊也，謂心跡俱不染塵境也。」（轉引自〔清〕郭慶藩：《莊子集釋》，頁112注1）

130 參見〔唐〕玄成英：《莊子疏》曰：「不著聲塵，止於聽。此釋無聽之以耳也。」（轉引自〔清〕郭慶藩集釋：《莊子集釋》，頁113注5）。

131 參見〔唐〕玄成英：《莊子疏》（轉引自〔清〕郭慶藩：《莊子集釋》，頁202）。

132 〔清〕郭慶藩：《莊子集釋》，頁202-203。

形的自我。「墮肢體」就是指要忘掉有形體的自我，即「離形」；「黜聰明」是要忘掉聰明智慧有意識的自我，即「去知」。《莊子》提出「離形去知」，讓生命不受形體所束縛，不被知識所桎梏，使精神自由、心靈自在，與萬物合一，與道相通，這個「坐忘」的境界就是「大通」。「大通」即是大道。「坐忘」是「離形去知」，擺脫自我有形的身軀之累，並跳脫無形的知識之困，使心不受物遷。《莊子・德充符》曰：「審乎無假，不與物遷。」[133]「無假」即真實，意指審視宇宙人生、萬事萬物的變化為自然之道，是真實無妄的，心與自然之道相應相合，就不會為外物之變化所遷移、影響。

尋繹《莊子》所言「坐忘」的工夫，實包括雙重面向的深層意涵：一是忘己。「離形去知」破除自我的執著，得到精神上的超脫自在。一是忘物。對待萬事萬物不以高下差別對待之，充分認識掌握事物的自然規律、原理原則，能視「不齊」為萬物自然之性。修煉至忘己、忘物而與萬化冥合，便是與大道相通；修煉至「坐忘」的境界，便能養護精神和保全天性，得以盡享天年。《莊子・在宥》曰：「必靜必清，无勞女形，无搖女精，乃可以長生。目无所見，耳无所聞，心无所知，女神將守形，形乃長生。」[134]意即身安心靜、神閒氣定，可以長生久壽。此與「離形去知」、「坐忘」之旨趣同，可以相互為訓。《莊子・達生》曰：「棄事則形不勞，遺生則精不虧。夫形全精復，與天為一。」[135]「棄事」即無心於外物，則形不為事累，就是「忘物」；「遺生」，生即身，把自己的形體遺忘，就是「忘己；「與天為一」便是與道相合。是以，「坐忘」便是合道的境界，也是養壽長生的工夫。

《莊子》曰：「吾與日月參光，吾與天地為常。……人其盡死，而我獨存。」[136]（〈在宥〉）《莊子》所言非謂眾人皆死，唯我獨活之意。這是莊子「一死生」[137]（〈德充符〉）的生命觀，看清物理變化乃自然之理趣，故能不執

133 〔清〕郭慶藩：《莊子集釋》，頁140。

134 〔清〕郭慶藩：《莊子集釋》，頁269。

135 〔清〕郭慶藩：《莊子集釋》，頁435。

136 〔清〕郭慶藩：《莊子集釋》（臺北：商周出版社，2019年1月），頁270。

137 〔清〕郭慶藩：《莊子集釋》，頁151。

死生，能「與日月參光」、「與天地為常」、與造物者遊。此為莊子忘形、無情之德，是以得通天之性，精神生命得與自然相通而遊心自在，逍遙自樂。阿爾克邁說：「人類走向毀滅，是不能將起點與終點聯繫起來。」換言之，生命永恆，在於將起點與終點聯繫起來。此論點與《莊子》「一死生」、「齊彭殤」不執死生、壽夭，看清物理變化與自然之道相通，得遊心自在，逍遙自樂的理趣相類。天體循環，萬物歸根，周而復始，人類生命與萬物變化之理皆同於自然之道，開始與結束、起點與終點、生與死，都在循環往復的永恆生命之模式中。地有中西、時分古今，而哲學家對自然生命之領悟相同。對「長生不死」，《老子道德經河上公章句》亦有明確的定義：「善以抱道精神者，終不可拔引解脫。為人子孫能修道如是，〔則〕長生不死，世世以久，祭祀祖先宗廟，無〔有〕絕時。」（〈修觀第五十四〉）河上公以修道免禍，子孫世代綿延，祭祀不輟，定義「長生不死」。《老子道德經河上公章句》：「萬物當隨時生死，不可但欲〔長〕生無已時，將恐滅亡不為物。」[138]（〈法本第三十九〉）直接否定了「長生不死」。

《老子》言「長生」重在生活上「攝生」：寡欲質樸、清靜無為，不「求生之厚」（《老子．第五章》）；重在修養上「自知」、「自勝」、「知足」、「強行」（《老子．第三十三章》），如此可臻「死而不亡」。《老子》重「長生」但未言不死。《莊子》中雖大談聖人、至人、真人、神人等得「道」之人，也提出「心齋」、「坐忘」等修煉入「道」的功法，然《莊子》只說「神將守形，形乃長生」[139]（〈在宥〉），強調「長生」在達到「道」的境界，就能修煉真人、神人具有無限神異之能力；強調「一死生」、「齊彭殤」，不執生死、壽夭，認清物理變化為自然之道，與「道」相通，方能遊心自在，精神逍遙自樂。《莊子》重生，在精神生命之永恆，亦未嘗言不死。《老子道德經河上公章句》重養生以長壽，其養生之道與《老子》同尚清靜寡欲，同樣講「長生」，然否定「長生無已時」。

從「道家」到「道教」，從「長生」到「長生成仙」，《老子想爾注》有其

---

138 王卡點校：《老子道德經河上公章句》，頁207、156。

139 〔清〕郭慶藩：《莊子集釋》，頁269。

對道家之「道」的本體詮釋，也有《老子想爾注》的創意詮釋。《老子想爾注》重視「生道」觀，強調「合道意」、「守道誡」，主張「得道長生」、「行道致生」、「合自然可久也」，此「生」為長生、壽考、仙壽之意，《老子想爾注》中並未言肉身不死。其言「道人」能「託死過太陰，復生去為不亡」，所言「道人」為得道之人，相當於仙人，此言唯得道之人，可修煉生命不死而成仙、成神。《老子想爾注》主要的目的，是以東漢末坊間流行的「太陰煉形」術，來勉勵道徒信守道誡，生活合道，以「道人」、「仙士」、「聖人」為典範，以修煉長生成仙為終極目標。《老子想爾注》提到「太陰煉形」，唯前提是要先積德行善、合道意、守道誡如「道人」、「仙人」。《老子想爾注》主張長生成仙真正的重點在強調行「道」、得「道」、合「道」以達生命永恆與道合一，非指肉身永遠不死。職是以觀《老子想爾注》「長生成仙」的內蘊哲思，當是精神生命的提煉與上升。林慈涵指出「長生」的意義：「欲求不滅只是表象，或說結果，人類真正追求的是主體對於自身生命有著最大化的自主權，身軀不但不會被生理限制，還能夠自由選擇在世間或他界。」[140]「欲求不滅只是表象」，誠如學者之言。「長生」之價值意義當不在於「肉身不死」，「長生」所指當是身軀自由，靈魂（精神）不滅，主體生命的自主。

按「仙」字在《說文》中，即「僊」。《說文解字》曰：「僊，長生僊去，从人从䙴。」[141]段玉裁《注》曰：「䙴，升高也，長生者䙴去。……釋名曰：老而不死曰仙。仙，遷也。遷入山也。」[142]由《說文》及《注》，吾人以為「仙」字可有二解：1.從人身物質生命而言，「仙」指老而不死的長壽之人。2.從人身精神生命而言，「䙴，升高也」，「仙，遷也。遷入山也」，「山」有高意，升高亦可視為提昇之意，則「仙」可指為修養、思想內涵等精神生命的提高、提升、逍遙自在。筆者以為《老子想爾注》在長生修煉上主張修道積德、性命雙修、精氣神合一，使形神俱妙，以長生成仙為終極目標，其長生成仙之

140 林慈涵：〈道家與道教的主題問題——以《老子想爾注》為例〉，《臺大中文學報》第七十三期，2021年6月，頁158。

141 〔清〕段玉裁：《說文解字注》（臺北：學海出版社，1982年9月），頁387。

142 〔清〕段玉裁：《說文解字注》，頁387。

思想內蘊實在於鼓勵「積善成功」、「行道致生」，黽勉從事。《老子想爾注》的長生之意，實為長壽之福；成仙之意，實為精神生命長存不朽、自在如仙。從《老子想爾注》所主張的「道」、「德」思想而觀，全書自始至終，思想一貫，可以肯定其「長生成仙」思想並非指肉身不死，而是勗勉合「道」之「生命倫理觀」；《老子想爾注》中但言長生、仙壽，未見言肉身不死；於「仙」，僅提及「太上老君」，餘則為天曹、天官、地官、左契、右契等未分仙階之仙官，亦未見仙境之描寫，只強化聖人、道人、仙士之品格與素養。是以《老子想爾注》的「長生成仙」之意，已從人身物質生命之不死，提升為品格素養內涵之精進、修煉，也就是精神心靈生命之永恆。

所謂「形神俱妙」李大華指出：是「形神在虛的境界裡達到俱妙，並不是形體現實地輕舉飛升。」[143]這種境界便是《莊子》中「虛室生白」[144]（〈人間世〉）內心虛靜，真理自悟，「心齋妙道」[145]的境界；是「澹然獨與神明居」[146]（〈天下〉）神合大道的修真境界。是以修仙所言之「形神俱妙」其正確的觀念是修煉至精氣神合一，達到如仙真的境地。《老子想爾注》在形神的煉養上具體提出修性之功：遵守道誡、行善積德；在命功上強調：清靜寡欲、寶精貴生。為修煉長生成仙提供了「性命雙修」以臻形神俱妙的功法，不僅人身可得長生仙壽，精神上身心靈澄明如神、自在如仙，他日壽終亦能歸返仙鄉，列入仙班。張道陵自幼讀老子即了其義，及長博覽群書，後棄官歸隱龍虎山、鶴鳴山修道，高壽123歲。吾人以為張道陵修煉已臻形神俱妙之境，是以將其修煉體悟，借注《老子》而記述於《想爾》中，提供道徒及後世讀者性命雙修的理念及功法。張道陵及《老子想爾注》思想內涵所要達到精氣神合一、形神俱妙之境，才是「長生成仙」的最佳詮解。

143 胡孚琛主編：《中華道教大辭典》「形神俱妙條」，頁1129。

144 〔清〕郭慶藩：《莊子集釋》，頁114。

145 〔唐〕成玄英《疏》，轉引自〔清〕郭慶藩：《莊子集釋》，頁113注。

146 〔清〕郭慶藩：《莊子集釋》，頁751。

六　結語

長生成仙是《老子想爾注》人生修煉的終極目標，在長生成仙的途徑上，特別指出了「積善成功」的致仙之道，不僅要「百行當備」還要「萬善當著」（第二十一章注）[147]，勸勉人行善積德：要人知曉道真，明白道意；確立正確的信仰觀念，要摒除邪道、偽伎、邪文之誘惑；要勸修仁義、誠信、忠孝之德；不與人爭，不驕慢；不矜己功，不伐己長；口說善言，以善教人，不棄惡人等等善功。表現《老子想爾注》中正和平，注重倫理道德與人為善的情操；仁義為懷，規過勸善，予人改過遷善宗教樂善的情懷。《老子想爾注》在長生成仙的方法中，指出「積善成功」的致仙之道，為道教樹立至誠為善的道德倫常觀，在道教倫理觀上深具意義。

《老子想爾注》神化老子，奉《老子》為經，從宗教神學的角度詮釋《老子》五千言，為「道」樹立了絕對的權威性及至高性，奉「道」為萬事萬物的根本，並作為道徒信仰生活的宗旨目標，要求道徒「自勉厲守道真」[148]，《老子想爾注》規定道徒「守道真」，信守真道，依道誡行事，遵奉由「道」化身的至上神尊——「太上老君」為至高無上的「真聖」，由「真聖」太上老君所傳之道乃為「真道」，其他外教所傳為「邪道」、「偽伎」。《老子想爾注》主張精氣神合一的長生修煉之術，無論是修性或修命之功，要在合於「真道」的思想理念上修煉，並要堅定對「真聖」太上老君的信仰，方可修煉長生而證入仙班，為道徒指出奉行道誡、信仰真聖為修道成仙之南針。

《老子想爾注》思想內涵所呈現的合道長生的生命觀，主張「積善成功」積極正向的倫理道德觀，強化性命雙修、精氣神合一、形神俱妙的煉養功法，又將道氣與宗教神學結合，神格化老子、太上老君，提高修煉長生成仙的可能性，為道教勾勒出「一氣化三清」的神學體系，特別是《老子想爾注》宗教積德行善的生命美學，不僅鞏固了道教的信仰，同時也深化了道教文化的精神內

---

147 饒宗頤：《老子想爾注校證》，頁27。

148 饒宗頤：《老子想爾注校證》，頁17。

蘊。《老子想爾注》將道家思想轉向道教神學理論，不僅在道教史上實具有劃時代的意義，同時對當今戰亂頻仍、爾虞我詐的人類社會，適足以發揮《老子想爾注》弭惡向善、和平中正的價值導向之功能與貢獻。

以《六韜》論齊國尚賢精神

李佩圜
航空技術學院人文組兼任助理教授

摘要

《六韜》相傳為姜太公呂尚所著之著名兵書，於宋神宗期間被列為《武經七書》之一，究其文辭，實屬戰國時人所假託之作，其書內容分文、武、龍、虎、豹、犬六種韜略，以周文王設問，姜太公應答的形式闡述軍政相關之思想議題。齊國位處東海之濱，其政治思想、施政方針與中原諸姬皆有所不同，尚賢之思想尤為突出，是以人才輩出並影響後世。《六韜》既假姜太公之言以立論，其論點之立基當與姜太公之形象與齊國之政治風貌有所相關，本文將橫向梳理戰國時人對姜太公尊賢有關的相關論述，並縱向的考察姜齊歷史，對照齊國治國理念與歷史事件，探討齊國尚賢精神的種種表現，以及對於後世的歷史影響。

關鍵詞：《六韜》、齊國、尚賢、姜太公

一　前言

自古以來，國家或政治集團間，為實現其政治主張與利益化最大，時時發起戰事，意圖以武力迫使對手屈從。在接連的戰事中，各方的戰鬥經驗不僅愈加豐富，同時也各成系統，這些經由實戰積累出的智慧，便藉由各家兵書傳承下來，當中最出名的，當屬《孫子兵法》，如曹操便對其讚譽有加，更親自為其作注，將自身之體悟寫入其中。除《孫子》外，其餘眾家兵書也在實戰中被證實其價值，並流傳至今。至北宋時期，學術界與民間已有默契地認同《孫子兵法》、《尉繚子》、《吳子》、《司馬法》、《六韜》、《三略》與《李衛公問對》等七部為相當實用的兵書，宋神宗時，更將其彙編統稱為《武經七書》[1]，並由官方校定與頒行，成為中國古代第一部軍事教科書集。

由於古時認定「作書，(乃) 聖人之事也」[2]，因此古人作書慣於託名，目的是加強著作的說服力。《武經七書》當中，《六韜》與《三略》皆有《太公兵法》之稱，《六韜》舊題為周初太公望所著，內容以周武王與姜太公呂望對話為形式，講述對於治國、治軍與戰事指導之理論；《三略》則因司馬遷於《史記．留侯世家》中稱其為《太公兵法》[3]，故而得名。

漢代司馬遷於《史記．齊太公世家》中稱：「後世之言兵及周之陰權，皆宗太公為本謀」，《六韜》之所以擬定姜太公為成書者，在於姜太公對周朝建國

1　據《四庫全書總目提要．子部．兵家類》中所題：晁公武《讀書志》稱，元豐中，以《六韜》、《孫子》、《吳子》、《司馬法》、《黃石公三略》、《尉繚子》、《李衛公問對》頒武學，號曰：「七書」。

2　(明) 施耐庵：《金聖嘆批評本水滸傳》(湖南：岳麓書社，2006年)，頁114。

3　良嘗閒從容步游下邳圯上，有一老父，衣褐，至良所，直墮其履圯下，顧謂良曰：「孺子，下取履！」良鄂然，欲毆之。為其老，彊忍，下取履。父曰：「履我！」良業為取履，因長跪履之。父以足受，笑而去。良殊大驚，隨目之。父去里所，復還，曰：「孺子可教矣。後五日平明，與我會此。」良因怪之，跪曰：「諾。」五日平明，良往。父已先在，怒曰：「與老人期，後，何也？」去，曰：「後五日早會。」五日雞鳴，良往。父又先在，復怒曰：「後，何也？」去，曰：「後五日復早來。」五日，良夜未半往。有頃，父亦來，喜曰：「當如是。」出一編書，曰：「讀此則為王者師矣。後十年興。十三年孺子見我濟北，穀城山下黃石即我矣。」遂去，無他言，不復見。旦日視其書，乃太公兵法也。良因異之，常習誦讀之。

之貢獻乃世所周知，姜太公不僅輔佐周文王，在周武王即位後，周朝亦在太公籌謀下於牧野之戰中一舉克殷取得勝利，奠定周朝江山一統的基礎，為表彰其不朽功績，同時也為克制善戰之東夷，武王將姜尚分封於今山東一帶，此即為日後之齊國。姜太公以一介布衣之身，襄助文王、武王建立周王朝，加上略帶神秘的「願者上鉤」傳聞，使姜太公在後人心目中，逐漸成為有巧機與權謀的老者形象。

除了善於用兵的形象，姜太公在政治的面向上，同樣受後世推崇，可謂全才。孟子稱其為「天下之大老也」，《荀子・臣道》中，將太公與殷商之伊尹並稱為「聖臣」[4]，古時認同「以正治國，以奇用兵」[5]，若太公專事於軍事之陰謀詭計，當無法得到大儒孟、荀如此評價，可知在政治上，太公的聲望確實不同一般。周朝主體實施宗法制，以血緣為核心分封諸侯，姜太公分封至齊，為其中罕見的異姓諸侯，因此齊國與其餘姬姓諸侯國相比，其政治主張於本質上自然存有差異，也因此形成齊國獨特的風格。

本文欲以《六韜》中所表現的尚賢精神點題，探究戰國時人與後世對於姜太公尊賢的相關論述，並縱向考察姜齊歷史，對照齊國治國理念與相關歷史事件，探討齊國尚賢精神的種種表現，以及對於後世的歷史影響。

二　《六韜》中的尚賢精神

《六韜》，又稱《六弢》，「韜」與「弢」字相通，字面義為裝弓之皮套，意味深藏不露，引申為謀略之意。《六韜》共六卷，分別以文、武、龍、虎、豹、犬為各卷名，共61篇，近兩萬字，其篇幅相較於《孫子兵法》13篇六千餘字而言多出甚多，以內容而言，《孫子》乃以實戰經驗總結出各層面的軍事戰略，並提出「全勝」、「慎戰」、「太極」等戰略思維。而《六韜》則是以對話形式，探討上位者如何治國用人與管理，以及軍事戰略與針對不同環境使用之武

4　《荀子・臣道》：齊之管仲，晉之咎犯，楚之孫叔敖，可謂功臣矣。殷之伊尹，周之太公，可謂聖臣矣。

5　《老子道德經》(北京：中華書局，1985年)，頁15。

器、兵陣等問題，可以說《六韜》與政治關係更加緊密，也因此在《漢書，藝文志》中，未將其歸類於兵家之學，反置於儒家經典一類，[6]可知《六韜》的內容在班固的判斷中更具有政治管理價值。今簡述《六韜》之時代背景，與其中之尚賢精神。

（一）《六韜》作者與成書時代簡述

《六韜》為先秦著名兵書，書中內容為周文王、武王與姜尚之對話，始於文王垂詢於尚湖垂釣之太公望，主體則為太公望對於政治與戰略所提出之見解。有關《六韜》實際成書年代，目前看法眾多，有不少學者認為《六韜》應當至少在戰國前期便已成書，如余嘉錫便於《四庫提要辨證》中提出，應是「在戰國之前此書已遠有端緒，而此之後漢人又有所附益」[7]，另楊寬基於《六韜》中使用的兵器與戰陣，認定此書「當著作於戰國前期」[8]。周鳳五則以出土殘簡、佚文輯成、內容性質等方面之資料整理，提出「《六韜》的成書年代最晚應不遲於戰國中晚期」[9]。在先秦文本中，《六韜》多記為《六弢》，最早現於《莊子・雜篇》[10]中，可確信至少在戰國中晚期，此書便已存在。而山東臨沂銀雀山西漢古墓中文物竹簡出土，可知在漢初，《六韜》便與《孫子兵法》、《孫臏兵法》、《尉繚子》、《墨子》、《管子》、《晏子春秋》、《唐勒》等大批先秦著作一同流行。既成書於戰國時期，則《六韜》之作者當屬託名為太公

---

6 《四庫全書總目提要・子部・兵家類》：《漢書・藝文志》兵家不著錄，惟儒家有周史《六弢》六篇，班固自註曰：「惠襄之閒，或曰顯王時，或曰孔子問焉。」

7 余嘉錫：《四庫提要辨證》（北京：中華書局，2007年），頁590。

8 楊寬：「《六韜》為戰國兵權謀家假托西周初年太公望所著，曾收入宋人所編《武經七書》中。一九七二年銀雀山漢墓出土有《六韜》殘簡，與《孫子兵法》、《孫臏兵法》、《尉繚子》竹簡同墓出土，可知為先秦古籍。從其所載內容來看，所用兵器有強弩和八石弩，重視戰車、戰騎陷陣襲擊的作用，當著作於戰國前期」。楊寬：《戰國史》（上海：人民出版社，2004年），頁25。

9 周鳳五：《六韜研究》（臺北：國立臺灣大學博士論文，1978年），頁373。

10 陳鼓應：《莊子今註今譯》（臺北：臺灣商務印書館，2011年），頁601。先秦典籍中，《六韜》寫法為《六弢》，最早見於《莊子・雜篇・徐無鬼》：「徐無鬼出，女商曰：『先生獨何以說吾君乎？吾所以說吾君者，橫說之則以《詩》、《書》、《禮》、《樂》，從說之則以金板、六弢，奉事而大有功者不可為數，而吾君未嘗啟齒。今先生何以說吾君，使吾君說若此？』」。

姜尚無誤[11]，先秦典籍中不乏此例，如李零便曾指出，「《六韜》在古代只是太公書的一種」[12]，認為那些託名為太公望所著的典籍，當屬概念相同，而有如此通稱。

（二）《六韜》中的尚賢精神

《六韜》伊始，太公便以「釣」為引，點出：

> 釣有三權：祿等以權，死等以權，官等以權。夫釣以求得也，其情深，可以觀大矣。

待文王表示「願聞其情」，太公望便更加具體地解釋：

> 緡微餌明，小魚食之；緡調餌香，中魚食之；緡隆餌豐，大魚食之。夫魚食其餌，乃牽於緡；人食其祿，乃服於君。故以餌取魚，魚可殺；以祿取人，人可竭；以家取國，國可拔；以國取天下，天下可畢。

太公將大臣臣服於君上，就彷彿魚因食餌而受釣線所制約，更以小、中、大尾的魚來暗指賢士的分量輕重，如此直白的比喻，堪比現今商業暗黑學的描述手法，可說《六韜》的尚賢精神除強調賢才的重要性外，其價值更在於指出「如何尚賢」。但正是如此直球對決的尚賢模式，更符合齊國在獨特文化環境與經濟地位下形成的特有風格。

除開宗明義以「釣魚」作為彙集人才的象徵，《六韜．上賢》中也條列出「王人」，也就是國家臣民士人等，所不應具有的行為準則，即太公所謂「六賊」：

---

11 《隋書．經籍志》中記《六韜》:「《太公六韜》五卷，周文王師呂望撰。」

12 李零:《簡帛古書與學術源流》(北京：生活．讀書．新知三聯書店，2004年)，頁370。

太公曰：「夫六賊者：

一曰：臣有大作宮室池榭、遊觀倡樂者，傷王之德。

二曰：民有不事農桑、任氣游俠、犯歷法禁、不從吏教者，傷王之化。

三曰：臣有結朋黨、蔽賢智、鄣主明者，傷王之權。

四曰：士有抗志高節以為氣勢，外交諸侯、不重其主者，傷王之威。

五曰：臣有輕爵位、賤有司、羞為上犯難者，傷功臣之勞。

六曰：強宗侵奪、陵侮貧弱者，傷庶人之業。」

不論皇室宗親、國家重臣、士人抑或百姓，若有不妥當的言語行為，不僅會損傷國君形象，甚而造成階級之間的仇恨而導致國家動盪，因此太公明確針對各階層定義出不當言行的判斷標準，讓國君得以依循。而除去六賊為對王德有損的行為，太公另外指出七類品行不佳的人，讓君王得以遠離，即所謂「七害」：

七害者：

一曰：無智略權謀，而以重賞尊爵之，故強勇輕戰，僥倖於外，王者慎勿使為將。

二曰：有名無實，出入異言；掩善揚惡，進退為巧，王者慎勿與謀。

三曰：樸其身躬，惡其衣服；語無為以求名，言無欲以求利，此偽人也，王者慎勿近。

四曰：奇其冠帶，偉其依服；博聞辯辭，虛論高議以為容美，窮居靜處而誹時俗，此姦人也，王者慎勿寵。

五曰：讒佞苟得以求官爵，果敢輕死以貪祿秩，不圖大事，得利而動；以高談虛論說於人主，王者慎勿使。

六曰：為雕文刻鏤、技巧華飾而傷農事，王者必禁之。

七曰：偽方異伎，巫蠱左道，不祥之言，幻惑良民，王者必止之。

古今以來，不乏以尚賢為論點的典籍，但能具體至此，實屬少見。《六韜》中的「七害」，指出心口不一、隱善揚惡、沽名釣譽與注重外在技藝而傷害農事等等特質皆不可取，《六韜》雖是兵書，但此部分卻更偏向人事政策的敘述。

除人臣言行應受到規範外，君王本身的態度與賢材選用的晉升制度也相當重要，《六韜・舉賢》便由此而生，內容為端正君王求賢的態度，與應如何由正確管道求取賢才：

> 文王問太公曰：「君務舉賢，而不獲其功。世亂愈甚以至危亡者，何也？」

文王向太公表示，君王必然推崇尚賢，但為何往往無法獲得真正的賢才為國效力，導致世局更加混亂，甚至幾乎要使國家顛覆？對此，太公回應：

> 舉賢而不用，是有舉賢之名而無用賢之實也。

太公認為，君王雖有心舉用賢才，但往往無法求得於國有助的賢才，是由於國君空有舉賢之名，卻無任賢之實。而當中的關鍵，便在於「君好用世俗之所譽而不得真賢也」，當君王認定賢與不肖的標準，在於對方是否有世俗的美名，與是否受到眾人的肯定，則往往會錯失真正的賢才，結果造成「多黨者進，少黨者退」，真正的賢才因無朋黨推崇，最終「忠臣死於無罪」，而「姦臣以虛譽取爵位」，也就自然會導致國家滅亡的危險。因此關鍵在於，如何確保完善的舉賢制度，能使國君接觸到真正的人才，而不被朋黨蒙蔽，導致「群邪比周而蔽賢」。對此，太公提出：

> 將相分職，而各以官名舉人，按名督實，選才考能，令實當其名，名當其實，則得舉賢之道也。

太公認為，舉薦人才要有分責的管道，首先將文、武官員之晉升管道作出區隔，並循名責實，並加以考核，保證名實相符，則可以達成舉用賢才的實效。

這番言論即便放在現今，也符合人才拔擢的實際需求，太公不僅認同求賢的必要，更進一步制定了人才選拔的初步淘汰條件「六賊七害」，與「以官名舉人」的正規管道。然而，太公的人事政策不僅於此，對於已經進入朝堂的官員，還有第三階段的考核機制，以達到激勵或懲戒的效果，避免朝臣因無獎勵機制而缺乏動力，或因失去憂患意識而不盡心盡力，而此階段重點在於信賞必罰，即：

> 凡用賞者貴信，用罰者貴必。賞信罰必於耳目之所聞見，則所不聞見者莫不陰化矣。夫誠暢於天地，通於神明，而況於人乎。[13]

《六韜・賞罰》與法家尚法派信賞必罰的精神相當一致，認為信賞的公平與否，會相當直接地影響到日後朝臣的執行力與忠誠度。而國君誠心的賞罰，不僅能感天動地，更能深入跟隨者五內，達到潛移默化地凝聚效果。

《六韜》當中，〈上賢〉、〈舉賢〉、〈賞罰〉，可謂是相當具體且前衛的治國人事管理策略，重點在於如何為國家選擇治國的人才。而正如同太公所說，選才要「將相分職」，在《六韜・選將》當中，另有關於如何評選出合適的武將，太公首先強調不可以貌取人，並列出「士外貌不與中情相應者十五」，如「嚴而不肖者」、「好謀而不決者」、「有詭激而有功效者」等等，孔子曾言：「以貌取人，失之子羽」，太公認為光論外在表徵，是無法選出合適的武將，因為在戰場上，主帥真實的價值觀往往與成敗緊緊相繫，「得賢將者，兵彊國昌；不得賢將者，兵弱國亡」，因此對於武將的挑選，要更加仔細。對此，太公提出評選的準則「八徵」：

> 一曰、問之以言，以觀其辭。二曰、窮之以辭，以觀其變。
> 三曰、與之閒謀，以觀其誠。四曰、明白顯問，以觀其德。
> 五曰、使之以財，以觀其廉。六曰、試之以色，以觀其貞。

---

13 （周）呂望撰：《六韜六卷・賞罰第十一》（上海：商務印書館，1991年），頁238。

七曰、告之以難，以觀其勇。八曰、醉之以酒，以觀其態。

八徵皆備，則賢、不肖別矣。

簡而言之，要以各種面向察言觀色，以了解其人格，甚至刻意製造困難，以釐清對方面對挑戰或誘惑時的道德底線，從而徹底掌握受試者的品德優勢與缺陷。《孫子》有云：「兵者，國之大事，死生之地，存亡之道，不可不察也」，無怪乎《六韜》要以如此長的篇幅，與具體的判別方式，來衡量君王對於武將的選擇。

與其說《六韜》尚賢，不如說《六韜》作者非常清楚工欲善其事，必先利其器，而不分文、武，人才皆是國之利器，因此不可不在最一開始便慎而重之地看待與選擇。

三　姜齊時期之尚賢精神

本文探究範圍為西周至楚漢相爭時期，地理位置約為今山東淄博市臨淄區一帶之齊國。雖同稱齊國，但前後實為不同政權，前期為姜齊，開國者為姜太公呂尚；後齊為田齊，開國者為齊太公田和。為避免混淆，因此將其分節書寫。

（一）齊國之獨特地理環境

據《史記・齊太公世家》所記，「武王已平商而王天下，封師尚父於齊營丘[14]」，當時周已代商，但為了中原政權的安寧，避免受到東夷的侵擾，武王

14 「營丘」究竟為何地？此說不一。據勞榦於〈論齊國的始封和遷徙及其相關問題〉中所述：「齊的建國時間是在周公踐奄之後。此時鎮守東方特別重要，把魯衛齊地方建成三個大國，互為聲援。地形的選擇是基於周室的需要，臨淄地形僻在東垂，山環海抱，受敵一面，便於據守；但為了震懾殷遺，夾輔周室，並不是很理想的地方。若是依照地理的位置，交通的要道，以及古文化的基礎，營丘所在應當是在漢代濟南郡治的東平陵附近，亦即今山東章邱縣附近」。若依《史記・齊太公世家》中記載，太公始都營丘，五傳至胡公時，徙都至薄姑，之後獻公再次遷都至臨淄。臨淄的地理位置始終是確認的，薄姑則在青洲博昌縣東北，只有營丘的地理位置一直未定於一說，《地理志》的說法是「齊郡臨淄縣，師尚父所封，王氏曰：即營丘也，今青州西北四十里」。《爾雅》則記載「水出其左，營丘。孫炎曰：今齊之營丘淄水過其南及東」。而有一說，營丘即為臨淄，只是範圍大小，營丘可能就在臨淄的範圍內，如《水經

將太公分封至齊地營丘，而初至封地的太公，便立即面對並抵擋了萊人的襲擊[15]，可知當時的齊國，不僅並不富庶安康，更充滿凶險。但當太公意識到自己並無選擇時，便開始認真經營，《史記・齊太公世家》云：

> 太公至國，修政，因其俗，簡其禮，通商工之業，便魚鹽之利，而人民多歸齊，齊為大國。

由內容可知，太公到齊地後，順應當地民俗，簡化原有的周室禮儀，並重視工業與貿易，藉地利之便，使齊地成為富庶之地，而人民相繼歸附，成為大國的規模。關於太公治齊，《史記》與《說苑》中皆有相似記載，但說法各異。《史記・魯周公世家》中，曾以周公之子伯禽受封至魯一事與太公作對比：

> 魯公伯禽之初受封之魯，三年而後報政周公。周公曰：「何遲也？」伯禽曰：「變其俗，革其禮，喪三年然後除之，故遲。」太公亦封於齊，五月而報政周公。周公曰：「何疾也？」曰：「吾簡其君臣禮，從其俗為也。」及後聞伯禽報政遲，乃嘆曰：「嗚呼，魯後世其北面事齊矣！夫政不簡不易，民不有近；平易近民，民必歸之。」

據《史記》說法，周公之子伯禽與太公同是前往封國就任，而太公五個月後便報政於周公，但伯禽卻因為要教化當地百姓，推廣原有的周室禮儀規章，而導

注》曰：「臨淄城中有丘，淄水出其前，經其左，故有營丘之名」。另《括地志》記：「營丘，在臨淄北，百步外城中，今青州臨淄縣東北有古臨淄城」。此說極有可能，太公初封時，東陲仍為蠻荒之地，齊國僅是一處小地，但待到齊獻公遷都臨淄，當時齊國國力已不可同日而語，首都必然大於過去，因此營丘為臨淄當中之一處極為合理。

15 據《史記・齊太公世家》中所記：武王已平商而王天下，封師尚父於齊營丘。東就國，道宿行遲。逆旅之人曰：「吾聞時難得而易失。客寢甚安，殆非就國者也。」太公聞之，夜衣而行，犁明至國。萊侯來伐，與之爭營丘。營丘邊萊。萊人，夷也，會紂之亂而周初定，未能集遠方，是以與太公爭國。太公前往封地就任，為何如此緩慢，是否因為封地其實並不如意，因此太公徐徐前行，希望有被周王召回的機會？而當被提醒後，太公意會到與其期待周王回心轉意，不如面對現實勇敢前行，因此急忙通宵趕路，護衛封地。

致三年後方能抽身報政於周公。周公因此而嘆，認為太公能因俗治地，如此平易近民的舉措，一定會超越固守舊制的魯國。

而站在劉向《說苑》的立場，太公治理齊地之所以速成，原因在於「尊賢，先疏後親，先義後仁」，但伯禽治理魯國，成效雖較遲緩，乃是由於「親親者，先內後外，先仁後義」的仁者之心，因此《說苑》藉周公之口，評論「齊之所以不如魯也，太公之賢不如伯禽也」。司馬遷與劉向俱為西漢時期之人物，對於相同的歷史片段的記載，卻形成兩極，相當有意思。劉向雖說是因儒者立場，因此極力維護魯國道統，但點出齊有「霸者之跡」卻無誤，首先是齊地雖地處邊陲，但領土確實因此而有東進的空間，加之太公本就擅長軍事謀略，而周室於管蔡之亂發生時，曾詔命太公：「東至海，西至河，南至穆陵，北至無棣，五侯九伯，實得征之」[16]，在周王室的認可下，齊國更有發展的空間。地利之便，加之重視工業發展與貿易往來，政治上又有相當的包容度，因此齊地在太公治理下，一躍而成東方經濟大國，而這也成為齊國日後發展的基調[17]。

（二）因尚賢而成政治霸主

太公立國後，齊國雖繁華一時，但在國際局勢當中，卻並未具有政治影響力，一方面是姬姓國與周王是關係更加密切，再者是在太公之後，齊國的內政並不太平，傳到第四世齊哀公時，竟因「紀侯譖之周」，而遭到周王烹殺之[18]，並另立其弟靜為下一任國君齊胡公，此事造成另一派政權，即哀公同母之弟山不滿，並與其黨人發起政變，最後擊殺胡公而自立，是為獻公，並於獻公元年

---

16 （漢）司馬遷撰，（日）瀧川龜太郎著：《史記會注考證・齊太公世家》（臺北：萬卷樓圖書公司，1993年8月），頁298。

17 勞榦於〈論齊國的始封和遷徙及其相關問題〉中則提出，齊國的特殊經濟政策正是來自於其獨特的地理環境，「這是客觀性形式的演變，不是任何一個人所能憑空造出來的」，因此勞榦認為，太公封齊與齊後續的特殊發展都是偶然的，如果是伯禽被封到齊地，那行政的方向也會是齊國式的。「形勢比人強，這是應當承認的事實」。勞榦的論點等同全面否認了太公的個人能力與對於齊地資源的運用能力，非筆者之論點。

18 關於周王為何要烹殺齊哀公，以及是哪位周王行此殘暴之事，劉逸文於〈《詩經・齊風》詩旨與春秋齊史之研究〉中探究，得到結論是「鄭玄〈鄭譜〉與孔穎達〈孔疏〉皆云：『周懿王烹齊哀公』。而《竹書紀年》與徐廣云：『周夷王烹齊哀公』，二筆說法相異」。目前只知緣起於紀侯之譖，但原因究竟為何，目前不得而知。

將胡公一黨盡皆驅逐，遷都臨淄，至此，齊國首都即便更替為田齊政權，也始終固定在臨淄。

由此可知，齊國日後稱霸，地理位置並非為決定性關鍵，當與主權者之個人特色較為相關。姜齊桓公之所以能成春秋五霸之首，其關鍵便在於不計前嫌，重用曾對自己痛下殺手的政敵重臣──管仲。而齊國在春秋乃至戰國時期，皆能穩定地坐穩經濟大國地位，與齊國手工技藝的精湛與手工業行業的管理密不可分，而這便與齊桓公接納了來自陳國的落魄公子陳完息息相關，田氏最終代姜齊為田齊，但齊國獨特的政治文化卻接續下去，直至漢初，以另一種形式走入廟堂之中。

1 管仲

管仲（約西元前725年-前645年），世稱管子，齊國大夫，與鮑叔牙交好，至今仍有管鮑之交的美談。當時齊襄公之妹文姜嫁與魯桓公，而齊襄公卻與文姜私情未了，魯桓公為此感到不滿，卻反遭到齊襄公報復，命公子彭生將其殺害。事後，襄公為平息魯國怒火，又殺彭生抵命。最終，襄公死於大將連稱、管至父所發起的政變，襄公堂弟公孫無知繼位，襄公兄弟公子糾與公子小白陷入危局，於是管仲協助公子糾出奔魯國，而鮑叔牙則與公子小白出奔至莒國（山東莒縣）。當國君無知與擁護者連稱遭到齊大臣雍廩殺害的消息傳開後，公子糾與公子小白便各自爭取以最短時間趕回齊國登基，管仲為一勞永逸，於是埋伏公子小白，卻遭對方裝死蒙混過關，事後小白因此提前一步回國登基，並向魯國開戰。魯國戰敗後，按齊桓公要求將公子糾處決，而將管仲送回齊國。登基後的公子小白即日後的齊桓公，在鮑叔牙大力推薦下，齊桓公不僅前嫌盡釋，更拜管仲為相，管仲在齊桓公完全信任下，推動各項治國政策，其中包含承認土地私有化、建立常備軍，並營造有利商業環境的政策如「虛車勿索，徒負勿入」等。管仲為法家尚利派，他大力促進經濟繁榮，利用齊國「帶山海，膏壤千里，宜桑麻，人民多文綵布帛魚鹽」的物產優勢，加諸「南以泗為境，東負海，北依河，而無後患，天下之國，莫強於齊」的地理特色，從此開啟齊國的富國強兵時期。

真正使齊國在國際上占有一席之地的關鍵，是管仲為齊桓公設定的政治劇本——尊王攘夷，由於齊國民富兵強，擁有絕對的軍事實力，因此由齊國帶頭喊出「尊周室、攘夷狄、禁篡弒、抑兼併」的口號時，也最能使它國信服並進而跟從，而進入東周後便威信不再的周王室面對齊國的維護態度，自然積極配合，多次參加齊桓公所舉辦的諸侯會盟，承認了齊桓公天下霸主的政治地位，雙方形成互利共生的互助關係，齊國於名正言順的政治光環中獲益，「九合諸侯，一匡天下」；而周王室岌岌可危的共主身分也因此獲得周全。而這背後，皆是出於管仲的出謀劃策，苦心經營。在《左傳》中，便記載管仲為了北狄入侵邢國，力勸齊桓公出兵救邢一事[19]。

孔子雖批評管仲「器小」且「不知禮」，但同樣也肯定了管仲，稱讚他不僅公正[20]，且當子路與子貢相繼質疑管仲不為故主（公子糾）殉身，是為不仁時，孔子不僅為管仲分辯：「微管仲，吾其被髮左衽矣。豈若匹夫匹婦之為諒也，自經於溝瀆，而莫之知也」，最後更直言齊桓公之所以能不藉武力便能九合諸侯，便是由於管仲的仁德！

2 陳完

西元前386年，齊太公田和正式封侯，取代了原有的姜齊，在原有的國土上，使用原有的國號，甚至首都也是原先的臨淄。而百姓面對改朝換代，卻沒有太大的反應，如此和平的政權轉移，歷史上實屬罕見，高上雯於〈從臨淄考古看田齊的都城選擇〉中說道：

> 文獻史料並沒有發現田氏篡齊之後齊國國人反抗的記載，可見田襄子安排田氏家族擔任齊國都邑大夫的策略，有效地控制齊國的都邑，並提高齊國百姓對於田齊政權的接受度。

---

19 《左傳·閔公元年》：狄人伐邢，管敬仲言於齊侯曰，戎狄豺狼，不可厭也，諸夏親暱，不可棄也，宴安酖毒，不可懷也，《詩》云：「豈不懷歸，畏此簡書。」簡書，同惡相恤之謂也，請救邢以從簡書，齊人救邢。

20 《論語·憲問》問管仲。（子）曰：「人也。奪伯氏駢邑三百，飯疏食，沒齒，無怨言」。孔子以伯氏被管仲取消封地，卻直到老死也無怨言一事，稱讚管仲辦事公正無私，使他人沒有怨言。

簡而言之，田氏代齊一事早就在檯面下進行已久，而這一切的歷史淵源，便要說到田和的十世祖陳完。

陳完，生於西元前706年，卒年不詳，媯姓，陳氏，名完，諡敬仲，原陳國人，為陳厲公庶子。西元前706年，陳完誕生後，恰逢周太史過陳，陳厲公因此請周太史為兒子占卜吉凶[21]，其後太史斷言，陳完的後代子孫將能享有諸侯國，但不會是在陳國，而是個姜姓國，且此事將發生於陳國衰敗之後。此預言對於陳完日後的成長歷程是否造成影響，文獻上未曾記載，只知陳完與日後繼位的陳宣公之太子禦寇關係相當良好，但太子禦寇卻在西元前672年被宣公殺害，為避免被牽連，陳完出奔至齊國尋求庇護。此時齊國國君為齊桓公，齊桓公對陳完禮遇有加，《左傳》記此事，言：

> 二十二年，春，陳人殺其大子禦寇，陳公子完與顓孫奔齊，顓孫自齊來奔，齊侯使敬仲為卿[22]。

齊桓公原打算封陳完為卿，但陳完認為自己不過「羈旅之臣」，只求「免於罪戾，弛於負擔」，若是貿然登上高位，只會為自己招來誹謗，因此謝絕了齊桓公的美意。由於陳國開國國君便是在周王室擔任陶正的遏父之子[23]，因此陳國可說掌握了當時最頂級的工藝技術，齊桓公深知其價值，於是延請陳完擔任工正，即主管齊國手工業的發展，因此陳國的專業技術，就隨著陳完的到來，流

---

21 （戰國）左丘明著，楊伯峻編：《春秋左傳注》（高雄：復文書局，1991年9月），頁122。《左傳・莊公二十二年》：其少也。周史有以《周易》見陳侯者，陳侯使筮之，遇《觀》之《否》。曰：「是謂『觀國之光，利用賓於王。』代陳有國乎。不在此，其在異國；非此其身，在其子孫。光，遠而自他有耀者也。《坤》，土也。《巽》，風也。《乾》，天也。風為天於土上，山也。有山之材而照之以天光，於是乎居土上，故曰：『觀國之光，利用賓於王。』庭實旅百，奉之以玉帛，天地之美具焉，故曰：『利用賓於王。』猶有觀焉，故曰其在後乎。風行而著於土，故曰其在異國乎。若在異國，必姜姓也。姜，大岳之後也。山嶽則配天，物莫能兩大。陳衰，此其昌乎。」

22 同註21，頁123。

23 陳國開國君主為胡公滿，世稱陳胡公。陳胡公之父為周文王陶正遏父（又稱閼父），陶正主管陶器製作，以當時而言，算是掌握了非常重要的工藝技術。

入了齊國，並為齊國的貿易經濟做出極大貢獻。而「陳」與「田」古音相近，為了避免再與過去的內亂有所牽扯，陳完改姓為田，從此成為田完[24]，而田氏家族也就此奠基，開展成繁枝闊葉的大家族。

齊國本身具有良好的地理環境，又加上田完由陳國帶來的專業技術，使齊國更加富庶，也使齊國霸主的國際地位更加穩固。

3 晏嬰

姜齊時代（西元前1044年-前386年），一共經歷32位君主，歷時658年，這當中賢相管仲與晏嬰的功勞是不可抹滅的。

晏嬰（西元前578年-前500年），字仲，諡平，世稱晏子。父親晏弱本為宋穆公的曾孫，後因宋國內亂出奔至齊國，受齊君賞識，封為上大夫，並以萊地作為封地。靈公二十六年時，晏弱病死，晏嬰繼任為上大夫，晏嬰共歷任靈公、莊公、景公三朝，輔政長達五十餘年。不論內政或外交事務，晏嬰皆能條理清晰且不卑不亢，在出使楚國時，雖因身材短小而受到各種嘲諷，但晏嬰憑藉機敏反應，不僅維護齊國尊嚴，也使楚人自慚形穢。

晏嬰生平事蹟眾多，與本文甚為相關的，是晏嬰面對大夫崔杼謀害齊後莊公之後的反應。《左傳．襄公二十五年》中，記載了齊後莊公與大夫崔杼之妻有私，在前往崔府時，被崔杼報復謀害，消息傳來後，晏嬰趕往崔府：

> 晏子立於崔氏之門外，其人曰，死乎，曰，獨吾君也乎哉，吾死也，曰，行乎，曰，吾罪也乎哉，吾亡也，曰，歸乎，曰，君死安歸，君民者，豈以陵民，社稷是主，臣君者，豈為其口實，社稷是養，故君為社稷死，則死之，為社稷亡，則亡之，若為己死而己亡，非其私暱，誰敢任之，且人有君而弒之，吾焉得死之，而焉得亡之，將庸何歸，門啟而入，枕尸股而哭，興，三踊而出。

24 （漢）司馬遷撰，（日）瀧川龜太郎著：《史記會注考證．田敬仲完世家》，頁1885。敬仲之如齊，以陳字為田氏。

晏嬰無畏進入崔府的危險，以實際行動表達了對於國君橫死的哀傷，但當面對左右詢問是否要以身殉國，或是出奔逃命時，晏嬰的回應非常理智，他認為，身為朝臣，凡事皆應以國家為重，而國君本身並不能代表國家，除非今天國君是為社稷而死，那朝臣也願意為國君犧牲，其中「君民者，豈以陵民，社稷是主」，與《六韜・文師》中「天下非一人之天下，乃天下之天下也。同天下之利者，則得天下；擅天下之利者，則失天下」之精神相通，是將國家置於國君個人之上，若國君心中懷有社稷，則對國君忠誠；若國君心中無社稷，則朝臣應對社稷忠誠。而晏嬰直闖崔府弔唁齊後莊公，崔杼雖恨卻也無可奈何，只得說「民之望也，舍之得民」，由此也可知，即便權臣勢力滔天，但殺害昏君與殺害賢臣相比，後者所造成的反彈將更為猛烈，此事也可看出齊國不同的民情。

晏嬰流傳下來的紀錄中，有眾多勸諫君王的內容，大多記載於《史記・齊太公世家》、《史記・管晏列傳》與《晏子春秋》當中。勸諫對象多是景公，而齊景公對於晏嬰的種種規諫也往往能從善如流，「千里馬常有，而伯樂不常有」[25]，晏嬰能屢屢對其規勸而達到效果，正反映出齊景公廣開言路的尚賢心理，也因此孔子評價道：「晏子能明其所欲，景公能行其所善也」[26]。

四　田齊時期之尚賢精神與齊地之獨特文化性

西元前672年，齊桓公任用陳完為工正，陳完改名田完，從此田氏家族開始在齊國扎根，並漸漸打入齊國政治核心。齊桓公崩殂（西元前643年）後，桓公諸子陷入爭奪，前後四十年間，便有無詭、孝公、昭公、懿公、惠公等五位國君相繼上位，齊國陷入內亂，權力的中空也造成權柄下移，齊國士大夫的權力逐漸擴張，齊靈公擅自廢除太子光後，大夫崔杼竟私下迎回廢太子光，後發動政變，將太子光推上君位，是為齊後莊公，而之後又因齊後莊公與崔杼之

---

25 韓愈〈馬說〉：「世有伯樂，然後有千里馬。千里馬常有，而伯樂不常有。故雖有名馬，祇辱於奴隸人之手，駢死於槽櫪之間，不以千里稱也」。文中表達出對於人君常常無法衡量出朝臣的真正價值，而錯失好人才的惋惜。

26 陳濤譯注：《晏子春秋・內篇諫上・景公衣狐白裘不知天寒晏子諫》（北京：中華書局，2007年），頁34。

妻有染，崔杼直接在府中將國君殺害，可見崔杼的權力與野心。而齊景公時代，雖在晏嬰的輔政上國政相對安定，但仍需藉助晏嬰出謀劃策，來除去囂張跋扈的公孫接、田開疆、古冶子三人，可知當時士大夫家族的勢力已經浮出檯面，也嚴重影響君權的穩定性。

那時的田氏家族雖然地位穩固，但尚無不臣之心，齊後莊公時，晉國大夫欒盈因公然發動政變失敗，逃往齊國尋求庇護，齊後莊公對欒盈不僅表示歡迎，更以貴賓之禮款待，晏嬰對此相當不認同，於是勸道：

> 商任之會，受命於晉，今納欒氏，將安用之，小所以事大，信也，失信不立，君其圖之[27]。

見齊後莊公不理會，晏嬰在與田文子閒談時發出感慨：

> 君人執信，臣人執共，忠信篤敬，上下同之，天之道也，君自棄也，弗能久矣

田文子即田完第四代孫，晏嬰竟然能與田文子商討對於國家未來如此重大的話題，可知當時田氏的野心並不明顯，至少低於崔杼、慶封等人，而慶封得勢後過度跋扈，激怒了其餘世族，田氏、欒氏、鮑氏、高氏開始有意識地聯合抵制，而田氏由於自初始便掌管齊國工業製造，經濟底蘊最為深厚，因此勢力逐漸擴大，並逐漸壓過其餘世族，至齊平公時期，田氏第七代田恆（《史記》避諱改作田常）利用朝中權勢，削弱公族勢力的手段，「盡誅鮑、晏、監止及公族之彊者」[28]，同時，田恆還不擇手段地想辦法壯大田氏的聲勢：

> 選齊國中女子長七尺以上為後宮，後宮以百數，而使賓客舍人出入後宮

---

27 （戰國）左丘明著，楊伯峻編：《春秋左傳注》，頁599。

28 （漢）司馬遷撰，（日）瀧川龜太郎著：《史記會注考證·田敬仲完世家》，頁1884。

者不禁。及田常卒，有七十餘男。[29]

田恆卒後，其子田襄子為齊相，「襄子使其兄弟宗人盡為齊都邑大夫」[30]，田襄子運用齊相的權力，主掌齊國司法權，不僅盡滅齊國內鮑氏、晏氏、闞止及其餘公族，更藉機讓田氏親族的勢力逐漸滲透進齊國政治核心，完成了蠶食的第一步，讓親族擔任齊國都邑大夫的手段，為其順利取得姜齊政權而鋪路。

至姜齊最後一任國君齊康公時，齊國國政與經濟已牢牢掌握於田氏家族之手，當時的齊相為田和，也就是日後的齊太公。西元前391年，齊康公被齊相田和放逐至臨海海島，原本還有「食一城，以奉其先祀」的待遇，待到西元前386年時，周天子任命田和為諸侯，「列為周室，紀元年」[31]，姜齊正式被田齊取代，齊康公在海島上唯一的食邑也被收回，被放任在海島自生自滅，直至西元前379年過世，姜齊的祭祀也徹底斷絕。

齊國進入田齊時期，也正好是春秋末年進入戰國時期的階段，局勢混亂，田齊太公有心要對外擴張，但被三晉所阻。田和即位兩年後便崩殂，接任的田剡雖在位九年，但整體國防皆處於被動防守的狀態，田齊的發展陷入被動局面，直到田齊桓公繼位九年後，國內局勢方開始穩定，田齊政權也開始能繼續朝文化階段發展。[32]

田齊桓公九年後，齊國局勢逐漸穩定，而由於田氏代齊，乃採取溫和的蠶

---

29 同註28，頁1885。

30 同註28，頁1885。

31 同註28，頁1886。

32 有關田齊初立國的混亂情形，鄭亞倫於〈論田氏在齊國的發展〉一文中有說明如下：「由於田齊太公僅在位兩年即卒，田侯剡即位後必須先安定國內雜音，避免好不容易才取得的國家又被推翻，所以可以發現田侯剡時期，除了田侯剡五年以及七年有餘力進攻燕國，得勝外，但是隨後又被三晉救燕所擊退，國勢處於防守的狀態，在田侯剡時期受制於剛壯大起來的三晉，這段時間雖然想北面往燕國發展，但是都因為三晉的阻擾，不能成功。齊侯剡十年，田午弒其君田侯剡和孺子喜而兼齊，是為齊桓公，由於齊桓公是發動政變下取得君位的，所以可以想像田齊桓公剛上任時，齊國內部必定相當多的反彈聲浪，因此可以知道齊桓公剛上任所要處理的問題，也如田侯剡一樣，就是安撫國內反彈的聲浪，因此齊桓公在位十八年，僅於齊桓公七年伐魏，其餘時間都為別國所攻伐，連小國如燕國、魯國、衛國都能戰勝齊國，可以知道此時期齊國的紛亂」。

食政策，因此在政權轉移時，齊國的領土與政治、經濟中心臨淄並未遭受破壞，因此田齊便在原有的架構下，繼續發展。而地理位置的便利性，便至關重要，臨淄具有「橫貫魯中山地北麓的東西大道，自古以來就是中原地區和山東半島交流和經濟聯繫的大動脈」[33]，因此相當具備發展的優勢。而在百家爭鳴的戰國時期，各家思想自然也就順湧而入，一時之間，臨淄城人文薈萃，各流各派皆在其中，「稷下學宮」在這樣的環境下順應而生，成為戰國時代學術史上不可忽略的一盞明燈。

稷下學宮是因位於齊國國都臨淄（今山東省淄博市）稷門附近而得名，始建於田齊桓公，而發揚於齊宣王。稷下學宮持續供養與資助各國思想家與學者，據《史記》云：「宣王喜文學遊說之士，自鄒衍、淳于髡、田駢、接輿、慎到、環淵之徒七十六人，皆賜列第，為上大夫，不治而議論。是以齊稷下學士復盛，且數百千人」[34]。林聰舜便指出：「在文化上，齊國在戰國時期已發展成為文化中心，稷下學宮網羅各類人才，盛極一時」[35]，學術表現優秀者，在稷下學宮常駐並講課辦學，如陰陽家鄒衍的「五德終始說」便由此發跡，《史記．封禪書》中便提及：「自齊威、宣之時，騶子之徒論著終始五德之運，及秦帝而齊人奏之，故始皇采用之」。除陰陽五行說在稷下學宮大盛於天下外，黃老思想也在此處萌芽，《史記．樂毅列傳中》有言：「樂臣公善修黃帝、老子之言，顯聞於齊，稱賢師」。而儒家代表人物荀子，更在稷下學宮三為祭酒，稷下學宮當時可說是儒家學派的新重點發展地，孫家洲便認為，齊文化成功吸納周魯文化，實現了齊魯文化在學術上的首先融合[36]。班固於《漢

33 侯仁之：〈淄博市主要城鎮的起源和發展〉，《歷史地理學的理論與實踐》（上海：上海人民出版社，1979年），頁340。實際上，齊國獨特地理環境在戰國時期不斷被提及，如蘇秦：「齊南有太山，東有琅邪，西有清河，北有渤海，此所謂四塞之國也」；黃歇：「齊南以泗為境，東負海，北依河，而無後患，天下之國，莫強於齊」；張儀：「濟清河濁，足以為限，長城、鉅坊，足以為塞。齊、五戰之國也，一戰不勝而無齊」。

34 （漢）司馬遷撰，（日）瀧川龜太郎著：《史記會注考證．田敬仲完世家》，頁1887。

35 林聰舜：〈齊國的視角——楚漢之際至漢初幾個重要階段的天下變局之詮釋〉，《清華學報》47卷第3期（2017年），頁145。

36 孫家洲：〈論秦漢時期齊魯文化的歷史地位〉，《中國人民大學學報》（北京：中國人民大學，2001年），頁107-113。

書・儒林傳》中說道：

> 天下並爭於戰國，儒術既黜焉，然齊魯之間學者猶弗廢，至於威、宣之際，孟子、孫卿之列咸遵夫子之業而潤色之，以學顯於當世[37]。

在先天的環境與經濟優勢下，田齊時代，齊國成為中原文化的重鎮，在漫長的東周時期，極少有這樣的一個國家，能先後成為國際政治中心、經濟中心與文化中心。一方水土養一方人，正如《漢書・地理志》所說：

> 凡民函五常之性，而其剛柔緩急，音聲不同，繫水土之風氣，故謂之風；好惡取捨，動靜亡常，隨君上之情欲，故謂之俗[38]。

也因此，齊地的人民帶有種天生的優越感，司馬遷於《史記・貨殖列傳》對齊地人如此評語道：

> 其俗寬緩闊達，而足智，好議論，地重，難動搖，怯於眾鬭，勇於持刺，故多劫人者，大國之風也[39]。

「足智」、「好議論」、「難動搖」、「勇於持刺」這些特色，不論放在歷史哪個時段，只要其中一、兩項，對於執政者而言，便已相當頭疼，而齊人不僅全占，且一向勇於用行動證明。因此，如何徹底收服齊地，從此成為秦朝與劉邦在政治上不得不面對的癥結，齊人不僅有自己的方言，[40]也有自己的鄉土思想，對於相同文化的層面的人彼此特別認同。是以在楚、漢相爭之際，齊地也是一關鍵的地帶。韓信便是以「齊偽詐多變，反覆之國也，南邊楚，不為假王以鎮

---

37 （漢）班固：《漢書》卷88，〈儒林傳〉（臺北：新陸書局，1964年），頁3591。

38 （漢）班固，《漢書》，卷28下，〈地理志下〉，頁1640。

39 （漢）司馬遷撰，（日）瀧川龜太郎著：《史記會注考證・貨殖列傳》，頁3935。

40 同註39，頁2413。劉邦立劉肥為齊王時，下令：「諸民能齊言者皆予齊王」。

之，其勢不定。願為假王便」[41]為由，希望成為齊國的假王，而劉邦雖當下應諾，但事後將韓信貶為淮陰侯後，便立即以自己人劉肥為齊王，可見內心之忌憚，也可見齊地確實有自己獨特的政治風格。

四　結語

《六韜》為武經七書之一，但其內容不僅限於軍事謀略，其中〈上賢〉、〈舉賢〉與〈賞罰〉三篇，可謂是具體且前衛的治國人事管理策略，重點在於如何為國家選擇治國的人才。《六韜》書籍中太公以「釣」事比喻上位者尚賢的原則，別出心裁又相當能體現出太公願者上鉤的神祕形象。

在太公東往之前，齊地僅是一塊夷人充斥的荒地。但在太公的諸多舉措下，齊地不僅領土增加，且依靠自身的地利之便，開始發展出自己的漁、鹽、農業，煥發出不同的生命力。但也因領土豐饒，太公之後，齊國陷入一段長時間的內亂，所幸隨後公子小白登基，且不計過去的仇怨，拜管仲為齊相，尚利派的管仲不僅使齊國的商業環境更加健全，使齊國成為貿易大國，更為齊桓公擬定了連後世孔子都讚賞不已的方針——尊王攘夷，除讓周王室保留了共主的顏面，齊國也因此獲得更多政治資源，成為國際一霸，齊桓公成為五霸之首，留名青史。而重用由陳國出奔而來的陳完，也是齊桓公尚賢的重要表現，陳完留在齊國擔任工正，將原先屬於周王室的頂級工藝引入齊國，使齊國經濟上的優勢更添一筆。

賢相晏嬰在朝輔政五十多年，在過去講求儀態的時代，身材短小的晏嬰雖然出使被多番嘲弄，但在國內，卻獲得極大敬重，就連相貌堂堂的馬車夫，也因自己能為賢相駕車而自鳴得意，由此可見，齊國尚賢的精神是深入各階層當中，不僅是執政者有所認為。

田氏代齊後，百姓沒有過多反應，因為田氏十世以來致力於齊國工藝的推動與管理，田氏一族的能力獲得了普遍基層的認同，因此田齊政權和平轉移，

---

41 同註39，頁1716。

甚至連首都也依舊留在臨淄，「臨淄城附近的陶器手工業作坊多為田氏家族所有，也反映出田齊對於齊國手工業的管理與經濟優勢」[42]。在處理完世族間的衝突後，田齊桓公開創了稷下學宮，後繼的齊宣王則廣泛徵求各方學者常駐並講學，讓臨淄城繼過往的政治中心、經濟中心之外，又再度成為國際矚目的焦點──文教中心。五德終始說、黃老學說與新儒學開始萌芽，這些新思想都將在日後的開花結果，齊地長成了有獨特性格的一方天地，成為秦朝至漢初都無法小覷的政治文化古都。

42 高上雯：〈從臨淄考古看田齊的都城選擇〉，《淡江史學》第30期（2018年），頁68。

圓桌論壇綱要

世界道家論壇時代使命與價值

陳　樹
中央投資顧問有限公司董事長

道是宇宙變化和世界文化的根源，也是中華文化的精髓。廣義上，道涵蓋所有科學、宗教和自然、世間變化的規律和道理。狹義上，道主要指宗教或道家思想；道教認為無極一動生太極，太極生兩儀，再生四象、八卦、萬事萬物，並認為一陰一陽謂之道。

不同宗教對道的理解有相似或相近之處：西方宗教的小我與大愛、儒家的仁義、道家的道德、佛家的智慧與慈悲，都可以視為陰陽的不同面向，彼此包容。這些哲理思想比科學思維更為寬廣和深遠。東方的儒、釋、道思想主張更為廣泛和深邃，如儒家的中和之道、道家的無為而治、佛家的空性與慈悲，均以本體自性為最高目標。

當前世界面臨氣候變遷和道德淪喪的危機，人類和地球的永續發展受到威脅。我們不能只追求科技創新，而應回歸「中道」作為衡量和調整的標準。在科學層面，以中道來確定願景和核心價值，評估現況並制定策略，追求平衡、和諧和互利共贏。在哲理層面，應用哲理思想深化內心，拓展心胸，兼顧事理通達和圓融祥和，追求世界和平與和諧。

更深層地發掘儒、佛或道家的本體自性觀，能開啟人類的本具心性，達到無私無我和無盡之愛，證悟道的本體自性或佛家的中道實相，迎接世界大同的到來。這是存亡絕續的關鍵時刻，需善用科技並回歸中華道統，才能真正找到人類和地球的最佳出路。

講者簡介

曾任財團法人中華民國證券櫃檯買賣中心董事長、行政院金融監督管理委員會主任委員、臺灣金融研訓院董事長兼院長、臺灣證券交易所董事長、行政院參事兼第四組組長、行政院參事兼秘書室主任、財政部證券管理委員會主任委員暨政治大學、中原大學、文化大學等校教授。

中國道統與臺灣文化

紀俊臣

國立臺北大學公共行政暨政策學系教授

講者簡介

國立臺北大學公共行政暨政策學系教授、臺灣競爭力論壇學會理事長、中國地方自治學會理事長、中華民國傑出企業管理人協會名譽理事長、中華觀光學會名譽理事長。曾任公平交易委員會第二處處長、內政部民政司司長兼中央選舉委員會副秘書長、臺北市政府法規委員會專門委員、臺北市政府顧問兼研考會執行秘書、臺北市政府民政局副局長兼臺北市選舉委員會副總幹事。開授過課程：「企業倫理、兩岸公平交易制度比較、勞動基準法、地方制度法、行政法」。研究專長為：「地方自治、行政法、地方政治」。

道家的軟實力

林水吉
第十一屆考試院秘書長

道家思想強調「無為而治」，即在治理中不強求、不干涉，順應自然與民心，使得政通人和。治理國政，必須尊重人民的生活方式，皆呼應人民的期望，讓人民窩心、寒天飲冰水，冷暖自知，感動在心。道家主張「道法自然」，以自然之道促進各族群的和諧共處，這與現代世界尋求共識、解決衝突的努力相契合。化解國際社會多元化所產生的衝突，為世界和平找出路的情懷，以及展現軟實力的功夫。道家的「上善若水」，柔能克剛，通過和平與智慧，實現世界和平。道家提倡的「大象無形，大音希聲」的智慧，也正是展現軟實力的真諦，以無形的力量影響世界，帶來深遠的變革。通過道家思想的融入，不僅提升了治理的智慧，還使得政治與文化的融合更具深意。

講者簡介

曾任臺北市第四屆市議員、臺北市政府衛生局副局長、第二屆國大代表暨主席團主席、考試院保訓會專任委員、開南管理學院助理教授兼進修部主任、開南管理學院助理教授兼圖書館館長、開南大學副教授。

道家思想之現代社會啟示錄

國恕強

黃國嘉黨部主任委員

道家思想是中國哲學的重要流派，其核心是老子的「道」和「德」，涵蓋了宇宙、自然和社會的全部道理和規則。道家主張「道法自然」，強調人應順應自然的規律，以達到天人合一的境界。在現代社會中，道家思想對我們的啟示是，要以「與事無爭、順其自然」的心態面對生活，勤儉節約，謙和柔順，從心底看清事物的本質，過上合適自己的生活。

臺灣目前的社會問題，如詐騙和腐敗，與道家思想中的誠實和務實相悖。老子在《道德經》第八十一章中說：「信言不美，美言不信」，強調了真實和誠信的重要性。現代社會中，許多人為了名利假冒偽善，造成社會虛偽氛圍，這正是違背了道家的教誨。詐騙問題尤為嚴重，政府雖然成立了多個打詐機構，但成效不彰，民眾對政府的信任度下降。

在「姜太公聖誕祝壽大會暨世界道家論壇」上，我們應該從道家思想中吸取智慧，弘揚中華文化的核心價值。道家強調的「自然」和「無為而治」理念，應引導我們建立誠信社會，杜絕貪腐與詐騙，實現真正的和諧共生。

道家思想告訴我們要從不起眼的事物中創造高度和品味，這正是道家文化的價值所在。在當今社會，我們應該以道家思想中的積極因素，面對現實，創造更加有意義的人生境界，這樣才能推動社會進步，實現道家所追求的「永恆的道」。

講者簡介

陸軍官校43期畢業，陸軍通信上校，曾擔任中華全球孫中山同盟總會嘉義會長、經國新城D棟管理委員會主任委員。

道家的思想與智慧

張廣博
良機集團董事長

道家思想起源於春秋時代，發展至今已有兩千多年歷史，是中華文化的重要根源，影響遍及全球。道家蘊含的哲學思想主張和諧自在、清靜無為、順應自然，訴求反璞歸真，千年來引領無數人體悟生命實相，探究天地運行之道。道家思想傳承至現代，成為許多企業與個人奉行的理念，推動人類與自然和諧共生、永續發展的祥和社會。

「道」既是宇宙萬物的本體、本源，也是宇宙萬物運行的規則、原理與依歸。「德」則是「道」的極致體現。因此，道家尊「道」貴「德」，講求「道法自然」，崇尚清靜無為。人若能覺悟「道」無所不在，便能安住當下，回復純真本性，清靜無礙，無所為而為，感受生命中的自在與喜悅。

萬物同源於「道」，道家視萬物為一體，崇尚無私的心，追求和諧。道家希望回歸純樸祥和的世界，這需要從修持自我心性開始，奉獻力量幫助他人，實現回歸於「道」。此次活動推廣道家文化，讓世界看見臺灣的道家文化。

道家思想以老子和莊子為主要代表，倡導崇尚自然的生命觀，強調人應遵從「道」，尊重自然和人本，不干涉個人生命規律，實現天人合一。道教認為「道」是萬物的本源與主宰，無所不在。人類通過修煉可達到與「道」合一的境界。道家強調貴生樂死、保身盡年的生命價值觀，提倡清靜淳樸，以平和心態看待生死，實現生命的自然過程。

講者簡介

良機集團董事長、中華財經策略協會副理事長、海峽兩岸經貿文化交流協會常務理事、臺北市政府市政顧問、臺北市工業會名譽理事長。

「道家」與「道教」的社會功能與作用

鄭卜五

高雄師範大學經學研究所教授

一、「道家」與「道教」的社會功能與作用

二、「格義佛學」與「格義儒學」的新發展

三、「道家」的僊、醫、命、相、卜的教化功能

四、「道可；道非；恆道！名可；名非；恆名！」《易》、《老》、《孔》文化積澱

五、中華文化之精隨「守中至和」

道家思想對中國哲學、政治、文學有深遠影響；道教則具有豐富的宗教儀式和社會救助功能。「格義佛學」即是把佛教教義用中國儒家、道家術語解釋，「格義儒學」用儒家思想解釋和融合外來思想或新興理論，這些方法是為了適應社會發展和文化交流的需求而產生。「道可；道非；恆道！名可；名非；恆名！」中國古代思想中的變與恆的辯證關係，強調道與名的變化和穩定性。中華文化之精隨「守中至和」，強調中庸之道，追求和諧與平衡，此思想體現於儒、道、佛三家，影響中國人的價值觀和行為準則，在中國文化中具有不可或缺的重要性。

講者簡介

高雄師範大學經學研究所教授，曾任高雄師範大學經學研究所所長，授課課程有：中國思想史研究、清代學術思想研究、經學研究、春秋三傳研究、佛學思想研究、經典研究方法、生命禮俗與禁忌。研究專長為：春秋學、三禮學、清代學術、民間禮俗、佛學。主持《鸞藏》編纂。

藏風聚水文化創生

馬銘浩

淡江大學中文系教授

一、地方創生與文化再現：新經濟和新商業模式的發展需要完整的生態系統，從生產到銷售及品牌建立。地方特色的發揮有助於活絡經濟，保存和傳承文化，創造可持續發展。

二、宗族與政治力量：宗族和政治力量在地方文化中起著舉足輕重的作用，例如：桃園地區的宗族力量和政治因素，使得當地的文化建築物顯得格外宏偉。

三、文化空間與信仰：空間可形成文化依附，產生以空間為中心的文化活動。如信仰、寺廟、焚香等在文化空間再現中的作用。

四、藝術與歷史融合：例如新北三峽祖師廟的設計與建造，融合了中國歷史、文化和寺廟藝術，以及西洋美術的色彩，成為信仰與藝術交會的民間美術館。

五、道教文化的推廣：道教的核心思想，如天、地、人三者的和諧統一，不僅在古代有重要影響，在今天也具有深遠的意義。今日舉辦之姜太公文化論壇，不僅是文化傳承的平臺，也是促進道教文化交流的重要窗口，具有積極作用及影響。

六、永續經營與文化深耕：文化的永續經營，包括社福事業、地方振興和在地觀光。透過盤點地方DNA，找出自身優勢，從生產到品牌建立，帶動地方產業發展。

文化大學與陽明山姜太公道場的緊密合作，弘揚道家文化，維護自然山水，深耕年輕人的環境教育——打造文化景觀生態園區。讓傳統點燈、祭拜的傳統文化，透過藝術饗宴，創新文化生命力，實現信仰跨世代，創造道家文化影響力。

講者簡介

淡江大學中國文學系教授，知名書法家，多次受邀到國外展出、揮毫、講授，並擔任兩岸各大學多場文創會議講座。開授過課程：「中國藝術史專題研究、進階書法、詩選及習作、圖像藝術與漫畫產業、中國語文能力表達、詞選及習作」等課程。研究專長為：「書法學、中國藝術史、古典詩詞、版畫文獻」。

第一屆姜太公世界道家論壇
會議議程

時間：2023年9月16日

地點：中國文化大學大孝館8樓

A 場柏英廳

時間	主持人	發表人	題目	特約討論人
9:00	報到			
9:30 | 9:50	開幕		中國文化大學　王子奇校長 中華道家世界協會　羅世新主席 中國文化大學　王淑音副校長 中國文化大學　王志誠副校長 中華道家世界協會　陳桂姍會長 中華道家世界協會　溫金明秘書長 中國文化大學文學院　王俊彥院長	
10:00 | 12:00	主持人	發表人	題目	特約討論人
	高柏園 淡江大學 教授	楊祖漢 中央大學 哲研所榮譽教授	道家與佛教的圓教之比較	高柏園 淡江大學 中文系教授
		趙飛鵬 臺灣大學 中文系教授	試論《六韜》的文獻流傳及其文化史意義	陳振崑 中國文化大學 哲學系教授
		謝佩芬 臺灣大學 中文系教授	「姜太公」於宋代之接受與新變	王俊彥 中國文化大學 中文系教授
		鄭燦山 臺灣師範大學 國文系教授	「龍從火裏出，虎向水中生」 ──唐宋內丹思想的源起試探	蕭登福 臺中科技大學 應用中文系教授
		蕭登福 臺中科技大學 應用中文系教授	《周易參同契》的丹道修行法門	謝世維 政治大學 宗教研究所教授
		李紀祥 佛光大學 歷史系教授	《史記》、《漢書》中的姜尚	蔣秋華 中央研究院 中國文哲所研究員

12:00	午餐	
16:10 ｜ 17:40	主持人	圓桌論壇討論人
	羅世新主席 中華道家世界協會 王俊彥院長 中國文化大學文學院	陳　樹　第四任行政院金管會主委 紀俊臣　前內政部民政司司長 林水吉　第十一屆考試院秘書長 國恕強　黃國嘉黨部主任委員 張廣博　良機集團董事長 鄭卜五　高雄師範大學經學所教授 馬銘浩　淡江大學中文系教授
17:50 ｜ 18:00	閉幕	中國文化大學　王子奇校長 中華道家世界協會　羅世新主席 中國文化大學　王淑音副校長 中國文化大學　王志誠副校長 中華道家世界協會　陳桂姍會長 中華道家世界協會　溫金明秘書長 中國文化大學文學院　王俊彥院長

B場求善室

	主持人	發表人	題目	特約討論人
13:00 ｜ 14:20	周大興 中央研究院 中國文哲所研究員	陳振崑 中國文化大學 哲學系教授	論船山氣學的內丹養生	許朝陽 輔仁大學 中文系教授
		桂齊遜 中國文化大學 史學系教授	老莊思想中的入世關懷	周大興 中央研究院 中國文哲所研究員
		杜忠全 （馬來西亞）拉曼大學中文系副教授	六朝玄學時代的般若學與佛教中國化──以支遁的即色義為考察對象	趙飛鵬 臺灣大學 中文系教授
		王國忠 中國文化大學 中文系兼任講師	唐代《道教義疏》修仙成道思想	杜忠全 （馬來西亞）拉曼大學中文系副教授
14:20	茶會			

	主持人	發表人	題目	特約討論人
14:40 ｜ 16:00	陳逢源 政治大學 中文系 教授	朴榮雨 （韓國）成均館大學 儒教文化研究所教授	遊於道境與物境之間的「忘」與「化」:《莊子》「卮言」式的思維結構	吳肇嘉 臺北市立大學 中文系副教授
		曾暐傑 臺灣師範大學 國文系副教授	以道家作為方法──荀子對莊子思想的創造性詮釋	田富美 臺北教育大學 語創系教授
		李美智 航空技術學院 人文組兼任講師	談《黃帝內經》的養生觀	曾暐傑 臺灣師範大學 國文系副教授
		許隆演 中國文化大學 中文系博士	試論道教、道家與《周易》之氣論	陳逢源 政治大學 中文系教授

C場求美室

	主持人	發表人	題目	特約討論人
13:00 ｜ 14:20	李紀祥 佛光大學 歷史系 教授	陳錫勇 中國文化大學 中文系教授	《老子》上篇首章王弼注校詁	楊祖漢 中央大學 哲研所榮譽教授
		汪治平 海軍軍官學校通識 中心人文組副教授	說《老子》的「以正治國，以奇用兵」	朴榮雨 （韓國）成均館大學 儒教文化研究所教授
		吳肇嘉 臺北市立大學 中文系副教授	試探老子「寵辱若驚」章的身體觀	陳錫勇 中國文化大學 中文系教授
		蔡鴻江 高雄餐旅大學 通識中心副教授	西漢嚴遵《老子指歸》之探究	陳佩君 中國文化大學 哲學系副教授
14:20	茶會			
14:40 ｜ 16:00	林登順 臺南大學 中文系 教授	周貞余 中國文化大學 哲學系兼任助理教授	太公望思想探究──以《六韜》為視點	汪治平 海軍軍官學校通識 中心人文組副教授
		黃靖芬 高學醫學大學 通識中心 兼任助理教授	太公《六韜》與周王朝立國精神關係之探析	賴昇宏 中國文化大學 中文系副教授

14:40 ｜ 16:00		王之敏 航空技術學院 人文組講師	呂洞賓詩歌中體現的姜太公思想	林登順 臺南大學 中文系教授
		林登順 臺南大學 中文系教授	姜太公之戲劇形象探析	馬銘浩 淡江大學 中文系教授

D 場求慧室

	主持人	發表人	題目	特約討論人
13:00 ｜ 14:20	曾昭旭 淡江大學 中文系 教授	謝世維 政治大學 宗教研究所教授	北斗、本命與燃燈：宋元以來的道教燃燈儀式	鄭燦山 臺灣師範大學 國文系教授
		洪昌穀 中國文化大學 美術系副教授	書畫藝術中道家美學思維的內化與外顯	曾昭旭 淡江大學 中文系教授
		孔令宜 淡江大學 中文系兼任助理教授	回光見性為全真：《太乙金華宗旨》	賴賢宗 臺北大學 中文系教授
		金貞淑 （韓國）蔚山大學人文科學研究所研究員	明代中葉「名聲建除」機制的轉變——從《吳郡二科志》切入論析	陳惠美 中國文化大學 中文系副教授
14:20	茶會			
14:40 ｜ 16:00	鄭卜五 高雄師範 大學 經學所 教授	連啟元 中國文化大學 史學系教授	明代崇道思想與社會風氣的探究	桂齊遜 中國文化大學 史學系教授
		黃竹芳 太和書院 講師	《老子想爾注》長生成仙思想探微	蔡鴻江 高雄餐旅大學 通識中心副教授
		李佩圜 航空技術學院 人文組兼任助理教授	以《六韜》論齊國尚賢精神	鄭卜五 高雄師範大學 經學所教授

學術論文集叢書 1500039

第一屆姜太公世界道家論壇論文集

主　　編　中華道家世界協會
　　　　　中國文化大學文學院
責任編輯　林以邠
特約校對　林秋芬

發 行 人　林慶彰
總 經 理　梁錦興
總 編 輯　張晏瑞
編 輯 所　萬卷樓圖書股份有限公司
排　　版　林曉敏
封面設計　陳薈茗
印　　刷　百通科技股份有限公司

發　　行　萬卷樓圖書股份有限公司
臺北市羅斯福路二段 41 號 6 樓之 3
電話 (02)23216565
傳真 (02)23218698
電郵 SERVICE@WANJUAN.COM.TW
香港經銷　香港聯合書刊物流有限公司
電話 (852)21502100
傳真 (852)23560735

ISBN 978-626-386-136-7
2024 年 6 月初版一刷
定價：新臺幣 1600 元

如何購買本書：
1. 轉帳購書，請透過以下帳戶
合作金庫銀行　古亭分行
戶名：萬卷樓圖書股份有限公司
帳號：0877717092596
2. 網路購書，請透過萬卷樓網站
網址　WWW.WANJUAN.COM.TW
大量購書，請直接聯繫我們，將有專人為您服務。客服：(02)23216565　分機 610
如有缺頁、破損或裝訂錯誤，請寄回更換

Printed in Taiwan

國家圖書館出版品預行編目資料

姜太公世界道家論壇論文集. 第一屆/中華道家世界協會、中國文化大學文學院主編. -- 初版. -- 臺北市 : 萬卷樓圖書股份有限公司, 2024.06
面 ;　公分. -- (學術論文集叢書 ; 1500039)
ISBN 978-626-386-136-7(精裝)
1.CST: 道家　2.CST: 文集

121.307　　113008965